Entscheidungen

des

Reichsgerichts.

Herausgegeben

von

den Mitgliedern des Gerichtshofes
und der Reichsanwaltschaft.

Entscheidungen in Civilsachen.

Neue Folge.

Fünfter Band.

Der ganzen Reihe fünfundfünfzigster Band.

Leipzig,
Verlag von Veit & Comp.
1904

Entscheidungen

des

Reichsgerichts

in

Civilsachen.

Neue Folge.

Fünfter Band.

Der ganzen Reihe fünfundfünfzigster Band.

Leipzig,
Verlag von Veit & Comp.
1904

Druck von Metzger & Wittig in Leipzig.

Inhalt.

I. Reichsrecht.

II. Gemeines Recht.

III. Preußisches Recht.

IV. Rheinisches Recht.

V. Prozeßrecht.

1. Sind unter den nach Art. 81 Einf.-Ges. zum B.G.B. unberührt bleibenden landesgesetzlichen Vorschriften, welche die Aufrechnung gegen die vermögensrechtlichen Ansprüche der Beamten aus dem Amts- oder Dienstverhältnisse abweichend von der Vorschrift des § 394 B.G.B. zulassen, auch allgemeine Grundsätze des früheren Rechtes zu verstehen, nach denen in Ermangelung entgegenstehender Vorschriften die Aufrechnung für zulässig gehalten wurde?

III. Civilsenat. Urt. v. 17. Februar 1903 i. S. preuß. Eisenbahnfiskus (Bekl.) w. P. (Kl.). Rep. III. 453/02.

I. Landgericht Altona.
II. Oberlandesgericht Kiel.

Die Frage ist verneint worden aus folgenden, den Sachverhalt ergebenden

Gründen:

... „Dem Kläger steht aus seinem Dienstverhältnis als Stationsvorsteher in B. ein am 1. Oktober 1901 fällig gewordener Gehaltsanspruch von 648,33 *M* zu, den er nebst 4 Prozent Zinsen seit dem 1. Oktober 1901 klagend geltend macht. Der Beklagte hat eingewendet, daß er mit dem durch Amtsunterschlagung des Klägers entstandenen, im Defektenbeschluß vom 19. September 1901 festgestellten Erstattungsanspruch von 1166,33 *M* aufrechne.

Dieser Einwand ist von den Vorinstanzen mit Recht verworfen worden. Nach dem unbestrittenen Sachverhalt sind Forderung und Gegenforderung unter der Herrschaft des neuen Rechtes entstanden, und der noch nicht ausgezahlte Teil des Gehaltsanspruches des Klägers ist nach § 850 Abs. 1 Ziff. 8 und Abs. 2 C.P.O. der Pfändung nicht unterworfen. Es findet daher, sofern nicht der Art. 81 Einf.-Ges. zum B.G.B. zu einem anderen Ergebnis führt, die Bestimmung des

§ 394 B.G.B. Anwendung, nach welcher gegen eine Forderung, soweit sie der Pfändung nicht unterworfen ist, die Aufrechnung nicht stattfindet. Nach Art. 81 Einf.-Ges. bleiben unberührt die landesgesetzlichen Vorschriften, welche die Aufrechnung gegen Ansprüche der Beamten auf Gehalt abweichend von der Vorschrift des § 394 B.G.B. zulassen.

Unter der Herrschaft des früheren Rechtes im Königreich Preußen wurde die Aufrechnung gegen eine der Pfändung entzogene Forderung für zulässig erachtet, aber nicht auf Grund besonderer Bestimmungen, welche diese Aufrechnung zuließen, sondern nach allgemeinen Rechtsgrundsätzen, da ein Verbot der Aufrechnung nicht bestand.

Vgl. Entsch. des R.G.'s in Civils. Bd. 21 S. 185—188, Bd. 41 S. 53; Motive zum Entwurfe eines Bürgerlichen Gesetzbuches, Bd. 2 S. 113.

Das Berufungsgericht legt nun in Übereinstimmung mit dem Gericht erster Instanz den Art. 81 dahin aus, daß nur Sonderbestimmungen, welche diese Aufrechnung zulassen, aufrecht erhalten seien, nicht allgemeine Rechtsgrundsätze des früheren Rechtes, aus denen die Zulässigkeit der Aufrechnung gefolgert wurde.

Dieser Auffassung ist beizutreten, und die hiergegen gerichtete Revision erscheint nicht begründet.

Schon die Fassung des Art. 81 läßt erkennen, daß dies der Standpunkt des Gesetzes ist; denn unberührt sollen bleiben die landesgesetzlichen *Vorschriften*, welche die Aufrechnung *abweichend* von der Vorschrift des § 394 B.G.B. *zulassen*. Es müssen also *besondere positive* Vorschriften sein, welche die Aufrechnung für *zulässig erklären* und demnach einen von der Vorschrift des § 394 B.G.B. *abweichenden Inhalt* haben. Nicht gemeint sind *allgemeine* Grundsätze, aus denen in Ermangelung besonderer Vorschriften die Zulässigkeit der Aufrechnung in diesen, wie in allen anderen Fällen hergeleitet wurde.

Daß dies die Absicht der gesetzlichen Bestimmung ist, wird bestätigt durch ihre Entstehungsgeschichte. In der Kommission für die zweite Lesung des Entwurfes des Bürgerlichen Gesetzbuches wurde zum § 288 des ersten Entwurfes (§ 394 B.G.B.) der Antrag gestellt, in das Einführungsgesetz folgende Bestimmung aufzunehmen:

„Die Vorschrift des § 288 B.G.B. findet auf die Ansprüche der

Beamten und der Hinterbliebenen keine Anwendung. Die Übertragbarkeit dieser Ansprüche kann durch die Landesgesetzgebung ausgeschlossen werden."

Zur Begründung war angeführt worden, daß die Regierungen mehrerer Bundesstaaten (Bayerns, Sachsens, Württembergs) Gewicht darauf legten, in der Aufrechnung von Ansprüchen aus dienstlichem Verschulden der Landesbeamten gegen deren Gehalts- und Pensionsansprüche freie Hand zu behalten. Betont wurde hierbei, daß das Bürgerliche Gesetzbuch einen Eingriff in diese Verhältnisse um so mehr vermeiden müsse, als die Gehaltsansprüche der Beamten auf einem Verhältnisse des öffentlichen Rechtes beruhten und, wenn auch die geschichtliche Entwickelung ihnen einen privatrechtlichen Charakter beigelegt habe, nicht dem Gebiete des bürgerlichen Rechtes, sondern dem Staatsrechte der Einzelstaaten angehörten. Hierauf wurde beschlossen, in das Einführungsgesetz eine Vorschrift aufzunehmen, nach der die Landesgesetze unberührt bleiben, durch welche die Anwendbarkeit des § 288 auf die Ansprüche der im öffentlichen Dienste eines Bundesstaates angestellten Beamten und ihrer Hinterbliebenen auf Besoldung, Wartegeld und Pension ausgeschlossen werde. Die Fassung dieser Vorschrift wurde der Beratung des Einführungsgesetzes vorbehalten.

Vgl. Protokolle der zweiten Kommission Bd. 1 S. 374. 375 und Bd. 6 S. 409.

Nach der Fassung des Art. 81 Einf.-Ges. in Verbindung mit Art. 3 desselben ist nun zwar nicht für erforderlich zu erachten, daß die vorbehaltenen landesgesetzlichen Vorschriften ausdrücklich den § 394 B.G.B. in Bezug nehmen und ausschließen müßten; denn nach Art. 3 kann es keinem Zweifel unterliegen, daß der Art. 81 nicht nur den Erlaß neuer landesgesetzlicher Vorschriften gestattet, sondern auch die bestehenden landesgesetzlichen Vorschriften aufrecht erhält. Erforderlich ist aber, daß diese Vorschriften ihrem Inhalte nach sich in einen Gegensatz zu dem Grundsatze des § 394 B.G.B. stellen und die Aufrechnung abweichend von demselben zulassen, d. h. für zulässig erklären.

Weitere Unterstützung findet diese Auffassung, wenn man den in die Bestimmungen des dritten Abschnittes des Einführungsgesetzes eingefügten Art. 81 im Zusammenhang mit den übrigen Bestimmungen betrachtet. Der dritte Abschnitt regelt das Verhältnis des Bürgerlichen Gesetzbuchs zu den Landesgesetzen. Der Art. 55 setzt die privatrechtlichen Vorschriften der Landesgesetze in ihrer Gesamtheit außer Kraft und läßt nur Ausnahmen insoweit zu, als in dem Bürgerlichen Gesetzbuch oder in dem Einführungsgesetz ein anderes bestimmt ist. Die in den Artt. 56—152 folgenden Vorbehalte beziehen sich zum Teil auf besondere Rechtsmaterien (Artt. 56—76), zum Teil auf einzelne besondere Fragen (Artt. 77—152). Überall ist als Standpunkt des Gesetzes erkennbar, daß im Rahmen dieser Vorbehalte der landesgesetzlichen Vorschriften positive Vorschriften, — zu denen nach Art. 2 auch gewohnheitsrechtliche Normen gehören, — bestehen oder noch erlassen werden. Dementsprechend sind in einer Reihe deutscher Bundesstaaten besondere gesetzliche Vorschriften im Sinne des Vorbehaltes des Art. 81 erlassen worden.

Vgl. Bayerisches Ausführungsgesetz vom 9. Juni 1899 Art. 12; Hessisches Ausführungsgesetz vom 17. Juli 1899 Art. 35; Endemann, Lehrbuch 8. Aufl. Bd. 1 § 145 S. 832 Anm. 25.

Für das Gebiet des Königreichs Preußen sind landesgesetzliche Vorschriften, welche die Aufrechnuug gegen die im Art. 81 Einf.-Ges. bezeichneten Ansprüche abweichend von der Vorschrift des § 394 B.G.B. zulassen, nicht ergangen. Da, wie oben erwähnt, auch früher solche Vorschriften nicht bestanden haben, so ist im vorliegenden Falle nach § 394 B.G.B. die Aufrechnung unstatthaft." ...

---

2. Haben die Hinterbliebenen eines vor dem 1. April 1900 pensionierten, aber nach diesem Zeitpunkte verstorbenen städtischen Beamten gesetzlichen Anspruch auf Hinterbliebenenversorgung nach § 15 des preußischen Gesetzes, betr. die Anstellung und Versorgung der Kommunalbeamten, vom 30. Juli 1899 (G.S. S. 141)?

III. Civilsenat. Urt. v. 17. März 1903 i. S. Kl. Wwe. u. Gen. (Kl.) w. Stadtgem. A. (Bekl.). Rep. III. 431/02.

I. Landgericht Landsberg a. W.
II. Kammergericht Berlin.

Vorstehende Frage ist verneint worden aus folgenden

Gründen:

... „Der § 15 des Gesetzes, betr. die Anstellung und Versorgung der Kommunalbeamten, vom 30. Juli 1899, welches mit dem 1. April 1900 in Kraft getreten ist, bestimmt:

„Die Witwen und Waisen der pensionsberechtigten Beamten der Stadtgemeinden, einschließlich der im § 14 aufgeführten Beamten, erhalten — sofern nicht mit Genehmigung des Bezirksausschusses ein anderes festgesetzt ist — Witwen- und Waisengeld nach den für die Witwen und Waisen der unmittelbaren Staatsbeamten geltenden Vorschriften unter Zugrundelegung des von dem Beamten im Augenblick des Todes erdienten Pensionsbetrages." ...

Der Begriff des „pensionsberechtigten Beamten" im Sinne des § 15 ist aus der Vorschrift des § 12 zu entnehmen, welche dahin geht, daß die städtischen Beamten bei eintretender Dienstunfähigkeit — sofern nicht mit Genehmigung des Bezirksausschusses ein anderes festgesetzt ist — Pension erhalten nach den für die Pensionierung der unmittelbaren Staatsbeamten geltenden Grundsätzen. Hiernach sollen alle angestellten städtischen Beamten Pension erhalten, mögen sie erst nach Inkrafttreten des Gesetzes angestellt werden, oder sich in diesem Zeitpunkt bereits als angestellte Beamte im städtischen Dienst befinden. Dagegen können als pensionsberechtigte Beamte im Sinne der §§ 15 und 12 des Gesetzes nicht solche Personen angesehen werden, die schon vor dem Inkrafttreten des Gesetzes pensioniert worden sind; denn durch ihre Pensionierung sind sie aus dem städtischen Dienst ausgeschieden; das Gesetz findet sie bei seinem Inkrafttreten als städtische Beamte nicht mehr vor.

Es kann daher der Revision nicht zugegeben werden, daß der Wortlaut des § 15 die Auffassung zulasse, unter den „pensionsberechtigten Beamten der Stadtgemeinden" auch solche Beamte der Stadtgemeinden zu verstehen, die vor dem 1. April 1900 pensioniert seien und nach diesem Zeitpunkt noch gelebt hätten, demnach unter der Herrschaft des Gesetzes pensionsberechtigt gewesen seien. Zur Anwendung des § 15 genügt es nicht, daß der Beamte, dessen Witwe und Waisen einen Anspruch auf Witwen- und Waisengeld erheben, zu irgendwelcher Pension berechtigt ist, sondern es kommt darauf an, ob ihm eine Pensionsberechtigung auf Grund des Gesetzes vom 30. Juli 1899 zusteht.

Die Revision macht ferner geltend: erkenne man an, daß das Gesetz eine Pensionsberechtigung auch für die zur Zeit des Inkrafttretens des Gesetzes bereits im Dienst befindlichen städtischen Beamten geschaffen habe, und lasse man also insoweit eine Rückwirkung auf bestehende Beamtenverhältnisse zu, obwohl es dafür ebenfalls an einer ausdrücklichen Bestimmung fehle, so stehe nichts im Wege, auch den Witwen und Waisen der vor dem Inkrafttreten des Gesetzes pensionierten Beamten der Stadtgemeinden die Berechtigung auf Witwen- und Waisengeld zuzusprechen. Diese Ausführung ist nicht begründet. Gewiß hätte das Gesetz bestimmen können, daß die Vorteile des Gesetzes nur den nach dem Inkrafttreten des Gesetzes zur Anstellung gelangenden städtischen Beamten zuteil werden sollten; denn nicht nur das Gehalt, sondern auch die Pension und das Witwen- und Waisengeld bilden einen Bestandteil der dem Beamten für sein Amt ausgesetzten Rente,

vgl. Entsch. des R.G.'s in Civils. Bd. 38 S. 322. 323,

und von diesem Standpunkt aus könnten den unter der Herrschaft einer früheren, weniger günstigen Gesetzgebung angestellten Beamten die durch neuere Gesetze eingeführten Vorteile versagt werden. Wenn aber das Gesetz vom 30. Juli 1899 sich nicht auf diesen Standpunkt gestellt, sondern die Pensionsberechtigung und die Versorgung für Witwen und Waisen auf die zur Zeit des Inkrafttretens des Gesetzes im Dienst befindlichen Beamten ausgedehnt hat, so folgt doch daraus nicht, daß man noch weiter zu gehen und das Gesetz auch auf diejenigen Personen anzuwenden hätte, die schon vorher pensioniert, zur Zeit des Inkrafttretens des Gesetzes also aus dem Beamtenverhältnis ausgeschieden waren. Die Anwendbarkeit des Gesetzes auf die bei seinem Inkrafttreten im Dienst befindlichen Beamten folgt aus dem allgemeinen Wortlaute des § 12 und wird demgemäß als dem Willen des Gesetzes entsprechend in Theorie und Praxis anerkannt.

Vgl. Ledermann, Gesetz, betr. die Anstellung und Versorgung der Kommunalbeamten, vom 30. Juli 1899 § 12 Bem. 1 und im Preußischen Verwaltungsblatt Bd. 23 S. 635; Jebens, im Preußischen Verwaltungsblatt Bd. 21 S. 66 flg.; Anweisung zur Ausführung des Gesetzes vom 30. Juli 1899 Art. IV Nr. 2 Abs. 6.

Für die Anwendbarkeit des Gesetzes auf die vor seinem Inkrafttreten ausgeschiedenen Beamten fehlt es aber in dem Gesetz an jedem Anhalt. Die Übergangsbestimmungen §§ 24. 25 betreffen diese Frage nicht, und auch aus den Gesetzesmaterialien ist nichts zu entnehmen. Es kann hiernach nicht angenommen werden, daß beabsichtigt gewesen sei, die Witwen- und Waisenversorgung auf die Hinterbliebenen der bereits ausgeschiedenen Beamten auszudehnen. Aber selbst wenn eine solche Absicht bestanden hätte, würde darauf nichts ankommen, weil sie in dem Gesetz keinen erkennbaren Ausdruck gefunden hat; denn mit dem Berufungsgericht ist grundsätzlich davon auszugehen, daß das Gesetz vom 30. Juli 1899 vom Tage seines Inkrafttretens ab die Anstellung und Versorgung der Kommunalbeamten regeln will und nicht auf vorher tatsächlich und rechtlich abgeschlossene Verhältnisse Anwendung zu finden hat.

Die Ansicht des ersten Richters, daß die Anwendbarkeit des § 15 auf die Hinterbliebenen der vor dem 1. April 1900 pensionierten städtischen Beamten aus dem im § 15 in Bezug genommenen preußischen Gesetz vom 20. Mai 1882, betr. die Fürsorge für die Witwen und Waisen der unmittelbaren Staatsbeamten, (G.S. S. 298) zu entnehmen sei, wird vom Berufungsgerichte zutreffend mit der Begründung widerlegt, daß die im § 15 enthaltene Verweisung auf die für die Witwen und Waisen der unmittelbaren Staatsbeamten geltenden Vorschriften nur für die Bemessung der Höhe der Witwen- und Waisengelder und die Dauer ihrer Gewährung in Betracht kommt." . . .

---

3. Kann der Eigentümer, dessen Grundstück durch eine auf Antrag des Eisenbahnfiskus als Unternehmers ergangene vorläufige Planfeststellung berührt wird, wenn das Grundstück in entsprechendem Umfange ohne Durchführung des Enteignungsverfahrens tatsächlich für Eisenbahnzwecke verwendet ist, behufs Festsetzung seiner Entschädigung von dem Unternehmer verlangen, daß dieser bei dem zuständigen Regierungspräsidenten einen Antrag auf Einleitung des Verfahrens der endgültigen Planfeststellung stelle?

Preuß. Enteignungsgesetz vom 11. Juni 1874 §§ 18. 42. 43.

VII. Civilsenat. Urt. v. 12. Mai 1903 i. S. preuß. Eisenbahnfiskus (Bekl.) w. Provinzialverband von Schlesien (Kl.). Rep. VII. 49/03.

I. Landgericht Beuthen.
II. Oberlandesgericht Breslau.

Bei Anlage der Oberschlesischen Eisenbahn wurde die von Breslau über Gleiwitz nach der Grenze führende, nach 1820 als Chaussee ausgebaute und verbreiterte Land- und Heerstraße in der Nähe von Gleiwitz durch einen Schienenstrang gekreuzt, neben welchen später noch ein zweiter gelegt wurde. Am 30. Oktober 1889 fand in Gleiwitz ein Termin zur landespolizeilichen Prüfung eines Entwurfes für die Beseitigung des Niveauüberganges der Chaussee und Ersatz desselben durch eine Wegeüberführung für Fuhrwerk und einen Personentunnel für Fußgänger statt. In dem über die Verhandlung aufgenommenen Protokolle ist bemerkt: „Die aus der Anlage dem Provinzialverbande erwachsenden Unterhaltungskosten werden in einer besonderen Verhandlung mit dem Eisenbahnfiskus festgestellt, und die Eigentumsverhältnisse geregelt werden." Nachdem der Plan die landespolizeiliche Genehmigung erhalten hatte, wurde die Wegeüberführung im Jahre 1891 ausgeführt. Der verlegte Chausseeteil ging im Bogen über die Gleisanlage hinweg und mündete darauf in die frühere Chaussee ein. Zu beiden Seiten der Gleise wurde mit diesen parallel quer über die Chaussee ein Zaun, und unter den Gleisen ein Personentunnel angelegt, dessen Treppeneingang sich jenseit des Bretterzauns auf Chausseeterrain befand; zugleich wurden nach Herstellung des Überweges zwei neue die Chaussee kreuzende Gleise innerhalb der Zäune angelegt. Seitdem waren die Fuhrwerke auf die Benutzung der neuen Straße angewiesen, während die Fußgänger den Tunnel benutzen konnten. Der Kläger bezeichnete den alten Chausseeteil als totgelegt. Ferner durchquerte die Eisenbahnverwaltung zur Entwässerung des Personentunnels die Chaussee auch mit einem Entwässerungskanal. Ein von dem Kläger an den Beklagten gerichtetes Verlangen, ihm den neuen Weg einschließlich des Überführungsbaues gegen Abtretung des totgelegten Chausseeteils eigentümlich zu überlassen, wurde vom Beklagten abgelehnt.

Der Kläger behauptete Eigentum an der Chaussee. Er hielt sich für berechtigt, da eine Einigung mit dem Beklagten nicht zustande gekommen, Entschädigung für die Entziehung der Strecke auf Grund des Enteignungsverfahrens, dessen Einleitung der Beklagte beantragen müsse, zu verlangen. Sein Antrag, soweit er hier interessiert, ging dahin, den Beklagten für verpflichtet zu erklären, in Gemäßheit der §§ 18. 24 des Enteignungsgesetzes den Antrag auf Einleitung des Enteignungsverfahrens wegen der totgelegten Provinzialchausseestrecke bei dem zuständigen Regierungspräsidenten zu stellen. Der Beklagte beantragte Abweisung der Klage. Er bestritt ein Privateigentum des Klägers und wendete ferner ein, daß nach Ausführung und Benutzung der neuen Anlagen ein Entschädigungsfestsetzungsverfahren nicht angängig, sondern zwecklos sei.

Durch Urteil der ersten Instanz wurde im wesentlichen nach dem Klagantrage erkannt. Der Beklagte legte Berufung ein. Durch Urteil des Berufungsgerichts wurde das der ersten Instanz dahin geändert, daß der Beklagte verurteilt wurde, gemäß §§ 18. 24 des Enteignungsgesetzes den Antrag auf Einleitung des Enteignungsverfahrens bei dem Regierungspräsidenten zu O. zu stellen, und zwar wegen desjenigen Teils der alten Gleiwitz-Peiskretschamer Provinzialchaussee am Bahnhofe in Gleiwitz, der durch feste Schranken gesperrt sei, und wegen desjenigen Teils derselben Chaussee, der zur Herstellung und Entwässerung eines Fußgängerweges in Anspruch genommen sei; mit dem weitergehenden Anspruch wurde Kläger abgewiesen.

Die Revision des Beklagten ist zurückgewiesen worden.

Aus den Gründen:

(Zunächst wird ausgeführt, daß der Berufungsrichter ohne Rechtsirrtum einen für eine Enteignung tauglichen Gegenstand als vorhanden betrachte. Weiter gehen die Gründe dahin:)

... „Der Berufungsrichter stellt sodann fest, daß durch Allerhöchste Kabinettsorder vom 24. März 1841 und Allerhöchsten Erlaß vom 11. August 1843 für den Bau der Eisenbahn von Breslau über Kosel und Gleiwitz nach der Landesgrenze bei Berun das Enteignungsrecht verliehen worden. Er nimmt an, daß dieses Enteignungsrecht sich erstrecke auch auf Erweiterungen der Bahn, also auf die Anlegung des dritten und vierten Gleises auf der Strecke Gleiwitz-Laban, sowie auf alle diejenigen Anlagen, welche im Interesse der Eisenbahn erforderlich seien, also auch auf die Anlegung des Überweges, Sperrung des Niveauüberganges, sowie Herstellung des Personentunnels. Weiter betrachtet der Berufungsrichter als feststehend, daß das vorläufige Planfeststellungsverfahren stattgefunden habe; denn der die Anlage enthaltende Entwurf sei gemäß § 14 des Enteignungsgesetzes vor seiner Ausführung von der zuständigen Behörde, d. h. für Eisenbahnunternehmungen gemäß § 4 des Gesetzes vom 3. November 1838 in Verbindung mit dem Erlaß vom 7. August 1878 und Art. II des Gesetzes vom 13. März 1879 von dem Minister der öffentlichen Arbeiten, geprüft worden; auch trage der Entwurf den Prüfungsvermerk der Landespolizeibehörde. Ein Angriff gegen diese Erwägungen ist nicht erhoben. Der Berufungsrichter führt dann weiter aus, Kläger sei nicht behindert, den in der Herstellung der Anlagen liegenden Eingriff in sein Eigentum mit geeigneten Anträgen im Rechtswege zu verfolgen; nachdem aber der in Anspruch genommene Grund und Boden durch die vorläufige Feststellung des Planes für expropriabel erklärt und der Enteignung unterworfen sei, könne Kläger auch bei seinem an der Beendigung dieses Zustandes bestehenden wesentlichen Interesse Entschädigung nach Maßgabe des Enteignungsgesetzes und zu diesem Zwecke die Durchführung des Enteignungsverfahrens beanspruchen und dementsprechend im Wege der Klage verlangen, daß der Beklagte den zur Einleitung dieses Verfahrens erforderlichen Antrag bei der zuständigen Behörde stelle. Die Revision hält die Annahme für rechtsgrundsätzlich unrichtig, daß der Kläger neben den auf Abwehr der Eingriffe in sein Eigentum gerichteten Schritten auch zu dem Verlangen befugt sei, von dem Beklagten die Herbeiführung des Enteignungsverfahrens zu verlangen; denn das Gesetz gebe lediglich dem Unternehmer, dem das Enteignungsrecht verliehen worden, das Recht, für sein Unternehmen anderen das Grundeigentum gegen Entschädigung zu entziehen. Durch die vorläufige Planfeststellung werde das dem Kläger zugesprochene Recht auf Durchführung des Enteignungsverfahrens nicht begründet. Auch durch die definitive Planfeststellung werde der Unternehmer dem beteiligten Grundeigentümer gegenüber nicht zur Zahlung einer Entschädigung gegen Abnahme des Grundstücks oder zur Durchführung des Enteignungsverfahrens gemäß §§ 24 flg. des Enteignungsgesetzes verpflichtet, hafte ihm vielmehr nur im Rechtswege für die Nachteile, die ihm durch das Enteignungsverfahren erwachsen sind, falls er nicht in der gemäß § 21 bestimmten Zeit von dem Enteignungsrechte Gebrauch mache oder vor Festsetzung der Entschädigung durch den in § 29 erwähnten Beschluß von dem Unternehmen zurücktrete.

Der Angriff erscheint nicht als begründet. Nach dem Zusammenhange der Erwägungen des angefochtenen Urteils ist dieses nicht notwendig dahin zu verstehen, daß Kläger noch gegenwärtig im Rechtswege die Beseitigung der neuen Anlagen und die Wiederherstellung des vor denselben vorhanden gewesenen Zustandes erreichen könne; jedenfalls aber würde eine solche Ansicht schon gegenüber den Vorschriften des Gesetzes über die Zulässigkeit des Rechtsweges in Beziehung auf polizeiliche Verfügungen vom 11. Mai 1842 sich als nicht haltbar darstellen. Dem Kläger steht jetzt lediglich ein Anspruch auf Entschädigung zu, und es fragt sich jetzt nur, nach welchen Grundsätzen er zu bemessen, und auf welchem Wege er zu verfolgen ist. Der Revision muß zugegeben werden, daß das Recht auf Herbeiführung des Enteignungsverfahrens nur dem Unternehmer zusteht; aber dies ist hier nicht entscheidend, sondern es handelt sich darum, ob nicht kraft des zwischen dem Grundstückseigentümer und dem Unternehmer bestehenden Verhältnisses der erstere von dem letzteren die Vornahme der zur Herbeiführung des Enteignungsverfahrens erforderlichen Schritte zu verlangen berechtigt ist. Hier beachtet die Revision nicht, daß der Eigentümer schon mit der Erlassung eines sein Grundstück notwendig berührenden vorläufigen Planfestsetzungsbeschlusses, wenn ihm das genannte Recht nicht zugestanden wird, in eine sehr prekäre Lage kommt; denn einerseits muß er der Entziehung seines Grundeigentums gewärtig sein, und andererseits würde ihm ein ausreichendes Mittel nicht gewährt sein, Gewißheit darüber herbeizuführen, ob der Unternehmer innerhalb irgendwelcher Zeit von dem ihm gewährten Enteignungsrechte Gebrauch machen wird, oder nicht. Dies legt den Gedanken nahe, daß es dem Grundstückseigentümer nicht versagt sein kann, den Unternehmer zu Schritten auf Fortgang des Verfahrens anzuhalten, damit die ihn schädigende Ungewißheit der Lage nicht ins Ungemessene ausgedehnt, sondern dem Unternehmer nach § 21 Ziff. 1 des Enteignungsgesetzes eine Frist gesetzt werde, und damit er in den Besitz der in § 42 a. a. O. vorgesehenen Ansprüche gelange. Ob indessen hierdurch eine genügende Rechtsgrundlage für den bezeichneten Anspruch geschaffen wird, kann im gegenwärtigen Falle dahingestellt bleiben, und ebenso, ob nach dem hier gegebenen tatsächlichen Verlauf das Moment der Ungewißheit der Lage von ausschlaggebender Bedeutung ist; denn gerade dieser tatsächliche Verlauf in Verbindung mit der die Grundlage bildenden vorläufigen Planfestsetzung läßt von einem anderen Gesichtspunkte aus das Verlangen des Klägers als berechtigt erscheinen. Infolgedavon, daß der Streckenteil zwischen den gegenwärtigen festen Schranken dem Eisenbahnkörper einverleibt, der Tunneleingang auf Chausseeterrain hergestellt, und auf demselben Terrain eine Wasserableitung geschaffen ist, dieser Zustand auch staatlich geschützt wird, hat der Beklagte, als der Unternehmer, im Ergebnisse vollständig erreicht, was im Enteignungsverfahren erreicht werden konnte, und in gleicher Weise ist dem Kläger sein Grundeigentum materiell entzogen; das ihm bleibende Eigentumsrecht behält für ihn keinen weiteren Wert, als daß, wenn die Richtung der Eisenbahn in Zukunft verlegt werden sollte, sein Recht wieder zur Geltung kommen kann. Ein solches Ergebnis will das Gesetz nicht. Das Grundeigentum soll nur gegen Entschädigung entzogen oder beschränkt werden können, seit Erlassung des Enteignungsgesetzes nur im Wege des durch dieses Gesetz geregelten, die Entschädigung des Eigentümers nach gewissen Grundsätzen sichernden und für ihn nach mehreren Richtungen hin besonders günstig gestalteten Verfahrens. Nicht auf § 75 Einl. zum A.L.R. kann der Eigentümer in einem Falle der vorliegenden Art verwiesen werden, und nicht lediglich der § 4 des Gesetzes über die Zulässigkeit des Rechtsweges in Beziehung auf polizeiliche Verfügungen vom 11. Mai 1842 kommt in Betracht, sondern entscheidend ist, daß durch die Gewährung des Enteignungsrechtes in Verbindung mit dem den Anlagen zuteil werdenden staatlichen Schutze virtuell eine Entziehung des Grundeigentums aus Rücksichten des öffentlichen Wohles bewirkt ist. Haben die Verhältnisse tatsächlich dahin geführt, daß dies ohne ein die Interessen des Grundeigentümers sicherndes Verfahren geschehen ist, so darf der Unternehmer dem Eigentümer gegenüber daraus Vorteile nicht ziehen; im Verhältnis unter ihnen muß die vom Gesetze gewollte Rechtslage hergestellt werden; der Unternehmer hat daher nicht nur nach den materiellrechtlichen Vorschriften des Enteignungsgesetzes Entschädigung zu leisten, sondern er ist auch dem Grundeigentümer gegenüber verpflichtet, seine Mitwirkung zur Einleitung des Verfahrens zu leihen, welches insbesondere auch infolge der Vorschrift in § 43 des Enteignungsgesetzes dem Unternehmer erhebliche Vorzüge gegenüber der unmittelbaren Beschreitung des Rechtsweges bietet, und welches nicht lediglich deshalb in Wegfall kommen darf, weil der Unternehmer infolge der tatsächlichen Hergänge seine Zwecke bereits erreicht hat und an der Einleitung und Durchführung des Verfahrens seinerseits nicht mehr interessiert ist. Geordnet ist das Verfahren im Interesse des einen wie des anderen Teils, und dieser Gesichtspunkt muß zur Geltung gelangen, obwohl das Gesetz dem Eigentümer ein Recht, unmittelbar durch eigene Schritte die Einleitung des Verfahrens herbeizuführen, nicht gewährt hat. Außer Anwendung bleibt hier der § 14 des Enteignungsgesetzes, nach welchem der Unternehmer zur Einrichtung der im öffentlichen Interesse zur Sicherung gegen Gefahren und Nachteile notwendigen Anlagen verpflichtet ist, über diese Obliegenheiten des Unternehmers aber die Bezirksregierung entscheidet; denn nicht um Herstellung dieser Anlagen handelt es sich, sondern um eine dafür zu gewährende Entschädigung, daß zum Zwecke der Ermöglichung derselben Grundeigentum des Klägers in Anspruch genommen ist.

Hätte schon eine definitive Planfestsetzung stattgefunden, so würde die Verpflichtung des Beklagten dahin gehen, nach § 24 des Enteignungsgesetzes einen Antrag auf Feststellung der Entschädigung bei der Verwaltungsbehörde einzubringen. Da diese Voraussetzung nach den Feststellungen des Berufungsrichters nicht zutrifft, so besteht der nächste Gegenstand der Verpflichtung des Unternehmers darin, daß er gemäß § 18 des Enteignungsgesetzes einen Antrag auf Einleitung des Verfahrens behufs endgültiger Planfeststellung einreicht. Der Grundeigentümer kann nicht lediglich aus dem Grunde, weil die definitive Planfeststellung noch nicht stattgefunden hat, auf § 75 Einl. zum A.L.R. verwiesen werden, sondern auch in einem solchen Falle behalten die Rücksichten, vermöge deren sein Anspruch gegenüber dem Unternehmer auf Entschädigung nach dem Enteignungsgesetze und im Wege des in diesem vorgesehenen Verfahrens anzuerkennen ist, ihre volle Geltung. Die rechtliche Möglichkeit des Verfahrens der endgültigen Planfestsetzung liegt vor. Auch wird dasselbe nicht dadurch entbehrlich, daß durch die tatsächliche Einverleibung des Grundstückes der Gegenstand der Enteignung bereits eine gewisse Umgrenzung erhalten hat; denn die Bedeutung des Planfestsetzungsverfahrens ist damit nicht erschöpft. Die gegenteilige Annahme könnte auch nur zur Folge haben, daß die Pflicht des Unternehmers sich sofort auf Einbringung eines Antrages nach § 24 des Enteignungsgesetzes richtete. Vgl. Entsch. des R.G.'s in Civils. Bd. 1 S. 171; Bolze, Praxis des Reichsgerichts Bd. 10 Nr. 639." ...

---

4. Sind mit der Streitverkündung im schiedsrichterlichen Verfahren die in § 74 Abs. 3. § 68 C.P.O. ausgesprochenen Folgen verbunden?

II. Civilsenat. Urt. v. 15. Mai 1903 i. S. Sch. (Kl.) w. R. (Bekl.). Rep. II. 504/02.

I. Landgericht Freiburg.
II. Oberlandesgericht Karlsruhe.

Der Kläger übertrug im Jahre 1896 dem Beklagten die Funktionen eines bauleitenden Architekten bei dem Abbruche und Neubaue zweier Häuser, insbesondere das Vergeben der Arbeiten und die Bauleitung. Der Beklagte vergab die Abbruch- und Maurerarbeiten dem Bauunternehmer M. Danach hatte M. bis zum 15. Mai den Bau unter Dach zu bringen und im Falle einer Verzögerung für jede Woche eine Konventionalstrafe von 10 Prozent der Bausumme, die 20600 ℳ betrug, zu zahlen; in einem Nachtrage zum Bauvertrag war weiter vereinbart, daß M. die gleiche Konventionalstrafe anzusprechen habe, wenn er durch Steinhauer- oder Zimmererarbeit Verzögerung haben sollte. Nach Vollendung des Neubaues ergaben sich zwischen dem Kläger und M. Streitigkeiten über einen Entschädigungsanspruch des M. in Höhe von 3000 ℳ, der darauf begründet war, daß M. infolge der verspäteten Anlieferung der Hausteine, die nach der Darstellung des M. auf ein Verschulden des Beklagten als bauleitenden Architekten zurückzuführen war, und wegen der dadurch bedingten Unterbrechung und Störung in der Weiterführung, infolge deren das Haus erst am 19. Juni 1897 unter Dach gebracht werden konnte, einen Schaden in Höhe von 3000 ℳ erlitten habe. Zur Entscheidung dieser Streitpunkte trat das in § 19 der allgemeinen Vertragsbedingungen vorgesehene Schiedsgericht in Tätigkeit; während des schiedsgerichtlichen Verfahrens verkündete der Prozeßbevollmächtigte des Klägers mit Schriftsatz vom 19. Dezember 1898 dem Beklagten R. den Streit. Das Schiedsgericht verurteilte durch Schiedsspruch vom 25. Mai 1900 den Bauherrn — den jetzigen Kläger — an M. eine Entschädigung von 3000 ℳ zu zahlen und 4/5 der Kosten des Verfahrens zu tragen, indem es annahm, durch die verspätete Anlieferung der Steinhauerarbeiten sei die Fertigstellung der Arbeit um vier Wochen verzögert worden, und es sei danach die Forderung des M. in der beanspruchten Höhe von 3000 ℳ begründet. Nunmehr verlangte der Kläger von dem Beklagten, weil durch dessen Verschulden die Verspätung in der Anlieferung der Steinhauerarbeiten verursacht worden sei, den Ersatz dieser 3000 ℳ und der Kosten des schiedsrichterlichen Verfahrens. Der Beklagte erhob gegen diesen Anspruch unter anderem die beiden Einwendungen, einmal der Schiedsspruch sei unrichtig, und sodann derselbe habe nur deshalb so wie geschehen ergehen können, weil der Kläger die Geltendmachung des ihm bekannten Verteidigungsmittels unterlassen habe, daß M. auf seine Rechte wegen Verzögerung in der Anlieferung der Hausteine bei den damals mit dem Beklagten gepflogenen Unterhandlungen verzichtet habe. Dagegen machte der Kläger geltend, der Beklagte sei mit diesen Einwendungen durch die an die Streitverkündung im schiedsrichterlichen Verfahren geknüpften Folgen der § 74 Abs. 3. § 68 C.P.O. ausgeschlossen. Das Revisionsurteil gibt zu diesem Streitpunkte folgende

Gründe:

... „Diese beiden Einwendungen wären unbegründet, wenn der Kläger aus der im schiedsrichterlichen Verfahren erfolgten Streitverkündung an den Beklagten die in § 74 Abs. 3. § 68 C.P.O. ausgesprochenen prozessualischen Folgen abzuleiten vermöchte. Dies ist jedoch, wie das Berufungsgericht mit Recht annimmt, zu verneinen; vielmehr ist davon auszugehen, daß an die Streitverkündung im schiedsrichterlichen Verfahren in der Regel, d. i. wenn nicht eine entsprechende rechtsgeschäftliche Abmachung vorliegt, oder die Grundsätze des bürgerlichen Rechts im gegebenen Falle zu dem gleichen Ergebnisse führen, nicht die Rechtsfolgen der § 74 Abs. 3. § 68 C.P.O. geknüpft sind.

Zwar kann es keinem Bedenken unterliegen, daß an sich eine

Streitverkündung im weiteren Sinne, d. h. die in den Formen des § 73 C.P.O. entsprechend erfolgende Benachrichtigung von einem Verfahren über eine Rechtsstreitigkeit, bei deren ungünstigem Ausgang ein Anspruch auf Gewährleistung oder Schadloshaltung gegen den Dritten erhoben werde, nicht mit dem schiedsrichterlichen Verfahren unvereinbar ist. Das Bürgerliche Gesetzbuch unterstellt die Möglichkeit einer Streitverkündung in diesem weiteren Sinne in § 220 Abs. 1, indem dort unter anderem auf § 209 Ziff. 4 B.G.B. Bezug genommen wird. Dagegen fehlt es an einem Anhalte in dem Gesetze, an diese Streitverkündung die in den § 74 Abs. 3. § 68 C.P.O. positiv ausgesprochene Folge zu knüpfen. Zunächst unterstellt der Wortlaut der §§ 72, 74 Abs. 3 und 68 a. a. O. einen Rechtsstreit, d. i. ein Streitverfahren unter staatlichem Rechtsschutze; das schiedsrichterliche Verfahren bezielt zwar nach § 1025 C.P.O. auch die Entscheidung einer Rechtsstreitigkeit, aber nicht durch die Organe der staatlichen Rechtsordnung, sondern durch ein auf gütliche Beseitigung einer Rechtsstreitigkeit gerichtetes Geschäft. Die Civilprozeßordnung enthält ferner nicht, wie Art. 1009 des Code de procédure civile, eine Vorschrift dahin, daß das schiedsrichterliche Verfahren sich nach den Vorschriften der Civilprozeßordnung bestimme; im Gegenteil ist nach den Bestimmungen der Civilprozeßordnung der Schiedsrichter, soweit die Parteien nichts Abweichendes vereinbart haben, an die Vorschriften der Civilprozeßordnung grundsätzlich nicht gebunden, und unterliegt dessen Freiheit nur gewissen, aus den Einzelbestimmungen des 10. Buches über das schiedsrichterliche Verfahren abzuleitenden Schranken. Demzufolge liegt die Grundlage der Wirkung des Schiedsspruchs in dem Vertrage. Diese Erwägungen schließen aber aus, daß der Gesetzgeber die in § 74 Abs. 3 an die Streitverkündung im Rechtsstreite geknüpften, in § 68 C.P.O. positiv ausgesprochenen Rechtsfolgen schlechthin an eine Streitverkündung im schiedsrichterlichen Verfahren knüpfen wollte, oder daß eine Übertragung jener Rechtsfolgen im Wege der Analogie zugelassen werden könnte. Allerdings greifen diese Ausführungen nur Platz für das Verfahren vor den Schiedsrichtern — das schiedsrichterliche Verfahren im engeren Sinne —, nicht für das Verfahren vor den Gerichten, das in einem schiedsrichterlichen Verfahren stattfinden kann. Insbesondere hat die Streitverkündung in dem Verfahren nach § 1042 C.P.O. die Wirkung der § 74 Abs. 3. § 68 a. a. O. auch in bezug auf die dort zulässige Anfechtung aus einem der in § 1041 aufgezählten Gründe.

Wenn aber an die Streitverkündung im schiedsrichterlichen Verfahren in dem dargelegten engeren Sinne nicht die an die Streitverkündung im Rechtsstreite in den §§ 74 und 68 positiv ausgesprochene Wirkung geknüpft ist, so kann daraus nicht abgeleitet werden, daß sie schlechthin wirkungslos sei. Ihre Wirkung bestimmt sich vielmehr nach dem bürgerlichen Rechte. Das Badische Landrecht, das hier — Art. 170 Einf.-Ges. zum B.G.B. — noch in Betracht kommt, enthält hierüber, gleich dem Code civil, keine positiven allgemeinen Vorschriften. Vielmehr wird es Sache der Prüfung des einzelnen Falles sein, ob der Streitverkündete aus dem seiner angeblichen Verpflichtung auf Schadensersatz zugrunde liegenden Rechtsverhältnisse verpflichtet ist, anstatt des Streitverkünders oder neben demselben dessen Rechte im schiedsrichterlichen Verfahren zu wahren, oder ob nicht wenigstens das schiedsrichterliche Verfahren und der Schiedsspruch als nach Landrechtssatz 1150 unmittelbare und voraussehbare Folgen schuldhafter Vertragsverletzung zu vertreten sind. Da der Beklagte selbst seinen Bauherrn und Machtgeber der Schiedsklausel unterworfen hatte, war dem Berufungsgericht zureichender Anlaß für die Prüfung gegeben, ob der Beklagte nicht wenigstens in dem zuletzt bezeichneten Umfange die Gefahr des schiedsrichterlichen Verfahrens zu tragen habe, sofern und soweit nicht der unrichtige Schiedsspruch durch Verschulden des Klägers herbeigeführt ist. Das Berufungsgericht ist in die Prüfung dieser Fragen überhaupt nicht eingetreten, und da dessen Urteil auf der Annahme beruht, daß der Beklagte den Schiedsspruch, weil er unrichtig sei, nicht gegen sich habe gelten zu lassen, so muß der danach gegebene Mangel in der Begründung allein schon zur Aufhebung des angefochtenen Urteils führen." . . .

---

5. 1. **Können, wenn im Falle der Auferlegung eines Eides durch bedingtes Endurteil der Schwurpflichtige vor der Rechtskraft des Urteils stirbt oder eidesunfähig wird oder aufhört, gesetzlicher Vertreter zu sein, die Parteien, obschon sie in der Lage sind, nach § 471**

Abs. 1 C.P.O. in Ansehung der betreffenden Beweisführung alle Rechte auszuüben, die ihnen vor der Eideszuschiebung zustanden, dennoch Berufung, bezw. Revision gegen das Urteil einlegen und durchführen?

2. Sind in einem solchen Falle diese Rechtsmittel davon abhängig, daß die Beschwerden sich ganz oder teilweise auf andere Punkte als die Beweisfrage erstrecken, oder können die auf die Beweisfrage bezüglichen Beschwerdepunkte auch für sich allein die Grundlage der Entscheidung der Rechtsmittelinstanz bilden?

II. Civilsenat. Urt. v. 15. Mai 1903 i. S. Aach. Exp.-Br. (Bekl.) w. Frankenth. Br. (Kl.). Rep. II. 14/03.

I. Landgericht Aachen.
II. Oberlandesgericht Köln.

Aus den Gründen:

. . . „Nach der übereinstimmenden Erklärung der Parteien bei der mündlichen Verhandlung ist der Direktor E. der klägerischen Gesellschaft, dem durch das mit der Revision angefochtene Urteil der richterliche Eid aufgegeben wurde, von dessen Leistung oder Weigerung die Entscheidung in der Hauptsache abhängig gemacht wurde, vor Einlegung der Revision gestorben. Mit Rücksicht auf die Bestimmungen der § 471 Abss. 1 und 3 und § 477 Abs. 1 C.P.O., wonach in diesem Falle beide Parteien in Ansehung der betreffenden Beweisführung alle Rechte ausüben können, welche ihnen vor der Eideszuschiebung, bzw. vor der Auferlegung des richterlichen Eides zustanden, und wonach dann unter Aufhebung des Urteils in der Sache anderweit zu erkennen ist, kommt in Frage, ob danach die Einlegung und Durchführung der Revision als zulässig zu erachten ist.

Es ist nicht zu verkennen, daß gegen die Zulassung der Revision — und wenn es sich um ein Urteil erster Instanz handelt, gegen die Zulassung der Berufung — für diesen Fall namentlich um deswillen Bedenken bestehen, weil damit ein zweifaches Verfahren in verschiedenen Instanzen in Ansehung desselben Urteiles gegeben ist, und sodann weil das bedingte Endurteil auch ohne die Revision, bzw. die Berufung nicht bestehen bleiben kann, vielmehr schon nach § 471 Abs. 3 in dem weiteren Verfahren vor dem Berufungsgericht oder dem Gericht erster Instanz aufgehoben werden muß. Gleichwohl sprechen überwiegende Gründe für die Zulässigkeit der Revision, bzw. der Berufung, und zwar auch dann, wenn das Rechtsmittel erst nach dem Tode des Schwurpflichtigen eingelegt wurde.

Der § 471 Abs. 1 gibt den Parteien nur das Recht, in dem gegebenen Falle in Ansehung der betreffenden Beweisführung alle Rechte auszuüben, welche ihnen vor Erlassung des bedingten Endurteils zustanden. Hieraus muß gefolgert werden, daß im übrigen eine erneute Prüfung und Entscheidung über die zwischen den Parteien bestehenden Streitpunkte nicht einzutreten hat, daß die im Abs. 3 des § 471 vorgesehene Aufhebung nur formale Bedeutung hat und aus Zweckmäßigkeitsgründen vorgeschrieben ist, daß daher die Prozeßlage, wie sie durch das bedingte Endurteil geschaffen wurde, abgesehen von der Beweisfrage, nach wie vor für die Parteien und das Gericht, welches das bedingte Urteil erlassen hat, maßgebend bleibt.

Vgl. Entsch. des R.G.'s in Civils. Bd. 13 S. 379, Bd. 23 S. 358, Bd. 38 S. 415; Petersen u. Anger, C.P.O. zu § 471 Bem. 5 Anm. 8; Gaupp-Stein, C.P.O. zu § 471 Bem. III A; a. M. Neubauer bei Busch, Zeitschrift Bd. 18 S. 80.

Hiernach kann aber die Möglichkeit des weiteren Verfahrens vor dem Berufungsgericht keinen entscheidenden Grund abgeben, den Parteien, die durch die Entscheidung auch im übrigen verletzt sein können, das ordentliche Rechtsmittel abzuschneiden, mittels dessen sie eintretendenfalls in der Lage sind, das bedingte Endurteil überhaupt, also auch insoweit endgültig zu beseitigen, als eine Nachprüfung in dem Verfahren vor dem Berufungsgericht ausgeschlossen ist.

Vgl. Seuffert, Archiv Bd. 48 S. 355 (bayerisches Oberstes Landesgericht); Hanseat. Gerichtszeitung Beil. 15 S. 107.

Ist aber das ordentliche Rechtsmittel überhaupt gegeben, so ist dasselbe auch nicht davon abhängig, daß die Beschwerden sich ganz oder teilweise auf andere Punkte als die Beweisfrage erstrecken, und andrerseits können die auf die Beweisfrage bezüglichen Beschwerdepunkte für sich allein die Grundlage der Entscheidung des Revisionsgerichts bilden. Die Möglichkeit der Beseitigung derselben durch das Verfahren vor dem Berufungsgericht nach § 471 schließt die Begründung der Revision auf diese Beschwerden nicht aus." (Folgen Ausführungen zur Sache.)

6. Ist zur formgerechten Einlegung der Berufung eine neue Terminsbestimmung nötig, wenn durch Zustellung der Berufungsschrift mit Terminsbestimmung vor der Urteilszustellung eine wirkungslose Berufung eingelegt war, oder kann durch wiederholte Zustellung der Berufungsschrift mit der alten Terminsbestimmung nach oder gleichzeitig mit der Urteilszustellung eine formgerechte Berufung eingelegt werden?

II. Civilsenat. Urt. v. 15. Mai 1903 i. S. H. (Kl.) w. K. & K. (Bekl.). Rep. II. 94/03.

I. Landgericht Hamburg.
II. Oberlandesgericht daselbst.

Vor der am 13. August 1902 erfolgten Zustellung des Urteils hatte die Klägerin durch ihren Anwalt die Berufungsschrift vom 30. Juli dem Anwalte der Beklagten am 5. August zustellen lassen. Dieser Schriftsatz enthielt die in § 518 C.P.O. vorgesehenen wesentlichen Bestandteile, insbesondere auch die Ladung der Berufungsbeklagten zu dem von dem Vorsitzenden des Gerichts auf den 17. Januar 1903 bestimmten Termin zur mündlichen Verhandlung. Da jedoch die Einlegung der Berufung vor Zustellung des Urteils nach § 516 Abs. 2 C.P.O. wirkungslos ist, und der Anwalt der Klägerin diesen Mangel seiner Berufungseinlegung entdeckte, so ließ er den gleichen, bereits am 5. August zugestellten Schriftsatz mit der früher erfolgten Terminsbestimmung dem Anwalte der Berufungsbeklagten am 13. August, gleichzeitig mit dem Urteil, nochmals zustellen. Das Berufungsgericht verwarf diese Berufung als unzulässig, indem es erwog: der Termin vom 17. Januar sei nur zur Verhandlung über die vor Zustellung des Urteils eingelegte Berufung bestimmt gewesen. Die Beklagte habe ein Recht darauf gehabt, daß diese Berufung als unzulässig oder wirkungslos verworfen, und die Klägerin in die Kosten der wirkungslosen Berufungseinlegung verurteilt werde. Der Mangel dieser Berufungseinlegung habe auch dadurch nicht geheilt werden können, daß die Berufungsschrift mit der Terminsbestimmung, gleichzeitig mit dem Urteil, nochmals zugestellt wurde. Darin könne aber auch nicht die formgerechte wiederholte Einlegung einer Berufung gefunden werden; zu diesem Zwecke hätte Klägerin unter Zurücknahme der wirkungslosen Berufung einen neuen Schriftsatz gemäß § 518 C.P.O. mit der Bitte um Terminsbestimmung bei Gericht einreichen und rechtzeitig mit oder nach Zustellung des Urteils dem Gegner zustellen lassen müssen. Diesen Erfordernissen habe der am 13. August zugestellte Schriftsatz nicht entsprochen.

Die Revision der Klägerin wurde zurückgewiesen aus folgenden

Gründen:

... „Der am 13. August 1902 dem beim Landgerichte und bei dem Oberlandesgerichte zugelassenen Anwalte der Beklagten zum Zwecke der Berufungseinlegung nochmals zugestellte Schriftsatz vom 31. Juli enthielt äußerlich alle Erfordernisse des § 518 C.P.O.; insbesondere enthielt dessen Ladung eine von dem Vorsitzenden des zuständigen Berufungsgerichts erfolgte Terminsbestimmung. Äußerlich sind daher durch dessen Zustellung alle Förmlichkeiten einer gehörigen Berufungseinlegung erfüllt. Weiterhin kann es keinem Bedenken unterliegen, daß, wenn dessen Zustellung im übrigen als Einlegung einer neuen Berufung formell haltbar wäre, das Unterlassen einer Erklärung, die erste Berufungseinlegung sei wirkungslos, der Annahme einer neuen Berufungseinlegung nicht entgegenstände. Bei der danach gegebenen Sachlage konnte diese neue Berufungseinlegung nur dann als unzulässig verworfen werden, wenn die in deren Ladung enthaltene Terminsbestimmung durch deren bereits erfolgte Benutzung in der Ladung der ersten, nach § 516 Abs. 2 C.P.O. wirkungslosen Berufungseinlegung verbraucht war und deshalb zu einer weiteren Ladung für eine neue, wegen gleichzeitiger Zustellung des angefochtenen Urteils im übrigen rechtswirksame Berufung nicht mehr verwertet werden konnte. Auf dieser rechtlichen Annahme beruht in Wirklichkeit die Entscheidung des Berufungsgerichts. Dieser Auffassung war auch beizutreten.

Über eine Frage besteht wenigstens in der Rechtsprechung keine Meinungsverschiedenheit, nämlich darüber, daß auch in den Fällen der §§ 253 Ziff. 3. 340 Ziff. 3. 518 Ziff. 3. 553 Ziff. 3 C.P.O. — bei Klage, Einspruch und Rechtsmittel —, wenn dort das Gesetz von „der Ladung zur mündlichen Verhandlung" spricht, darunter die Ladung zu einem bestimmten, gemäß § 216 C.P.O. bei dem Prozeßgerichte festgesetzten Termine nach § 214 C.P.O. zu verstehen ist. In der Literatur wurden zwar mehrfache Versuche gemacht, in dem Gesetze einen Unterschied zwischen der Ladung zum Termine und der

Ladung zur mündlichen Verhandlung zu finden; indessen ist für diese Unterscheidung, die in Wirklichkeit zu dem Rollensystem des französischen Prozesses zurückführen würde, in der deutschen Civilprozeßordnung kein Raum.

Vgl. Gaupp-Stein, Civilprozeßordnung 4. Aufl. Bd. 1 S. 447 Anm. 3, und die dort angeführte Literatur.

Jene Versuche wurden übrigens von der Rechtsprechung,

vgl. Entsch. des R.G.'s in Civils. Bd. 13 S. 334,

als unhaltbar zurückgewiesen.

Weiterhin kann es als unstreitig bezeichnet werden, daß die ein wesentliches Erfordernis — hier der Berufungseinlegung — bildende Ladung nach dem Rechte der Civilprozeßordnung die Aufforderung zum Erscheinen in dem hierfür nach § 216 C.P.O. bestimmten, nicht in einem in der Schrift etwa bloß benannten Termine ist, und daß deshalb eine dem § 216 C.P.O. entsprechende Terminsbestimmung ein wesentliches Erfordernis der Ladung und damit der Berufungseinlegung bildet. Nach der Civilprozeßordnung ist ferner Terminsbestimmung die gerichtliche, dem Vorsitzenden zugewiesene Verfügung, in der erklärt wird, daß das Gericht zu der bezeichneten Zeit bereit sei, die Verhandlung, zu welcher geladen werden soll, mit den Parteien vorzunehmen; sie ist danach kein Blankett für irgend ein von der Partei noch zu bestimmendes Verfahren; sie ist nur festgesetzt für das Verfahren, welches durch die sie enthaltende Ladung eingeleitet wird. Daraus ergibt sich unwiderleglich, daß, wenn durch die Zustellung der jene Ladung enthaltenden Berufungsschrift ein Verfahren über eine zwar im Sinne des § 516 Abs. 2 C.P.O. wirkungslose Berufung eingeleitet wird, dadurch der für die Ladung bestimmte Termin, durch welche das bezeichnete Verfahren eingeleitet wurde, verbraucht ist und nicht mehr zu einer neuen Berufungseinlegung, die ein neues — anderes — Verfahren einleitet, verwertet werden kann.

Der I. Civilsenat des Reichsgerichts hat in dem Bd. 4 S. 415 der Entsch. in Civils. abgedruckten Urteile eine Unterscheidung gemacht zwischen Einlegung der Berufung vor der Urteilszustellung und einer fehlerhaften Einlegung nach der Urteilszustellung, indem er annahm, daß in ersterem Falle die Berufung nur als wirkungslos zu erklären, nicht als unzulässig zu verwerfen sei. Diese Unterscheidung ist für die hier zu entscheidende Frage bedeutungslos. Der I. Civilsenat nimmt selbst in der erwähnten Entscheidung an, daß durch die als wirkungslos zu erklärende Einlegung ein Verfahren eingeleitet sei, das durch Urteil und Kostenentscheidung seine Erledigung finde. Durch die Einleitung eines solchen Verfahrens ist aber die Terminsbestimmung verbraucht; sie kann nicht zur Einleitung eines weiteren oder weiterer Verfahren verwertet werden. Damit erledigen sich auch die Einwendungen der Revisionsbegründung aus der „Wirkungslosigkeit" der Berufungseinlegung, mit der nur der Nichteintritt eines Suspensiv- und Devolutiveffektes, nicht aber die Verneinung der Einleitung eines zur Erledigung durch Urteil und Kostenentscheidung geeigneten Verfahrens ausgesprochen werden soll.

In der Literatur und Rechtsprechung ist die hier entschiedene Frage, soweit ersichtlich, noch nicht zum Gegenstande der Erörterung gemacht worden. Die Ausführungen bei Gaupp-Stein, Civilprozeßordnung 4. Aufl. zu § 516 Bd. 2 S. 21, und Petersen u. Anger, Civilprozeßordnung zu § 516 Bem. 5 Bd. 2 S. 14, — wo gesagt ist: dadurch, daß der Berufungskläger das Urteil nachträglich, wenn auch vor der mündlichen Verhandlung, zustellen lasse, werde an der Wirkungslosigkeit der Berufung nichts geändert; vielmehr müsse die Einlegung der Berufung wiederholt werden; der alte Termin bleibe daher bestehen, weil der Gegner die Verwerfung der ersten Berufung und eine Entscheidung über die Kosten verlangen dürfe, — legen nahe, daß diese Schriftsteller eine neue Terminsbestimmung für nötig erachten und danach die ursprüngliche Terminsbestimmung als durch Einlegung der ersten, zwar wirkungslosen Berufung verbraucht ansehen.

Für die hier vertretene Auffassung könnte ferner aus der Rechtsprechung zu § 164 Abs. 1 C.P.O. a. F. (vgl. auch § 179 Abs. 1 n. F.) über den Begriff der Instanz ein unterstützendes Moment dann abgeleitet werden, wenn dieselbe schlechthin den Rechtsgrundsatz ausgesprochen hätte, daß jedes neue Rechtsmittel auch eine neue Instanz eröffne. Diese Auffassung liegt dem Urteil des I. Civilsenats in den Entsch. in Civils. Bd. 14 S. 371 flg. zugrunde;

vgl. auch Petersen u. Anger, C.P.O. 4. Aufl. zu § 179 Bem. 4 Bd. 1 S. 392, und Gaupp-Stein, C.P.O. 4. Aufl. zu § 179 Bd. 1 S. 410 Anm. 5; auch Wach, Handbuch des Civilprozeßrechts S. 576 Anm. 27;

indessen ist die Rechtsprechung zu dieser Frage so schwankend, daß der V. Civilsenat des Reichsgerichts in einem Urteil vom 25. Januar 1893 (Gruchot, Beiträge Bd. 37 S. 1227) wieder auf den Satz zurückgreifen konnte, es sollen mehrere noch schwebende Berufungen zu derselben Instanz im Sinne des § 164 C.P.O. a. F. gerechnet werden.

Weiterhin kann jedenfalls nicht unterstützend herangezogen werden das Urteil des VI. Civilsenats (Entsch. des R.G.'s in Civils. Bd. 45 S. 377), wonach der Berufungsbeklagte, der selbständige Berufung einlegen will, nicht zu dem auf die Berufung des Gegners bestimmten Termine laden darf. Andrerseits kann aus den Urteilen des I. Civilsenats vom 3. Oktober 1888 (Entsch. des R.G.'s in Civils. Bd. 21 S. 406) und des VI. Civilsenats vom 8. Mai 1899 (ebenda Bd. 44 S. 353/354), wonach ein Mangel der Klagezustellung durch deren nachfolgende gültige Zustellung geheilt werden kann, ein entscheidendes Moment gegen die hier vertretene Auffassung nicht abgeleitet werden. Diese gründet sich auf die prozeßrechtliche Natur und Tragweite der Terminsbestimmung, sowie auf die daraus abgeleitete Folge, daß der bestimmte Termin verbraucht sei, wenn durch eine denselben enthaltende Ladung ein Verfahren eingeleitet worden ist; darauf kam es in den oben bezeichneten Entscheidungen nicht an." . . .

---

7. 1. Inwiefern haftet eine Landgemeinde aus § 823 Abs. 1 B.G.B. wegen Nichtverwahrung einer Brücke?

2. Findet der § 254 B.G.B. auch dann Anwendung, wenn bei der Entstehung des Schadens ein eigenes Verschulden des auf Grund von § 844 oder § 845 B.G.B. ersatzberechtigten Dritten mitgewirkt hat?

VI. Civilsenat. Urt. v. 18. Mai 1903 i. S. Gem. Schl. (Bekl.) w. Th. Wwe. (Kl.). Rep. VI. 29/03.

I. Landgericht Hildesheim.
II. Oberlandesgericht Celle.

Der Ehemann der Klägerin stürzte am Abend des 14. Dezember 1900 gegen 10¼ Uhr im Dorfe Schl. beim Passieren der im Zuge der Dorfstraße über den W.'bach führenden Brücke über die steinerne Bordschwelle der Brücke in den Bach hinab und starb am folgenden oder zweitfolgenden Tage. Die Klägerin belangte die verklagte Gemeinde auf Ersatz der Beerdigungskosten und auf Schadensersatz wegen des ihr durch den Tod ihres Ernährers entgehenden Unterhaltes. Das Landgericht wies die Klage ab; das Berufungsgericht dagegen erklärte den Klaganspruch dem Grunde nach für gerechtfertigt. Auf die Revision der Beklagten ist das Urteil aufgehoben, und die Sache in die Instanz zurückverwiesen worden.

Aus den Gründen:

... „Der verklagten Gemeinde wird von der Klage zum Vorwurf gemacht, daß sie, die unstreitig Eigentümerin der Brücke ist und sie zu unterhalten hat, schuldhaft unterlassen habe, für die Verkehrssicherheit durch zureichende Abschrankung und gehörige Beleuchtung Sorge zu tragen. Die Beklagte bestreitet, daß eine Pflichtverletzung auf ihrer Seite vorliege, zieht in Abrede, daß der Tod des Th. die Folge seines Absturzes gewesen sei, macht eventuell geltend, daß der Unfall von dem Verunglückten selbst verschuldet worden sei, und wirft auch der Klägerin schuldhaftes Handeln um deswillen vor, weil sie bei Eintritt der Verschlimmerung im Befinden ihres Mannes den Arzt nicht zu Rate gezogen habe.

Der erste Richter hat den Klaganspruch für unbegründet erklärt, da selbst nach der eigenen Darstellung der Klägerin der Tod des Th. von diesem selbst verschuldet sein würde. Das Berufungsgericht nimmt als erwiesen an, daß der Ehemann der Klägerin durch Verschulden der Beklagten seinen Tod gefunden habe. Bei dem — näher geschilderten — Verlauf bleibe gar keine andere Annahme übrig, als daß gerade der Absturz in die W. die darauf folgende Erkrankung des Th., und daß diese letztere demnächst den Tod desselben verursacht habe.... Ob neben dem Absturz noch andere Umstände zur Herbeiführung des Todes mitgewirkt haben, insbesondere ob der schnelle Verlauf der Krankheit in einem Alkoholismus des Verstorbenen seine Ursache hatte, erachtet das Berufungsgericht für unerheblich. Der Absturz und folgeweise der Tod des Th. — wird weiter festgestellt — seien aber durch schuldhafte Fahrlässigkeit der Beklagten, bzw. des mit ihrer Vertretung betrauten Organs verursacht worden. Die von der Beklagten an der Seite der Brücke angebrachte Bordschwelle sei zu niedrig gewesen, um namentlich zur Nachtzeit, wenn die in der Nähe stehende Straßenlaterne nicht mehr brannte, ein Abstürzen der Passanten zu verhüten. Es habe sich in der Tat um einen gefährlichen Zustand gehandelt, welchen die Beklagte nicht habe schaffen, mindestens nicht bestehen lassen dürfen; ihre Pflicht sei gewesen, über der steinernen Bordschwelle noch ein Geländer oder eine sonstige Schutzvorrichtung anzubringen. Die Nichtanbringung einer Schutzvorrichtung sei dem Vertreter der Beklagten — dem Gemeindevorstand — als Fahrlässigkeitsschuld anzurechnen (§ 823 Abs. 1 B.G.B.), wodurch nach §§ 31. 89 B.G.B. die Haftung der Beklagten selbst begründet sei. Ein eigenes Verschulden des Verunglückten wird vom Berufungsrichter verneint. ... Ein Verschulden desselben könne darin nicht erblickt werden, daß er am Tage nach seinem Unfall und nach Eintritt einer Verschlimmerung in seinem Zustand es unterlassen habe, sich um weitere ärztliche Hilfe zu bemühen. Ob die Klägerin in letzterer Richtung ein Verschulden treffe, sei unerheblich. Die in § 846 B.G.B. vorgesehene Anwendung des § 254 das. setze ein Verschulden des Verletzten voraus; ein Verschulden des Dritten, der schadensersatzberechtigt ist, sei nicht zu berücksichtigen und könne seinem Ersatzanspruch gegenüber nicht einredeweise geltend gemacht werden.

Die Revision hält die Annahme des Berufungsgerichts, daß die verklagte Gemeinde ein Verschulden treffe, für ungerechtfertigt. So lange die Laterne an der Brücke gebrannt habe, sei die Passage keinesfalls gefährlich gewesen; daß aber noch länger als bis 10 Uhr nachts Straßen und Brücken beleuchtet würden, könne man einer Dorfgemeinde nicht zumuten; da müsse der Passant selbst für seine Beleuchtung Sorge tragen. Wenn sodann in der Umgegend von Schl., wie der Beklagte unter Beweis gestellt habe, bei Brücken von der Art der hier in Frage stehenden nur eine etwa 20 Centimeter hohe Bordschwelle ohne Gitter oder sonstige Schutzvorrichtung üblich sei, so treffe die Beklagte kein Vorwurf. Die Beklagte habe schon in erster Instanz unter Beweisantritt behauptet, daß Brücke und Beleuchtung in üblicher und angemessener Beschaffenheit durch Sachverständige, bzw. nach deren Anordnung unter Billigung der Aufsichtsbehörde hergestellt und gehalten worden seien. ...

Diese Einwendungen können nicht als begründet anerkannt werden. Die fragliche Brückenanlage ist vom Berufungsrichter wegen der niedrigen Bordschwelle und des Mangels einer Schutzvorrichtung als eine für die Passanten wenigstens zur Nachtzeit gefährliche Einrichtung angesehen worden, und diese Beurteilung der tatsächlichen Verhältnisse ist keinesfalls rechtlich zu beanstanden. Alsdann aber ist mit Recht für unerheblich erachtet, ob gleich sicherheitsgefährliche Anlagen auch sonst in der Umgegend vorkommen oder sogar üblich sind; damit könnte sich die verklagte Gemeinde nicht exkulpieren. Ist die fragliche Einrichtung — die bauliche Anlage der Brücke samt der Beleuchtungsanlage — durch Sachverständige und mit Genehmigung der Aufsichtsbehörde hergestellt worden, so würde auch das die verklagte Gemeinde noch nicht entlasten, wenn sie als Eigentümerin und Unterhaltungspflichtige die im Verkehr erforderliche Sorgfalt, welche sie von sich aus mit Rücksicht auf die Sicherung des Brückenüberganges anzuwenden hatte, außer acht ließ. Namentlich war die Beklagte durch polizeiliche Gestattung oder Duldung der so beschaffenen Brückenanlage nicht der Verpflichtung entledigt, ihrerseits mittels Anbringung eines Schutzgeländers, bzw. entsprechender Beleuchtungseinrichtung einer Gefährdung des dort verkehrenden Publikums vorzubeugen.... Die geringe Breite der Brücke konnte ... als ein besonders gefährdendes Moment in Rücksicht gezogen werden, insofern es deswegen für den Passanten bei Dunkelheit schwieriger ist, die Mitte zu halten und den Rand der Brücke zu vermeiden. Mit Unrecht beruft sich die Revision zu diesem Punkt auf das Urteil des Reichsgerichts vom 20. April 1899,

Entsch. dess. in Civils. Bd. 44 S. 173 flg.

In jenem Falle wurde — was im gegenwärtigen Falle vom Berufungsgerichte dahingestellt gelassen ist — angenommen, daß auf die geländerlose Brücke, die damals aus einem Laufsteg von der Breite zweier Bohlen bestand, der § 367 Ziff. 12 St.G.B. Anwendung finde, wobei ein behaupteter Widerspruch mit dem auf geländerlose Treppen bezüglichen Urteil in den Entsch. des R.G.'s in Civils. Bd. 34 S. 33 flg. verneint wurde. Wenn in diesem Zusammenhange gesagt ist, in gleicher Weise sei die Notwendigkeit eines Geländers bei einer Brücke dann nicht anzuerkennen, falls sie breit genug sei, um sie, ohne sich der Gefahr des Abstürzens auszusetzen, überschreiten zu können, so hat damit der erkennende Senat nicht ein für alle Fälle gleichermaßen geltendes Prinzip aufstellen wollen. Es wird insbesondere auch bei einer Brücke, die ihrer Breite wegen bei hellem Tage gefahrlos passierbar ist, die Notwendigkeit eines Geländers oder einer sonstigen Schutzvorrichtung sich ergeben können, wenn und soweit auf einen Verkehr bei eingetretener Dunkelheit Bedacht zu nehmen ist. Diesfalls mag eine Umschrankung der Brücke entbehrlich sein, wofern durch eine ständige Beleuchtung ausreichende Sicherheit geschaffen wird. Aber entweder in der einen, oder in der anderen Weise muß Vorsorge getroffen sein. Und wenn man im vorliegenden Falle der Revision zugeben wollte, daß einer Landgemeinde nicht zuzumuten sei, noch über 10 Uhr eine Straßenbeleuchtung zu unterhalten, so tritt eben die Anforderung ein, daß gegenüber der nach Aufhören der Beleuchtung sich geltend machenden Gefahr anderweitige Fürsorge getroffen sein müßte. Die Beklagte durfte bei einer im Zuge der Landstraße gelegenen, von Einwohnern und Fremden auch noch in späterer Nachtzeit begangenen Brücke es nicht dem einzelnen Passanten überlassen, sich, etwa durch Mitnahme einer Handlaterne, selbst vor Gefahr zu schützen....

Dagegen wird die Entscheidung des Berufungsgerichts von der Revision insoweit mit Recht angefochten, als der Einwand eines eigenen Verschuldens der Klägerin für unbeachtlich erklärt ist.

Nach dieser Richtung hat die Beklagte unter Eideszuschiebung an die Klägerin behauptet, daß sie (Klägerin) am Abend des 14. Dezember 1900 von dem Sanitätsrat Dr. Gr. aufgefordert worden sei, bei Eintritt einer Verschlimmerung in dem Zustande ihres Ehemannes den Arzt zu benachrichtigen; eventuell, daß sie von einer solchen Weisung des Arztes mindestens durch den Zeugen H. Kenntnis erlangt habe, und sie hat um nochmalige Vernehmung des Sachverständigen auch zum Beweise dafür gebeten, daß der von den Zeugen H. und Sch. geschilderte Zustand des klägerischen Ehemannes vom 15. Dezember 1900 für jeden, auch den einfachsten, Menschen als eine Verschlimmerung gegenüber dem Zustand am Abend vorher zu erkennen gewesen sei. Die Beklagte bestreitet, daß bei rechtzeitiger ärztlicher Hilfe der Tod des Th. eingetreten wäre, und will also geltend machen, daß ein eigenes schuldhaftes Verhalten der Klägerin für den Eintritt des schädigenden Erfolges mit kausal geworden sei. Sanitätsrat Dr. Gr. hat bei seiner Vernehmung bekundet, er habe am Abend des 14. Dezember eine ihm nicht mehr erinnerliche Person beauftragt, ihn am anderen Tag in Kenntnis zu setzen, wenn eine Verschlimmerung eintrete. Der Sachverständige will die Möglichkeit nicht ausschließen, daß, wenn nach der Verschlimmerung in dem Befinden des Th. ärztliche Hilfe erfolgt wäre, der tödliche Ausgang hätte verhindert werden können; immerhin sei dies aber unwahrscheinlich. Der Zeuge H. fand, als er den Th. im Laufe des 15. Dezember besuchte, diesen teilnahmlos im Bette liegend; an der Wand waren Blutspuren zu sehen; die Frau Th. sagte, ihr Mann habe Blut gespuckt. Letzteres bezeugt auch der Schlosser Sch., der kurz vor dem Tode des Th. nach ihm gesehen hat.

Die Ansicht des Berufungsgerichts nun, daß ein Verschulden des Dritten, der nach § 844 oder § 845 B.G.B. schadensersatzberechtigt ist, nicht zu berücksichtigen sei und seinem Ersatzanspruch gegenüber einredeweise nicht geltend gemacht werden könne, ist rechtlich unzutreffend. Der Berufungsrichter folgert den von ihm aufgestellten Satz aus dem § 846 B.G.B. Danach fänden allerdings auch dann, wenn gemäß der §§ 844. 845 ein Dritter schadensersatzberechtigt ist, die Vorschriften des § 254 B.G.B. Anwendung, aber — wie sich aus § 846 selbst ergebe — immer nur dann, wenn ein Verschulden des Verletzten, d. h. desjenigen, der selbst in der aus §§ 823 flg. B.G.B. ersichtlichen Weise an seinem Leben, Körper usw. verletzt worden ist, mitgewirkt habe. Richtig ist zwar, daß unter dem „Verletzten" in § 846, wie schon der Wortlaut und die Gegenüberstellung des „Dritten" erweisen, nur der unmittelbar (an Leben, Körper, Gesundheit oder Freiheit) Verletzte verstanden sein kann. Das rechtfertigt jedoch die hieraus vom Vorderrichter gezogene Folgerung nicht; vielmehr würde damit dem § 846 eine Bedeutung beigelegt, die ihm nach der Absicht des Gesetzes und dem System des Bürgerlichen Gesetzbuches nicht zukommt. Der Einfluß eines mitwirkenden eigenen Verschuldens des Beschädigten ist in § 254 B.G.B. für das gesamte Gebiet der Verpflichtung zum Schadensersatz, welches auch die Schadensersatzpflicht aus unerlaubten Handlungen umfaßt, mit allgemeiner Geltung geregelt. Diese Vorschriften müssen auch auf das Verhältnis zwischen dem nach § 844 oder § 845 B.G.B. Ersatzberechtigten und dem Schadensersatzpflichtigen hinsichtlich eines mitwirkenden Verschuldens des ersteren Anwendung finden, wofern einmal auch dieser Ersatzberechtigte als „Beschädigter" anzusehen ist, und weiter die Anwendung des § 254 nicht durch eine positive Gesetzesvorschrift für diesen Fall ausgeschlossen ist. Die beiden Voraussetzungen treffen aber zu.

[illegible]. Einen Ersatzanspruch aus einer unerlaubten Handlung gewährt das Bürgerliche Gesetzbuch grundsätzlich nur dem unmittelbar Verletzten; ausnahmsweise aber hat es — aus Gründen der Billigkeit und in Anlehnung an das bisherige Recht — in den §§ 844. 845 auch solchen Personen, welche durch die unerlaubte Handlung nur mittelbar geschädigt sind, einen Anspruch auf Schadensersatz eingeräumt. Es mag dahinstehen, ob die Gewährung dieser Ansprüche wenigstens vom Standpunkte des ersten Entwurfes aus,

vgl. Motive zu § 723 des Entwurfes Bd. 2 S. 778 flg.,

auf dem Grundgedanken beruhte, daß den mittelbar Geschädigten gegenüber eine selbständige unerlaubte Handlung vorliege, und es kann unentschieden bleiben, ob auf dem Boden des geltenden Gesetzes ein derartiges selbständiges Delikt, etwa unter dem Gesichtspunkte der widerrechtlichen Verletzung eines Rechtes des Dritten auf Unterhalt oder auf Leistung von Diensten seitens des Getöteten, bzw. des Verletzten, nach § 823 Abs. 1 B.G.B. zu konstruieren ist. Jedenfalls ist tatsächlich derjenige, welchem durch die Tötung des Ernährers das Recht auf Unterhalt, durch Verletzung des gesetzlich ihm zu Diensten Verpflichteten diese Dienstleistungen entzogen sind, infolge der begangenen unerlaubten Handlung an seinem Vermögen geschädigt, und das Gesetz gewährt ihm dafür einen Ersatzanspruch. Und zwar ist dieser Anspruch nicht etwa ein an die Stelle des bisherigen Unterhaltsanspruches gegen den Getöteten tretender Unterhaltsanspruch, jetzt gegen den Schuldigen, sondern ein wirklicher Schadensersatzanspruch. Der Ersatzpflichtige hat im Falle des § 844 Abs. 2 B.G.B. dem Dritten durch Entrichtung einer Geldrente „Schadensersatz zu leisten".

Vgl. Motive Bd. 2 S. 781.

Der Ersatzanspruch des Dritten in den Fällen der §§ 844. 845 ist sodann, mag es sich auch hierbei, wie Planck, Kommentar zu § 844 Bem. 1 S. 644, meint, um eine „Nebenwirkung" der gegen den unmittelbar Verletzten begangenen unerlaubten Handlung, um eine mittelbare Rechtsfolge derselben handeln, doch keineswegs nur als ein unselbständiger, abgeleiteter Anspruch oder als bloßer Reflex eines für den Verletzten begründeten Rechtes anzusehen. Allerdings muß der Tatbestand der unerlaubten Handlung gegenüber dem unmittelbar

Verletzten vorliegen, und sind nach diesem Gesichtspunkte zunächst die Voraussetzungen einer Ersatzpflicht — Verschulden, Widerrechtlichkeit — zu beurteilen. Im übrigen jedoch sind die Schadensersatzansprüche der dritten, mittelbar verletzten Personen ihrem rechtlichen Charakter nach selbständige, in der Person dieser Geschädigten von vornherein entstandene, von dem Rechte des unmittelbar Verletzten unabhängige und seiner Verfügung entzogene Ansprüche.

Vgl. Motive a. a. O. S. 773; Planck, Kommentar a. a. O. S. 644; Oertmann, Schuldverhältnisse § 844 Bem. 3 S. 583; Dernburg, Bürgerliches Recht Bd. 2 § 391 S. 636; Enneccerus-Lehmann, Bürgerliches Recht Bd. 2 § 369 S. 860; Staudinger, Kommentar Bd. 2 zu § 844 Bem. VI S. 752, zu § 845 Bem. V S. 754; insoweit auch v. Liszt, Deliktsobligationen § 7 S. 100.

Auf den dem Dritten wegen eigener Schädigung und aus eigenem Recht gesetzlich zustehenden Schadensersatzanspruch mußte folgeweise auch der § 254 B.G.B. Anwendung finden. Diese Gesetzesvorschrift unterscheidet nicht zwischen einem unmittelbar und dem nur mittelbar Geschädigten, und als „Beschädigter" im Sinne des § 254 ist auch der aus § 844 oder § 845 B.G.B. Ersatzberechtigte zu betrachten, nachdem einmal demselben vom Gesetz ein eigener Schadensersatzanspruch verliehen ist.

Die Auffassung, daß die Ersatzansprüche der Dritten völlig selbständige, nicht aus der Person des unmittelbar Verletzten abgeleitete seien, hätte nun bei konsequenter Durchführung zu dem Ergebnisse gelangen lassen, daß diesen Ansprüchen gegenüber ein mitwirkendes Verschulden des Getöteten, des körperlich Verletzten gar nicht berücksichtigt werden könne, oder doch nur insoweit, als es für den ursächlichen Zusammenhang zwischen der unerlaubten Handlung und der Verletzung von Bedeutung war. Und in der Tat ist aus diesem Gesichtspunkte früher, namentlich für das Gebiet des preußischen Allgemeinen Landrechts, dem konkurrierenden Verschulden des Getöteten die Wirkung, den Schuldigen von seiner Entschädigungspflicht gegenüber der Witwe und den Kindern des Getöteten zu befreien, abgesprochen worden.

Vgl. Entsch. des R.G.'s in Civils. Bd. 14 S. 254 flg.

Dieses Ergebnis erschien bei Beratung des deutschen Bürgerlichen

Gesetzbuches der II. Kommission als unannehmbar. Es wurde geltend gemacht, die Anschauung, daß der Ersatzanspruch des Dritten gegen den Verletzenden ein vollkommen selbständiger sei, beruhe auf theoretischen Erwägungen und enthalte eine Übertreibung der logischen Konsequenzen; ihre strenge Anwendung führe zu Ergebnissen, die der Gerechtigkeit und Billigkeit zuwiderliefen. Der Anspruch des Hinterbliebenen eines Getöteten habe seinen Grund in der Tötung; es liege in der Natur der Sache, daß sie mit Rücksicht auf ihre Beziehungen zu dem Verletzten auch die Folgen aus dessen fahrlässigem Verhalten, insofern dieses den tödlichen Ausgang herbeigeführt oder beschleunigt habe, auf sich nehmen müßten. Der Gedanke, welcher dem Prinzip des § 222 (jetzt § 254) zugrunde liege, passe auch auf die hier in Frage kommenden Fälle.

Vgl. Protokolle Bd. 2 S. 2853; Mugdan, Materialien Bd. 2 S. 1118 flg.

Aus diesen Erwägungen ist der nunmehrige § 846 B.G.B. hervorgegangen. Nach seiner Vorschrift kommt für die Schadensersatzpflicht gegenüber dem aus §§ 844. 845 Ersatzberechtigten auch das persönliche Verhalten des unmittelbar Verletzten entsprechend dem § 254 B.G.B. in Rechnung. Auf diesen einen Punkt aber beschränkt sich der Inhalt des § 846.

Vgl. Endemann, Lehrbuch des Bürgerlichen Rechts Bd. 1 § 132 8. Aufl. S. 762, § 201 S. 1267 Anm. 17.

Daß derselbe die Anwendung des § 254 nur rücksichtlich eines konkurrierenden Verschuldens des Verletzten zulasse, bezüglich eines Verschuldens des Dritten, mittelbar Geschädigten ausschließe, läßt sich weder aus dem Wortlaut noch aus der Entstehungsgeschichte der Gesetzesvorschrift entnehmen. Vielmehr wird man zu der Auslegung geführt, daß der Ersatzanspruch des Unterhaltsberechtigten ꝛc nach Maßgabe des § 254 ausgeschlossen oder gemindert wird, wenn entweder ihm selbst, oder dem Getöteten ein eigenes Verschulden zur Last fällt.

Vgl. Cosack, Lehrbuch des Deutschen bürgerlichen Rechts Bd. 1 § 165 Ziff. I 2b. 4. Aufl. S. 612 u. Anm. 7; Staudinger, Kommentar zum Bürgerlichen Gesetzbuche Bd. 2 zu § 846 S. 754; Engelmann, Bürgerliches Recht § 152 S. 443.

Daß ein mitwirkendes Verschulden des mittelbar Beschädigten bei der

Ersatzpflicht wegen des ihm erwachsenen Schadens zu berücksichtigen ist, liegt auch durchaus in dem Sinne des allgemeinen Rechtsgrundsatzes, dessen Ausfluß der § 254 B.G.B. ist. Es ist unbillig, von einem Dritten Ersatz für Schaden zu fordern, den man selbst verursacht hat, oder den man hätte verhüten können und sollen. Dem Rechtsgefühl würde es wenig entsprechen, wenn beispielsweise in einem Falle, wo der durch die Fahrlässigkeit eines Dritten am Körper Verletzte an den Folgen der Verletzung gestorben ist, der tödliche Verlauf aber durch rechtzeitiges ärztliches Eingreifen oder durch angemessene Pflege sicher hätte abgewendet werden können, die Hinterbliebenen, welche grobfahrlässigerweise die Beiziehung des Arztes unterlassen, bzw. die Pflege versäumt haben, gleichwohl im vollen Umfange die Ersatzansprüche nach § 844 B.G.B. geltend machen dürften. Die Sache wird diesfalls selten so liegen, daß durch das schuldhafte Verhalten des unterhaltsberechtigten Dritten der ursächliche Zusammenhang zwischen der Handlung des Verletzenden und dem Tode des Verletzten vollständig aufgehoben, und aus diesem Grunde schon eine Schadensersatzpflicht ausgeschlossen wäre. Zwar würde man vielleicht auch auf einem anderen Wege dahin kommen können, dem Schadensersatzpflichtigen den Einwand eines mitwirkenden eigenen Verschuldens des mittelbar Beschädigten zu gewähren, nämlich (abgesehen von dem Falle eines dolosen Verhaltens des letzteren) durch eine — direkte oder analoge — Anwendung der Grundsätze, welche sich aus § 830, § 840 und § 426 B.G.B. bezüglich der Haftung mehrerer wegen einer gemeinschaftlich begangenen unerlaubten Handlung und für die Ausgleichungspflicht der Mitschuldigen in ihrem Verhältnisse zueinander ergeben. Allein hierbei würde man von einer der Rechtslage doch nicht entsprechenden Unterstellung, als sei der mittelbar Geschädigte in Ansehung des eigenen Schadens zugleich Ersatzpflichtiger, ausgehen. Und dieses Umweges bedarf es auch nicht, wenn, wie ausgeführt wurde, der § 254 B.G.B. (unmittelbar) Platz greift, dessen Vorschriften übrigens eine billige Ausgleichung in weiterem Maße ermöglichen, als die vorangeführten Gesetzesbestimmungen.

Im vorliegenden Falle durfte also der Einwand eines eigenen Verschuldens der Klägerin nicht von vornherein zurückgewiesen werden." . . .

---

8. Kann ein trügerischer Inhalt des eingetragenen Wortzeichens darin gefunden werden, daß in den beteiligten Verkehrskreisen unter derselben Wortbezeichnung eine gewisse Ware von bestimmter Herkunft, besonderer Güte und besonderem Preise verstanden wird?

Gesetz zum Schutz der Warenbezeichnungen vom 12. Mai 1894 § 9 Abs. 1 Ziff. 3.

II. Civilsenat. Urt. v. 19. Mai 1903 i. S. M. (Kl.) w. R. (Bekl.). Rep. II. 508/02.

I. Landgericht Hamburg.
II. Oberlandesgericht daselbst.

Der Beklagte ließ sich das Wort „Germania", dessen sich die Klägerin schon seit mehreren Jahren bei der Einfuhr „evaporierter" Äpfel aus Amerika nach Deutschland bediente, im Jahre 1899 als Warenzeichen für eingemachte und getrocknete Früchte in die Zeichenrolle des Patentamtes eintragen. Die Klägerin erhob Klage auf Löschung des Warenzeichens, indem sie behauptete, ihre aus Amerika eingeführten Germania-Äpfel stellten eine besondere Qualität von Äpfeln dar und notierten einen höheren Preis. Die Klage wurde in den Vorinstanzen abgewiesen. Auf Revision der Klägerin ist das Berufungsurteil aufgehoben worden aus folgenden

Gründen:

„Die Revision mußte Erfolg haben, weil der Anspruch der Klägerin auf Löschung des Warenzeichens des Beklagten aus unzureichenden Gründen zurückgewiesen ist, soweit derselbe auf § 9 Abs. 1 Ziff. 3 des Gesetzes zum Schutz der Warenbezeichnungen vom 12. Mai 1894 gestützt wird. Nach dieser Gesetzesbestimmung kann ein Dritter die Löschung eines Warenzeichens beantragen, wenn Umstände vorliegen, aus denen sich ergibt, daß der Inhalt des Warenzeichens den tatsächlichen Verhältnissen nicht entspricht und die Gefahr einer Täuschung begründet. Nach den von der Klägerin aufgestellten Behauptungen findet das Berufungsgericht das letztere Erfordernis dadurch erfüllt, daß der Beklagte das Warenzeichen „Germania", entsprechend den Waren, für die es bestimmt ist, für getrocknete Früchte *beliebiger Qualität* benutze und somit die Gefahr hervorrufe, daß die von ihm mit dem Warenzeichen versehene Ware vom Publikum fälschlich für solche der Klägerin gehalten werden könne. Dagegen vermißt dasselbe das andere Erfordernis, einen den tatsächlichen Verhältnissen widersprechenden Inhalt des Warenzeichens, weil dieses nur wegen der Übereinstimmung mit dem nicht eingetragenen Zeichen der Klägerin irreführend sei, ohne für die Waren, für die es bestimmt sei, etwas Unrichtiges auszusagen. Diese Beurteilung der Angaben der Klägerin ist rechtlich zu beanstanden. In der Begründung des Berufungsurteils sind die unter Beweis gestellten Behauptungen der Klägerin dahin mitgeteilt: die Klägerin habe den Import evaporierter Äpfel aus Amerika nach Deutschland seit 1887 betrieben und nur ihre allerbeste Ware unter der Marke „Germania" verkauft. Diese ihre Ware habe einen sehr großen Absatz und einen ausgezeichneten Ruf erlangt, weshalb sie jetzt als besonders gute Qualität mit einem besonderen Preise gehandelt werde. Aus diesen Angaben folgert das Berufungsgericht, daß in den beteiligten Verkehrskreisen unter „Germania" nicht eine besondere Art getrockneter amerikanischer Äpfel, sondern nur die von der Klägerin als ihre beste Qualität auf den Markt gebrachte Ware verstanden werde, und daß die Käufer mit dieser Bezeichnung den Begriff einer besonderen Güte der Ware nur deshalb verbänden, weil sie die Inhaber der klagenden Firma als renommierte Importeure kännten, deren erste Qualität einen vorzüglichen Ruf genieße. Wäre dies richtig, und bedeutete demnach die Bezeichnung der von der Klägerin in den Verkehr gebrachten „evaporierten" Äpfel mit dem Worte „Germania" lediglich den Hinweis auf die Herkunft der Ware aus dem Geschäfte der Klägerin, so wäre allerdings der Löschungsanspruch der Klägerin unbegründet, da, wie der erkennende Senat wiederholt entschieden hat, ein den tatsächlichen Verhältnissen widersprechendes Warenzeichen im Sinne des bezogenen § 9 Abs. 1 Ziff. 3 nicht vorliegt, wenn ein eingetragenes Warenzeichen in den beteiligten Verkehrskreisen lediglich als Kennzeichen der Ware eines bestimmten anderen Gewerbetreibenden angesehen wird. Wohl aber kann, wie ebenfalls von dem Reichsgericht, insbesondere dem erkennenden Senat, wiederholt ausgesprochen ist, in der Benutzung eines bestimmten Zeichens dann eine Angabe tatsächlicher und irreführender Art erblickt werden, wenn sich dasselbe als eigentliche Beschaffenheitsbezeichnung darstellt, und infolgedessen der damit versehenen anders beschaffenen Ware eine Beschaffenheit beigelegt wird, die sie in Wirklichkeit nicht besitzt. Ob nicht das Wort „Germania" eine eigentliche Beschaffenheitsbezeichnung sei, konnte erst nach Erhebung des beantragten Beweises zuverlässig beurteilt werden. Stellte sich nach dem Beweisergebnis die Richtigkeit der Behauptungen der Klägerin dahin heraus, daß in den beteiligten Verkehrskreisen unter der Bezeichnung „Germania" aus Amerika eingeführte „evaporierte" Äpfel von besonderer Güte und von besonderem Preise verstanden werden, ... so war die Möglichkeit nicht ausgeschlossen, das Wort „Germania" als eigentliche Beschaffenheitsbezeichnung aufzufassen (ähnlich dem Falle „Dyrektorskie"). Daß das kaufende Publikum, wie das Berufungsgericht anzunehmen scheint, eine besondere, bestimmte Art (Sorte) getrockneter Äpfel unter der Bezeichnung „Germania" verstehen müsse, ist nicht erforderlich. Auch kann die Anwendung des § 9 Abs. 1 Ziff. 3 nicht dadurch für ausgeschlossen erachtet werden, daß die Beschaffenheitsbezeichnung zugleich insofern Herkunftsbezeichnung ist, als in den beteiligten Verkehrskreisen bekannt ist, daß die mit dem Worte „Germania" bezeichneten getrockneten Äpfel aus dem Geschäfte der Klägerin herrühren (ähnlich dem Falle „Benedictine").

Vgl. Entsch. des R.G.'s in Civils. Bd. 40 S. 94 und die Entscheidungen des erkennenden Senates Rep. II. 462/99 und II. 117/00.

Vielmehr könnte, falls das kaufende Publikum mit der Bezeichnung „Germania" die Vorstellung von amerikanischen getrockneten Äpfeln besonderer Güte und Preislage verbindet, aus der Tatsache, daß der Beklagte sein Warenzeichen „Germania" für getrocknete Früchte beliebiger Beschaffenheit, also auch für solche von anderer als amerikanischer Herkunft und von minderer Güte sowie minderem Werte benutzt, der Schluß gezogen werden, daß das Warenzeichen inhaltlich den tatsächlichen Verhältnissen nicht entspreche und die Gefahr einer Täuschung begründe." ...

---

9. Bestimmt sich ein zur Zeit der Geltung des preußischen Allgemeinen Landrechts über ein Landgut nur privatschriftlich abgeschlossener Pachtvertrag, nach welchem der vereinbarte jährliche Pachtzins 600 ℳ erreicht oder übersteigt, und der eine bestimmte Dauer der Pachtzeit

von mehr als einem Jahre festsetzt, wenn das Pachtverhältnis nach dem Inkrafttreten des Bürgerlichen Gesetzbuches nicht für den ersten Termin gekündigt ist, für den es nach den §§ 403. 406 A.L.R. I. 21 gekündigt werden konnte, nach den Vorschriften des Bürgerlichen Gesetzbuches auch insoweit, als nunmehr auch die in dem Vertrage festgesetzte Dauer des Pachtverhältnisses gemäß § 581 Abs. 2 und § 566 B.G.B. als voll formgültig vereinbart anzusehen ist?

Einf.-Ges. zum B.G.B. Art. 171.

III. Civilsenat. Urt. v. 19. Mai 1903 i. S. Sch. (Bekl.) w. H. (Kl.). Rep. III. 71/03.

I. Landgericht Dortmund.
II. Oberlandesgericht Hamm.

Der Kläger verpachtete durch privatschriftlichen Vertrag vom 28. März 1899 dem Beklagten sein in der Gemeinde E. belegenes Ackergut gegen einen Jahreszins von 1614,43 *M* für die Zeit vom 1. November 1899 bis dahin 1911. Durch Schreiben vom 7. April 1902 kündigte er dem Beklagten das Pachtverhältnis zum 1. November 1902 mit dem Hinweise darauf, daß der Pachtvertrag nach den Vorschriften des Allgemeinen Landrechts nur auf ein Jahr gültig sei. Dieser Kündigung widersprach der Beklagte sofort durch seinen Bevollmächtigten, Rechtsanwalt R. in S.

Der Kläger war der Ansicht, daß, da das Pachtverhältnis noch über den 1. November 1900 fortgesetzt sei, die Vorschriften des Bürgerlichen Gesetzbuches nunmehr darauf Anwendung fänden, nach dessen §§ 568. 595 es unter Innehaltung einer halbjährigen Kündigungsfrist zum Schlusse jedes Pachtjahres gekündigt werden könne. Er beantragte deshalb den Beklagten zu verurteilen, das Gut zum 1. November 1902 zu räumen. Der Beklagte war der Meinung, daß, da der Kläger im Jahre 1900 das Pachtverhältnis nicht gekündigt habe, die Vorschriften des Bürgerlichen Gesetzbuches auch insoweit darauf Anwendung fänden, als dieses zur vollen Gültigkeit eines Pachtvertrages stets nur einfache Schriftform erfordere.

Das Landgericht verurteilte den Beklagten nach dem Klagantrage. Im Rechtszuge der Berufung schob dieser dem Kläger den Eid darüber zu, daß sie beide das Pachtverhältnis nach dem 1. Januar 1900 als gültig anerkannt, sich zu dem Vertrage bekannt, einander auch mehrfach erklärt hätten, dieser solle so, wie er schriftlich abgeschlossen sei, auch fernerhin gültig sein. Das Oberlandesgericht wies jedoch die Berufung zurück.

Die von dem Beklagten hiergegen eingelegte Revision ist zurückgewiesen worden aus folgenden

Gründen:

„Das Berufungsgericht hat seine Entscheidung folgendermaßen begründet. Da der im Vertrage vom 28. März 1899 vereinbarte Pachtzins 1614,48 ℳ betragen habe, so habe dieser Vertrag nach § 403 A.L.R. I. 21 voll rechtswirksam nur in notarieller oder gerichtlicher Form abgeschlossen werden können. Als privatschriftlicher Vertrag sei er gemäß der §§ 406. 343 a. a. O. mit sechsmonatiger Frist auf den Schluß eines jeden Wirtschaftsjahres kündbar gewesen. Wäre er dagegen unter dem Rechte des Bürgerlichen Gesetzbuchs abgeschlossen worden, so wäre er in einfacher Schriftform für die ganze vereinbarte Vertragszeit rechtswirksam gewesen (§ 581 Abs. 2. § 566 B.G.B.). Nach einem allgemein anerkannten Rechtssatze sei aber die notwendige Form eines Rechtsgeschäftes nach denjenigen Gesetzen zu beurteilen, unter denen es vorgenommen werde. Es frage sich jedoch weiter, ob der Vertrag deshalb als ein im Sinne des Bürgerlichen Gesetzbuchs abgeschlossener schriftlicher Vertrag anzusehen sei, weil ihn die Parteien unter dessen Herrschaft fortgesetzt hätten. Der Beklagte berufe sich in dieser Beziehung auf den Art. 171 Einf.-Ges. zum B.G.B., wonach ein zur Zeit des Inkrafttretens des Bürgerlichen Gesetzbuchs bestehendes Miet-, Pacht- oder Dienstverhältnis, wenn nicht die Kündigung nach dem Inkrafttreten des Bürgerlichen Gesetzbuchs für den ersten Termin erfolge, für den sie nach den bisherigen Gesetzen zulässig sei, sich von diesem Termine an nach den Vorschriften des Bürgerlichen Gesetzbuchs bestimme. Allein diese Bestimmung beziehe sich nur auf die materiellen Rechte und Pflichten der Vertragschließenden, nicht auf die Vertragsform. Es könne sich daher nur fragen, ob im allgemeinen vom Standpunkte des Einführungsgesetzes zum Bürgerlichen Gesetzbuche aus die unter dem alten Rechte abgeschlossenen nach diesem formell mangelhaften, aber den Vorschriften des neuen Rechts genügenden Verträge durch Fortsetzung unter der Herrschaft des letzteren konvaleszierten. Das Einführungsgesetz zum

Bürgerlichen Gesetzbuche habe nun keine dem § 17 Einl. zum A.L.R., daß frühere, wegen Mangels der Förmlichkeit nach den alten Gesetzen ungültige Handlungen gültig seien, sofern nur die nach den neueren Gesetzen erforderlichen Förmlichkeiten zur Zeit des darüber entstandenen Streites dabei angetroffen würden, entsprechende Vorschrift aufgenommen. Seinem jene Konvaleszenz verneinenden grundsätzlichen Standpunkte habe es auch dadurch Ausdruck gegeben, daß es im Art. 198 Abs. 2 für den Sonderfall einer nach altem, aber nicht nach neuem Rechte nichtigen oder anfechtbaren Ehe, in der die Gatten zur Zeit des Inkrafttretens des Bürgerlichen Gesetzbuchs lebten, den Grundsatz der Konvaleszenz ausdrücklich auszusprechen für nötig befunden habe. Hiernach bleibe, obgleich das Bürgerliche Gesetzbuch für die Rechtswirksamkeit der unter seiner Herrschaft abgeschlossenen Pachtverträge ohne Rücksicht auf die Vertragsdauer und die Höhe des vereinbarten Pachtzinses sich mit der einfachen Schriftform begnüge, doch der vorliegende Vertrag im Sinne des Bürgerlichen Gesetzbuchs ein solcher, bei dem die vorgeschriebene Form nicht beobachtet sei. Solche Pachtverträge gälten aber als auf unbestimmte Zeit abgeschlossen und könnten nach § 581 Abs. 2. § 595. § 566 Satz 2 B.G.B. mit sechsmonatiger Frist für den Schluß eines jeden Pachtjahres gekündigt werden.

Von diesen Ausführungen sind nur diejenigen, die sich auf den aus dem Art. 198 Abs. 2 Einf.-Ges. zum B.G.B. entnommenen Beweisgrund beziehen, zu beanstanden. Der hier behandelte Fall einer nach den bisherigen Gesetzen nichtigen oder ungültigen Ehe, die nach den Vorschriften des Bürgerlichen Gesetzbuchs **nicht** als nichtig oder ungültig anzusehen wäre, liegt auf dem von dem hier in Betracht kommenden wesentlich verschiedenen Gebiete des Familien-, insbesondere des Eherechtes. Es erscheint deshalb unzulässig, daraus, daß für diesen Fall **ausdrücklich** vorgeschrieben ist, daß, wenn die Ehegatten zur Zeit des Inkrafttretens des Bürgerlichen Gesetzbuchs noch als solche miteinander leben, die Ehe als von Anfang an **gültig** anzusehen ist, zu entnehmen, daß damit ein Beweisgrund dafür gegeben sei, daß im **übrigen** und namentlich auf dem hier in Frage stehenden Gebiete des **Rechtes der Schuldverhältnisse** das Einführungsgesetz zum Bürgerlichen Gesetzbuche von dem **entgegengesetzten** Grundsatze ausgehe. Allein die **allgemeinen** Darlegungen des Berufungsgerichtes sind geeignet, das angefochtene Urteil zu tragen: sie lassen keinen Rechtsirrtum erkennen. In der Tat folgt aus dem allgemeinen Grundsatze, daß die Form und die Folgen der Verabsäumung der gesetzlich vorgeschriebenen Form eines Rechtsgeschäftes nach dem zur Zeit der Errichtung des letzteren in Geltung gewesenen Rechte auch zur Zeit der Herrschaft eines neuen Rechtes zu beurteilen sind, daß der Pachtvertrag vom 28. März 1899, der nach dem zur Zeit seines Abschlusses geltenden Allgemeinen Landrechte wegen Mangels der gerichtlichen oder notariellen Form nur auf ein Jahr gültig war und unter Innehaltung einer sechsmonatigen Frist für den Schluß jedes Pachtjahres gekündigt werden konnte, auch nur in dieser beschränkten Wirksamkeit in die Geltungszeit des Bürgerlichen Gesetzbuchs überging. Hieran ist aber auch durch den Art. 171 Einf.-Ges. nichts geändert worden.

Wenn die Revision hiergegen geltend macht, es sei nirgends vorgeschrieben, daß die nach den §§ 566 und 581 B.G.B. zur Gültigkeit eines Pachtvertrages über ein Grundstück erforderliche schriftliche Vollziehung während der Geltungszeit des Bürgerlichen Gesetzbuchs erfolgt sein müsse, so übersieht sie, daß dieses auf den vorliegenden Fall in Ansehung der gesetzlich vorgeschriebenen Form des Pachtvertrages und der Wirkungen ihrer Verabsäumung nach dem vorher Ausgeführten überhaupt keine Anwendung findet. Auch die weitere Beschwerde der Revision, die von dem Beklagten im Rechtszuge der Berufung aufgestellte Behauptung, er und der Kläger hätten das Pachtverhältnis nach dem 1. Januar 1900 als gültig anerkannt, sie hätten sich auch beide zu dem Vertrage bekannt und einander mehrfach erklärt, daß der Vertrag so, wie er schriftlich abgeschlossen, auch fernerhin gültig sein solle, sei vom Berufungsgerichte mit Unrecht deshalb nicht für erheblich erachtet worden, weil auch diese Erklärungen zu ihrer Rechtswirksamkeit der Schriftform bedurft hätten, ist angesichts des § 141 B.G.B. ungerechtfertigt. Denn jene angeblich zwischen den Parteien gewechselten Erklärungen könnten nur als Bestätigung eines so, wie abgeschlossen, nicht wirksamen und insoweit deshalb nichtigen Rechtsgeschäfts in Betracht kommen. Nach jener Bestimmung ist aber die Bestätigung eines nichtigen Rechtsgeschäfts „als erneute Vornahme zu beurteilen". Es hätten deshalb allerdings nach den §§ 566 und 581 B.G.B. jene Erklärungen zu ihrer Rechtswirksamkeit der Schriftform bedurft." . . .

10. 1. Ist nach dem 1. Januar 1900 die Bestimmung des Statutes einer Aktiengesellschaft, daß nur großjährige männliche Aktionäre persönliches Stimmrecht haben, noch rechtswirksam?

2. Ist die Bestimmung des Statutes noch gültig, daß der Bevollmächtigte, durch welchen das Stimmrecht ausgeübt werden soll, ein Aktionär sein müsse?

I. Civilsenat. Urt. v. 23. Mai 1903 i. S. A. (Kl.) w. Aktienges. A. M.=N. (Bekl.). Rep. I. 28/03.

I. Landgericht Hamburg, Kammer für Handelssachen.
II. Oberlandesgericht daselbst.

Von den obigen Fragen hat das Reichsgericht die erste verneint, die zweite bejaht, aus folgenden

Gründen:

... „Die Generalversammlung der verklagten Aktiengesellschaft vom 15. April 1901 ist nach dem vorliegenden Protokoll ersichtlich von dem Grundsatze ausgegangen, daß die Bestimmung in Art. 15 Abs. 3 der Statuten von 1897, wonach nur großjährige männliche Aktionäre persönliches Stimmrecht haben, — eine Bestimmung, welche sich ähnlich bereits in den Statuten von 1869 findet, — auch jetzt noch zu Recht bestehe; die Vorinstanzen sind dem beigetreten. Diese Auffassung ist jedoch rechtsirrig; nach dem gegenwärtig geltenden Aktienrecht kann die Bestimmung, daß Witwen der Aktionäre, wenn sie im Besitz einer Aktie sind, das persönliche Stimmrecht versagt, und sie auf die Ernennung von Bevollmächtigten angewiesen seien, als rechtsgültig und wirksam nicht mehr angesehen werden. Sie ist mit § 252 H.G.B. unvereinbar. Nach Abs. 1 Satz 1 des § 252 gewährt jede Aktie das Stimmrecht, und Abs. 2 räumt zwar jedem Aktionär die Befugnis ein, sein Stimmrecht durch eine schriftlich dazu bevollmächtigte Person auszuüben; aber einen Zwang zu einer derartigen Stimmrechtsausübung durch Bevollmächtigte und einen Unterschied in der persönlichen Stimmbefugnis, je nachdem der Aktionär ein Mann, oder eine Frau ist, kennt das Gesetz nicht. Eine solche Unterscheidung ist auch mit den Grundsätzen des Bürgerlichen Gesetzbuchs, welches hinsichtlich der Geschäftsfähigkeit zwischen männlichen und weiblichen Personen keinen Unterschied macht, nicht in Einklang zu bringen. Die

Verneinung des persönlichen Stimmrechts der Witwen, wie sie den Beschlüssen der Generalversammlung vom 15. April 1901 und den Entscheidungen der Vorinstanzen zugrunde liegt, ist daher mit dem geltenden Recht nicht zu vereinigen und enthält, wie

Pinner, Das deutsche Aktienrecht S. 184; Lehmann u. Ring, Handelsgesetzbuch zu § 252, Bem. 5; Esser, Aktiengesellschaft, 2. Aufl. S. 131,

mit Recht annehmen, eine unzulässige Beschränkung der gesetzlich geschützten Aktionärrechte, zu welchen auch die freie Verfügung über die Befugnis gehört, das Stimmrecht persönlich oder durch einen hierzu schriftlich Bevollmächtigten auszuüben. Ein Zwang zur Ausübung der Stimmberechtigung durch Bevollmächtigte ist aber nicht mehr zulässig, und es gilt das auch für Aktiengesellschaften, welche in der Zeit vor dem 1. Januar 1900 entstanden sind, weil das Einführungsgesetz zum Handelsgesetzbuche vom 10. Mai 1897 eine Bestimmung ähnlich der des § 4 des Gesetzes vom 18. Juli 1884, betr. die Kommanditgesellschaften auf Aktien und die Aktiengesellschaften, nicht getroffen hat, und es in der Absicht des Gesetzes gelegen ist, die Rechte der Aktionäre möglichst gleichmäßig zu gestalten.

Nun ist allerdings auch nach dem jetzigen Recht eine statutarische Bestimmung dahin möglich, daß ein Aktionär, welcher sein Stimmrecht nicht persönlich ausüben will, als Bevollmächtigten, wenn er einen solchen aufstellt, nur einen Aktionär wählen kann; eine derartige Bestimmung hebt die Befugnis, durch einen hierzu schriftlich Bevollmächtigten die Aktionärrechte geltend zu machen, nicht auf und fällt unter die Bedingungen für die Ausübung des Stimmrechtes, welche nach § 252 Abs. 4 H.G.B. auch jetzt noch mit rechtlicher Wirkung aufgestellt werden können und alle Aktionäre gleichmäßig treffen. Es entzieht sich aber jeder Beurteilung, welcher im gegebenen Falle der Gang der Beratung und Abstimmung gewesen wäre, wenn dort die persönliche Stimmberechtigung der Witwen, welche im Besitze von Aktien sind, anerkannt, und dem für die Klägerin erschienenen und von ihr bevollmächtigten Nichtaktionär eröffnet worden wäre, daß der persönlichen Ausübung des Stimmrechtes durch seine Auftraggeberin ein Hindernis nicht entgegenstehe." . . .

11. Gehören bei der Versteuerung inländischer Aktien nach Tarifstelle 1a zum Reichsstempelgesetze vom 14. Juni 1900 zu dem Ausgabebetrage (Aufgeld, Agio) auch der Stempel und die Stückzinsen, die der Zeichner außer dem festgesetzten Kurse zu zahlen hat?

VII. Civilsenat. Urt. v. 26. Mai 1903 i. S. preuß. Fiskus (Bekl.) w. Deutsche Treuhandgesellschaft (Kl.). Rep. VII. 84/03.

I. Landgericht I Berlin.
II. Kammergericht daselbst.

Zufolge Beschlusses der Generalversammlung der klagenden Aktiengesellschaft vom 9. Dezember 1901 wurde das Grundkapital der Gesellschaft um 500000 ℳ durch Ausgabe neuer Aktien auf den Inhaber im Betrage von je 1000 ℳ erhöht. Die Ausgabe der Stücke, die vom 1. Januar 1901 ab dividendenberechtigt waren, erfolgte zum Kurse von 200 Prozent zuzüglich 4 Prozent Stückzinsen ab 1. Januar 1901. Das Übernahmekonsortium verpflichtete sich außerdem, den Aktienstempel zu tragen. Die Steuerbehörde erforderte mit Rücksicht auf die Verpflichtung des Konsortiums, Stückzinsen zu zahlen und den Stempel zu tragen, gemäß der Tarifstelle 1a zum Reichsstempelgesetze vom 14. Juni 1900 (R.G.Bl. S. 275) unter Zugrundelegung eines Ausgabebetrages von 2080 ℳ einen Stempel von 42 ℳ für jede Aktie. Die Klägerin vertrat die Ansicht, daß der Ausgabewert nur auf 200, nicht auf 208 Prozent zu beziffern sei, und verlangte die Erstattung des Stempels in Höhe von 2 ℳ für die Aktie, zusammen von 1000 ℳ, nebst Zinsen seit der Klagezustellung. Die erste Instanz wies die Klage ab. Das Kammergericht verurteilte den Fiskus nach dem Klagantrage.

Die Revision ist zurückgewiesen worden aus folgenden

Gründen:

... „Nach dem Reichsstempelgesetze vom 1. Juli 1881 und den späteren Abänderungsgesetzen vom 29. Mai 1885 und 27. April 1894 erfolgte die Verstempelung der Aktien und der sonstigen in Tarifstelle 1a bezeichneten Wertpapiere lediglich nach ihrem Nennwerte. Das Aufgeld, der sogen. Agiogewinn, d. i. der bei der Ausgabe der Papiere zu einem höheren als dem Nennwert erzielte Überbetrag, blieb unberücksichtigt. Bei der Beratung des Entwurfes eines Gesetzes, betreffend Abänderung des Reichsstempelgesetzes vom 27. April 1894, in der Kommission des Reichstages wurde es als nicht gerechtfertigt bezeichnet, die hohen Agiogewinne, die häufig bei der Emission von Aktien gemacht würden, völlig steuerfrei zu lassen, und deshalb der Antrag gestellt, die Steuer staffelförmig nach dem Ausgabekurse der Papiere zu berechnen. Gegen den Antrag wurden Bedenken laut. Es wurde auf die Schwierigkeit der — dem Begriffe des Urkundenstempels widerstreitenden — Versteuerung des Aufgeldes hingewiesen, auch wenn man im Sinne des Antrages unter Ausgabekurs denjenigen Betrag verstehe, zu welchem die Aktien nach den Bestimmungen des Handelsgesetzbuches (§§ 195. 199. 262. 284) „ausgegeben würden", also den Kurs, zu welchem — im Gegensatze zum Börsenkurs — bei neuen (Simultan-) Gründungen die Gründer und bei Verstärkungen des Aktienkapitals die alten Aktionäre oder die Übernahmekonsortien die Aktien übernähmen. Auch fürchtete man eine Schmälerung des Reservefonds, zu welchem nach § 262 Ziff. 2 H.G.B. das bei der Ausgabe neuer Aktien erzielte Aufgeld fließt. Schließlich gab die Erwägung den Ausschlag, daß, wenn auch die bei späteren Kurssteigerungen sich ergebenden Gewinne nicht faßbar seien, es doch gerechtfertigt und ausführbar sei, das feste Kapital, das in der Form des Aufschlages den Mitteln der Gesellschaft zugeführt werde, zu besteuern. Der ursprüngliche Antrag wurde durch einen neuen, mit der Fassung des Gesetzes wesentlich übereinstimmenden Vorschlag ersetzt; wobei man darüber einig war, daß die Stempelpflicht erst bei der Verausgabung der Aktien eintrete.

Vgl. Kommissionsbericht in den Drucksachen des Reichstages X. Legislaturperiode Nr. 870 S. 6—16, und über die endgültige Fassung des Gesetzes nach dem Antrage Bassermann vgl. den stenographischen Bericht über die 206. Sitzung.

Das Gesetz lautet nunmehr dahin (Tarifstelle 1a zu dem Reichsstempelgesetz in der Fassung der Bekanntmachung vom 14. Juni 1900): „. . . Bei inländischen Aktien u. s. w. erfolgt die Versteuerung zuzüglich des Betrags, zu welchem sie höher, als der Nennwert lautet, ausgegeben werden." Nach der Entstehungsgeschichte des Gesetzes ist es unbedenklich, daß durch die neue Stempelvorschrift lediglich das Aufgeld, der Agiogewinn der Aktiengesellschaften hat getroffen werden sollen, und der Wortlaut nötigt nicht zu einer anderen, weitergehenden Auslegung.

Zu dem Aufgelde, das eine Kapitalsvermehrung darstellt (Denkschrift zu dem Entwurfe des neuen Handelsgesetzbuches S. 148), kann aber der Stempel nicht gerechnet werden, der bei der Ausgabe der Aktien zu entrichten ist. Wenn ihn der Emittent, der der Steuerbehörde gegenüber zunächst haftbar ist (§ 2 des Reichsstempelgesetzes), auf den Zeichner abwälzt, so erspart er dadurch eine Ausgabe, oder es wird ihm eine solche ersetzt; aber das Grundkapital erfährt keinen Zuwachs. Der Vermögensvorteil, den die emittierende Aktiengesellschaft erlangt, hat nur zur Folge, daß das Agioerträgnis unverkürzt dem Reservefonds zufließt, während es im anderen Falle, wenn die Gesellschaft endgültig den Stempel trägt, um diese Summe sich nach der ausdrücklichen Vorschrift des § 262 Ziff. 2 H.G.B. mindert.

Vgl. Staub, Kommentar Anm. 16 zu § 262; Ring, Kommentar Bem. 4 zu § 262.

Einer solchen Vorschrift würde es nicht bedurft haben, wenn die Stempelkosten als Teil der Emissionskosten von selbst den Ausgabewert der Aktien vermehrten oder verminderten. Sie beweist, daß man an sich unter dem den Nennwert übersteigenden Betrage bei der Überpari-Emission von Aktien die Summe zu verstehen hat, welche die Zeichner außer dem Nennbetrage und ohne Rücksicht auf die Kosten einschließlich des Ausgabestempels zu entrichten haben. Hätte das Reichsstempelgesetz jenen Betrag anders bestimmen und bei der Versteuerung auch den vom Zeichner zu tragenden Stempel als Teil des für die Aktie zu zahlenden Preises angesehen wissen wollen, so wäre eine entsprechende unzweideutige Bestimmung erforderlich gewesen. Auch in den Ausführungsbestimmungen vom 21. Juni 1900 (Centralbl. für das Deutsche Reich S. 335) Ziff. 4, welche im übrigen das Gesetz nicht zu ändern vermögen, ist als Betrag, zu welchem die Papiere ausgegeben werden, der Preis oder Wert bezeichnet, für welchen sie von den ersten Erwerbern (Gründern, Aktionären, Übernahmekonsortien 2c) übernommen werden. Daß dem Preise die durch die Ausgabe veranlaßten Kosten für den Fall ihrer Übernahme durch den ersten Erwerber zugeschlagen werden sollten, ist nirgends angedeutet. Bei der Berechnung der Stempelabgabe für inländische Lose (Tarifstelle 5) hatte die Rechtsprechung des Reichsgerichts vor der Novelle vom 14. Juni 1900 angenommen, daß dem planmäßigen Preise der von den Abnehmern zu tragende Stempel hinzuzuschlagen sei.

Vgl. Entsch. des R.G.'s in Civils. Bd. 16 S. 63.

Dieser Rechtsprechung ist das neue Gesetz entgegengetreten. Die Stempelabgabe ist vom planmäßigen Preise mit Ausschluß des auf die Reichsstempelabgabe entfallenden Betrages zu berechnen. Daraus kann nichts zugunsten des Fiskus, sondern im Gegenteil der Wille des Gesetzgebers entnommen werden, daß der Stempel als werterhöhender Faktor auch in anderen Fällen, insbesondere bei der Versteuerung von Aktien, außer Betracht bleiben solle. Für diesen Fall eine ausdrückliche Bestimmung zu treffen lag kein Anlaß vor. Wenn bei Anwendung des preußischen Erbschaftssteuergesetzes die dem Erben gemachte Auflage, die auf ein Vermächtnis fallende Erbschaftssteuer zu entrichten, als eine den Betrag des Vermächtnisses erhöhende Zuwendung aufgefaßt worden ist,

vgl. Entsch. des R.G.'s in Civils. Bd. 29 S. 180,

so ist damit nicht gesagt, daß auch der Ausgabewert von Aktien sich um den vom Erwerber übernommenen Stempel erhöhe. Dem Berufungsrichter war daher im Ergebnis zuzustimmen, wobei es dahingestellt bleiben kann, ob es begrifflich undenkbar ist, die Übernahme des Stempels durch den Zeichner als Gegenwert oder Teil des Gegenwertes für die Aktie anzusehen.

Was die Stückzinsen anlangt, so stellt der Berufungsrichter fest, daß sie als Entgelt für das Recht auf Teilnahme an der Dividende des Geschäftsjahres 1901 zu zahlen gewesen sind, und er nimmt mit Recht an, daß sie keinen zum Reservefonds fließenden Überbetrag der Aktie selbst bilden. Sie sind lediglich die Gegenleistung für das eingeräumte Dividendenbezugsrecht und erhöhen den Ausgabewert der Aktien nicht, weshalb sie nach der von Simon, Bilanzen der Aktiengesellschaften 2. Aufl. S. 277, bezeugten Praxis der Aktiengesellschaften auch nicht zu dem Agioerträgnis gerechnet werden.

S. auch Ring, a. a. O. Bem. 4 zu § 262 S. 523.

Staub (a. a. O. Anm. 15 zu § 262; s. auch Fußnote 2 S. 850) bekämpft diese Praxis, allein mit Unrecht. Es kann ihm darin beigetreten werden, daß durch die Zahlung der Stückzinsen auch ein Teilnahmerecht am Gesellschaftsvermögen erworben wird, aber doch nur an den Erträgnissen dieses Vermögens. Vergütet wird durch die Stückzinsen nicht die Aktie selbst, sondern der dazu gehörige Gewinnanteilschein, und wenn bei Anschaffungsgeschäften (Tarifstelle 4) die Berechnung des Stempels ohne Rücksicht auf die Zins- und Dividendenscheine der Wertpapiere erfolgt, so wird man sie, und folgeweise auch die zu ihrem Erwerb aufgewendete Summe, bei Berechnung des Ausgabewertes der Aktien außer Betracht zu lassen haben."[1] ...

---

12. Voraussetzungen für die Hinterlegung einer Wechselschuldsumme wegen subjektiver Ungewißheit des Gläubigers (§ 372 Satz 2 B.G.B.), wenn es sich darum handelt, daß ein Vormann der indossierten Tratte behauptet, der Wechsel sei ihm gestohlen und vom Inhaber grob fahrlässig erworben.

I. Civilsenat. Urt. v. 27. Mai 1903 i. S. B. G. & Co. (Bekl.) u. E. H. & Co. (Nebeninterv.) w. Banque internat. de Bruxelles (Kl.). Rep. I. 126/03.

I. Landgericht Hamburg.
II. Oberlandesgericht daselbst.

Durch das im 53. Bande dieser Sammlung unter Nr. 51 abgedruckte Urteil des Reichsgerichts war die Sache an das Oberlandesgericht zurückverwiesen worden. Dieses erkannte nach der erneuten Verhandlung auf Verurteilung der Beklagten zur Zahlung der Wechselsumme nebst 6 Prozent Zinsen seit dem 10. Juli 1902.

Die Revision ist zurückgewiesen worden aus folgenden

Gründen:

„In der erneuten Verhandlung hat die Beklagte sich nicht nur, wie früher, damit verteidigt, daß sie befugt gewesen sei, die Wechsel-

---

[1] Von gleichen Grundsätzen ist der Senat in Sachen Mitteldeutsche Kreditbank (Kl.) w. preuß. Fiskus (Bekl., Rep. VII. 97/03) ausgegangen, in der es sich um die Verstempelung der zwischen der emittierenden Gesellschaft und dem Übernahmekonsortium wegen der Übernahme der Aktien gewechselten Schlußnote handelte. D. E.

summen zu hinterlegen, sondern der Klage auch entgegengehalten, daß die Klägerin die Wechselgläubigerin nicht sei.

Eingewendet worden ist in erster Linie, daß die Klägerin nicht einmal formell als Eigentümerin der Wechsel legitimiert sei, oder wenigstens die Beklagte Grund zu Zweifeln in dieser Beziehung gehabt habe, weil es eine Person des Namens, mit welchem die auf die Klägerin als Indossatarin lautenden Indossamente unterzeichnet seien, und mit welchem in den vorhergehenden Indossamenten der Indossatar bezeichnet werde, gar nicht gegeben habe. Dieser Einwand ist mit Recht vom Berufungsgericht für unbegründet erachtet worden. Es ist ein ganz feststehender, von der Sicherheit des Wechselverkehrs geforderter und im Art. 36 W.O. mit voller Deutlichkeit zum Ausdrucke gelangter Rechtssatz, daß der Inhaber eines Wechsels als dessen Eigentümer legitimiert ist, wenn nach dem Anblick der Wechselurkunde die Reihe der Indossamente ununterbrochen vom Remittenten bis auf ihn hinunterführt, daß es für diese Legitimation lediglich auf den äußerlichen Zusammenhang der als Indossamente sich darstellenden Erklärungen ankommt. Sollte die Beklagte hierüber zur Zeit der von ihr vorgenommenen Hinterlegung im Zweifel gewesen sein, so würde dieser als ein entschuldbarer nicht angesehen werden können.

Nicht behauptet ist, daß die Klägerin in bösem Glauben die Wechsel erworben, und auch nicht, daß für die Beklagte ein Anlaß zu Bedenken in dieser Richtung vorgelegen habe. Es handelt sich somit darum, ob die Klägerin sich bei der Erwerbung der Wechsel einer groben Fahrlässigkeit schuldig gemacht hat, oder wenigstens zur Zeit der Hinterlegung in bezug hierauf Umstände vorlagen, aus denen sich für die Beklagte eine Ungewißheit der Rechtslage, wie sie der § 372 Satz 2 B.G.B. erfordert, ergab. Zurückverwiesen wird in letzterer Hinsicht auf die Schlußsätze des früheren Revisionsurteils, nach welchen der Schwerpunkt der Entscheidung darin liegt, ob die Inhaber der verklagten Firma als verständige Geschäftsleute sich sagen mußten, daß sie mit befreiender Wirkung an die Klägerin Zahlung leisten konnten, oder ob sie begründete Ursache hatten, dies in Zweifel zu ziehen. Bei der Prüfung dieser Frage ist wohl zu beachten, daß in betreff der Möglichkeit, sich durch Erfüllung von seiner Schuld zu befreien, die Rechtsstellung des Wechselschuldners eine wesentlich günstigere ist, als die des Schuldners aus einem Schuldverhältnis des bürgerlichen Rechtes, woraus mit Notwendigkeit folgt, daß für jenen die Befugnis zur Hinterlegung wegen Ungewißheit des Gläubigers enger begrenzt sein muß, als für diesen. Der Schuldner des bürgerlichen Rechts wird in der Regel durch Erfüllung von seiner Schuld nur dann befreit, wenn er an den, der wirklich der Gläubiger ist, (oder an einen befugten Vertreter) leistet. Dagegen wird der an den formell legitimierten Inhaber des Wechsels zahlende Wechselschuldner, auch wenn der Inhaber des Wechsels dessen wahrer Eigentümer nicht ist, durch die Zahlung von seiner Schuld nur dann nicht befreit, sofern er bei der Zahlung wußte oder infolge grober Fahrlässigkeit nicht wußte, daß jener der Eigentümer des Wechsels nicht war. Dieser Rechtssatz geht parallel dem Grundsatze des Art. 74 W.O. Wie der formell legitimierte Wechselinhaber, der den Wechsel gutgläubig ohne grobe Fahrlässigkeit erworben hat, als Wechseleigentümer anerkannt und geschützt wird, so wird der Wechselschuldner, der gutgläubig ohne grobe Fahrlässigkeit an den formell legitimierten Wechselinhaber gegen Aushändigung des (quittierten) Wechsels gezahlt hat, gegen eine nochmalige Inanspruchnahme aus dem Wechsel geschützt.

Vgl. Grünhut, Wechselrecht Bd. 2 § 107.

Hiernach standen die Inhaber der verklagten Firma, als von ihnen die Bezahlung der Wechsel gefordert wurde, vor der Frage,

> ob sie als verständige Geschäftsleute sich sagen müßten, daß man, wenn sie an die Klägerin zahlten, ihre Zahlung als eine ohne bösen Glauben und ohne grobe Fahrlässigkeit geleistete würde gelten lassen, d. h. als eine Zahlung, bei der von ihnen ohne grobe Fahrlässigkeit nicht angenommen worden sei, daß die Klägerin die Wechsel grob fahrlässig erworben habe.

Die einwandsfrei getroffenen tatsächlichen Feststellungen des Berufungsgerichts sind nun folgende. Die Klägerin habe die Primen der fünf Wechsel mit einem die Unterschrift von „E. H. & Co." tragenden Briefe zugesandt erhalten; die Art und Weise, wie darin „H. N." empfohlen worden sei, habe nichts Auffälliges, und zu dem Briefe seien Papier und Umschlag mit Vordruck der genannten Firma benutzt. Die Unterschrift sei, wenn gefälscht, doch so gut gefälscht, daß selbst bei ihrer Vergleichung mit zuverlässig echten Unterschriften kein Grund zu Zweifeln an ihrer Echtheit vorgelegen habe. Gleich unverdächtig seien die Wechsel gewesen; auch bei Anwendung gehöriger Aufmerksamkeit lasse sich ihnen nicht ansehen, daß sie gefälscht seien; dies selbst dann nicht, wenn man sie gegen das Licht halte. Dem Briefe von „E. H. & Co." sei der Brief von „H. N." an die Klägerin vom 13. Februar 1902 voraufgegangen, und mit einem weiteren Briefe vom 17. März 1902 habe „H. N." die Sekunden der Wechsel eingeschickt und der Klägerin die Anweisung gegeben, ihm von der Valuta zweimal 100000 Frs. in zwei Schecks auf Genua und Paris nach Genua unter angegebener Hoteladresse zu übersenden oder bei einer dortigen Bank zu akkreditieren und den Rest für ihn in Depot zu nehmen; auch diese Schriftstücke seien in keiner Weise geeignet gewesen, Verdacht zu erregen.

Ohne Frage ergibt sich aus diesen Feststellungen nichts, worauf man sich dafür berufen könnte, daß die Klägerin die Wechsel grob fahrlässig erworben habe. Als das einzige, womit der dahin gehende Vorwurf gegenwärtig begründet wird und vor der Hinterlegung der Beklagten gegenüber begründet worden ist, bleibt nur übrig, daß die Klägerin, obwohl die von ihr dem „H. N." nach Genua übersandten Schecks von der Bank in Genua, weil der Vorzeiger über seine Identität mit dem „H. N." irgendeinen Nachweis nicht habe beibringen können, nicht eingelöst worden seien, ihrerseits keinen Anstand genommen habe, ohne solchen Nachweis demselben angeblichen H. N., als er kurz darauf bei ihr erschienen sei, die Wechselsummen in Schecks auf Paris zu übergeben. Allein abgesehen davon, ob es sich nicht hierbei nur um eine dem „H. N." gegenüber begangene Fahrlässigkeit handelt, und um eine diesem gegenüber unschädlich gebliebene Fahrlässigkeit, da ja der unter dem Namen „H. N." bei der Klägerin sich Vorstellende mit dem Wechselindossanten „H. N." identisch war, so ist und war doch diese Fahrlässigkeit nur behauptet, nicht aber bewiesen. Daraus, daß der angebliche H. N. sich in Genua über seine Identität mit diesem nicht ausweisen konnte, folgt noch nicht, daß er es der Klägerin gegenüber, die im Besitze der Briefe von „H. N." war, auch nicht konnte. Die Klägerin war, wenn sie von dem bei ihr Erschienenen sich eine Quittung über die Aushändigung der Schecks geben oder nur überhaupt seinen Namen schreiben ließ, in der Lage, die Namensschrift mit den Unterschriften zu vergleichen. Sodann aber ist die behauptete Fahrlässigkeit, wenn sie vorlag, für die Frage des grob fahrlässigen Wechselerwerbes jedenfalls deshalb ohne jede Bedeutung, weil sie in die Zeit nach dem Wechselerwerbe fällt. Der Klägerin waren die Wechsel zur Diskontierung übersandt, mithin zum Kauf angeboten. Vollendet hatte sich nach Ansicht des Berufungsgerichtes der Wechselerwerb spätestens am 11. April 1902, weil, wie festgestellt, an diesem Tage die Primen der Wechsel von der Beklagten acceptiert, und schon vorher die Sekunden von der Klägerin weiterbegeben worden seien. Dieser Ansicht könnte man nur zustimmen, wenn anzuerkennen wäre, daß hier einer der Ausnahmefälle gegeben sei, in denen ein Vertrag durch die Annahme zustande kommt, ohne daß die Annahme dem Antragenden erklärt zu werden braucht. Einer Entscheidung hierüber bedarf es jedoch nicht; denn erklärt wurde dem Wechselindossanten „H. N." die Annahme seines Vertragsantrages durch die Übersendung der beiden Schecks auf Genua und Paris an ihn nach Genua, mithin vor seinem Erscheinen bei der Klägerin; der Vertragsabschluß war also vor diesem Erscheinen erfolgt, und wenn man aus dem Grunde, weil die Schecks nicht eingelöst wurden, verneinen kann, daß auch schon der Kaufpreis bis auf den gestundeten Teil berichtigt war, so ist das unerheblich, da der gesetzliche Aufschub des Eigentumserwerbes beim Kauf bis zur Zahlung oder Stundung des Kaufpreises sowohl dem in Belgien geltenden französischen Recht wie dem Bürgerlichen Gesetzbuch unbekannt, und über ein etwa in dieser Hinsicht in Betracht zu ziehendes Gewohnheitsrecht für den internationalen Wechselverkehr durchaus nichts beigebracht ist.

Hiernach liegt kein Umstand dafür vor, daß die Klägerin die Wechsel grob fahrlässig erworben hat, und auch die Beklagte, der nach ihrem eigenen Vorbringen die für die Feststellung des Zeitpunktes der Wechselerwerbung entscheidenden Tatsachen mitgeteilt waren, und der juristischer Rat zu Gebote stand, hatte, als von ihr Zahlung gefordert wurde, keinen Grund zu der Annahme eines grob fahrlässigen Erwerbes, zum mindesten aber keinen Grund zu der Besorgnis, daß man die Nichtannahme eines solchen ihr als grobe Fahrlässigkeit anrechnen könne. Wenn gleichwohl der Beklagten von ihrem langjährigen Anwalt geraten worden ist, so zu verfahren, wie sie verfahren ist, so kann darauf kein Gewicht gelegt werden, weil zu diesem Verfahren auch das gehört, daß die Beklagte sich vor der Hinterlegung von der Firma E. H. & Co. das Versprechen des Aufkommens für alle Schäden und Kosten hat geben lassen." ...

---

13. Steht dem Besitzer einer beweglichen Sache die Eigentumsvermutung des § 1006 B.G.B. auch dann zur Seite, wenn die Eigentumsklage gegen ihn bereits vor dem 1. Januar 1900 erhoben worden ist?

Einf.-Ges. zum B.G.B. Artt. 180. 181.

V. Civilsenat. Urt. v. 27. Mai 1903 i. S. N. (Bekl.) w. H. Erben (Kl.). Rep. V. 94/03.

I. Landgericht Münster i. W.
II. Oberlandesgericht Hamm.

Der Beklagte, welcher in den Jahren 1896 und 1897 mit dem 1897 verstorbenen Erblasser der Kläger ein Holzgeschäft betrieben hat, war mindestens seit dem Tode des klägerischen Erblassers im Besitze einer Lokomobile, die dieser gekauft und übergeben erhalten hatte. Im Jahre 1898 auf Anerkennung des Eigentums der Kläger oder ihres Miteigentums an der Lokomobile verklagt, wandte der Beklagte den Erwerb der Lokomobile von dem Erblasser und eventuell deren Einbringung durch den Erblasser in das Gemeinschaftsverhältnis an dem Holzgeschäfte, sowie deren eigentümliche Überlassung mit der Überlassung der Hälfte des Gemeinschaftsvermögens aus dem Holzgeschäft ein. Die vorderen Instanzen verurteilten den Beklagten zur Anerkennung des Eigentums. Seiner Revision gegen das Berufungsurteil wurde stattgegeben aus folgenden

Gründen:

... „Es wird Verletzung des § 1006 B.G.B. durch Nichtanwendung gerügt, weil von dem die Lokomobile besitzenden Beklagten das Eigentum der Kläger an ihr nur anzuerkennen gewesen sei, wenn diese behauptet und bewiesen hätten, daß ihr Erblasser oder sie deren Besitz unfreiwillig verloren haben. Die Rüge ist begründet. Nach Art. 181 Einf.-Ges. zum B.G.B. finden auf das zur Zeit des Inkrafttretens des Bürgerlichen Gesetzbuchs bestehende Eigentum von dieser Zeit an dessen Vorschriften Anwendung. Auf Grund dieses Artikels hat der erkennende Senat bereits in dem Bd. 46 S. 143 der Entsch. des R.G.'s in Civils. abgedruckten Urteile mit eingehender Begründung für den Überbau entschieden, daß die Feststellung der sich aus dem Inhalte des Eigentums ergebenden Befugnisse, welche nach dem 1. Januar 1900 erfolgt, und zwar auch dann, wenn die Ansprüche daraus schon vorher erhoben sind, unter Anwendung der Vorschriften des Bürgerlichen Gesetzbuches zu geschehen hat. Aus den dort angeführten Gründen sind diese Vorschriften vom 1. Januar 1900 ab auch für die Entscheidung der Frage maßgebend, ob gegen den Besitzer einer anderen beweglichen Sache als Geldes oder Inhaberpapiere der Anspruch auf ihre Herausgabe an den Kläger begründet ist; denn dieser Anspruch gehört zu den Befugnissen des Eigentümers auf Grund seines Eigentums. Und zwar haben die Vorschriften des Bürgerlichen Gesetzbuchs auf die Eigentumsklage Anwendung zu finden, auch wenn sie bereits am 1. Januar 1900 anhängig gewesen war, weil die rückwirkende Kraft der Vorschriften durch Art. 181, von der Ausnahme im Abs. 2 daselbst abgesehen, uneingeschränkt angeordnet ist. Aus diesem Grunde kann es für die Anwendbarkeit der Vorschriften auch keinen Unterschied machen, ob in dem anhängigen Rechtsstreite bereits ein erstinstanzliches Urteil ergangen ist, oder nicht.

Während nun nach dem zur Zeit der Erhebung der vorliegenden Klage geltenden preuß. A.L.R. die Kläger nicht neben ihrem Eigentumserwerb an der strittigen Lokomobile auch den unfreiwilligen Verlust ihres Besitzes nachzuweisen hatten, mit ihrer Eigentumsklage vielmehr durchdringen mußten, wenn der die Lokomobile besitzende Beklagte nicht entweder das Aufhören des Eigentums des Klägers, oder einen Titel nachzuweisen vermochte, der ihn zur Zurückhaltung der Sache berechtigte, können nach dem Bürgerlichen Gesetzbuche die Kläger die Herausgabe der Lokomobile nur verlangen, wenn sie neben der Darlegung ihres Eigentumserwerbes entweder die im § 1006 B.G.B. zugunsten des Besitzers einer beweglichen Sache aufgestellte Vermutung, daß er Eigentümer der Sache sei, widerlegen, oder nachweisen, daß die Sache ihnen oder ihrem Erblasser gestohlen worden, verloren gegangen oder sonst abhanden gekommen ist. Zur Widerlegung der Eigentumsvermutung genügt nicht die aus dem Nachweise des Eigentumserwerbes des Klägers etwa zu folgernde Vermutung des Fortbestehens seines Eigentums, ist vielmehr darzutun, daß der Besitzer Eigentum nicht erworben oder wieder verloren hat, oder daß die Sache dem früheren Besitzer unfreiwillig abhanden gekommen ist. Wenn gegen das Erfordern dieses Nachweises auf die Erschwerung der Lage des Eigentümers in denjenigen Fällen hingewiesen wird, in denen er den Erwerbsmangel des gegenwärtigen Besitzers oder den unfreiwilligen Besitzverlust nicht darzutun vermag, so ist demgegenüber zu bemerken, daß ohne das Erfordernis dieses Nachweises der Hauptzweck dieser Vermutung, der in dem Schutze des Besitzers besteht, nicht zu erreichen ist, weil dieser, wenn er den Beweis seines Eigentumserwerbes infolge des Verlustes des Beweismittels nicht mehr führen kann, unterliegen müßte, sobald dem Kläger der Beweis gelänge, daß er einmal, gleichviel wann, das Eigentum an der Sache erworben hat. Zu dem gleichen Ergebnisse, wie bei der Anwendung des Art. 181, gelangt man für den gegenwärtigen Rechtsstreit bei der Anwendung des Art. 180 Einf.-Ges. zum B.G.B. Nach diesem gelten für ein zur Zeit des Inkrafttretens des Bürgerlichen Gesetzbuchs bestehendes Besitzverhältnis von dieser Zeit an die Vorschriften des Bürgerlichen Gesetzbuchs. Die Beurteilung der Folgen, welche sich an ein Besitzverhältnis knüpfen, untersteht daher vom 1. Januar 1900 ab dem Bürgerlichen Gesetzbuche, gleichgültig ob das Besitzverhältnis damals bereits bestand, oder erst nachher begründet worden ist, so daß infolge des § 1006 B.G.B. der Kläger, wenn die Besitzzeit des Beklagten in die Zeit vor dem 1. Januar 1900 zurückreicht, den gleichen Beweis zu erbringen hat, wie wenn der Beklagte den Besitz erst unter der Herrschaft des Bürgerlichen Gesetzbuchs erworben hat, wiederum ohne Unterschied, ob die Eigentumsklage vor, oder nach dem 1. Januar erhoben, und ob vor, oder nach diesem Tage ein den Beklagten verurteilendes Erkenntnis ergangen ist.

Vgl. Planck, B.G.B. Bd. 6 Bem. 5c zu Art. 181 S. 305.

Nach den Tatbeständen der Vorentscheidungen haben nun die Kläger nur diejenigen Tatsachen behauptet, welche das preuß. A.L.R. für die Eigentumsklage erfordert, und das Berufungsgericht hat die Frage der Beweislast nach dessen Beweisvorschriften für den Eigentumsstreit um bewegliche Sachen, bezw. nach der Auslegung dieser Vorschriften durch die Rechtsprechung beurteilt. Der während des

Schwebens des Verfahrens in der Berufungsinstanz eingetretene Wechsel des Rechtes ist weder von den Parteien, noch von dem Berufungsgerichte berücksichtigt worden. Letzteres ist anscheinend von der Ansicht ausgegangen, daß der Rechtsstreit fortdauernd ausschließlich nach dem preuß. A.L.R. zu beurteilen sei. Denn wäre es anderer Ansicht gewesen, so hätte es sich darüber aussprechen müssen, daß es den § 1006 B.G.B. auf den Streitfall entweder nicht für anwendbar erachte, oder daß es in seinem Anwendungsfalle die in ihm aufgestellte Eigentumsvermutung für entkräftet halte. Die Nichtberücksichtigung des § 1006 beruht auf einem Rechtsirrtume, der den Beklagten beschwert, weil dieser die Klagabweisung verlangen kann, wenn nicht von den Klägern die seinem Besitze zur Seite stehende Eigentumsvermutung widerlegt wird. Da bei Anwendung der Vorschriften des Bürgerlichen Gesetzbuches auf das vom Berufungsgerichte festgestellte Sachverhältnis eine Entscheidung noch nicht getroffen werden kann — denn es fehlt jede Feststellung über die Entkräftung der Eigentumsvermutung oder über die Vorgänge bei der Besitzentziehung —, so war das Berufungsurteil aufzuheben, und die Sache zur anderweiten Verhandlung und Entscheidung an das Berufungsgericht zurückzuverweisen." ...

---

14. 1. Begriff der verbotenen Eigenmacht im Sinne der §§ 858 und 862 B.G.B.
2. Anwendung auf die Gefährdung der Bewohner eines benachbarten Grundstückes durch militärische Schießübungen.

V. Civilsenat. Urt. v. 27. Mai 1903 i. S. Reichsmilitärfiskus (Bekl.) w. R. (Kl.). Rep. V. 28/03.

I. Landgericht Posen.
II. Oberlandesgericht daselbst.

Der Mühlenbesitzer F. R. zu L.-Mühle erhob gegen den Reichsmilitärfiskus wegen Besitzstörung Klage, weil nach seiner Behauptung aus den Militärschießständen der Garnison Posen bei den fast täglichen Schießübungen fortdauernd einzelne fehlgehende Geschosse auf und über sein Grundstück hinüber flögen, wodurch seine, seiner Familie und seiner Leute Sicherheit gefährdet werde.

Der erste Richter verurteilte den Beklagten, sich in Zukunft der Störung des Klägers in dem Besitze seines Grundstückes durch Bewerfen desselben mit Geschossen zur Vermeidung einer Geldstrafe von 300 ℳ für jeden Übertretungsfall zu enthalten. Die Berufung des Beklagten wurde zurückgewiesen.

Auch die Revision ist zurückgewiesen worden, aus folgenden

Gründen:

„Die Zulässigkeit des Rechtsweges ist von den Vorinstanzen unter Bezugnahme auf die Judikatur des Reichsgerichts und des preußischen Gerichtshofes zur Entscheidung der Kompetenzkonflikte mit Recht angenommen und auch von seiten des Beklagten nicht weiter beanstandet worden. Auch in der Sache selbst konnte der Revision Erfolg nicht gewährt werden.

Der Berufungsrichter hat auf Grund der Beweisergebnisse folgendes tatsächlich festgestellt: „daß seit Jahren und noch gegenwärtig, nicht bloß in ganz vereinzelt dastehenden Ausnahmefällen, sondern mehrfach und fortgesetzt, Geschosse aus den angebrachten Schutzvorrichtungen der Schießstände heraus und auf dahinter belegene Gelände gelangt sind. Insbesondere sind wiederholt Geschosse speciell auf das Grundstück des Klägers und über dasselbe hinweg geflogen. Diese Gefahr besteht trotz der vom Beklagten im Jahre 1900 angebrachten Verbesserungen in den Sicherheitsvorrichtungen gegenwärtig noch fort." Diese tatsächliche Feststellung ist von der Revision nicht angegriffen worden und unterliegt keinerlei Bedenken.

In tatsächlich gleichliegenden Fällen hat schon nach früherem Rechte die Rechtsprechung den Tatbestand einer den Verletzten zur prozessualen Abwehr berechtigenden Besitzstörung gefunden.

Vgl. Entscheidung des Reichsgerichts vom 16. November 1895, Jurist. Wochenschr. Jahrg. 1896 S. 14.

Das gleiche muß nach jetzigem Recht gelten. Der § 862 B.G.B. bestimmt:

„Wird der Besitzer durch verbotene Eigenmacht im Besitze gestört, so kann er von dem Störer die Beseitigung der Störung verlangen. Sind weitere Störungen zu besorgen, so kann der Besitzer auf Unterlassung klagen."

Was das Gesetz unter verbotener Eigenmacht versteht, ergibt sich aus § 858 Abs. 1, welcher lautet:

„Wer dem Besitzer ohne dessen Willen den Besitz entzieht oder ihn im Besitze stört, handelt, sofern nicht das Gesetz die Entziehung oder die Störung gestattet, widerrechtlich (verbotene Eigenmacht)."

Danach ist „verbotene Eigenmacht" im Sinne dieses Gesetzes „jede Handlung, durch die der Besitzer ohne seinen Willen in der Ausübung der tatsächlichen Gewalt beeinträchtigt wird, sofern die Handlung nicht ausnahmsweise gesetzlich gestattet ist".

So Planck, B.G.B. Bd. 3 Bem. 1 zu § 858.

Damit ist der Begriff der verbotenen Eigenmacht erschöpft. Weder ist erforderlich, daß die betreffende Handlung einem besonderen Verbotsgesetze zuwiderläuft, noch daß der Handelnde eine Störung des Besitzes beabsichtigt oder als Folge seiner Handlung vorausgesehen hat. Daß ein Verschulden vorliegt, ist kein Begriffsmerkmal der verbotenen Eigenmacht, sondern nur eventuell für die Entschädigungsfrage erheblich.

Vgl. Turnau u. Förster, Liegenschaftsrecht 2. Aufl. Bd. 1 S. 57. 63.

Mit Recht hat daher der Berufungsrichter die objektive Beeinträchtigung des klägerischen Besitzes, wie sie sich aus den festgestellten Tatsachen ergibt, bei dem Mangel eines den Beklagten zu der Störung berechtigenden Gesetzes, für genügend erachtet, um dem Kläger den Schutz des § 862 B.G.B. zu gewähren. Der Angriff der Revision, daß der Berufungsrichter den Begriff der verbotenen Eigenmacht, die ein vorsätzliches oder fahrlässiges Handeln voraussetze, verkannt habe, findet im obigen seine Widerlegung." ...

---

15. 1. Nichtanwendung des § 894 Abs. 1 C.P.O. auf Willenserklärungen, zu deren Abgabe sich eine Partei in einem nach § 794 Abs. 1 Ziff. 1 ebenda vollstreckbaren Vergleiche verpflichtet hat.

2. Fällt die Erzwingung einer Auflassung unter § 887, oder unter § 888 C.P.O.?

3. Gilt die Vorschrift des § 529 Abs. 2 C.P.O. analog für das Beschwerdeverfahren?

V. Civilsenat. Beschl. v. 27. Mai 1903 i. S. K. u. Gen. (Gläubiger) w. B. Ehel. (Schuldner). Beschw.-Rep. V. 127/03.

I. Landgericht Gnesen.
II. Oberlandesgericht Posen.

Nachdem in einem zwischen den Eheleuten B. und dem Eigentümer E. wegen Auflassung mehrerer Grundstücksparzellen anhängig gewesenen Rechtsstreit ein Vergleich zustande gekommen war, in dem die Eheleute B. sich verpflichtet hatten, die streitigen Parzellen dem E. aufzulassen, beantragten der Rechtsanwalt K. und der Bauunternehmer S. als Rechtsnachfolger des E. bei dem Prozeßgericht erster Instanz, gemäß § 888 C.P.O. die Eheleute B. zur Auflassung der Parzellen durch Haft anzuhalten. Der Antrag wurde zurückgewiesen, weil die Auflassung eine „fungible" Handlung sei, d. h. ihr Nutzen für den Gläubiger nicht von der Persönlichkeit dessen, der sie vornehme, abhange, und daher auf die Erzwingung der Handlung nicht § 888, sondern § 887 C.P.O. Anwendung zu finden habe. Hiergegen legten die Antragsteller sofortige Beschwerde ein und beantragten, indem sie ihren Vollstreckungsantrag principaliter aufrecht erhielten, eventuell zugleich, gemäß § 887 C.P.O. sie zu ermächtigen, die Auflassung der Parzellen an sie auf Kosten der Eheleute B. vornehmen zu lassen. Das Beschwerdegericht gab dem Hauptantrage dahin statt, daß es den Eheleuten B. für den Fall der Nichterteilung der Auflassung eine Geldstrafe von 1000 *M* androhte. Auf die weitere sofortige Beschwerde der Eheleute B. ist dieser Beschluß aufgehoben worden aus folgenden

Gründen:

... „Zutreffend allerdings und auch von den Beschwerdeführern nicht bemängelt ist die Annahme des Oberlandesgerichts, daß es zur Herbeiführung der Auflassung im vorliegenden Falle eines besonderen Zwangsvollstreckungsverfahrens bedarf, und nicht etwa § 894 C.P.O. Anwendung findet. Die letztere Gesetzesvorschrift bezieht sich auf Urteile, und zwar lediglich auf solche, deren Vollstreckbarkeit infolge der eingetretenen Rechtskraft nur unter den einschränkenden Voraussetzungen des § 767 Abs. 2 C.P.O. in Frage gestellt werden darf. Bloß vorläufig vollstreckbare Urteile unterliegen der Vorschrift nicht (§ 895 C.P.O.), und das gleiche muß für vollstreckbare Vergleiche gelten. Denn diese enthalten keine Verurteilung und können überdies in der Vollstreckungsinstanz uneingeschränkt angefochten werden (§ 797 Abs. 4 C.P.O.). Bezüglich der weiteren Frage, ob zur Erzwingung der Auflassung § 887, oder § 888 C.P.O. anzuwenden sei, entscheidet sich das Oberlandesgericht für das letztere Verfahren, indem es erwägt: der § 887 erfordere zu seiner Anwendbarkeit eine vertretbare Handlung, d. h. eine solche, die von jedem beliebigen Dritten für den Schuldner vorgenommen werden kann, ohne daß dem Gläubiger oder dem Schuldner daraus Nachteile erwachsen. Als solche schlechthin vertretbare Handlung könne die Erteilung einer Auflassung, wie sie hier in Frage stehe, nicht angesehen werden; sie werde zu einer solchen auch nicht dadurch, daß der Verpflichtete einen Dritten zur Abgabe der Erklärung bevollmächtigen könne. Denn der Dritte sei für ihn eine Vertrauensperson. Dagegen müsse es für unzulässig erachtet werden, ihm einen gerichtsseitig zu ernennenden Vertreter aufzuzwingen.

Diesen Ausführungen konnte nicht beigetreten werden. Offensichtlich verfehlt ist es zunächst, wenn das Oberlandesgericht für die Bestimmung der Vertretbarkeit einer Handlung den Gesichtspunkt mitentscheidend sein lassen will, ob aus der Vornahme der Handlung durch einen Dritten dem Schuldner Nachteile erwachsen. Daß eine Leistung dem Schuldner teurer zu stehen kommt, wenn nicht er selbst, sondern ein Dritter sie bewirkt, wird öfters vorkommen, z. B. wenn der Schuldner verurteilt ist, eine gewerbliche Arbeit zu liefern, die in den Kreis seiner eigenen Berufstätigkeit fällt. Der Nachteil der Verteuerung trifft ihn in solchen Fällen als Folge davon, daß er, anstatt freiwillig seiner Urteilsverbindlichkeit zu genügen, es zur Zwangsvollstreckung hat kommen lassen. Maßgebend für die Beurteilung, ob eine Handlung als vertretbar im Sinne des § 887 C.P.O. anzusehen ist, bleibt hiernach allein das Interesse des Gläubigers. Er darf zur Erzwingung der Handlung den in § 887 bestimmten Weg einschlagen, wenn die Handlung dadurch, daß der Dritte sie vornimmt, keine Einbuße in ihrem Wesen erleidet, sondern vollgültigen Ersatz einer vom Schuldner selbst ausgehenden Urteilserfüllung darstellt. Daß vom Standpunkte dieser Begriffsbestimmung aus rechtsgeschäftliche Willenserklärungen, die eine Rechtsänderung zugunsten des Gläubigers herbeiführen sollen, insbesondere Auflassungserklärungen, zu den vertretbaren Handlungen zu rechnen sind, hat bereits der erste Richter zutreffend dargelegt. Ob der Gläubiger das ihm gebührende Grundstück von seinem Schuldner selbst, oder von einem Dritten aufgelassen erhält, ist ihm völlig gleichgültig, da der wirtschaftliche Erfolg für ihn in beiden Fällen der gleiche ist. Hinsichtlich des rechtlichen Erfolges freilich besteht der nicht zu verkennende Unterschied, daß eine vom Schuldner abgegebene Willenserklärung schon durch sich allein, die Willenserklärung des Dritten hingegen nur dann die beabsichtigte Rechtsänderung hervorzurufen vermag, wenn entweder der Schuldner den Dritten zur Abgabe der Erklärung ermächtigt hat, oder seine verweigerte Mitwirkung durch eine richterliche Ermächtigung ersetzt worden ist. Es fragt sich daher noch, ob der Gesetzgeber in Fällen, in denen rechtsgeschäftliche Erklärungen den Gegenstand der Zwangsvollstreckung bilden, die Zwangsbefugnisse des Vollstreckungsgerichts auch auf die zwangsweise Herstellung der Legitimation des Dritten, das Rechtsgeschäft zugunsten des Gläubigers mit unmittelbarer Wirkung gegenüber dem Schuldner vorzunehmen, hat ausdehnen wollen. Diese Frage, deren Entscheidung hinsichtlich der Erzwingung einer Auflassung nach früherem Recht vielleicht nicht zweifelsfrei sein mochte, ist gegenwärtig angesichts der durch die Civilprozeß-Novelle neu eingeführten Bestimmung des § 848 Abs. 2 C.P.O. unbedenklich zu bejahen. Zwar handelt es sich bei der letzteren Vorschrift nicht, wie im gegenwärtigen Falle, um zwangsweise Durchführung einer Grundstücksübereignung, sondern umgekehrt um einen Grundstückserwerb von seiten des Schuldners. Da indessen in der hier in Betracht kommenden Beziehung Erteilung und Entgegennahme der Auflassung, als die beiden Erklärungen, aus denen sich der dingliche Eigentumsübertragungsvertrag zusammensetzt, auf einer Stufe stehen, läßt sich aus der citierten Gesetzesbestimmung mit Sicherheit entnehmen, daß der Gesetzgeber die Ermächtigung zur Auflassung nicht als ein höchstpersönliches Recht des Schuldners, dessen Ausübung nur auf dem Wege des § 888 C.P.O. erzwungen werden darf, sondern gleich der Abgabe der Auflassungserklärung selbst als einen dem unmittelbaren richterlichen Zwange zugänglichen Rechtsakt hat behandelt wissen wollen. Diese Auffassung hat der jetzt beschließende Senat bereits in dem Urteil vom 26. November 1902,

Entsch. des R.G.'s in Civils. Bd. 53 S. 80,

zur Geltung gebracht, insofern dort anerkannt ist, daß bei einem alternativ — auf Auflassung oder eine andere Leistung — lautenden Urteil der gemäß § 264 B.G.B. eintretende Übergang des Wahlrechts auf den Gläubiger für diesen die Möglichkeit begründet, sich die Auflassung auf dem Wege des § 887 C.P.O. zu verschaffen. Der Beschluß vom 11. Januar 1896,

Jurist. Wochenschr. S. 102 Nr. 5,

dem ein anders gearteter Sachverhalt zugrunde lag, steht hiermit nicht in Widerspruch. Es handelte sich damals in einem Falle, wo der Erblasser zur Verschaffung des Eigentums an einem ihm nicht gehörigen Grundstück verurteilt war, um Vollstreckung des Urteils gegen Erben, denen das Eigentum an dem Grundstücke zustand.

Unterlag hiernach die Entscheidung des Oberlandesgerichtes der Aufhebung, so konnte doch andrerseits dem Verlangen der Beschwerdeführer, durch Wiederherstellung der erstinstanzlichen Entscheidung den gegnerischen Vollstreckungsantrag schlechthin zurückzuweisen, nicht stattgegeben werden. Denn die Antragsteller haben in der Beschwerdeinstanz ihren Antrag eventuell auch auf Anwendung des § 887 C.P.O. gerichtet. Diese Antragserweiterung konnte, da es an einer dem § 529 Abs. 2 C.P.O. analogen Vorschrift für das Beschwerdeverfahren fehlt, nicht für unzulässig erachtet werden. Es war daher zum Zweck der nunmehrigen Erledigung des Eventualantrages die Sache in die Vorinstanz zurückzuverweisen." . . .

---

16. Sind gegenüber dem § 4 des Gesetzes, betr. die Einführung der Civilprozeßordnung, landesgesetzliche Bestimmungen gültig, nach denen Ansprüche des Fiskus der in dieser Vorschrift bezeichneten Art im Verwaltungszwangsverfahren unter Vorbehalt des Rechtsweges beigetrieben werden dürfen? Zu § 42 Ziff. 2 der preußischen Verordnung vom 26. Dezember 1808.

VI. Civilsenat. Urt. v. 28. Mai 1903 i. S. W. (Kl.) w. preuß. Fiskus (Bekl.). Rep. VI. 73/03.

I. Landgericht Bromberg.
II. Oberlandesgericht Posen.

Der Kläger hatte im Jahre 1897 vom Beklagten ein Grundstück ermietet. Den in Rückstand gelassenen Mietzins hatte der Beklagte im Wege des Verwaltungszwangsverfahrens beigetrieben, was der Kläger als unzulässig bezeichnete, und auch darauf Schädenansprüche stützte. Die Klage wurde in den vorderen Instanzen abgewiesen. Auch die Revision ist zurückgewiesen worden, aus folgenden

Gründen:

... „Es handelte sich um eine bürgerliche Rechtsstreitigkeit, um die Verpflichtung des Klägers zur Bezahlung des Mietzinses; dieser war daher im ordentlichen Rechtsweg einzuklagen, es sei denn, daß die Zuständigkeit einer Verwaltungsbehörde oder eines Verwaltungsgerichts reichsgesetzlich oder durch Landesgesetzgebung begründet war (§ 82 A.L.R. II. 14; § 13 G.V.G.). Als ein solches Gesetz ist § 42 der preußischen Verordnung wegen verbesserter Einrichtung der Provinzial-Polizei- und Finanzbehörden vom 26. Dezember 1808 anzusehen, worin folgendes verordnet wird:

„Damit indessen durch frivole Klagen keine Verwirrung und Stockung in die Finanzverwaltung gebracht werden kann, so autorisieren wir hiermit die Regierungen, des gegen ihre Verfügungen erhobenen Widerspruchs ungeachtet. ...

2. insofern von Erfüllung der vom Fiskus mit Privatpersonen eingegangenen Verträge die Erreichung bestätigter Etats abhängt (wie vorzüglich bei Pachtungen von Domänen und Regalien der Fall ist), und die Erfüllung der kontraktmäßigen Verbindlichkeit verweigert wird, nach vorheriger summarischer Vernehmung des Weigernden, ein vorläufiges Liquidum pflichtmäßig festzusetzen und dasselbe vom Schuldner sogleich einziehen zu lassen."

Die Voraussetzungen zur Anwendung dieser Bestimmung lagen, wie das Berufungsgericht zutreffend dargelegt hat, vor. Es kann sich daher nur fragen, ob sie gegenüber dem § 4 Einf.-Ges. zur C.P.O., wonach für bürgerliche Rechtsstreitigkeiten, für die nach deren Gegenstand oder der Art des Anspruchs der Rechtsweg zulässig ist, aus dem Grunde, weil als Partei der Fiskus, eine Gemeinde oder eine andere öffentliche Korporation beteiligt ist, der Rechtsweg durch die Landesgesetzgebung nicht ausgeschlossen werden darf, noch Geltung beanspruchen kann. Dies ist zu bejahen. Der § 4 a. a. O. trifft allerdings auf Fälle der in § 42 Ziff. 2 der Verordnung vom 26. Dezember 1808 erwähnten Art und auch auf den vorliegenden Fall insofern zu, als es sich um eine bürgerliche Rechtsstreitigkeit der darin bezeichneten Art handelt, und als das Verwaltungszwangsverfahren lediglich aus dem Grunde eingeleitet worden ist, weil der Fiskus als Partei beteiligt war; er trifft aber insofern nicht zu, als durch jene Verordnung der Rechtsweg nicht ausgeschlossen ist. Nach dem Wortlaut wie nach dem Sprachgebrauch ist unter Ausschließung des Rechtsweges die Zuweisung von Rechtsstreitigkeiten an Verwaltungsbehörden und Verwaltungsgerichte in der Weise zu verstehen, daß nur diese, und in keiner Hinsicht auch die ordentlichen Gerichte damit befaßt werden. Dagegen wird durch Beschränkungen und Erschwerungen des Rechtsweges dieser nicht ausgeschlossen; hierunter fallen insbesondere Vorschriften, nach denen Ansprüche der im § 4 erwähnten Art gegen den Fiskus zunächst im Verwaltungsverfahren geltend gemacht werden müssen, oder dergleichen Ansprüche des Fiskus im Verwaltungszwangsverfahren beigetrieben werden dürfen, vorausgesetzt daß trotz der Entscheidung im Verwaltungsverfahren der Rechtsweg offen steht, und daß das im Verwaltungszwangsverfahren Beigetriebene im Rechtswege zurückgefordert werden kann. In diesen Fällen ist der Rechtsweg nicht versagt, sondern nur erschwert. Für die Richtigkeit dieser Auffassung spricht auch die Entstehungsgeschichte des § 4.

Vgl. Hahn, Die gesamten Materialien zur Civilprozeßordnung und dem Einführungsgesetz Bd. 2 S. 1179. 1180. 1250. 1280 flg. 1302 flg.

Er verdankt seine Entstehung einem Antrag des Abgeordneten v. Puttkamer, der sich speciell gegen die in Elsaß-Lothringen geltenden Bestimmungen des französischen Rechtes richtete, nach denen bürgerliche Rechtsstreitigkeiten lediglich deshalb den Gerichten entzogen waren, weil als Partei der Fiskus, eine Gemeinde oder eine andere öffentliche Korporation beteiligt war. Der Antrag ging über den vom Antragsteller verfolgten Zweck insofern hinaus, als nach seinem Wortlaute auch eine Beschränkung des Rechtsweges unzulässig sein sollte, und es wurde auch von einzelnen Kommissionsmitgliedern, obgleich sie nur auf jene, den Rechtsweg völlig ausschließenden, Bestimmungen Bezug nahmen, von Ausschließung und Beschränkung des Rechtsweges gesprochen. Von dem Vertreter des Bundesrates wurde der Antrag lebhaft bekämpft mit dem Hinweis darauf, daß eine solche, die Zulässigkeit des Rechtsweges betreffende Bestimmung nicht in den Rahmen der Justizgesetze gehöre und überhaupt in Materien eingreife, die sich einer reichsgesetzlichen Feststellung von vornherein entziehen. Der Antrag wurde gleichwohl von der Kommission angenommen. Bei der von dieser vorgenommenen zweiten Lesung wurde ihm aber vom Antragsteller selbst die Fassung gegeben, daß lediglich die Ausschließung des Rechtsweges für unzulässig erklärt wurde, und in dieser Fassung ist die beantragte Vorschrift trotz der vom Vertreter des Bundesrates auch im Reichstage geltend gemachten Bedenken Gesetz geworden.

Hieraus ergibt sich unzweideutig, daß, wie auch bereits vom II. Civilsenate des Reichsgerichts,

vgl. Entsch. des R.G.'s in Civils. Bd. 17 S. 416 flg.,

ausgesprochen worden ist, die Vorschrift in § 4, als eine Ausnahmevorschrift, eine ausdehnende Auslegnng nicht zuläßt, vielmehr streng auf den ihr gegebenen Umfang zu beschränken ist und der Landesgesetzgebung nur das Recht entzieht, für die in Frage stehenden Rechtsstreitigkeiten den Rechtsweg auszuschließen, d. h. den Parteien die Anrufung der Gerichte überhaupt zu versagen, und daß, soweit diese Schranke eingehalten wird, die Vorschriften der Landesgesetze in Kraft geblieben sind. Von einer Ausschließung des Rechtsweges kann aber auch dann nicht die Rede sein, wenn, wie dies nicht nur von seiten der Reichsgesetzgebung,

vgl. z. B. § 25 des Gesetzes über das Postwesen vom 28. Oktober 1871, §§ 134 flg. des Gesetzes über die Rechtsverhältnisse der Reichsbeamten,

sondern auch von seiten der Landesgesetzgebungen im Interesse einer ungestörten Verwaltung der Staatsfinanzen zugelassen worden ist, Ansprüche des Fiskus der im § 4 bezeichneten Art im Verwaltungszwangsverfahren unter Vorbehalt des Rechtsweges beigetrieben werden dürfen.

Vgl. v. Wilmowski u. Levy, Civilprozeßordnung 7. Aufl. zu § 4 des Einführungsgesetzes.

Auch der III. Strafsenat des Reichsgerichts,

vgl. Entsch. des R.G.'s in Straff. Bd. 15 S. 323 flg.,

hat sich auf diesen Standpunkt gestellt, ein im Großherzogtum Oldenburg geltendes Gewohnheitsrecht, wonach privatrechtliche Forderungen des Fiskus im administrativen Vollstreckungsverfahren beigetrieben werden dürfen, nicht als mit § 4 in Widerspruch stehend angesehen und hieran die Ausführung geknüpft, daß dies auch bezüglich des § 42 Ziff. 2 der preußischen Verordnung vom 26. Dezember 1808 nicht angenommen werden könne, da durch diese Vorschrift der Rechtsweg vorbehalten sei. Aus den vorstehend dargelegten Gründen schließt sich der erkennende Senat dieser Auffassung an und erachtet daher die wider den Kläger im Verwaltungszwangsverfahren vorgenommene Beitreibung der Mietzinsforderung des Beklagten für gesetzlich zulässig." . . .

---

17. Ist derjenige, der auf Grund des Beschlusses der Generalversammlung einer Aktiengesellschaft, daß das Grundkapital um einen bestimmten Betrag erhöht werden solle, unter der Bedingung neue Aktien gezeichnet hat, daß die erfolgte Erhöhung des Grundkapitals bis zu einem bestimmten Tage in das Handelsregister eingetragen werde, an seine Zeichnung gebunden, wenn die Zeichnungen den beschlossenen Betrag nicht erreichen, durch neuen Beschluß die Erhöhung des Grundkapitals um den gezeichneten Betrag beschlossen, und die Erhöhung des Grundkapitals um den gezeichneten Betrag in der in dem Zeichnungsschein bestimmten Frist auf Grund des ersten Beschlusses in das Handelsregister eingetragen ist?

H.G.B. §§ 278 flg. 189. 196.

I. Civilsenat. Urt. v. 30. Mai 1903 i. S. Westf. Kleinbahnen (Bekl.) w. F. (Kl.). Rep. I. 21/03.

I. Landgericht Duisburg.
II. Oberlandesgericht Hamm.

Die Generalversammlung der Aktiengesellschaft Westf. Kleinbahnen beschloß am 10. März 1900 die Erhöhung ihres Grundkapitals von 1250000 *M* um 1750000 *M*. Der Kläger zeichnete am 22. März 1901 25 Stück der neuen, auf den Inhaber lautenden Aktien und zahlte auf Ersuchen des Vorstandes der Aktiengesellschaft den Vollbetrag der Zeichnung ein. Der Zeichnungsschein besagte, daß die

Aktien zur Durchführung der am 10. März 1900 beschlossenen Erhöhung des Grundkapitals von 1250000 ℳ auf 3000000 ℳ ausgegeben werden, und daß die Zeichnung hinfällig werde, wenn die erfolgte Erhöhung nicht bis zum 31. März 1902 in das Handelsregister eingetragen sei.

Es gelang nicht, das neue Aktienkapital unterzubringen; nur 600000 ℳ wurden gezeichnet. Am 7. März 1902 beschloß die Generalversammlung, daß, weil die beabsichtigte Erhöhung des Grundkapitals nur in Höhe von 600000 ℳ habe durchgeführt werden können, unter Aufhebung des Beschlusses vom 10. März 1900 der betreffende Paragraph des Statutes der Aktiengesellschaft dahin zu fassen sei, daß das Grundkapital der Gesellschaft 1850000 ℳ betrage. Am 8. März 1902 wurde in das Handelsregister eingetragen, daß die Generalversammlung vom 10. März 1900 die Erhöhung des Grundkapitals beschlossen habe, daß die Erhöhung in Höhe von 600000 ℳ stattgefunden habe, und daß das Grundkapital der Gesellschaft demgemäß 1850000 ℳ betrage. Die neuen Aktien wurden vom 10. März 1900 datiert.

Der Kläger erhob darauf Klage gegen die Gesellschaft auf Anerkennung, daß sein Zeichnungsschein rechtsunwirksam sei, sowie auf Rückzahlung des eingezahlten Betrages.

Die Beklagte widersprach, wurde aber vom ersten Richter nach der Klage verurteilt, und ihre Berufung gegen dieses Urteil zurückgewiesen. Auch die Revision ist zurückgewiesen, aus nachstehenden

Gründen:

„In Frage steht allein, ob der Kläger an seine Zeichnung vom 22. März 1901 gebunden ist, obwohl er auf eine Kapitalserhöhung von 1750000 ℳ gezeichnet hat, diese nicht ausgeführt und nicht eingetragen ist, sondern nur eine Erhöhung von 600000 ℳ. Beide Instanzrichter verneinen die Frage, in der Begründung wesentlich dahin übereinstimmend, daß der Kläger sich durch seine Zeichnung nur unter der Bedingung verpflichtet habe, daß die Erhöhung um 1750000 ℳ durchgeführt und bis zum 31. März 1902 eingetragen werde. Dem ist im Ergebnis durchaus zuzustimmen.

Die Erhöhung des Grundkapitals einer Aktiengesellschaft, dessen Höhe nach § 182 Abs. 2 Ziff. 3. § 198 Abs. 1 H.G.B. wesentlicher Bestandteil des Gesellschaftsvertrages ist, enthält eine Abänderung des

Gesellschaftsvertrages. Unter diesem Titel wird sie in den §§ 278flg. H.G.B. behandelt. Die Abänderung wird nach § 277 Abs. 3 daselbst wirksam erst mit der Eintragung in das Handelsregister. Nach § 284 H.G.B. muß auch die erfolgte, durchgeführte Erhöhung des Grundkapitals auf Grund des Nachweises eingetragen werden, daß und von wem das erhöhte Grundkapital gezeichnet, und daß auf jede neue Aktie der eingeforderte Betrag, mindestens ein Viertel, bar eingezahlt ist (§ 284 Abs. 2 Ziff. 1. Abs. 3. § 195 Abs. 3).

Vor dieser Eintragung dürfen die neuen Aktien nicht ausgegeben werden. Nach § 285 H.G.B. kann Anmeldung und Eintragung des Beschlusses über die Erhöhung mit der Anmeldung und Eintragung der erfolgten Erhöhung verbunden werden. Der Beschluß muß dabei nach § 277, wie bei jeder Eintragung, vorgelegt werden.

Wer Aktien zeichnet, die auf Grund eines Beschlusses der Erhöhung des Grundkapitals zur Zeichnung aufgelegt sind, will Aktionär nach Maßgabe des durch den Beschluß über die Erhöhung des Grundkapitals abgeänderten Statutes der Gesellschaft werden. Darum muß der Zeichnungsschein nach § 281 H.G.B. außer der Anzahl der Aktien (§ 189 Abs. 2) den Tag des Beschlusses über die Erhöhung des Grundkapitals ergeben, wie im Falle des § 189 den Tag der Feststellung des Gesellschaftsvertrages.

Durch die Zeichnung allein wird der Zeichner noch nicht Aktionär der Gesellschaft mit dem abgeänderten Statut. Denn es steht noch dahin, ob die beschlossene Änderung in Kraft tritt, und die gezeichneten Aktien ausgegeben werden. Die Änderung tritt erst mit der Eintragung gemäß § 277 Abs. 3 in Kraft, und die neuen Aktien dürfen erst ausgegeben werden, wenn die erfolgte Erhöhung eingetragen, die beschlossene Erhöhung zur Ausführung gelangt ist. Darum muß nach § 281 Abs. 1 Ziff. 4 H.G.B. der Zeichnungsschein den Zeitpunkt angeben, in welchem die Zeichnung unverbindlich wird, falls nicht bis dahin die erfolgte Erhöhung eingetragen ist.

Diese Vorschriften machen den Standpunkt des Gesetzes völlig klar. Der Zeichner auf neue Aktien steht ganz so, wie der Zeichner auf erste Aktien einer zu errichtenden Aktiengesellschaft, deren Aktien nicht sämtlich von den Gründern übernommen sind. Auch in diesem Falle steht noch dahin, ob es zur Errichtung der Aktiengesellschaft dadurch kommen wird, daß das in Aussicht genommene Grundkapital

5*

gezeichnet wird. Nach § 196 H.G.B. muß in diesem Falle über die Errichtung der Gesellschaft von den Zeichnern erst noch beschlossen werden, und wenn das in Aussicht genommene Grundkapital nicht gezeichnet ist, kann ohne Zustimmung aller an der Beschlußfassung teilnehmenden Zeichner — die nicht erschienenen werden als zustimmend angesehen — nach Abs. 5 des § 196 das vorgeschlagene Grundkapital nicht geändert werden.

Bei der Erhöhung des Grundkapitals kennt das Handelsgesetzbuch eine solche konstituierende Versammlung der neuen Zeichner nicht. Es bedurfte dessen nicht, weil der § 281 Abs. 1 Ziff. 4 vorsieht, daß die Zeichnung von selbst unverbindlich wird, wenn die erfolgte Erhöhung des Grundkapitals nicht in das Handelsregister eingetragen wird, d. h. die Ausführung der beschlossenen Erhöhung, nicht irgend einer Erhöhung. Das ist völlig unzweideutig der Sinn des Gesetzes, wenn erwogen wird, daß nach §§ 285. 278 H.G.B. die erfolgte Erhöhung nur auf Grund eines Beschlusses eingetragen werden darf, der diese Erhöhung beschlossen, und dem der Zeichner durch die Zeichnung zugestimmt hat, durch die er erklärt, daß er auf Grund des dem Beschluß gemäß abgeänderten Statutes Aktionär werden will.

Möglich bleibt, daß der Beschluß selbst die Erhöhung innerhalb eines Minimums und Maximums beschließt, so daß die Ausführung der Erhöhung und die Eintragung der erfolgten Erhöhung dem Beschlusse entspricht, wenn die Zeichnungen auch nur das Minimum erreicht haben. Aber ein solcher Beschluß liegt nicht vor. Der Kläger hat auf Grund des Beschlusses vom 10. März 1900, der die Erhöhung des Grundkapitals um 1750000 *M* vorsieht, gezeichnet, und in dem Schlußsatze des Zeichnungsscheins ist die Hinfälligkeit der Zeichnung ausgesprochen, wenn die erfolgte Erhöhung des Grundkapitals nicht bis zum 31. März 1902 in das Handelsregister eingetragen sei. Die beschlossene Erhöhung ist nicht erfolgt, und die im März 1902 eingetragene Erhöhung um 600000 *M* am 7. März 1902 beschlossen. Diesem Beschluß hat der Kläger unstreitig nicht zugestimmt.

Danach ist die Zeichnung für den Kläger unverbindlich, und die Rückforderung der auf Grund dieser Zeichnung von ihm eingeforderten Beträge begründet. Dadurch, daß der Registerrichter die erfolgte Erhöhung des Grundkapitals um 600000 ℳ eingetragen hat, wobei auch der Zeichnungsschein des Klägers zur Grundlage gedient haben, und übersehen sein muß, daß er auf Grund des nicht zur Ausführung gekommenen Beschlusses vom 10. März 1900 gezeichnet ist, wird an der Unverbindlichkeit des Zeichnungsscheines nichts geändert. Der von dem Reichsgericht in den Entsch. in Civils. Bd. 2 S. 131, Bd. 9 S. 36, Bd. 19 S. 126, und auch in neuester Zeit wiederholt ausgesprochene Rechtsgrundsatz, daß der Zeichner auf ursprüngliches und auf erhöhtes Grundkapital sich dem Anspruch der Aktiengesellschaft aus der Zeichnung gegenüber nach erfolgter Eintragung des Kapitals darauf nicht berufen könne, das Grundkapital sei nicht gezeichnet, oder nur zum Schein gezeichnet, oder nur infolge Irrtums oder Betrugs, findet im vorliegenden Fall keine Anwendung. Der Kläger beruft sich nicht darauf, daß er zwar gezeichnet, aber in Wirklichkeit nicht habe zeichnen wollen, sondern darauf, daß seine Zeichnung nicht auf das eingetragene Grundkapital erfolgt und deshalb nach dem Inhalt des Zeichnungsscheins unverbindlich sei. Nach § 281 Abs. 2 finden die Vorschriften in Abss. 4. 5 des § 189 H.G.B. auf den Fall der Zeichnung neuer Aktien Anwendung. Danach ist der Zeichner nach Eintragung der erfolgten Erhöhung des Grundkapitals aus seinem Zeichnungsschein, wenn derselbe nichtig oder unverbindlich ist, nur dann verpflichtet, wenn er in einer Generalversammlung stimmt oder später als Aktionär Rechte ausübt oder Verpflichtungen erfüllt. Davon ist hier nicht die Rede. Die Vorschrift in § 189 Abs. 4 zeigt, daß die Eintragung der erfolgten Erhöhung des Grundkapitals allein die Berufung auf die Unverbindlichkeit der Zeichnung nicht beseitigt. Ist der Kläger nicht Aktionär geworden, die Voraussetzung im Schlußsatze seines Zeichnungsscheins in Wirklichkeit nicht eingetreten, nur durch ein Versehen des Registerrichters als eingetreten angesehen, so wird durch dieses Versehen die Unverbindlichkeit der Zeichnung nicht geheilt." . . .

18. Wie ist die Entschädigung des Grundeigentümers zu bestimmen, wenn seinem Grundstücke vor Beginn der Herrschaft des Fluchtliniengesetzes eine Baubeschränkung auferlegt, und demnächst das Grundstück enteignet ist?

Preuß. A.L.R. Einl. §§ 74. 75. I. 8 §§ 29 flg.
Preuß. Fluchtliniengesetz vom 2. Juli 1875 §§ 11. 13. 14.
Preuß. Enteignungsgesetz §§ 24 flg.

VII. Civilsenat. Urt. v. 5. Juni 1903 i. S. Stadtgem. B. (Kl. u. Widerbekl.) w. K. u. Gen. (Bekl. u. Widerkl.). Rep. VII. 93/03.

I. Landgericht I Berlin.
II. Kammergericht daselbst.

Im Jahre 1891 wurde der Stadtgemeinde B. das Recht verliehen, die zur Verbreiterung der Wassergasse auf eine bestimmte Strecke erforderlichen Grundstücksflächen im Wege der Enteignung zu erwerben. Hierdurch wurde auch ein den Beklagten gehörendes Grundstück berührt; von demselben wurde eine Parzelle von 353 qm für die Verbreiterung erforderlich. In dem Termine zur kommissarischen Verhandlung vom 7. Juli 1891 machten die Beklagten geltend, daß die zu enteignende Fläche als Bauland zu bewerten sei. Sie stützten sich auf § 7 des mit ihren Vorbesitzern, den R.'schen Erben, abgeschlossenen Vertrages vom 15. Juni 1890, nach welchem ihnen von seiten der Verkäufer die Entschädigungsansprüche an die Stadtgemeinde B. wegen der durch die Festsetzung der Baufluchtlinien beschränkten Bebaubarkeit des Grundstücks abgetreten seien. Ferner verlangten sie, daß auch der Bauwert derjenigen Gebäude, welche auf dem nicht zu enteignenden Grundstücksteile an der linksseitigen Grenze liegen und durch die Abtrennung der zu enteignenden Fläche angeschnitten werden, und zwar nur der Bauwert derselben, mit berechnet werde. Die Klägerin trat der Berücksichtigung der Cession entgegen, indem sie ausführte, es sei schon durch die am 2. August 1886 behändigte Verfügung des Königlichen Polizeipräsidiums vom 28. Juni 1886 die Erlaubnis zur Bebauung der hier fraglichen Fläche verweigert worden, und es dürfe mit Rücksicht hierauf, sowie auf die unter dem 13./25. August 1886 bewirkte Aushändigung des mit den Baufluchtlinien versehenen amtlichen Situationsplanes an die Vorbesitzer der

Expropriaten die zu enteignende Fläche nur als Lagerplatz, nicht aber als Bauland geschätzt werden. Durch Beschluß des Polizeipräsidiums vom 2./21. November 1891 wurde eine Entschädigungssumme von 60 290,26 *M* festgestellt.

Beide Parteien beschritten den Rechtsweg, zuerst die Stadtgemeinde. Die Klage der Expropriaten wurde als Widerklage behandelt. In beiden vorderen Instanzen wurde die Klage abgewiesen, und auf die Widerklage die Klägerin in erster Instanz zu einer Zahlung von 28 240 *M*, in zweiter von einer geringeren Summe verurteilt. Auf die Revision beider Teile ist das Berufungsurteil aufgehoben worden.

Aus den Gründen:

„Die Revision der Klägerin richtet sich gegen die Grundlagen, von denen der Berufungsrichter bei Beurteilung der beiden den Gegenstand des Streites bildenden Entschädigungsansprüche der Beklagten ausgeht. Ihre Angriffe mußten Erfolg haben.

Nachdem der Berufungsrichter bemerkt hat, daß die Entschädigung für ein zu enteignendes Grundstück nach dem vollen Werte desselben zur Zeit der Enteignung zu berechnen sei, führt er aus, dabei seien zwar die bestehenden gesetzlichen Eigentumsbeschränkungen des zu enteignenden Grundstücks im allgemeinen zu berücksichtigen, dagegen nicht diejenigen Beschränkungen, welche durch die neue, in ihrem Endzweck zur Enteignung führende Anlage entstanden seien. Er folgert hieraus, daß im vorliegenden Falle die Entschädigung für das enteignete Terrain nach dem Werte desselben als Baulandes berechnet werden müsse, nimmt aber an, daß, soweit es sich um die Eigenschaft der enteigneten Parzelle als Baulandes handele, die Berechnung nach den Verhältnissen des Jahres 1886 erfolgen müsse, weil damals die Parzelle definitiv die Eigenschaft als Bauland verloren und sie nur noch für die Frage der Enteignungsentschädigung behalten habe. Von dieser Grundlage aus ist der Berufungsrichter dann zur Festsetzung der Enteignungsentschädigung geschritten.

Als Gegenstand des von den R.'schen Erben den Beklagten cedierten Anspruchs betrachtet er nur die Differenz zwischen der Nutzung, welche das enteignete Terrain ohne die Bauversagung während der Zeit vom August 1886 bis zum 1. April 1892 gebracht haben würde, und der geringeren infolge der Beschränkung tatsächlich nur geschehenen Nutzung. Er führt in dieser Richtung aus, durch die Auferlegung der Servitut im Jahre 1886 habe die Klägerin sich schadensersatzpflichtig gemacht; eine Anwendung der §§ 13 und 14 des Fluchtliniengesetzes auf den vorliegenden Fall sei ausgeschlossen, weil die Bauversagung auf den Fluchtlinienplan von 1862 zurückgehe; mithin bleibe das sonstige Recht maßgebend. Der Berufungsrichter bezieht sich hier auf die Vorschriften der §§ 74. 75 Einl. §§ 29 flg. I. 8 A.L.R., des § 4 des Gesetzes vom 11. Mai 1842 und des Art. 9 der Verfassung. Abweichend vom ersten Richter, nimmt er an, daß der hieraus sich ergebende Anspruch in demjenigen für die Abtretung der Fläche als Baulandes noch nicht enthalten sei.

Hinsichtlich der einen wie der anderen Klage sind die Erwägungen des Berufungsrichters nicht haltbar; den Ansprüchen aus der Enteignung gibt er einen zu weiten, denen für die Auferlegung der Servitut einen zu engen Umfang. Er macht zwar einen Unterschied zwischen der Rechtslage, wie sie sich im Falle einer unter der Herrschaft des Gesetzes vom 2. Juli 1875 festgesetzten Fluchtlinie und der hier vorhandenen ergibt, bestimmt den Unterschied aber nicht in zutreffender Weise und trägt namentlich dem Umstande nicht genügend Rechnung, daß bei einer Fluchtlinienfestsetzung des älteren Rechts aus der Baubeschränkung sofort ein Entschädigungsanspruch entsteht, während dies für das neue Recht in der Regel nicht gilt.

Nach § 11 des Gesetzes vom 2. Juli 1875 tritt mit dem Tage, an welchem die im § 8 vorgeschriebene Offenlegung des Planes beginnt, die Beschränkung des Grundeigentümers, daß Neubauten, Um- und Ausbauten über die Fluchtlinie hinaus versagt werden können, endgültig ein, und gleichzeitig erhält die Gemeinde das Recht, die durch die festgesetzte Straßenfluchtlinie für Straßen und Plätze bestimmte Grundfläche dem Eigentümer zu entziehen. Eine Entschädigung wegen Entziehung oder Beschränkung des von der Festsetzung neuer Fluchtlinien getroffenen Grundeigentums kann aber nach § 13 nur in den dort unter 1 bis 3 angegebenen Fällen, speciell nach Nr. 1 dann gefordert werden, wenn die zu Straßen und Plätzen bestimmten Grundflächen auf Verlangen der Gemeinde für den öffentlichen Verkehr abgetreten werden. Nach § 14 a. a. O. kommen für die Feststellung der nach § 13 zu gewährenden Entschädigung die §§ 24 flg. des Enteignungsgesetzes zur Anwendung. Nach Maßgabe dieser Vorschriften handelt es sich in den Fällen der Entziehung um ein einheitliches Verfahren, welches mit der Offenlegung des Planes und der aus ihr folgenden, die Enteignung vorbereitenden Baubeschränkung beginnt und mit der Enteignung endet. War das zu enteignende Land bebauungsfähig, so kann diese seine Eigenschaft nicht deshalb, weil seit der Offenlegung des Planes Neubauten rc über die Fluchtlinie hinaus versagt werden durften, außer Berücksichtigung bleiben, sondern die Einheitlichkeit des Verfahrens in Verbindung mit dem Grundsatze der vollständigen Entschädigungspflicht in Enteignungsfällen führt dahin, daß das enteignete Grundstück als bebauungsfähig zu behandeln ist. Die Gemeinde hat von der aus § 11 des Gesetzes folgenden Einschränkung den Vorteil gehabt, daß ihr die Mehrkosten, welche ihr sonst infolge tatsächlicher Ausführung von Neubauten auf dem Grundstücke erwachsen sein könnten, erspart sind; sie ist auch zur Entschädigung dafür nicht verpflichtet; aber für die Annahme, daß im Falle der Enteignung der Wert des Grundstückes nun als eines nicht bebauungsfähigen zu bestimmen wäre, gibt das Gesetz keinen Anhalt, weder durch seine Fassung, noch auch durch die von ihm verfolgten Zwecke. Fraglich konnte nur sein, ob bei Berücksichtigung der Bebauungsfähigkeit der Zeitpunkt der Offenlegung des Planes, oder der der Entschädigungsfestsetzung als maßgebend anzusehen; der erkennende Senat hat sich aber in seinen neueren Entscheidungen auf den letzteren Standpunkt gestellt, und davon abzugehen würde kein Anlaß vorliegen.

Für alle diese Gesichtspunkte ist aber in den Fällen einer unter der Herrschaft des älteren Rechtes vorgenommenen Fluchtlinienfestsetzung kein Raum gegeben. Zwar diente auch danach das Bauverbot zur Vorbereitung der Enteignung; aber es fehlte die Einheitlichkeit des Verfahrens, da das Bauverbot, welches nach § 75 Einl. zum A.L.R. sofort einen Entschädigungsanspruch des Eigentümers erzeugte, zugleich einen Abschluß bedeutete. Das Grundstück erlitt mit dem Bauverbot eine Entwertung, und an die Stelle des Minderwertes trat ein Ersatzanspruch, der aber schlechthin in der Person des zeitigen Eigentümers zur Entstehung kam, eine rein persönliche Forderung desselben darstellte und mit dem Eigentum am Grundstücke in keiner rechtlichen Verbindung blieb. Dies ist im vorliegenden Falle der von den R.'schen Erben den Beklagten abgetretene Anspruch. Fortan kann das Grundstück als bebauungsfähiges Land überhaupt nicht mehr in Betracht kommen, sondern es ist als baubeschränktes zu behandeln. Ob für die Baubeschränkung tatsächlich bereits Ersatz gewährt ist, oder nicht, bleibt ohne Belang; entscheidend ist allein die Existenz der Ersatzforderung.

Da Entschädigung für Wertminderung gewährt wird, so kann auch nicht daneben noch Ersatz dafür, daß tatsächlich eine Nutzung als Bauland unterblieben ist, begehrt werden. Der Eigentümer würde doppelt entschädigt werden, wenn er einmal eine Vergütung dafür erhielte, daß er das Grundstück nicht bebauen durfte, und infolgedavon der Wert gemindert ist, und sodann dafür, daß er es tatsächlich nicht benutzt hat.

Das angefochtene Urteil war mithin den Anträgen der Klägerin entsprechend aufzuheben. Für beide Ansprüche bedarf es anderweiter Festsetzungen nach Maßgabe des oben Bemerkten.

Zu ermitteln ist zunächst, welche Einbuße an Wert das Grundstück infolge der durch das Bauverbot vom Jahre 1886 eingetretenen Baubeschränkung erlitten hat. Zu der Frage, wie dabei im übrigen zu verfahren, hat das Revisionsgericht sich noch nicht auszusprechen, da der Berufungsrichter auf die Ermittelung des für die Wertminderung zu gewährenden Ersatzes noch nicht eingegangen ist. Dasselbe gilt von der Frage, ob die Kläger von der festzusetzenden Summe Zinsen zu fordern berechtigt sind.

Den Gegenstand des zweiten Anspruchs bildet die Entschädigung für die Enteignung (Entziehung) des Grundstückes, und zwar mit den auf demselben vorhandenen Gebäuden, aber unter Berücksichtigung der Beschränkung, daß Neubauten ꝛc auf ihm nicht errichtet werden durften.

Erfolg mußte auch die Revision der Beklagten haben. Auch ihre Ansprüche sind durch die unrichtige Art der Entschädigungsfestsetzung berührt. Ob sie im endlichen Resultate dadurch beschwert sind, d. h. ob nach der neuen Festsetzung die beiden Ansprüche zusammengerechnet eine größere Summe ergeben werden, als den Beklagten gegenwärtig zugebilligt ist, läßt sich zur Zeit nicht übersehen, wie es auch dahinsteht, ob ein für die Klägerin günstigeres Resultat sich herausstellen wird." . . .

19. Ist es, wenn von der Generalversammlung einer Aktiengesellschaft über die Entlastung des Aufsichtsrates zu beschließen ist, und die Mitglieder des Aufsichtsrats auch Aktionäre sind, zulässig, nacheinander gesondert über die Entlastung jedes einzelnen Aufsichtsratsmitgliedes abstimmen und dabei jedesmal die übrigen Aufsichtsratsmitglieder mitstimmen zu lassen?

I. Civilsenat. Urt. v. 6. Juni 1903 i. S. Aktienges. Bad N. (Bekl.) w. Sch. u. Gen. (Kl.). Rep. I. 45/03.

I. Landgericht Koblenz, Kammer für Handelssachen.
II. Oberlandesgericht Köln.

Am 10. Juni 1901 fand in N. die ordentliche Generalversammlung der Aktionäre der verklagten Aktiengesellschaft für das Jahr 1901 statt. Anwesend waren u. a. die zehn zu den Aktionären gehörenden Kläger und sämtliche Mitglieder des damals aus sechs anderen Aktionären bestehenden Aufsichtsrats. Bei Erledigung der Tagesordnung, deren Punkt 1 „Vorlage von Bilanz und Geschäftsbericht pro 1900", Punkt 2 „Gewinnverteilung und Entlastung" lautete, wurde beschlossen, über Gewinnverteilung und Entlastung getrennt abzustimmen. Die Abstimmung über die Entlastung ließ der Verhandlungsleiter der Versammlung (Mitglied und Vorsitzender des Aufsichtsrats) in der Weise vornehmen, daß er zuerst über die Entlastung des Vorstandes, und dann getrennt über die Entlastung jedes einzelnen Mitgliedes des Aufsichtsrats abstimmen und hierbei jedesmal zwar nicht dasjenige Mitglied, über dessen Entlastung abgestimmt wurde, wohl aber die übrigen Mitglieder des Aufsichtsrates mitstimmen ließ.

In der erhobenen Klage beantragten die Kläger, den in der Generalversammlung gefaßten Beschluß, durch den dem Aufsichtsrat, bzw. den Aufsichtsratsmitgliedern Entlastung erteilt werde, für nichtig zu erklären, wogegen der Beklagte Abweisung der Klage begehrte.

Vom Landgericht wurde die Klage abgewiesen, wogegen das Oberlandesgericht ihr stattgab.

Die Revision ist zurückgewiesen worden aus folgenden

Gründen:

„Angefochten wird der Generalversammlungsbeschluß, durch den (richtiger: die Mehrheit von Generalversammlungsbeschlüssen, durch welche) die Mitglieder des Aufsichtsrates der verklagten Gesellschaft für entlastet erklärt worden sind.

Die Formvoraussetzungen für diese Anfechtung (§ 271 H.G.B.) liegen vor. Es ist festgestellt, daß die Klage innerhalb der vorgeschriebenen Frist erhoben worden ist, und in dem Protokoll über die Verhandlung der Generalversammlung wird bezeugt, daß von den Klägern sowohl vor wie nach jeder einzelnen Abstimmung über die Entlastung der Aufsichtsratsmitglieder Widerspruch erklärt worden ist.

Auch sachlich ist die Anfechtung für berechtigt zu erachten, und deshalb im Ergebnis die Entscheidung des Berufungsgerichts zu billigen. Nach Annahme des Berufungsgerichts war es zulässig, nacheinander über die Entlastung der einzelnen Aufsichtsratsmitglieder abstimmen, dagegen unzulässig, bei diesen Abstimmungen Aufsichtsratsmitglieder mitstimmen zu lassen. Der jetzt erkennende Senat ist der Ansicht, daß die angefochtenen Beschlüsse deshalb ungültig sind, weil nur über die Entlastung des Aufsichtsrats im ganzen hätte Beschluß gefaßt werden dürfen, und hierbei sämtliche Mitglieder des Aufsichtsrats kein Stimmrecht gehabt haben würden (§ 252 Abs. 3 H.G.B.).

Der Aufsichtsrat ist ein Organ der als eine juristische Person sich darstellenden Aktiengesellschaft, das zwar selber keine juristische Persönlichkeit besitzt, aber doch in seiner Eigenschaft als Gesellschaftsorgans ebenso wie der Vorstand, wenn dieser aus mehreren Personen besteht, einer Kollegialbehörde vergleichbar ist. Die Ergebnisse der durch Zusammenwirken der beiden genannten Gesellschaftsorgane sich vollziehenden Verwaltungstätigkeit, der geschäftsführenden Tätigkeit des Vorstandes und der wiederum unter Zusammenwirken seiner Mitglieder vor sich gehenden, der Hauptsache nach in einer Aufsichtsführung bestehenden Tätigkeit des Aufsichtsrats, kommen in den Vorlagen, die nach § 260 Abs. 2 H.G.B. in jedem Geschäftsjahr der Generalversammlung zu machen sind, in der Bilanz, der Gewinn- und Verlustrechnung und dem den Vermögensstand und die Verhältnisse der Gesellschaft entwickelnden, mit den Bemerkungen des Aufsichtsrats versehenen Berichte, zur Erscheinung, ohne hervortreten zu lassen, welchen Anteil an ihrer Herbeiführung die einzelnen Organsmitglieder hatten, und demnach auch, soweit Pflichtwidrigkeiten vorzuliegen scheinen, ohne erkennen zu lassen, welchen einzelnen Organsmitgliedern etwa ein Vorwurf zu machen ist. Wenn daher, wie es regelmäßig geschieht und im gegebenen Falle geschehen ist, von der Generalversammlung auf Grund der bezeichneten Vorlagen über Entlastung von Vorstand und Aufsichtsrat beschlossen wird, so handelt es sich dabei nicht um eine Entschließung darüber, ob anzuerkennen ist, daß gegen dieses oder jenes Organsmitglied kein Anspruch wegen einer Pflichtverletzung bestehe, sondern darum, ob die durch die Vorlagen vor Augen geführte Verwaltungstätigkeit überhaupt, die in dem verflossenen Geschäftsjahr entfaltete Wirksamkeit der beiden durch die Vorlagen Rechenschaft ablegenden Organe der Gesellschaft für einwandsfrei erklärt werden soll, oder nicht. Daraus ergibt sich, daß das Abstimmungsverfahren, welches in der Generalversammlung der verklagten Gesellschaft vom 10. Juni 1901 der Vorsitzende hat stattfinden lassen, sachwidrig und unzulässig war.

Auf sich beruhen bleiben kann, ob die Beklagte mit der Verteidigung zu hören gewesen wäre, daß auch bei gesetzmäßiger Beschlußfassung die Entlastung des Aufsichtsrats würde beschlossen worden sein. Denn dies darzutun, hat die Beklagte gar nicht unternommen, und aus dem Protokoll über die Verhandlung der Generalversammlung läßt sich nur folgendes entnehmen. Erschienen waren 32 Aktionäre mit zusammen 2285 Stimmen, darunter die sechs Aufsichtsratsmitglieder mit zusammen 1135 Stimmen. Zur Teilnahme an der Beschlußfassung über die Entlastung des Aufsichtsrats waren mithin nicht mehr als 1150 Stimmen berechtigt, so daß, wenn alle Berechtigten sich an der Abstimmung beteiligten, die Entlastung nur beschlossen war, wenn wenigstens 576 Stimmen dafür stimmten. Für die Entlastung der einzelnen Aufsichtsratsmitglieder gestimmt haben aber von den stimmberechtigten Stimmen nur 502 bis 535. Seinen Grund haben kann dies nur darin, daß jedesmal einige von den erschienenen und zur Teilnahme an der Beschlußfassung befugten Aktionären ihr Stimmrecht nicht ausgeübt haben, und ungewiß bleibt, wie sie sich im Fall eines gesetzmäßigen Abstimmungsverfahrens verhalten haben würden." . . .

20. 1. Ist die Vereinbarung, daß ein Grundstück nur an Käufer deutscher Nationalität veräußert werden dürfe, rechtlich zulässig?
2. Verstößt sie schlechtweg dann gegen § 1136 B.G.B., wenn in demselben Vertrage dem Veräußerer für rückständiges Kaufgeld eine Hypothek bestellt wird?

B.G.B. §§ 137. 138. 339 Satz 2. 1136.

V. Civilsenat. Urt. v. 6. Juni 1903 i. S. St. (Bekl.) w. Aktienges. L. (Kl.). Rep. V. 147/03.

I. Landgericht I Berlin.
II. Kammergericht daselbst.

Der Beklagte kaufte durch notariellen Vertrag vom 14. Juli 1902 von der Klägerin ein im Kreise Rosenberg in Westpreußen belegenes Gut und verpflichtete sich in dem Vertrage unter einer sofort fälligen, an die Verkäuferin zu entrichtenden Konventionalstrafe von 10000 ℳ,

bei einem Verkaufe des Gutes im ganzen oder parzellenweise nur an Käufer deutscher Nationalität zu verkaufen.

Er sollte dann dieser Verpflichtung dadurch zuwidergehandelt und die Konventionalstrafe verwirkt haben, daß er das Gut, wie unstreitig war, im August 1902 an einen Rittergutsbesitzer polnischer Abkunft weiterveräußert hatte. Die Klägerin verlangte Verurteilung zur Zahlung der Konventionalstrafe von 10000 ℳ nebst Zinsen seit dem 18. September 1902. Dementsprechend wurde der Beklagte in den vorderen Instanzen verurteilt. Seine Revision ist zurückgewiesen worden.

Aus den Gründen:

... „Der Berufungsrichter hat die zwischen den Parteien getroffene Vertragsbestimmung, inhalts deren der Beklagte sich verpflichtet hat, bei einem Verkaufe des Gutes ... „nur an Käufer deutscher Nationalität" zu verkaufen, dahin ausgelegt, daß beide Vertragsteile unter der deutschen Nationalität nicht die Staats- oder Reichsangehörigkeit gemeint haben, sondern daß damit der Verkauf an solche Personen hat ausgeschlossen werden sollen, die von polnischer Abstammung sind und in Anknüpfung an ihre Abstammung den deutschfeindlichen Bestrebungen des Polentums huldigen. Diese Auslegung ist eingehend begründet und kann von der Revision mit Erfolg nicht angefochten werden; ob — wie sie geltend macht — der Kreis Rosenberg niemals zu dem vormaligen Königreich Polen gehört hat, ist für die Auslegung völlig unerheblich. Der Berufungsrichter hat ferner festgestellt, daß der Käufer des Gutes ... von polnischer Abstammung ist und denjenigen Kreisen zugehört, in denen die deutschfeindlichen Gesinnungen des Polentums gepflegt werden. Auch diese Feststellung, die übrigens auf tatsächlichem Gebiete liegt, ist hinreichend begründet; sie wird auch von der Revision nicht beanstandet. Die rechtlichen Bedenken aber, welche die Revision anregt, sind unbegründet. Daß eine Vertragsbestimmung des Inhaltes, wie sie nach der Auslegung des Berufungsrichters hier vorliegt, gegen die guten Sitten verstoße und deshalb nach § 138 Abs. 1 B.G.B. nichtig sei, ist nicht anzuerkennen.... Und wenn die Revision ferner den § 339 Satz 2 B.G.B. als verletzt bezeichnet, so geht auch diese Rüge fehl. Gerade die Gegenüberstellung der beiden Sätze in § 339 ergibt, daß, wenn die geschuldete Leistung in einem Unterlassen besteht, die Strafe mit der Zuwiderhandlung verwirkt ist ohne Rücksicht darauf, ob den Schuldner ein Verschulden trifft, oder nicht.

Vgl. Planck, B.G.B. Bd. 2 Bem. 2 zu § 339.

Aber auch wenn man mit der Revision das Gegenteil annehmen wollte, so hat doch der Berufungsrichter ein Verschulden des Beklagten bereits festgestellt; es ist zutreffend darin gefunden worden, daß für den Beklagten schon der Name seines Abnehmers ... genügende Veranlassung sein mußte, sich darüber zu vergewissern, ob er mit einem Verkaufe an ihn gegen das Vertragsverbot verstoße.

Endlich hat die Revision auch ihre Berufung auf die §§ 137. 1136 B.G.B. aufrecht erhalten. Aber auch diese Vorschriften stehen ihr nicht zur Seite. Allerdings wird die Meinung vertreten, daß es zur Anwendung des § 1136 B.G.B. schlechthin genüge, wenn der Eigentümer demjenigen, dem gegenüber er die dort erwähnte Verpflichtung eingeht, in demselben Vertrage eine Hypothek (z. B. für rückständiges Kaufgeld) bestellt, weil dann die Voraussetzung, von der das Gesetz ausgeht, daß nämlich die Vereinbarung mit dem Gläubiger getroffen sei, vorliege.

Vgl. Biermann, Sachenrecht des B.G.B., 2. Aufl. S. 334; Maenner, Das Recht der Grundst. § 72 Anm. 3 S. 329; Boehm, Grundbuchrecht S. 187.

Aber dies geht über Absicht und Zweck des Gesetzes hinaus. Das Gesetz will einer Vereinbarung, durch die dem dinglichen Rechte des Gläubigers eine das gebotene Maß überschreitende Erweiterung gegeben werden würde, die Rechtsgültigkeit versagen. Es verlangt daher eine Vereinbarung, „durch die sich der Eigentümer dem Gläubiger gegenüber verpflichtet," und bringt damit zum Ausdrucke, daß die Vereinbarung im Hinblick auf das dingliche Recht getroffen worden sein muß, d. h. also so, daß durch sie dem Gläubiger in dieser seiner Eigenschaft eine besondere Befugnis verliehen werden soll. Diese Voraussetzung wird durch den zufälligen Umstand, daß in demselben Vertrage, in welchem die Vereinbarung getroffen ist, auch das Gläubigerrecht begründet, z. B. eine Hypothek für rückständiges Kaufgeld bestellt wird, noch nicht erfüllt. Es müßte irgendein Umstand hinzukommen, der die Beziehung der Abrede auf das Gläubigerrecht ersichtlich machte, also erkennen ließe, daß die Vereinbarung nicht getroffen sein würde, wenn nicht der andere Teil zugleich Gläubiger des sich verpflichtenden Eigentümers werden sollte. Von diesem richtigen Gesichtspunkt aus, der auch in der Literatur Anerkennung gefunden hat,

vgl. Planck, B.G.B. Bd. 3 Bem. 3 zu § 1136; Neumann, B.G.B. Bd. 1 Bem. 2 zu § 1136; Turnau u. Förster, Liegenschaftsrecht, 2 Aufl. Bd. 1 S. 675 Bem. 3 zu § 1136; Kober, Sachenrecht Bem. 3 zu § 1136 S. 233,

hat der Berufungsrichter die Sachlage beurteilt, und hervorgehoben, daß sich im vorliegenden Falle eine solche Beziehung der Vereinbarung zu der Kaufgelderhypothek der Klägerin nicht finden lasse, daß sie vielmehr durch die von der Klägerin bei ihrer Geschäftsführung verfolgten Ziele geradezu ausgeschlossen werde. Daß dann aber auch von einer Verletzung des § 137 B.G.B. nicht die Rede sein kann, ergibt sich aus Satz 2 dieser Vorschrift, wonach die Vereinbarung zwischen den Parteien als für sie obligatorisch wirksam bestehen bleibt." . . .

---

21. Ist, wenn eine veräußerte Sache dem Erwerber durch einen Dritten entwehrt ist, der von dem Erwerber gegen den Veräußerer neben dem Gewährleistungsanspruch geltend gemachte Anspruch auf

Erstattung der ihm durch die Prozeßführung mit dem Dritten erwachsenen Kosten eine Nebenforderung im Sinne des § 4 C.P.O.?

V. Civilsenat. Urt. v. 6. Juni 1903 i. S. G. u. Gen. (Bekl.) w. M. (Kl.). Rep. V. 202/03.

I. Landgericht Beuthen.
II. Oberlandesgericht Breslau.

Das Reichsgericht hat die obige Frage bejaht aus folgenden

Gründen:

„Die eingelegte Revision erwies sich, wenngleich der Revisionsbeklagte in dieser Beziehung Einwendungen nicht erhoben hat, bei der nach §§ 535. 566 C.P.O. von Amts wegen vorzunehmenden Prüfung ihrer Statthaftigkeit wegen Fehlens der Revisionssumme als nicht zulässig. Die Beklagten sind zunächst verurteilt, nach ihrer Wahl das Grundstück Z. Nr. 417 aufzulassen oder an den Kläger 1000 ℳ zu zahlen. Da sie hiernach in der Lage sind, durch Entrichtung der letzteren Summe sich von der Urteilsverbindlichkeit zu befreien, so beträgt hierbei der Beschwerdewert keinesfalls mehr als 1000 ℳ, d. h. es ist der Wert der geringeren Leistung maßgebend. Dies hat das Reichsgericht für die Fälle, in denen bei alternativen Verurteilungen das Wahlrecht dem Verurteilten zusteht, schon wiederholt ausgesprochen.

Vgl. die Urteile vom 14. Dezember 1889, Jurist. Wochenschr. 1890 S. 24 Nr. 1 und in Seufferts Archiv Bd. 46 S. 110; vom 25. November 1891, Rep. V. 184/91; vom 30. Januar 1897, Jurist. Wochenschr. S. 145 Nr. 1; ferner den Beschluß vom 29. Dezember 1898, Jurist. Wochenschr. 1899 S. 71 Nr. 1.

Hiervon abzugehen liegt keine Veranlassung vor. Es fragt sich daher nur noch, ob die Revisionssumme deshalb für gegeben angesehen werden darf, weil die Beklagten auch noch zur Erstattung von 675,70 ℳ Prozeßkosten, die der Kläger angeblich in dem von dem Altsitzer L. gegen ihn und seine Ehefrau geführten Vorprozeß hat bezahlen müssen, verurteilt worden sind, oder ob dieser Erstattungsanspruch des Klägers den Charakter einer Nebenforderung im Sinne des § 4 C.P.O. hat und daher gemäß § 546 Abs. 2 C.P.O. bei der Berechnung der Revisionssumme außer Betracht zu lassen ist. Letztere Annahme erschien zutreffend.

Eine Forderung ist gegenüber einer anderen Forderung, mit der zusammen sie geltend gemacht ist, dann Nebenforderung, wenn sie zu ihr in einem objektiven Abhängigkeitsverhältnisse steht, d. h. wenn ihre Existenz begriffsnotwendig durch die Existenz jener anderen (Haupt)-Forderung bedingt ist.

Vgl. Entsch. des R.G.'s in Civils. Bd. 19 S. 419; Jurist. Wochenschr. 1887 S. 204 Nr. 5; 1889 S. 167 Nr. 1; 1896 S. 300 Nr. 2; 1897 S. 54 Nr. 16.

Im vorliegenden Falle verlangt der Kläger, dem ein gekauftes und in seinen Besitz gelangtes Grundstück durch einen Dritten entwehrt worden ist, von den Beklagten kraft deren Gewährleistungspflicht Wiederverschaffung des entzogenen Grundstücks oder Wertersatz, außerdem Ersatz des infolge der Entwehrung erlittenen Schadens, soweit dieser in den bei der Prozeßführung mit dem Entwehrer aufgewendeten Kosten besteht. Daß die letzteren an sich „Schäden" im Sinne des § 4 C.P.O. darstellen, kann nach § 156 A.L.R. I. 11 nicht bezweifelt werden und ist auch von der Revision nicht in Abrede gestellt worden. Die Revisionskläger bestreiten vielmehr nur das Bestehen eines Abhängigkeitsverhältnisses zwischen dem Kostenerstattungsanspruch und den das streitige Grundstück selbst betreffenden Ansprüchen, indem sie entscheidendes Gewicht darauf legen, daß zur Zeit, als die Entwehrungsklage des Dritten angestellt wurde, Kläger das Grundstück bereits an seine Ehefrau weiterveräußert hatte. Infolgedessen sei der Entwehrungsprozeß in erster Linie nicht gegen ihn, sondern gegen seine Ehefrau geführt worden und habe nur der letzteren, nicht aber dem Kläger einen Kostenaufwand verursacht. Auf diesen Gesichtspunkt konnte indessen nicht eingegangen werden, da er der sachlichen Beurteilung des Streitverhältnisses, wie sie erst stattfinden darf, wenn die Zulässigkeit des eingelegten Rechtsmittels festgestellt ist, vorgreift. Der Kläger behauptet, zur Geltendmachung des Kostenersatzanspruches sachlich legitimiert zu sein, und diese Behauptung ist der Prüfung, ob der Anspruch als Nebenforderung geltend gemacht ist, zugrunde zu legen. Im übrigen ist maßgebend, daß für den Kostenersatzanspruch in gleicher Weise, wie für den Anspruch auf die Wiederverschaffung des Grundstücks, den Klagegrund die Gewährleistungspflicht der Beklagten, den Klaganlaß (actio nata) die Tatsache der im Prozeßwege erfolgten Entwehrung des Grundstücks bildet. Es ist daher undenkbar, daß in dem gegenwärtigen Rechtsstreite der Kläger mit dem ersteren Anspruche hätte durchdringen können, wenn der letztere Anspruch für unbegründet erklärt worden wäre. Vielmehr mußte eine etwaige Abweisung des Grundstücksverschaffungsanspruchs unter allen Umständen auch die Klagfälligkeit bezüglich des Anspruchs auf Kostenersatz nach sich ziehen. Damit ist aber das Begriffsmerkmal der Abhängigkeit gegeben. Das in den Entsch. des R.G.'s in Civils. Bd. 8 S. 365 veröffentlichte Urteil des IV. Civilsenats vom 18. Dezember 1882 steht nicht entgegen, da der damalige Fall, in dem es sich um die Rückgängigmachung eines mit Garantieübernahme verbundenen Cessionsvertrages wegen Unbeitreibbarkeit der cedierten Forderung handelte, wesentlich anders geartet war."...

---

22. Ist die Bestimmung des § 25 Abs. 1 H.G.B. anwendbar, wenn ein Minderkaufmann sein Geschäft überträgt und dem Erwerber die Weiterbenutzung seines Namens gestattet?

H.G.B. §§ 25. 4.

I. Civilsenat. Urt. v. 8. Juni 1903 i. S. Zb. (Bekl.) w. O. P. & Co. (Kl.). Rep. I. 490/02.

I. Landgericht Posen.
II. Oberlandesgericht daselbst.

Der Klägerin stand gegen den Möbelfabrikanten S. D. eine rechtskräftig erstrittene Forderung von 1735,40 ℳ nebst Zinsen und Unkosten zu. Die deshalb gegen den Schuldner vorgenommene Zwangsvollstreckung fiel fruchtlos aus. S. D. hatte durch notariellen Vertrag vom 9. Dezember 1901 sein Möbelgeschäft nebst Tischlerei und allen vorhandenen Waren, Holz- und anderen Vorräten, Hobelbänken und Werkzeugen an den Beklagten verkauft. Mit Rücksicht hierauf forderte die Klägerin Bezahlung ihrer Forderung vom Beklagten mit der Begründung, 1. daß S. D. dem Beklagten die Fortführung seiner Firma gestattet, und der Beklagte die Firma auch tatsächlich fortgeführt habe, und 2. daß der erwähnte Kaufvertrag von S. D. in der dem Beklagten bekannten Absicht geschlossen sei, seine (des S. D.)

Gläubiger zu benachteiligen. Der Beklagte bekämpfte die Klage nach beiden Richtungen.

Beide vordere Instanzen hielten den ersten Klagegrund für gegeben und verurteilten den Beklagten nach dem Klagantrage. Das Reichsgericht hat das Urteil des Berufungsgerichts aufgehoben und die Sache zurückverwiesen.

Gründe:

„Beide Instanzen haben auf Grund des § 25 H.G.B. der Klage stattgegeben. Daß S. D. sein Handelsgeschäft durch Verkauf auf den Beklagten übertragen, und daß dieser das Geschäft fortgeführt hat, war von vornherein unstreitig. Streit bestand nur darüber, ob auch die weitere Voraussetzung des § 25 vorliege, daß das Geschäft „unter der bisherigen Firma" fortgeführt worden sei. Tatsächlich ist in dieser Beziehung festgestellt, daß S. D. das Geschäft unter seinem bürgerlichen Namen betrieb und an seinem Laden ein Schild mit diesem Namen angebracht hatte, daß aber die Anmeldung und Eintragung einer Firma zum Handelsregister nicht erfolgt war; ferner daß S. D. dem Beklagten im Übertragungsvertrage zugesagt hatte, jenes Namensschild über der Ladentür hangen zu lassen und vor Ablauf von drei Jahren nicht ohne Zustimmung des Beklagten zu entfernen; endlich daß demgemäß verfahren worden ist, und der Beklagte eine gewisse Zeit hindurch unter Beibehaltung des Ladenschildes das Geschäft fortgeführt hat.

Daß hierin die Übertragung und Fortführung der Firma liege, hatte der Beklagte vor allem mit Rücksicht darauf bekämpft, daß das Geschäft nur von geringem, das Kleingewerbe nicht übersteigendem Umfange gewesen sei, und sonach eine eintragungsfähige Firma niemals bestanden habe. Während das Gericht der ersten Instanz diese Behauptung für widerlegt angesehen hatte, hat das Berufungsgericht die nach dieser Richtung hin vom Beklagten weiter angeführten Tatsachen nicht geprüft und hierüber keine Feststellung getroffen. Das Berufungsgericht nimmt an, daß S. D. seinen Namen als Firma geführt habe, und erblickt in der Fortführung des Geschäftes durch den Beklagten unter Benutzung des alten Ladenschildes die Annahme einer Firma. Ob diese Firma eintragungsfähig gewesen sei, darauf könne nichts ankommen. Auch wenn das Geschäft dem Kleingewerbe angehört und somit an sich der Bestimmung des § 4 H.G.B. unterstanden habe, müsse der Beklagte, weil er eine Firma geführt und sich dadurch dem Publikum gegenüber als Vollkaufmann ausgegeben habe, die für diesen gegebenen Vorschriften und insbesondere die des § 25 gegen sich gelten lassen.

Diese Rechtsmeinung kann nicht für richtig erachtet werden.

Nach § 4 H.G.B. finden „die Vorschriften über die Firmen" auf Handwerker, sowie auf Personen, deren Gewerbebetrieb nicht über den Umfang des Kleingewerbes hinausgeht, keine Anwendung. Die Vorschriften über die Firmen sind insbesondere im 3. Abschnitte des 1. Buches (§§ 17—37) enthalten. Zu ihnen gehört die hier in Rede stehende Vorschrift des § 25, wonach, wer ein Handelsgeschäft unter der bisherigen Firma fortführt, für alle im Betriebe des Geschäfts begründeten Verbindlichkeiten des früheren Inhabers haftet. Dieser gesetzliche Übergang der Verbindlichkeiten erscheint nach der Denkschrift zum Entwurfe des Handelsgesetzbuches S. 50 als eine Einräumung an die Verkehrsanschauung, wonach die Firma als die Trägerin der durch den Handesbetrieb begründeten Rechte und Pflichten erachtet wird. Die Anwendung des § 25 hat hiernach zur wesentlichen Voraussetzung, daß es sich um das Handelsgeschäft eines Kaufmanns handelt, der nicht zu den Minderkaufleuten des § 4 gehört. Liegt die Übertragung und Fortführung eines Handelsbetriebes vor, der über den Umfang des Kleingewerbes hinausgeht, so erscheint allerdings der Umstand, daß die Firma — d. h. nach § 17 der Name, unter dem der Kaufmann im Handel seine Geschäfte betreibt und die Unterschrift abgibt, — nicht ins Handelsregister eingetragen ist, rechtlich bedeutungslos. Der Name aber, unter dem der Minderkaufmann seine Geschäfte betreibt, ist keine Firma; gewiß nicht, wenn er sich hierzu, wozu er allein berechtigt ist, nur seines bürgerlichen Namens bedient; aber auch nicht, wenn er sein Geschäft unter einem fremden, ihm nicht zustehenden Namen betreibt. Nur wenn der Name, unter dem der Minderkaufmann seine Geschäfte betreibt, ins Handelsregister eingetragen sein sollte, greift die Vorschrift des § 5 Platz, wonach nunmehr nicht geltend gemacht werden kann, daß die Firma, weil das Geschäft zum Kleingewerbe gehöre, nicht eintragungsfähig gewesen sei. Dagegen kennt das Handelsgesetzbuch den Satz nicht, daß jeder Minderkaufmann, der für sein Geschäft einen ihm nicht zustehenden Namen führt und dadurch den Anschein einer Firmenführung hervorruft, allgemein oder doch Dritten gegenüber als Vollkaufmann gelte. Das Unterscheidungsmerkmal zwischen Vollkaufmann und Minderkaufmann, das der § 4 aufstellt, liegt im Umfange des Geschäfts, also in einem objektiven Zustande. Über diesen Zustand können sich die Beteiligten täuschen, und eine solche Täuschung kann auch von dem Kaufmann selbst verursacht sein. Dadurch kann sich ein Tatbestand ergeben, der unter die §§ 123. 826 B.G.B. fallen würde. Niemals aber wird dadurch allein der Minderkaufmann zum Vollkaufmann.

Daß die Anwendung des § 25 H.G.B. auf Vollkaufleute zu beschränken sei, wird denn auch in der Literatur zum Handelsgesetzbuche überwiegend angenommen;

vgl. Bolte, in der Ztschr. für das ges. Handelsrecht Bd. 51 S. 432; Makower, H.G.B. 12. Aufl. S. 57; Düringer u. Hachenburg, H.G.B. Bd. 1 S. 55; Lehmann u. Ring, H.G.B. S. 89 Nr. 1;

wogegen allerdings die abweichende Meinung, daß die Rechtssätze des § 25 analog auch auf den Betrieb von Minderkaufleuten anzuwenden seien, von Staub, H.G.B. Bd. 1 Anm. 6 und 7 zu § 25, und Goldmann, H.G.B. S. 102, vertreten wird." ...

---

23. 1. Ist der Rückversicherer, wenn der Rückversicherte in Konkurs gerät, verpflichtet, wegen eines vor der Eröffnung des Konkurses eingetretenen Schadensfalles die entsprechende Rückversicherungssumme zu ihrer vollen Höhe, und zwar bereits sofort nach Feststellung der von dem Hauptversicherten im Konkurse angemeldeten Forderung, zur Konkursmasse einzuzahlen, oder hat er nur die dem Hauptversicherten zufließende Konkursdividende, und erst nach Auszahlung derselben, zu entrichten?

2. Kann der Rückversicherer sich statt dessen erbieten, die Konkursmasse von ihrer Verbindlichkeit gegen den Hauptversicherten zu befreien?

I. Civilsenat. Urt. v. 8. Juni 1903 i. S. Russ. Ges. f. See-, Fluß-, Land-Versicherungen &c (Bekl.) w. Patriot. Assekuranz-Compagnie Konkursverw. (Kl.). Rep. I. 88/03.

I. Landgericht Hamburg, Kammer für Handelssachen.
II. Oberlandesgericht daselbst.

Im Mai 1899 schlossen die vorbenannten Gesellschaften auf unbestimmte Zeit, jedoch unter Vorbehalt einer jederzeit freistehenden, an keine Frist gebundenen Kündigung, einen „Rückversicherungsvertrag", zufolge dessen sie „einander in freier Weise Beteiligungen von direkt oder in Rückversicherung übernommenen Versicherungen auf Casco, Ladung $\frac{\text{und}}{\text{oder}}$ irgendwelches andere versicherbare Interesse pr. Dampfer und Segler, sowie sonstige Transportmittel" überweisen wollten, jeder der Parteien aber „das Recht zustehen sollte, die jeweiligen Überweisungen zu acceptieren oder abzulehnen". Am 7. Februar 1901 geriet die Patriotische Assekuranz-Compagnie in Konkurs. Beide Gesellschaften, die in Kontokurrentverhältnis miteinander standen, hatten in Anlaß des erwähnten Vertrages zahlreiche gegenseitige Ansprüche, die noch nicht hatten erledigt werden können; insbesondere hatte die Beklagte aus übernommenen und noch nicht regulierten $\frac{\text{und}}{\text{oder}}$ bezahlten Rückversicherungen einen nicht unerheblichen Betrag an Prämien zu fordern, während sie zu den bei der Patriotischen Assekuranz-Compagnie angemeldeten und festgestellten Schäden den ihrer Beteiligung an der betreffenden Versicherung entsprechenden Beitrag zu leisten hatte. Bei den außergerichtlichen Verhandlungen hierüber erkannte der Kläger, der Konkursverwalter, an, daß der Beklagten der ihr aus übernommenen Rückversicherungen zukommende, bei Eröffnung des Konkurses noch nicht gezahlte Prämienteil voll gebühre; dagegen verlangte er, daß die Beklagte andrerseits den ihrer Beteiligung entsprechenden Beitrag an erwachsenen Schäden in voller Höhe an die Konkursmasse leiste. Demgemäß sandte er eine Anzahl von Schadensbordereaux an die Beklagte und verlangte, die von den Schäden auf die Beklagte entfallenden Beträge der von ihm vertretenen Masse gutzuschreiben. Die Beklagte war dagegen der Ansicht, daß sie zu einem Beitrag an einem Schaden überhaupt erst nach erfolgter Auszahlung der betreffenden Versicherungsgelder verpflichtet sei, und daß sie in diesem Falle einen ihrer Beteiligung an der Versicherung entsprechenden Beitrag nicht von der Versicherungssumme, sondern nur von der an den Versicherten gezahlten Konkursdividende zu leisten habe.

Um diese Meinungsverschiedenheit zum Austrag zu bringen, schritt der Kläger zur Klage, indem er zunächst einen Fall geltend machte. Der bei der Patriotischen Assekuranz-Compagnie versicherte Dampfer „Paul Larroque“ ging in der Nacht vom 23. zum 24. Dezember 1900 gänzlich verloren. Die von der Gesellschaft gezeichnete Summe betrug 10 237 ℳ, wovon die Beklagte, der die Beteiligung durch Bordereau vom 3. März 1900 angeboten worden war, 2000 ℳ in Rückversicherung genommen hatte. Im Konkurse der Patriotischen Assekuranz-Compagnie wurde die von dieser gezeichnete Summe angemeldet und festgestellt, worauf der Kläger von der Beklagten verlangte, der Masse 2000 ℳ gutzuschreiben, was die Beklagte ablehnte. Der Kläger beantragte deshalb,

festzustellen, daß die Beklagte verpflichtet sei, im Kontokurrentverkehr der Parteien den Betrag von 2000 ℳ als Rückversicherungssumme für den Totalverlust des Dampfers „Paul Larroque“ der klägerischen Konkursmasse zu kreditieren.

In den vorderen Instanzen wurde nach dem Klagantrage erkannt; die Revision der Beklagten ward zurückgewiesen aus folgenden

Gründen:

„Maßgebend für den erhobenen Anspruch ist das seit dem 1. Januar 1900 geltende Recht, da die unter der Überschrift „Rückversicherungsvertrag“ im Mai 1899 getroffene Vereinbarung, wie die oben mitgeteilten Bestimmungen derselben ergeben, nur einen Vorvertrag enthält, während der Vertrag, der dem Anspruch des Klägers zugrunde liegt, erst durch das Bordereau vom 3. März 1900 angeboten und durch die Annahme dieses Angebotes geschlossen worden ist. Hiervon ist auch das Berufungsgericht ausgegangen.

Für die Entscheidung handelt es sich, da die Parteien sich über alle anderen in Betracht kommenden Fragen in Güte geeinigt haben, lediglich darum, ob die Beklagte ihren Anteil an dem hier in Rede stehenden Schaden nur nach Verhältnis des vom Kläger an die Konkursgläubiger zu zahlenden Prozentsatzes und erst nach Auszahlung desselben, oder in Höhe des von der Beklagten gezeichneten Betrages und auf Grund der im Konkurs erfolgten Anerkennung und Feststellung des angemeldeten Schadens zu leisten hat. Maßgebend für die Beantwortung dieser Fragen würde der Vertrag sein, wenn derselbe eine besondere Bestimmung hierüber enthielte; letzteres ist jedoch nicht der Fall. Die Revision beruft sich zwar auf Art. VIII des Vertrags:

„Soweit nicht andere Vereinbarungen getroffen werden, stellen sich die Kontrahenten für alle Teile dieser Reassekuranz ganz und gar an den Platz des Rückversicherten, genehmigen im voraus alle Klauseln und Bedingungen der Original-Police, billigen jedwede gütliche Schadensregulierung oder Bezahlung nach Dispache und verpflichten sich, ihren Prorata-Anteil von allen Ristorni, Schäden, Havarie-Einschüssen auf nicht regulierte Schäden, ferner ihren Anteil an Kosten bei Abmachungen durch Vergleich oder an sonstigen Kosten gegen einfache Vorlage der Quittungen der Original-Versicherten oder sonstiger genügender Belege zu vergüten“,

sowie auf Abs. 5 des Bordereaus:

„Zur Einkassierung der Rückentschädigungen genügt allein die Vorlage der Quittung über den . . . geleisteten Ersatz“,

und meint, es könne danach die Frage, ob und welchen Betrag Beklagte zu leisten habe, vor erfolgter Zahlung der Versicherungssumme gar nicht aufgeworfen werden. Diese Ansicht steht jedoch schon mit dem Wortlaut nicht im Einklang; denn es wird im Vertrage gesagt, daß der Rückversicherer gegen Vorlage der Quittung „oder sonstiger genügender Belege“ leisten solle, und im Bordereau wird gesagt, daß die Quittung „genüge“. Zur Bedingung der Leistung wird die Vorlage der Quittung also nicht gemacht. Abgesehen davon aber ist der Sinn jener Bestimmungen ein anderer: es soll dem Rückversicherten, wie das Berufungsgericht zutreffend ausführt, bei der Regelung des Schadensersatzes eine freie Stellung gegeben, und es sollen alle Abmachungen, die er in gutem Glauben mit dem Hauptversicherten trifft, für den Rückversicherer bindend gemacht werden. Der von der Revision gemachte Einwand, daß bei solcher Auslegung der Rückversicherer der Willkür oder gar Unredlichkeit des Rückversicherten preisgegeben wäre, trifft nicht zu. Denn Vereinbarungen des letzteren, die auf einem Mißbrauch des ihm geschenkten Vertrauens beruhen würden, brauchte der Rückversicherer nicht anzuerkennen; nur müßte derselbe seinerseits den Beweis führen, daß der Rückversicherte nicht in gutem Glauben gehandelt habe. Und hiervon ist im vorliegenden Falle nicht die Rede. Die Beklagte hat deshalb auf Grund der Feststellung im Konkurse zu leisten.

Ebensowenig kann aus den oben wiedergegebenen Vertragsbestimmungen mit der Revision der Schluß gezogen werden, daß die Leistung des Rückversicherers in ihrer Höhe von dem Betrage, den der Rückversicherer tatsächlich auszahlen werde, schlechthin abhängig gemacht worden sei. Es ist vielmehr auch in dieser Beziehung eine besondere Vereinbarung nicht getroffen worden.

Danach ist bei Auslegung des Vertrages als dessen Inhalt, also als gewollt, anzunehmen, was in Ermangelung besonderer Vereinbarungen der Natur eines Rechtsverhältnisses der vorliegenden Art entspricht, und dies führt im Ergebnisse zu der Entscheidung, die von den Instanzgerichten getroffen wurde.

Das Berufungsgericht hat erörtert, ob im Verhältnis der beiden Gesellschaften zueinander ein Versicherungs-, oder ein Gesellschaftsvertrag anzunehmen sei, und hat letzteres für richtig erachtet. Hiermit stimmt die Revision überein. Einer Entscheidung dieser Frage bedarf es jedoch nicht, weil gegenwärtig nur Fragen in Betracht kommen, deren Beantwortung bei der einen wie bei der anderen Auffassung die nämliche sein würde.

1. Keinem Zweifel kann es zunächst unterliegen, daß Beklagte schuldig ist, den vollen von ihr gezeichneten Betrag zu leisten. Mit dem Untergange des versicherten Dampfers wurde die jetzt im Konkurs befindliche Gesellschaft, als Hauptversicherer, die Versicherungssumme schuldig, und mit demselben Zeitpunkt entstand die Verbindlichkeit der Beklagten, die ihrer Rückversicherung entsprechende Summe zu leisten. Diese Tatsache führt freilich nicht zu dem Schluß, daß nunmehr die Verbindlichkeit der Beklagten unter allen Umständen die nämliche bleiben mußte; vielmehr ist durchaus anzuerkennen, daß Umstände hätten eintreten können, durch die ihre Verbindlichkeit gemindert worden wäre. Allerdings stand die Beklagte mit dem Hauptversicherten in keinem Vertragsverhältnis; vielmehr war ein Vertrag von diesem lediglich mit dem Hauptversicherer geschlossen. Nur dem letzteren stand also der Hauptversicherte als Vertragspartei gegenüber; gleichwohl konnte die Abwickelung des nur zwischen diesen beiden bestehenden Vertragsverhältnisses auch für die Beklagte, obwohl sie an dem Vertrage nicht beteiligt war, von Einfluß sein. Es gelten hier dieselben Grundsätze, die auch sonst Platz greifen, wenn ein Vertrag für Rechnung eines dem Vertrage selbst fern bleibenden Dritten geschlossen ist.

Nach römischem Recht hatte der Mandatar alles, was er infolge des Mandates erhielt, dem Mandanten herauszugeben, auch wenn letzterer an sich kein Recht auf die Einnahme hatte (vgl. l. 20 pr. Dig. mand. 17, 1; l. 46 § 4 Dig. de proc. 3, 3); Zuwendungen dagegen, die ihm zwar bei Erledigung des Geschäfts, aber doch ausdrücklich nur für seine eigene Person zuteil wurden, behielt er (vgl. l. 10 § 13. l. 12 pr. § 1 Dig. mand. 17, 1). Diese, der Natur der Sache entsprechenden, Rechtssätze gelten noch jetzt: nach § 667 B.G.B. hat der Beauftragte dem Auftraggeber alles, was er aus der Geschäftsbesorgung erlangt, herauszugeben, und hierdurch ist schon zum Ausdrucke gebracht, daß er behalten darf, was ihm anläßlich der Geschäftsbesorgung als persönliches Geschenk zugewendet wird.

Vgl. Planck, Bürgerliches Gesetzbuch 1. und 2. Aufl. Bd. 2 Bem. 2 zu § 667.

Es sind dies nur Anwendungen des allgemeinen Grundsatzes, daß bei der Abwickelung eines Geschäftes, das (ganz oder zum Teil) für Rechnung eines Dritten geht, jeder Vorteil, der sich dabei für seinen Beauftragten oder Vertreter ergibt, auch ihm selbst zugute kommt, wenn derselbe bei dem Verlauf, den die Abwickelung nimmt, eintritt, ohne daß anderweitige, mit dem Geschäft und dessen Erledigung nicht zusammenhangende Umstände in der Person des Beauftragten oder Vertreters hierbei mitwirkten. Auch der vorliegende Vertrag zeigt, daß die vertragschließenden Parteien sich dessen wohl bewußt waren; denn aus dem oben mitgeteilten Art. VIII ist zu entnehmen, daß ein mit dem Hauptversicherten geschlossener Vergleich auch dem Rückversicherer zugute kommen sollte, und das nämliche würde, wie der Revision unbedenklich zugegeben werden kann, zu gelten haben, wenn der Hauptversicherte durch Versäumung der nach der Police etwa innezuhaltenden Klagefrist seinen Entschädigungsanspruch verwirkte. Ebenso aber folgt aus dem obigen Grundsatze, daß der Konkurs des Rückversicherten ohne Einfluß auf die Leistungspflicht des Rückversicherers bleiben muß. Es ist richtig, daß wegen dieser Konkurseröffnung auch die Hauptversicherten nunmehr, wie die anderen Gläubiger des Rückversicherten, nicht mehr volle Zahlung erhalten; allein dies ist lediglich eine Folge der persönlichen Verhältnisse des letzteren, die zur Eröffnung des Konkurses geführt, aber mit dem Versicherungsvertrage und dessen Erledigung nichts zu tun haben. Überdies ist auch nicht zuzugeben, daß diese Ansicht zu einem unbefriedigenden Ergebnis führe. Muß der Rückversicherer nach Eröffnung des Konkurses über das Vermögen des Rückversicherten den vollen gezeichneten Beitrag zu dessen Masse einzahlen, so dient allerdings seine Zahlung dazu, die Dividende aller Konkursgläubiger zu verbessern. Allein dies ergibt sich aus dem Grundsatze, daß die vorhandene Masse zur gleichmäßigen Befriedigung der Gläubiger des Gemeinschuldners dienen soll, kann jedoch nicht wohl dazu führen, einem einzelnen Schuldner des letzteren, und zwar einem Schuldner, der seine volle Gegenleistung erhalten hat, zu gestatten, einen Teil der ihm obliegenden Leistung für sich zu behalten und so einen völlig unberechtigten Gewinn zu machen. Beklagte hat deshalb, mag man sie als Versicherer, oder als Gesellschafter betrachten, zu leisten, wozu sie nach dem Vertrage verpflichtet ist.

Vgl. Entsch. des R.G.'s in Civils. Bd. 5 S. 115.

2. Ferner ist, und zwar ebenfalls bei der einen, wie bei der anderen Auffassung, anzuerkennen, daß Beklagte diese Leistung an die Konkursmasse zu beschaffen hat. Das Berufungsgericht geht bei seiner Auffassung des Vertrags als Gesellschaft davon aus, daß Kläger an sich gemäß § 713 in Verbindung mit §§ 670 und 257 B.G.B. Entfreiung von der gegen den Hauptversicherten eingegangenen Verbindlichkeit in Höhe von 2000 *M* zu fordern habe; es gelangt jedoch dazu, dem Klagantrag (auf Gutschrift dieses Betrages) stattzugeben, weil der Anspruch auf Entfreiung ein vermögensrechtlicher sei, der an Wert dem auf Zahlung von 2000 *M* gleichkomme und deshalb bei einer Auseinandersetzung der Parteien zu dieser Höhe berücksichtigt werden müsse, solange Beklagte ihn nicht durch Zahlung an den Hauptversicherten getilgt habe.

Ob diese Erwägung zu der daraus gezogenen Folgerung führen könnte, ist allerdings zweifelhaft; eines näheren Eingehens hierauf bedarf es jedoch nicht, weil in dem vorliegenden Falle dem Kläger keineswegs nur ein Anspruch auf Entfreiung zusteht. Hätte man, mit dem Berufungsgericht, ein wirkliches, den §§ 705 flg. B.G.B. zu unterstellendes Gesellschaftsverhältnis zwischen den Parteien anzunehmen und den Rückversicherten als den geschäftsführenden Gesellschafter, der den Vertrag mit dem Hauptversicherten in eigenem Namen, aber zugleich für Rechnung des Rückversicherers geschlossen hätte, anzusehen, so würde freilich § 713 B.G.B. Anwendung finden, und deshalb auch die Anwendung der §§ 670 und 257 B.G.B. in Betracht zu ziehen sein, wonach der Beauftragte, der behufs Ausführung des Auftrags eine Verbindlichkeit eingeht, Befreiung von derselben verlangen kann. Allein diese Bestimmung, die sich ebenfalls schon im römischen Recht, in l. 45 pr. Dig. mand. 17, 1, findet, besagt nicht, daß der Beauftragte wegen einer übernommenen Verbindlichkeit hierauf beschränkt sei. Der leitende Grundsatz geht vielmehr dahin, daß der Beauftragte Ersatz seiner Aufwendungen erhalten soll, und zwar so, daß er vor Schaden bewahrt bleibt. Welche Rechtsbehelfe aber ihm deshalb zu Gebote stehen, richtet sich nach der Sachlage. Handelt es sich um eine von dem Beauftragten übernommene Verbindlichkeit, so wird der Regel nach seine Befreiung von derselben genügen, und dies, aber nicht mehr, ist in den erwähnten Gesetzesstellen gesagt. Führt jedoch die Entfreiung des Beauftragten nicht zum Ziele, so kann er Zahlung oder Vorschuß verlangen, was in l. 45 § 4 Dig. mand. 17, 1. l. 6 Cod. mand. 4, 35. l. 12 § 17 Dig. mand. 17, 1 für verschiedene Fälle anerkannt ist. Das nämliche hat zu gelten, wenn von einer Entfreiung des Beauftragten nicht die Rede sein kann, diesem jedoch ein Anspruch gleichwohl zusteht: ist eine Schuld, für die ein Mandatar sich verbürgt hatte, von einem Dritten bezahlt worden, um dem Mandatar ein Geschenk zuzuwenden, so hat dieser die actio mandati contraria (l. 12 § 1 Dig. mand. 17, 1), und zwar selbstverständlich auf Barzahlung. Ganz ebenso aber würde es sich verhalten, wenn auf das Verhältnis der Parteien die Bestimmungen über die Gesellschaft, und deshalb auf den Anspruch des Rückversicherten wegen seiner Verbindlichkeit gegen den Hauptversicherten die Grundsätze des Auftrages anzuwenden wären. Nachdem über das Vermögen des Rückversicherten der Konkurs eröffnet worden ist, kann eine Entfreiung desselben durch Zahlung von seiten des Rückversicherers an den Hauptversicherten nicht mehr in Frage kommen. Diese beiden stehen in keinem Vertragsverhältnis, und deshalb ist eine Beziehung zwischen ihnen, die dem Hauptversicherten einen Anspruch gegen den Rückversicherer oder diesem eine Befugnis zur Zahlung an ersteren geben würde, nicht vorhanden. Und abgesehen davon würde sich der Rückversicherer durch solche Zahlung nicht von seiner Schuld an die Masse des Rückversicherten befreien können. Denn er hat der Masse zu leisten, was dem Rückversicherungsvertrage entspricht, während der Hauptversicherte aus der Masse die Konkursdividende zu erhalten, eine bessere Stellung als die anderen Konkursgläubiger aber nicht zu verlangen hat. Danach hätte die Beklagte die schuldige Summe bar, und zwar schon jetzt, d. h. vor der Verteilung der Masse, einzuzahlen. Dies würde auch mit den Bestimmungen über die Gesellschaft in §§ 705. 713 B.G.B. im Einklang stehen; denn danach bestimmen sich die Verpflichtungen der Gesellschafter untereinander in erster Linie nach ihrem Vertrage, bemessen sich also danach, was das Gesellschaftsverhältnis nach der jeweiligen Sachlage erfordert, und dies würde im vorliegenden Falle die Verpflichtung zur sofortigen Bezahlung bedingen.

Ganz ebenso wäre zu entscheiden, wenn man das Verhältnis der Parteien als Versicherungsvertrag aufzufassen hätte. Mit dem Schadensfall, also vor der Eröffnung des Konkurses, gelangte die Verbindlichkeit der Beklagten zur Entstehung, und an dieser konnte durch die Konkurseröffnung, wie oben dargelegt worden ist, nichts geändert werden. Sie hätte deshalb Zahlung zu leisten, während es für sie ohne Interesse ist, welcher Betrag hiervon dem Hauptversicherten zufließt.

Daß endlich der Klagantrag auf Gutschrift, statt auf Zahlung, geht, ist nicht zu beanstanden; es entspricht der gestellte Antrag der Sachlage." . . .

---

24. 1. Darf der Eigentümer eines Grundstücks, auf welches ein nicht eingeschlossenes Gewässer übergetreten ist, die darin befindlichen Fische während der Dauer der Überschwemmung sich aneignen?

A.L.R. I. 9 §§ 180 flg.

2. Kann der Grundstückseigentümer ein solches Recht durch Ersitzung erwerben?

Gesetz vom 2. März 1850 Art. 1 Ziff. 7 u. Art. 12.

VII. Civilsenat. Urt. v. 9. Juni 1903 i. S. P. (Kl.) w. O. (Bekl.). Rep. VII. 94/03.

I. Landgericht Insterburg.
II. Oberlandesgericht Königsberg.

Aus den Gründen:

„Der Beklagte ist Eigentümer des Sch.'er Sees, in den der J.'fluß strömt, und in jenem allein fischereiberechtigt. An einer unmittelbar an den Sch.'er See und an den J.'fluß grenzenden Wiese steht dem Kläger das Eigentum zu. Es handelt sich ... darum, ob der Kläger berechtigt ist, auf seiner erwähnten Wiese, so lange sie von Wasser, welches aus dem Sch.'er See kommt, überstaut ist, zu fischen, und ob er, da er von dem Beklagten im Mai 1900 an der Ausübung dieser Fischerei gehindert worden ist, von diesem 10 *M* Schadensersatz verlangen kann. Im Gegensatz zum Landgericht, sind durch das vom Berufungsgericht erlassene Teilurteil diese Ansprüche abgewiesen. ...

In materieller Beziehung steht in erster Linie in Frage, ob nach den in Geltung verbliebenen Bestimmungen der §§ 180—183 A.L.R. I. 9, welche sich über das Fischen in dem ausgetretenen Wasser eines nicht geschlossenen Gewässers verhalten, dem Kläger wegen seines Eigentums an der fraglichen Wiese die beanspruchte Berechtigung zukommt. Der § 180 schreibt vor, daß der Fischereiberechtigte die ausgetretenen Fische in der Regel nicht verfolgen darf; vielmehr gehören diese nach § 181 demjenigen, auf dessen Grund und Boden das Wasser stehen bleibt. Nach § 182 kann, wenn Fische nach abgelaufenem Wasser in Lachen zurückbleiben, die jemand zu befischen das Recht hat, dieser sich solche Fische zueignen. Endlich darf nach § 183 niemand die Fische durch Netze, Zäunungen und andere Wehrungen an der Rückkehr in den Strom verhindern. Die Vorinstanz folgert aus diesen Vorschriften in Übereinstimmung mit einer Entscheidung des vormaligen Obertribunals (Entsch. desselben Bd. 57 S. 20) dies: weder der Fischereiberechtigte, noch der Grundbesitzer als solcher oder sonst jemand, der in den Lachen zu fischen berechtigt ist, darf in dem ausgetretenen Wasser die Fischerei ausüben; dem Grundbesitzer und dem in den Lachen Fischereiberechtigten gehören vielmehr nur die nach dem Ablaufen des Wassers zurückgebliebenen Fische.

Der Revision, welche diese Gesetzesauslegung bekämpft und die Worte des § 181: „auf dessen Grund das ausgetretene Wasser stehen bleibt", dahin versteht, daß damit der Zustand vor dem Ablaufe des Wassers bezeichnet sei, kann nicht zugestimmt werden. Solcher Auffassung stehen jene Gesetzesworte entgegen, wie ferner auch der § 183 darauf schließen läßt, daß der Fischereiberechtigte, wenn er auch zufolge § 180 gehindert ist, so lange das ausgetretene Wasser nicht in die Ufer zurückgetreten oder abgelaufen, in solchem die Fischerei auszuüben, ausschließlich befugt sein soll, die Erträgnisse aus der Fischerei in Ansehung der mit dem ausgetretenen Wasser auf den fremden Grund und Boden gelangten Fische, soweit sie nicht zurückbleiben, zu ziehen. Auch der Hinweis der Revision darauf, daß nach der ihr entgegenstehenden Auffassung durch §§ 181 und 182 ein und derselbe Fall betroffen werde, ist abwegig. Beide Paragraphen waren notwendig, um einmal das Verhältnis zwischen demjenigen, aus dessen Grenzen die Fische angeschwemmt sind, und dem Grundeigentümer, auf dessen Boden sie bleiben, ferner aber zwischen diesem und dem etwa in Ansehung dieses Bodens vorhandenen Fischereiberechtigten zu regeln. Der Ansicht der Revision steht endlich auch die Doktrin entgegen.

Vgl. Dernburg, Bürgerliches Recht Bd. 3 § 113 zu 3.

Sodann steht bei der Beurteilung der Revision in Frage, ob mit Recht von dem Berufungsgericht angenommen ist, daß der Erwerb der beanspruchten Berechtigung durch Ersitzung, welche nach dem Inkrafttreten des Gesetzes vom 2. März 1850 stattgefunden haben soll, ausgeschlossen ist, da nach diesem Gesetze (Art. 12 und Art. 1 zu 7) das Recht zur Fischerei, sofern es eine Dienstbarkeit darstellt, nicht mehr durch Ersitzung erworben werden könne. Auch in dieser Beziehung ist der Vorinstanz beizutreten. Es handelt sich, wie im Gegensatze zu den Ausführungen der Revision anzunehmen, bei der fraglichen Befugnis um ein Recht an einer fremden Sache, und damit um eine Dienstbarkeit. Die nach dem oben Dargestellten vorliegende Beschränkung des Rechts des Klägers als Eigentümers der fraglichen Wiese, darin bestehend, daß er gehindert ist, während der Überschwemmungszeit sich die in dem überstauenden Gewässer befindlichen Fische anzueignen, greift Platz zugunsten des Beklagten als Eigentümers des angrenzenden Sch.'er Sees, der als solcher die Aneignungsbefugnis, wenn auch erst nach abgelaufenem Wasser, in Ansehung jener Fische, soweit sie nicht zurückbleiben, hat. Das Recht, welches der Kläger durch Ersitzung erworben haben will, würde daher die erwähnten Eigentumsrechte des Beklagten vermindern und demnach sich als eine Dienstbarkeit charakterisieren.

Mit Recht ist endlich auch in dem angefochtenen Urteile angenommen, es stehe dem gewonnenen Ergebnis nicht entgegen, wenn sich auch auf der fraglichen Wiese mit dem Wasser und den Fischen aus dem Sch.'er See Wasser und Fische aus dem J.'fluß, an welchem letzteren, soweit er an die Wiese grenzt, der Kläger fischereiberechtigt ist, untrennbar vermischt haben. Zutreffend ist ausgeführt, daß der Kläger dann nur zugleich im Wasser aus dem Sch.'er See und im Wasser aus dem J.'fluß fischen könnte, daß er aber, da ihm ersteres nicht zustehe, sein Recht auszuüben überhaupt nicht in der Lage sei." ...

---

25. Wird der preußische Schuldverschreibungsstempel dadurch ausgeschlossen, daß der Aussteller der Urkunde in derselben erklärt, das Darlehn, dessen Rückzahlung er verspricht, durch Übergabe von Wertpapieren im Sinne der Tarifnummer 4 des Reichsstempelgesetzes erhalten zu haben?

Preuß. Stempelsteuergesetz vom 31. Juli 1895 Tarifstelle 58. Reichsstempelgesetz vom 14. Juni 1900 § 18.

VII. Civilsenat. Urt. v. 9. Juni 1903 i. S. M. (Kl.) w. preuß. Fiskus (Bekl.). Rep. VII. 104/03.

I. Landgericht I Berlin.
II. Kammergericht daselbst.

Am 18. März 1902 gab der Kläger vor einem Notar in B. folgende Erklärung ab:

„Ich bekenne, von meiner Tochter, der Frau H. in Sch., ein Darlehn von 100000 *M* und von meinem Sohne, dem Privatier M. in Sch., ebenfalls ein Darlehn von 100000 *M* empfangen zu haben. Die Darlehne sind mir in Höhe von 100000 *M* durch Abtretung einer erststelligen Hypothek, welche ich an Erfüllungsstatt angenommen habe, und in Höhe der weiteren 100000 *M* durch Hingabe von Wertpapieren (Preußische konsolidierte Staatsanleihe) gewährt worden. ... Die Rückerstattung der Darlehne hat in barem Gelde zu erfolgen. ..."

Das Stempelsteueramt erklärte auf Anfrage des Notars, die Verhandlung erfordere, abgesehen von dem Reichsstempel nach Tarif Nr. 4 des Reichsstempelgesetzes, den Landesstempel der Tarifstelle 58 von dem Kapitalbetrage von 200000 *M*. Kläger zahlte den zur Deckung des Landesstempels erforderten Betrag von 167 *M* ($^1/_{12}$ Prozent von 200000 *M*) dem Notar ein, welcher zur Urschrift des notariellen Protokolls Stempelzeichen in gleicher Höhe entwertete.

Der Kläger war der Ansicht, daß, insoweit die Darlehne in reichsstempelpflichtigen Wertpapieren gewährt seien, und somit das Anschaffungsgeschäft über diese Wertpapiere der Reichsstempelabgabe unterliege, durch § 18 des Reichsstempelgesetzes die Erhebung des Landesstempels ausgeschlossen werde, der Schuldverschreibungsstempel der Tarifstelle 58 des preußischen Stempelgesetzes also nur von dem Kapitalbetrage von 100000 *M* zu entrichten sei. Er klagte auf Zurückzahlung der seiner Meinung nach zuvielgezahlten 83,50 *M* nebst 4 Prozent Zinsen. Der Beklagte erachtete den Anspruch für unbegründet.

Durch Urteil der ersten Instanz wurde der Kläger mit der Klage abgewiesen. Seine Berufung hatte keinen Erfolg. Auch die Revision ist zurückgewiesen, aus folgenden

Gründen:

„Der Berufungsrichter erwägt, das Schriftstück vom 18. März 1902 beurkunde zwei selbständige Geschäfte:

1. den Empfang eines Darlehns und die Übernahme der Rückgabepflicht des Empfängers;
2. daß in Höhe eines Teilbetrages von 100000 *M* des Darlehns dem Empfänger anstatt baren Geldes näher bezeichnete Wertpapiere in Zahlung gegeben und von ihm in Zahlung genommen seien.

Beiden Geschäften schreibt er selbständige Natur zu. Er bemerkt, die Gegenleistung für den Empfang der Wertpapiere sei nicht, wie der Kläger meint, die Übernahme der Verpflichtung zur Rückgewähr von 100000 *M*, sondern lediglich die Erklärung, daß der Empfänger die Papiere anstatt der Darlehnsvaluta als Zahlung annehme; das letztgenannte Geschäft betreffe eine Anschaffung von Wertpapieren, während das erstere, welches nur den Empfang des Darlehns und die Rückgabepflicht zum Gegenstande habe, mit einer Anschaffung von Wertpapieren nichts zu tun habe. Diese Erwägungen sucht die Revision zu bekämpfen; ihre Angriffe mußten aber erfolglos bleiben.

Es handelt sich um eine einseitige urkundliche Erklärung, welche allen Anforderungen einer Schuldverschreibung im Sinne der Tarifstelle 58 zum preußischen Stempelsteuergesetze vom 31. Juli 1895 entspricht. Die in die Urkunde aufgenommene Bemerkung über die Art der Gewährung des Darlehns liegt außerhalb des rechtsbegrifflichen Bestandes der Schuldverschreibung; für diese ist es ohne Belang, daß die Darlehne zum Teil durch Abtretung einer an Erfüllungsstatt angenommenen Hypothek und zum Teil durch Hingabe von Wertpapieren gewährt sein sollen. Das beurkundete Schuldversprechen charakterisiert sich als unabhängig von der Existenz und Gültigkeit der Geschäfte, durch welche das Darlehn gewährt sein soll, und hieran wird auch dann nichts geändert, wenn die zwischen den Beteiligten getroffene Einigung zugleich die Gewährung des Darlehns und die Art und Weise ihrer Bewirkung zum Gegenstande hatte. Als Anschaffungsgeschäft erscheint die Vereinbarung, laut deren die Frau H. und der Privatier M. dem Kläger Wertpapiere gegen Vergütung überließen. Dieses liegt außerhalb der Urkunde und ist in seiner Eigenschaft als Geschäft, mochte eine Urkunde über dasselbe errichtet werden, oder nicht, der Tarifstelle 4 des Reichsstempelgesetzes unterworfen. Aus § 18 des Reichsstempelgesetzes ergibt sich, daß eben dieses Geschäft sowie Schriftstücke über dasselbe keiner Stempelabgabe eines Bundesstaates unterliegen. Soweit das Geschäft in der urkundlichen Erklärung vom 18. März 1902 erwähnt ist, kann diese als ein Schriftstück über dasselbe angesehen werden, nicht aber darüber hinaus, also nicht insoweit, als Kläger in rechtlicher Unabhängigkeit von dem Geschäft ein Schuldversprechen über eine bestimmte Summe erteilt." . . .

---

26. 1. Ist gegen den Beschluß, durch den ein Antrag auf Vorverlegung eines Verhandlungstermins abgelehnt worden ist, die Beschwerde zulässig?

2. Kann in der Berufungsinstanz der Antrag gestellt werden, daß das Urteil der ersten Instanz für vorläufig vollstreckbar erklärt werde?

C.P.O. § 227 Abs. 2. § 567 Abs. 1. §§ 534. 714. 718.

VI. Civilsenat. Beschl. v. 11. Juni 1903 i. S. Br. u. Gen. (Bekl.) w. J. u. Gen. (Kl.). Beschw.-Rep. VI. 171/03.

I. Oberlandesgericht Dresden.

Gründe:

„Gegen das klagegemäß verurteilende Urteil der ersten Instanz haben die Beklagten Berufung eingelegt. Der Verhandlungstermin ist auf den 16. Oktober d. J. anberaumt worden. Nach der Ladung zu diesem Termine haben die Kläger beim Berufungsgerichte den Antrag gestellt, daß der Termin auf einen früheren Tag vorverlegt werde, und, nachdem ihre wiederholten Gesuche durch die angefochtenen Beschlüsse zurückgewiesen worden sind, Beschwerde erhoben.

Diese ist, wie, abweichend von dem Beschlusse des Senates vom 13. Februar 1890,

Jurist. Wochenschr. 1890 S. 79 Nr. 3,

angenommen worden ist, nicht unzulässig. Die Ablehnung der beantragten Vorverlegung des Termins ist die Zurückweisung eines das Verfahren betreffenden Gesuchs, und gegen diese Entscheidung, die eine vorgängige mündliche Verhandlung nicht erforderte, findet nach § 567 Abs. 1 C.P.O. das Rechtsmittel der Beschwerde statt. Wenn nach § 227 Abs. 2 C.P.O. in dem Falle, wo die Verlegung eines Termins beantragt wird, die Bestimmungen über Verlängerung einer Frist entsprechende Anwendung finden, so ist damit eine Sonderbestimmung nur für den Fall getroffen, wo die beantragte Terminsverlegung die Verlängerung einer Frist in sich schließen würde. Dieser Fall ist aber nicht gegeben, wo die Vorverlegung des Termins in Frage steht.

Die Beschwerde ist aber nicht begründet. Die Kläger haben in der ersten Instanz den Antrag, das Urteil gegen Sicherheitsleistung für vorläufig vollstreckbar zu erklären, unterlassen und wollen ihn in der Berufungsinstanz nachholen. Zu dem Behuf haben sie die Vorverlegung des vor dem Berufungsgerichte anberaumten Termins bebeantragt, und dafür geltend gemacht, die Verzögerung der Vollstreckung des landgerichtlichen Urteils drohe ihnen erhebliche Vermögensnachteile; andrerseits erfordere die auf die Erteilung der Vollstreckbarkeitsklausel beschränkte Verhandlung nur kurze Zeit; darum sei die Vorverlegung wohl ausführbar. Aus dieser Begründung des

Gesuchs ist ersichtlich, daß es sich für die Kläger nicht darum handelt, daß das in der Berufungsinstanz ergehende Urteil für vorläufig vollstreckbar erklärt werde, sondern darum, daß ein solcher Ausspruch in Bezug auf das Urteil erster Instanz erlassen werde. Allein ein dahin gerichteter Antrag der Kläger würde unzulässig sein. Nach § 714 C.P.O. ist der Antrag, ein Urteil für vorläufig vollstreckbar zu erklären, vor dem Schlusse der mündlichen Verhandlung zu stellen, auf welche das Urteil ergeht. Nur wenn ein solcher Antrag gestellt, und eine Entscheidung über ihn ergangen ist, oder wenn die besonderen Voraussetzungen des § 534 C.P.O. vorliegen, ist es zulässig, gemäß § 718 Abs. 1 C.P.O. in der Berufungsinstanz über die vorläufige Vollstreckbarkeit vorab zu verhandeln uud zu entscheiden. Im gegebenen Falle trifft dies alles nicht zu, und darum hat das Oberlandesgericht mit Recht es abgelehnt, für die von den Klägern beabsichtigte Verhandlung über die vorläufige Vollstreckbarkeit des landgerichtlichen Urteils einen früheren Termin anzuberaumen."

---

27. Kann der Kläger Einwendungen gegen den durch das Urteil festgestellten Anspruch selbst, soweit sie nach § 767 Abs. 2 C.P.O. überhaupt zulässig sind, auch noch nach Erhebung der Klage geltend machen, wenn dadurch die Verteidigung des Beklagten nicht wesentlich erschwert wird?

C.P.O. § 767 Abss. 1. 3. § 264.

V. Civilsenat. Urt. v. 15. Juni 1903 i. S. K. Ehel. (Bekl.) w. A. (Kl.). Rep. V. 48/03.

I. Landgericht Allenstein.
II. Oberlandesgericht Königsberg i. P.

Der Kläger schuldete den Beklagten aus dem Kaufvertrag über das Grundstück J. Bl. 64 vom 19. September 1898 an Kaufgeld unter anderm 1000 ℳ, fällig am 2. April 1899, und 1000 ℳ, fällig am 3. Oktober 1899. In der notariellen Urkunde vom 6. November 1899 unterwarf sich Kläger der sofortigen Zwangsvollstreckung wegen dieser Forderung nebst Zinsen. Die Beklagten erwirkten aus dieser Urkunde im Jahre 1901 die Anordnung der Zwangsverwaltung und Zwangsversteigerung des Grundstückes J. Bl. 64. Mit der Behauptung, die Beklagten seien durch Zahlung befriedigt, erhob der Kläger Klage und beantragte, die Beklagten zu verurteilen, anzuerkennen, daß sie aus der vollstreckbaren Urkunde vom 6. November 1899 keinerlei Rechte herleiten dürfen, und darein zu willigen, daß die Zwangsverwaltung und Zwangsversteigerung des Grundstücks J. Bl. 64 aufgehoben werde. Im zweiten Verhandlungstermine hielt der Kläger seine Behauptung, betreffend die Befriedigung der Beklagten durch Zahlung, nicht aufrecht und behauptete nunmehr, die Beklagten hätten sich ihm gegenüber vor Erhebung der Klage im Vergleichswege verpflichtet, aus der Urkunde vom 6. November 1899 keine Rechte geltend zu machen. Der erste Richter wies die Klage ab, weil der Kläger den zweiten Klagegrund, der allein noch in Betracht komme, nicht mit der Klage geltend gemacht habe, obwohl er bereits vor Erhebung der Klage entstanden sein solle. Mit seiner Berufung nahm der Kläger den Einwand der Befriedigung der Beklagten durch Zahlung wieder auf und wiederholte den Einwand des Vergleichs mit der Behauptung, daß er sich bei der Auflassung des Grundstücks J. Bl. 64 am 4. Juli 1900 mit den Beklagten wegen des ganzen Restkaufgeldes vollständig verrechnet habe, daß die Forderung der Beklagten aus dem Kaufvertrage vom 19. September 1898 auf insgesamt noch 11669 ℳ festgestellt, daß diese Forderung abredegemäß auf dem Grundstücke J. Bl. 64 eingetragen, und daß dabei zugleich vereinbart sei, die Beklagten dürften aus der notariellen Urkunde vom 6. November 1899 keinerlei Rechte herleiten. Da das Grundstück J. Bl. 64 inzwischen subhastiert war, beschränkte der Kläger seinen Antrag darauf, die Beklagten zu verurteilen, anzuerkennen, daß sie aus der Vollstreckungsurkunde vom 6. November 1899 keinerlei Rechte herleiten dürfen. Das Berufungsgericht änderte diesem Antrage gemäß das erste Urteil ab. Die Revision der Beklagten ist zurückgewiesen aus folgenden

Gründen:

„Das Berufungsgericht führt, entgegen dem ersten Richter, aus, durch § 767 Abs. 3 C.P.O. werde nicht ausgeschlossen, daß der Kläger eine Einwendung, die er in der Klage nicht geltend gemacht habe, obwohl er dazu imstande gewesen sei, später noch wirksam vorbringe, sofern dies nach § 264 C.P.O. zulässig sei. Letzteres treffe hier zu, da durch Veränderung der ursprünglichen Einwendung der Zahlung in die Einwendung des Vergleichs eine wesentliche Erschwerung der Verteidigung der Beklagten nicht herbeigeführt sei....

Für die Geltendmachung der Einwendungen, welche im § 767 Abs. 2 C.P.O. gegen den durch das Urteil selbst festgestellten Anspruch zugelassen werden, sind in den Abss. 1 und 3 das. für das Verfahren Beschränkungen angeordnet. Nach Abs. 1 sind die Einwendungen im Wege der Klage bei dem Prozeßgerichte der ersten Instanz geltend zu machen. Dadurch wird jeder andere als der Weg der Klage für die Geltendmachung der Einwendungen ausgeschlossen. Damit ist zugleich bestimmt, daß eine Änderung der Klage nach ihrer Erhebung nur zuzulassen ist, wenn der Beklagte einwilligt oder die Verteidigung des Beklagten dadurch nicht erschwert wird (§ 264 C.P.O.). Die Verteilung der Parteirollen — heißt es in der Begründung des Entwurfs einer C.P.O. zu § 635, Ausg. von Hahn Bd. 1 S. 437 — „gibt, wenn der Schuldner klagend auftreten muß, das Mittel, durch Behandlung der zu erhebenden Einwendungen als unabänderlichen (§ 227 Nr. 3) Grundes der Klage den Streitgegenstand von vornherein zu fixieren und zu beschränken, ohne durch teilweise Herstellung der Eventualmaxime Besonderheiten des Verfahrens einzuführen". Der Abs. 3 enthält die weitere Beschränkung: „Der Schuldner muß in der von ihm zu erhebenden Klage alle Einwendungen geltend machen, welche er zur Zeit der Erhebung der Klage geltend zu machen imstande war." Der Wortlaut würde der Auffassung nicht gerade entgegenstehen, daß hier unter „Klage" die Klageschrift zu verstehen sei, daß also alle zur Zeit der Erhebung der Klage vorhandenen Einwendungen in dem Schriftsatze, durch dessen Zustellung die Erhebung der Klage erfolgt, (der Klageschrift, § 253) geltend gemacht werden müßten, in dem Sinne, daß nach Erhebung der Klage die Geltendmachung einer anderen Einwendung, auch wenn sie sich nicht als unzulässige Klagänderung darstellte, ausgeschlossen sei. So haben denn auch das bayerische Oberste Landesgericht in dem Urteile vom 19. Oktober 1883 (Seuffert, Archiv Bd. 39 S. 245) und Planck (Lehrbuch des Civilprozeßrechts Bd. 2 S. 701) sowie Reincke (C.P.O. 4. Aufl. S. 697

Bem. 2) die Vorschrift verstanden. Das Reichsgericht, welches bisher die Frage noch nicht entschieden hat, teilt diese Ansicht nicht, tritt vielmehr der minder strengen des Berufungsgerichts bei. Es ist nicht anzunehmen, mit dem Abs. 3 solle zugleich eine Verschärfung der sich schon aus dem Abs. 1 ergebenden Beschränkung durch Ausschließung der unzulässigen Klagänderung in der Richtung angeordnet werden, daß nach Erhebung der Klage eine jede, auch die zulässige, Änderung der Klage durch Geltendmachung einer anderen als der in der Klageschrift enthaltenen Einwendung ausgeschlossen sei. Der Abs. 3 soll vielmehr nur bewirken und ausdrücken, daß der Schuldner alle Einwendungen, welche er zur Zeit der Erhebung der Klage geltend zu machen imstande ist, mit einer Klage, nicht mit mehreren Klagen, geltend macht. Den Gegensatz hierzu bildet nicht die Geltendmachung einer dem Schuldner zur Zeit der Erhebung der Klage zustehenden Einwendung in demselben Verfahren nach der Erhebung der Klage, sondern die Zulässigkeit der Geltendmachung einer anderen Einwendung mit einer neuen Klage. Diese Auffassung schließt sich ungezwungen dem Wortlaute der Bestimmung an, wird auch durch folgenden Satz der Begründung a. a. O. bestätigt: „Neben der mit der Form der Klage erreichten Beschränkung des Verfahrens auf die der Klage zugrunde liegenden Einwendungen sichert noch weiter die Notwendigkeit der Kumulierung aller zeitig vorhandenen Einwendungen in einer Klage (§ 635 Abs. 3) die Energie der Vollstreckung." Dies konnte nicht gesagt werden, wenn mit dem Abs. 3 auch die zulässige Klagänderung ausgeschlossen werden sollte. Von den Kommentatoren der Civilprozeßordnung wird vorwiegend die hier bevorzugte Ansicht vertreten.

Vgl. Struckmann u. Koch, 8. Aufl. Bd. 2 S. 153 Bem. 6 Abs. 2; Gaupp-Stein, 4. Aufl. Bd. 2 S. 461 flg. Bem. IV; v. Wilmowski u. Levy, 7. Aufl. Bd. 2 S. 989 Bem. 9; Petersen u. Anger, 4. Aufl. Bd. 2 S. 376 Bem. 8.

Ein Bedenken läßt sich hiergegen nicht daraus herleiten, daß in § 235 Nr. 3 C.P.O. a. F. (§ 227 Nr. 3 des Entwurfes) die Berechtigung zur Änderung der Klage ausschließlich von der Einwilligung des Beklagten abhängig gemacht war, während im § 264 C.P.O. n. F. die Änderung der Klage auch dann zugelassen ist, wenn nach dem Ermessen des Gerichts durch die Änderung die Verteidigung des Beklagten nicht wesentlich erschwert wird. Denn derselbe Grund, welcher für § 235 Nr. 3 C.P.O. a. F. als maßgebend angesehen wurde, daß die Änderung der Klage nur soweit zuzulassen sei, als es ohne Schädigung der Interessen des Beklagten geschehen könne (vgl. Motive, Ausg. von Hahn, S. 259), trifft auch bei dem § 264 n. F. schon nach seinem Wortlaute zu, und eine Verschleppung des Verfahrens, welche durch die frühere Bestimmung verhütet werden sollte, ist auch bei Anwendung der neuen Bestimmung nicht zu befürchten. Es ist daher kein Grund erfindlich, welcher gegenüber der neuen Bestimmung des § 264 C.P.O. dazu nötigte, die Bestimmungen des § 767 Abss. 1 und 3 anders, als oben dargelegt, aufzufassen."...

---

28. 1. Welches örtliche Recht ist auf die von einem inländischen Käufer gegenüber einem ausländischen Verkäufer nach dem Bürgerlichen Gesetzbuche erhobenen Wandelungsansprüche anzuwenden?

2. An welchem Orte sind nach dem Bürgerlichen Gesetzbuche im Falle der Wandelung eines Kaufes dann, wenn bereits die verkaufte Sache übergeben, und der Kaufpreis bezahlt ist, die aus der Wandelung entstehenden beiderseitigen Verpflichtungen zu erfüllen? Ist insbesondere der Käufer verpflichtet, die gekaufte Sache an dem Orte zurückzugeben, an welchem er sie empfangen hat, wenn sie sich zur Zeit der Wandelung nicht mehr daselbst befindet?

B.G.B. §§ 269. 467. 346. 348.

II. Civilsenat. Urt. v. 16. Juni 1903 i. S. J. (Bekl.) w. O. (Kl.). Rep. II. 543/02.

I. Landgericht Heilbronn.
II. Oberlandesgericht Stuttgart.

Laut Vertrages vom 1. März 1901 kaufte die zu Heilbronn niedergelassene Klägerin von dem zu N. S. in Schweden wohnenden Beklagten eine Partie Bretter, welche dieser an seinem Wohnorte N. S. der Klägerin zu liefern hatte. Die Bretter wurden von N. S. nach Heilbronn befördert. Nach ihrer Ankunft daselbst stellte die Klägerin die Bretter dem Beklagten wegen angeblicher Mängel zur Verfügung.

Nachdem die Klägerin auf Grund eines vor dieser Mängelrüge von ihr ausgestellten Wechsels die Ware bezahlt hatte, erhob sie gegen den Beklagten bei dem Landgerichte zu Heilbronn Klage mit dem Antrag, denselben für schuldig zu erklären, die ihr gelieferten — unbestrittenermaßen zu Heilbronn gelagerten — Bretter zurückzunehmen und ihr die Summe von 11320,41 ℳ (nämlich den Betrag des Kaufpreises mit 7681,48 ℳ, und 3638,93 ℳ für Fracht, Versicherungs- und Lagerkosten) nebst Zinsen zu bezahlen. Die Zuständigkeit des angerufenen Gerichts wurde mit der Behauptung begründet, daß die Verpflichtung der Wandelung in Heilbronn zu erfüllen sei, und daß der Beklagte Vermögen in dem Bezirke dieses Gerichts besitze.

Der Beklagte beantragte die Abweisung der Klage, indem er die Einrede der örtlichen Unzuständigkeit des Landgerichts Heilbronn vorschützte, da er in Schweden wohne und in Heilbronn kein Vermögen besitze.

Das Landgericht wies die Klage ab, indem es seine Zuständigkeit sowohl aus § 29, als auch aus § 23 C.P.O. verneinte.

Auf die Berufung der Klägerin verwarf das Oberlandesgericht die Einrede der örtlichen Unzuständigkeit und verwies die Sache zur weiteren Verhandlung an das Gericht erster Instanz zurück, indem es dieses als Gericht des Erfüllungsortes für zuständig erachtete.

Die gegen dieses Urteil eingelegte Revision wurde zurückgewiesen aus folgenden

Gründen:

„Das Berufungsgericht hat zunächst geprüft, nach welchem örtlichen Rechte in materieller Beziehung die mittels der Klage geltend gemachten angeblichen Verpflichtungen des Beklagten zu beurteilen sind, und es ist gemäß den von ihm als maßgebend erachteten Grundsätzen des internationalen Privatrechtes zu dem Ergebnis gelangt, daß, da keine Anhaltspunkte für das Vorhandensein eines Vertragswillens der Parteien, ihr Vertragsverhältnis einem bestimmten örtlichen Rechte zu unterstellen, vorlägen, die Regel Platz greife, wonach sich die rechtlichen Wirkungen obligatorischer Verträge nach dem Erfüllungsorte bestimmten. Das Berufungsgericht hat dann weiter ausgeführt: da bei zweiseitigen Verträgen der Erfüllungsort für jeden der beiden Kontrahenten ein verschiedener sein könne, so könnten auch die beiderseitigen Verpflichtungen je einem anderen Rechte unterstellt sein, und dies treffe auch bezüglich der ursprünglichen, durch den streitigen Kaufvertrag selbst begründeten Verbindlichkeiten der beiden Prozeßparteien zu. Würde aber dann, wenn die Klägerin auf Bezahlung des fraglichen Kaufpreises verklagt wäre, die Berechtigung der Wandelungseinrede, also die Frage, ob und unter welchen Voraussetzungen die Klägerin wegen mangelhafter Beschaffenheit der Ware Befreiung von der Kaufpreisschuld verlangen könne, nach deutschem Rechte zu beurteilen sein, so müsse das deutsche Recht auch für die Entscheidung darüber maßgebend sein, ob die Klägerin den bezahlten Kaufpreis zurückfordern und Zahlung der ihr durch den Transport erwachsenen Kosten verlangen, und ob sie die Rücknahme der Ware fordern könne. Gegenüber diesen Ausführungen hat der Revisionskläger gerügt, daß das Berufungsgericht die Frage, wo der Erfüllungsort des Beklagten für die von der Klägerin geltend gemachten Wandelungsansprüche sei, mit Unrecht auf Grund des deutschen, und nicht auf Grund des schwedischen Rechts beurteilt habe. Diese Rüge ist unbegründet. Im Falle der Wandelung, d. h. der Rückgängigmachung eines Kaufs wegen eines Mangels der verkauften Sache, besteht der hauptsächlichste der dem Käufer hieraus erwachsenden Ansprüche darin, daß seine durch den Kaufvertrag begründete wesentlichste Verpflichtung, nämlich den Kaufpreis zu zahlen, aufgehoben werde, sei es schlechthin, d. h. ohne Begründung einer entsprechenden Gegenverpflichtung des Verkäufers, — wenn nämlich der Kaufpreis noch nicht bezahlt ist, — sei es mit der im Falle der bereits erfolgten Zahlung desselben eintretenden weiteren Rechtsfolge, daß zugleich der Verkäufer zur Zurückerstattung des empfangenen Kaufpreises verpflichtet wird (vgl. §§ 462. 467. 346 B.G.B.). Dieser Wandelungsanspruch ist aber trotz des verschiedenen Inhaltes, den er in dem einen und dem anderen der hervorgehobenen Fälle haben kann, seinem Rechtsgrunde und seiner ganzen rechtlichen Natur nach ein einheitlicher Anspruch. Er kann daher, als auf dem Kaufvertrage selbst, nicht aber auf dem zufälligen Umstande, ob der Kaufpreis bereits bezahlt ist, oder nicht, beruhend, in beiden Fällen nur einem einheitlichen Rechte unterstellt sein, und zwar demjenigen, nach welchem sich die hierbei in Frage stehende Verpflichtung des Käufers zur Bezahlung des Kaufpreises richtet, deren Aufhebung für die Zukunft oder für die Vergangenheit mit der Geltendmachung dieses Anspruchs hauptsächlich bezweckt wird; denn es geht nicht an, diesen einheitlichen Anspruch je nach dem zufälligen Umstande, ob die Zahlung des Kaufpreises bereits erfolgt ist, oder nicht, nach zwei verschiedenen Gesetzgebungen zu beurteilen. Dasselbe gilt auch von den mit dem erörterten Hauptanspruche zusammenhangenden und daraus abgeleiteten Nebenansprüchen des Käufers, als welche im gegebenen Falle die Forderungen auf Zurücknahme der Ware und auf Ersatz der Fracht, der Versicherungs- und Lagerkosten anzusehen sind. Wenn also nach den obigen, von dem Revisionskläger insoweit nicht angefochtenen und auch rechtlich nicht zu beanstandenden Ausführuugen des Berufungsgerichts in Ermangelung eines abweichenden Vertragswillens der Parteien die Verpflichtung des Käufers zur Zahlung des Kaufpreises im allgemeinen nach dem Rechte des nach § 269 B.G.B. hierfür gegebenen Erfüllungsortes zu beurteilen ist, so muß dies auch von den sich wesentlich auf diese Zahlungspflicht beziehenden Wandelungsansprüchen des Käufers gelten.

Vgl. Entsch. des R.G.'s in Civils. Bd. 46 S. 195.

Da aber nach der weiteren, rechtlich einwandsfreien Feststellung des Berufungsgerichtes die Klägerin ihre Zahlungspflicht in Heilbronn zu erfüllen hatte, und demgemäß diese Pflicht nach deutschem Rechte zu beurteilen ist, so muß das nämliche auch von den streitigen Wandelungsansprüchen im ganzen gelten, ohne Rücksicht darauf, wo diese im einzelnen zu erfüllen sind.

Vgl. Entsch. des R.G.'s in Civils. Bd. 46 S. 195 und Bd. 49 S. 76.

In Ansehung der weiteren, für die gerichtliche Zuständigkeit direkt in Betracht kommenden Frage, wo der Beklagte die den Gegenstand der Klage bildenden Verpflichtungen zu erfüllen hat, ist in dem Berufungsurteile im wesentlichen folgendes ausgeführt. Nach den Umständen des Falles, bzw. der Natur des in Rede stehenden Schuldverhältnisses sei dieses in Heilbronn zu erfüllen. Für den Fall nämlich, daß das die Voraussetzung der Klagansprüche bildende, mit diesen stillschweigend gestellte Wandelungsverlangen der Klägerin überhaupt begründet sein sollte, seien nach den gemäß § 467 B.G.B. zur Anwendung gelangenden Vorschriften über das vertragsmäßige Rücktrittsrecht die Parteien auf Grund des § 346 B.G.B. verpflichtet, einander die empfangenen Leistungen zurückzugewähren, und zwar seien nach § 348 B.G.B. diese Verpflichtungen Zug um Zug zu erfüllen. Demnach sei im Falle der Berechtigung des Wandelungsbegehrens die Klägerin verpflichtet, dem Beklagten die Bretter zurückzugeben, und sei dieser nur gegen gleichzeitige, Zug um Zug erfolgende Übergabe der Bretter zur Rückerstattung des Kaufpreises und zur Befriedigung der Nebenforderungen der Klägerin verbunden. Andrerseits sei aber auch letztere nicht verpflichtet, die Bretter dem Beklagten auszufolgen, wenn sie nicht Zug um Zug dagegen Zahlung erhalte, wie sie dies verlange. Nun brauche aber die Klägerin für die Wiederherstellung des Besitzes des Beklagten an den Brettern in keiner Weise tätig zu werden. Sie sei nicht verpflichtet, dieselben von Heilbronn aus, wohin sie als an den Sitz der klägerischen Firma nach dem selbstverständlichen Inhalte des Vertrags gebracht worden seien, nach dem Verladeplatz oder nach dem Orte der Handelsniederlassung des Beklagten zurückzusenden. Da sie andrerseits nicht gehalten sei, die Bretter aus ihrem Besitze in Heilbronn zu entlassen, wenn ihr nicht der Beklagte Zug um Zug hiergegen Zahlung leiste, so folge daraus, daß der Beklagte diese Zahlung an die Klägerin in Heilbronn zu leisten habe. Heilbronn, als der Lagerort der Bretter, sei aber für den Beklagten auch der Erfüllungsort hinsichtlich der weiter geltend gemachten Verpflichtung zur Zurücknahme der Ware.

Der Revisionskläger hat hiergegen geltend gemacht: die für die gemeinrechtliche actio redhibitoria entwickelten Rechtsgrundsätze könnten auf die Wandelungsklage des Bürgerlichen Gesetzbuchs auch nicht analog zur Anwendung kommen. Nach §§ 467. 346—348. 350—354. 356 B.G.B. sei die Sache nicht anders zu beurteilen, als wenn die Parteien vertragsmäßig ein Rücktrittsrecht verabredet, und die Klägerin von letzterem Gebrauch gemacht hätte. Aus § 348 B.G.B. folge nicht, daß, wenn der Käufer eine Leistung vom Verkäufer fordere, die nach der allgemeinen Regel des § 269 B.G.B. an dessen Wohnsitz zu erfüllen sei, für diese Leistung Erfüllungsort ein anderer Ort, nämlich der sei, der für die von dem Käufer zu erfüllende Verpflichtung in Frage kommen könnte. Vielmehr werde durch den Rücktritt, bzw. die Wandelung der ganze Vertrag hinfällig, als wenn er gar nicht geschlossen wäre. Der Umstand, daß die Ware sich nicht mehr an dem Orte befinde, wo die Verpflichtung zur Lieferung derselben erfüllt sei, gehe zu Lasten des Zurücktretenden. Die Klägerin sei daher im Falle der Wandelung verpflichtet, die Ware dem Beklagten dort zurückzugeben, wo sie dieselbe empfangen habe, d. h. am Niederlassungsorte des Beklagten, und könne deshalb auch nicht verlangen, daß dieser seine Verpflichtung zur Rückgewähr des Kaufpreises da erfülle, wo die Ware sich befinde. Auch diese Beschwerde ist unbegründet.

Zunächst ist die Behauptung, daß gemäß § 467 B.G.B. im Falle der Wandelung die Sache nicht anders zu beurteilen sei, als wenn die Parteien vertragsmäßig ein Rücktrittsrecht vereinbart, und die Klägerin von diesem Rechte Gebrauch gemacht hätte, nicht durchweg zutreffend; denn vor allem ist in § 467 B.G.B. nur eine „entsprechende" Anwendung einzelner für das vertragsmäßige Rücktrittsrecht geltender Bestimmungen auf die Wandelung vorgeschrieben, woraus sich zur Genüge ergibt, daß der Gesetzgeber die ganz gleichmäßige Anwendbarkeit aller für das vertragsmäßige Rücktrittsrecht geltenden Bestimmungen nicht hat vorschreiben wollen. Was insbesondere die in § 467 a. a. O. für entsprechend anwendbar erklärten Bestimmungen der § 346 Satzes 1 und § 348 Satzes 1 B.G.B. betrifft, — wonach die Parteien, wenn der Rücktritt erfolgt, verpflichtet sind, einander die empfangenen Leistungen zurückzugewähren, und zwar Zug um Zug, — so ergibt sich aus der erwähnten Vorschrift über die entsprechende Anwendung dieser Bestimmungen, daß bei deren Anwendung die besondere rechtliche Natur des Wandelungsrechts maßgebend ist.

Vgl. namentlich die Motive zu § 467 B.G.B., in welchen besonders auf die Eigentümlichkeiten des durch die Wandelung vollzogenen Rücktrittes gegenüber dem vertragsmäßigen Rücktrittsrechte hingewiesen ist.

In dieser Hinsicht ist aber für die hier zu entscheidende Frage, wo die gemäß der §§ 467. 346 und 348 B.G.B. durch die Wandelung begründeten Verpflichtungen der Parteien, einander die empfangenen Leistungen zurückzugewähren, zu erfüllen sind, hervorzuheben, daß das Recht des Käufers, Wandelung zu verlangen, durch einen Mangel der Kaufsache, den der Verkäufer zu vertreten hat, begründet wird (§ 462 B.G.B.), und daß überdies aus der Vorschrift des § 467 Satzes 2 B.G.B., wonach im Falle der Wandelung der Verkäufer dem Käufer auch die Vertragskosten zu ersetzen hat, ein bedeutsamer

Anhaltspunkt für den Umfang der gerade im Falle der Wandelung dem Käufer obliegenden Rückgewährpflicht zu entnehmen ist, wie dies unten noch näher dargelegt werden soll.

Wenn aber hiernach im Hinblick auf diese rechtlichen Eigentümlichkeiten des Wandelungsanspruchs von einer Prüfung der Frage, wo im Falle der Ausübung eines vertragsmäßigen Rücktrittsrechtes im Sinne des § 346 B.G.B. die empfangenen Leistungen zurückzugewähren sind, abgesehen und unmittelbar in die Prüfung der Frage eingetreten werden kann, wie sich dies im Falle der Wandelung eines Kaufs vermöge der besonderen Natur des Wandelungsanspruchs verhält, so kommt es vor allem darauf an, zu bestimmen, welche der streitigen Verpflichtungen als für die Bestimmung des Gerichtsstandes für die ganze Wandelungsklage maßgebend anzusehen ist. Die gegenwärtige Klage ist gerichtet: 1. auf Zurücknahme der von dem Beklagten der Klägerin gelieferten, unbestrittenermaßen zur Zeit der Klagerhebung in Heilbronn befindlichen Waren, 2. auf Zurückerstattung des für diese Waren von der Klägerin bezahlten Kaufpreises, 3. auf Ersatz der von der Klägerin auf dieselben gemachten Verwendungen. Von diesen Klaganträgen ist nur der zweite als für die gerichtliche Zuständigkeit hinsichtlich der ganzen Klage maßgebend anzusehen; denn dieser Antrag betrifft die dem Verkäufer im Falle der Wandelung eines bereits vollzogenen Kaufs obliegende Hauptverpflichtung, als welche die Zurückzahlung des ihm von dem Käufer entrichteten Kaufpreises sich darstellt — (ebenso wie bei der vertragsgemäßen Abwickelung eines Kaufgeschäftes die Zahlung des Kaufpreises durch den Käufer als dessen Hauptverpflichtung zu betrachten ist, vgl. Entsch. des R.G.'s in Civils. Bd. 53 S. 164) —, während die beiden anderen Klageforderungen nebensächliche Verpflichtungen des Beklagten zum Gegenstand haben. Der Erfüllungsort für die klageweise geltend gemachte Hauptverbindlichkeit des Beklagten aus der Wandelung ist aber auch in betreff der erwähnten Nebenverbindlichkeiten desselben maßgebend, wenigstens soweit es sich um die hier in Frage stehende Anwendung des § 29 C.P.O. handelt (vgl. Entsch. des R.G.'s in Civils. Bd. 15 S. 435).

Es kommt also weiter darauf an, wo im gegebenen Falle die im Falle der Wandelung eintretende Verpflichtung des Beklagten zur Zurückerstattung des Kaufpreises zu erfüllen ist. In dieser Hinsicht ist aber für das fragliche, unter der Herrschaft des Bürgerlichen Gesetzbuchs geschlossene Rechtsgeschäft nach obigen Ausführungen die Vorschrift des § 269 B.G.B. maßgebend. Da ein Ort für die fragliche Rückgewähr vertraglich nicht bestimmt ist, so kommt es nach diesem § 269, wie das Berufungsgericht richtig hervorgehoben hat, weiter darauf an, ob ein solcher Leistungsort etwa aus der Natur des Schuldverhältnisses oder aus sonstigen Umständen zu entnehmen ist. Wenn nun, wie im vorliegenden Falle, ein Kaufvertrag, bezüglich dessen ein Wandelungsanspruch begründet ist, schon beiderseits erfüllt ist und somit nach §§ 467, 346 und 348 B.G.B. infolge der Wandelung die beiderseitigen Leistungen Zug um Zug zurückzugewähren sind, so ist auf Grund des hiermit für die Rückgewähr gegebenen Schuldverhältnisses in der Regel als gemeinsamer Erfüllungsort für diese beiderseitigen Verpflichtungen der Parteien derjenige Ort anzusehen, an dem der Käufer dem Verkäufer die gekaufte Sache zurückzugeben hat, indem insbesondere auch der Verkäufer, um die Sache gegen Zurückzahlung des empfangenen Kaufpreises zurückzuerhalten, — woran er ja in der Regel ein Interesse hat, — darauf hingewiesen ist, den Kaufpreis Zug um Zug an dem Orte zurückzuerstatten, an welchem der Käufer die Sache ihm zurückzugewähren hat. Was aber die weitere Frage betrifft, wo in solchen Fällen der Käufer dem Verkäufer die Sache zurückzugewähren hat, so wird zwar das Wandelungsrecht von dem allgemeinen Grundsatze beherrscht, daß durch die Vollziehung der Wandelung die gegenseitige Verpflichtung der Parteien entsteht, einander in den Stand zurückzuversetzen, wie wenn der Kauf nicht geschlossen wäre; soweit es sich aber hierbei um die Rückgabe der gekauften Sache handelt, ist aus diesem Grundsatze nicht die Verpflichtung des Käufers herzuleiten, die Sache auf seine Kosten an den Ort zurückzubringen, an dem der Verkäufer sie ihm übergeben hat; denn zunächst würde damit dem Käufer eine Mehrleistung aufgebürdet, die über den Rahmen der in § 346 B.G.B. bestimmten Rückgewährpflicht hinausgeht. Diese Pflicht des Käufers begreift nämlich schon nach dem Wortlaute des Gesetzes, das nur von einem Zurückgewähren der empfangenen Leistungen spricht, nur solche Handlungen in sich, durch welche derselbe sich des Kaufgegenstandes entäußert und zugleich den Verkäufer in die Lage versetzt, darüber zu verfügen. Diesen Erfordernissen wird aber durch die Rückgabe der

Sache an dem Orte, an dem sie sich dem Vertrage gemäß befindet, genügt. Wollte man mit dem Revisionskläger den die Wandelung verlangenden Käufer für verpflichtet halten, die Sache dorthin verbringen zu lassen, wo er sie empfangen hat, und sie dort zurückzugeben, so würde wegen der für ihn damit verbundenen Kosten in der Regel seine Lage eine weit ungünstigere sein, als wenn er den Kauf nicht geschlossen hätte. Dies kann aber nicht die Absicht des Gesetzes sein, da ja nicht der Käufer, sondern der Verkäufer durch Lieferung einer mangelhaften Sache die Wandelung verschuldet hat, und somit auch dem letzteren die durch den Abschluß und die Wandelung des Vertrags entstandenen Kosten zur Last fallen müssen.

Vgl. die Motive zu § 350 B.G.B. (§ 429 des Entwurfes I). Diesem Grundsatze, der in Ansehung der eigentlichen Vertragskosten durch § 467 Satz 2 B.G.B. ausdrücklich anerkannt ist, entspricht es aber, im Falle der Wandelung dem Käufer keine Verpflichtung zur Zurücksendung der Ware an den Lieferungsort derselben, womit ja in der Regel erhebliche Kosten verbunden sind, aufzuerlegen.

Überdies läßt sich auch aus den Vorschriften des § 269 B.G.B. nicht herleiten, daß die Verpflichtung des Käufers zur Rückgewähr der gekauften Sache gerade an dem Orte der Lieferung derselben zu erfüllen ist. Vielmehr sprechen gegen die Annahme eines solchen Erfüllungsortes sowohl die bereits erörterte Natur des sich aus der Wandelung ergebenden Schuldverhältnisses, als auch sonstige Umstände, namentlich bei beiderseitigen Handelskäufen das in der Regel vorhandene Interesse der beiden Vertragschließenden. Das in dieser Hinsicht bestehende Interesse des Käufers, seine Rückgewährpflicht an dem Orte zu erfüllen, an dem sich die gekaufte Sache zur Zeit der Wandelung infolge des Vertrages befindet, ist oben bereits hervorgehoben. Aber auch der Verkäufer hat vielfach, namentlich bei Handelskäufen, auf Grund deren die verkauften Waren auf weite Entfernungen versandt worden sind, im Falle der Wandelung ein Interesse daran, daß ihm dieselben nicht an dem ursprünglichen Lieferungsorte, sondern an dem Orte, wo sie sich zur Zeit der Wandelung befinden, zurückgegeben werden, da infolge der Übersendung der Wert der Waren an dem letzteren Orte ein höherer als am Lieferungsorte zu sein pflegt, diese Wertserhöhung aber im Falle der Rücksendung an den letzteren Ort wegfallen würde. Es entspricht aber der Vorschrift des § 269 B.G.B., wonach der Erfüllungsort auch aus den Umständen entnommen werden kann, wenn bei Bestimmung desselben für die aus der Wandelung entstehenden beiderseitigen Verpflichtungen auch das bei Übersendungskäufen unter Kaufleuten ja in der Regel vorhandene Interesse, daß gerade an dem Orte, wo die zurückzugewährende Sache sich auf Grund des Vertrages befindet, diese Verpflichtungen erfüllt werden, als maßgebend erachtet wird. Im Falle eines etwaigen Widerstreites der beiderseitigen Interessen muß aber im Hinblick auf die bereits erörterte Rechtslage der beiden Vertragsparteien das regelmäßig vorhandene Interesse des Käufers daran, daß er seine Rückgewährpflicht da erfülle, wo sich die Ware zur Zeit der Wandelung infolge des Vertrages befindet, in dieser Frage den Ausschlag geben.

Daß die seither erörterte Auffassung den Vorschriften des Bürgerlichen Gesetzbuchs entspricht, ist auch aus dessen Entstehungsgeschichte zu entnehmen. Die Verpflichtung des Verkäufers, im Falle der Wandelung die Ware an dem Orte zurückzunehmen, an dem sie sich nach dem Vertrage befand, war nämlich in dem früheren preußischen und gemeinen Rechte, aus welchen die Grundsätze über die Wandelung hauptsächlich in das Bürgerliche Gesetzbuch übernommen worden sind,

vgl. die Motive zu §§ 459. 462. 467. 346. 348 B.G.B. und die Denkschrift S. 60—62,

allgemein anerkannt.

Vgl. z. B. Entsch. des R.G.'s in Civils. Bd. 20 S. 360 flg., Bd. 50 S. 272; Gruchot, Beiträge Bd. 34 S. 1143, Bd. 37 S. 1210; Seuffert, Archiv Bd. 52 S. 274; Jurist. Wochenschr. von 1900 S. 151 Nr. 5; „Das Recht" von 1900 S. 440.

Im übrigen bietet aber die Entstehungsgeschichte des Bürgerlichen Gesetzbuchs keinen Anhalt für die Annahme, daß die gesetzgebenden Faktoren in betreff des hier in Rede stehenden Punktes von dem nach dem alten Rechte gegebenen Rechtszustande haben abweichen wollen." . . .

29. Werden durch Gewährung einer Nachfrist im Sinne des Art. 356 H.G.B. die Folgen des Verzuges beseitigt?

VI. Civilsenat. Urt. v. 18. Juni 1903 i. S. W. & L. (Kl.) w. v. B. Wwe. (Bekl.). Rep. VI. 1/03.

I. Landgericht I Berlin.
II. Kammergericht daselbst.

Die Beklagte übertrug im Jahre 1899 durch Vermittelung des Architekten O. L. der Klägerin die Herstellung zweier für ein Grabmal in Hannover bestimmter Engelfiguren nach einem von dem Bildhauer G. gefertigten Modell um den Preis von 2000 ℳ. Als Termin für die Aufstellung des Grabmals mit den Figuren war zunächst Anfang April 1899 in Aussicht genommen. Die Klägerin hatte anfänglich eine Herstellungsfrist von 3—4 Monaten, später eine solche von 8—9 Wochen gefordert und nach Eintreffen der Modelle dem L. durch Brief vom 6. März 1899 bestätigt, „als Liefertermin sei der bereits bekannte Zeitraum von 8 Wochen notwendig". Der Termin wurde jedoch nicht eingehalten. Nachdem die Klägerin schon unter dem 9. April 1899 um eine Verlängerung der Frist auf etwa 4 Wochen nachgesucht hatte, verwahrte sie sich in einem Briefe vom 16. April 1899 gegen die Annahme eines Fixgeschäftes und stellte die Bitte, „ihr eine angemessene Nachfrist zur Lieferung der Figuren genehmigen zu wollen". Auf die Erwiderung L.'s, daß „er die Antwort auf seine Frage nach dem absolut zuverlässigen Termine der Fertigstellung noch vermisse", sicherte sie durch Brief vom 20. April 1899 zu, daß „sie bestimmt die Ablieferung der Figuren gegen Ende des nächsten Monats sicher betätigen könnte".

Am 9. Juni 1899 erklärte nun die Beklagte ihren Rücktritt vom Vertrage. Die Klägerin sandte am 19. Juni 1899 die Figuren nach Hannover; die Abnahme derselben wurde jedoch abgelehnt.

Die Klägerin erhob daher Klage mit dem Antrage auf Verurteilung der Beklagten zur Bezahlung vom 2000 ℳ nebst Zinsen. In erster Instanz wurde diesem Antrage entsprochen, auf die Berufung der Beklagten jedoch die Klägerin mit der Klage abgewiesen.

Die Revision der Klägerin ist zurückgewiesen worden aus den folgenden

Gründen:

„Das Berufungsgericht erachtet den zwischen den Parteien zustande gekommenen Vertrag als Werkvertrag, als Erfüllungsort für die Klägerin den Ort der Herstellung und Ablieferung, München, und demgemäß, beim Mangel einer Vereinbarung über das anzuwendende Recht, zunächst das Bayerische Landrecht als maßgebend. Da dieses keine Sonderbestimmungen über den Werkvertrag enthalte, komme das gemeine Recht zur Anwendung, und damit die Bestimmung, daß der Vertrag, gemäß dessen der Unternehmer das Werk aus einem von ihm zu beschaffenden Stoffe herzustellen habe, den Vorschriften über den Kauf unterliege. Der von der Klägerin im Betriebe des Handelsgewerbes übernommene Auftrag stelle sich als Handelsgeschäft dar. Demgemäß kämen, da eine Lieferung zu festbestimmter Zeit nicht in Frage stehe, die Artt. 355 und 356 H.G.B. zur Anwendung. Die Klägerin habe auch die ihr bewilligte Nachfrist nicht eingehalten. Der Rücktritt der Beklagten sei daher gerechtfertigt gewesen, da die Beklagte nach Ablauf der Nachfrist nicht zur Gewährung einer weiteren Nachfrist verpflichtet gewesen sei, auch wenn die Nichteinhaltung der Nachfrist auf einen Zufall zurückzuführen sein sollte.

Zu dem gleichen Ergebnisse würde man nach Ansicht des Berufungsgerichts im Falle der Anwendung des preußischen Landrechts gelangen. Gemäß § 938 A.L.R. I. 11 wäre der Besteller zum Rücktritt berechtigt, wenn das Werk mit dem Ablaufe der ausdrücklich bestimmten Frist durch die Schuld des Werkmeisters nicht abgeliefert würde. Der Werkmeister müsse demnach nachweisen, durch welchen außer seiner Vertretung liegenden Umstand er an der Erfüllung verhindert worden sei. Ein Verschulden der Klägerin liege aber auch darin, daß sie den 31. Mai 1899 als Ablieferungstermin bezeichnet habe, ohne sicher zu sein, daß sie ihn unter allen Umständen, also auch bei Eintritt eines Kurzschlusses oder eines sonstigen Unfalls, werde einhalten können.

Die Revision macht geltend, die Beklagte habe der Klägerin nicht eine Nachfrist im Sinne des Art. 356 H.G.B. bewilligt, und schon deswegen sei der Rücktritt der Beklagten nicht zulässig gewesen. Es habe sich nur um eine Verlängerung der Vertragsfrist gehandelt. Der Verzug setze ein Verschulden voraus. Von Erheblichkeit sei daher, wenn Klägerin geltend gemacht habe, daß die schließliche Verzögerung auf höherer Gewalt beruhe, da im Kupferbade Kurzschluß eingetreten sei, und dieser einen größeren Körperteil vernichtet habe. Die Klägerin habe auch behauptet, daß die Ergänzung der schadhaften Teile 16—18 Arbeitstage erfordert habe. Das Versprechen der Lieferung einer Species könne nicht dahin verstanden werden, daß die versprochene Frist auch bei nicht vorhersehbaren Zufällen eingehalten werden solle. Ein solches Versprechen sei weder von der Beklagten verlangt, noch von der Klägerin gegeben und auch von keiner Seite behauptet worden.

Die Revision konnte nicht als begründet erachtet werden.

Gemäß Art. 170 Einf.-Ges. zum B.G.B. bleiben für das vor dem Inkrafttreten des Bürgerlichen Gesetzbuchs entstandene Schuldverhältnis die bisherigen Gesetze maßgebend. Beim Mangel einer besonderen, zulässigen Vereinbarung der Parteien über das örtliche Recht, dem sie ihr Vertragsverhältnis unterwerfen wollten,

vgl. Entsch. des R.G.'s in Civils. Bd. 44 S. 300,

oder einer erkennbaren auf die Wahl eines bestimmten Rechtes gerichteten Intention der Parteien hat das Prozeßgericht zunächst nach dem Rechte seines Amtssitzes zu entscheiden, welches Recht bei Kollision der Gesetze in Anwendung zu bringen ist.

Vgl. Entsch. des R.G.'s in Civils. Bd. 36 S. 205. 284.

Das preußische Allgemeine Landrecht enthält nun keine erschöpfende Bestimmung, welches örtliche Recht für Obligationen maßgebend ist.

Vgl. Dernburg, Preuß. Privatrecht 5. Aufl. Bd. 1 S. 58; Förster-Eccius, Preuß. Privatrecht 7. Aufl. Bd. 1 S. 61.

Die überwiegende, auch vom Reichsgericht gebilligte Meinung hat aber bei Vertragsobligationen sich für das Recht des Erfüllungsortes entschieden.

Vgl. Dernburg, a. a. O. S. 58 5. Aufl. S. 55; Dernburg, Pandekten 7. Aufl. Bd. 1 S. 106; Entsch. des R.G.'s in Civils. Bd. 14 S. 239, Bd. 20 S. 335, Bd. 46 S. 93.

Den Gegenstand des Streites bildet die Erfüllungspflicht der Klägerin. Nach der Feststellung des Berufungsgerichts hat die Klägerin nicht die Aufstellung der Figuren in Hannover, sondern nur die frachtfreie Lieferung nach Hannover übernommen. Mit Recht erachtet daher das Berufungsgericht die Obliegenheit der

Klägerin mit der Übergabe der fertiggestellten Figuren an die Bahnverwaltung zur Beförderung an den Bestimmungsort Hannover und der Zahlung der Frachtkosten für erschöpft. Da nun die ganze der Klägerin vertragsmäßig obliegende Tätigkeit in München vorzunehmen war, so hält das Berufungsgericht mit Recht hinsichtlich der Vertragserfüllung der Klägerin das vor dem Inkrafttreten des Bürgerlichen Gesetzbuchs in München in Geltung gewesene Recht für maßgebend. Hiernach kommen das Allgemeine Deutsche Handelsgesetzbuch und das Bayerische Landrecht und subsidiär zu letzterem das gemeine Recht in Betracht.

Die bestellten Figuren waren zur Ausschmückung eines Grabdenkmals, somit als Zubehör, also keineswegs als Bestandteil eines mit Grund und Boden verbundenen Bauwerks, bestimmt. Da die Klägerin als offene Handelsgesellschaft die Lieferung dieser Figuren im Betriebe ihres Handelsgewerbes übernommen, so liegt gemäß Artt. 4 und 273 H.G.B. ein nach Art. 277 H.G.B. den Bestimmungen des IV. Buches desselben unterworfenes Handelsgeschäft vor.

Weder das Allgemeine Deutsche Handelsgesetzbuch, noch das Bayerische Landrecht enthält eine Begriffsbestimmung der Werkverdingung, insbesondere auch keine Bestimmung über die begriffliche Unterscheidung von Kauf und Werkverdingung, wenn auch das Bayerische Landrecht Bestimmungen über Werkverdingung enthält.

Bayerisches Landrecht Tl. IV Kap. 6 § 7 Nr. 3. § 9 Nr. 2. § 11 Nr. 4; vgl. Bl. f. R. A. Bd. 37 S. 98.

Das Berufungsgericht erachtet daher das vorliegende Rechtsgeschäft auf Grund des gemeinen Rechts für einen Kauf, „da der Unternehmer das Werk aus einem von ihm zu beschaffenden Stoffe herzustellen habe". Dies würde auch der Anschauung des Bayerischen Landrechts entsprechen, da die Anmerkungen zum Bayerischen Landrecht Tl. IV Kap. 6 § 3 Nr. 4 im Anschlusse an das römische Recht „das opus, wenn es ex propria materia um einen gewissen Preis gefertigt ist, als emtio venditio" erklären. Die auf der Anwendung des im Bezirke des Berufungsgerichts nicht geltenden gemeinen Rechtes beruhende Beurteilung des Rechtsgeschäfts entzieht sich übrigens wegen der Irrevisibilität des angewendeten Rechtes der Nachprüfung in der Revisionsinstanz.

Die Beurteilung des Rechtsgeschäfts als „Kauf- und Handelsgeschäfts" rechtfertigt die Anwendung der Artt. 355 und 356 H.G.B. Voraussetzung der Ausübung des in Art. 355 dem Käufer eingeräumten Wahlrechtes ist zunächst der Verzug des Verkäufers mit der Übergabe der Ware, also schuldhafte Verzögerung der Erfüllung. Die Annahme des Berufungsgerichtes, daß die Klägerin nach den getroffenen Vereinbarungen am 28. April 1899 zu liefern hatte, beruht auf der Feststellung und Erwägung der aus der Korrespondenz der Parteien ermittelten beiderseitigen Willenserklärungen. Die Annahme, daß die Nichteinhaltung des festgesetzten Termines Verzug begründe, beruht auf der Anwendung nicht revisiblen Rechtes, sei es daß ihr, wie anscheinend von dem Berufungsgericht, das gemeine Recht, oder das Bayerische Landrecht, das über den Verzug und seine Folgen Bestimmmungen enthält, zugrunde gelegt ist.

Vgl. Bayerisches Landrecht Tl. II Kap. 3 § 21 Nr. 2 und 3. Tl. III Kap. 1 § 15 Nr. 14, Kap. 6 § 10 Nr. 5, Kap. 8 § 12 Nr. 1. Tl. IV Kap. 1 § 20 Nr. 5, Kap. 14 §§ 15 u. 16 ꝛc.

Darunter fällt auch die Prüfung der Frage, ob ein unverschuldetes und unabwendbares Hindernis der rechtzeitigen Erfüllung im Wege gestanden habe. Auch bei freier Würdigung könnte in der unrichtigen Einschätzung des für die Herstellung des Werkes erforderlichen Zeitaufwandes kein die Klägerin entlastendes und sie von dem Vorwurfe schuldhafter Verzögerung befreiendes Moment erblickt werden. Ob der Eintritt eines Kurzschlusses und dessen Wirkungen als ein in der Galvanoplastik im allgemeinen oder gerade in diesem Falle unvorhersehbares und unabwendbares und daher nicht vertretbares, zufälliges Ereignis zu erachten wäre, kann dahingestellt bleiben, da nach der den Beweisbeschlüssen zugrunde liegenden Darstellung dieses Ereignis in eine Zeitperiode fiele, in der die Klägerin sich schon im Verzuge befunden.... Die Annahme, daß sie sich im Verzuge befunden, ist aber wegen der Irrevisibilität des angewendeten Rechtes der Nachprüfung in der Revisionsinstanz entzogen.

Im Falle des Verzuges befreit aber nach gemeinem Recht wie nach Bayerischem Landrecht die Unmöglichkeit der Leistung den Schuldner selbst dann nicht, wenn sie ohne seine Schuld eingetreten ist.

Vgl. Windscheid, Pandektenrecht 7. Aufl. Bd. 2 S. 84 Nr. 3; Bayerisches Landrecht Tl. IV Kap. 1 § 20 Nr. 5, Kap. 3 § 12 Nr. 3.

Der Rücktritt des Käufers erfordert aber gemäß Art. 356 H.G.B. noch die Gewährung einer den Umständen angemessenen Nachfrist.

Der in dieser Richtung erhobene Revisionsangriff konnte nicht für begründet erachtet werden. Das Berufungsgericht untersucht auf Grund der beiderseitigen Erklärungen der Parteien, ob eine Verlängerung der Lieferungsfrist, oder die Gewährung einer Nachfrist im Sinne des Art. 356 H.G.B. erbeten und bewilligt worden sei, und gelangt zu dem Schlusse, daß es sich nach der Willensmeinung der beiden Parteien um eine Nachfrist im Sinne des Art. 356 H.G.B. gehandelt habe. . . .

Die aus den festgestellten Vorgängen und Erklärungen gezogene Schlußfolgerung, daß beiderseits schon die bis Ende Mai gewährte Frist als Nachfrist im Sinne des Art. 356 H.G.B. erachtet wurde, steht im Einklang mit dem Inhalte der vorgetragenen Korrespondenz der Parteien, läßt einen Rechtsirrtum nicht erkennen und gibt deshalb zu einer Beanstandung keinen Anlaß. . . .

Einer ausdrücklichen Vorsetzung und Bezeichnung der gewährten Frist als Nachfrist bedurfte es nicht, da es nur darauf ankommt, daß eine solche gewährt wird.

Vgl. Staub, Kommentar zum Allgemeinen Deutschen Handelsgesetzbuch 5. Aufl. S. 944 § 19; Entsch. des R.G.'s in Civils. Bd. 1 S. 241, Bd. 5 S. 103.

War aber die bis Ende Mai gesetzte Frist schon als Nachfrist anzusehen, so bedarf es keiner Prüfung, ob aus der Tatsache, daß die Beklagte erst am 9. Juni 1899 den Rücktritt endgültig erklärte, eine in Mitte liegende Gewährung einer weiteren Nachfrist zu folgern wäre.

Das Berufungsgericht hat daher mit Recht den Rücktritt der Beklagten auch für den Fall als gerechtfertigt erklärt, daß die Nichteinhaltung der Nachfrist auf einen Zufall zurückzuführen sein sollte. Würde der Eintritt eines Kurzschlusses nicht als Folge einer Nachlässigkeit der Klägerin, sondern als Zufall zu erachten sein, so würde sich die Klägerin schon gemäß der erörterten und nach irrevisiblem Rechte entschiedenen Folge des Verzuges nicht hierauf berufen können. Die Gewährung der Nachfrist im Sinne des Art. 356 H.G.B. soll aber auch nur dem säumigen Kontrahenten noch die Möglichkeit gewähren, durch Nachholung des Versäumten die Ausführung der vom

Gegenkontrahenten getroffenen Wahl — der Forderung des Schadensersatzes wegen Nichterfüllung statt der Erfüllung oder des Rücktritts — abzuwenden, nicht den Verzug und dessen sonstige Folgen aufheben. Erfüllt der säumige Kontrahent innerhalb der Nachfrist nicht, so verbleibt es bei der Ausführung der getroffenen Wahl.

Hiernach war die Revision als unbegründet zurückzuweisen." ...

---

30. An wen sind die unter der Aufschrift der gelöschten Firma einer aufgelösten offenen Handelsgesellschaft eingehenden Postsendungen auszuhändigen, wenn die Auflösung der Gesellschaft in der Weise stattfand, daß der eine der beiden bisherigen Gesellschafter das Geschäft mit Aktiven und Passiven übernahm, und der andere eine Abfindung in Geld erhielt, jedoch verabredet wurde, daß die Firma der Gesellschaft gelöscht werden solle? Was ist unter dem Gebrauch einer Firma zu verstehen?

I. Civilsenat. Urt. v. 20. Juni 1903 i. S. T. (Kl.) w. G. (Bekl.). Rep. I. 135/03.

I. Landgericht Liegnitz.
II. Oberlandesgericht Breslau.

Im Jahre 1875 hatte der Kläger in L. auf dem Grundstück W.'straße 9 eine Fabrik errichtet, in der insbesondere Säge- und Holzbearbeitungsmaschinen angefertigt wurden. Am 1. April 1878 schloß er mit dem Beklagten einen Vertrag, wonach beide die vom Kläger erbaute und bis dahin allein innegehabte Maschinenfabrik mit allen Maschinen, Werzeugen 2c übernahmen, und bestimmt wurde, daß das Geschäft fortan die Firma „L.'er Eisengießerei und Maschinenfabrik T. & G." führen solle. Das so begründete Vertragsverhältnis bestand bis zum 1. April 1900. Im Jahre 1899 wurde es vom Kläger dem Beklagten gekündigt, und beide schlossen am 31. Dezember 1899 in notarieller Form einen Auseinandersetzungsvertrag, aus welchem folgende Bestimmungen hervorzuheben sind.

Im § 1 war bestimmt, daß die offene Handelsgesellschaft L.'er Eisengießerei und Maschinenfabrik T. & G. vom 1. April 1900 ab aufgelöst, und daß die Firma gelöscht werde. Sodann hieß es weiter: „Herr W. G. überläßt alle Rechte an dem Gesellschaftsvermögen, insbesondere alle Aktiva und Passiva und die Fabrikgrundstücke, Herrn F. T. vom ersten April Neunzehnhundert ab zum Weiterbetriebe der Eisengießerei und Maschinenfabrik für eigene Rechnung zum Eigentum, und verpflichtet sich Herr W. G., Herrn F. T. die Fabrikgrundstücke Nr. 28 Sophienthal und die auf den Namen der Firma eingetragenen nachträglich erworbenen Grundstücke am 1. April k. J. gerichtlich aufzulassen. Sämtliche Passiva der Gesellschaft verpflichtet sich Herr F. T. bei Fälligkeit zu bezahlen."

Im § 2 ferner hieß es nach vorhergehenden Bestimmungen: „Die Erschienenen sind auch darüber einig, daß die von der Gesellschaft erworbenen Medaillen und Diplome am 1. April 1900 geteilt werden, und die bestehenden Patente der Gesellschaft von Herrn F. T. nicht erneuert werden dürfen. Dagegen soll Herr W. G. befugt sein, sich von den vorhandenen Zeichnungen der Gesellschaft beliebige Kopien in der Zeit vom 1. Januar bis 1. April k. J. durch Beamte der Gesellschaft anfertigen zu lassen; doch darf Herr W. G. dieselben nicht an Konkurrenten veräußern. Ferner verpflichtet sich Herr F. T., Herrn W. G. in der Zeit vom 1. April bis 31. Dezember 1900 Maschinen und Werkzeuge nach den Katalogen der Gesellschaft, soweit Modelle davon vorhanden sind, mit dreimonatlicher Lieferungsfrist, und zwar von jeder Chiffre ein Stück, zu liefern." ...

Der § 3 bestimmt, daß „für die Überlassung der vorstehenden Rechte an dem Gesellschaftsvermögen" F. T. an W. G. „eine Abfindungssumme" von 275 000 *M* zahle.

Nachdem die Firma der Gesellschaft gelöscht worden war, ordnete die Oberpostdirektion in L. durch Verfügung vom 2. Mai 1900 an, daß die noch unter jener Firma eingehenden Sendungen als unbestellbar zu behandeln seien. Auf Einspruch des Klägers verfügte sie jedoch, daß solche Sendungen an diesen auszuhändigen seien. Infolge Einspruchs des Beklagten wurde am 21. Oktober 1901 diese Verfügung wieder aufgehoben, und durch Verfügung vom 12. November 1901 der Widerspruch des Klägers dagegen zurückgewiesen. Seine Beschwerde an das Reichspostamt hatte keinen Erfolg; dieses gab ihm anheim, die Einwilligung des Beklagten zur Aushändigung der Sendungen an ihn im Rechtswege herbeizuführen.

Auf die in dieser Veranlassung erhobene Klage wurde der Beklagte vom Landgericht verurteilt, darein zu willigen, daß diejenigen Postsendungen an den Kläger ausgehändigt würden, welche in L. unter der Adresse „L.'er Eisengießerei und Maschinenfabrik T. & G." eingingen. Vom Oberlandesgericht wurde dagegen auf die Berufung des Beklagten die Klage abgewiesen.

Auf die Revision des Klägers ist das Urteil des Oberlandesgerichts aufgehoben, und die Berufung des Beklagten zurückgewiesen worden.

Aus den Gründen:

... „Da die Firma „L.'er Eisengießerei und Maschinenfabrik T. & G." gelöscht worden ist, so nimmt die Post ohne Zweifel mit Recht den Standpunkt ein, daß Sendungen, die unter der Aufschrift dieser Firma eingehen, als unbestellbar zu behandeln sind. Nichtsdestoweniger kann in dem Verhältnis der Parteien zueinander für den Beklagten die Verpflichtung bestehen, es zu gestatten, daß solche Sendungen an den Kläger ausgehändigt werden. Dies verkennt auch der Berufungsrichter nicht; er legt sich aber die Frage vor, ob nicht das, was der Kläger beanspruche, das Verlangen von dem Beklagten sei, seine Zustimmung dazu zu geben, daß der Kläger die genannte Firma der Post gegenüber gebrauche; und, diese Frage bejahend gelangt er zur Abweisung der Klage, weil die Firma, die der Kläger, wenn auch nur in beschränktem Maße, noch gebrauchen wolle, nach dem Vertrage vom 13. Dezember 1899 habe gelöscht werden sollen, und der Kläger sich in dem Vertrage die Weiterbenutzung der Firma nach irgend einer Richtung nicht vorbehalten habe.

Diese Entscheidung muß für verfehlt erachtet werden. Käme es auf die Frage an, von deren Beantwortung der Berufungsrichter die Entscheidung abhängig macht, so würde sie zu verneinen sein. Der Gebrauch einer Firma liegt zwar nicht nur dann vor, wenn unter ihrer Anwendung ein Handelsgeschäft geschlossen wird; es fallen vielmehr alle Handlungen darunter, die den Willen kundgeben, sich bei dem Betriebe des Handelsgewerbes der Firma zu bedienen.

Vgl. Entsch. des R.G.'s in Civils. Bd. 5 S. 112, Bd. 36 S. 14.

Indes eben doch nur von jemandem, der sich bei dem Geschäftsbetriebe des Firmennamens bedient, d. h. sich in seiner Kaufmannseigenschaft den Firmennamen beilegt, kann man sagen, daß er die Firma gebrauche.

Wer sich der Post gegenüber als befugt hinstellt, die unter der Aufschrift einer, wie er zugibt, gelöschten Firma eingehenden Sendungen in Empfang zu nehmen, weil er das Geschäft erworben habe, das früher unter jener Firma betrieben worden sei, der gebraucht ebensowenig die Firma, wie jemand den Namen seines Erblassers gebraucht, wenn er von der Post die Aushändigung der unter dessen Adresse eingehenden Sendungen fordert, ohne zu verschweigen, daß der Adressat verstorben sei.

Aber selbst wenn in dem Klagebegehren das Verlangen der Zustimmung zu einem beschränkten Weitergebrauch der gelöschten Firma zu erblicken wäre, so würde doch dieses Verlangen nicht schon deshalb für unbegründet zu erklären sein, weil ein es rechtfertigender ausdrücklicher Vorbehalt in dem Vertrage vom 31. Dezember 1899 nicht enthalten sei; es würde vielmehr zu untersuchen sein, ob nicht aus dem Gesamtinhalte des Vertrags entnommen werden müßte, daß dem Kläger jene beschränkte Weiterbenutzung der bisherigen Gesellschaftsfirma zustehen sollte.

Die allein und unmittelbar zu entscheidende Frage ist somit die, ob nach dem Vertrage vom 31. Dezember 1899 im Verhältnis der Parteien zueinander der Kläger der zur Empfangnahme der unter der Aufschrift der bisherigen Gesellschaftsfirma eingehenden Postsendungen Berechtigte sein sollte.

Im allgemeinen ergibt sich nun der Inhalt des Vertrages mit voller Deutlichkeit aus den in den §§ 1 und 3 getroffenen Bestimmungen: die Gesellschaft wurde aufgelöst; es fand aber keine Liquidation statt, sondern der Beklagte erhielt eine Abfindung, und der Kläger übernahm das bisher von der Gesellschaft betriebene Geschäft mit Aktiven und Passiven. Allerdings ist aus den im § 2 des Vertrags getroffenen Bestimmungen erkennbar, daß der Beklagte sich mit der Absicht trug, seinerseits ein neues, dem Geschäft der bisherigen Gesellschaft ähnliches Geschäft zu begründen, und daß ihm diese Geschäftsbegründung in bestimmter Weise erleichtert werden sollte. Dies ändert indes nichts daran, daß alleiniger Inhaber des alten Geschäftes der Kläger wurde.

Zu einem im Betriebe befindlichen Geschäfte gehören nicht nur die dem Betriebe gewidmeten Gegenstände und die in dem Gewerbe entstehenden Forderungen, sondern auch die auf den bisherigen Betrieb, auf die durch ihn geschaffenen Verkehrsbeziehungen sich stützenden Aussichten für den weiteren Geschäftsbetrieb, und deshalb ist anzunehmen, daß nach der Absicht des zwischen den Parteien geschlossenen Auseinandersetzungsvertrages zur Ausnutzung der sogenannten Chancen des Geschäftes, das die aufgelöste Gesellschaft betrieben hatte, der Kläger imstande sein und bleiben sollte.

Vgl. Entsch. des R.G.'s in Civils. Bd. 43 S. 135.

Daraus ergibt sich die Berechtigung des Klagebegehrens. Da unstreitig der Kläger an die bekannten Geschäftskunden wiederholt Rundschreiben erlassen hat, durch die von der eingetretenen Veränderung Nachricht gegeben wurde, so erscheint es zwar so gut wie ausgeschlossen, daß seitdem noch Personen, die solche Schreiben erhalten haben, Postsendungen unter der Adresse der gelöschten Firma haben abgehen lassen oder abgehen lassen werden. Aber von den dennoch unter dieser Adresse eingehenden Sendungen ist vorauszusetzen, daß sie von den Absendern für den Inhaber oder die Inhaber desjenigen Geschäfts bestimmt sind, von dessen Bestehen sie infolge des Geschäftsbetriebes der aufgelösten Gesellschaft Kenntnis erhalten hatten. Daß vereinzelt ein Fall vorkommen kann, in welchem eine für das Geschäft des Beklagten bestimmte Sendung irrtümlicherweise mit der Aufschrift der gelöschten Firma versehen wird, mag zuzugeben sein. Aber nicht füglich anzunehmen ist, daß deshalb die Parteien den unkaufmännischen Gedanken gehabt haben sollten, es müsse jede unter der Adresse der gelöschten Firma eingehende Sendung als unbestellbar an den Absender zurückgehen, damit dieser veranlaßt werde, sich über die nach der Firmenlöschung eingetretenen Verhältnisse zu erkundigen und sich danach zu entscheiden, ob er nochmals, und an wen er nunmehr die Sendung abgehen lassen wolle. Von selbst versteht sich nur, daß, wenn einmal eine erkennbar dem Beklagten zugedachte Sendung an den Kläger gelangen sollte, dieser verpflichtet sein würde, sie an den Beklagten abzugeben.

Hinzuweisen ist übrigens darauf, daß Beklagter es $1^1/_2$ Jahre hat geschehen lassen, daß die unter der Aufschrift der gelöschten Firma eingehenden Sendungen an den Kläger ausgehändigt wurden.

Unbegründet würde ein Zweifel darüber sein, ob Beklagter als verpflichtet angesehen werden könne, diejenige Einwilligung, welche dem Ausgeführten nach als eine stillschweigeud erteilte schon in dem Auseinanderſetzungsvertrage enthalten iſt, noch einmal zu erklären. Zu einer ſolchen Erklärung hätte ihn die Vertragstreue verpflichtet, wenn von vornherein von ſeiten der Poſt die Aushändigung der in Frage ſtehenden Sendungen an den Kläger von dem Einverſtändniſſe ſeines früheren Geſellſchafters abhängig gemacht worden wäre; um ſo mehr verpflichtet ihn jetzt dazu ſein vertragswidrig bei der Poſt erhobener Einſpruch. Überdies iſt das, was der Kläger im gegenwärtigen Prozeß begehrt, im Grunde genommen nur eine Feſtſtellung des ſtreitigen Rechtsverhältniſſes, da die verlangte „Einwilligung“ mit der Rechtskraft des Urteils als erklärt gilt.

Ein Bedenken iſt endlich auch daraus nicht herzuleiten, daß unbeſtritten nach Auflöſung der Geſellſchaft T. & G. der Kläger mit ſeinem Sohne eine neue offene Handelsgeſellſchaft errichtet hat, und dieſe es iſt, welche jetzt das Geſchäft betreibt, das die aufgelöſte Geſellſchaft betrieben hatte. Denn betreibt eine offene Handelsgeſellſchaft, zu deren Mitgliedern der Kläger gehört, das Geſchäft, ſo betreibt es auch der Kläger, und dieſer erſcheint daher nach wie vor als befugt, ſein gegen den Beklagten erworbenes Vertragsrecht geltend zu machen.“ . . .

---

31. Kann eine Kommanditgeſellſchaft in eine offene Handelsgeſellſchaft umgewandelt werden, ohne rechtlich als eine neu errichtete Geſellſchaft zu gelten? Bedeutung der Frage für die Berechnung der Regiſtereintragungs-Gebühren nach den §§ 72. 73 preuß. G.K.G. vom 6. Oktober 1899.

I. Civilſenat. Beſchl. v. 20. Juni 1903 auf die Beſchw. der offenen Handelsgeſ. F. & D. Beſchw.-Rep. I. 54/03.

I. Konſul zu Alexandrien.

Gründe:

„Es beſtand in Kairo, mit Zweigniederlaſſungen in Alexandrien und Port-Said, eine Kommanditgeſellſchaft F. & D., deren perſönlich haftende Geſellſchafter die Kaufleute F. und D. waren, während ihr als alleiniger Kommanditiſt der Kaufmann M. angehörte. Im Januar

1903 wurde, wie zum Handelsregister des Kaiserlichen Konsulats in Kairo, so auch zum Handelsregister des Kaiserlichen Konsulats in Alexandrien angemeldet, daß M. aufgehört habe, Kommanditist zu sein, und anstatt dessen auch persönlich haftender Gesellschafter geworden sei. Die dementsprechenden Eintragungen wurden vorgenommen, und der Konsul berechnete

1. für „die Eintragung der Veränderung der Kommanditgesellschaft F. & D. in eine offene Handelsgesellschaft" gemäß § 72 Ziff. 2b preuß. G.K.G. in Verbindung mit § 73 des Gesetzes über die Konsulargerichtsbarkeit (III. Gewerbesteuerklasse) . . 40 *M*,
2. für „die Eintragung der offenen Handelsgesellschaft F. & D." gemäß § 72 Ziff. 2a preuß. G.K.G. in Verbindung mit § 73 des Gesetzes über die Konsulargerichtsbarkeit (III. Gewerbesteuerklasse) 80 *M*.

Auf die Gegenvorstellung der jetzigen Beschwerdeführerin wurde diese Kostenberechnung durch die jetzt angefochtene, in Vertretung des Konsuls vom Vizekonsul unterzeichnete, irrigerweise (§ 7 Ziff. 2 und § 14 Ziff. 3 des Gesetzes über die Konsulargerichtsbarkeit) als Beschluß des Konsulargerichts über eine Beschwerde bezeichnete Entscheidung des Konsuls aufrecht erhalten. Die gegen diese Entscheidung wegen der unter 2 berechneten Gebühr gerichtete Beschwerde muß für begründet erachtet werden.

Unter der Herrschaft des Allgemeinen Deutschen Handelsgesetzbuchs ist vom Reichsgericht ausgesprochen worden, daß das Gesetz den Begriff der Umwandlung einer offenen Handelsgesellschaft in eine Kommanditgesellschaft nicht kenne, vielmehr bei einer solchen Umwandlung im Rechtssinne die offene Handelsgesellschaft aufgelöst werde, und die Kommanditgesellschaft neu entstehe.

Vgl. Entsch. des R.G.'s in Civils. Bd. 32 S. 47.

Ob dies zutreffend war ..., kann hier auf sich beruhen bleiben. Die Auffassung des Handelsgesetzbuchs vom 10. Mai 1897 ist, wie sich mit voller Deutlichkeit aus dem § 139 Abs. 1 und dem § 162 Abs. 3[1] ergibt, eine andere.

Vgl. auch Denkschrift I zu dem Entwurf eines Handelsgesetzbuchs S. 113, Denkschrift II S. 121.

---

[1] Vgl. §§ 130. 173 H.G.B. D. E.

Kann somit nach heutigem Recht eine offene Handelsgesellschaft unter Wahrung ihrer Identität zu einer Kommanditgesellschaft gemacht werden, so ist auch die Möglichkeit gleicher Umwandlung einer Kommanditgesellschaft in eine offene Handelsgesellschaft anzuerkennen.

Um einen Fall solcher Umwandlung handelte es sich hier, und daraus folgt, daß auf Grund der Anmeldung der Umwandlung keine „erste Eintragung" stattfand, für die eine Gebühr nach § 72 Ziff. 2a preuß. G.K.G. zu berechnen gewesen wäre, sondern daß die auf Grund der einen Anmeldung vorgenommenen Eintragungen nur Eintragungen im Sinne des § 72 Ziff. 2b a. a. O. waren, die sich auf dieselbe Gesellschaft bezogen, und daß deshalb für sie gemäß § 73 Abs. 2 a. a. O. außer der unter 1 angesetzten Gebühr von 40 M keine weitere Gebühr berechnet werden durfte."

---

32. Ist beim Hypothekendarlehn der Darlehnsnehmer im Zweifel verpflichtet, dem Darlehnsgeber die Hypothek an erster Stelle zu gewähren?

B.G.B. §§ 445. 439.

V. Civilsenat. Urt. v. 20. Juni 1903 i. S. B. (Kl.) w. B. (Bekl.). Rep. V. 64/03.

I. Landgericht Rudolstadt.
II. Oberlandesgericht Jena.

Der Kläger hatte laut gerichtlicher Urkunde vom 6. November 1901 bekannt, daß ihm der Beklagte ein bares Darlehn von 13000 M ausgezahlt habe, und sich zu dessen Verzinsung und Zurückzahlung verpflichtet. Zur Sicherheit hatte er eine Gesamthypothek an seinen Grundstücken und an seinem Tafelschieferbruch bestellt und die Eintragung beantragt. Die Eintragung war erfolgt hinter einer Hypothek von 16000 M. Da der Beklagte das Darlehn von 13000 M nicht ausgezahlt hatte und auch nicht zahlen wollte, erhob der Kläger mit dem Antrage Klage, den Beklagten zur Zahlung von 13000 M an ihn zu verurteilen. Der erste Richter erkannte nach dem Klagantrage. Auf die Berufung des Beklagten wurde die Entscheidung von einem dem Beklagten dahin auferlegten Eide abhängig gemacht, daß ihm der Kläger vor der am 6. November 1901 erfolgten Verpfändung seines Grundbesitzes nicht mitgeteilt habe, auf diesem Grundbesitze sei bereits eine Hypothek von 16000 ℳ eingetragen. Für den Schwörungsfall wurde der Beklagte verurteilt, dem Kläger in Ausführung des Darlehnsvertrags von Anfang November 1901 13000 ℳ zu zahlen Zug um Zug gegen Beseitigung aller der Hypothek des Beklagten im Range vorgehenden Hypotheken durch den Kläger; für den Nichtschwörungsfall wurde, wie im landgerichtlichen Urteile geschehen, erkannt. Auf die Revision des Klägers und die Anschließung des Beklagten ist das Urteil aufgehoben worden aus folgenden

Gründen:

... „Das Berufungsgericht nimmt an, daß, wenn der Beklagte bei der Bestellung der Hypothek keine Kenntnis von der Vorhypothek der 16000 ℳ gehabt habe, das Versprechen, ein Darlehn gegen Hypothek zu gewähren, nach § 157 B.G.B. nur dahin ausgelegt werden könne, daß erste Hypothek gewährt werden solle; denn eine Nachhypothek werde jemand, der die Vorhypotheken nicht kenne, niemals acceptieren. Dafür spreche auch der § 439 B.G.B., welcher nach § 445 entsprechende Anwendung finde. Habe dagegen der Beklagte von der Vorhypothek Kenntnis gehabt und bei der Bestellung der Hypothek, wobei er zugegen gewesen, geschwiegen, so könne solches Verhalten nur dahin ausgelegt werden, daß er mit dem Bestehenbleiben der Vorhypothek einverstanden gewesen sei; denn andernfalls würde er sicher die Beseitigung der Hypothek ausdrücklich verlangt haben. ...

Das Berufungsgericht ... gründet seine Entscheidung lediglich auf folgende Sätze: wer ein Darlehn in Kenntnis von den bereits auf dem zu beleihenden Grundstücke haftenden Hypotheken verspricht, muß das Darlehn auszahlen, ohne Beseitigung der vorhandenen Hypotheken verlangen zu können; das Darlehnsversprechen dagegen, welches in Unkenntnis von den vorhandenen Hypotheken gegeben wird, ist so auszulegen, daß erste Hypothek gewährt werden soll, und braucht deshalb nur gegen Beseitigung aller vorhandenen Hypotheken erfüllt zu werden. Diese Sätze spricht das Berufungsgericht nicht etwa in Anlehnung an einen bestimmten konkreten Sachverhalt aus, sondern stellt sie als allgemein gültig auf. Es leitet sie aus

§ 157 B.G.B. ab, wonach Verträge so auszulegen sind, wie Treue und Glaube mit Rücksicht auf die Verkehrssitte es erfordern. Vermutlich soll eine Verkehrssitte mit der hinzugefügten Bemerkung ausgedrückt werden, daß jemand eine Nachhypothek niemals acceptieren werde, wenn er die Vorhypotheken nicht kenne. Mag nun auch eine solche Verkehrssitte sich gebildet haben, so kann daraus nur gefolgert werden, daß der Darleiher das Darlehn nicht eher geben wird, als bis er sich über den Belastungszustand des zu beleihenden Grundstücks vergewissert hat. Daß daraus aber nach Treue und Glauben folge, der Darleiher wolle nur gegen erste Hypothek das versprochene Darlehn geben, ist nicht einzusehen. Werden doch unzählige Darlehne ohne alle Sicherheitsleistung oder auf zweite oder eine fernere Hypothek bewilligt, ohne daß darüber eine besondere Verabredung getroffen wird! Mit Treue und Glauben ist es sehr wohl verträglich, daß beim Versprechen eines Darlehns gegen Hypothek als selbstverständlich angesehen und daher in dem Pfandvertrage nicht erwähnt wird, die Hypothek solle an der im Grundbuche zurzeit zunächst freien Stelle gewährt werden. Es wird sogar die Regel sein, daß, wenn eine Hypothek mit bestimmtem Range bestellt werden soll, dies ausdrücklich ausgemacht wird. Wenn das Berufungsgericht weiter sagt, auch das Bürgerliche Gesetzbuch gehe jedenfalls von der Anschauung aus, es müsse das Pfandversprechen wie angegeben ausgelegt werden, weil der § 445 die analoge Anwendung des § 439 vorschreibe, so läßt sich nicht erkennen, wie es sich dies denkt. Es kann doch unmöglich der Meinung sein: wie der Verkäufer eine auf dem verkauften Grundstücke haftende Hypothek ꝛc beseitigen müsse, auch wenn der Käufer die Belastung kenne, so müsse auch der für ein Darlehn Hypothek bestellende Darlehnsempfänger die auf dem zu belastenden Grundstücke bereits haftenden Hypotheken ꝛc beseitigen, auch wenn dem Darleiher diese Hypotheken bekannt seien; denn es hätte dann doch die Entscheidung nicht von dem dem Beklagten auferlegten Eide abhängig gemacht werden können, die ja gerade verschieden ausfallen soll, je nachdem der Beklagte die Vorbelastung mit der Hypothek von 16000 ℳ kannte, oder nicht. Es kann auch die analoge Anwendung nicht auf den Abs. 1 des § 439 beschränken wollen, da im Abs. 2 des § 439 eine Ausnahme von der Vorschrift des Abs. 1 für den Fall bestimmt ist, daß der Mangel im Rechte in der Belastung des Grundstücks mit einer Hypothek rc besteht, und da dieser Ausnahmefall hier vorliegen würde. Nach dem Wortlaute des § 445 kann es allerdings zweifelhaft sein, wie die Vorschriften der §§ 433—444 auf Verträge, die auf Belastung eines Gegenstandes gegen Entgelt gerichtet sind, entsprechende Anwendung finden sollen. Darüber, auf welchem Wege und von wem die Worte „oder Belastung eines Gegenstandes gegen Entgelt" aufgenommen sind, läßt sich aus den gesetzgeberischen Verhandlungen, soweit sie veröffentlicht sind, nichts ersehen.

Vgl. Protokolle der 2. Lesung Bd. 1 S. 668, Bd. 2 S. 449 Anm. 1. S. 488 flg.

Ist nun schon von vornherein ausgeschlossen, daß mit jenen Worten ohne besondere Begründung ein Satz ausgesprochen werden soll, der dem bisherigen Rechte fremd war und auch den im Verkehr üblichen Anschauungen nicht entspricht, nämlich der vom Berufungsgericht aus einer Anwendung des § 439 hergeleitete Satz, daß beim Fehlen entgegenstehender Verabredungen derjenige, welchem für ein ihm zu gewährendes Darlehn Hypothek bestellt wird, bei Unkenntnis von dem Vorhandensein von Vorbelastungen stets eine Hypothek an erster Stelle, also Beseitigung der Vorhypotheken, verlangen könne: so sprechen auch die Vorschriften in den §§ 433—444 gegen ihre Anwendung in solchem Sinne. Es werden darin Bestimmungen darüber getroffen, welche Verpflichtungen der Verkäufer dem Käufer gegenüber hat, wenn ein Mangel im Rechte an der verkauften Sache besteht, der zur Folge hat, daß von einem Dritten Rechte gegen den Verkäufer geltend gemacht werden können, mit welchen die verkaufte Sache beschwert ist. Es wird festgesetzt, unter welchen Voraussetzungen der Verkäufer dem Käufer den verkauften Gegenstand frei von solchen Rechten eines Dritten zu verschaffen hat. Haben diese im Anschluß an die bisherigen Rechte getroffenen Bestimmungen beim Kaufe ihren guten Sinn, so passen sie nicht auf Fälle, wo es sich um die Bestellung einer Hypothek für ein Darlehn handelt. Allerdings ist, wie der Verkäufer die Pflicht hat, dem Käufer das Eigentum an der verkauften Sache zu verschaffen, der Verpfänder verpflichtet, dem Darleiher das Hypothekenrecht zu verschaffen und insoweit Rechte Dritter, welche dem entgegenstehen, zu beseitigen.

Vgl. auch § 681 des I. Entwurfes eines Bürgerlichen Gesetzbuches und die Motive dazu Bd. 2 S. 684 flg.

Aber darüber hinaus gehen seine Verpflichtungen nicht; namentlich hat er nicht ohne weiteres das mit der Hypothek belastete Grundstück von Rechten, die der Hypothek im Range vorgehen, zu befreien. Denn nicht das Grundstück hat der Verpfänder dem Darleiher zu verschaffen, sondern das Hypothekenrecht daran; dieses ist aber mit den Rechten Dritter, die an dem Grundstücke bestehen, nicht beschwert, und der Hypothekar wird durch solche Rechte Dritter auch nicht berührt, da es ausgeschlossen ist, daß sie, auch wenn sie der Hypothek im Range vorgehen, gegen ihn, den Hypothekar, geltend gemacht werden können. Von einer entsprechenden Anwendung des § 439 auf die Bestellung einer Darlehnshypothek kann daher nicht die Rede sein. Wie im übrigen der § 445 in Ansehung der Verträge, welche auf die Belastung eines Gegenstandes gegen Entgelt gerichtet sind, zu verstehen sei, braucht hier nicht untersucht zu werden.

Das Urteil des Berufungsgerichtes verletzt hiernach die Vorschriften der §§ 157 und 445 in Verbindung mit § 439 B.G.B. durch Mißanwendung. Bei der weiteren Verhandlung ist insbesondere ohne Rücksicht auf diese Vorschriften zu erörtern, ob die Einrede des Beklagten, welche dieser zu beweisen hat, begründet, ob also nach Lage der Sache anzunehmen ist, die Parteien seien beim Abschluß des Vertrages vom 6. November 1901 darüber einverstanden gewesen, daß der Beklagte nur dann zur Auszahlung des Darlehns verpflichtet sein solle, wenn die Hypothek die erste Stelle im Grundbuch erhalte." ...

---

33. Was ist unter der Anlegung einer neuen Straße durch einen Unternehmer nach § 15 des preußischen Fluchtliniengesetzes vom 2. Juli 1875 zu verstehen?

VII. Civilsenat. Urt. v. 26. Juni 1903 i. S. D.'er Terraingesellschaft (Kl.) w. Stadtgem. D. (Bekl.). Rep. VII. 136/03.

I. Landgericht Duisburg.
II. Oberlandesgericht Hamm.

Die Münzgasse in D. verband zur Zeit der Erlassung des Fluchtliniengesetzes vom 2. Juli 1875 die Beekstraße mit der Steinschegasse.

Im Jahre 1894 erfolgte die Festsetzung einer neuen Fluchtlinie zum Zwecke der Verbreiterung der Münzgasse und zum Zwecke ihrer Durchführung von der Steinschegasse nach der Poststraße; an beiden Straßen befanden sich Gebäude, die von der Fluchtlinie getroffen wurden und niederzulegen waren, wenn die beabsichtigte neue Verbindung zwischen Steinschegasse und Poststraße mittels Verlängerung der Münzgasse hergestellt werden sollte. Die Fluchtlinienfestsetzung wurde in den Jahren 1898 und 1899 geändert; doch war die schließliche Festsetzung im wesentlichen eine Wiederherstellung der Fluchtlinie von 1894. Ihr gingen Verhandlungen mit der Klägerin voran. Diese teilte der Beklagten durch Schreiben vom 10. März 1899 mit, daß sie die an die neue Baufluchtlinie der durchzulegenden Münzgasse angrenzenden Grundstücke erworben habe, um diese Straße in kürzester Zeit auszubauen, und in demselben Sinne äußerte sie sich in einem Schreiben vom 18. März 1899, in dem es u. a. heißt, daß ihr Bemühen darauf gerichtet sei, die für die Herstellung des Straßenkörpers erforderlichen Grundstücke in kurzer Zeit frei zu machen, damit die Stadt die Arbeiten für ihre Rechnung ausführen lasse. Es kam demnächst unter dem 7. Juni 1900 zwischen den Parteien ein schriftlicher Vertrag zustande, inhalts dessen sich die verklagte Stadtgemeinde bereit erklärte, die Münzgasse nach einem beigefügten Lage- und Höhenplan herzustellen und zu diesem Zwecke die näher bezeichneten Arbeiten (Entwässerung, Kanalisierung, Pflasterung ꝛc) für Rechnung der Klägerin zur Ausführung zu bringen. Der § 4 des Vertrages lautete: „Das in die Erbreiterung der Münzgasse fallende Gelände ist von der D.'er Terraingesellschaft an die Stadt zu den öffentlichen Wegen abzutreten und aufzulassen. . . ." Die Klägerin legte demnächst das für die Herstellung der Münzgasse nach Maßgabe der Fluchtlinienfestsetzung erforderliche Gelände frei; die Beklagte baute die Straße aus und übergab sie dem Verkehr. Die Klägerin forderte Entschädigung: a) für das zur Verbreiterung der bisherigen Münzgasse hergegebene Terrain; b) für den zum Durchbruche der Münzgasse nach der Poststraße freigelegten Grund und Boden, mit 463 Quadratmeter. Der Anspruch zu a wurde für begründet erkannt und kommt nicht weiter in Betracht; der Anspruch zu b wurde von den beiden ersten Instanzen abgewiesen. Die Revision ist zurückgewiesen worden aus den folgenden

Gründen:

„Dem Verlangen der Klägerin, für das von ihr zum Durchbruche der Münzgasse nach der Poststraße freigelegte und zur Straße bestimmte Gelände nach Maßgabe des § 13 des Fluchtliniengesetzes vom 2. Juli 1875 entschädigt zu werden, begegnet die Beklagte mit dem Einwande, daß die Klägerin als Unternehmerin auf Grund des § 15 des erwähnten Gesetzes und des danach erlassenen Ortsstatutes selbst die Kosten der Freilegung der Straße, also insbesondere des Grunderwerbes, zu tragen und daher Schadensersatz nicht zu fordern habe. Daß der § 4 des zwischen den Parteien geschlossenen Vertrages vom 7. Juni 1900 die Entschädigungsfrage nicht erledigt, ist außer Streit. Nur die Verpflichtung der Klägerin zur Hergabe des für die geplante Straßenanlage erforderlichen Geländes hat festgestellt, jene Frage aber offen gelassen werden sollen. Der § 4 spricht zwar nur von dem zur Erbreiterung der Münzgasse erforderlichen Terrain; es ist aber nach dem sonstigen Inhalte des Vertrages darüber kein Zweifel, daß der Ausdruck „Erbreiterung" auch den Durchbruch der Steinschegasse und der Poststraße in sich schließt; aus der näheren Bestimmung der vertragsmäßig auszuführenden Arbeiten (vgl. namentlich § 1 Nr. 1) ergibt sich, daß es sich um die ganze Strecke von der Beekstraße bis zur Poststraße handelt. Ob die Klägerin für das abzutretende Gelände von der Beklagten Ersatz fordern kann, ist hiernach nicht aus dem Vertrage, sondern aus den Normen des Fluchtliniengesetzes und des dazu erlassenen Ortsstatutes zu entnehmen. Die §§ 12. 13 des Ortsstatutes schreiben vor, daß, wenn „ein Unternehmer oder die Adjacenten einer im Bebauungsplane festgestellten Straße oder eines Teiles einer solchen deren Anlegung auf ihre Kosten bewirken wollen", sie die Genehmigung der Stadtvertretung nachzusuchen haben, und daß die erteilte Genehmigung die Antragsteller zur Herstellung der Straße nach Maßgabe der Genehmigung verpflichtet. Ob aus dieser ortsstatutarischen Bestimmung und der demgemäß erteilten Genehmigung ein im Rechtswege verfolgbarer Anspruch der Stadtgemeinde auf Herstellung der Straße gegen den sich weigernden Unternehmer entspringt, kann dahingestellt bleiben.

Vgl. Urt. des V. Civilsenates v. 22. September 1888, Entsch. des R.G.'s in Civils. Bd. 22 S. 285, andrerseits Friedrichs, Fluchtliniengesetz 4. Aufl. S. 243. 244 flg.

Soviel ist sicher und wird auch von der Revision nicht in Abrede genommen, daß, wenn ein Unternehmer die Straße wirklich angelegt, und die Stadt sie übernommen und dem Verkehr übergeben hat, von einer Pflicht der Stadt zur Entschädigung keine Rede sein kann. Der Unternehmer hat das Straßenland weder auf Verlangen der Gemeinde abgetreten (§ 13 Ziff. 1 des Fluchtliniengesetzes), noch im Sinne des § 13 Ziff. 2 für die von der Gemeinde zu erbauende Straße freigelegt, sondern sich selber im eigenen Interesse für die Straßenanlage bereit gestellt, so daß nunmehr jedenfalls das Ortsstatut durchgreift, wonach die Gemeinde einem Unternehmer die Kosten des für eine öffentliche Straße übereigneten Geländes nicht zu erstatten hat. Die Revision erhebt denn auch nur nach einer anderen Richtung den doppelten Angriff, daß der Berufungsrichter einmal zu Unrecht eine Straßenanlage im Sinne des § 15 des Gesetzes und der §§ 12 flg. des Ortsstatutes als vorliegend angesehen, und daß er ferner den Begriff des Unternehmers verkannt habe. Beide Rügen sind nicht begründet.

Das Gesetz gewährt dafür keinen Anhalt, daß der § 15 nur auf unbebaute Straßenterrains, das sog. Stadterweiterungsgebiet, Anwendung finde. Die ortsstatutarische Festsetzung der Unternehmerpflichten ist zugelassen „bei der Anlegung einer neuen oder bei der Verlängerung einer schon bestehenden Straße, wenn solche zur Bebauung bestimmt ist". Es kommt also nur darauf an, ob eine neue Straße angelegt, oder — was dem rechtlich gleich steht — eine vorhandene Straße verlängert, d. h. ob aus einem Gelände, das bisher kein für den Verkehr und für den Anbau bestimmter Weg innerhalb einer Ortschaft war, ein solcher Weg gemacht wird. Daß dieses Gelände mit Gebäuden besetzt war, ist ohne Belang. Es kann dies für die lediglich im Verwaltungswege zu erörternde Frage der Fluchtlinienfestsetzung von Bedeutung sein. Sind die Fluchtlinien aber einmal festgesetzt, so bietet das Gesetz keine Handhabe für eine Unterscheidung zwischen Straßen, deren Fluchtlinien vorhandene Gebäude treffen, und solchen, bei denen es nicht der Fall ist. Entscheidend ist immer nur, ob es sich um eine Verwandlung von — bebautem oder unbebautem — Terrain in einen dem straßenmäßigen Verkehr dienenden Weg handelt. Ist hierzu die Beseitigung von Gebäuden erforderlich, so hat der Unternehmer auch diese auf seine Kosten zu bewirken.

Im vorliegenden Falle konnte der Berufungsrichter ohne Rechtsirrtum annehmen, daß der Durchbruch der Münzgasse die Anlegung einer neuen Straße darstelle; auf dem jetzt als Straße ausgebauten Grund und Boden war vorher keine Straße; er war mit Gebäuden besetzt; es ist also eine neue Straße entstanden, gleichviel ob man ihr einen besonderen Namen gibt, oder sie verlängerte Münzgasse nennt. Auch das ist gleichgültig, daß die für die Zwecke der neuen Anlage abgebrochenen Gebäude an der Steinschegasse, bzw. Poststraße lagen; ihr Abbruch erfolgte für die neue Straße, nicht für eine Veränderung der längst vorhandenen Steinschegasse und Poststraße. Demgemäß kommt nur noch in Frage, ob dem Berufungsrichter daraus ein Vorwurf zu machen ist, daß er die Klägerin als Unternehmerin behandelt hat. Auch diese Frage ist zu verneinen. Gesetz und Ortsstatut geben keine Bestimmung des Unternehmerbegriffs. Immerhin deutet letzteres darauf hin, daß man — entsprechend dem Sprachgebrauche — beim Unternehmer an denjenigen zu denken hat, auf dessen Entschließung die neue Straßenanlage zurückzuführen ist, und für dessen Rechnung sie erfolgt, welchen also das wirtschaftliche Ergebnis des Werkes nach der Seite des Gewinnes und des Verlustes trifft. Von diesem Gesichtspunkte aus ist die Annahme des Berufungsrichters, daß die Klägerin Unternehmerin der neuen Straßenanlage sei, nicht zu beanstanden. Es ist der Revision zuzugeben, daß die Fluchtlinienfestsetzung den Beginn der Anlegung der neuen Straße bezeichnet. Damit ist aber nicht gesagt, daß die Gemeinde selbst auch den wirklichen Ausbau in die Hand nehmen werde, und es ist insbesondere der Zeitpunkt des Ausbaues noch völlig ungewiß. Die Fluchtlinienfestsetzung eröffnet lediglich die Möglichkeit, daß entweder die Gemeinde die Straße herstellt, oder einem mit dem entsprechenden Erbieten an sie herantretenden Unternehmer die Erlaubnis zur Herstellung auf seine Kosten erteilt.

Vgl. Entsch. des preuß. Oberverwaltungsgerichts Bd. 41 S. 134. Das letztere ist, wie der Berufungsrichter auf Grund des Vertrages vom 7. Juni 1900 und der ihm vorangegangenen Verhandlungen ohne rechtlichen Verstoß feststellt, im vorliegenden Falle geschehen. Mag vielleicht ursprünglich die Beklagte selbst den Ausbau der Straße beabsichtigt und auch einem gewissen H. den Bau eines Eckhauses an der Poststraße und der verlängerten Münzgasse innerhalb der Fluchtlinie von 1898 gestattet haben, so ist doch nach der schließlichen und maßgebenden Gestaltung der Dinge diese Absicht nicht verwirklicht worden. Die Klägerin ist es gewesen, die erklärt hat, daß sie die an die projektierte Straße angrenzenden Grundstücke erworben habe, um diese Straße in kürzester Zeit auszubauen; auf ihr Ersuchen ist die Fluchtlinienfestsetzung wieder geändert worden. Sie spricht in dem Schreiben vom 18. März 1899 von ihrer Absicht, das Unternehmen in möglichster Eile zu betreiben, und von ihrem Bemühen, die zur Herstellung des Straßenkörpers erforderlichen Grundstücke in kurzer Zeit frei zu machen, damit die Stadt diese Arbeiten (d. i. die Herstellungsarbeiten) für ihre Rechnung ausführen lasse. Demnächst ist der Vertrag geschlossen. Die Klägerin hat hiernach nicht bloß, wie die Revision meint, die an die neue Straße grenzenden Grundstücke neu bebauen, sondern die Straße selbst herstellen wollen, damit sie bauen und den durch die Anlage der Straße erhofften Gewinn ziehen könne. Daß die Ausführung der Arbeiten von der Stadt übernommen worden ist, beseitigt nicht den Unternehmerbegriff, weil die Übernahme nicht für eigene, sondern für Rechnung der Klägerin geschehen ist.

Vgl. Entsch. des preuß. Oberverwaltungsgerichts Bd. 26 S. 77.

Damit ist unzweideutig ausgedrückt, daß die Straßenanlage eine Angelegenheit der Klägerin, nicht der Beklagten, war, und daß diese, indem sie die Straße ausbaute, das Unternehmen der ersteren förderte, nicht aber kraft eigener Entschließung den neuen Verkehrsweg zum demnächstigen Anbau eröffnete. Die Revision legt darauf Gewicht, daß im Vertrage nicht zwischen der erbreiterten und der verlängerten Münzgasse unterschieden werde, und daß, weil die Klägerin in Ansehung jener nicht Unternehmerin im Sinne des § 15 des Gesetzes sei, sie als solche auch nicht für diese gelten könne. Der Schluß trifft nicht zu. Das Unternehmen bezieht sich auf die Erbreiterung und Verlängerung der Münzgasse als Ganzes; aber die Folgen in Beziehung auf die Entschädigungspflicht sind in Ermangelung besonderer Abreden für beide Teile der Münzgasse verschieden. Nur zur Anlage einer neuen Straße hat der Unternehmer das erforderliche Gelände auf seine Kosten freizulegen; im übrigen entscheidet der § 13 a. a. O." ...

34. Kann durch Landesgesetz eine Zuständigkeit des Reichsgerichts für Beschwerden wegen verzögerter Rechtspflege geschaffen werden? Ist das Reichsgericht, wenn das Oberlandesgericht die Kosten einer an dieses gerichteten solchen Beschwerde dem Rechtsanwalte des Beschwerdeführers mit Bezug auf § 102 C.P.O. auferlegt hat, zur Entscheidung auf eine von dem Rechtsanwalte dagegen eingelegte Beschwerde zuständig?

VII. Civilsenat. Beschl. v. 26. Juni 1903 i. S. R.A. Dr. M. (Beschwerdeführers), zur S. E. & G. (Kl.) w. J. & W. (Bekl.). Beschw.-Rep. VII. 92/03.

I. Oberlandesgericht Hamburg.

Gründe:

„In dem in erster Instanz bei dem Landgerichte Bremen anhängigen Verfahren wurde nach Beendigung einer Beweisaufnahme Termin zur weiteren Verhandlung auf Sonnabend, den 7. März 1903 anberaumt. An diesem Tage wurde die Verhandlung von Amts wegen auf den 28. März vertagt. Die Klägerin reichte einen von ihrem Prozeßbevollmächtigten, dem Rechtsanwalt Dr. M. in Bremen, unterzeichneten, vom 7. März datierten Schriftsatz dem Prozeßgerichte ein, nach dessen Inhalt sie gegen den Vertagungsbeschluß wegen verzögerter Justizpflege das Rechtsmittel der Beschwerde einzulegen erklärte. Der Beschwerdeantrag ging dahin, den Vertagungsbeschluß wieder aufzuheben. Nachdem das Prozeßgericht durch Beschluß vom 13. März 1903 die Aufrechterhaltung des Vertagungsbeschlusses ausgesprochen hatte, legte es die Beschwerde dem Oberlandesgerichte vor. Dieses verwarf dieselbe als unbegründet. Es bemerkte zugleich, daß Veranlassung vorliegen dürfte, wegen eines dem Anwalte der Beschwerdeführerin zur Last gelegten Mißbrauchs des Beschwerderechtes denselben in die Kosten des Beschwerdeverfahrens zu verurteilen, und gab ihm deshalb mit Hinweis auf § 102 C.P.O. Gelegenheit zu einer Äußerung, und zwar insbesondere darüber, welches Parteiinteresse bei dem vorliegenden Beschwerdeantrage obwalte. Rechtsanwalt Dr. M. gab eine Erklärung ab. Alsdann entschied das Oberlandesgericht durch Beschluß vom 2. April 1903, indem es mit näherer Ausführung erwog, die Beschwerde stelle sich offenbar als eine völlig zwecklose und auf einem groben Verschulden des Anwalts beruhende Maßregel dar, welche die Anwendung des § 102 C.P.O. rechtfertige,

daß der klägerische Anwalt Dr. M. in die Kosten des Beschwerdeverfahrens zu verurteilen sei.

Dieser reichte dem Oberlandesgerichte einen Schriftsatz ein, durch den er gegen den Beschluß desselben vom 2. April das Rechtsmittel der sofortigen Beschwerde einzulegen erklärte und die ihm gemachten Vorwürfe zu entkräften versuchte. Der Schriftsatz ist dem Reichsgerichte vorgelegt.

Das Rechtsmittel muß als unzulässig erscheinen.

Beschwerden wegen verzögerter Rechtspflege stellen sich als prozessuale Rechtsbehelfe im Sinne der Reichscivilprozeßordnung nich dar, sondern dieses Gesetz betrachtet dieselben als ihrer Natur nach der Erledigung im Justizverwaltungswege unterliegend und hat sich einer Regelung des sie betreffenden Verfahrens enthalten. Durch § 2 des bremischen Ausführungsgesetzes zur Civilprozeßordnung vom 18. Juli 1899 (Gesetzbl. der freien Hansestadt Bremen S. 151) ist bestimmt, daß wegen verzögerter oder verweigerter Justizpflege das Rechtsmittel der Beschwerde stattfindet, und daß auf die Beschwerde die Vorschriften der §§ 568—576 C.P.O. Anwendung finden. Eine solche Anordnung für den Bereich der bremischen Gesetzgebung zu treffen war diese befugt; denn nach § 4 Einf.-Ges. zum G.V.G. wird durch die Vorschriften des letzteren über die Zuständigkeit der Behörden (§§ 12 flg.) die Landesgesetzgebung nicht gehindert, den betreffenden Landesbehörden jede andere Art der Gerichtsbarkeit, sowie Geschäfte der Justizverwaltung zu übertragen, während andere Gegenstände der Verwaltung den ordentlichen Gerichten nicht übertragen werden dürfen. Ob dem Hanseatischen Oberlandesgerichte durch das Ausführungsgesetz vom 18. Juli 1899 eine neue Zuständigkeit hat verliehen werden können, bedarf im gegenwärtigen Falle der Prüfung nicht. Dem Reichsgericht Rechte und Pflichten aufzuerlegen vermochte das genannte Gesetz nicht, und es ist auch nicht anzunehmen, daß dasselbe von einem solchen Willen beherrscht wird. Das Reichsgericht ist eine Behörde des Reichs. Seine rechtliche Stellung findet ihre Grundlage in dem Gesetze, betr. die Verfassung des Deutschen Reichs, in dem Gerichtsverfassungsgesetze und den weiter seine Zuständigkeit betreffenden Reichsgesetzen nebst den nach Maßgabe dieser ergangenen Kaiserlichen Verordnungen. Eine unmittelbare Einwirkung der Landesgesetzgebung auf die Zuständigkeit des Reichsgerichts ist ausgeschlossen; nur mittelbar kann eine solche stattfinden, wie sie z. B. in § 3 Einf.-Ges. zum G.V.G. geordnet ist. In der hier fraglichen Richtung hat eine Erweiterung der Zuständigkeit des Reichsgerichts über ihre ursprünglichen Grenzen hinaus nicht stattgefunden. Dasselbe ist mithin nicht berufen, auf Beschwerden wegen verzögerter Rechtspflege in bremischen Rechtsangelegenheiten Entscheidung zu treffen. Auch über die solche Beschwerden betreffenden Kosten hat es nicht zu entscheiden, da die Zuständigkeit in der Kostenfrage nur eine Folge derjenigen in der Sache selbst, d. h. hier der Beschwerde wegen verzögerter Justiz, ist. Dies gilt auch dann, wenn die Kosten durch einen Beschluß des Oberlandesgerichts nicht einer der Prozeßparteien, sondern einem Dritten auferlegt sind. Dabei ist es ohne Belang, ob die Vorinstanz, indem sie den Anwalt in die Kosten der Beschwerde verurteilte, den § 102 C.P.O. als originär anwendbar betrachtet, oder aber angenommen hat, daß derselbe nur inhaltlich durch Landesgesetz für Beschwerden in Justizverzögerungssachen in Kraft gesetzt sei; es kommt überhaupt nicht darauf an, von welchen materiellrechtlichen Erwägungen das Oberlandesgericht bei Verurteilung des Rechtsanwalts in die Kosten ausgegangen ist.

Die an das Reichsgericht gerichtete Beschwerde mußte deshalb als unzulässig verworfen werden. Für die Kosten derselben ist maßgebend, daß sie als civilprozessuales Rechtsmittel vom Beschwerdeführer gewollt, wenn auch als solches nicht statthaft ist.

Vgl. Entsch. des R.G.'s in Civils. Bd. 22 S. 415 und Bd. 52 S. 248.

Die Kosten waren daher nach § 97 C.P.O. dem Beschwerdeführer aufzuerlegen."

---

35. Kann Löschung der auf Grund einer einstweiligen Verfügung eingetragenen Vormerkung einer Hypothek gegen Sicherheitsleistung verlangt werden?

B.G.B. §§ 648. 883. 885.
C.P.O. §§ 935 flg.

VII. Civilsenat. Urt. v. 28. April 1903 i. S. P. (Bekl.) w. G. (Kl.). Rep. VII. 32/03.

I. Landgericht I Berlin.
II. Kammergericht daselbst.

Der Kläger hatte zu einem Neubau des Beklagten in B. die Maurerarbeiten geleistet und eine Restforderung hierfür in Höhe von 10400 ℳ eingeklagt. Noch vor der Klagestellung hatte er eine einstweilige Verfügung des Amtsgerichts erwirkt, auf Grund deren für ihn in Höhe von 10400 ℳ auf dem Grundstück des Beklagten eine Vormerkung zur Sicherung des Anspruchs auf Einräumung einer Sicherungshypothek von gleicher Höhe eingetragen wurde. Der Beklagte stellte nun beim Landgerichte in dem daselbst anhängigen Prozesse über die Forderung des Klägers den Antrag:

1. dem Beklagten nachzulassen, 10400 ℳ zu hinterlegen;
2. nach erfolgter Hinterlegung die einstweilige Verfügung aufzuheben und das Grundbuchamt um die Löschung der Vormerkung zu ersuchen.

Das Landgericht entsprach dem Antrage des Beklagten; das Kammergericht dagegen wies den Antrag zurück. Auf die Revision des Beklagten ist das Urteil des Landgerichts wiederhergestellt worden.

Gründe:

„Der Berufungsrichter erachtet die Aufhebung der einstweiligen Verfügung gegen Hinterlegung des durch die Vormerkung zu sichernden Geldbetrages schlechthin für unzulässig. Seine Beweisführung gipfelt in den Sätzen: „Ebensowenig, wie die Löschung der Sicherheitshypothek durch Hinterlegung des zu sichernden Betrages erfolgt, geschieht auch die Löschung einer Vormerkung durch Hinterlegung des durch die Vormerkung zu sichernden Betrages, da die Vormerkung nur das Korrelat der Sicherheitshypothek ist." Und weiter: „Macht der Gläubiger von einem ihm zustehenden Rechte zur Sicherung seiner Forderung Gebrauch — und ein solches Recht ist ihm nach § 648 B.G.B. gegeben —, so kann der Schuldner ihm dieses Recht durch den Hinweis auf einen Weg, durch welchen er nach Meinung des Schuldners seine Sicherungsrechte ebensogut wahrnehmen könne, nicht illusorisch machen, es sei denn, daß der Gläubiger sein Recht nur aus

Schikane gegen den Schuldner verfolgen würde, wovon im vorliegenden Falle keine Rede sein kann."

In diesen Ausführungen tritt der Rechtsirrtum, auf dem das angefochtene Urteil beruht, deutlich hervor; der Berufungsrichter verkennt einerseits die rechtliche Grundlage der vom Gläubiger erlangten Vormerkung wie der dem Schuldner nachgelassenen Hinterlegung, andrerseits den Zweck und die rechtliche Tragweite der Hinterlegung.

Was zunächst den letzteren Punkt betrifft, so wirkt die Hinterlegung unzweifelhaft als Sicherheitsleistung im Sinne des § 939 C.P.O. Allein damit ist ihre Bedeutung nicht erschöpft; der Beklagte hat sie auch keineswegs ausschließlich oder auch nur vorzugsweise in diesem Sinne angeboten, sondern zum Zwecke einer vorweggenommenen, an die Bedingung der rechtskräftigen Zuerkennung des klägerischen Anspruchs geknüpften Zahlung der eingeklagten Forderung. So hat auch das Landgericht das Anerbieten des Beklagten aufgefaßt, und nur in diesem Sinne hat es die Hinterlegung gestattet; die Gründe des Urteils bemerken ausdrücklich, daß der Kläger auf Grund des rechtskräftigen Urteils die Auszahlung der hinterlegten Summe ohne weiteres erwirken könne. Die Zahlung der Schuldsumme vernichtet aber von selbst das auf den § 648 B.G.B. gestützte Recht des Klägers auf Eintragung einer Sicherungshypothek. Zwar kann der Gläubiger auch an der Eintragung der Hypothek ein selbständiges Interesse haben, das ihn berechtigt, das Zahlungsanerbieten mit der Erwiderung zurückzuweisen, es sei ihm nicht um die Zahlung, sondern um die Erlangung der Hypothek zu tun. Hiervon ist aber im vorliegenden Falle keine Rede; der Kläger verlangt in erster Linie Geld, nicht eine Hypothek, und er hat auch nicht die der einstweiligen Verfügung entsprechende Klage auf Bewilligung der Hypothekeintragung, sondern Klage auf Zahlung der Schuldsumme erhoben, verlangt also selbst eine Handlung des Schuldners, durch die sein Anspruch auf Hypothekeintragung von selbst hinfällig wird. Nun kann der Gläubiger seinen Anspruch auf die Sicherungshypothek nicht früher und nicht anders durchsetzen, als durch Erwirkung eines seine Forderung feststellenden rechtskräftigen Urteils; in demselben Augenblicke und demselben Umfange ist aber auch durch die Hinterlegung seine Befriedigung in der Hauptsache gewährleistet, und steht demnach der Wegfall des accessorischen Rechts der Sicherungshypothek fest.

Kann es hiernach nicht zweifelhaft sein, daß, wie der Anspruch auf Hypothekeintragung durch die Zahlung, so die Sicherstellung des ersteren durch die Sicherstellung der letzteren gegenstandslos wird, so kann es sich doch fragen, ob das Gericht berechtigt ist, dem Schuldner die vom Gläubiger nicht begehrte Hinterlegung des Schuldbetrags zu gestatten und daran die Aufhebung der durch einstweilige Verfügung bewilligten Hypothekvormerkung zu knüpfen. Der Berufungsrichter glaubt — und dies ist der zweite rechtlich zu beanstandende Punkt — die Frage mit dem Hinweis darauf verneinen zu können, daß der Schuldner nach dem bürgerlichen Rechte nicht befugt ist, die Hypothek durch Hinterlegung des Schuldbetrages oder durch Anerbieten einer anderen der Hypothek gleichwertigen Sicherheit zu beseitigen; das gleiche, meint er, müsse für die Vormerkung gelten. So richtig der Vordersatz sein mag — abgesehen von Fällen, in denen die Hinterlegung nach dem bürgerlichen Rechte als Zahlung gilt —, so wenig richtig ist die daraus gezogene Folgerung. Das auf § 648 B.G.B. beruhende Recht des Gläubigers ist ein klagbares und erzwingbares Privatrecht, an dessen Stelle der Richter nicht ein ihm gutdünkendes anderes Recht setzen darf, wenngleich dieses dem Gläubiger die gleiche oder noch bessere Sicherheit bieten würde. Anders liegt die Sache bei der durch einstweilige Verfügung gestatteten Vormerkung. Die Vormerkung ist nicht Vollzug des dem Gläubiger in § 648 B.G.B. eingeräumten Anspruches, sondern Vollzug einer zum Schutze dieses Anspruchs vom Richter nach freiem Ermessen angeordneten p r o z e s s u a l e n Maßregel. Wenn auch die hier fragliche Maßregel gegenüber sonstigen einstweiligen Verfügungen in den Gesetzen besonders begünstigt ist — vgl. §§ 883. 885 B.G.B. § 942 Abs. 2 C.P.O. —, so finden doch im übrigen alle Vorschriften der Civilprozeßordnung (§§ 935 flg.) auch auf sie Anwendung; insbesondere ist die Aufhebung wegen veränderter Umstände, namentlich wegen Erledigung des Grundes zu ihrer Erlassung oder auf Grund des Erbietens zur Sicherheitsleistung, zulässig (§§ 936. 927 C.P.O.), aus diesem letzteren Grunde allerdings nur unter besonderen Umständen (§ 939 C.P.O.). Solche liegen aber hier ersichtlich vor. Nicht nur das besondere und berechtigte Interesse des Beklagten an der Beseitigung einer ihm höchst lästigen Behinderung in der Verfügung über sein Eigentum ist solch ein besonderer Umstand, sondern vor allem die durch die Hinterlegung entstehende völlig geänderte Sachlage, bei der, wie oben gezeigt, jeder Grund und jede Berechtigung für die Bewilligung, und demgemäß auch für die Fortdauer der Vormerkung wegfällt. Die Befugnis des Gerichtes aber zur Gestattung der Hinterlegung hat ihre gesetzliche Grundlage im § 938 C.P.O., wonach das Gericht nach freiem Ermessen bestimmt, welche Anordnungen zur Erreichung des Zweckes erforderlich sind. Wie die Vormerkung, so ist auch die Hinterlegung Vollzug einer vom Gerichte nach freiem Ermessen angeordneten prozessualen Maßregel.

Schließlich mag die Unhaltbarkeit der Rechtsanschauung des Berufungsgerichts noch durch den Hinweis auf folgendes beleuchtet werden. Ein viel stärkeres und weiterreichendes Recht, als durch die einstweilige Verfügung, hätte der Kläger durch die Erwirkung eines Arrestes zur Sicherung seiner Geldforderung erlangt; denn die auf Grund der ersteren nur vorgemerkte Hypothek könnte auf Grund des Arrestes wirklich eingetragen werden (§ 932 C.P.O.). Diese wirklich eingetragene Hypothek müßte aber sofort gelöscht werden, sobald der Schuldner den nach § 923 C.P.O. bestimmten Geldbetrag hinterlegen würde. Wäre nun die Ansicht des Berufungsgerichtes richtig, so könnte der Gläubiger, nach Beseitigung der Arresthypothek durch Hinterlegung, dennoch durch Erwirkung einer einstweiligen Verfügung die Wiedervormerkung der Hypothek erlangen, und gegenüber dieser, in ihrer Wirkung gleich lästigen, ihrem rechtlichen Gehalte nach aber schwächeren, Maßregel wäre der Schuldner machtlos, wenn er sich nicht entschließen will, die bestrittene und vielleicht ganz unbegründete Forderung des Gläubigers zu zahlen! Daß dieses Ergebnis dem Gesetze nicht entsprechen kann, bedarf keines weiteren Beweises.

Nach alledem war das Berufungsurteil aufzuheben, und da von dem Berufungsgerichte nur die rechtliche Zulässigkeit, nicht aber die Zweckmäßigkeit der vom Landgerichte getroffenen Entscheidung in Frage gezogen ist, so konnte in der Sache selbst auf Zurückweisung der Berufung gegen das landgerichtliche Urteil erkannt werden."

36. Sind die Eisenbahndirektionen in Preußen mit bahnpolizeilicher Gewalt ausgestattet? Können Anordnungen, die sie als bahnpolizeiliche haben erlassen wollen, im Rechtswege angefochten werden?

VII. Civilsenat. Urt. v. 5. Mai 1903 i. S. preuß. Eisenbahnfiskus (Bekl.) w. S. (Kl.). Rep. VII. 41/03.

I. Landgericht Graudenz.
II. Oberlandesgericht Marienwerder.

Auf dem im Eigentum des preußischen Eisenbahnfiskus stehenden Bahnhofsgelände in Cz. war eine Ladestraße, sowie ein Zufahrtsweg zu dieser Ladestraße vorhanden. Auf dem Zufahrtswege ließ die Eisenbahndirektion in Danzig im Jahre 1902 Tafeln mit folgendem Inhalt aufstellen:

„Das Halten von Fuhrwerk auf diesem Teile der Zufahrtsstraße ist streng verboten. Zuwiderhandlungen werden bestraft nach § 55 der B.O. der Haupteisenbahnen Deutschlands. Königliche Eisenbahndirektion Danzig."

Der Kläger, der Eigentümer eines an den Zufahrtsweg und die Ladestraße anstoßenden Gasthofgrundstückes war, erachtete sich durch dieses Verbot für beschwert, weil, wie er angab, die seinen Gasthof besuchenden Gäste seit langen Jahren jenen Zufahrtsweg nicht nur zum Fahren, Reiten und Viehtreiben, sondern auch zum Aufstellen von Fuhrwerk und Vieh benutzt hätten. Er war der Ansicht, daß er und seine Gäste hierdurch ein Recht auf diese Art der Benutzung des Zufahrtsweges erworben hätten, und erhob daher beim Landgericht gegen den Eisenbahnfiskus Klage auf Anerkennung dieses beanspruchten Rechtes und auf Beseitigung der vorbezeichneten Warnungstafeln. Zugleich mit der Klagerhebung beantragte er beim Landgerichte die Erlassung einer einstweiligen Verfügung des Inhaltes, daß während des Schwebens jenes Rechtsstreits ihm sowie seinen Gästen das Befahren der Zufahrt zu der Ladestraße und dieser Straße selbst, sowie das Halten mit Fuhrwerken und das Treiben von Vieh und das Halten mit solchem auf der Ladestraße gestattet, und dem Beklagten aufgegeben werde, die aufgestellten Warnungstafeln zu entfernen. Das Landgericht entsprach dem Antrage des Klägers durch Erlassung einer einstweiligen Verfügung, welche folgenden Wortlaut hatte:

„Der Beklagte hat dem Kläger und dessen bei ihm einkehrenden Kunden vorläufig während der Dauer des Prozesses in den Akten des Landgerichts“ rc „zu gestatten:

die östlich von dem Grundstücke des Beklagten belegene Zufahrt zu der Ladestraße, welche zu dem Güterbahnhof Cz. führt, und diese Ladestraße selbst zum Fahren, Reiten, Viehtreiben, sowie zum Halten mit Fuhrwerken und mit Vieh zu benutzen.

Ferner wird dem Beklagten aufgegeben, die am Zugange zur Ladestraße aufgestellten Warnungstafeln zu entfernen.“

Der Beklagte erhob gegen die einstweilige Verfügung Widerspruch mit dem Antrage, sie aufzuheben; er machte dabei zunächst den Einwand der Unzulässigkeit des Rechtsweges geltend, indem er ausführte, das erlassene Verbot stelle eine bahnpolizeiliche Verfügung dar, zu deren Aufhebung die ordentlichen Gerichte nicht zuständig seien. Von der ersten und zweiten Instanz wurde dieser Einwand für unbegründet, und der Rechtsweg für zulässig erklärt. Auf die Revision des Beklagten ist vom Reichsgerichte der Rechtsweg für unzulässig erklärt, und die einstweilige Verfügung aufgehoben worden, aus folgenden

Gründen:

„Der Revision konnte der Erfolg nicht versagt bleiben, weil der Grund, auf den gleichmäßig beide Vorinstanzen ihre Entscheidung gestützt haben, und der dahin geht, daß die Königlichen Eisenbahndirektionen in Preußen mit keinerlei Art von Bahnpolizeigewalt ausgestattet seien, und daher das in Frage stehende Verbot nicht den Charakter einer bahnpolizeilichen Verfügung trage, für zutreffend nicht erachtet werden kann.

Daß der Inhalt der Warnungstafeln sich äußerlich als eine bahnpolizeiliche Anordnung darstellt, kann nach dem darin enthaltenen Verbot gewisser auf dem Bahnhofsgebiet bisher vorgenommener Handlungen und der Bezugnahme auf die Strafvorschriften der Betriebsordnung für die Haupteisenbahnen Deutschlands vom 5. Juli 1892, betreffend die Zuwiderhandlungen gegen bahnpolizeiliche Anordnungen, nicht zweifelhaft sein. Daß auch der Wille der Eisenbahndirektion auf Erlassung einer Anordnung bahnpolizeilichen Charakters gerichtet war, hat sie ausdrücklich erklärt, indem sie geltend machte, das stundenlange Halten von Fuhrwerken auf der Zufahrtsstraße vor dem Gasthofe des Klägers habe den Verkehr von und zur Eisenbahn erschwert, und deshalb sei ein bahnpolizeiliches Verbot nötig geworden. Endlich unterliegt auch die Annahme keinem Bedenken, daß die Anordnung, vorausgesetzt daß sie von einer mit Bahnpolizeigewalt ausgestatteten Behörde erlassen ist, als eine polizeiliche Verfügung im Sinne des Gesetzes vom 11. Mai 1842 anzusehen ist.

Was nun die im Eingange bezeichnete Hauptfrage angeht, so sucht die Revision des Beklagten an erster Stelle eine bahnpolizeiliche Gewalt der Königlichen Eisenbahndirektionen daraus herzuleiten, daß es im § 6 der durch Allerhöchsten Erlaß vom 15. Dezember 1894 genehmigten Verwaltungsordnung für die Staatseisenbahnen Preußens (G.S. von 1895 S. 11) heißt:

„Den Königlichen Eisenbahndirektionen obliegt mit den den Provinzialbehörden zugewiesenen Rechten und Pflichten die Verwaltung aller zu ihrem Bezirke gehörigen . . . Eisenbahnstrecken."

Daraus soll nach der Ansicht des Beklagten folgen, daß die Eisenbahndirektionen hiernach gleich den Provinzialbehörden auch zur Erlassung polizeilicher Verordnungen für die zu ihrem Bezirke gehörigen Eisenbahnstrecken nach Maßgabe der §§ 137 flg. des Gesetzes über die allgemeine Landesverwaltung vom 30. Juli 1883 befugt seien. Diese Auslegung des § 6 der Verwaltungsordnung ist nicht unerheblichen Bedenken unterworfen. Im § 8 der früheren, unter dem 24. November 1879 Allerhöchst genehmigten Bestimmungen über die Organisation der Staatseisenbahnverwaltung (Eisenbahn-Verordnungs-Blatt von 1880 S. 87), der, wie jetzt der § 6 der Verwaltungsordnung, die damalige Stellung der Eisenbahndirektionen im allgemeinen umschrieb, fehlen die Worte „mit den den Provinzialbehörden zugewiesenen Rechten und Pflichten". Nach der Erlassung jener Bestimmungen wurden durch das Gesetz vom 17. Juni 1880 (G.S. S. 271) die Befugnisse, die nach der Verordnung über die Defekte vom 24. Januar 1844 und nach dem Disziplinargesetz vom 21. Juli 1852 den Provinzialbehörden zustehen, den Eisenbahndirektionen für ihren Geschäftsbereich übertragen. Es liegt nun die Annahme nahe, daß der neue Zusatz in dieser Richtung weiter ausbauen sollte. Diese Annahme wird durch den Inhalt der Erläuterungen, die in der von dem Eisenbahnminister unter dem 10. Januar 1895 zu der neuen Verwaltungsordnung erlassenen Ausführungsanweisung (Eisenbahn-Verordnungs-Blatt von 1895 S. 72 flg.) zum § 6 der Verwaltungsordnung und insbesondere zu den in Frage stehenden Worten desselben gegeben werden, wesentlich bekräftigt. Es wird dort zunächst auf das Gesetz vom 17. Juni 1880 hingewiesen, und alsdann weiter gesagt, es sei nunmehr im § 6 der Verwaltungsordnung ausdrücklich ausgesprochen, daß die Eisenbahndirektionen die Verwaltung mit den den Provinzialbehörden zugewiesenen Rechten und Pflichten zu führen hätten. Es kämen hierbei in Betracht:

1. die Verordnung über die Defekte vom 24. Januar 1844;
2. das Gesetz, betr. die Konflikte 2c, vom 13. Februar 1854, in Verbindung mit § 11 Einf.-Ges. zum G.V.G. vom 27. Januar 1877 und § 114 des Landesverwaltungsgesetzes vom 30. Juli 1883;
3. das Disziplinargesetz vom 21. Juli 1852;
4. die Kompetenzkonflikts-Verordnung vom 1. August 1879 in Verbindung mit § 17 Abs. 2 Einf.-Ges. zum G.V.G. und § 113 des Landesverwaltungsgesetzes.

Hieran reiht sich eine Aufführung der Befugnisse, welche nach diesen Gesetzen und Verordnungen den Provinzialbehörden und ihren Vorstehern zustehen. Mit keinem Worte wird der nach der Meinung des Beklagten durch den erwähnten Zusatz den Eisenbahndirektionen beigelegten Befugnis zum Erlaß von Polizeiverordnungen gedacht. Was aber hätte näher gelegen, als daß die Ausführungsanweisung sich auch mit dieser Befugnis und dem § 137 des zweimal in bezug genommenen Landesverwaltungsgesetzes vom 30. Juli 1883 beschäftigt hätte, wenn der neue Zusatz wirklich die von dem Beklagten behauptete Tragweite hätte haben sollen? denn es würde sich alsdann um eine neue, den Eisenbahndirektionen bisher nicht zustehende Befugnis von offensichtlich erheblicher Bedeutung handeln. Das gänzliche Schweigen der Ausführungsanweisung über diesen Punkt würde um so befremdlicher erscheinen, als, wenn wirklich durch jenen allgemeinen Zusatz den Eisenbahndirektionen auch ein Polizeiverordnungsrecht nach Maßgabe des § 137 des Landesverwaltungsgesetzes hätte übertragen werden sollen, nach verschiedenen Richtungen Zweifel entstehen würden, die eine Aufklärung erheischt hätten. So würde es u. a. fraglich sein, in welcher Form solche Polizeiverordnungen von den Eisenbahndirektionen zu erlassen, und wie sie zu publizieren wären, sowie in welchem Verhältnisse sie zu den allgemeinen Anordnungen des § 53 der Betriebsordnung vom

5. Juli 1892 stehen würden, insbesondere ob ihre Vorschriften den Schutz der im § 62 der Betriebsordnung enthaltenen Strafbestimmung genießen würden, oder ob die Eisenbahndirektionen genötigt und berechtigt wären, die Befolgung dieser Vorschriften unter den Schutz einer besonderen, selbständigen Strafandrohung nach Maßgabe des § 137 des Landesverwaltungsgesetzes zu stellen. Auf Grund dieser Erwägungen muß Anstand genommen werden, der Auffassung des Beklagten von der Tragweite des § 6 der Verwaltungsordnung bei dem zu seiner Auslegung bisher vorliegenden Stoffe beizutreten.

Dagegen erscheint die Annahme, daß die Königlichen Eisenbahndirektionen sich im Besitze bahnpolizeilicher Gewalt befinden, aus einem Grunde gerechtfertigt, den die Revision des Beklagten allerdings nur gestreift hat, dem aber dennoch die entscheidende Bedeutung beizumessen ist. Unzweifelhaft ist der Minister der öffentlichen Arbeiten zur Erlassung bahnpolizeilicher Vorschriften befugt und daher Inhaber bahnpolizeilicher Gewalt; das verkennt der Berufungsrichter auch nicht. Ferner steht den Betriebsinspektionen nach § 10 der Verwaltungsordnung die Verwaltung der Bahnpolizei innerhalb ihres Geschäftsbereiches zu. Nun müßte schon allein die bloße Tatsache, daß nach der Ansicht des Berufungsgerichtes die mitten zwischen dem Eisenbahnminister und den Betriebsinspektionen stehenden Eisenbahndirektionen der bahnpolizeilichen Gewalt ermangeln sollten, Bedenken gegen die Richtigkeit solcher Ansicht erwecken; denn ein solcher Sprung von den Befugnissen der Centralinstanz zu denen einer Unterbehörde, mit Übergehung der Mittelinstanz, die, wie das noch weiterhin des näheren erörtert werden wird, nach der heutigen Organisation der Eisenbahnbehörden grundsätzlich die ganze Fülle der Verwaltung in sich vereinigt, würde in hohem Grade auffällig sein. Eine derartige Ausschaltung der Eisenbahndirektionen in diesem Punkte besteht aber auch in Wirklichkeit nicht. Das Wesen der Polizei ist überall das gleiche, mögen die Gegenstände, auf welche sie sich bezieht, oder die Organe, in deren Händen ihre Ausübung ruht, auch noch so verschieden sein; die polizeiliche Tätigkeit bildet überall einen Ausfluß der Polizeihoheit des Staates und ist darauf gerichtet, — ob sie auch noch andere Ziele hat, braucht hier nicht erörtert zu werden, — im Interesse des Staates von dem Publikum und dessen einzelnen Mitgliedern (§ 10 A.L.R. II. 17) die dem Leben, der Gesundheit, und unter gewissen Voraussetzungen auch die dem Eigentum drohenden Gefahren durch zwingende Gebote und Verbote fernzuhalten oder zu mindern. Demgemäß besteht die Aufgabe der Bahnpolizei darin, im öffentlichen Interesse die nötigen Anstalten zur Abwendung der aus dem Eisenbahnbetriebe sich ergebenden vorbezeichneten Gefahren zu treffen, und dies geschieht dadurch, daß sie im Rahmen jenes Interesses für die Ordnung, Sicherheit, und soweit dies durch ihre Aufgabe erfordert wird, auch für die Leichtigkeit des Eisenbahnbetriebes sorgt, indem sie die hierzu erforderlichen Anordnungen zwingenden Charakters erläßt und deren Innehaltung überwacht. Auf Grund der Artt. 42. 43 und 7 Ziff. 2 der Reichsverfassung nimmt der Bundesrat das Recht in Anspruch, in betreff der deutschen Eisenbahnen die Bahnpolizei unmittelbar selbst durch Erlassung allgemeiner einheitlicher Vorschriften auszuüben, und hat dieses in Anspruch genommene Recht durch Erlassung verschiedener bahnpolizeilicher „Ordnungen" betätigt. Soweit hierdurch keine Beschränkungen gegeben sind, ist die Bahnpolizei als Stück der Staatshoheit den Einzelstaaten verblieben. In Preußen steht die Bahnpolizei nicht den allgemeinen Polizeibehörden, sondern den Eisenbahnbehörden zu. Wenn nun in der Verwaltungsordnung vom 15. Dezember 1894 der Bahnpolizei nur insofern ausdrücklich gedacht ist, als im § 10 gesagt ist, ihre Verwaltung liege den Betriebsinspektionen innerhalb ihres Geschäftsbereiches ob, so ist der Schluß fehlsam, daß, weil in der Verwaltungsordnung der bahnpolizeilichen Gewalt der Eisenbahndirektionen nicht ausdrücklich Erwähnung geschehen ist, eine solche ihnen überhaupt nicht beiwohne. Das Gegenteil ergibt sich aus der Stellung der Eisenbahndirektionen gegenüber den Betriebsinspektionen und dem einheitlichen Wesen der Polizeigewalt. Die Betriebsinspektionen haben ihre gesamte Tätigkeit nach den Anordnungen der Eisenbahndirektionen zu führen,

vgl. § 9 der Verwaltungsordnung; §§ 1 und 2 der Geschäftsanweisung für die Vorstände der Betriebsinspektionen vom 17. Dezember 1894 (Eisenbahn-Verordnungs-Blatt von 1895 S. 49),

und stehen unzweifelhaft unter der Aufsicht der Eisenbahndirektionen. Die Anordnungs- und Aufsichtsbefugnis der letzteren erstreckt sich daher auch auf die den Betriebsinspektionen zugewiesene Handhabung der Bahnpolizei; sie sind also diesen gegenüber die Polizeiaufsichtsbehörden. Wie die Natur der Aufsicht auf anderen Gebieten gestaltet sein mag, kann hier dahingestellt bleiben; auf dem polizeilichen Gebiet ergibt sich jedenfalls aus dem einheitlichen Wesen und dem Zweck der Polizei und der Polizeigewalt, daß die Polizeiaufsichtsbehörden sich (begrifflich-logisch notwendig) im Besitz eben der Gewalt befinden müssen, bezüglich deren sie die Aufsicht über die ihnen untergeordneten Organe zu führen haben; nur die Art der Ausübung ist eine verschiedene. Wie natürlich diese Auffassung ist, erhellt daraus, daß Eger im „Handbuch des preußischen Eisenbahnrechts" Bd. 2 S. 36 ohne nähere Begründung als selbstverständlich den Satz ausspricht, die Ausübung der Bahnpolizei geschehe im einzelnen durch die Überwachung von seiten der mit besonderen Befugnissen versehenen Organe der Eisenbahnverwaltungen und durch die Beaufsichtigung von seiten der hierzu bestimmten Behörden der Eisenbahnverwaltungen und der Aufsichtsbehörden. Daß nach dem im vorstehenden entwickelten Gesichtspunkte die Eisenbahndirektionen mit bahnpolizeilicher Gewalt ausgerüstet sind und ausgerüstet sein müssen, erscheint um so unzweifelhafter, und der gegenteilige Gedanke, daß sie in dieser Beziehung aus dem eisenbahnbehördlichen Organismus gänzlich ausgeschaltet seien, um so unannehmbarer, wenn man erwägt, welche gänzlich veränderte Stellung gegen früher durch die Verwaltungsordnung vom 15. Dezember 1894 den Eisenbahndirektionen im Organismus der staatlichen Eisenbahnbehörden zugewiesen worden ist. Während nach der Organisation vom 24. November 1879 die Betriebsämter als selbständige Behörden alle Geschäfte der laufenden Bau- und Betriebsverwaltung, soweit sie nicht den Eisenbahndirektionen und dem Minister ausdrücklich vorbehalten waren, zu führen hatten (§ 16 a. a. O., Eisenbahn-Verordnungs-Blatt von 1880 S. 91), und den Eisenbahndirektionen, abgesehen von den besonders vorgesehenen Vorbehalten der unmittelbaren geschäftlichen Erledigung (§§ 12 flg. a. a. O.), nur die obere Leitung der Verwaltung zustand (§ 8 a. a. O.), so daß unter dem Minister der öffentlichen Arbeiten zwei Instanzen wirkten, die Eisenbahndirektionen und die Eisenbahnbetriebsämter, ist jetzt die ganze Fülle der unmittelbaren Verwaltung den, deshalb auch in ihrer Zahl erheblich vermehrten, Eisenbahndirektionen übertragen, und besteht demnach, wie im Eingange der ministeriellen Ausführungsanweisung vom 10. Januar 1895 (Eisenbahn-Verordnungs-Blatt von 1895 S. 72) hervorgehoben wird, unter dem Minister heute nur noch eine Instanz, die Eisenbahndirektion. Die dem Landtage vorgelegte Denkschrift über die Neuordnung der Staatseisenbahnverwaltung (Nr. 96 der Drucksachen des Abgeordnetenhauses 1804, Bd. 2 der Anlagen S. 1673 flg., auch abgedruckt im Eisenbahn-Verordnungs-Blatt von 1895 S. 87 flg.) charakterisiert die neue Gestaltung der Dinge, nachdem sie die bisherige Organisation dargestellt und die Notwendigkeit einer Reform erörtert hat, in einem allgemeinen, kurzen, scharfen Umriß folgendermaßen (unter Nr. III A): „Es ist daher in Aussicht genommen, die Betriebsämter als selbständige Behörden aufzuheben, ihre Verwaltungsbefugnisse auf die Direktionen zurück zu übertragen und den Direktionen, deren Bezirke entsprechend zu verkleinern sind, für die ihnen demnächst obliegende unmittelbare Leitung und Beaufsichtigung des Betriebsdienstes ausführende Organe zu unterstellen. Gleichzeitig soll diesen ausführenden Organen zur Entlastung der Direktion eine Reihe weniger wichtiger Verwaltungsgeschäfte übertragen werden." Als solche ausführende Organe sind den Direktionen Betriebs-, Maschinen-, Verkehrs-, Werkstätten- und Telegrapheninspektionen unterstellt (§ 9 der Verwaltungsordnung). Was aber die diesen zur eigenen unmittelbaren selbständigen Erledigung übertragenen Verwaltungsgeschäfte betrifft, zu denen bei den Betriebsinspektionen die Verwaltung der Bahnpolizei gehört, so wird das Verhältnis zur Direktion in Ansehung dieser Geschäfte klar beleuchtet durch die im vorstehenden mitgeteilte Begründung, daß diese Übertragung zur Entlastung der Direktion geschehe. Es tritt offensichtlich darin der Gedanke zu Tage, daß an sich und grundsätzlich nach dem Wesen der neuen Ordnung auch die Führung dieser Geschäfte eigentlich den Direktionen gebühre.

Kann auf Grund dieser Erwägungen die Annahme der Ausstattung der Eisenbahndirektionen mit bahnpolizeilicher Gewalt Bedenken nicht unterliegen, so ergibt sich weiter aus dem Charakter des hier in Frage stehenden Aufsichtsrechtes und dem einheitlichen Wesen der Polizei, daß die Eisenbahndirektionen, wenn auch der Regel nach die Ausübung ihrer polizeilichen Befugnisse in den Schranken der durch die Verwaltungsordnung formell geordneten Zuständigkeit zu geschehen hat, doch unter gewissen Voraussetzungen befugt sind, unmittelbar anstatt der Betriebsinspektionen und mit deren Übergehung auf dem Gebiete der Bahnpolizei selbst handelnd einzugreifen. Für den Bereich der allgemeinen Polizei ist eine solche Befugnis der Polizeiaufsichtsbehörde von dem preußischen Oberverwaltungsgericht seit langem in ständiger Rechtsprechung anerkannt worden; das Oberverwaltungsgericht hat sie hergeleitet aus dem „Wesen" und der „Zweckbestimmung" der an sich einheitlichen „der Staatshoheit innewohnenden Polizeigewalt".

Vgl. Entsch. des Oberverwaltungsgerichts Bd. 2 S. 424.

Derselbe Grundsatz muß auch für das Sondergebiet der Bahnpolizei gelten, die, wie oben gezeigt, mit der allgemeinen Polizei wesensgleich ist. Eine solche Verfügung der Aufsichtsbehörde ist eine polizeiliche Verfügung, und ihre Gesetzmäßigkeit, d. h. die Frage, ob die Voraussetzungen für das eigene Handeln und das unmittelbare Einschreiten der Aufsichtsbehörde vorlagen, kann nach § 1 des Gesetzes vom 11. Mai 1842 nicht im ordentlichen Rechtswege nachgeprüft, und in diesem nicht ihre Aufhebung erwirkt werden. So wenig wie dort, wo der Landrat die Aufsicht über die Ortspolizei führt, eine ortspolizeiliche Verfügung des Landrates wegen des angeblichen Mangels jener Voraussetzungen vor Gericht angefochten werden kann, ebensowenig kann es für zulässig erachtet werden, daß eine bahnpolizeiliche Verfügung einer Eisenbahndirektion vor den ordentlichen Gerichten angegriffen, und hier ihre Beseitigung erstrebt und ausgesprochen werde, weil die Direktion nicht befugt gewesen sei, selbst unmittelbar dem Publikum gegenüber polizeiliche Anordnungen zu treffen. Aus diesem Grunde mußte die Berufungsentscheidung, und unter Abänderung des erstinstanzlichen Urteils auch die einstweilige Verfügung aufgehoben werden, und zwar ihrem ganzen Umfange nach, da ihre Erlassung lediglich auf die Existenz des streitigen, nach der Ansicht der Vorinstanzen eine polizeiliche Verfügung nicht darstellenden Verbotes der Eisenbahndirektion zu Danzig gestützt ist. Die Frage, ob nicht die Eisenbahndirektionen auch auf Grund des § 53 der Betriebsordnung vom 5. Juli 1892 zur Erlassung der dort vorgesehenen allgemeinen Anordnungen der Bahnverwaltung in betreff der Ordnung innerhalb des Bahngebietes berufen und befugt sind, bedarf nach vorstehendem gegenwärtig keiner Entscheidung; denn selbst wenn man ihnen an sich die Befugnis zur direkten Erlassung solcher Anordnungen absprechen wollte — wozu kaum ein ausreichender Grund gegeben sein möchte —, würden sie kraft ihres Aufsichtsrechtes jedenfalls unter Umständen anstatt der Betriebsinspektionen, wenn man diese als die hierzu berufenen Bahnverwaltungsbehörden ansehen wollte, handelnd eintreten können. Der § 6 der Geschäftsanweisung für die Vorstände der Betriebsinspektionen vom 17. Dezember 1895 (Eisenbahn-Verordnungs-Blatt S. 51), der sich mit dem Inhalte der diesen übertragenen Verwaltung der Bahnpolizei beschäftigt, gibt einen sicheren Anhalt für die Beantwortung der vorbezeichneten Frage nicht." . . .

37. Findet, wenn eine offene Handelsgesellschaft lediglich zu dem Zwecke angemeldet worden ist, um Geschäfte, die allein für Rechnung einer der als Gesellschafter eingetragenen Personen gehen sollen, im Namen der Gesellschaft abschließen zu können, nach Verlautbarung der Gesellschaftsauflösung die Verjährungsvorschrift des Art. 146 H.G.B. zu gunsten desjenigen Anwendung, für dessen Rechnung die im Namen der Gesellschaft geschlossenen Geschäfte gemacht worden waren?

VI. Civilsenat. Urt. v. 7. Mai 1903 i. S. H. (Bekl.) w. L. Wwe. (Kl.). Rep. VI. 465/02.

I. Landgericht I Berlin.
II. Kammergericht daselbst.

Im Mai 1889 war im Handelsregister des Amtsgerichts I in Berlin eine offene Handelsgesellschaft unter der Firma A. H. & Co., bestehend aus dem Beklagten und dem Bauführer H. B., eingetragen worden; als Zweck der Gesellschaft war bei der Anmeldung der Handel mit Baumaterialien angegeben worden. Nach den Feststellungen des Berufungsgerichts hatten indes die beiden Gesellschafter von vornherein gar nicht beabsichtigt, einen solchen Handel zu betreiben; nach den von ihnen getroffenen Vereinbarungen sollte vielmehr der Beklagte, der gewerbsmäßig Bauten unternahm, ausschließlich für seine Rechnung auf einem ihm gehörigen Grundstück ein Gebäude errichten, und die Anmeldung der Gesellschaft sollte nur ermöglichen, die für den Bau erforderlichen Geschäfte nicht im Namen des Beklagten, sondern in dem der angemeldeten Gesellschaft abzuschließen; der Beklagte hatte dies gewünscht, weil er mit Schulden belastet war und zu befürchten hatte, daß seine Gläubiger versuchen würden, durch Zwangsvollstreckung in die für den Bau zugesagten Bankgelder oder in die Baumaterialien Befriedigung zu erlangen. Tatsächlich wurden auch die durch den Bau veranlaßten Geschäfte unter Gebrauch der Gesellschaftsfirma, und zwar sowohl von dem Beklagten, als von dem anderen Teilhaber, abgeschlossen; andere Geschäfte als für den Hausbau waren während des Bestehens der Firma, die bereits im August 1890 wieder gelöscht wurde, nicht abgeschlossen worden.

Auf Grund einer von dem Beklagten im Mai 1889 unter Gebrauch der Gesellschaftsfirma bewirkten Bestellung hatte die Firma L. A. Nachf. in Berlin Arbeiten zum Preise von 4426,80 ℳ für den Hausbau geliefert, Bezahlung aber nicht erhalten. Die Forderung war durch Abtretung und Vererbung auf die Klägerin übergegangen; als diese im Dezember 1900 von dem Beklagten Bezahlung forderte, schützte dieser die Einrede der Verjährung vor, wobei er sich in erster Linie auf Art. 146 H.G.B. a. F. berief. Der Einwand wurde in erster und zweiter Instanz verworfen; auch die Revision des Beklagten wurde zurückgewiesen, und zwar in Ansehung der Anwendung des Art. 146 aus folgenden

Gründen:

... „Nach den Feststellungen der Vorinstanz ist in Wahrheit zwischen dem Beklagten und B. ein Gesellschaftsverhältnis überhaupt nicht begründet worden; sie haben wissentlich eine der wahren Sachlage nicht entsprechende Anmeldung bei der Registerbehörde bewirkt, und auch die von ihnen namens der Gesellschaft bewirkten Geschäftsabschlüsse haben auf einer Täuschung der Mitkontrahenten beruht, insofern diese annehmen mußten, daß ihnen eine Gesellschaft gegenüberstehe, die für ihre Rechnung ein Geschäft betreibe, während dies in Wirklichkeit nicht der Fall war.

Bei dieser Sachlage ist dem Berufungsgericht beizutreten, wenn es angenommen hat, daß der Beklagte sich auf die in Art. 146 H.G.B. a. F. bestimmte Verjährung nicht berufen dürfe. Allerdings ist das erwähnte Abkommen der beiden eingetragenen Teilhaber der Gesellschaftsfirma gegenüber dritten Personen insofern ohne Bedeutung gewesen, als im Verhältnis zu ihnen die Wirksamkeit der Gesellschaft mit deren Eintragung im Handelsregister eingetreten ist (Art. 110

a. a. O.), und die Gesellschafter aus den namens der Gesellschaft abgeschlossenen Geschäften ebenso verpflichtet worden sind, wie es der Fall gewesen wäre, wenn die wahre Absicht der Gesellschafter ihrer Anmeldung entsprochen hätte. Allein hieraus ist nicht die Konsequenz zu ziehen, daß für diejenige Kaufpreisschuld, welche somit durch die von dem Beklagten am 1. November 1889 bei der Firma L. A. Nachf. bewirkte Bestellung begründet worden ist, auch die in Art. 146 H.G.B. geordnete Verjährung Platz greife. Die dort getroffene Sondervorschrift beruht auf Zweckmäßigkeits- und Billigkeitsgründen,

vgl. v. Hahn, Kommentar zum A.D.H.G.B., Vorbem. zu Artt. 146 flg.,

die nur zutreffen, wenn wirklich ein gemeinschaftlicher Geschäftsbetrieb mehrerer zu einer Handelsgesellschaft vereinigter Personen vorgelegen hat, nicht aber, wenn, wie im gegebenen Falle, ein Geschäftsmann auf Grund von Abmachungen, welche auf die Verschleierung des wahren Sachverhalts abzielen, die Eintragung einer offenen Gesellschaft im Handelsregister herbeigeführt hat und dann unter deren Firma Geschäfte abschließt, die in Wahrheit lediglich für seine Rechnung gehen sollen. Es würde dem Willen des Gesetzgebers nicht entsprechen, für ein solches Geschäft die in Art. 146 bestimmte kurze Verjährung zuzulassen." ...

---

38. **Kann nach preußischem Rechte die im Dringlichkeitsverfahren ohne Vorbehalt von dem Unternehmer an den Eigentümer oder einen Nebenberechtigten geleistete Zahlung der von der Verwaltungsbehörde festgesetzten Enteignungsentschädigung von dem Unternehmer zurückgefordert werden?**

VII. Civilsenat. Urt. v. 19. Juni 1903 i. S. N. (Kl.) w. Stadtgem. B. (Bekl.). Rep. VII. 91/03.

I. Landgericht I Berlin.
II. Kammergericht daselbst.

Das Reichsgericht hat die obige Frage bejaht aus folgenden

Gründen:

... „Zutreffend hat der Berufungsrichter im Zwischenurteil vom 29. Juni 1897 den Einwand, daß die Beklagte wegen der Bestimmung des § 165 A.L.R. I. 16 die gezahlte Summe mangels eines bei der Zahlung erklärten Vorbehaltes nicht zurückfordern könne, aus dem Grunde zurückgewiesen, weil die Beklagte zum Zweck der Herbeiführung der für dringlich erklärten Enteignung gezwungen gewesen sei, die Zahlung[1] vorzunehmen, und weil für einen solchen Fall der § 165 A.L.R. I. 16 nicht anwendbar sei. Der erkennende Senat hat bereits in einem Urteile vom 18. Dezember 1900 i. S. Kreis Jerichow I w. Reichsmilitärfiskus (Rep. VII. 287/00) sich in gleichem Sinne ausgesprochen (Jur. Wochenschr. 1901 S. 45 Nr. 33). Wenn in einem späteren Urteil (Entsch. des R.G.'s in Civils. Bd. 49 S. 259) ein anscheinend gegenteiliger Satz enthalten ist, so hat damit vom Senat nicht ein von dem früheren abweichender Standpunkt eingenommen werden sollen. Der Senat verbleibt vielmehr in Übereinstimmung mit dem Berufungsgericht bei der Ansicht, daß der § 165 A.L.R. I. 16 nur den Regelfall betrifft, daß daher bei Vorhandensein besonderer Umstände auch eine ohne Vorbehalt geleistete Zahlung als Zahlung einer Nichtschuld zurückgefordert werden kann, und daß ein solcher besonderer Umstand dann als vorliegend zu erachten ist, wenn der Unternehmer in einem Falle, in dem die Enteignung für dringlich erklärt ist, vor dem rechtskräftigen Feststehen der Entschädigungssumme die von der Verwaltungsbehörde festgesetzte Entschädigung an den Berechtigten zahlt, weil er ohne diese Zahlung die dringliche Enteignung nicht sofort herbeiführen kann. Die in solcher Zwangslage geleistete Zahlung kann der Unternehmer auch ohne die Voraussetzung eines bei der Zahlungsleistung erklärten Vorbehaltes zurückfordern." ...

---

39. 1. Wirkt die Eintragung einer festgestellten Konkursforderung in die Tabelle wie ein rechtskräftiges Urteil gegenüber den Konkursgläubigern auch außerhalb des Konkursverfahrens, insbesondere bei Verteilung des Erlöses eines zur abgesonderten Befriedigung dienenden Gegenstandes?

K.O. § 145 Abs. 2.

2. Geht auf den für die Nachlaßverbindlichkeiten nicht unbeschränkt haftenden Erben, der eine Nachlaßverbindlichkeit aus eigenen

[1] Sie war hier an einen Nebenberechtigten geleistet. D. E.

Mitteln und nicht für Rechnung des Nachlasses berichtigt hat und demgemäß im Nachlaßkonkurse an die Stelle des befriedigten Gläubigers tritt, das mit der berichtigten Forderung verbundene Hypothekenrecht über?

K.O. § 225 Abs. 2.
B.G.B. §§ 412. 401. 1979.

V. Civilsenat. Urt. v. 1. Juli 1903 i. S. M. (Kl.) w. v. Pr. (Bekl.). Rep. V. 78/03.

I. Landgericht Königsberg i. P.
II. Oberlandesgericht daselbst.

Am 23. Februar 1901 starb zu Königsberg i. Pr. die verw. Frau v. Pr., deren alleinige Erbin die Beklagte ist. Über den Nachlaß wurde am 7. Mai 1901 der Konkurs eröffnet, der inzwischen beendet ist mit dem Ergebnis, daß die nicht bevorrechteten Gläubiger eine Verteilungsrate von 1,451 Prozent ihrer Forderungen erhielten. Zu dem Nachlaß gehörte das Grundstück „Vordere Vorstadt Nr. 35", auf dem verschiedene Hypotheken, und hinter diesen für den Kläger eine Grundschuld von 15000 *M* nebst Zinsen eingetragen standen. Zinsen der erwähnten Hypotheken im Betrage von 1907,50 *M* zahlte im März und April 1901 die Beklagte an die betreffenden Gläubiger, und zwar nach ihrer, vom Kläger bestrittenen, Behauptung aus eigenen Mitteln, nämlich mit Gelde, das sie dazu sich geliehen hatte. Im Konkursverfahren machte die Beklagte die von ihr bezahlten Zinsen mit dem Anspruche auf abgesonderte Befriedigung geltend. Die Forderung der Beklagten wurde als „1907,50 *M* verauslagte Zinsen" in die Tabelle aufgenommen, und demnächst dabei als Prüfungsergebnis der Vermerk „anerkannt" eingetragen. Auch der Kläger hatte seine Grundschuld, für die ihm die Erblasserin auch persönlich verpflichtet war, in Höhe des entstehenden Ausfalls zum Konkurse angemeldet. Hierauf erfolgte die Zwangsversteigerung des erwähnten Grundstücks, bei welcher die Beklagte ihre im Konkurse angemeldete Forderung nebst Kostenpauschquantum in Höhe von 1930,60 *M* geltend machte und damit mit dem Range der von ihr bezahlten Hypothekenzinsen voll zur Hebung kam, während der Kläger mit dem größten Teil seiner Grundschuld ausfiel.

Infolge des vom Kläger gegen den Teilungsplan erhobenen Widerspruchs wurde der Betrag von 1930,60 *M* zu einer M.-v. Pr.'-schen Streitmasse genommen. Die zur Durchführung dieses Widerspruchs erhobene Klage wurde in erster Instanz abgewiesen, und die Streitmasse der Beklagten zugesprochen. Die Berufung des Klägers ist zurückgewiesen worden, ebenso seine Revision, diese aus folgenden

Gründen:

... „I. Was zunächst die tatsächliche Streitfrage betrifft, ob die Klägerin die Hypothekenzinsen aus eigenen (wenn auch erborgten) Mitteln, oder aus Mitteln des Nachlasses bezahlt hat, so hält der Berufungsrichter dieselbe gemäß § 145 K.O. durch die Eintragung des Prüfungsergebnisses „anerkannt" in die Tabelle für erledigt. Durch diese Eintragung sei den Konkursgläubigern gegenüber, zu denen auch der Kläger gehört, rechtskräftig festgestellt, daß eine Forderung der Beklagten „für verauslagte Zinsen" in Höhe von 1907,50 *M* gegen den Nachlaß bestand, wie sie nicht bestanden haben würde, wenn die Zinsen aus den Mitteln des Nachlasses berichtigt worden wären. Hiergegen richtet sich der erste Angriff der Revision, welcher Verletzung des § 145 K.O. rügt. Daraus — so führt die Revision aus —, daß die Eintragung in die Tabelle gegenüber allen Konkursgläubigern wie ein rechtskräftiges Urteil wirkt, folge nicht, daß auch hinsichtlich eines von dem betreffenden Gläubiger beanspruchten Absonderungsrechts und gegenüber den sonstigen Absonderungsberechtigten der Feststellung und Eintragung die gleiche Wirkuug zukomme.

Der Angriff ist nicht begründet. Es ist zuzugeben, daß die Eintragung in die Tabelle nicht dazu bestimmt ist, etwaige Absonderungsrechte der Konkursgläubiger festzustellen.

Vgl. Petersen u. Kleinfeller, K.O. Bem. 5 zu § 145, Bem. 3 zu § 64.

Es wird also durch die Eintragung in die Tabelle nicht das Absonderungsrecht, wohl aber die Forderung selbst rechtskräftig festgestellt, und lediglich um ein Bestreiten der Existenz dieser Forderung handelt es sich, soweit Kläger seinen Widerspruch gegen das Liquidat der Beklagten auf die Behauptung gründet, daß die Beklagte nicht aus eigenen Mitteln, sondern aus Mitteln des Nachlasses die fraglichen Zinsen bezahlt habe. Zu diesem Bestreiten der Existenz der Forderung ist aber der Kläger nicht mehr berechtigt, nachdem durch die Eintragung in die Tabelle die Forderung mit Wirkung gegenüber allen Konkursgläubigern, also auch dem Kläger, als bestehend festgestellt ist. Denn Gegenstand dieser Feststellung ist nach §§ 144. 145 K.O. nicht etwa bloß das Teilnahmerecht am Konkurse, sondern die Forderung selbst, und zwar gleichviel ob die Feststellung und Eintragung auf Grund, sei es ausdrücklichen, sei es (§ 144 Abs. 1) stillschweigenden, Anerkenntnisses erfolgt, oder einem Bestreitenden gegenüber im Prozeßwege (§§ 146. 147 a. a. O.) erwirkt worden ist. Die Wirkung dieser Feststellung auf das Konkursverfahren zu beschränken, dafür geben die erwähnten Vorschriften keinen Anhalt. Die entgegengesetzte Auffassung würde mit dem Begriff des rechtskräftigen Urteils nicht wohl vereinbar sein. Ein solches schafft zwischen den Beteiligten unabänderliches Recht, dergestalt daß es auch für spätere Rechtsstreitigkeiten eine unverrückbare Grundlage bildet. So erkennt auch § 164 Abs. 2 a. a. O. der im Konkursverfahren erfolgten Feststellung eine über dieses hinausgehende Wirkung zu, indem danach für die Gläubiger, deren Forderungen festgestellt und auch nicht von dem Gemeinschuldner im Prüfungstermin ausdrücklich bestritten sind, die Eintragung in die Tabelle einen vollstreckbaren Titel gegen den Gemeinschuldner bildet.

Was nun die Natur und den Grund des durch die Eintragung in die Tabelle anerkannten Anspruchs der Beklagten betrifft, so erwägt der Berufungsrichter unter Bezugnahme auf § 1979 B.G.B. ohne Rechtsirrtum, es sei nach Lage der Sache ausgeschlossen, daß die Beklagte die Zahlung für Rechnung des Nachlasses geleistet habe. Diese Erwägung wird von der Revision nicht besonders angegriffen.

Ist aber die Zahlung weder aus den Mitteln, noch für Rechnung des Nachlasses erfolgt, so ist die von der Beklagten angemeldete Forderung dem Grunde nach keine andere, als die der von ihr bezahlten Hypothekengläubiger, und die Befriedigung der letzteren bildet nur den translativen Titel, auf den die Beklagte ihren Anspruch stützt (§ 225 Abs. 2 K.O.).

II. Es kommt nun darauf an, ob die Beklagte, die unstreitig für die Nachlaßverbindlichkeiten nicht unbeschränkt haftet, durch die Bezahlung der Zinsen an die Hypothekengläubiger an deren Stelle nicht bloß in Ansehung der persönlichen Forderung, sondern auch des mit letzterer verbundenen Realrechts und des dadurch begründeten Absonderungsrechts getreten ist. Ob dies, mit dem Berufungsrichter, anzunehmen ist, hängt davon ab, ob in der Bestimmung des § 225 Abs. 2 K.O., daß der Erbe in dem dort gesetzten Falle „an die Stelle des Gläubigers tritt", eine Übertragung der Forderung kraft Gesetzes im Sinne des § 412 B.G.B. zu finden ist, in welchem Fall der § 401 a. a. O. zur Anwendung kommt, wonach mit den abgetretenen Forderungen auch die Hypotheken oder Pfandrechte, die für sie bestehen, auf den neuen Gläubiger übergehen.

Gegen diese Auffassung der Vorschrift des § 225 Abs. 2 K.O. und demgemäß gegen die Anwendung der §§ 412 und 401 B.G.B. richtet sich der zweite Angriff der Revision, welcher ausführt, § 225 Abs. 2 K.O. bestimme nicht, daß die berichtigte Forderung auf den Erben übergehe, sondern gebe dem Erben nur das Recht, an die Stelle des befriedigten Gläubigers zu treten, also im Konkurse und den Konkursgläubigern gegenüber die von ihm berichtigte Forderung geltend zu machen. Der hier gemachte Unterschied kann als berechtigt nicht anerkannt werden. Wenn das Gesetz bestimmt, daß der Zahlende an die Stelle des befriedigten Gläubigers tritt, so heißt das nichts anderes, als daß die Forderung von dem befriedigten Gläubiger auf den Zahlenden übergeht. Denn die Forderung besteht ja noch; nur ist an die Stelle des bisherigen Gläubigers ein neuer Gläubiger getreten, auf den also die Forderung kraft Gesetzes übergegangen ist. Es kann auch daraus, daß das Bürgerliche Gesetzbuch in Fällen, wo eine Übertragung von Forderungen kraft Gesetzes stattfindet (z. B. §§ 268. 426. 774. 1143. 1225) sich des Ausdruckes, daß die Forderung „übergeht", bedient, ein Bedenken nicht entnommen werden. Sachlich bedeutet es nichts anderes, als daß ein neuer Gläubiger an die Stelle des bisherigen tritt. Von den Kommentatoren der Konkursordnung spricht sich Jäger, Bem. 3 zu § 225, in Übereinstimmung hiermit dahin aus:

> „Der Erbe rückt kraft einer cessio legis an die Stelle des von ihm befriedigten Nachlaßgläubigers und erlangt damit dessen Forderungsrecht, so wie es dem Befriedigten selbst zustand, z. B. als Masseschuld oder zugleich mit einem im Nachlaßkonkurse wirksamen Absonderungs- oder Vorzugsrecht".

Ebenso Sarwey-Bossert, Bem. 2 zu § 225.

Dagegen sagt der Kommentar von Petersen u. Kleinfeller, Bem. 5 zu § 225:

„War der befriedigte Nachlaßgläubiger in der Lage, abgesonderte Befriedigung zu verlangen, so geht diese Möglichkeit auf den Erben nicht über; denn der Gegenstand, der dem ursprünglichen Gläubiger zur abgesonderten Befriedigung hätte dienen können, ist durch Tilgung der Schuld frei geworden. § 225 Abs. 2 gibt aber dem Erben nur eine Forderung, kein Absonderungsrecht."

Was zunächst den letzten Satz betrifft, so ist zu bemerken, daß das Absonderungsrecht kein besonderes Recht neben der dadurch zu befriedigenden Forderung ist, sondern daß sich dasselbe aus der rechtlichen Beschaffenheit der letzteren, d. h. aus dem mit ihr verbundenen Realrecht, insbesondere Pfandrecht, gemäß §§ 47. 48 K.O., von selbst ergibt. Die Frage ist also nicht dahin zu stellen, ob das Absonderungsrecht, sondern ob das mit der berichtigten Nachlaßverbindlichkeit verbundene Hypothekenrecht durch die Befriedigung der Hypothekengläubiger untergegangen ist. Hierauf bezieht sich der in obiger Ausführung enthaltene Satz, daß der Gegenstand, der zur abgesonderten Befriedigung hätte dienen können, frei geworden sei. Aber dieser Satz ist falsch. Nach § 1153 B.G.B. ist die Hypothek mit der Forderung, für welche sie bestellt ist, so lange diese besteht, untrennbar verbunden. Die Forderung kann nicht ohne die Hypothek, die Hypothek nicht ohne die Forderung abgetreten werden. Dasselbe ergibt sich aus den Vorschriften der §§ 412 und 401 a. a. O., soweit sie sich auf Hypothekenforderungen beziehen. Erlischt die Forderung (sei es auch durch Tilgung durch einen Dritten), so erwirbt der Eigentümer die Hypothek (mit der Einschränkung, daß sie für etwaige Rückstände an Zinsen oder sonstigen Nebenleistungen erlischt, § 1178 a. a. O.). So lange aber die Forderung nicht erloschen ist, besteht auch die Hypothek, gleichviel ob es sich um das Kapital, oder, wie im vorliegenden Fall, um Zinsen handelt. Gibt also der § 225 Abs. 2 K.O. dem Erben das Recht, die Forderung anstatt des von ihm befriedigten Gläubigers geltend zu machen, so ist eben die durch die Hypothek gesicherte Forderung, und folglich die dafür bestellte Hypothek nicht erloschen, woraus dann weiter folgt, daß der Erbe berechtigt ist, für seine Forderung bei der Zwangsversteigerung des Pfandgrundstücks an der Stelle der Hypothek abgesonderte Befriedigung zu suchen.

In den Motiven zu § 205 h des Entwurfes zum Gesetze, betr. Änderungen der Konkursordnung, der dem § 225 K.O. zugrunde liegt, ist als der Grund und Zweck dieser Bestimmung angegeben, es werde dadurch verhütet, daß die dem befriedigten Gläubiger gleich- oder nachstehenden Gläubiger auf Kosten des Erben um den Betrag bereichert werden, der auf die Forderung jenes Gläubigers entfallen wäre, wenn er sich beim Nachlaßkonkurse beteiligt hätte. Der Berufungsrichter weist darauf hin, daß diese Absicht des Gesetzes vereitelt würde, wenn gegebenenfalls dem zahlenden Erben der Eintritt in das mit der bezahlten Nachlaßschuld verbundene Realrecht versagt bliebe. Diese Betrachtung trifft als Grund für die Auslegung des § 225 auch hier zu, wenngleich es hier nicht, wie in den Motiven des Gesetzes, um Bereicherung von Konkursgläubigern, sondern eines ausgefallenen Hypothekengläubigers sich handelt.

Hiernach hat der Berufungsrichter auch den § 225 Abs. 2 K.O., sowie die §§ 412 und 401 B.G.B. mit Recht zur Anwendung gebracht, und es ist auch der gegen diese Anwendung erhobene Revisionsangriff nicht begründet."

---

40. 1. Steht das Eigentum an einem preußischen Gendarmenpferde, bezw. der Eigenbesitz eines solchen dem Staate, oder dem betreffenden Gendarmen zu?

2. Ist Halter eines preußischen Gendarmenpferdes im Sinne des § 833 B.G.B. der Staat, oder der betreffende Gendarm?

VI. Civilsenat. Urt. v. 2. Juli 1903 i. S. preuß. Fiskus (Bekl.) w. P. Wwe. u. Gen. (Kl.). Rep. VI. 20/03.

I. Landgericht Düsseldorf.
II. Oberlandesgericht Köln.

In den beiden vordern Instanzen war der verklagte Fiskus für verpflichtet erklärt worden, den Klägern den Schaden zu ersetzen, welchen dieselben dadurch erlitten haben, daß ihr Ehemann, bzw. Vater am 15. Juni 1900 von dem durchgehenden Pferde des Gendarmen

H. zur Seite geschleudert und dadurch getötet worden sei. Auf die Revision des Beklagten ist das Berufungsurteil aufgehoben worden aus den folgenden

Gründen:

„Außer Zweifel steht, daß der Ehemann, bzw. Vater der Kläger durch das Pferd des Gendarmen H. zu Schaden gekommen ist und seinen Tod gefunden hat, ohne daß ihn selbst dabei ein Verschulden traf, und daß daher nach §§ 833. 844 B.G.B. der Halter jenes Pferdes den Klägern zum Schadensersatze verpflichtet ist. Streit besteht nur darüber, wer dieser Halter war und ist, ob der verklagte preußische Staat, wie beide Vorinstanzen angenommen haben, oder der Gendarm H.

In dieser Beziehung konnte der Ansicht der vorderen Richter nicht beigepflichtet werden. Mit Recht sind diese zwar davon ausgegangen, daß Halter eines Tieres eine vom Eigentümer verschiedene Person sein kann. Das Oberlandesgericht nimmt dann an, daß Halter des hier in Frage kommenden Pferdes zur Zeit des Unfalles jedenfalls der verklagte Staat gewesen sei, weil H. sich des Pferdes damals gerade zu einem dienstlichen Ritte bedient habe, ist übrigens außerdem der Meinung, daß der Beklagte auch Eigentümer und (mittelbarer) Eigenbesitzer des Pferdes gewesen sei und sei. Aber zunächst steht nun diese letztere Auffassung mit der wirklichen Rechtslage in Widerstreit. Es kommt dabei wesentlich auf die die Dienstpferde betreffenden Vorschriften der Dienst-Instruktion für die Gendarmerie vom 30. Dezember 1820 an. Diese enthalten zwar nicht unmittelbar privatrechtliche Normen, welche ja auch jetzt nach Art. 55 Einf.-Ges. zum B.G.B. nicht mehr gelten würden; aber sie schreiben öffentlichrechtlich u. a. vor, wie es in Ansehung der privatrechtlichen Regelung des fraglichen Verhältnisses gehalten werden soll, und da kein Grund zu einer anderen Unterstellung vorliegt, so ist davon auszugehen, daß es auch in diesem Falle so gehalten worden ist. Nun ist in § 7 bestimmt, daß jeder Gendarm sich die zu seinem Dienst erforderlichen Pferde selbst anschaffen muß; nach § 10 Abs. 1 soll jedes als Ersatz angeschaffte Pferd Eigentum des betreffenden Gendarmen sein, und für den Fall seines Ausscheidens aus dem Korps ihm der Taxwert von seinem Nachfolger ersetzt werden, und auch im § 11 wird durchaus vorausgesetzt, daß der Gendarm Eigentümer seines Dienstpferdes sei. Das Oberlandesgericht meint nun, daß trotz dieses klaren Wortlautes der einschlagenden Bestimmungen als der „wahre und wirkliche“ Eigentümer und Eigenbesitzer des Pferdes nicht der Gendarm, sondern der Fiskus, der Gendarm dagegen nur als „Fremdbesitzer“ nach Maßgabe des § 868 B.G.B. anzusehen sei. Daß hierdurch der § 868 verletzt wäre, wie der Beklagte gerügt hat, wird freilich kaum ohne weiteres gesagt werden dürfen; aber verstoßen ist gegen den § 903 B.G.B. insofern, als der Begriff des Eigentums verkannt, und nicht beachtet ist, daß nach dem § 903 die Befugnis des Eigentümers, mit der Sache nach Belieben zu verfahren und andere von jeder Einwirkung auszuschließen, in der verschiedensten Weise durch das Gesetz oder durch entgegenstehende Rechte Dritter eingeschränkt sein kann. Das Oberlandesgericht will nämlich deshalb dem Gendarmen das Eigentum am Dienstpferde absprechen, weil sein Recht an demselben in den §§ 10 und 11 der Dienst-Instruktion durch mannigfache Vorschriften beschränkt sei. Jedoch selbst wenn es sich hier um dingliche Einschränkungen handelte, so würde eben das Eigentumsrecht selbst dadurch nicht beseitigt sein; noch dazu aber sind jene Beschränkungen nur öffentlichrechtliche Vorschriften, welche dem Gendarmen ein bestimmtes Verhalten in Ansehung seines Pferdes zur Dienstpflicht machen oder verbieten, und hierdurch wird das Eigentumsrecht als solches so wenig berührt, wie dies durch privatrechtliche persönliche Verpflichtungen geschehen würde, die dem Eigentümer in Beziehung auf seine Sache obliegen. Muß hiernach nicht der Beklagte, sondern der Gendarm H. als Eigentümer des Pferdes gelten, so war der letztere, da er die tatsächliche Gewalt über dasselbe hatte, selbstverständlich auch Eigenbesitzer desselben.

Nun wäre freilich, wie schon erwähnt, in abstracto die Möglichkeit anzuerkennen, daß dennoch der Beklagte Halter des Tieres im Sinne des § 833 B.G.B. gewesen wäre. Daß es hierfür grundsätzlich überhaupt höchstens auf den Eigenbesitz, nicht auf das Eigentumsrecht als solches ankommen kann, liegt auf der Hand, weil es sich bei dem „Halten“ immer nur um ein tatsächliches Verhältnis handelt; aber auch der Eigenbesitzer braucht nicht notwendig zugleich Halter zu sein; wenn er nur mittelbarer Besitzer ist, so wird häufig nach Maßgabe der gegebenen Umstände der von ihm verschiedene unmittelbare Besitzer (der „Fremdbesitzer“, um mit dem Berufungsgerichte zu reden) der Halter des Tieres sein, und zwar dann, wenn nicht immer — was hier dahingestellt bleiben kann —, so doch oft ausschließlich dieser, nicht neben ihm auch der mittelbare Besitzer. Es ist aber nicht abzusehen, wie man im vorliegenden Falle zu einer solchen Auffassung gelangen könnte. Durchaus zu verwerfen ist die Ansicht des Oberlandesgerichts, wonach es erheblich sein würde, zu welchem Zwecke das Tier gerade in dem Augenblicke gebraucht wurde, wo es den Schaden anrichtete; denn unter dem „Halten" eines Tieres kann nach dem Sprachgebrauche nicht eine augenblickliche Benutzung, sondern nur ein Verhältnis von einiger Dauer verstanden werden, wie vom Reichsgericht schon ausgesprochen worden ist laut Entsch. dess. in Civils. Bd. 52 S. 117 flg. Wenn diese Entscheidung angegriffen worden ist unter Hinweis darauf, daß auch nach dem Art. 1385 Code civil für den durch ein Tier verursachten Schaden schlechtweg hafte auch „celui qui s'en sert", so ist dagegen zu bemerken, daß in diesem Punkte das deutsche Gesetz vom französischen eben abweicht. Allerdings hat das Reichsgericht in jener Entscheidung auch, wie jetzt das Oberlandesgericht, das eigne Interesse an der übernommenen Sorge für das Tier als ein Merkmal des „Haltens" bezeichnet; aber wenn das Berufungsgericht dem Gendarmen dieses eigne Interesse abspricht, so irrt es auch, selbst wenn ganz von dem dem Gendarmen nach richtiger Ansicht zustehenden Eigentum abgesehen wird; denn das Interesse des Gendarmen würde jedenfalls darin bestehen, daß er eben Gendarm sein will und dazu nach der Dienst-Instruktion eines von ihm selbst versorgten Pferdes bedarf.

Wollte man annehmen, daß trotz des Eigenbesitzes des Gendarmen doch der Fiskus Halter des Pferdes sei, so könnte man zu diesem Ergebnisse nur auf dem Wege gelangen, daß man den unmittelbaren Besitz des Tieres nach Maßgabe des § 868 B.G.B. dem Fiskus zuschriebe, dem der Gendarm dasselbe zu Dienstzwecken zur Verfügung stellen müsse und gestellt habe, und daß man dann den Gendarmen, der doch jedenfalls die tatsächliche Gewalt über das Pferd unmittelbar ausübt, wiederum als Besitzdiener des Fiskus im Sinne des § 855 B.G.B. ansähe. Es bedarf kaum der Bemerkung, daß zu dieser künstlichen Konstruktion keinerlei Anlaß gegeben ist. Auch daß nach § 12 Abs. 1 der Dienst-Instruktion der Gendarm die Fourage für das Pferd vom Staate geliefert erhält, kommt hierfür nicht in Betracht; das gehört nur zur Regelung der Dienstbezüge des Gendarmen." ...

---

41. Fällt die Rechtsanwaltstätigkeit unter den Begriff des Betriebes eines Gewerbes im Sinne des Gesetzes wegen Beseitigung der Doppelbesteuerung vom 13. Mai 1870?

VII. Civilsenat. Urt. v. 3. Juli 1903 i. S. B. (Kl.) w. hamburg. Fiskus (Bekl.). Rep. VII. 185/03.

I. Landgericht Hamburg.
II. Oberlandesgericht daselbst.

Der Kläger war hamburgischer Staatsangehöriger und bei dem Amtsgericht und dem Landgericht, sowie bei dem Hanseatischen Oberlandesgericht in Hamburg als Rechtsanwalt zugelassen. Seine Familie lebte auf einem ihm gehörigen Grundstück in T. in Preußen. Er wurde in Hamburg nach dem dortigen Einkommensteuergesetze für das Jahr 1902 mit einer Jahreseinnahme von 17500 ℳ zur Steuer eingeschätzt und zahlte nach vergeblicher Verfolgung von Rechtsmitteln im Verwaltungswege die Hälfte der Einkommenschätzung für 1902 mit 511,88 ℳ unter Vorbehalt. Auch in T. wurde er zur Steuer herangezogen. Er beschritt gegen die Steuerveranlagung in Hamburg den Rechtsweg, indem er die Annahme vertrat, daß er in Hamburg im Sinne des Gesetzes wegen Beseitigung der Doppelbesteuerung vom 13. Mai 1870 seinen Wohnsitz nicht habe, auch daß seine Erwerbstätigkeit als Rechtsanwalt als Gewerbebetrieb im Sinne des genannten Gesetzes nicht anzusehen sei, und daß er deshalb in Hamburg nicht zur Steuer herangezogen werden dürfe. Der Beklagte bestritt beides. In den vorderen Instanzen wurde die Klage abgewiesen. Die Revision ist zurückgewiesen.

Aus den Gründen:

... „Kläger ist nur mit dem Einkommen aus seiner Anwaltspraxis zur Steuer veranlagt. Nach § 3 des Gesetzes wegen Beseitigung der Doppelbesteuerung dürfen der Grundbesitz und der Betrieb eines Gewerbes sowie das aus diesen Quellen herrührende Einkommen nur von demjenigen Bundesstaate besteuert werden, in welchem der Grundbesitz liegt, oder das Gewerbe betrieben wird. Für den Begriff, den diese gesetzliche Bestimmung mit dem Ausdrucke „Gewerbe" verbindet, ist der Zweck des Gesetzes von besonderer Erheblichkeit. Das Gesetz will eine steuerrechtliche Materie ordnen; es faßt die gewerbliche Tätigkeit als Einnahmequelle ins Auge, weil sie in dieser ihrer Eigenschaft die Grundlage der Steuer bildet. Die Besteuerung soll demjenigen Staate zustehen, in dessen Gebiete die erwerbende Tätigkeit ausgeübt wird, und in welchem sie daher am unmittelbarsten den Schutz der Gesetze und der Behörden genießt. In den Motiven zum Entwurfe des Gesetzes wegen Beseitigung der Doppelbesteuerung (Drucksachen des Reichstages vom Jahre 1870 Bd. 3 Nr. 103) zu § 3 ist auf dieses Moment besonders hingewiesen. Soll aber der Zweck der dauernd auf Gewinn gerichteten Tätigkeit maßgebend sein, so ist kein Anlaß gegeben, zwischen Tätigkeiten höherer, insbesondere geistiger, und geringerer Art zu unterscheiden; bei allen liegt der Zweck der Tätigkeit in gleicher Art vor, und eben dieser bildet für das Steuergesetz das wesentliche. Da jedoch das Gesetz den Ausdruck „Gewerbe", im Gegensatz etwa zu „erwerbender" Tätigkeit, gewählt hat, so müssen solche Tätigkeiten ausscheiden, auf welche nach dem Sprachgebrauch des Lebens und der Gesetze der Ausdruck „Gewerbe" schlechthin nicht angewendet wird. Abgesehen von den Funktionen der öffentlichen Beamten und der Geistlichen, die danach nicht mit umfaßt sind, und hinsichtlich eines Teiles welcher im § 4 des Gesetzes vom 13. Mai 1870 auch eine besondere Bestimmung getroffen ist, bleiben mithin die rein wissenschaftlichen und die rein künstlerischen außer Betracht; es hieße den Worten des Gesetzes Zwang antun, wenn man auch diese Tätigkeiten deshalb, weil die für die Vorschrift des § 3 entscheidend gewesenen Rücksichten in größerem oder geringerem Maße auch auf sie zutreffen mögen, unter das Gesetz fallen lassen wollte. Daß aber z. B. die Ausübung der Heilkunde von dem Begriffe des Gewerbes ausgeschlossen wäre, läßt sich nicht anerkennen; es steht mit der allgemeinen Anschauung nicht in Widerspruch, daß eine auf wissenschaftlicher Grundlage beruhende, aber praktischen Zwecken gewidmete und auf Verdienst gerichtete Tätigkeit unter den Begriff des Gewerbes eingereiht wird, und auch nicht deshalb, weil sie zugleich ideale Ziele verfolgt. Ihr nahe verwandt ist die Anwaltstätigkeit. Der Rechtsanwalt stellt seine wissenschaftlichen Kenntnisse und seine praktischen Erfahrungen in den Dienst des rechtsuchenden Publikums, indem er juristischen Rat erteilt, die Vertretung in Prozessen übernimmt und bei dem Abschluß von Rechtsgeschäften mitwirkt. In dem einzelnen Falle liegt seiner Tätigkeit, ebenso wie der des Arztes, der Regel nach ein Vertrag zugrunde. Allerdings ist nun die Stellung des Rechtsanwaltes zugleich öffentlichrechtlicher Art, und die gegenteilige Ansicht des Berufungsrichters kann nicht gebilligt werden. Nicht nur sind dem Anwalte durch die Rechtsanwaltsordnung Pflichten öffentlichrechtlicher Art auferlegt, so insbesondere im § 18 (Wohnsitz), § 28 (Verhalten in Ausübung des Berufs und außerhalb desselben), § 29 (Pflicht für Stellvertretung zu sorgen), §§ 33. 34 (Pflicht zur Übernahme von Vertretungen), und weiter durch verschiedene Bestimmungen der Civilprozeßordnung, sondern er ist auch, und zwar namentlich durch das letztgenannte Gesetz, mit öffentlichrechtlichen Befugnissen ausgestattet.

Vgl. Entsch. des R.G.'s in Civils. Bd. 39 S. 134. 137; Erkenntnis des Ehrengerichtshofes vom 29. Januar 1886, Preuß. Just.-Min.-Bl. S. 69.

Allein entscheidende Bedeutung kann dieser Umstand für die hier vorliegende Frage nicht in Anspruch nehmen. Die vom Gesetz gewollte öffentlichrechtliche Natur der Anwaltsstellung ist nur eine Seite des Anwaltsberufes, eine sehr wichtige zwar, nicht aber eine solche, die für das steuerrechtliche Interesse im Vordergrunde stehen könnte. Durch die öffentlichen Pflichten und Rechte der Anwälte ist der Anwaltstätigkeit ein besonderer Wert verliehen; aber eine Änderung in ihrem Kern erleidet diese dadurch nicht; sie bleibt eine auf den Gewinn des Lebensunterhaltes gerichtete, dem Publikum dargebotene, beratende und helfende praktische Tätigkeit. Im Sinne des Steuergesetzes kann der ihr gewährte öffentlichrechtliche Charakter nicht dahin führen, sie aus den Kreisen der Gewerbe auszuschließen. In dem vorher genannten Urteile des VI. Civilsenates ist bei Erörterung der (bejahend beantworteten) Frage, ob der ärztliche Beruf unter den § 3 des Gesetzes vom 13. Mai 1870 fällt, für die Rechtsanwälte der öffentlichrechtlichen Natur ihrer Stellung eine weitergehende Bedeutung beigemessen, und ihr Beruf als außerhalb des § 3 a. a. O. liegend erachtet; entschieden aber ist die Frage in dem Urteil nicht, und es ist deshalb gegenwärtig nicht geboten, nach § 137 G.V.G. eine Entscheidung der vereinigten Civilsenate einzuholen.

Durch die Terminologie der übrigen Reichsgesetze wird der hier gebilligten Auffassung kein Hindernis bereitet, sondern eine weitere Stütze gewährt. In § 2 des Gesetzes, betr. den Betrieb der stehenden Gewerbe, vom 8. Juli 1868 wird die Tätigkeit der Advokaten ausdrücklich als Gewerbebetrieb bezeichnet. Eines näheren Eingehens auf die Frage, in welcher Bedeutung Art. 3 der Verfassung des Norddeutschen Bundes und § 1 des Gesetzes über die Freizügigkeit vom 1. November 1867 den Ausdruck „Gewerbebetrieb" und „Gewerbe" anwenden, sowie auf die Entstehungsgeschichte dieser Gesetze bedarf es nicht. Der mit Schreiben des Bundeskanzlers vom 7. April 1868 dem Reichstage vorgelegte Entwurf einer Gewerbeordnung (Stenogr. Berichte von 1868 Bd. 2 Anlagen Nr. 43) bestimmt im § 6, daß es bei den Bestimmungen der Landesgesetze für eine Reihe von erwerbenden Tätigkeiten sein Bewenden behalten soll. Unter diesen Ausnahmen sind Ackerbau, Gartenbau und schöne Künste nicht genannt, obwohl es keinem Zweifel unterliegt, daß auf diese das Gesetz Anwendung nicht finden sollte. Die Nichterwähnung erklärt sich dadurch, wie auch in den Motiven besonders hervorgehoben ist, daß man diese Betriebe als Gewerbe überhaupt nicht ansah und deshalb eine besondere Ausnahmebestimmung für sie als unnötig betrachtete. Besonders genannt waren dagegen im Entwurf des Gesetzes u. a. „der Gewerbebetrieb der Auswanderungsunternehmer, Auswanderungsagenten, die Ausübung der Heilkunde" (hier vorbehaltlich der Bestimmungen in den §§ 29. 30) „sowie auch die advokatorische und Notariatspraxis". Dies spricht dafür, daß man diese Tätigkeiten als unter den Begriff des Gewerbes fallend betrachtete, aber es für sie ausnahmsweise bei den Bestimmungen der Landesgesetze belassen wollte. Vgl. auch die Motive; ähnlich § 6 Gew.O. vom 21. Juni 1869. Wenn nun schon in gewerbepolizeilichen Gesetzen die Anwaltspraxis als begrifflich unter den Ausdruck „Gewerbe" fallend aufgefaßt ist, so muß dies um so mehr für das hier zur Anwendung kommende Gesetz steuerlichen Charakters gelten." ...

42. Inwieweit haftet der Militärfiskus gemäß § 831 B.G.B. für den Schaden, welcher einem Dritten durch unvorsichtige Handhabung oder Verwendung von Material aus fiskalischen Beständen von seiten eines zu der fraglichen Verrichtung bestellten Offiziers zugefügt wird?

VI. Civilsenat. Urt. v. 29. Juni 1903 i. S. E. K. u. J. K. (Kl.) w. Reichsmilitärfiskus (Bekl.). Rep. VI. 14/03.

I. Landgericht Thorn.
II. Oberlandesgericht Marienwerder.

Am 26. Januar 1901 hatte der Leutnant J. im Auftrage des Vorsitzenden der Feldgerätverwaltungskommission mit Glühzündern aus dem Feldgerätbestande des Pionierbataillons Nr. 17 eine Probe auf deren Brauchbarkeit vorgenommen. Dabei wurde eine Anzahl solcher Zünder im Hinterhofe der Kaserne versprengt, d. h. durch Einführung des elektrischen Stromes aus dem Glühzündapparate zum Explodieren gebracht. Die verbrauchten Zünder wurden auf Befehl des Leutnants von einem Pionier über den Zaun in das hinter dem Kasernenhofe gelegene Wäldchen geworfen. Unter den so beseitigten Zündern hatten sich aber, wie sich später herausstellte, mehrere befunden, die tatsächlich nicht explodiert waren. Am 9. März 1901 fand die elfjährige Tochter des Klägers J. K. am Wege, etwa 200 Meter von der Sprengstätte entfernt, zwei Blechkapseln — Zünder der erwähnten Art —, die sie ihrem achtjährigen Bruder, dem Kläger E. K., gab. Als der letztere mit der einen Kapsel spielte, explodierte diese, wobei dem Knaben die linke Hand zerschmettert wurde. Die Kläger machten neben dem Leutnant K. auch den Reichsmilitärfiskus für den Schaden verantwortlich. Dem ersteren Beklagten gegenüber wurde von den vorderen Instanzen der Schadensersatzanspruch für begründet erklärt, wogegen die Klage gegen den Fiskus abgewiesen wurde. Auf Revision der Kläger ist das die letztere Klage betreffende Urteil aufgehoben worden.

Aus den Gründen:

... „Der Berufungsrichter hat ... die vom verklagten Reichsfiskus bestrittene Passivlegitimation desselben als gegeben angenommen, indem er, im Gegensatz zum ersten Richter, davon ausgeht, daß in Preußen die Militärverwaltung im Namen und für Rechnung des

Reichs geführt werde, der Militärfiskus also Reichsfiskus sei. Diese Auffassung ist zutreffend, und ebenso richtig die dem Berufungsurteil zugrunde liegende Annahme, daß der Reichsfiskus den Rechtsregeln unterworfen ist, welche für das fragliche Rechtsgebiet von der dort geltenden Gesetzgebung hinsichtlich des einheimischen (Landes-) Fiskus aufgestellt sind.

Vgl. Urteil des erkennenden Senates vom 30. März 1903, Entsch. des R.G.'s in Civils. Bd. 54 S. 201.

Für den vorliegenden Fall sieht aber das Berufungsgericht die sämtlichen für eine Haftung des Fiskus vorgebrachten Gründe als hinfällig an. Die Kläger wollten in erster Linie den § 75 Einl. zum preuß. A.L.R. heranziehen. Mit Recht verneint das Oberlandesgericht die Anwendbarkeit dieser durch Art. 89 Nr. 1a preuß. Ausf.-Ges. zum B.G.B. aufrecht erhaltenen Bestimmung. In der Tat kann nach Wortlaut und Sinn des § 75 a. a. O. keine Rede davon sein, den gegenwärtigen Fall dieser Gesetzesbestimmung zu unterstellen. Auch darin ist dem vorigen Richter beizupflichten, daß die von den Klägern vertretene Ansicht, der Staat hafte gemäß der §§ 89. 31 B.G.B. ganz allgemein für Versehen seiner Beamten, auch bei Wahrnehmung der ihnen zustehenden obrigkeitlichen Gewalt, eine verfehlte, durch die Deduktionen der Kläger aus allgemeinen Gesichtspunkten nicht zu begründende ist, vor allem aber mit Art. 77 Einf.-Ges. zum B.G.B. im Widerspruch steht. Der § 89 in Verbindung mit § 31 B.G.B. bezieht sich nur auf solche Handlungen der Vertreter einer juristischen Person, welche diese in Ausübung ihrer privatrechtlichen Vertretungsmacht begehen, nicht aber auf die Handlungen, welche ein Beamter des Staates, der Gemeinde oder anderer Kommunalverbände in Ausübung der ihm anvertrauten öffentlichen Gewalt vorgenommen hat. Gerade für dieses letztere Gebiet ist die Regelung der Haftpflicht des Staates und der genannten Körperschaften des öffentlichen Rechtes durch die ausdrückliche Bestimmung in Art. 77 Einf.-Ges. der Landesgesetzgebung überlassen. Daß, wie das Berufungsurteil anführt, in Preußen der Staat für die Versehen seiner Beamten bei Wahrnehmung der ihnen zustehenden obrigkeitlichen Gewalt in der Regel nicht hafte, trifft jedenfalls für das Rechtsgebiet zu, welchem der vorliegende Fall angehört.

Vgl. Entsch. des R.G.'s in Civils. Bd. 28 S. 335 flg. 340, mit

Bd. 54 S. 19 flg.; Förster-Eccius, Preußisches Privatrecht Bd. 1 § 90 7. Aufl. S. 554.

Nun hatten aber die Kläger weiter geltend gemacht, daß es sich bei der Prüfung der Glühzündapparate durch den Leutnant J. gar nicht um die Amtshandlung eines Beamten, um die Ausübung eines staatlichen Hoheitsrechtes gehandelt habe, daß vielmehr der Fiskus lediglich als Eigentümer der Glühzündapparate in Frage komme, daß er sich in rein privatrechtlicher Sphäre bewegt habe, als er die Apparate durch den Leutnant J. habe prüfen lassen, daß also der § 831 B.G.B. zur Anwendung gelangen müsse. Das Berufungsgericht meint, auch bei dieser Auffassung könnte eine Haftung des Fiskus immer nur durch die §§ 89. 31 B.G.B. vermittelt werden, und es wäre dazu erforderlich, daß der Leutnant J. zu seiner Verrichtung von einem verfassungsmäßig berufenen Vertreter des Fiskus bestellt worden wäre. Diese Voraussetzung, wird weiter ausgeführt, fehle aber; denn J. habe den entscheidenden Auftrag von dem Vorsitzenden der Feldgerätverwaltung erhalten, und diese Kommission sei, wie die Auskunft der General-Inspektion des Ingenieur- und Pionierkorps und der Festungen ... ergeben habe, keine verfassungsmäßig berufene Vertretung des Reichsmilitärfiskus als privatrechtlicher Persönlichkeit; sie sei zur Fassung selbständiger Entschlüsse namens des Fiskus nicht befugt. Außerdem entnimmt der Berufungsrichter der erwähnten Auskunft auch, daß die Tätigkeit des Leutnants J. sich zum mindesten nicht rein auf privatrechtlichem Boden bewegt habe. Man würde das noch annehmen können, wenn der Fiskus Glühzündapparate kaufe und bei der Abnahme prüfe; dabei komme er, ebenso wie eine beliebige Privatperson, ausschließlich als Käufer in Frage. Wenn aber Glühzündapparate aus den fiskalischen Beständen auf ihre Kriegsbrauchbarkeit geprüft würden, so handle es sich nicht um eine Prüfung, die ein beliebiger Eigentümer an seinem Eigentum vornehmen lasse, sondern es spiele die Kriegshoheit des Staates hinein, es werde die Prüfung vorgenommen im Interesse der Sicherheit des Vaterlandes. Insoweit habe sich die Tätigkeit des Leutnant J. über den Rahmen einer bloßen Verrichtung im Sinne des § 831 B.G.B. erhoben; insoweit sei sie auch Ausübung eines staatlichen Hoheitsrechtes gewesen, und für ein hierbei von seinen Beamten begangenes Versehen hafte der Staat nicht....

Der Revision ist darin Recht zu geben, daß das Berufungsgericht die Sachlage im Hinblick auf § 831 B.G.B. unrichtig beurteilt hat.

Was die Frage anlangt, ob die Tätigkeit des Beklagten J., infolge deren der Unfall eingetreten ist, als eine Ausübung der öffentlichen Gewalt im Sinne des Art. 77 Einf.-Ges. zum B.G.B., oder vielmehr als eine auf privatrechtlichem Gebiet liegende Handlung zu betrachten sei, so wäre allerdings das erstere anzunehmen, wenn hierbei nur ein auf die militärische Ausbildung der Truppen abzielender Akt, nur die Betätigung der Fürsorge für die Kriegstüchtigkeit des Heeres in Frage stände. Solche Handlungen, bzw. Anordnungen von seiten der Truppenkommandos erfolgen in direkter Ausübung des Militärhoheitsrechtes. Dahin gehören beispielsweise die Schießübungen, das Gefechtsschießen der Truppen, Übungen der Pioniere im Schanzen- oder Brückenbau, im Mineurdienst ꝛc.

Vgl. Entsch. des R.G.'s in Civils. Bd. 24 Nr. 6 S. 36 flg.; Urteil des erkennenden Senates vom 30. März 1903, a. a. O. Bd. 54 S. 198 flg.

Auch der Betrieb der, einen Teil der Militärverwaltung bildenden, militärtechnischen Einrichtungen, wie Artilleriewerkstätten, mag, soweit dieser Betrieb an sich in Betracht kommt, als ein Ausfluß des Militärhoheitsrechtes zu betrachten sein; so für die Frage, ob über einen Anspruch auf Unterlassung eines solchen Betriebes der Rechtsweg zulässig sei.

Vgl. Entsch. des R.G.'s in Civils. Bd. 44 Nr. 55 S. 225 flg.

Davon wesentlich verschieden sind aber Anordnungen und Handlungen der Militärverwaltung, welche lediglich aus Anlaß der Ausübung eines Hoheitsrechtes erfolgen, jedoch ihrer Natur und Zweckbestimmung nach der staatlichen Vermögensverwaltung angehören, militärfiskalische Anordnungen oder Akte. Bei diesen handelt es sich um privatrechtliche Angelegenheiten des Staates, und der Staat, also auch der Militärfiskus, soweit er in privatrechtliche Beziehungen zu den Beteiligten tritt, untersteht auf diesem Gebiete den Vorschriften des bürgerlichen Rechtes. Das gilt insbesondere hinsichtlich der vom Gesetze dem Eigentümer oder Besitzer auferlegten Verantwortlichkeit wegen der durch seine Sachen verursachten Beschädigungen. Die Unterhaltungspflicht an Gebäuden und mit einem Grundstück verbundenen Werken, die Fürsorge bezüglich der Gefährdungen ausschließenden Beschaffenheit oder Behandlung von Eigentumsgegenständen überhaupt sind, sofern der allgemeine Verkehr und die Sicherheit desselben hiervon berührt werden, ein Erfordernis des bürgerlichen Verkehrs und Rechtslebens.

Vgl. Urteile des erkennenden Senats vom 19. März 1903, Entsch. des R.G.'s in Civils. Bd. 54 Nr. 45 S. 157 flg. 159; vom 22. Februar 1903, ebendort Nr. 17 S. 53 flg.

Eine privatrechtliche Haftung trifft den Fiskus, auch den Militärfiskus, wofern er bei Verwahrung, Untersuchung, Bei- oder Wegschaffung der zu fiskalischen Beständen gehörigen Materialien die im Verkehr erforderliche Sorgfalt außer acht läßt. Diese Haftung wird nicht dadurch ausgeschlossen, daß die fraglichen Verrichtungen an sich im militärischen Interesse vorgenommen werden, während sie allerdings nicht Platz greift, soweit die Handhabung oder Verwendung fiskalischer Gegenstände — Waffen, Munition, Feldgerätes — unmittelbar eine Ausübung des eigentlichen militärischen Dienstes darstellt.

Im vorliegenden Falle trifft das letztere nicht zu. Die von dem Leutnant J. vorgenommenen Sprengungen geschahen nicht zum Zweck einer Truppenübung, sondern, im Auftrage der Feldgerätverwaltung, behufs Prüfung der Glühzündapparate auf die Brauchbarkeit der fiskalischen Bestände. Dürfte man, wie es die Revision will, die hierbei dem beauftragten Offizier obliegende Dienstverrichtung nach ihren einzelnen Teilen trennen, so würde in dem letzten Akte, der in der Beseitigung ausgebrauchter Glühzünder bestand, gewiß keine Ausübung der Militärhoheit zu erblicken sein. Eine derartige Verfügung über fiskalische Gegenstände, Vernichtung oder Dereliktion derselben von seiten der Militärverwaltung, hat mit der Ausübung eines staatlichen Hoheitsrechtes nichts mehr zu tun. Es erscheint indes nicht als zulässig, die in Frage stehende Tätigkeit in ihre einzelnen Teile zu spalten. Der dem Leutnant J. erteilte Auftrag ging dahin, die Prüfung der Glühzündapparate vorzunehmen, und erstreckte sich auf alle hierzu erforderliche einzelne Anordnungen oder Verrichtungen, ohne Zweifel also auch auf diejenigen, welche die Verwahrung der Gegenstände bei und nach der Prüfung, die Untersuchung und eventuell Beseitigung der ausgebrauchten Zünder betrafen. Diese ganze einheitliche Tätigkeit aber bildete die Ausführung einer militärfiskalischen Anordnung und bewegte sich jedenfalls insofern auf privatrechtlichem Gebiet, als sie den Fiskus in Berührung mit dem allgemeinen Verkehr, dem Rechtskreise Dritter brachte. Hieraus ergab sich die (privatrechtliche) Pflicht des Militärfiskus zur Rücksichtnahme auf die Interessen anderer und auf die Sicherheit des Verkehrs. Die Sache liegt in dieser Beziehung nicht anders, als in dem von dem Berufungsgericht in Gegensatz gestellten Fall, wenn der Fiskus Glühzündapparate kauft und bei der Abnahme prüft, um festzustellen, ob ihm gute und ordnungsmäßige Ware geliefert ist.

Mindestens schief ist nun die Erwägung des Berufungsgerichts, daß eine Haftung des Fiskus aus § 831 B.G.B. immer nur durch durch die §§ 89. 31 B.G.B. vermittelt werden könnte. Das Verhältnis dieser Gesetzesvorschriften zueinander scheint hierbei verkannt zu sein. In den §§ 31. 89 ist die Haftung der Vereine und der Korporationen des öffentlichen Rechtes aus Schadenshandlungen ihrer verfassungsmäßig berufenen Vertreter normiert, in der Weise, daß die juristische Person für solche Handlungen unmittelbar und unbedingt verantwortlich ist; die Handlung jener Vertreter oder (nach bisher üblicher Bezeichnung) Willensorgane gilt als Handlung der juristischen Person selbst. Nach § 831 B.G.B. dagegen ist der Geschäftsherr zum Ersatze des Schadens verpflichtet, den die von ihm zu einer Verrichtung bestellte Person einem Dritten widerrechtlich zufügt, vorbehältlich des in Satz 2 des ersten Absatzes nachgelassenen Exkulpationsbeweises. Die letztere Haftung trifft auch die juristische Person für Schadenszufügung durch solche Personen, welche von ihr, ohne verfassungsmäßig berufene Vertreter zu sein, zu einer Verrichtung bestellt worden sind. Das rechtliche Merkmal, welches jene Vertreter von diesen Angestellten unterscheidet, ist die Berufung der ersteren zur Tätigkeit innerhalb eines Geschäftsbereichs durch die Satzung der Körperschaft, bei dem Staat und anderen öffentlichrechtlichen Körperschaften durch die ihre Verwaltungsorganisation regelnden Bestimmungen.

Vgl. Urteil des Reichsgerichts vom 15. Januar 1903, Entsch. dess. in Civils. Bd. 53 S. 276 flg.

Der im Sinne von § 831 B.G.B. zu einer Verrichtung Bestellte muß allerdings von einem hierfür zuständigen Vertreter der juristischen Person bestellt sein, wenn diese als Geschäftsherrin gelten soll. Soweit es sich hierbei um einen rechtsgeschäftlichen Akt der Bestellung, Beauftragung des anderen handelt, bestimmt sich die Vertretungsmacht für dieses Geschäft bei privaten Vereinen nach den §§ 26 Abs. 2. 30 B.G.B. Bei öffentlichen Korporationen, namentlich dem Staat, aber sind die Befugnis, andere zu einer Verrichtung zu bestellen, wie auch die weiterhin für den § 831 B.G.B. in Betracht kommenden Befugnisse und Obliegenheiten in betreff der Auswahl der bestellten Person, der Beschaffung von Vorrichtungen oder Gerätschaften, einer Leitung der Ausführung der Verrichtung gewöhnlich durch die Normen des öffentlichen Rechtes, die Verwaltungsorganisation geregelt. Und wenn man auch die Voraussetzung der Haftung aus § 831 B.G.B. dahin ausdrücken mag, daß die zu der Verrichtung bestellte Person eine solche sei, die ihren dienstlichen Auftrag wiederum auf ein nach § 30, bzw. §§ 31. 89 B.G.B. verfassungsmäßig zur Vertretung der Korporation, des Staates berufenes Organ zurückführt, so ist dies doch nicht in dem Sinne richtig, als müßte der Bestellte den Auftrag zu der einzelnen Verrichtung unmittelbar von einem solchen Vertretungsorgan erhalten haben. Die Bestellung kann in der Anstellung des Beamten, der Auftrag zu der Verrichtung in einer allgemeinen Dienstvorschrift begründet sein.

Im gegebenen Falle war demnach nicht, wie das Berufungsgericht annimmt, das entscheidend, ob die Kommission für die Feldgerätverwaltung als ein zur Vertretung des Militärfiskus nach §§ 31. 89 B.G.B. verfassungsmäßig berufenes Organ anzusehen sei, — eine Frage übrigens, für deren rechtliche Beurteilung die von dem Berufungsgericht eingeholte Auskunft der General-Inspektion des Ingenieur- und Pionierkorps und der Festungen nicht maßgebend, und namentlich nicht von ausschlaggebendem Gewicht sein könnte, ob die genannte Kommission zur Fassung selbständiger Entschlüsse namens des Fiskus in Absicht auf Rechtsgeschäfte, wie An- und Verkauf von ihrer Verwaltung unterliegenden Gegenständen, befugt sei. Vielmehr kam es lediglich darauf an, ob der Leutnant J., in seiner Eigenschaft als Offizier und Mitglied der Feldgerätverwaltung, in dienstlich zuständiger Weise zu dem fraglichen Geschäft, der Prüfung der Glühzündapparate, berufen war. Daß dies zutraf, ergibt sich aber auch schon aus der von dem Chef des Ingenieur- und Pionierkorps erteilten Auskunft, wonach (Ziff. 5) der Vorsitzende der Feldgerätverwaltung befugt ist, ein Mitglied der Verwaltung mit der Vornahme einzelner Untersuchungen, insbesondere jener Prüfung, zu beauftragen. Diese

Befugnis hat in der Militärverfassung des Reiches oder in den organisatorischen Bestimmungen für die Militärverwaltung, welche die Kompetenz der Behörden und Beamten (Offiziere) für die betreffenden Geschäftskreise regeln, ihre Grundlage und ist der genannten Kommission, jedenfalls mittelbar und in letzter Instanz, durch verfassungsmäßig berufene Vertretungsorgane des Staates zugewiesen. Der Leutnant J., welcher nur im Auftrage des Vorsitzenden der Kommission tätig zu sein hatte, kann nach der Art und dem Umfang dieser Tätigkeit zwar nicht selbst als ein Vertreter des Militärfiskus im Sinne von §§ 31. 89 B.G.B. angesehen werden; wohl aber war er von dem Militärfiskus gemäß § 831 B.G.B. zu der Verrichtung einer Prüfung der Glühzündapparate bestellt, und in Ausführung dieser Verrichtung hat derselbe nach dem festgestellten Sachverhalte diejenige Handlung begangen, wodurch die Körperverletzung des Klägers E. K. herbeigeführt worden ist.

Um sich von der somit nach § 831 Abs. 1 Satz 1 B.G.B. gegebenen Haftung zu befreien, hat der verklagte Fiskus den in Satz 2 daselbst vorgesehenen Nachweis zu führen. Diese Frage ist bisher in der Vorinstanz tatsächlich und rechtlich unerörtert geblieben, und wenn auch die Beurteilung derselben, soweit es die Auswahl der bestellten Person angeht, schon auf Grund des vorliegenden Tatbestandes als angängig erscheinen sollte, so ist das gleiche doch nicht in den übrigen Beziehungen der Fall. Die Kläger „beschweren sich“, wie im Berufungsurteil . . . gesagt ist, darüber, daß die Sicherheit des Verkehrs auf öffentlichen Wegen durch die Maßnahmen des Fiskus gelitten habe. Bei den am 26. Januar 1902 vorgenommenen Versuchen ist ein Teil der Glühzünder in dem Hofe der Pionierkaserne versprengt worden; die vermeintlich explodierten Zünder wurden über den Zaun in das dahinter gelegene Wäldchen geworfen. In dem Teilurteil vom 26. Mai 1902 . . . ist festgestellt, daß bei nur oberflächlicher Untersuchung die Verwechselung eines nicht detonierten Glühzünders mit einem detonierten immerhin möglich sei. Es könnte bei dieser Sachlage in Frage kommen, ob nicht hinsichtlich der bestehenden Einrichtungen und zu erlassenden Instruktionen oder der Beschaffung von Vorrichtungen oder Gerätschaften von seiten der Militärverwaltung etwas versehen worden sei.“ . . .

---

43. Liegt im Falle des Art. 578 H.G.B. (§ 577 n. F.) Vertragsbruch auf seiten des Befrachters vor, wenn die Ladezeit abläuft, ohne daß dem Verfrachter die Ladung von dem Dritten geliefert wird? In welcher Weise hat der Verfrachter seiner Verpflichtung zur „schleunigen Benachrichtigung" nachzukommen? Findet Art. 571 (§ 570 n. F.), wonach der Verfrachter seinen Willen, nicht länger zu warten, spätestens drei Tage vor Ablauf der Ladezeit oder der Überliegezeit dem Befrachter zu erklären hat, auch im Falle des Art. 578 Anwendung?

I. Civilsenat. Urt. v. 15. Juni 1903 i. S. B. (Bekl.) w. A. (Kl.). Rep. I. 65/03.

I. Landgericht Altona, Kammer für Handelssachen.
II. Oberlandesgericht Kiel.

Laut Chartepartie d. d. Wismar den 14. Juni 1899 verfrachtete der Kapitän M. das von ihm geführte Schiff „Hilma" an T. zu Wismar als hierzu beauftragten Agenten der Beklagten, um in Luleå eine dort am 15. Juli zur Verfügung zu stellende volle Ladung Bretter einzunehmen, sie nach Itzehoe zu bringen und dort zu löschen. Als Ladezeit waren 6 „laufende, trockene Arbeitstage" bedungen. Jeder Überliegetag sollte mit 80 ℳ vergütet werden. Die Fracht war mit 33 ℳ für jeden eingenommenen Petersburger Standard, wovon das Schiff ca. 80 faßte, vereinbart. Wer den Vertrag brach, sollte dem anderen Teile den „kalkulierten Frachtbetrag" zahlen. Als M. in Luleå eintraf, erhielt er dort einen Brief des T. mit der Nachricht, der Ladungsplatz sei Raneå (ca. 80 km von Luleå), und Ablader sei N. daselbst. Er telegraphierte darauf am 7. Juli an T., wenn die Abladung in Raneå erfolgen solle, verlange er Bezahlung der Bugsierungs- sowie der sonstigen Extrakosten. Als Antwort erhielt er das Telegramm der Beklagten: „Meinetwegen frei von Charter." Darauf erwiderte er telegraphisch an T.: „B. telegraphiert: Meinetwegen frei Charter; Hilma liegt folglich hier für ihre Rechnung." Am 13. Juli zeigte M. dem N. seine Ladebereitschaft für den 15. Juli an; da dieser aber an die Beklagte eine in Raneå abzuladende Holzladung verkauft hatte, antwortete er dem M., er sei nicht verpflichtet, Holz in Luleå abzuladen, die Lieferung in Raneå habe übrigens erst später zu erfolgen. Demgemäß telegraphierte M. am 13. Juli an T.: „Hilma ladefertig, N. mitteilt, Ladung nicht fertig, ehe letzten Juli, beanspruche kontraktliche Überliegegelder.“ Sodann telegraphierte er am 15. Juli an T.: „Telegraphiere Bescheid, Hilma heute erster Liegetag.“ T. antwortete am 16. Juli: „Der Ablader hat Auftrag, die Sache mit Dir zu ordnen.“. Am 21. Juli erhielt Beklagte eine Depesche N.'s: „Kapitän fordert 80 ℳ jeden Wartetag nebst 150 Kronen Dampferhilfe von Luleå. Mir ist unmöglich, bevor ultimo Juli abzuladen.“ Beklagte anwortete: „Können Sie nicht ab Luleå anbieten Weißholz 1 × 4 oder ähnliches?“ Da N. hierauf nichts entgegnete, depeschierte ihm Beklagte am 24. Juli: „Kapitäns Forderung viel zu hoch. Brief B.“, und schrieb am selben Tage, N. möge auf eine Verständigung mit M. verzichten und ihn ausschließlich an Beklagte verweisen; wenn er wolle, könne er ja unter Protest segeln. Bevor dieser Brief eintraf, war M. in der Tat am 24. Juli von Luleå nach Protesterhebung abgesegelt. Die Rechte aus dem Frachtvertrage hatte er an den Kläger cediert. Dieser verlangte mit der Klage

1. die kalkulierte Fracht mit	ℳ	2640 —
2. für 3 Tage Überliegegeld	„	240 —
zusammen	ℳ	2880 —,

nebst Zinsen.

Die Beklagte beantragte Klagabweisung, indem sie neben anderen Einreden besonders geltend machte, M. habe versäumt, ihr gemäß Art. 571 H.G.B. drei Tage vor Ablauf der Ladezeit, bzw. vor seiner Abfahrt seinen Willen zu erklären, nicht länger zu warten. Danach sei gemäß Art. 571 Abs. 2 H.G.B. die Ladezeit am 24. Juli noch nicht für abgelaufen zu erachten gewesen, und somit habe nicht sie, sondern M. den Frachtvertrag gebrochen. Das Landgericht verurteilte die Beklagte nach der Klage. Ihre Berufung hatte nur wegen des geforderten Überliegegeldes Erfolg. Ihre Revision wurde zurückgewiesen aus folgenden

Gründen:

„Den Ausführungen der Revision konnte nicht beigetreten werden.

Sie bezweifelt zunächst, ob selbst für den Fall, daß Art. 578 H.G.B. im Sinne der Vorinstanzen auszulegen sei, daß der Verfrachter somit die in Art. 571 Abs. 1 Satz 2 vorgesehene Erklärung nicht habe abzugeben brauchen, nach Lage des Falles ein Bruch des

Frachtkontraktes auf seiten der Beklagten für vorliegend erachtet werden könne, weil der Verfrachter M. doch nicht gezwungen gewesen sei, nach Ablauf der Ladezeit abzusegeln, sondern sehr wohl noch länger habe warten können. Hierbei wird übersehen, daß Art. 578 es dem Verfrachter geradezu zur Pflicht macht, „nur bis zum Ablauf der Ladezeit, nicht auch während der etwa vereinbarten Überliegezeit auf die Abladung zu warten, es sei denn, daß er von dem Befrachter oder einem Bevollmächtigten desselben noch innerhalb der Ladezeit eine entgegengesetzte Anweisung erhält". Allerdings besteht diese Pflicht nur unter dem Rechtsnachteile, daß der Verfrachter, wenn er trotzdem über die Ladezeit hinaus liegen bleibt, keinen Anspruch auf das vereinbarte Überliegegeld hat. Gerade hierin aber kommt zum Ausdruck, daß der Vertrag mit dem fruchtlosen Ablauf der Ladezeit hinfällig wird, und da dieser Umstand die Folge davon ist, daß dem Verfrachter innerhalb der Ladezeit keine Ladung geliefert wurde, was selbstverständlich von dem Befrachter zu vertreten ist, so muß darin ein Bruch des Kontraktes auf seiten des letzteren erblickt werden.

Zweitens bezweifelt die Revision, ob der Verfrachter M. der ihm nach Art. 578 obliegenden Pflicht, der Beklagten von der Weigerung des Abladers N., die Ladung zu liefern, schleunigst zu benachrichtigen, nachgekommen sei. Aber auch diese Frage ist unbedenklich zu bejahen. Daß N. nicht in Luleå, wo die Ladung nach dem Frachtvertrage zu liefern war, sondern in dem 80 km davon entfernten Raneå abladen wollte, war der Beklagten bekannt und von ihr selbst dem M. mitgeteilt worden. Es genügte daher zur völligen Klarstellung der Sachlage, wenn M. der Beklagten anzeigte, daß er ohne Vergütung der entstehenden Extrakosten nicht nach Raneå segeln würde. Er tat noch ein übriges, wenn er am 13. Juli ferner telegraphierte, daß N. auch nicht imstande und willens sei, vor dem letzten Juli zu liefern, obwohl die Ladung im Frachtvertrage für den 15. Juli zugesagt war. Da beiden Teilen die Vorschrift des Art. 578 H.G.B. gegenwärtig sein mußte, so kann in den beigefügten Worten: „beanspruche kontraktliche Überliegegelder", keineswegs die Erklärung gefunden werden, daß M. auch ohne Anweisung die Überliegezeit hindurch warten werde, sondern nur die, daß er eine Anweisung gewärtige, trotz Ablaufs der Ladezeit gegen Überliegegeld weiter auf Abladung zu warten.

Ihren letzten und Hauptangriff richtet die Revision gegen die oben erwähnte, vom Vorderrichter dem Art. 578 H.G.B. im Gegensatze zu Schaps, Seerecht § 577 Anm. 3, gegebene Auslegung. Aber auch hierin kann dem Vorderrichter nur beigetreten werden.

Der Art. 578 H.G.B. setzt regelmäßig Abwesenheit des Befrachters voraus.

Vgl. Protokolle S. 2497 zu § 4.

Für diesen Fall ist aber die Vorschrift des Art. 571 Abs. 1 Satzes 2, wie auch Art. 572 zeigt, nicht berechnet. Die dreitägige Frist würde laufen von dem Zeitpunkte, wo dem Befrachter die Erklärung, daß der Verfrachter nicht über die Ladezeit hinaus warten wolle, zugeht. Bei weiter Entfernung vom Wohnsitze des Abladers könnte der Verfrachter aber gar nicht kontrolieren, ob und wann dem Befrachter die Erklärung zugegangen ist, und er würde alsdann über den Ablauf der Ladezeit im ungewissen sein. Die Erklärung ist hauptsächlich dazu bestimmt, dem Befrachter Gelegenheit zu geben, eine begonnene Beladung noch möglichst zu Ende zu führen oder andere Vereinbarungen mit dem Verfrachter zu treffen und eine unvermutete Abreise des letzteren auszuschließen.

Vgl. Protokolle S. 2472. 2486 flg.

Diese Gesichtspunkte treffen für den Fall des Art. 578 teils nicht zu, teils wird ihnen durch die dort vorgeschriebene schleunige Benachrichtigung und das Recht des Befrachters, den Verfrachter durch Anweisung zur Einhaltung der Überliegezeit anzuhalten, genügend Rechnung getragen. Erfolgt eine solche Anweisung nicht, so steht der Fall des Art. 578 auf einer Stufe mit einer Gestaltung der im übrigen dem Art. 571 entsprechenden Sachlage, bei der der Befrachter sich ausdrücklich weigerte, Ladung zu liefern. Bei diesem Tatbestande hat die Rechtsprechung wiederholt mit Recht angenommen, daß ein weiteres Zuwarten des Schiffers nicht geboten sei.

Vgl. Boyens, Seerecht § 570 Bem. 5, und Citate.

Die hier vertretene Auslegung entspricht auch der Entstehungsgeschichte des Gesetzes. Zu Art. 509 des Entwurfes erster Lesung (Art. 578 des Gesetzes) war beantragt worden, die Erklärungspflicht des Art. 505 (Art. 571 des Gesetzes) für anwendbar zu erklären. Dieser Antrag wurde jedoch nach ausführlichen Gegenbemerkungen von der Kommission abgelehnt.

Vgl. Protokolle S. 3858." ...

44. Fallen auch die an einer ausländischen Börse abgeschlossenen börsenmäßigen Termingeschäfte unter das Verbot des § 50 Abs. 3 des Börsengesetzes?

I. Civilsenat. Urt. v. 15. Juni 1903 i. S. S. & R. (Bekl.) w. F. (Kl.). Rep. I. 80/03.

I. Landgericht I Berlin, Kammer für Handelssachen.
II. Kammergericht daselbst.

Die Klage war auf die Behauptung gestützt, daß die von der Beklagten an der New-Yorker und Chicagoer Börse für den Kläger abgeschlossenen Geschäfte Börsentermingeschäfte seien, daß der Kläger deshalb die zur Deckung seiner Verluste gemachten Zahlungen von 5110 ℳ und 3000 ℳ und den Erlös seines Depots mit 1011,60 ℳ zurückfordern, ferner die von ihm gegebenen, noch laufenden Wechsel über 2000 ℳ und 2374,30 ℳ herausverlangen, außerdem aber auch den von ihm bei einem der Geschäfte erzielten Gewinn im Betrage von 2363,40 ℳ beanspruchen könne. Die Beklagte beantragte Abweisung der Klage, indem sie namentlich geltend machte, daß die vom Kläger geleisteten Zahlungen sowie die Verwertung seines Depots nach vollständiger Abwickelung der Geschäfte erfolgt seien, daher eine Rückforderung nach § 66 Abs. 4 des Börsengesetzes ausgeschlossen sei. Das Landgericht verurteilte die Beklagte zur Herausgabe der beiden Wechsel und zu der Anerkennung, daß ihr eine Forderung in Höhe der Wechselbeträge nicht zustehe, und wies im übrigen die Klage ab. Dieses Urteil wurde, soweit es die Klage abwies, auf die Berufung des Klägers dahin abgeändert, daß die Beklagte weiter zur Zahlung von 9161,60 ℳ nebst Zinsen verurteilt wurde. Auf die Revision der Beklagten ist das Berufungsurteil aufgehoben, und die Berufung des Klägers zurückgewiesen worden, aus folgenden

Gründen:

„Die angefochtene Entscheidung konnte nicht aufrecht erhalten werden. Das Kammergericht erwägt, ob die in Frage stehenden Geschäfte, welche zweifellos Börsentermingeschäfte sind, aber an einer ausländischen Börse und nach deren Usancen ausgeführt wurden, den Vorschriften des § 66 Abss. 1. 2. 4 des Börsengesetzes, oder derjenigen des § 50 Abs. 3 a. a. O. unterstehen. Es entscheidet sich für die letztere Annahme und gelangt zu dem Ergebnis, daß Kläger wegen der Nichtigkeit der verbotswidrigen Geschäfte auch zur Zurückforderung der bereits bezahlten Beträge berechtigt sei.

Allein die Auffassung des Kammergerichts, daß die Vorschrift des § 50 Abs. 3 des Börsengesetzes:

„Der börsenmäßige Terminhandel in Getreide und Mühlenfabrikaten ist untersagt",

sich auch auf Börsentermingeschäfte beziehe, die an ausländischen Börsen geschlossen werden, kann nicht gebilligt werden.

Der Gesetzgeber sucht den schweren wirtschaftlichen Nachteilen, welche ein ungesunder Börsenterminhandel sowohl für den einzelnen als in volkswirtschaftlicher Beziehung nach sich zieht, in mehrfacher Weise entgegenzuwirken; zunächst in subjektiver Beziehung, indem er diejenigen Personen, für welche eine wirtschaftliche Berechtigung zur Benutzung der Börse nicht anerkannt werden kann, durch die Einrichtung des Börsenregisters von derselben fernzuhalten sucht; sodann objektiv, indem er nach dem Gegenstande der Spekulation den börsenmäßigen Terminhandel an Bedingungen knüpft, erschwert oder völlig untersagt. Dabei hat der Gesetzgeber schon mit Rücksicht auf die internationalen Beziehungen, welche der Börsenterminhandel notwendig mit sich bringt, sich der Aufgabe nicht entziehen können, die räumlichen Grenzen für die Herrschaft seiner Vorschriften in dem Gesetze selbst zu bestimmen. Dies ist in § 68 geschehen, und zwar, wie anzunehmen ist, in erschöpfender Weise. Die hier gezogenen Grenzlinien sind maßgebend, sowohl in dem, was ausdrücklich verordnet ist, als auch in dem, was nicht verordnet ist. Daß der Gesetzgeber mit seinen Vorschriften über die Einrichtung der Börse, über die Zulassung von Waren und Wertpapieren zur Börse und über das Börsenregister nur inländische Börsen im Auge haben konnte, ist ohne weiteres selbstverständlich. In unmittelbarem und untrennbarem Zusammenhange mit diesen Bestimmungen stehen aber auch das Verbot und die Beschränkung des Börsenterminhandels in gewissen Waren und Wertpapieren in § 50, sowie die Vorschriften über die civilrechtliche Wirksamkeit der Börsentermingeschäfte in § 66. Nur die letzteren, nicht aber die übrigen den Börsenterminhandel regelnden Bestimmungen sind in § 68 Abs. 1 des Gesetzes auch dann für anwendbar erklärt, wenn das

Geschäft im Auslande geschlossen oder zu erfüllen ist. Man hielt es für erforderlich, das Prinzip „locus regit actum" zu durchbrechen, um zu verhüten, daß der Inländer unter Umgehung der Eintragung seine Börsentermingeschäfte nach dem Auslande verlegt.

Vgl. Motive zu § 65 des Entwurfes eines Börsengesetzes (Nr. XIV der Drucksachen des Reichstags IX. Legislaturperiode 4. Session) und Kommissionsbericht zu § 65 (Reichstags-Drucksache Nr. 246), erstattet von dem Abgeordneten Gamp.

Das Gesetz greift hier über das Territorialitätsprinzip hinaus, aber nur in Ansehung solcher Personen, welche im Inlande einen Wohnsitz oder eine gewerbliche Niederlassung haben. Die ausdrückliche Beschränkung dieser Ausdehnung auf die Bestimmungen des § 66 muß bei einer logischen Interpretation des Gesetzes notwendig zu dem Ergebnis führen, daß der Gesetzgeber die Anwendung seiner übrigen Normen über den Börsenterminhandel auf im Auslande geschlossene oder zu erfüllende Geschäfte nicht gewollt hat. Demgegenüber erscheint es auch unzulässig, hier die Vorschrift des Art. 30 Einf.Ges. zum B.G.B. beizuziehen. Die Kollisionsnorm, welche das Börsengesetz im § 68 gibt, ist die allein maßgebliche.

Die durch die Interpretation der Gesetzesbestimmungen selbst gefundene Auffassung wird überdies durch den Gang der Beratung im Reichstage durchaus bestätigt. Hier war zur dritten Lesung des Entwurfes eines Börsengesetzes von seiten des Grafen v. Arnim der Antrag gestellt (vgl. Reichstags-Drucksache Nr. 425, 1), dem § 50 hinter Abs. 3 folgende Zusätze beizufügen:

„Ebenso sind Rechtsansprüche aus in Getreide und Mühlenfabrikaten abgeschlossenen börsenmäßigen Termingeschäften auch dann unklagbar, wenn die betreffenden Geschäfte im Auslande abgeschlossen sind. Etwa schon Geleistetes kann zurückgefordert werden.

Die Zwangsvollstreckung aus solchen Urteilen ausländischer Gerichte, welche durch dieses Gesetz verbotene Termingeschäfte betreffen, findet nicht statt."

Dieser Antrag wurde zurückgezogen zugunsten eines Abänderungsantrages der Grafen v. Arnim und v. Stolberg-Wernigerode (vgl. Reichstags-Drucksache Nr. 429), dem § 50 den Zusatz hinzuzufügen:

„Wenn börsenmäßige Termingeschäfte, die auf Grund dieses Gesetzes verboten sind, im Auslande abgeschlossen sind, so sind

Rechtsansprüche aus diesen Geschäften unklagbar, und findet Zwangsvollstreckung aus Urteilen ausländischer Gerichte, welche solche Geschäfte betreffen, nicht statt.

Etwa schon Geleistetes kann zurückgefordert werden."

Der Schlußsatz „Etwa schon Geleistetes" 2c wurde zurückgezogen, dagegen zu dem noch bestehenden Antrag der Zusatz gemacht:

„soweit nicht Staatsverträge entgegenstehen."

In dieser Fassung wurde der Antrag nach eingehender Beratung, in welcher er namentlich von dem Kommissar des Bundesrates, Präsidenten des Reichsbankdirektoriums Koch, bekämpft worden war, von der Mehrheit des Reichstages abgelehnt.

Vgl. Sitzungsprotokolle S. 2417 flg. 2448 flg. 2455.

Aus den Ausführuugen des Bundesratskommissars ist die Auffassung hervorzuheben, daß der Entwurf grundsätzlich nur die Verhältnisse an deutschen Börsen regele; wenn das Verbot des börsenmäßigen Terminhandels in landwirtschaftlichen Produkten den Zweck verfolge, einer gewissen Tyrannei, welche durch die Börsenkurse auf alle Geschäfte in diesen Produkten ausgeübt werde, insbesondere den zu großen und häufigen Schwankungen und dem Preisdruck, entgegen zu wirken, so treffe dieser Gesichtspunkt für im Auslande geschlossene Geschäfte nicht zu; denn die ausländischen Kurse seien für Geschäfte, die von inländischen Händlern oder Kommissionären im Inlande geschlossen würden, nicht maßgebend.

Der Vertreter der Revisionsbeklagten hat demgegenüber darauf hingewiesen, daß die Absicht des Gesetzgebers, auch die im Auslande abgeschlossenen Börsentermingeschäfte in Getreide und Mühlenfabrikaten zu verbieten, in der von der Reichstagsmehrheit angenommenen Resolution (Reichstags-Drucksache Nr. 327), dahin lautend:

„Den Herrn Reichskanzler zu ersuchen, mit denjenigen Staaten, in denen ein börsenmäßiger Terminhandel in Getreide und Mühlenfabrikaten besteht, wegen Untersagung dieses Handels in Verhandlung zu treten und über das Ergebnis dem Reichstage Mitteilung zu machen",

deutlichen Ausdruck gefunden habe (vgl. Protokolle S. 2436). Er hat ausgeführt, daß diese Absicht bei Auslegung der Vorschrift des § 50 Berücksichtigung finden müsse. Allein dieser Auffassung kann nicht beigetreten werden. Denn die Resolution strebte gerade an, daß auf anderem Wege das erreicht werden sollte, was durch das deutsche Reichsgesetz nicht zu erreichen ist; sie bestätigt also die hier vertretene, engere Auslegung.

Hiernach ist die für die Entscheidung des vorliegenden Rechtsstreites aufzuwerfende Frage, ob auch an einer ausländischen Börse geschlossene börsenmäßige Termingeschäfte unter das Verbot des § 50 Abs. 3 des Börsengesetzes fallen, zu verneinen.

Dabei erscheint es, soweit das eben erwähnte Verbotsgesetz in Frage kommt, unerheblich, daß der Auftrag zum Abschluß des Termingeschäftes in Getreide an den amerikanischen Börsen von einem Inländer einer inländischen Firma und im Inlande erteilt worden war. Denn eben weil die Geschäfte an einer ausländischen Börse abzuschließen waren, fielen sie nicht unter das Verbot, waren vielmehr im Sinne des Börsengesetzes an und für sich erlaubte Geschäfte. Wohl aber war auf diese Geschäfte die bereits oben hervorgehobene Vorschrift des § 68 des Börsengesetzes, durch welche die Bestimmungen des § 66 ausdrücklich für anwendbar erklärt sind, maßgebend. Dies hat auch das Kammergericht erwogen. Es hat unter Hinweis auf die Entsch. des R.G.'s in Civils. Bd. 43 S. 91 flg., Bd. 49 S. 59 flg. die Anwendung der Bestimmungen des § 66 auf die vorwürfigen Geschäfte erörtert. Es hielt dieselben nur deshalb nicht für einschlagend, weil das weitergehende Verbot des § 50 Platz greife. Die Anwendung des § 66 Abs. 4 des Börsengesetzes führt dazu, dem Revisionskläger die Rückforderung dessen zu versagen, was er nach völliger Abwickelung der Geschäfte zu deren Erfüllung geleistet hat. In dieser Hinsicht hat aber das Kammergericht tatsächlich und ohne erkennbaren Rechtsirrtum festgestellt, daß gerade diejenigen Barzahlungen, deren Rückersatz mit dem Berufungsantrag begehrt wird, nach völliger Abwickelung der Geschäfte geleistet sind." ...

---

45. Ist die Zulässigkeit von Einwendungen, welche den durch ein Versäumnisurteil festgestellten Anspruch selbst betreffen, nach § 767 Abs. 2 C.P.O. dadurch bedingt, daß der Einspruch gegen das Versäumnisurteil zur Zeit der Entstehung der Einwendungen bereits ausgeschlossen war?

I. Civilsenat. Urt. v. 13. Mai 1903 i. S. C. (Kl.) w. L. (Bekl.). Rep. I. 26/03.

I. Landgericht Hamburg, Kammer für Handelssachen.
II. Oberlandesgericht daselbst.

In einem früheren Prozesse zwischen den Parteien in umgekehrter Parteirolle war der jetzige Kläger durch Versäumnisurteil zur Zahlung einer Wechselschuld verurteilt worden. Auf Grund eines Vorganges, welcher am Tage vor der vom Gegner betriebenen Zustellung des Versäumnisurteils sich sollte ereignet haben, glaubte der Kläger eine den festgestellten Anspruch selbst betreffende Einwendung erlangt zu haben. Der von ihm gegen das Versäumnisurteil eingelegte Einspruch wurde wegen verspäteter Einlegung als unzulässig verworfen. In dem gegenwärtigen Rechtsstreite erhob der Kläger, gestützt auf jene Einwendung, Klage aus § 767 C.P.O. mit dem Antrage, die aus dem Versäumnisurteile gegen ihn eingeleitete Zwangsvollstreckung für unzulässig zu erklären. Das Oberlandesgericht wies diese Klage aus dem Grunde ab, weil zur Zeit der Entstehung der geltend gemachten Einwendung die Anfechtung des Versäumnisurteils durch Einspruch noch nicht ausgeschlossen gewesen sei. Die Revision des Klägers ist zurückgewiesen worden aus folgenden

Gründen:

„Das Berufungsgericht ist nicht auf die sachliche Prüfung des vom Kläger zur Begründung seiner Klage behaupteten Vorganges eingetreten. Es stellt fest, daß sich dieser Vorgang nach der eigenen, durch die Beweisaufnahme bestätigten Behauptung des Klägers am 23. April 1901, einen Tag vor der Zustellung des Versäumnisurteils, zugetragen habe, und hält deshalb die auf § 767 C.P.O. gestützte Klage für unzulässig, weil es im Anschluß an das Urteil des Reichsgerichts vom 15. Oktober 1897,

Entsch. des R.G.'s in Civils. Bd. 40 S. 352 flg.,

annimmt, daß mit der Vollstreckungsgegenklage des § 767 Einwendungen nicht geltend gemacht werden können, deren Geltendmachung früher im Wege des Einspruchs möglich gewesen wäre.

Die Revision erklärt diese Auslegung des § 767 für rechtsirrtümlich. Der Vorwurf ist nicht begründet.

Der § 767 (früher 686) C.P.O. bestimmt in Abs. 1, daß Einwendungen, welche den durch das Urteil festgestellten Anspruch selbst betreffen, vom Schuldner im Wege der Klage bei dem Prozeßgericht erster Instanz geltend zu machen seien. Der Abs. 2 behandelt die formelle Zulässigkeit dieser Einwendungen. Er lautet, in wörtlicher Übereinstimmung mit der früheren Fassung:

„Dieselben sind nur insoweit zulässig, als die Gründe, auf denen sie beruhen, erst nach dem Schlusse derjenigen mündlichen Verhandlung, in welcher Einwendungen in Gemäßheit der Bestimmungen dieses Gesetzes spätestens hätten geltend gemacht werden müssen, entstanden sind und durch Einspruch nicht mehr geltend gemacht werden können."

Ob hiernach die Möglichkeit des Einspruches zur Zeit der Entstehung der Einwendungsgründe, oder zu einer späteren Zeit entscheiden solle, ist streitig. Der II. Civilsenat des Reichsgerichts hat sich in dem schon erwähnten Urteile vom 15. Oktober 1897 für die Ansicht ausgesprochen, daß es grundsätzlich auf die Entstehungszeit ankomme. Diese Ansicht hat auch in der Literatur vor und nach dem Urteile Verteidiger gefunden.

Vgl. v. Sarwey, Civilprozeßordnung Bem. 4 zu § 686; Bunsen, Lehre von der Zwangsvollstreckung S. 53, und Lehrbuch des Civilprozesses § 134 S. 560/61; Fitting, Lehrbuch § 97 Anm. 8 (S. 523 der 10. Aufl.); Neukamp, Handkommentar Bem. 1 dγ bb unter $\gamma\gamma$ zu § 767 (S. 75); Neumüller, Civilprozeßordnung zu § 767 Abs. 2 S. 325.

Die große Mehrzahl der Schriftsteller hat aber diese Auslegung abgelehnt. Es genüge die Verweisung auf die Kommentare von Reincke (4. Aufl.) zu § 767 unter II 2 (S. 696), Struckmann u. Koch (8. Aufl.) Bem. 4 zu § 767, Petersen u. Anger (4. Aufl.) Bem. 7 zu § 767, Seuffert (8. Aufl.) Bem. 4a zu § 767, v. Wilmowski u. Levy (7. Aufl.) Bem. 8 zu § 686, Gaupp-Stein (4. Aufl.) Bem. IId zu § 767, und auf Planck, Lehrbuch Bd. 2 S. 696 bei Anm. 19. Von den Vertretern dieser abweichenden Ansicht hält die Mehrzahl für entscheidend, ob der Einspruch zur Zeit der Erhebung der Vollstreckungsgegenklage noch möglich gewesen wäre, oder nicht; vereinzelt — Seuffert, Gaupp-Stein — wird die Zeit des Urteils oder des Schlusses der mündlichen Verhandlung über diese Klage für maßgeblich erklärt. Für die abweichende Auslegung wird allgemein der Wortlaut — „können," nicht „konnten" — geltend gemacht, bei Gaupp-Stein a. a. O. mit dem Bemerken, daß er „in bewußter Abweichung von § 579 Abs. 2" gewählt sei. v. Wilmowski u. Levy a. a. O. fügen als weiteren Grund noch „den Zweck" der Vorschrift hinzu.

Trotz dem Widerspruche so bedeutender Auktoritäten muß sich der jetzt erkennende Senat im wesentlichen der Ansicht des II. Civilsenates anschließen. Der II. Civilsenat hat seine Ansicht nur für den Fall positiv ausgesprochen, daß der Grund der Einwendung vor der Zustellung des Versäumnisurteils entstanden sei, für den entgegengesetzten Fall aber sich einer Entscheidung enthalten. Zu dieser Beschränkung der Entscheidung ist er geführt worden, weil er nicht schon die Möglichkeit des Einspruches für genügend hält, sondern auch eine Veranlassung für den Beklagten voraussetzt, sich des Einspruches zu bedienen. Er faßt die Vorschrift des Gesetzes dahin auf, daß diejenigen Einwendungen sollten ausgeschlossen werden, welche nach dem Zeitpunkte ihrer Entstehung noch mit dem Einspruche hätten geltend gemacht werden können und sollen (a. a. O. S. 356). Ob dem II. Civilsenat auch darin beizutreten wäre, wenn er neben dem Können noch ein Sollen verlangt, während das Gesetz selbst nur von dem Können spricht, bedarf im vorliegenden Falle keiner Entscheidung. Denn es steht fest, daß der Vorgang, auf den der Kläger seine Einwendung gegen den im Versäumnisurteile festgestellten Anspruch stützen will, vor der Zustellung dieses Urteils stattgefunden hat, und in dieser späteren Zustellung müßte auch vom Standpunkte des II. Civilsenates aus, trotz den Ausführungen der Revision über die untergeordnete Bedeutung der Zustellung eines Versäumnisurteils, jedenfalls eine hinreichende Veranlassung für den Schuldner zur Einlegung des Einspruches gefunden werden.

Zur Entscheidung steht daher nur die grundsätzliche Frage, ob man, mit dem II. Civilsenate, das Gesetz dahin zu verstehen hat, daß es für die Zulässigkeit der Einwendungen auf die Möglichkeit oder Unmöglichkeit des Einspruches zur Zeit der Entstehung der Einwendungsgründe, und nicht zu einer späteren Zeit ankomme.

Wenn man diese Auslegung annimmt, so erhält die Vorschrift eine festbestimmte, klare Bedeutung: mit der Vollstreckungsgegenklage gegen ein Versäumnisurteil können nicht geltend gemacht werden diejenigen Einwendungen, deren Gründe zu einer Zeit entstanden sind, wo die Einspruchsfrist noch nicht im Laufe oder noch nicht abgelaufen war; solche Einwendungen sind auf die Geltendmachung im Einspruchsverfahren angewiesen.

Vom Standpunkte der gegnerischen Auslegung aus verliert die Vorschrift fast jede praktische Bedeutung. Geht man davon aus, daß die Zulässigkeit oder Unzulässigkeit nach dem Zeitpunkte der Klagerhebung zu beurteilen sei, so würde zwar eine Klage als unzulässig abgewiesen werden müssen, welche erhoben war, als die Möglichkeit des Einspruches noch bestand. Aber materielle Rechtskraft würde diese Abweisung nicht haben, und sie würde deshalb auch der Wiederholung der Klage nach Ablauf der Einspruchsfrist nicht entgegenstehen. Offenbar aber ist nach dieser Ansicht der Schuldner auch in der Lage, den Ablauf der Einspruchsfrist abzuwarten und dann erst die Klage anzustellen. Diese Möglichkeit wäre ihm nur dann benommen, wenn bis zum Ablaufe der Einspruchsfrist die Zwangsvollstreckung nicht nur begonnen, sondern auch durchgeführt würde. Die Vorschrift hätte daher im wesentlichen nur eine dilatorische Bedeutung. Nimmt man aber gar an, daß es auf die Möglichkeit oder Unmöglichkeit des Einspruches zur Zeit der Urteilsfällung ankomme, so verliert sie selbst diese geringe Bedeutung. Denn da es in der Hand des Schuldners liegt, die Einspruchsfrist, wenn es der Gegner nicht tut, selbst in Lauf zu bringen, und die Fälle nur selten sein werden, wo das Urteil trotzdem noch vor Ablauf der Einspruchsfrist ergehen könnte, so stände es dem Schuldner in der Regel von Anfang an frei, ob er sich des zulässigen Einspruches, oder sofort der Vollstreckungsgegenklage bedienen wolle. Es wäre dann so gut, als ob die Vorschrift nicht vorhanden wäre. Daß der Gesetzgeber eine Bestimmung von so untergeordneter Bedeutung gewollt habe, ist nicht anzunehmen.

Die früheren Entwürfe — Norddeutscher Entwurf von 1870 § 916, Entwurf des preußischen Justizministeriums von 1871 § 602 — kannten nur die Voraussetzung, daß die Einwendungen nach der letzten mündlichen Verhandlung entstanden sein müßten. Die weitere Voraussetzung, daß diese Einwendungen „durch Einspruch oder Berufung nicht mehr geltend gemacht werden können", finden sich erstmals in dem Entwurfe von 1872 (§ 623). Die Begründung zu diesem Entwurfe (S. 529 flg.), wie die damit übereinstimmende Begründung zu dem dem Reichstage vorgelegten Entwurfe (§ 635) — bei Hahn, Materialien Bd. 2 Abt. 1 S. 437 — enthalten nun freilich keine bestimmte Äußerung über die Bedeutung dieser Abweichung von den Vorentwürfen. Im allgemeinen aber läßt sich daraus doch die Tendenz des Entwurfs entnehmen, das Gebiet der Vollstreckungsgegenklage zugunsten der Geltendmachung der Einwendungen im Hauptprozesse zu beschränken: für alle Einwendungen, die im Hauptprozesse geltend gemacht werden können, soll die Klage aus § 686 (767) verschlossen sein. Als der in erster Linie entscheidende Zeitpunkt wird der Schluß derjenigen mündlichen Verhandlung bezeichnet, in welcher Einwendungen prozessualisch spätestens hätten geltend gemacht werden können. Dem wird aber die Möglichkeit des Einspruches oder der Berufung gleichgestellt, also die Möglichkeit, durch Einspruch oder Berufung wiederum eine mündliche Verhandlung herbeizuführen, in welcher Einwendungen prozessual geltend gemacht werden können. Dafür, daß diese letztere Bestimmung im Sinne einer bloß dilatorischen Vorschrift zu verstehen sei, findet sich, wie schon der II. Civilsenat hervorgehoben hat, in der Begründung keine Andeutung. Ebenso ist dem II. Civilsenate darin beizutreten, daß aus den Kommissionsverhandlungen über den Antrag Grimm, welcher zur Streichung der Worte „oder Berufung" geführt hat, — Hahn a. a. O. S. 817 flg. — wohl der Gegensatz zwischen Zulassung und Ausschließung der Klage, nicht aber zwischen sofortiger Zulassung und aufgeschobener Zulassung zu entnehmen sei. Für eine Vorschrift, die nur eine so geringe Bedeutung hätte, wie sie hier vom Standpunkte der gegnerischen Auslegung aus angenommen werden müßte, wäre auch schwer erklärlich, daß man es für der Mühe wert hielt, zunächst die früheren Entwürfe zu ändern und sodann diese harmlose Änderung wiederum zum Gegenstand einer Abänderung zu machen.

Es kommt noch folgendes hinzu. Die Frage, inwieweit sachliche Einwendungen gegen einen Vollstreckungsbefehl zulässig seien, ist abweichend geregelt. Nach § 796 Abs. 2 werden diese Einreden insoweit zugelassen, als die Gründe, auf denen sie beruhen, nach Zustellung des Vollstreckungsbefehls entstanden sind, also ohne Rücksicht darauf, ob gegen den Vollstreckungsbefehl Einspruch noch möglich war, oder nicht (§ 700). Die Begründung rechtfertigt die Abweichung mit der Bemerkung: „Der Schuldner, welcher nach Zustellung des

Vollstreckungsbefehls zahlt, würde sonst" — d. h. wenn, wie nach § 767 Abs. 2, die Unmöglichkeit des Einspruches Voraussetzung wäre — „genötigt sein, Einspruch zu erheben, um sich gegen eine etwaige spätere Exekution zu sichern" (Hahn, a. a. O. S. 447). Danach kann die „Begründung" unmöglich der Ansicht gewesen sein, daß es sich bei der in § 796 Abs. 2 abgelehnten Bestimmung des § 767 Abs. 2 nur um Aufschub, nicht um Ausschluß handele.

Aus dem „Zweck" des Gesetzes ist daher nichts für die gegnerische Auffassung zu entnehmen.

Für diese gegnerische Auffassung wird nun allerdings der Wortlaut des Gesetzestextes als unumstößliches Argument angerufen, da es nicht heiße: „nicht mehr geltend gemacht werden konnten", sondern: „nicht mehr geltend gemacht werden können." Der erkennende Senat nimmt aber keinen Anstand, dieses Argument, mit dem II. Civilsenat, als unschlüssig abzulehnen. Die Bemerkung des letzteren, daß sich das Präsens „können" erklären lasse, wenn man es auf die Zeit des Entstehens der Einwendungen beziehe, erscheint völlig berechtigt. Grammatikalisch ist diese Beziehung zulässig; das „können" steht in zeitlichem Parallelismus mit dem voraufgehenden „entstanden sind". Sachlich aber findet diese Erklärung eine wesentliche Stütze darin, daß die Begründung a. a. O. den Gedanken des Gesetzes in der Form wieder gibt: „die nach diesem Zeitpunkte" (dem Schlusse der mündlichen Verhandlung) „entstandenen und durch Einspruch oder Berufung nicht mehr geltend zu machenden Einwendungen werden zugelassen." Hier ist es unmittelbar einleuchtend, daß der Verfasser vom Standpunkte des Entstehens der Einwendungen aus sprechen wollte. Auch die abweichende Fassung in § 579 Abs. 2 spricht zum mindesten nicht gegen diese Erklärung. Nach dieser Stelle soll in gewissen Fällen die Nichtigkeitsklage nicht zulässig sein, „wenn die Nichtigkeit mittels eines Rechtsmittels geltend gemacht werden konnte". Hier ist die Fassung vom Standpunkte der Klage aus gewählt, also von einem Zeitpunkt aus, in welchem ein Rechtsmittel gar nicht mehr möglich ist (§ 578). Das Präsens „können" würde hier widersinnig sein. In § 767 Abs. 2 dagegen ist nicht die Klage, sondern es sind die Einwendungen Gegenstand der Bestimmung. Es sollen die Einwendungen umschrieben werden, welche gegenüber dem bereits ergangenen Urteile formell noch zulässig sind. In diesem

Zusammenhange kann man es nicht einmal für inkorrekt erklären, wenn die Einwendungen — genauer: die Gründe der Einwendungen —, welche nach der letzten mündlichen Verhandlung zu einer Zeit entstanden sind, wo kein Einspruch mehr möglich war, als solche bezeichnet werden, welche nach dem Schlusse der mündlichen Verhandlung . . . entstanden sind und durch Einspruch nicht mehr geltend gemacht werden können. Endlich müßte es auffallen, daß das Gesetz, wenn es nicht den Zeitpunkt des Entstehens der Einwendungsgründe, wovon im Abs. 2 die Rede ist, sondern einen anderen Zeitpunkt, der darin nicht erwähnt wird, für entscheidend erklären wollte, diesen Zeitpunkt nicht angegeben hätte. Im Abs. 3, wo ein Zweifel kaum zu befürchten war, hat es die Zeitbestimmung — „zur Zeit der Erhebung der Klage" — trotzdem ausdrücklich getroffen.

Diesem Ergebnisse gegenüber ist es nicht durchschlagend, daß, wie die Revision entgegenhält, der Schuldner, der auf ein mit dem Einspruche noch anfechtbares Versäumnisurteil zahlt, allerdings, um sich die Einwendung der Tilgung zu sichern, den Einspruch einlegen muß und also in gewissem Sinne schlechter gestellt ist, als wenn er auf ein Anerkenntnisurteil zahlt. Es kann zugegeben werden, daß das vom Gesetz adoptierte System für den Schuldner mit Gefahren verbunden ist, die bei dem Grundsatze der Vorentwürfe, daß es nur auf das Entstehen der Einwendungen nach dem Schlusse der letzten mündlichen Verhandlung ankomme, nicht vorhanden wären. Allein mit diesem gesetzgeberischen Bedenken kann man die aus inneren Gründen notwendige Auslegung des gegebenen Gesetzes nicht beseitigen. Auch ist der Schuldner, wenn er den Einspruch versäumt, deshalb nicht schutzlos. Wird die Zwangsvollstreckung trotz der materiell entgegenstehenden Einwendung durchgeführt, so kann er je nach den Umständen mit einer gewöhnlichen Civilklage vom Gläubiger Rückgabe des ohne Grund Empfangenen oder Ersatz des Schadens beanspruchen.

Vgl. z. B. Seuffert, C.P.O. 8. Aufl. Bem. 6d zu § 767.

Verfehlt ist es, wenn die Revision vermeint, aus Betrachtungen über den Zeitpunkt, in welchem die Klage aus § 767 entstanden (nata) sei, ein Argument für ihre Auffassung gewinnen zu können. Darauf, ob zur Zeit der Entstehung der Einwendungsgründe schon aus dem bezeichneten Paragraphen geklagt werden könnte und dürfte, kommt es überall nicht an, sondern nur darauf, ob in diesem Zeitpunkte das

Versäumnisurteil der Anfechtung durch Einspruch noch unterlag, oder nicht.

Endlich ist auch der Hinweis auf § 775 Ziff. 4 und 5 C.P.O. ohne Bedeutung. Das Verhältnis dieser Bestimmungen zu der Bestimmung des § 767 das. gibt allerdings zu Zweifeln Veranlassung. Aber mit der besonderen Auslegungsfrage, ob das Versäumnisurteil zur Zeit der Einwendungsgründe, oder zur Zeit der Klagerhebung, oder vielleicht zu einer noch späteren Zeit nicht mehr mit dem Einspruch anfechtbar gewesen sein dürfe, hangen diese Zweifel nicht zusammen." ...

---

46. Unter welchen Voraussetzungen sind Sachmengen als „im Betriebe" eines der Vertragschließenden hergestellt anzusehen?

Preuß. Stempelsteuergesetz vom 31. Juli 1895 Tarifstelle 32 Befreiung 3.

VII. Civilsenat. Urt. v. 12. Juni 1903 i. S. preuß. Staatsfiskus (Bekl.) w. W. (Kl.). Rep. VII. 111/03.

I. Landgericht Breslau.
II. Oberlandesgericht daselbst.

Die Klägerin schloß mit der Firma A. J., dem Direktor C. F. und dem L. Fr. den schriftlichen Vertrag vom 13. Oktober 1901, durch den sie sich verpflichtete, den genannten drei in Gemeinschaft stehenden Vertragsteilnehmern drei in ihren Maßen und ihrer im einzelnen näher bestimmten Beschaffenheit untereinander übereinstimmende Hinterrad-Schleppdampfer zum Preise von je 95000 ℳ, zusammen 285000 ℳ, zu liefern. Die Dampfer sollten auf der Schiffswerft der Klägerin in C. erbaut werden; die Besteller genehmigten aber, daß sämtliche Räder, Maschinen, Kessel nebst Armaturen und alle sonstigen maschinellen Betriebsteile für die Schiffe von der Schiffswerft der Schiffahrtsgesellschaft „Kette" in U. geliefert und montiert werden sollten; diese sollte ihrerseits die der Klägerin gegenüber den Bestellern obliegende Garantie für die im Vertrage bezeichneten Leistungen und die

Beschaffenheit der Schiffe der Klägerin gegenüber übernehmen, und die Schiffskörper sollten in Gemäßheit der Vertragsbestimmungen nach den Angaben, Zeichnungen und Specifikationen der „Kette“ von der Klägerin hergestellt werden. An demselben Tage schloß die Klägerin mit der genannten Schiffahrtsgesellschaft „Kette“ einen schriftlichen Vertrag, inhalts dessen sich diese der Klägerin gegenüber verpflichtete, die zu den Dampfern erforderliche gesamte Maschinen- und Kesselanlage einschließlich der Schaufelräder und Dampfrohrleitungen zu liefern und auf der Werft der Klägerin in die Dampfer betriebsfertig zu montieren, auch alle von der Klägerin ihren Bestellern gegenüber hinsichtlich der Beschaffenheit und der Leistungen der Dampfer eingegangenen Garantieverpflichtungen zu übernehmen; dagegen machte sich der „Kette“ gegenüber die Klägerin verbindlich, ihr als Preis 162000 *M* zu zahlen und die Dampfer in Ansehung des Materials und der Konstruktion genau nach den ihr von der „Kette“ zu erteilenden Bauvorschrifen, Plänen, Skizzen und Specifikationen herzustellen. In betreff des letztbezeichneten, mit der „Kette“ geschlossenen Vertrages wurde vom Beklagten die Befreiung vom Kaufstempel nicht bestritten, und nur der allgemeine Vertragsstempel beansprucht. Für den erstgenannten Vertrag erforderte jedoch der Beklagte den Kaufstempel insoweit, als die von der Klägerin zu liefernden Gegenstände nicht in ihrem Betriebe, vielmehr von der „Kette“ herzustellen waren. Die Klägerin entrichtete den erforderlichen Stempel von $^1/_3$ v. H. des Betrages von 162000 *M* mit 540 *M* und verlangte dann klagend vom Beklagten die Rückzahlung dieses Betrages nebst Zinsen. Der Beklagte wurde in den beiden vorderen Instanzen entsprechend dem Klagantrage verurteilt.

Seine Revision ist zurückgewiesen aus folgenden

Gründen:

„Die Parteien streiten darum, ob auf den ersten der ... beiden Verträge, durch den die Klägerin die Lieferung dreier Dampfschiffe übernommen hat, die Befreiungsvorschrift unter Ziff. 3 der Tarifstelle 32 des preußischen Stempelsteuergesetzes vom 31. Juli 1895 zutrifft, inhalts deren Lieferungsverträge über Mengen von Sachen vom Kaufstempel befreit sind, die im Inlande im Betriebe eines der Vertragschließenden hergestellt sind. Da die Erfordernisse der Befreiungsvorschrift im übrigen unstreitig vorliegen, hängt die

Entscheidung des Rechtsstreites davon ab, ob der Vertrag geschlossen ist:

1. über eine Menge von Sachen;

2. über Sachen, die im Betriebe der Klägerin hergestellt sind. Beide Fragen sind zu bejahen." ... (Wird hinsichtlich der Frage zu 1 begründet.)

„Das zweite Erfordernis der Anwendung der Befreiungsvorschrift stellt der Berufungsrichter ohne Rechtsirrtum dahin fest, daß die Dampfschiffe im Inlande im Betriebe der Klägerin tatsächlich hergestellt sind. Er erwägt dabei, dieser Feststellung stehe es nicht entgegen, daß die Klägerin Bestandteile der Dampfer, nämlich die Maschinen- und Kesselanlagen, anderweither, von der „Kette", bezogen habe, und daß der Preis dieser Teile den der Klägerin verbleibenden Restpreis übersteige, daß ferner die „Kette" der Klägerin gegenüber die Einmontierung der Maschinen- und Kesselanlage und die sämtlichen hinsichtlich der Beschaffenheit und der Leistungen der Dampfer von seiten der Besteller der Dampfer der Klägerin auferlegten Garantieverpflichtungen zu eigenen Lasten übernommen habe, daß endlich die Einmontierung der Maschinen in die Dampfer etwa durch Arbeiter der „Kette" erfolgt sei; denn die Herstellung der Dampfer als solcher, als Einheit, habe die Klägerin in ihrer Werft bewirkt. Diese Ausführungen sind nicht zu beanstanden. Das Reichsgericht hat bereits in den Urteilen vom 8. Oktober 1901 und 23. Dezember 1901,

Jurist. Wochenschr. 1901 S. 763 Nr. 32 und Entsch. des R.G.'s in Civils. Bd. 53 S. 214,

ausgesprochen, daß es für die Anwendung der Befreiungsvorschrift darauf ankomme, ob objektiv das Erfordernis vorliegt, daß die Sachen im Betriebe des Vertragschließenden hergestellt sind, nicht aber darauf, ob der Vertragswille darauf gerichtet war. Das folgt unmittelbar aus dem Wortlaute der Vorschrift. Dieser Wortlaut ergibt auch, daß für die Anwendung der Vorschrift entscheidend ist, in wessen Betriebe die veräußerte Sache selbst hergestellt ist, nicht aber, wo ihre Bestandteile hergestellt sind. Eine „Herstellung" kann hiernach auch dann vorliegen, wenn jemand aus Rohstoffmaterialien oder aus Halbfabrikaten, die sämtlich im Betriebe eines Dritten erzeugt oder hergestellt sind, eine neue selbständige Sache anderer Gattung, ein neues Verkehrsgut, macht. Wäre diese Auffassung vom Inhalte der Befreiungsvorschrift nicht zutreffend, so würde diese auf die im industriellen Verkehr vorkommenden Lieferungsverträge nur selten anwendbar werden können, da nach der im jetzigen Betriebe der Industrie grundsätzlich durchgeführten Arbeitsteilung der Verfertiger eines Fabrikates die Rohstoffe regelmäßig nicht selbst erzeugt, sondern von anderen bezieht. Die Befreiungsvorschrift hat aber nach der Begründung zum Stempelsteuergesetze (S. 45) gerade den Zweck, die im Handel, im Gewerbe-, Industrie- und landwirtschaftlichen Betriebe vorkommenden Veräußerungen zu begünstigen. Daß im vorliegenden Falle nicht im Betriebe der „Kette“, sondern im Betriebe der Klägerin — ein anderer Betrieb kann nicht Betracht kommen — die Dampfer hergestellt sind, kann nicht zweifelhaft sein. Die Herrichtung und Zusammensetzung der Schiffsrumpfe, die Einbauung der Kesselanlagen und Maschinen, sowie die weitere Ausrüstung und Fertigstellung der Schiffskörper ist nicht nur örtlich auf der der Klägerin gehörigen, an der Oder belegenen, zum Schiffsbau eingerichteten Werft erfolgt, und zwar abgesehen von der Einbauung der Kessel und Maschinen unstreitig auch durch die Arbeiter der Klägerin, sondern es sind dabei auch die zu dieser Werft gehörigen baulichen und Betriebseinrichtungen benutzt worden, ohne welche die Dampfer nicht hergestellt werden konnten. Die Tätigkeit der Gesellschaft „Kette“ dabei hat sich darauf beschränkt, daß sie die von ihr hergestellten Kesselanlagen und Maschinen in die Schiffsrumpfe durch ihren Monteur und vielleicht auch — was noch nicht festgestellt ist — durch ihre Arbeiter auf der Werft der Klägerin eingebaut hat. Hierdurch allein wurden aber die Schiffsrumpfe, an denen noch die weitere äußere und innere Einrichtung und Ausstattung fehlte, noch nicht zu betriebsfertigen Schleppdampfern. Auch der Umstand, daß die Klägerin die ihr gegenüber den Bestellern hinsichtlich der Beschaffenheit und die Leistungen der Dampfer obliegenden Verpflichtungen durch einen lediglich zwischen ihr und der „Kette“, wenn auch mit Zustimmung der Besteller, geschlossenen Vertrag auf die „Kette“ abwälzte, machte diese noch nicht zur Herstellerin der Schiffe. Nur eine notwendige Folge dieser Garantieübernahme von seiten der „Kette“ war es, daß die Klägerin, die sich der „Kette“ zur Herstellung der Kessel und Maschinen als ihres Werkzeuges bediente, die Verpflichtung übernommen und erfüllt hat, die Schiffsrumpfe genau nach den Bauvorschriften und Plänen der „Kette“ zu erbauen; denn die Dampfer konnten die vertragsmäßig geforderten Leistungen nur erreichen, wenn die Schiffsrumpfe und die Maschinen zweckmäßig in ihren Maßen und Verhältnissen einander angepaßt waren.

Der Lieferungsvertrag fällt hiernach unter die Befreiungsvorschrift.“ ...

---

47. 1. Ist § 6 des Gesetzes zur Bekämpfung des unlauteren Wettbewerbes vom 27. Mai 1896 auch dann anwendbar, wenn die betreffenden Behauptungen von einem Inländer im Auslande aufgestellt worden sind?

2. Ist der Verbotsanspruch des § 6 abhängig von dem in dieser Gesetzesvorschrift vorgesehenen Schadensersatzanspruche?

II. Civilsenat. Urt. v. 16. Juni 1903 i. S. K. (Bekl.) w. Maschinenbau-Aktiengesellschaft, vorm. B. & H. (Kl.). Rep. II. 546/02.

I. Landgericht Kassel.
II. Oberlandesgericht daselbst.

Das Reichsgericht hat die erste Frage bejaht, die zweite verneint, aus folgenden

Gründen:

... „Was den ersten Angriff betrifft, so hat der erkennende Senat bereits in seiner Entscheidung Rep. II. 229/01 bei Anwendung des § 1 des Wettbewerbgesetzes, unter Hinweis auf die in der Entscheidung in Bd. 18 S. 28 flg. der Entsch. des R.G.'s in Civils. für das Markenschutzgesetz von 1874 dargelegten allgemeinen Erwägungen, sowie auf die allgemeinen Rechtsgrundsätze und auf den Zweck des Wettbewerbgesetzes, die Ansicht, daß das Verbot des § 1 nicht auch für das Ausland in betreff der von einem Inländer im Auslande verübten unlauteren Reklame ausgesprochen werden dürfe, als rechtsirrig bezeichnet. Die gleichen Gründe treffen auch für den § 6 des Wettbewerbgesetzes zu. Derselbe enthält lediglich civilrechtliche Vorschriften und bezweckt den Schutz des Gewerbetreibenden in seinen Erwerbs- und Geschäftsverhältnissen, in seinem Kredit und geschäftlichen Verkehr, überhaupt in seinen geschäftlichen Beziehungen, gegen die üble Nachrede. Geschieht letztere unter den übrigen in § 6 vorgesehenen Voraussetzungen, so enthält sie einen störenden Eingriff in das durch diese Gesetzesvorschrift geschützte Recht, mag sie im Inlande, oder im Auslande geschehen sein; denn auch die im Auslande geschehene Zuwiderhandlung wirkt auf die geschäftlichen Beziehungen des Konkurrenten, die ihren Mittelpunkt in dessen geschäftlicher Hauptniederlassung im Inlande haben, gerade so zurück, als wenn sie im Inlande selbst geschehen wäre, da sie zu Zwecken des Wettbewerbes ausgeübt und geeignet ist, dessen Geschäftsbetrieb oder Kredit zu schädigen. Dies trifft namentlich im vorliegenden Falle zu, wo der Beklagte Teilhaber der ebenfalls in Kassel domiziliierten Konkurrenzfirma ist. Es würde dem Zwecke der fraglichen Gesetzesvorschrift widersprechen, wenn man in einem solchen Falle den Gesetzesschutz der Klägerin aus dem Grunde versagen wollte, weil die üble Nachrede zwar im Konkurrenzgebiete der beiderseitigen Geschäfte, aber im Auslande geschehen ist. Deshalb kann es auch nicht von Erheblichkeit sein, wenn, wie der Beklagte behauptet, die Äußerungen in Luxemburg erlaubt sein sollten (Art. 30 Einf.-Ges. zum B.G.B.). Der Berufungsrichter hat daher mit Recht das Wettbewerbgesetz als anwendbar erachtet.

Auch der zweite Revisionsangriff entbehrt der Begründung. Die Ansicht des Beklagten, die auch von einigen Kommentatoren vertreten wird, daß der Verbotsanspruch des § 6 abhängig sei von dem daselbst vorgesehenen Schadensersatzanspruch, ist unrichtig.

Vgl. Finger, Unlauterer Wettbewerb S. 159. 160, und die daselbst angeführte Literatur, sowie Pinner, Das Reichsgesetz zur Bekämpfung des unlauteren Wettbewerbes S. 95.

Beide Ansprüche bestehen nebeneinander und voneinander unabhängig. Das ergibt sich zunächst aus dem Wortlaute des Gesetzes; denn nachdem zuerst gesagt ist, daß derjenige, welcher die nachteiligen Behauptungen aufgestellt hat, dem Verletzten zum Ersatze des entstandenen Schadens verpflichtet ist, heißt es weiter: „Auch kann der Verletzte den Anspruch geltend machen, daß die Wiederholung 2c unterbleibe"; es folgt dann aber auch inhaltlich aus der Erwägung, daß nach der Vorschrift des § 6 schon genügt, daß die Behauptungen geeignet sind, den Betrieb des Geschäfts oder den Kredit des Inhabers zu schädigen, und die Schadensersatzklage nur gegeben ist, wenn hierdurch wirklich ein Schade entstanden ist. Der Ausdruck „Verletzter" bedeutet im Sinne dieses Gesetzes nicht nur denjenigen, der wirklich Schaden erlitten hat, sondern überhaupt denjenigen, über dessen Person oder Erwerbsgeschäft die zur Schädigung geeigneten Behauptungen aufgestellt sind." ...

---

48. Kann der zweite Satz des § 459 Abs. 1 B.G.B. zur Anwendung gebracht werden, wenn sog. gallisierter Wein nicht den in § 3 Ziff. 4 des Weingesetzes vom 20. April 1892 geforderten Mindestgehalt an Mineralbestandteilen hat?

Gesetz, betr. den Verkehr mit Wein, weinhaltigen und weinähnlichen Getränken, vom 20. April 1892 § 3 Ziff. 4; Bekanntmachung des Bundesrates dazu vom 29. April 1892.

Gesetz gleichen Namens vom 24. Mai 1901 § 2 Ziff. 4; Bekanntmachung des Bundesrates dazu vom 2. Juli 1901.

II. Civilsenat. Urt. v. 23. Juni 1903 i. S. W. (Bekl.) w. E. (Kl.). Rep. II. 72/03.

I. Landgericht Koblenz.
II. Oberlandesgericht Köln.

Aus den, den Sachverhalt ergebenden,

Gründen:

... „Der streitige Wein war nach Annahme des Berufungsgerichts als ein durch Zuckerzusatz verbesserter, sogenannter gallisierter Wein Gegenstand des Kaufes. Weiterhin muß, da der Käufer Weinhändler ist, bis zur Feststellung des Gegenteils unterstellt werden, daß die Parteien bei dem Vertragsschlusse davon ausgingen, es werde derselbe zum Zwecke des Weiterverkaufes als Wein gekauft, und es sei die Verkäuflichkeit desselben als Weins eine vorausgesetzte Eigenschaft der Kaufsache. Da der Kauf am 7. März 1901 abgeschlossen sein soll, und da nach der, darin dem Vorbringen des Klägers folgenden, Annahme des Berufungsgerichts in der Versiegelung des Weines durch die Beklagte am 30. April 1901 eine den Gefahrübergang begründende Übergabe der Kaufsache lag, danach also der für die Fehlerhaftung nach § 459 Abs. 1 B.G.B. entscheidende Zeitpunkt auf den 30. April 1901 fällt, so kommen in erster Reihe noch die Bestimmungen des Reichsgesetzes vom 20. April 1892, betr. den Verkehr mit Wein, weinhaltigen und weinähnlichen Getränken, in Betracht, das bis zum 1. Oktober 1901 Geltung hatte, und zwar insbesondere dessen § 3 Ziff. 4, und die dazu erlassene Bekanntmachung des Bundesrates vom 29. April 1892.

Nach § 3 Ziff. 4 a. a. O. ist als Verfälschung oder Nachahmung des Weines im Sinne des § 10 des Gesetzes, betr. den Verkehr mit Nahrungsmitteln, vom 14. Mai 1879 nicht anzusehen der Zusatz von technisch reinem Zucker; jedoch darf durch den Zusatz wässeriger Zuckerlösung der Gehalt des Weines an Mineralbestandteilen nicht unter die bei ungezuckertem Wein des Weinbaugebietes, dem der Wein nach seiner Benennung entsprechen soll, in der Regel beobachteten Grenzen herabgesetzt werden. In § 11 des ersterwähnten Gesetzes war der Bundesrat ermächtigt worden, die Grenzen festzustellen, welche für die Herabsetzung des Gehaltes an Mineralbestandteilen im Falle des § 3 Ziff. 4 maßgebend sein sollen, und er hatte in der auf Grund dieser Ermächtigung ergangenen Bekanntmachung vom 29. April 1892 bestimmt, daß bei Wein, der nach seiner Benennung einem inländischen Weinbaugebiete entsprechen soll, durch den Zusatz wässeriger Zuckerlösung der Gehalt an Mineralbestandteilen nicht unter 0,14 Gramm in einer Menge von 100 Kubikcentimeter herabgesetzt werden darf.

Das an Stelle des Gesetzes vom 20. April 1892 am 1. Oktober 1901 in Kraft getretene Gesetz vom 24. Mai 1901 enthält in § 2 Ziff. 4 dem § 3 Ziff. 4 des alten Gesetzes entsprechende Bestimmungen; in der dazu ergangenen Bekanntmachung des Bundesrates von 2. Juli 1901 (unter I) ist die Grenze des Mindestgehaltes an Mineralbestanteilen bei Weißwein auf 0,13 Gramm herabgesetzt.

Nach den beiden vorliegenden Gutachten enthielt der verkaufte gallisierte Wein nicht den unter der Herrschaft des Gesetzes vom 20. April 1892 geforderten Mindestgehalt an Mineralbestandteilen mit 0,14 Gramm. Daraus hatte die Beklagte einen Gewährleistungsmangel abgeleitet, weil dadurch die Kaufsache im Sinne des § 459

Abs. 1 Satzes 1 B.G.B. minderwertig, minder tauglich und, als nicht „analysenfest", überhaupt nicht weiterverkäuflich und lieferbar sei. Der erste Richter verwarf die Einrede der Wandelung, mit den Erwägungen: der Wein sei nicht verfälscht; im übrigen begründe aber der erwähnte Mangel eine nur unbeträchtliche Minderung des Wertes und der Tauglichkeit, die nach dem zweiten Satze des § 459 Abs. 1 nicht in Betracht komme; überdies sei in dem Versiegeln des Weines durch die Beklagte am 30. April 1901 ein Verzicht auf diese Mängel zu finden. . . .

Das Berufungsgericht ließ die Frage, ob in der Versiegelung der Weine ein Verzicht auf deren Bemängelung wegen Fehler ihrer chemischen Beschaffenheit gefunden werden könne, dahingestellt und begründete die Zurückweisung der Berufung mit den Erwägungen: der Mindergehalt an Mineralbestandteilen sei an sich unbedeutend; verbinde man damit die hohen Werte an anderen Bestandteilen, und lasse man nicht ganz unbeachtet, daß die angegebene Grenze des Gehaltes an Mineralbestandteilen durch den Bundesratsbeschluß vom 2. Juli 1901 auf 0,13 Gramm herabgesetzt sei, so sei die Annahme gerechtfertigt, daß der unerhebliche Mindergehalt an Mineralbestandteilen auch nur eine unerhebliche Minderung des Wertes und der Tauglichkeit herbeigeführt habe (§ 459 Abs. 1 Satz 2), und die Beklagte daraus einen Gewährleistungsanspruch nicht ableiten könne. Damit widerlege sich übrigens die Behauptung der Beklagten, daß der Wein keine gesetzlich lieferbare und verkäufliche Ware sei. Anders wäre es nur dann, wenn die erwähnte, wenn auch nur geringfügige, Herabsetzung der Mineralbestandteile die Folge einer vom Kläger begangenen Fälschung wäre, falls nämlich dieser durch einen zur ordnungsmäßigen Verzuckerung nicht erforderlichen weiteren Wasserzusatz die Weine gestreckt und so den Gehalt an Mineralbestandteilen schuldhafterweise unter das gesetzliche Maß heruntergedrückt hätte; das sei ausgeschlossen.

Die Revisionsklägerin rügt Verletzung der Vorschrift des § 459 Abs. 1 Satzes 2 B.G.B. durch die Annahme, daß hier ein nicht erheblicher Fehler vorliege, und Verkennung der Tragweite des § 3 Ziff. 4 des hier anwendbaren Weingesetzes von 1892.

Der Angriff ist begründet. Nach § 3 Ziff. 4 a. a. O. muß der gallisierte Wein sowohl an Extraktstoffen als an Mineralbestandteilen die Minimalziffern erreichen; deshalb kann nicht ein Mindergehalt an Mineralbestandteilen durch einen Mehrgehalt an Extraktstoffen ausgeglichen werden. Jene Vorschrift hatte ferner in erster Reihe den Zweck, eine authentische Interpretation des Begriffes der Verfälschung in § 10 des Nahrungsmittelgesetzes zu geben und in den dadurch bedingten Grenzen zu bestimmen, welche Behandlung des Weines erlaubt sein soll. Demgemäß ist auch in der Begründung des Gesetzes ausgeführt, es ergebe sich aus der vorgeschlagenen Vorschrift des § 3 Ziff. 4 in Verbindung mit den einschlagenden Vorschriften des Nahrungsmittelgesetzes in betreff des Verkehrs mit gallisiertem Wein folgende Rechtslage: gallisierter Wein, dessen Gehalt an Mineralbestandteilen sich innerhalb der in § 3 Ziff. 4 gegebenen Grenzen halte, gelte als unverfälscht; er könne daher ohne unterscheidenden Zusatz unter den für Wein üblichen Bezeichnungen feilgehalten und verkauft werden; gallisierter Wein, bei welchem die vorgeschriebenen Grenzen nicht eingehalten seien, gelte als verfälscht; demgemäß sei der Verkauf desselben unter Verschweigung der Zuckerung strafbar; Wein, welcher einen Zusatz von Zuckerwasser nicht erhalten habe, könne unter den für Wein üblichen Bezeichnungen auch dann feilgehalten werden, wenn sein Gehalt die gemäß § 3 Ziff. 4 festgesetzten Grenzen nicht erreiche. In den dem Gesetzentwurfe beigegebenen technischen Erläuterungen ist damit übereinstimmend ausgeführt, die geringe Zahl von Weinen, welche von Natur bereits ungünstigere Verhältnisse — hier an Mineralbestandteilen — aufweisen, werde durch den § 3 des Gesetzes nicht gefährdet; denn zum Tatbestande der Verfälschung würde gehören, daß dem Produzenten oder Händler die Zusetzung von Zucker in wässeriger Lösung als Grund des zu niedrigen Gehaltes an Mineralbestandteilen nachgewiesen würde.

Von dieser Grundlage aus ist das Vorbringen der Beklagten zu beurteilen, daß, wenn gallisierter Wein bei einer Sachlage wie der hier gegebenen Gegenstand des Kaufes war, darunter ein sog. analysenfester, d. h. ein gallisierter Wein zu verstehen sei, welcher die Mindestziffern der bundesrätlichen Bekanntmachung erreicht, daß ferner nicht analysenfester gallisierter Wein als Wein nicht gesetzlich lieferbar und unverkäuflich sei und deshalb an einem Gewährleistungsfehler leide, und daß dies jedenfalls dann gelten müsse, wenn der Naturwein gleicher Lage und gleichen Jahrganges einen die Minimalziffer übersteigenden oder doch dieselben erreichenden Gehalt an Mineralbestandteilen hatte.

Bei Würdigung dieses Vorbringens geht das Berufungsgericht in der oben wörtlich wiedergegebenen Stelle seiner Urteilsgründe, in der es verneint, daß der streitige Wein, weil ihm der Rechtsschutz des § 3 Ziff. 4 a. a. O. zugute komme, im Sinne des § 10 des Nahrungsmittelgesetzes als gefälscht beurteilt werden könne, von einer Auffassung des § 3 Ziff. 4 aus, die mit dessen Wortlaut, dessen Zweck und dessen oben dargelegter Begründung unvereinbar ist. Denn danach hat ein Wein, der als Naturwein 0,14 Gramm oder mehr an Mineralbestandteilen enthält, wenn er durch Zuckerzusatz in wässeriger Lösung unter den Mindestgehalt an Mineralbestandteilen mit 0,14 Gramm herabgesetzt wurde, nicht den Rechtsschutz des § 3 Ziff. 4 und ist, wenn er als Wein feilgehalten oder in den Verkehr gebracht wird, als verfälscht zu beurteilen. Enthält aber ein Wein als Naturwein bereits weniger als 0,14 Gramm an Mineralbestandteilen, so genießt er gleichfalls nicht den Rechtsschutz des § 3 Ziff. 4, wenn durch Zuckerzusatz in wässeriger Lösung dessen Mindestgehalt an Mineralbestandteilen noch weiter herabgesetzt wurde. Der mit dieser Gesetzesbestimmung verfolgte Zweck, den Zusatz von Zucker in wässeriger Lösung in gewissem Umfange der Beurteilung als Verfälschung im Sinne des § 10 des Nahrungsmittelgesetzes zu entziehen, hat die Notwendigkeit der Bestimmung einer Minimalgrenze an Mineralbestandteilen bedingt, die durch den Zusatz von Zucker in wässeriger Lösung nicht herabgesetzt werden dürfe. Das mag im Einzelfalle zu Härten führen. Indessen darf daraus nicht die Befugnis abgeleitet werden, auf ein durch Zuckerzusatz in wässeriger Lösung verursachtes Herabsetzen des Gehaltes an Mineralbestandteilen unter die Minimalziffer die Vorschrift des § 3 Ziff. 4 auszudehnen. Desgleichen ist die Tatsache, daß bei Inkrafttreten des neuen Weingesetzes vom 24. Mai 1901 der Minimalgehalt für Weißwein auf 0,13 Gramm herabgesetzt wurde, für Beurteilung der Tragweite des alten Weingesetzes bedeutungslos. Deshalb läßt § 3 Ziff. 4 des alten Weingesetzes nicht die Auslegung zu, welche anscheinend das Berufungsgericht seiner Entscheidung zugrunde legt, daß er nur einen zur ordnungsmäßigen Verzuckerung nicht erforderlichen Wasserzusatz verbiete, im übrigen aber einen zur ordnungsgemäßen Verzuckerung erforderlichen Wasserzusatz gestatte, auch wenn dadurch der Gehalt an Mineralbestandteilen unter 0,14 Gramm herabgesetzt wurde. Vielmehr hätte das Berufungsgericht, nachdem feststand, daß der streitige Wein nicht die Minimalziffer an Mineralbestandteilen enthält, und daß eine Verzuckerung in wässeriger Lösung erfolgte, nur dann den Wein als unter dem Schutze des § 3 Ziff. 4 stehend und folgeweise als nicht gefälscht für den Verkehr bezeichnen können, wenn ungeachtet des Zuckerzusatzes in wässeriger Lösung festgestellt werden konnte, daß der Naturwein gleicher Lage 1900er Krescenz gleichfalls nur den hier festgestellten Mindergehalt an Mineralbestandteilen hatte, und folgeweise der Mindergehalt des hier streitigen Weines an Mineralbestandteilen nicht durch den Zusatz von Zucker in wässeriger Lösung verursacht sei.

Das Berufungsgericht hat eine Feststellung dieses Inhaltes nicht getroffen. Auf der bezeichneten Verletzung des § 3 Ziff. 4 beruht aber dessen weitere Annahme, daß im gegebenen Falle der Mindergehalt an Mineralbestandteilen nur eine unerhebliche Minderung des Wertes und der Tauglichkeit der Kaufsache für deren Verkauf als Weins begründe, und daß deshalb ein Gewährleistungsfehler nicht vorliege.

Der gegebene Fall ist allerdings dadurch eigenartig, daß der Umstand, welcher den Gewährleistungsfehler begründen soll, — Gehalt an Mineralbestandteilen unter 0,14, aber nicht unter 0,13 Gramm — mit dem Inkrafttreten des neuen Weingesetzes von 24. Mai 1901 am 1. Oktober 1901 weggefallen ist, indem durch die Bekanntmachung des Bundesrates vom 2. Juli 1901 für Weißweine der Mindestgehalt an Mineralbestandteilen auf 0,13 Gramm herabgesetzt wurde. Der Revisionsbeklagte hat in diesem Zusammenhange auszuführen versucht, es könne bei Beurteilung der Frage, ob eine Kaufsache an einem zur Gewährleistung verpflichtenden Fehler leide, der Zustand zur Zeit des Urteils berücksichtigt werden. Indessen kann dieser Auffassung nicht beigetreten werden. Die Instanzgerichte sind davon ausgegangen, daß in der am 30. April 1901 geschehenen Versiegelung des Weines dessen Übergabe an die Beklagte enthalten war, und dadurch dessen Gefahr auf die Beklagte überging. Danach ist (§ 459 Abs. 1 Satz 1 B.G.B.) für die Frage, ob die Ware an dem behaupteten Fehler gelitten hat, entscheidend der 30. April 1901. Ist aber davon auszugehen, so ist die am 1. Oktober 1901 eingetretene Änderung der

Gesetzgebung rechtlich bedeutungslos. Zwar wird in der Literatur die Ansicht vertreten, daß, wenn beim Übersendungskaufe der bei der Übergabe an den Frachtführer vorhandene Mangel zur Zeit der Ankunft der Ware beim Käufer weggefallen ist, der Käufer keine Gewährleistungsansprüche erheben könne. Dem ist im Regelfalle beizutreten. Indessen läßt diese Ansicht, die berechtigten Anschauungen des Verkehrs Rechnung trägt, keine ausdehnende Anwendung in dem von dem Revisionsbeklagten behaupteten Umfange zu. Daß aber die Parteien bei dem Abschlusse des Vertrags bereits die Vorschriften des in Aussicht stehenden neuen Weingesetzes im Auge hatten und nur mit einem Feilhalten und Inverkehrsetzen unter dessen Herrschaft rechneten, ist überhaupt nicht behauptet worden; es ist deshalb eine rechtliche Erörterung nach dieser Richtung nicht erforderlich. Danach kommt im gegebenen Falle für Prüfung der Frage, ob die Kaufsache an einem Gewährleistungsfehler nach § 459 Abs. 1 Satz 1 B.G.B. leidet, nur § 3 Ziff. 4 des Weingesetzes vom 20. April 1892 in Betracht; die in dem Berufungsurteil enthaltene Verletzung dieser Gesetzesbestimmung muß daher zu dessen Aufhebung führen." ...

---

49. Steht dem Hypothekengläubiger gegen die Pfändung ihm haftender Zubehörstücke nur der Rechtsbehelf aus § 766 C.P.O., oder auch die Widerspruchsklage aus § 771 das. zu?

V. Civilsenat. Urt. v. 24. Juni 1903 i. S. S. u. Gen. (Bekl.) w. T. (Kl.). Rep. V. 71/03.

I. Landgericht Potsdam.
II. Kammergericht Berlin.

Die Beklagten hatten wegen persönlicher Forderungen, die ihnen vollstreckbar gegen die unverehelichte D. M. zustanden, im August 1901 auf einem ihrer Schuldnerin damals gehörigen Ziegeleigrundstücke gewisse Gegenstände durch den Gerichtsvollzieher pfänden lassen. Der Kläger, für den auf demselben Grundstück eine Hypothek von 10000 *M* eingetragen war, widersprach dieser Pfändung in seiner

Eigenschaft als Hypothengläubiger auf Grund des § 865 Abs. 2 C.P.O. Er behauptete, daß die gepfändeten Gegenstände Zubehör des ihm hypothekarisch verhafteten Grundstückes und deshalb nicht pfändbar seien. Er erhob deswegen Klage mit dem Antrage, die vorgenommene Zwangsvollstreckung für unzulässig zu erklären und die Beklagten zu verurteilen, die gepfändeten Gegenstände freizugeben.

Die Beklagten machten unter anderem geltend, daß Kläger seinen Widerspruch gegen die Pfändung nicht im Wege der Klage, sondern nur nach Maßgabe des § 766 C.P.O. verfolgen könne; sie wurden aber in erster und zweiter Instanz nach dem Klagantrage verurteilt, und auch ihre Revision ist zurückgewiesen worden.

Aus den Gründen:

... „Beide Vorinstanzen haben sich dahin schlüssig gemacht, daß dem Hypothekengläubiger gegen die Pfändung ihm haftender Zubehörstücke sowohl die Rechtsbehelfe aus § 766 C.P.O. wie auch die Widerspruchsklage aus § 771 das. zu Gebote stehen, und der erkennende Senat des Reichsgerichts trägt kein Bedenken, sich dieser Auffassung anzuschließen. Das Gesetz gibt in § 771 die Widerspruchsklage einem Dritten, wenn ihm an dem Gegenstande der Zwangsvollstreckung „ein die Veräußerung hinderndes Recht" zusteht. Ob ein solches Recht dem Hypothekengläubiger in Ansehung der ihm haftenden Zubehörstücke des Grundstückes zusteht, kann deshalb fraglich sein, weil sie nach § 1121 Abs. 1 B.G.B. von der Haftung frei werden, wenn sie der Eigentümer veräußert und von dem Grundstücke entfernt, bevor sie zugunsten des Gläubigers in Beschlag genommen worden sind. Hierauf weisen denn auch, mit der Revision, diejenigen hin, welche dem Hypothekengläubiger die Widerspruchsklage versagen, und in diesem Sinne ist wohl auch die Bemerkung in dem Gaupp-Stein'schen Kommentar zur C.P.O. (Bem. II zu § 865) zu verstehen, daß, „weil die Zubehörstücke zum Vermögen des Schuldners gehören," die Widerspruchsklage des Hypothekengläubigers ausgeschlossen sein müsse. Aber durch diese Einschränkung auf die rechtlichen Befugnisse des Eigentümers, indem man nämlich ein die Veräußerung hinderndes Recht des Hypothekengläubigers deshalb verneint, weil er der Veräußerung durch den Eigentümer (abgesehen von § 1135 B.G.B.) nicht widersprechen kann, wird die Tragweite des § 771 unterschätzt. Gerade die Stellung dieser Vorschrift in den

„allgemeinen Bestimmungen" über die Zwangsvollstreckung (Abschnitt 1 des 8. Buches der C.P.O.) ergibt, daß die Bestimmung in weiterem Sinne verstanden werden muß. Auch die Pfändung führt zur Veräußerung, und mit ihr, wenn die Zubehörstücke vom Grundstücke entfernt sind, zur Vernichtung des hypothekarischen Rechtes. Dieser Veräußerung — nicht der des Eigentümers — kann der Hypothekengläubiger widersprechen, und deshalb ist ihm auch ein „die Veräußerung hinderndes Recht" im Sinne des § 771 zuzugestehen.

Eine Bestätigung dieser Auffassung, die übrigens in der Literatur überwiegend und von namhafter Seite vertreten wird, findet sich in der dem jetzigen § 865 C.P.O. (§ 757a des Entwurfes der Novelle) beigegebenen amtlichen Begründung. Es wird dort zunächst ausgeführt, daß es aus wirtschaftlichen Gründen geboten erscheine, abweichend von dem preußischen Gesetze vom 13. Juli 1883 § 206 und dem bayerischen Gesetze vom 23. Februar 1879 Art. 8, die Pfändung des Zubehörs schlechthin auszuschließen. Im Anschluß hieran heißt es dann weiter:

„Hiermit wird, wie sich von selbst versteht, den Hypothekengläubigern die Möglichkeit gegeben, einer gegen das Verbot erfolgten Pfändung auch nach Maßgabe des § 685" (d. i. des jetzigen § 766) „zu widersprechen, da der in der letzteren Bestimmung vorgesehene Rechtsbehelf nicht allein den Parteien, sondern auch jedem Dritten zukommt, dessen Interesse durch die Art der Zwangsvollstreckung verletzt wird."

Diese Bemerkung erhält ihr richtiges Verständnis, wenn man den vorausgehenden Hinweis auf die Vorschriften des preußischen und bayerischen Rechtes beachtet. Dort war vorgeschrieben, daß zwar die Zwangsvollstreckung in Zubehörstücke, solange nicht die Immobiliarbeschlagnahme erfolgt war, nicht ausgeschlossen sei, daß sich aber die Hypothekengläubiger ihrer durch Widerspruchsklage aus § 690 C.P.O. (jetzt § 771) erwehren könnten. Wenn nun im Zusammenhange hiermit die Begründung sagt, daß nunmehr den Hypothengläubigern auch die Rechtsbehelfe aus § 685 (§ 766) C.P.O. zu Gebote stehen sollen, so kann dies nur dahin verstanden werden, daß neben ihnen (wie bisher) auch die Widerspruchsklage zulässig sein soll. Diese Äußerung der Motive ist freilich nicht entscheidend; aber sie dient doch zur Unterstützung der hier vertretenen Meinung, weil sich aus ihr ersehen läßt, wie man sich bei der Aufstellung des Entwurfes die Durchführung der hypothekarischen Rechte gegenüber einer Pfändung von Zubehörstücken gedacht hat. Übrigens kann in dieser Beziehung auch auf § 810 Abs. 2 C.P.O. verwiesen werden, wo ebenfalls für den Gläubiger, der ein Recht auf Befriedigung aus dem Grundstücke hat, die Widerspruchsklage aus § 771 C.P.O. gegen Pfändung zugelassen worden ist.

Die Revision sucht ihre gegenteilige Meinung auch damit zu begründen, daß sie als Regel aufstellt, das Gesetz habe für die prozessuale Geltendmachung von Rechten immer nur einen Weg eröffnet, entweder den in § 766 C.P.O. vorgezeichneten, der in die Beschwerdeinstanzen führe (§ 793 das.), oder den Klageweg mit dem Rechtsmittelzuge der Berufung und Revision. Aber auch dies ist in dieser Allgemeinheit nicht richtig, und das Gegenteil ist in der Judikatur des Reichsgerichts bereits anerkannt; so für denjenigen, in dessen Gewahrsam durch eine Pfändung eingegriffen worden ist,

vgl. Gruchot, Beiträge Bd. 38 S. 179; Entsch. des R.G.'s in Civils. Bd. 26 S. 399,

und ebenso für Ansprüche, die im Klagewege verfolgt werden, obwohl sie durch Zwangsvollstreckung hätten beigetrieben werden können.

Vgl. Entsch. des R.G.'s in Civils. Bd. 46 S. 304; Gruchot, Beiträge Bd. 38 S. 183." . . .

---

50. Erfordert § 377 Abs. 5 H.G.B. nur ein auf Täuschung des Käufers gerichtetes und dazu auch geeignetes Verhalten des Verkäufers, aber nicht, daß dadurch auch die Täuschung erreicht, d. h. der Käufer zum Unterlassen rechtzeitiger Prüfung oder rechtzeitiger Mängelanzeige bestimmt worden, sei, so daß es der Anwendung des Abs. 5 nicht entgegensteht, wenn der Käufer lediglich aus Fahrlässigkeit die Untersuchung unterlassen oder die Mängelanzeige verspätet hatte?

II. Civilsenat. Urt. v. 26. Juni 1903 i. S. H. & Co. (Bekl.) w. E. (Kl.). Rep. II. 4/03.

I. Landgericht Hamburg, Kammer für Handelssachen.
II. Oberlandesgericht daselbst.

Obige Frage ist vom Reichsgerichte im ersteren Sinne bejaht worden aus folgenden, den Sachverhalt ergebenden,

Gründen:

... „In der Literatur zu § 377 H.G.B. n. F. wird von Staub, H.G.B. 6./7. Aufl. zu § 377 Anm. 131 S. 1374, die Ansicht vertreten, die Anwendung des Abs. 5 des § 377, wonach der Verkäufer, wenn er den Mangel arglistig verschwiegen hat, sich auf die vorangegangenen Vorschriften über die Pflicht zur Untersuchung und Mängelrüge nicht berufen könne, setze voraus, daß die Täuschungsabsicht auch erreicht sei; es müsse also der Käufer wirklich in den Glauben versetzt worden sein, der Verkäufer habe vertragsgemäß geliefert, und er müsse deshalb die rechtzeitige Mängelrüge unterlassen haben; mit anderen Worten: es müsse das arglistige Verschweigen kausal gewesen sein für die unterlassene Untersuchung oder Mängelanzeige. Daraus wird gefolgert, daß, wenn die Untersuchung oder Anzeige nur aus Nachlässigkeit unterlassen wurde, also das in Wirklichkeit vorliegende arglistige Verschweigen für dieses Unterlassen nicht kausal war, Abss. 1—4 des § 377 zur Anwendung kommen, und danach — § 377 Abs. 2 — den Käufer das Präjudiz der Genehmigung treffe. In ähnlichem Sinne sprechen sich auch Lehmann u. Ring, H.G.B. Bd. 2 S. 169 zu § 377 Nr. 74, aus, wenn verlangt wird, es müsse das Unterbleiben der Rüge eine Folge des arglistigen Verschweigens sein, was freilich zu vermuten sei.

Dagegen verlangt Cosack, Lehrbuch des Handelsrechts § 39 Nr. 9d, für den Fall, daß der Mangel dem Käufer nicht bekannt war, zur Anwendung des § 377 Abs. 5 und folgeweise zum Ausschlusse der Abss. 1—4 dieses Paragraphen nur, daß der Verkäufer durch Verschweigen des Mangels arglistig eine Täuschung müsse versucht haben; in ähnlichem Sinne führt Makower, H.G.B. 12. Aufl. zu § 377, VI 2 S. 1188, aus, daß ein Unterlassen der Anzeige dem Käufer auch dann nicht entgegenstehe, wenn dieses Unterlassen ohne ursächlichen Zusammenhang sei, da nur zum Schutze des redlichen Verkäufers die Vorschriften des § 377 Abss. 1—4 dienen sollen.

Im gegebenen Falle ist zwar die Untersuchung rechtzeitig erfolgt, die Mängelrüge aber verspätet, und zwar umdeswillen, weil die Beklagte nicht dafür gesorgt hat, daß ihre Abkäuferin sie alsbald von dem Ergebnisse der Untersuchung benachrichtige. Darin liegt, wie das

Berufungsgericht ohne Verletzung des Gesetzes annahm, und was auch von der Revisionsklägerin nicht bekämpft wurde, ein von der Beklagten zu vertretendes Verhalten. Wenn daher, wie das Berufungsgericht ohne weitere Prüfung unterstellt, die Bestimmungen der Abss. 1—4 des § 377 zur Anwendung kämen, so wäre die Mängelrüge der Beklagten verspätet und käme daher gegen dieselbe aus dem zweiten Absatze des § 377 das Präjudiz der Genehmigung der Ware zur Geltung. Indessen hatte die Beklagte in den Instanzen behauptet, Kläger habe die von ihr geltend gemachten Mängel arglistig verschwiegen. Das Berufungsgericht übergeht dieses Vorbringen, und die Revisionsklägerin hat diesen Mangel in der Begründung zum Gegenstand eines Angriffes gemacht. Nach den gegebenen Ausführungen war dieses arglistige Verschweigen der Mängel für die Verspätung der Mängelanzeige nicht kausal. Könnte also den Ausführungen bei Staub zugestimmt werden, so wäre die Anwendung des § 377 Abs. 5 durch diesen fehlenden Zusammenhang zwischen dem arglistigen Verschweigen und der Verspätung der Mängelrüge ausgeschlossen, während nach der anderen Meinung dieser fehlende Zusammenhang der Anwendung jener Gesetzesvorschrift nicht entgegenstände. Deshalb ist es notwendig, zu der bezeichneten Streitfrage Stellung zu nehmen; diese war für das seit dem 1. Januar 1900 geltende Recht gegen die Ansicht von Staub zu entscheiden.

Die Bildung des schon vor dem Handelsgesetzbuche in den einzelnen Territorien vielfach anerkannten Gewohnheitsrechtes, welches den Käufer überhaupt oder doch beim Handelskaufe zur Untersuchung der Ware und zur Mängelrüge verpflichtet hatte, war unbedenklich durch deutschrechtliche Anschauungen erheblich gefördert worden; hier kommt insbesondere in Betracht die deutschrechtliche Anschauung über die rechtliche Bedeutung und Tragweite der Annahme der Kaufsache, wonach ein Mangel nicht mehr gerügt werden konnte, wenn nicht der Käufer durch betrügerisches Irreführen des Verkäufers in bezug auf diesen Mangel zur Annahme bestimmt worden, und war weiterhin bedeutsam die Auffassung, eine solche Annahme liege vor, wenn der Käufer die Ware während durch Gesetz oder Gewohnheit bestimmter oder angemessener Zeit zur Verfügung hatte und dieselbe nicht wegen des Mangels zur Verfügung stellte. Indem das deutsche Handelsgesetzbuch jenes Gewohnheitsrecht in dem durch Art. 347 geregelten

Umfange aufnahm, traf es in Art. 350 die weitere Vorschrift, daß die Bestimmungen des Art. 347 von dem Verkäufer im Falle eines „Betruges" nicht geltend gemacht werden können. In der Literatur und Rechtsprechung zu Art. 350 bestand zwar nach einigem Schwanken darüber kein Streit mehr, daß kein strafrechtlicher Betrug verlangt sei. Auch darüber bestand im Laufe der Zeit Einverständnis, daß die aus einigen Digestenstellen für das gemeine Recht abgeleitete Annahme, ein die actio emti ex dolo begründendes Verhalten liege schon dann vor, wenn der Verkäufer den Fehler bei dem Kaufabschlusse gekannt und dem Käufer nicht mitgeteilt habe, auf den Fall des Art. 350 nicht schlechthin angewendet werden könne, und daß dort ein auf Täuschung gerichtetes und dazu auch geeignetes Handeln verlangt sei. Dagegen bildete sich kein Einverständnis über die hier streitige Frage. Die strengere Ansicht, es setze die Anwendung des Art. 350 voraus, daß durch den Betrug des Verkäufers der Käufer bestimmt worden sei, die Pflichten aus Art. 347 zu verabsäumen, wurde in der Literatur insbesondere von Puchelt-Förtsch, H.G.B. 4. Aufl. zu Art. 350 S. 1013 Nr. 2, und von Staub, H.G.B. 1.—5. Aufl. zu Art. 350, vertreten. Für dieselbe hatte sich auch der erkennende Senat in einem Urteile vom 21. September 1897 (Rep. II. 147/97, teilweise abgedruckt Jurist. Wochenschr. von 1897 S. 549 Nr. 22) ausgesprochen, im wesentlichen auf Grund des Wortlautes, wonach „Betrug", also vollendeter, nicht bloß versuchter Betrug, verlangt sei.

Indessen vermag der erkennende Senat für die seit dem 1. Januar 1900 in Kraft getretene Gesetzgebung diesen Standpunkt nicht weiter aufrecht zu halten. Indem der 5. Absatz des § 377 H.G.B. in der jetzigen Fassung vorschreibt, der Verkäufer könne sich auf die Vorschriften in Abss. 1—4 des gleichen Paragraphen nicht berufen, wenn er den Mangel arglistig verschwiegen habe, ist zunächst das Wort „Betrug" durch den Ausdruck „arglistiges Verschweigen" ersetzt worden, und ist dadurch zugleich der rechtliche Begriff des arglistigen Verschweigens, der für das Recht des Bürgerlichen Gesetzbuches ein juristisch technischer ist, in diese Vorschrift des Handelsgesetzbuches übernommen worden.

Das Bürgerliche Gesetzbuch erwähnt das arglistige Verschweigen bei der Lehre vom Kauf in den §§ 443, 460, 463, 476, 477, 478,

480 und 485, ferner bei anderen Rechtsmaterien in den §§ 523. 524 (Schenkung), § 540 (Miete), § 600 (Leihe), §§ 637. 638 (Werkvertrag) und §§ 2183. 2385 (Gattungsvermächtnis und Erbschaftskauf). Es versteht darunter ein Verschweigen in der Absicht, den Gegenkontrahenten zu täuschen, also bei dem arglistigen Verschweigen des Mangels durch den Verkäufer ein Verschweigen des Mangels mit der Absicht, den Käufer zu täuschen. Nach den hier in erster Reihe zu berücksichtigenden Bestimmungen des Bürgerlichen Gesetzbuches aus der Lehre vom Kaufe kann in bezug auf eine Haftung für Mängel der Kaufsache ein arglistiges Verschweigen eines Mangels zunächst beim Kaufabschlusse in Betracht kommen (§ 460 Satz 2. § 463 Satz 2). In diesem Falle wird dessen Erheblichkeit ausgeschlossen durch Kenntnis des Käufers beim Vertragsabschlusse (§ 460 Satz 1), nicht durch dessen grobe Fahrlässigkeit (§ 460 Satz 2). Im übrigen wird der Irrtum präsumiert; denn darin liegt die Bedeutung der Haftung für ädilizische Mängel, und dadurch allein ist die Kausalität gegeben. Übrigens schließt die Kenntnis des Käufers die rechtliche Erheblichkeit des arglistigen Verschweigens schlechthin aus; dessen Erklärung, den Vertrag abzuschließen, unter Vorbehalt seiner Rechte aus dem Mangel wäre rechtlich bedeutungslos.

Das arglistige Verschweigen des Mangels kann ferner in Betracht kommen bei Erfüllung des Kaufvertrages. Dieses arglistige Verschweigen schöpft seine rechtlich erhebliche Kraft aus der darin enthaltenen und vom Verkäufer nach Vertragsrecht zu vertretenden Vertragsverletzung, nicht aus einer vollendeten Täuschung. Folgeweise hat sogar die Kenntnis des Käufers hier bei der Annahme der Kaufsache nicht die Wirkung, wie in dem soeben besprochenen Falle, daß das arglistige Verschweigen rechtlich unerheblich wird, und daß deshalb die Annahme mit dieser Kenntnis nicht unter dem Vorbehalte der aus der arglistigen Vertragsverletzung etwa entstandenen Rechte erfolgen könnte. Im Gegenteil ist die Annahme unter diesem Vorbehalte zulässig; nur muß dieser, um das Präjudiz der Genehmigung auszuschließen, bei der Annahme erklärt werden. Eine vollendete Täuschung des Käufers und ein Kausalzusammenhang zwischen dem arglistigen Verschweigen und der Annahme ist sonach für diesen Fall nicht gefordert. Als ein arglistiges Verschweigen in Erfüllung des Vertrages ist beim Gattungskaufe das arglistige

Verschweigen eines Mangels der gelieferten Ware zu beurteilen. Der Käufer, welcher den Mangel bei der Lieferung sieht, kann die gelieferte Ware unter Vorbehalt der Rechte wegen des Mangels annehmen. Die Annahme mit dieser Kenntnis hat hier nicht, wie bei dem Kaufabschlusse, die Unerheblichkeit dieses Vorbehaltes zur Folge. Auch hier hat sonach eine aus der arglistigen Vertragsverletzung etwa abzuleitende Rechtsfolge arglistigen Verschweigens eines Mangels nicht eine vollendete Täuschung des Käufers zur Voraussetzung. Daß die §§ 477 Abs. 1 Satz 2, 478 Abs. 2 und 485 Satz 2 von dem gleichen rechtlichen Begriffe des arglistigen Verschweigens ausgehen, bedarf keiner Ausführung. Soweit daher das Bürgerliche Gesetzbuch bei der Gewährleistung wegen Mängel der Kaufsache von einem arglistigem Verschweigen eines Mangels handelt, verlangt es nur ein arglistiges Verschweigen durch den Verkäufer mit der Absicht den Käufer zu täuschen. Negative Voraussetzung der rechtlichen Erheblichkeit eines solchen arglistigen Verschweigens bei dem Kaufabschlusse ist, daß der Käufer den Mangel nicht kennt, bei der Erfüllung des Kaufvertrages, daß der Käufer im Falle seiner Kenntnis bei der Annahme sich die etwaigen Rechte aus der arglistigen Vertragsverletzung vorbehält. Kein wesentliches Erfordernis ist, daß der Käufer getäuscht, und daß d u r c h diese Täuschung das Unterlassen einer in Frage stehenden Rechtsschutzhandlung verursacht sei. Auch nach Entdeckung des arglistig verschwiegenen Mangels läuft die dreißigjährige Verjährung für einen Wandelungs- oder Minderungsanspruch; der Verkäufer, der sich eines arglistigen Verschweigens schuldig macht, kann nicht die kurzen Verjährungen des § 477 B.G.B. anrufen. Das ergibt sich unzweideutig aus diesem § 477. Danach ist in den besprochenen Vorschriften des Bürgerlichen Gesetzbuches überall der Satz anerkannt, der unter der Herrschaft des Art. 350 H.G.B. a. F. den Ausgangspunkt für die mildere Ansicht abgab, daß ein auf Täuschung in bezug auf einen Mangel gerichtetes und dazu geeignetes Handeln des Verkäufers zureiche, und daß eine wirklich erfolgte Täuschung nicht nötig sei. In § 377 Abs. 5 H.G.B. wird aber nichts weiteres verlangt, als daß der Verkäufer den Mangel arglistig verschwiegen hat; auch im übrigen fehlt ein zureichender Anhalt dafür, daß an dieser Stelle dem Begriffe des arglistigen Verschweigens eines Mangels der Kaufsache eine von dem Bürgerlichen Gesetzbuche abweichende Bedeutung beigelegt sei. Deshalb ist der Auslegung beizutreten, es sei in § 377 Abs. 5 mit dem arglistigen Verschweigen des Mangels nur ein auf Täuschung des Käufers gerichtetes und dazu geeignetes Handeln des Verkäufers verlangt und nicht weiter erfordert, daß durch Täuschung des Käufers dieser bestimmt wurde, die Erfüllung der in § 377 Abss. 1—4 geregelten Pflicht zu verabsäumen.

Allerdings sind bei Entscheidung der hier streitigen Frage die vielleicht nicht ganz unbedenklichen praktischen Folgen zu berücksichtigen, welche die hier gebilligte Gesetzesauslegung nach sich ziehen kann; denn es liegt nahe, daß im Prozesse bei Fällen verspäteter oder unterlassener Mängelanzeige gegen das Präjudiz der Genehmigung nach § 377 Abs. 2 die Behauptung arglistigen Verschweigens des Fehlers durch den Verkäufer weit häufiger aufgestellt werden wird, und daß bei der hier vertretenen Auffassung der Zweck der handelsrechtlichen Bestimmungen über die Untersuchungs- und Anzeigepflicht des Käufers, eine klare und sichere Rechtslage zu schaffen, in vielen Fällen erschwert werden kann; ein Bedenken, das bereits in dem Urteile des Reichsoberhandelsgerichts, Entsch. dess. Bd. 2 S. 193, prägnanten Ausdruck gefunden hat. Zwar kann wohl eine zielbewußte Rechtsprechung die Voraussetzungen des „arglistigen Verschweigens" in einer Weise näher bestimmen, daß den größten Mißbräuchen von vornherein vorgebeugt ist. Völlig lassen sich jedoch dadurch die als drohend bezeichneten Übelstände nicht beseitigen, und es könnte im Hinblicke auf diese Gefahren auch vom Standpunkte des legitimen Handelsverkehres aus der Zweifel aufgeworfen werden, ob nicht dem Satze, daß bei einem Zusammentreffen von Fahrlässigkeit des Käufers, bestehend in dem Unterlassen rechtzeitiger Mängelanzeige, und einem hierfür nicht kausalen arglistigen Verschweigen des Mangels durch den Verkäufer der Käufer entschieden mehr Anspruch auf den Schutz des Gesetzes habe als der arglistige Verkäufer, eine Regelung vorzuziehen wäre, die — allerdings unter Umständen mit einiger Härte — eine klare und sichere Rechtslage schafft, daß nämlich die Folge der Fahrlässigkeit des Käufers, bestehend in dem Unterlassen rechtzeitiger Mängelrüge, nur durch ein für dieses Unterlassen kausales arglistiges Verschweigen ausgeschlossen werde. Indessen gestattet das gegebene Gesetz, wie oben dargelegt, nicht, diesen Bedenken Rechnung zu tragen, und ist für § 377 H.G.B. der Rechtsgrundsatz aufzustellen: im Falle arglistigen Verschweigens eines Mangels der Kaufsache durch den Verkäufer tritt bezüglich dieses Mangels überhaupt die Anzeigepflicht aus § 377 Abss. 1—4 nicht ein; deshalb ist es nicht notwendig, daß durch das arglistige Verschweigen des Mangels der Käufer zum Unterlassen rechtzeitiger Prüfung oder rechtzeitiger Anzeige bestimmt worden ist.

Die Anwendung dieses Rechtsgrundsatzes muß zur Aufhebung des auf dem Präjudize der Genehmigung aus § 377 Abs. 2 beruhenden Urteiles führen; denn danach hatte das Berufungsgericht die Behauptung der Beklagten, der Kläger habe die von ihr geltend gemachten Mängel arglistig verschwiegen, zu prüfen, die, wenn sie richtig wäre, die Anwendung des § 377 Abs. 2 auch dann ausschließen würde, wenn, wie hier, zwischen dem arglistigen Verschweigen und der Verspätung der Mängelanzeige kein Zusammenhang besteht."...

---

51. Fällt derjenige Betrag einer Sicherungshypothek, der dadurch frei wird, daß der Gläubiger gegen das vom Ersteher im Verteilungstermine bar zu berichtigende Meistgebot nicht den vollen Betrag seiner Sicherungshypothek liquidiert, den nachstehenden (sonst leer ausgehenden) Realgläubigern zu, oder entsteht in Höhe desselben eine Eigentümerhypothek?

B.G.B. §§ 1163. 1184. 1190.

Zwangsversteigerungsgesetz §§ 52. 91.

V. Civilsenat. Urt. v. 15. Juni 1903 i. S. B. Konkursm. (Bekl.) w. B. (Kl.). Rep. V. 53/03.

I. Landgericht Chemnitz.
II. Oberlandesgericht Dresden.

Auf einem früher dem Wäschereibesitzer B. gehörigen Grundstücke standen in der III. Abteilung unter Nr. 2 und Nr. 4 zwei Sicherungshypotheken für den Spar- und Kreditverein in Ch. eingetragen; die erste, bis zum Höchstbetrage von 70000 *M*, war am 17. Juli 1899, die zweite, bis zum Höchstbetrage von 15000 *M*, am 25. August

1900 eingetragen, und beide waren von B. für alle Ansprüche bestellt, die aus dem ihm vom Kreditvereine eröffneten Kredite diesem erwachsen würden. Im Range nach den beiden Hypotheken war für den Kläger eine Sicherungshypothek zum Betrage von 50000 ℳ vorgemerkt, und in gleichem Range mit dieser Vormerkung für die Firma A. eine Hypothek von 19435,99 ℳ nebst Zinsen eingetragen. Das Grundstück kam im Jahre 1901, nachdem B. in Konkurs verfallen war, zur Zwangsversteigerung und wurde für ein Meistgebot von 130000 ℳ zugeschlagen. Bei der Verteilung des Erlöses kam der Kreditverein aus dem Bargebot, welches erlegt worden war, voll zur Hebung; er berechnete aber sein Guthaben an B. nur auf 80272,30 ℳ, liquidierte auch nur diesen Betrag auf die beiden Höchsthypotheken, so daß von ihnen 4727,70 ℳ frei wurden. Der Kläger erhielt auf seine vorgemerkte Sicherungshypothek nur 17541,11 ℳ, die Firma A. auf ihre Hypothek nur 7000,81 ℳ zugeteilt; mit dem Rest fielen beide aus. Nun entstand im Verteilungstermin Streit, wem der vom Kreditvereine nicht liquidierte und dadurch freigewordene Betrag zufallen sollte; der Konkursverwalter verlangte ihn für die Konkursmasse und erhielt ihn auch für diese in erster Reihe vom Vollstreckungsgerichte zugeteilt; hiergegen erhoben jedoch der Kläger und die Firma A. Widerspruch. Sie beanspuchten den Betrag für sich als ausgefallene Realgläubiger. Infolgedessen wurde der streitige Betrag bei der Stadtbank in Ch. hinterlegt. Die Firma A. verfolgte ihren Widerspruch im Prozeßwege nicht, wohl aber, und zwar rechtzeitig und an zuständiger Stelle, der Kläger. Die erste Instanz wies seine Klage ab und erklärte den von ihm gegen die Auszahlung der hinterlegten 4727,70 ℳ nebst Zinsen erhobenen Widerspruch für unbegründet. Die von ihm hiergegen eingelegte Berufung hatte teilweise Erfolg; der Berufungsrichter sprach dem Kläger von dem hinterlegten Gelde einen Teilbetrag von 3197,08 ℳ nebst den davon bei der Hinterlegungsstelle aufgelaufenen Zinsen zu und wies die Klage, unter Verteilung der Prozeßkosten zwischen beide Parteien, mit dem Mehrbetrage ab.

Gegen dieses Urteil legte die verklagte Konkursmasse Revision ein, und ihr schloß sich der Kläger mit dem Antrage an, ihm die ganze hinterlegte Streitmasse zuzusprechen. Das Reichsgericht hat, unter Zurückweisung der Anschließung des Klägers, das Berufungsurteil aufgehoben, die Berufung des Klägers gegen das Urteil erster Instanz zurückgewiesen und die Streitmasse der Beklagten zugesprochen.

Gründe:

... „Die Streitmasse von 4727,70 ℳ ist derjenige Teil des bar gezahlten Versteigerungserlöses, der auf die für den Spar- und Kreditverein in Ch. auf dem versteigerten Grundstücke zum Höchstbetrage von 70000 ℳ und 15000 ℳ zur Eintragung gelangten Kautionshypotheken auszuzahlen gewesen wäre, wenn der Spar- und Kreditverein bis zur vollen Höhe der Kautionshypotheken Ansprüche auf den Erlös erhoben hätte. Daß die erste der beiden Kautionshypotheken noch vor dem Inkrafttreten des Bürgerlichen Gesetzbuchs eingetragen worden ist — die zweite ist erst nachher eingetragen —, macht für die rechtliche Beurteilung keinen Unterschied; denn da für Sachsen das Grundbuch mit dem 1. Januar 1900 als angelegt anzusehen ist (Art. 186 Abs. 1 Einf.-Ges. zum B.G.B.; § 1 der sächs. Verordn. zur Ausführ. der G.B.O. vom 26. Juli 1899), so gilt von diesem Zeitpunkt ab jene ältere Kautionshypothek nach Art. 192 Abs. 1 Satz 2 Einf.-Ges. zum B.G.B. als Sicherungshypothek im Sinne des Bürgerlichen Gesetzbuchs. Sie hat sich, wie das Reichsgericht bereits für die Kautionshypotheken des bisherigen preuß. Rechts ausgesprochen hat,

vgl. Entsch. dess. in Civils. Bd. 49 S. 162,

in eine Maximalhypothek des § 1190 B.G.B. umgewandelt. Es handelt sich also um die Frage, welchem Subhastationsbeteiligten bei der Verteilung des Versteigerungserlöses derjenige Betrag einer Maximalhypothek zuzuteilen ist, der dadurch frei wird, daß der Gläubiger gegen das vom Ersteher im Verteilungstermine bar zu berichtigende (im vorliegenden Fall auch tatsächlich erlegte) Bargebot (§ 49 Abs. 1 des Zwangsversteigerungsgesetzes) nicht den vollen Betrag seiner Kautionshypothek liquidiert. Über diese Frage hinaus eine ausdrückliche Entscheidung auch für den Fall zu treffen, daß die Maximalhypothek bei der Feststellung des geringsten Gebotes berücksichtigt worden ist, also nach § 52 Abs. 1 des Zwangsversteigerungsgesetzes bestehen bleibt, dazu bietet der vorliegende Fall keine Veranlassung.

Was nun in dieser Umgrenzung die zu beantwortende Frage anlangt, so darf man als sicher davon ausgehen, daß die Vorschriften des Bürgerlichen Gesetzbuchs über die Entstehung der Eigentümerhypothek (Eigentümergrundschuld) auch auf Sicherungshypotheken (§ 1184 B.G.B.) und namentlich auch auf Maximalhypotheken (§ 1190 das.) Anwendung finden. Hierüber kann, nachdem man dies bei der Beratung des Gesetzes ausdrücklich hervorgehoben und deshalb bei der zweiten Lesung den Abs. 2 des § 1125 des damaligen Entwurfs als überflüssig gestrichen hat,

vgl. Turnau u. Förster, Liegenschaftsrecht Bd. 1 2. Aufl. S. 810. 813. 837,

kein Zweifel sein. Zur Anwendung kommt also auch der Abs. 1 § 1163 B.G.B. Nach ihm steht die Hypothek — also auch die Maximalhypothek — dem Eigentümer zu, wenn die Forderung, für welche sie bestellt ist, nicht zur Entstehung gelangt (Satz 1), und nach ihm (Satz 2) erwirbt der Eigentümer die Hypothek — also auch die Maximalhypothek —, wenn die Forderung erlischt. Darüber, daß das Gesetz in letzterem Falle (Satz 2) denjenigen Eigentümer gemeint hat, der es zur Zeit des Erlöschens der Forderung ist, besteht — soviel zu ersehen, auch unter den Auslegern des Gesetzes — allseitiges Einverständnis. Nicht so einig ist man in Ansehung desjenigen Eigentümers, den das Gesetz im ersten Satze des Abs. 1 des § 1163 gemeint hat, und dem, wie dort vorgeschrieben ist, die Hypothek „zustehen" soll. Die herrschende Meinung nimmt an,

vgl. Turnau u. Förster, Liegenschaftsrecht Bd. 1 2. Aufl. S. 749 Bem. 6; Fuchs, Grundbuchrecht Bd. 1 S. 525; Biermann, Sachenrecht 2. Aufl. S. 371; Planck, B.G.B. Bd. 3 S. 555. 556,

daß derjenige Eigentümer vom Gesetz gemeint sei, der es war, als die Hypothek durch Eintragung zur Entstehung gelangte, also in der Regel derjenige, der sie bestellt hat, und der erkennende Senat trägt kein Bedenken, sich dieser Meinung anzuschließen. Sie liegt, wenn auch nicht ausdrücklich ausgesprochen, schon seinem Urteile vom 31. Mai 1902,

Entsch. des R.G.'s in Civils. Bd. 51 S. 398,

zugrunde, weil andernfalls damals die Hypothek nicht denjenigen hätte zugesprochen werden können, die Miteigentümer des belasteten Grundstückes gerade am 1. Januar 1900 waren, und an ihr ist um so mehr festzuhalten, als sie dem Unterschiede des Wortlautes in den beiden hier fraglichen Sätzen des § 1163 Abs. 1 gebührend Rechnung trägt. Die gegenteilige Meinung, welche denjenigen Eigentümer ins Auge faßt, der es ist, wenn das Nichtentstandensein der Hypothek festgestellt wird,

vgl. Reinhard im „Recht" 1902 S. 32,

kann schon deshalb zu keinem befriedigenden Ergebnisse führen, weil die Zeit der Feststellung etwas mehr oder weniger Zufälliges ist. Nicht die Zeit dieser Feststellung, sondern die festgestellte Tatsache selbst, daß nämlich die Forderung nicht zur Entstehung gelangt ist, muß entscheidend sein, und dies führt — die Feststellung mag früher, oder später erfolgen — zunächst auf die Zeit der Begründung zurück, also auf denjenigen Eigentümer, der es war, als die Hypothek eingetragen wurde.

Für die bisher erörterte Frage, wie die Vorschriften in § 1163 Abs. 1 zu verstehen sind, ist es ohne Belang, daß bei der Maximalhypothek nur der Höchstbetrag, bis zu dem das Grundstück haften soll, bestimmt, und im übrigen die Feststellung der Forderung vorbehalten ist. Von Bedeutung wird dies erst, wenn es sich darum handelt, wann als festgestellt gelten kann, daß die Forderung nicht zur Entstehung gelangt, oder daß sie erloschen ist. Ist die Maximalhypothek, wie es in der Regel der Fall sein wird und auch im vorliegenden Falle zutrifft, für Ansprüche bestellt, die aus einem fortlaufenden Rechtsverhältnisse entstehen können, (für Ansprüche aus einem eröffneten Kredit, einer Geschäftsverbindung, einer Vermögensverwaltung, einer Vormundschaftsführung und ähnlichen Verhältnissen) so leuchtet ohne weiteres ein, daß, solange das zugrunde liegende Rechtsverhältnis fortdauert, und damit die Möglichkeit besteht, daß Forderungen aus ihm noch entstehen können, für welche die Hypothek haften würde, der Zeitpunkt noch nicht gekommen ist, an welchem festgestellt werden könnte, daß eine Forderung nicht oder nicht über eine bestimmte Höhe hinaus zur Entstehung gelangt sei. Aber selbst wenn das Grundverhältnis sein Ende erreicht hat, neue Ansprüche aus ihm also nicht mehr entstehen können, so würde die bloße Berechnung und Feststellung der Höhe der entstandenen Ansprüche nicht ausreichen, wenigstens dann nicht, wenn der Gläubiger von seinem Guthaben Zinsen zu beanspruchen hat, für welche die Hypothek mithaftet. Hieraus mögen sich, wenn die Befriedigung des

Kautionsgläubigers nicht aus dem Grundstücke (§ 1181 B.G.B.), d.h. nicht im Wege der Immobiliarzwangsvollstreckung, erfolgt, zweifelhafte Fragen ergeben. Zu ihnen bedarf es hier keiner Stellungnahme. Denn erfolgt die Befriedigung des Gläubigers aus dem Grundstücke, also — wie hier — im Verfahren der Zwangsversteigerung, so ist in diesem Verfahren selbst der Zeitpunkt gegeben, an welchem die endgültige Feststellung, ob und in welcher Höhe eine durch die Maximalhypothek gesicherte Forderung besteht, getroffen werden muß. Sie muß erfolgen bei der Verteilung des Erlöses in dem gesetzlich hierzu bestimmten Termin (§ 105 des Zwangsversteigerungsgesetzes). Erst mit diesem Termin schließt, wie der erkennende Senat bereits ausgesprochen hat,

vgl. Entsch. des R.G.'s in Civils. Bd. 51 S. 119,

die Möglichkeit ab, daß neue unter die Kautionshypothek fallende Forderungen zur Entstehung gelangen können, und erst mit ihm endet die Verzinsung des Guthabens, für welche die Hypothek haftbar gemacht werden kann. Liquidiert der Gläubiger sein Guthaben, und beträgt es zuzüglich der ihm zukommenden Zinsen weniger, als worauf der Höchstbetrag der Maximalhypothek lautet, so ist nunmehr — wenigstens für das Verteilungsverfahren, und soweit sein Liquidat nicht etwa von anderen Beteiligten bestritten wird — die in § 1190 Abs. 1 B.G.B. vorbehaltene Feststellung getroffen. Es steht nun fest, in welcher Höhe die Forderung des Gläubigers besteht; in Höhe des Überrestes ist sie entweder nicht zur Entstehung gelangt, oder, wofern sie zur Entstehung gelangt war, wieder erloschen. Für beide Fälle greift § 1163 Abs. 1 ein, für den ersten, indem er, wie oben ausgeführt, vorschreibt, daß die Hypothek regelmäßig dem Eigentümer, unter dem sie zur Eintragung gelangte, zustehen soll, für den zweiten, indem er vorschreibt, daß sie der Eigentümer erwirbt, unter dem die Forderung erloschen ist. Diese Unterscheidung hat zwar für den vorliegenden Fall keine Bedeutung, da B., der die Kautionshypotheken bestellt hat, Eigentümer des Grundstückes geblieben ist und es auch noch war, als der Zuschlag erteilt wurde; aber andererseits ergibt sich aus ihr mit voller Sicherheit, daß das Gesetz, weil es für beide Fälle, in denen ein Aufrücken der Nachhypotheken möglich wäre, den Eigentümer substituiert, das Aufrücken der Nachhypotheken ausschließen will. Wenn die ausfallenden Gläubiger bei der gewöhnlichen Hypothek, wie der erkennende Senat bereits ausgesprochen hat (Urt. vom 18. Februar 1903, Rep. V. 394/02), keinen Anspruch auf denjenigen Betrag haben, in dessen Höhe sie nicht valutiert worden ist, dieser Betrag vielmehr bei der Verteilung des Versteigerungserlöses dem Eigentümer, für den sich insoweit die Hypothek in eine Eigentümergrundschuld umgewandelt hat, zuzuteilen ist, so läßt sich schlechterdings kein Grund finden, weshalb dies bei der Maximalhypothek anders sein sollte; die nachstehenden Gläubiger haben in dem einen wie in dem anderen Falle damit zu rechnen, daß ihnen eine Grundstücksbelastung in der vollen aus dem Grundbuch ersichtlichen Höhe — auch wenn diese nur als Höchstbetrag eingetragen ist — vorgeht, weil sie wissen müssen, daß insoweit, als die durch die Hypothek gesicherte Forderung nicht zur Entstehung gelangt oder erloschen ist, der Eigentümer des Grundstücks nach Maßgabe des § 1163 Abs. 1 B.G.B. in die hypothekarischen Rechte eintritt. Dies ist es, worauf es im vorliegenden Falle ankommt. Der Berufungsrichter meint zwar, ein solcher Eintritt des Eigentümers habe sich nicht mehr vollziehen können, weil die Hypothek durch den Zuschlag erloschen sei (§§ 52. 91 des Zwangsversteigerungsgesetzes), und eine erloschene Hypothek sich nicht mehr in eine Eigentümerhypothek (Eigentümergrundschuld) umwandeln könne. Aber dieser Grund beweist zu viel. Wäre er richtig, so könnten auch die nachstehenden Gläubiger den freigewordenen Betrag nicht erhalten; denn auch ihre Hypotheken sind erloschen. Es ist eben nicht beachtet, daß der Versteigerungserlös an die Stelle des Grundstückes tritt, und daß vermöge dieser Surrogation dieselben Ansprüche, die aus dem Grundstücke ihre Befriedigung hätten suchen dürfen, nun auf dem Versteigerungserlöse haften und aus ihm zu befriedigen sind.

Aus dem Vorstehenden ergibt sich, daß das Vollstreckungsgericht mit Recht die auf die Maximalhypotheken entfallende Hebung, soweit sie durch das Liquidat des Spar- und Kreditvereins nicht erschöpft wurde, also die jetzt streitigen 4727,70 ℳ, dem Eigentümer des Grundstücks oder vielmehr — da sich dieser im Konkurse befand — seiner Konkursmasse zugeteilt hat, und daß der hiergegen vom Kläger als einem nachstehenden Gläubiger erhobene Widerspruch unbegründet war. Der erste Richter hat dies zutreffend erkannt, und dementsprechend war unter Aufhebung des Berufungsurteils die gegen das erstinstanzliche Urteil eingelegte Berufung des Klägers zurückzuweisen. Wenn dem die Maßgabe beigefügt worden ist, daß der hinterlegte Betrag nebst den davon aufgelaufenen Hinterlegungszinsen an die Beklagte, also an die Konkursmasse, auszuzahlen ist, so entspricht dies der Vorschrift in § 880 C.P.O. und beseitigt einen etwaigen Zweifel, der daraus entstehen könnte, daß die Firma A. ebenfalls Widerspruch erhoben, diesen aber im Prozeßwege nicht verfolgt hat. Die Anschließung des Klägers wird ... damit von selbst hinfällig." ...

---

52. 1. Gehört die Vorlegung des Briefes zur Begründung der Hypothekenklage?

2. Führt der bei Nichtvorlegung des Briefes gemäß § 1160 Abs. 1. § 1161 B.G.B. von seiten des Schuldners erhobene Widerspruch zur Abweisung der Klage, oder nur zur Verurteilung zur Zahlung gegen Vorlegung des Briefes?

3. Ist dem Kläger eine Frist zur Vorlegung des Briefes zu gewähren?

V. Civilsenat. Urt. v. 27. Juni 1903 i. S. K. (Kl.) w. B. (Bekl.). Rep. V. 76/03.

I. Landgericht Brieg.
II. Oberlandesgericht Breslau.

Die Beklagten waren Eigentümer eines Grundstücks, in dem sie Gastwirtschaft betrieben. Durch das Schriftstück vom 23. Januar 1899 verpflichteten sie sich, ihren gesamten Bierbedarf von der klagenden Brauerei zu entnehmen, wenn ihnen die Klägerin auf das Grundstück ein auf fünf Jahre unkündbares Hypothekendarlehn von 10000 *M* gebe, das durch bestimmte Aufschläge zum Bierpreis amortisiert werden solle. Das Darlehn wurde gegeben; die Eintragung erfolgte unter Briefbildung, und ein Betrag von 326 *M* wurde amortisiert. Später begehrte die Klägerin mit persönlicher und dinglicher Klage Verurteilung der Beklagten zur Rückzahlung des Darlehns von noch 9674 *M* nebst Zinsen. Der erste Richter wies die Klage ab.

Die Klägerin legte Berufung ein. Durch Schriftsatz vom 30. November 1902 verlangten die Beklagten Vorlegung des Hypothekenbriefs, und erklärten in der mündlichen Verhandlung vom 13. Dezember 1902, sie stellten dieses Verlangen gemäß § 1160 B.G.B., weil sie Anlaß zu der Annahme hätten, daß die Klägerin sich nicht im Besitze des Briefes befinde. Der Prozeßbevollmächtigte der Klägerin erklärte in jenem Termine, daß er vorläufig zur Vorlegung des Briefes außer stande sei; der Schriftsatz vom 30. November sei ihm rechtzeitig zugestellt; er habe an die Klägerin geschrieben, und diese habe geantwortet, daß sie den Hypothekenbrief an ihn absende. Es wurde neuer Termin zur Verkündung der Entscheidung auf den 20. Dezember anberaumt. Am 16. Dezember reichte der Prozeßbevollmächtigte der Klägerin den Brief zu den Akten ein, und überreichte ihn im Verkündungstermine dem Berufungsgerichte mit der Bitte, die mündliche Verhandlung, falls nötig, wieder zu eröffnen und den Brief den Beklagten vorzulegen. Das Berufungsgericht lehnte diesen Antrag ab und erkannte auf Zurückweisung der Berufung.

Auf die Revision der Klägerin ist dieses Urteil aufgehoben, und auf Zurückverweisung an das Berufungsgericht erkannt worden, aus folgenden

Gründen:

„Der Berufungsrichter nimmt an, daß mit der Klage die Hypothek und die ihr zugrunde liegende Forderung geltend gemacht würden, und demgemäß die Voraussetzungen zur Anwendung der §§ 1160. 1161 B.G.B. vorlägen; der in dem Verlangen der Vorlegung des Hypothekenbriefes liegende Widerspruch gegen die Geltendmachung enthalte ein Bestreiten der Aktivlegitimation. Lege der Kläger den Brief nicht in dem Verhandlungstermine vor, so könne er nicht Verurteilung des Schuldners Zug um Zug gegen Aushändigung des Briefes verlangen; denn die Anwendung des § 322 B.G.B. setze voraus, daß der Schuldner bereits ein Recht auf Aushändigung des Briefes habe; ein solches gewinne er aber erst bei Befriedigung des Gläubigers (§ 1144 B.G.B.). Die Anwendung des § 322 würde auch zu der Härte führen, daß dem Schuldner die Kosten auferlegt werden müßten, gleichviel ob der Gläubiger zur Zeit des Urteilserlasses den Brief schon besitze, oder nicht, vorausgesetzt nur, daß er sich zur Vorlegung erbiete.

Von den drei gegen diese Ausführungen erhobenen Revisionsangriffen ist einer begründet und führt zur Aufhebung des Berufungsurteils.

1. . . .

2. Die Revision ist . . . der Ansicht, daß der gemäß §§ 1160. 1161 B.G.B. erhobene Widerspruch nicht zur Abweisung der Klage, sondern zur Verurteilung mit der Maßgabe führe, daß der Gläubiger den Hypothekenbrief Zug um Zug gegen Zahlung vorzulegen habe, keinesfalls aber handle es sich bei einem solchen Widerspruch um ein Bestreiten der Aktivlegitimation. Letzteres ist zuzugeben; im übrigen aber konnte der Ansicht der Revision nicht beigetreten werden. Nach § 1117 des Entwurfs erster Lesung sollte zur Geltendmachung des Rechtes aus der Briefhypothek nur berechtigt sein, wer den Hypothekenbrief vorlegt. Danach sollte die Vorlegung, soweit es sich um gerichtliche Geltendmachung handelt, zur Begründung der Klage, zur Aktivlegitimation gehören (Motive Bd. 3 S. 617. 757). Dieser Standpunkt ist vom Bürgerlichen Gesetzbuch verlassen worden. Die Vorlegung des Briefes gehört, abgesehen von dem hier nicht vorliegenden Falle der Geltendmachung im Urkundenprozesse (§§ 592. 593 C.P.O.), nicht mehr zur Begründung der Klage, sondern ist nach § 1160 Abs. 1 B.G.B. nur erforderlich, wenn der Schuldner der Geltendmachung der Hypothek und der Forderung (§ 1161) deshalb widerspricht, weil der Brief nicht vorgelegt ist, wenn er also die Vorlegung verlangt. Gründe für das Vorlegungsverlangen braucht der Beklagte nicht anzugeben. Er kann das Verlangen auch stellen, wenn er die Aktivlegitimation des Klägers nicht bestreitet. Daraus ergibt sich, daß die Entscheidung des Berufungsgerichts insoweit auf einer unrichtigen Grundlage beruht, nicht aber, daß im übrigen die Ansicht der Revision zutreffend ist. Freilich wurde bei den Beratungen der zweiten Kommission angenommen, daß der Widerspruch nur dazu führe, die Leistungspflicht des Schuldners von der Vorlegung des Hypothekenbriefs abhängig zu machen und dementsprechend den Urteilstenor zu fassen (Prot. Bd. 3 S. 664); allein diese Annahme ist mit dem Wortlaut und dem Zwecke des Gesetzes nicht vereinbar. Sie verlegt den Zeitpunkt der Erfüllung der Vorlegungspflicht in den Augenblick, in dem der Schuldner freiwillig oder durch Zwangsvollstreckung gezwungen zahlt. Wenn nun auch in der Zwangsbeitreibung eine

Geltendmachung der Hypothek und Forderung gefunden werden könnte, so würde dies keinesfalls die einzige Art der Geltendmachung sein. Der Schuldner ist aber gemäß §§ 1160. 1161 nicht auf den Widerspruch gegen eine Art beschränkt; vielmehr kann er jeder Art der Geltendmachung widersprechen, so z. B. der Kündiguug und Mahnung (§ 1160 Abs. 2), und also auch der Klage. Die bloße Vorlegung des Briefes an den Schuldner, von der allein die §§ 1160. 1161 handeln, genügt überdies bei der freiwilligen oder durch Vollstreckung erzwungenen Befriedigung nicht; vielmehr hat der zahlende Schuldner einen Anspruch auf die Aushändigung des Briefes, also auf eine Gegenleistung des Gläubigers (§ 1144 B.G.B.). Freilich legt der § 1145 dem Gläubiger für den — nicht vorliegenden — Fall der Teilbefriedigung die Vorlegung des Briefes als Pflicht auf; aber dann hat die Vorlegung nicht an den Schuldner, sondern an Behörden oder an einen Notar zu geschehen, und zwar zum Zwecke der Vornahme von Maßnahmen, die einen Ersatz für die in diesem Falle nicht angängige Aushändigung des Briefes bieten.

So wenig wie dem Wortlaute wird aber jene Annahme der zweiten Kommission dem Zwecke des Gesetzes gerecht. Die Übertragung der Briefhypothek (§ 1154 B.G.B.), ihre Belastung mit einem Nießbrauch oder Pfandrechte (§§ 1069. 1274 B.G.B.), sowie die Pfändung und Überweisung im Wege der Zwangsvollstreckung (§§ 830. 837 C.P.O.) können sich ohne Eintragung in das Grundbuch vollziehen, und wenn die Voraussetzungen des § 1155 B.G.B. erfüllt sind, steht dem nicht eingetragenen Erwerber der Schutz der §§ 891—899 B.G.B. in gleicher Weise zur Seite, wie einem eingetragenen Gläubiger. Andererseits ist nach § 1140 B.G.B. die Berufung auf die Vorschriften der §§ 892. 893 ausgeschlossen, soweit die Unrichtigkeit des Grundbuchs aus dem Hypothekenbrief oder einem Vermerk auf dem Briefe hervorgeht, und ein Widerspruch gegen die Richtigkeit des Grundbuchs, der aus dem Briefe oder einem Vermerk auf dem Briefe hervorgeht, steht einem im Grundbuch eingetragenen Widerspruche gleich. Mit Rücksicht hierauf hat der Schuldner ein wesentliches Interesse daran, vor seiner Verurteilung den Brief einzusehen, um zu prüfen, ob sich aus dem Briefe nicht Einwendungen und Einreden gegen die erhobene Klage ergeben, und um sich vor der Führung oder Weiterführung eines nutzlosen Prozesses zu bewahren. Diesem Interesse des Schuldners dienen die §§ 1160. 1161, die diesen ihren Zweck offensichtlich nur dann erreichen, wenn sie ihrem Wortlaute gemäß dahin aufgefaßt werden, daß die Vorlegung des Briefes vor der Verurteilung verlangt werden kann. Legt der Gläubiger ungeachtet des Verlangens des Schuldners im Laufe des Rechtsstreites den Brief nicht vor, so kann der Schuldner der Geltendmachung widersprechen, d. h. es steht ihm eine dilatorische Einrede zu, die zur Abweisung der Klage führt.

Übereinstimmend Boehm S. 233, Mittelstein S. 194, Kretzschmar Bd. 1 S. 274, Oberneck S. 657, Fuchs Bd. 1 S. 511, Planck Bd. 3 S. 548, Biermann 2. Aufl. S. 367, Turnau u. Förster 2. Aufl. Bd. 1 S. 739.

3. Aus dem zu 2 Erörterten folgt jedoch — wie die Revision zutreffend hervorhebt — nicht, daß der Gläubiger dem Verlangen des Schuldners auf Vorlegung des Briefes sofort nachkommen müsse, widrigenfalls er mit der Klage abzuweisen sei. Ist die Vorlegung nicht Voraussetzung der Klage, hat sie vielmehr, wie sich aus § 1160 B.G.B. ergibt, nur zu erfolgen, wenn der Beklagte sie verlangt, so ist die Annahme, daß der Kläger den Brief während des ganzen Laufes des Prozesses in der Tasche tragen müsse, ausgeschlossen. Er, der an der schleunigen Erledigung das alleinige oder wesentlichste Interesse hat, genügt seiner Vorlegungspflicht, wenn er den Brief dem Gegner zu einer Zeit vorlegt, wo dieser die Prüfung vornehmen und etwaige Einreden, die sich aus dem Briefe ergeben, noch im Rechtsstreite geltend machen kann. Danach ist aber nur eine Bereiterklärung zur Vorlegung, die erst nach dem Schlusse der mündlichen Verhandlung erfolgt, auf die das Urteil ergeht, nicht mehr rechtzeitig und daher nicht geeignet, die Abweisung der Klage zu verhindern. Erklärt Kläger in einer mündlichen Verhandlung, daß er bereit sei, den Brief vorzulegen, daß er ihn aber zurzeit nicht bei sich habe, so gibt der § 1160 dem Richter nicht die Befugnis, sofort auf Abweisung der Klage zu erkennen, noch auch hat der Beklagte ein berechtigtes Interesse an einer solchen Abweisung, die nur zur Folge haben würde, daß die Klage sofort aufs neue angestellt würde; vielmehr hat der Richter der Bitte des Klägers, ihm eine Frist zur Vorlegung zu bestimmen, stattzugeben, und erst dann darf er auf Abweisung erkennen, wenn die Annahme begründet erscheint, daß der Kläger den Brief nicht vor-

legen könne oder wolle. Dies liegt nicht nur im Sinne der Prozeßökonomie, sondern auch im Sinne des § 1160, der, wie gezeigt, keinen Anhalt für die Annahme bietet, daß der Schuldner dem Vorlegungsbegehren sofort nachkommen müsse. Im vorliegenden Falle haben die Beklagten das Begehren in dem dem Prozeßbevollmächtigten der Klägerin zugestellten Schriftsatze vom 30. November 1902 gestellt. Wann der Schriftsatz zugestellt ist, erhellt nicht, so daß nicht einmal ersichtlich ist, ob die Klägerin selbst bei größter Beschleunigung imstande gewesen wäre, den Brief bis zu dem am 13. Dezember 1902 anstehenden Termine herbeizuschaffen. Es kommt hierauf aber nicht wesentlich an, da der Gläubiger zu einer Beschleunigung oder zur unverzüglichen Vorlegung durch kein Gesetz verpflichtet ist. In der Erklärung des Prozeßbevollmächtigten, daß er vorläufig zur Vorlegung des Briefes außerstande sei, daß er aber an die Klägerin geschrieben und von dieser die Mitteilung der bevorstehenden Absendung des Briefes empfangen habe, liegt deutlich die Bitte um Bestimmung einer Frist, und dieser Bitte hatte das Berufungsgericht unter Anberaumung eines neuen Verhandlungstermines stattzugeben." ...

---

53. 1. Ist der Bahnmeister nach der Organisation der Staatsbahnen in Preußen ein verfassungsmäßig berufener Vertreter des Eisenbahnfiskus nach §§ 31. 89 B.G.B.?

2. Wann ist ein Unfall „bei dem Betriebe" einer Eisenbahn erfolgt?

B.G.B. §§ 31. 89. 831.

Reichs-Haftpflichtgesetz vom 7. Juni 1871 § 1.

VI. Civilsenat. Urt. v. 29. Juni 1903 i. S. preuß. Eisenbahnfiskus (Bekl.) w. Sch. (Kl.). Rep. VI. 186/03.

I. Landgericht Breslau.
II. Oberlandesgericht daselbst.

Der Kläger, der Oberkellner in der Bahnhofswirtschaft zu K. war, wurde am 18. August 1901 auf dem Bahnsteige durch ein vom

Dachgesims des Bahnhofsgebäudes herabfallendes Ziegelstück am Kopfe verletzt. Das Ziegelstück durchschlug zuerst das Glasdach des Bahnsteiges und traf dann den Kopf des Klägers.

Für den durch den Unfall ihm erwachsenen Schaden machte der Kläger den verklagten Eisenbahnfiskus verantwortlich. Das Landgericht wies die Klage ab; das Berufungsgericht erklärte den Klaganspruch dem Grunde nach für gerechtfertigt und verwies die Sache zur Entscheidung über die Höhe des Anspruchs an die erste Instanz zurück. Auf die Revision des Beklagten ist das Urteil des Berufungsgerichts aufgehoben, und die Sache in die Berufungsinstanz zurückverwiesen worden.

Aus den Gründen:

... „Die ohne nähere Begründung hingestellte Annahme des Berufungsgerichtes, daß der Bahnmeister Th. ein verfassungsmäßig berufener Vertreter des verklagten Eisenbahnfiskus sei, ist zwar nach den von dem erkennenden Senate in den Entscheidungen vom 15. Januar und 23. März 1903,

Entsch. des R.G.'s in Civils. Bd. 53 S. 276; Jurist. Wochenschr. 1903 Beilage Nr. 131,

aufgestellten Grundsätzen über die Merkmale des Vertreters einer juristischen Person und insbesondere des Fiskus und der Körperschaften des öffentlichen Rechtes nach §§ 30. 31. 89 B.G.B. für rechtsirrig zu erachten; der Bahnmeister kann nach der Verwaltungsorganisation der Staatseisenbahnen in Preußen nicht als Vertreter des Eisenbahnfiskus, sondern nur als Angestellter im Sinne des § 831 B.G.B. angesehen werden. Das Urteil des Berufungsgerichts beruht jedoch nicht auf jener Annahme, da ein Verschulden des Bahnmeisters nach dem Ergebnisse der Beweisaufnahme verneint, und die Verurteilung des Beklagten lediglich auf Grund des § 1 des Reichs-Haftpflichtgesetzes ausgesprochen worden ist.

Allein auch die Anwendbarkeit dieses Gesetzes auf den vorliegenden Unfall muß verneint werden. Das Berufungsgericht irrt, wenn es ausführt, weil der Unfall durch den Betrieb der Eisenbahn erfolgte, sei er auch bei dem Betriebe erfolgt; jene Kausalität sei mehr, als das Gesetz verlange; sie ist vielmehr weniger, indem sie den Inhalt der Worte „bei dem Betriebe" in § 1 des Reichs-Haftpflichtgesetzes nicht erschöpft. Die in dem Gesetze für die Haftbarkeit des Eisenbahnunternehmers aufgestellte Voraussetzung, daß der zum Schadensersatz verpflichtende Unfall „bei dem Betriebe" einer Eisenbahn sich ereignet habe, begreift zwei Momente: es muß einmal ein innerer ursächlicher Zusammenhang bestehen zwischen dem Unfall und der Betriebstätigkeit der Eisenbahn, wenngleich dieser ursächliche Zusammenhang, soweit es sich um den Betrieb im engeren Sinne, die eigentliche Beförderungstätigkeit der Eisenbahn, handelt, nicht im Einzelfalle nachgewiesen werden muß, sofern er nur als möglich erscheint;

vgl. Urt. des Reichsgerichts vom 30. Juni 1880, Eisenbahnrechtliche Entscheidungen Bd. 1 S. 243; Urt. des Reichsgerichts vom 28. Dezember 1880, Entsch. dess. in Civils. Bd. 3 S. 20; Dernburg, Bürgerl. Recht Bd. 2 § 401 bei Nr. 9; Crome, System des bürgerl. Rechts Bd. 2 § 334 bei Nr. 14;

weiter aber muß, wie das Wort „bei" ausdrückt, auch ein äußerer, also zeitlicher und örtlicher, Zusammenhang gegeben sein mit einem bestimmten Betriebsvorgange, mag dieser die Tätigkeit der Beförderung von Menschen und Gütern, oder die Vorbereitung oder die Abwickelung des Beförderungsgeschäfts betreffen.

Vgl. Urteile des Reichsgerichts vom 22. Juni 1880, Entsch. dess. in Civils. Bd. 2 S. 8; vom 10. Juli 1880, ebenda S. 85; vom 9. Januar 1902, Entsch. in Civils. Bd. 50 S. 92; Dernburg, a. a. O. Nr. 8; Crome, a. a. O. Nr. 13; Stenographischer Bericht der Reichstagsverhandlungen 1871 I. S. 444—453.

An diesem Zusammenhange des Unfalles mit einem konkreten Betriebsvorgange aber fehlt es im vorliegenden Falle. Ein solcher Zusammenhang würde beispielsweise vorliegen, wenn eine Lokomotive über den Prellbock hinausspringend die Wand des Bahnhofsgebäudes durchbräche, und ein infolgedessen vom Mauerwerk sich loslösender Stein einen Menschen träfe; er war auch vorhanden in dem durch Urteil des erkennenden Senates vom 18. Juni 1903 entschiedenen Falle (Rep. VI. 119/03), in welchem in ursächlichem Zusammenhange mit den Erschütterungen der durchfahrenden Wagen der elektrischen Straßenbahn und in unmittelbarer zeitlicher Folge auf die Durchfahrt eines Wagens, die die vorher schon gelockerte Krönung eines der eisernen Maste, die zum Tragen der Leitungsdrähte dienen, zum Fallen gebracht hatte, durch das herabfallende Eisenstück eine Person verletzt worden war. Im gegebenen Falle liegt aber nichts vor, als daß die Loslösung und das Herabfallen des Gesimsstückes ursächlich auf die Erschütterungen durch die vorbeifahrenden Eisenbahnzüge im allgemeinen zurückzuführen ist; der Fall selbst, der den Schaden herbeigeführt hat, ist aber zeitlich ganz zufällig, ohne erkennbare Beziehung zu einem bestimmten Betriebsvorgange erfolgt. Dann aber liegt ein Unfall, der sich „bei dem Betriebe" einer Eisenbahn ereignet hat, nicht vor.

Hieraus ergibt sich die Aufhebung des angefochtenen Urteils, das allein auf der wiedergegebenen irrigen Auslegung des § 1 des Reichs-Haftpflichtgesetzes beruht. In der Sache selbst zu erkennen, war das Revisionsgericht nicht in der Lage, da zwar eine Verurteilung des Beklagten aus § 1 des Reichs-Haftpflichtgesetzes sich als unmöglich erweist, die anderen Rechtsgründe der Klage aber, soweit sie nach den Ausführungen dieses Urteils noch in Betracht kommen, vom Berufungsgerichte noch nicht geprüft sind." . . .

---

54. Geht mit der Beschlagnahme wegen Verdachtes der Einschwärzung das Eigentum an den beschlagnahmten Gegenständen nach § 156 des Vereinszollgesetzes vom 1. Juli 1869 resolutiv bedingt auf den Zollfiskus über? Wie gestaltet sich nach rheinischem Rechte die Verpflichtung des Fiskus zur Rückgabe der Gegenstände, wenn sich herausstellt, daß der Verdacht unbegründet war?

II. Civilsenat. Urt. v. 30. Juni 1903 i. S. preuß. Steuerfiskus (Bekl.) w. K. Erben (Kl.). Rep. II. 7/03.

I. Landgericht Köln.
II. Oberlandesgericht daselbst.

Am 14. März 1897 wurde ein dem Metzger K. zu Karken gehöriges Pferd, welches derselbe kurz vorher in Holland gekauft hatte, durch Zollbeamte wegen Verdachtes der Einschwärzung beschlagnahmt und nach dem Zollamte Pannesheide gebracht. Dieser Verdacht erwies sich bei der demnächst angestellten Untersuchung als unbegründet, indem sich ergab, daß das Pferd bei seiner Einführung nach Preußen bei einem anderen Zollamt verzollt worden war. Infolgedessen eröffnete das Zollamt Pannesheide am 19. März 1897 dem dort zufällig anwesenden Sohne des K., daß er das Pferd zurückerhalten könne, und stellte ihm die sofortige Mitnahme anheim. Dieser lehnte indessen die Annahme des Tieres ab, weil dasselbe nicht unverletzt, und er zu dieser Annahme nicht berechtigt sei. Demnächst wurde das Pferd am 25. März 1897 dem K. in seiner Wohnung zu Karken zugestellt. Bei der Übergabe hatte das Pferd am linken Hinterfuße eine in der Heilung begriffene Hautwunde. K. erhob darauf gegen den preußischen Fiskus Klage auf Schadensersatz wegen widerrechtlicher, von den betreffenden Zollbeamten verschuldeter Beschlagnahme seines Pferdes, insbesondere auch auf Ersatz des ihm durch Entziehung der Benutzung desselben in der Zeit vom 13. bis zum 25. März 1897 entstandenen Schadens. Das Landgericht wies die Klage ab, indem es annahm, daß zwar die Beschlagnahme objektiv unberechtigt, daß aber nach der festgestellten Sachlage hinreichender Verdacht der Einschwärzung begründet gewesen sei, daß daher die fraglichen Zollbeamten ein subjektives Verschulden nicht treffe, danach aber der auf Art. 1384 Code civil gestützte Schadensanspruch unbegründet sei.

Auf die gegen dieses Urteil von den Klägern als Erben des mittlerweile verstorbenen K. eingelegte Berufung erklärte das Oberlandesgericht den Anspruch der Kläger auf Schadensersatz wegen des in der Zeit vom 19. bis zum 25. März 1897 entzogenen Gebrauches des Pferdes dem Grunde nach für berechtigt, wies dagegen im übrigen die Berufung zurück. Vom Oberlandesgerichte wurde bezüglich des hier interessierenden Punktes ausgeführt, daß, nachdem sich die Beschlagnahme am 19. März als objektiv unberechtigt herausgestellt habe, die Zollverwaltung verpflichtet gewesen sei, dem Erblasser der Kläger das Pferd an dessen Wohnort Karken zurückzuerstatten; durch die Zurverfügungstellung an dessen Sohn in Pannesheide habe der verklagte Fiskus dieser Verbindlichkeit nicht genügt, sei daher insoweit schadensersatzpflichtig.

Die vom verklagten Fiskus eingelegte Revision wurde zurückgewiesen aus folgenden

Gründen:

„Wenn auch die Gründe, welche das Oberlandesgericht für seine Entscheidung, soweit dieselbe zum Nachteil des verklagten Fiskus ergangen ist und von diesem angefochten wird, rechtlich nicht für zutreffend zu erachten sind, so konnte doch die Revision keinen Erfolg haben, weil nach der im übrigen festgestellten Sachlage diese Entscheidung aus anderen rechtlichen Gründen gerechtfertigt erscheint, so daß die Zurückweisung der Revision nach § 563 C.P.O. erfolgen mußte.

Das Oberlandesgericht hat den Anspruch der Kläger auf Schadensersatz wegen der Gebrauchsentziehung des gegen deren Erblasser ... wegen Verdachtes der Konterbande am 14. März 1897 ... beschlagnahmten Pferdes für die Zeit vom 19. bis zum 25. März 1997 dem Grunde nach für gerechtfertigt erklärt. Dasselbe geht davon aus, daß, nachdem die Ermittlungen am 19. März 1897 zu der Feststellung geführt hatten, daß das Pferd ordnungsmäßig verzollt war, die Zollverwaltung sich nicht darauf beschränken durfte, dem K. am 22. März zu eröffnen, daß das Pferd seit dem 19. März freigegeben sei und in Pannesheide zu seiner Verfügung stehe, sondern verpflichtet gewesen sei, das Pferd demselben unverzüglich an seinem Wohnort Karken zurückzugeben; der verklagte Fiskus habe bei der Beschlagnahme ohne weiteres die Verpflichtung überkommen, falls dieselbe sich als ungerechtfertigt erweisen sollte, den K. wieder in den Besitz des Pferdes zu bringen; diese Verbindlichkeit habe denselben nach Art. 1135 Code civil zu allem verpflichtet, was der Billigkeit entspreche, und dazu gehöre, daß die Zurücküberlieferung in einer Weise erfolgte, durch welche dem Eigentümer weitere Umständlichkeiten, Kosten und Zeitverluste erspart blieben; das sei bis zum 25. März nicht geschehen. Dieser Begründung gegenüber weist der Revisionskläger mit Recht darauf hin, daß der Art. 1135 sich nur auf vertragliche Verhältnisse und Verbindlichkeiten bezieht, daß aber ein solches hier nicht vorliegt. Es handelt sich im vorliegenden Falle lediglich um die aus tatsächlichen Vorgängen, insbesondere der auf Grund des § 156 des Vereinszollgesetzes vom 1. Juli 1869 erfolgten Beschlagnahme des Pferdes, die nach Annahme auch des Oberlandesgerichts subjektiv gerechtfertigt, dagegen objektiv unberechtigt war, sich ergebenden rechtlichen Folgen. Deshalb ist andererseits aber auch die Aufstellung des Revisionsklägers, daß ein quasikontraktliches Verhältnis in Frage stehe, und daß danach lediglich ein konditionsähnlicher Anspruch des K. auf Herausgabe des Pferdes gemäß Art. 1376 Code civil in Frage gestanden habe, der nach allgemeinen Grundsätzen am Wohnsitze des Schuldners oder an dem Orte, wo die zu Unrecht beschlagnahmte Sache sich befinde, keinesfalls aber am Wohnsitze des Gläubigers zu erfüllen sei, nicht zutreffend. Wenn in anders liegenden Fällen bei Hinterlegung von Gegenständen auf behördliche Anordnung im gerichtlichen Verfahren auch vom Reichsgericht ein quasikontraktliches oder vertragsähnliches Verhältnis oder auch ein stillschweigendes Vertragsverhältnis angenommen worden ist,

vgl. u. a. Entsch. des R.G.'s in Civils. Bd. 51 S. 219 und die dort in Bezug genommenen Urteile, ferner Jurist. Wochenschr. 1901 S. 191 Nr. 13,

so beruht das eben lediglich auf der in jenen Fällen anders gestalteten Sachlage.

Das rechtliche Verhältnis im Falle der Beschlagnahme eines Gegenstandes als Konterbande durch die Zollbehörde gestaltet sich, wie vom II. Strafsenate des Reichsgerichts wiederholt ausgesprochen wurde,

vgl. Rechtspr. des R.G.'s in Straff. Bd. 3 S. 174; Entsch. des R.G.'s in Straff. Bd. 14 S. 112,

dahin, daß das Eigentum an dem beschlagnahmten Gegenstand sofort mit der Beschlagnahme auf den Fiskus übergeht, jedoch in der Weise resolutiv bedingt, daß, wenn in dem folgenden Verfahren festgestellt wird, daß eine Zolldefraude nicht vorlag, das Eigentum des Fiskus von selbst wieder in Wegfall kommt und auf den früheren Eigentümer zurückübertragen wird. Der Senat trägt kein Bedenken, mit Rücksicht auf die dispositive Bestimmung des § 156 a. a. O., wenn auch einigermaßen abweichend von Auffassungen, die in früheren Entscheidungen desselben zum Ausdrucke gekommen sind, sich jener Rechtsprechung anzuschließen. Bei dieser rechtlichen Sachlage ergab sich aber mit dem Augenblick der Feststellung, daß die Zollgefälle für das beschlagnahmte Pferd bei der Überführung desselben aus Holland ordnungsmäßig bezahlt waren, neben der Rückübertragung des Eigentums auch die Widerrechtlichkeit des Besitzes auf seiten des Fiskus, sowie die Kenntnis dieser Widerrechtlichkeit auf seiten der betreffenden Beamten. Diese waren daher verpflichtet, die Widerrechtlichkeit dieses Zustandes, soweit angängig, unverzüglich dadurch zu beseitigen, daß sie den Erblasser der Kläger, ohne daß diesem weitere Kosten und sonstige Nachteile entstanden, wieder in den Besitz des Pferdes, wenigstens in die Möglichkeit dieser Besitzerlangung ohne alle Weiterungen, versetzten (vgl. für das preußische Allgemeine Landrecht I. 16 § 207). Dieser Verpflichtung sind dieselben aber bis zum 25. März 1897, an welchem Tage das Pferd dem K. in dessen Wohnung in Karken zugestellt wurde, nicht nachgekommen. Weder durch das dem am 19. März zufällig in Pannesheide anwesenden Sohne des K., dem jetzigen Mitkläger H. K., gemachte Angebot, er könne das Pferd in gutem Zustande wieder zurückerhalten, noch durch die am 22. März 1897 demselben H. K., nunmehr als Vertreter seines Vaters, zu Protokoll abgegebene Erklärung, daß das beschlagnahmte Pferd freigegeben werde, ist die Zurückerstattungspflicht erfüllt worden. Daß unter allen Umständen in derartigen Fällen die Zollverwaltung verpflichtet wäre, die beschlagnahmten Gegenstände dem Eigentümer an dessen Wohnort zurückzugeben, ist allerdings nicht anzuerkennen; vielmehr wird es im einzelnen Falle in dieser Hinsicht auf die Lage der jeweiligen Verhältnisse und insbesondere darauf ankommen, welche Schritte vernünftigerweise für geeignet und erforderlich zu erachten sind, um die Rückübertragung erfolgreich ohne weitere Schädigung des Berechtigten zu bewirken. Im vorliegenden Falle ist jedenfalls das Erforderliche bis zur wirklichen Zurückgabe nicht geschehen. Diese Unterlassung von seiten der Beamten begründet aber nach den Artt. 1383 und 1384 Code civil die Schadensersatzverbindlichkeit des verklagten Fiskus, soweit dieselbe vom Oberlandesgerichte dem Grunde nach zuerkannt worden ist." ...

---

55. Welche Wirkung kommt einer im Auslande erfolgten Verurteilung gegenüber dem im inländischen Regreßprozesse Verklagten zu, welchem im Vorprozesse der Streit verkündet worden, der aber dem ausländischen Rechtsstreite nicht beigetreten war?

II. Civilsenat. Urt. v. 3. Juli 1903 i. S. L. (Kl.) w. Bad. Aktiengesellschaft für Rh. u. S. (Bekl.). Rep. II. 16/03.

I. Landgericht Mannheim, Kammer für Handelssachen.
II. Oberlandesgericht Karlsruhe.

Aus den Gründen:

... „In dem bei dem Handelsgerichte zu Wien von dem Fabrikanten J. Sch. in Zwodau gegen den jetzigen Kläger L. in Wien geführten Vorprozesse wurde der letztere als Spediteur zum Ersatze des dem versendeten Gute durch Nässe zugegangenen Schadens verurteilt. Nach den Entscheidungsgründen des bestätigenden Urteils zweiter Instanz beruhte die Verurteilung nicht auf der gewöhnlichen Haftbarkeit des Spediteurs nach Art. 380 des österreichischen Handelsgesetzbuchs, wonach bloß für die Wahl des Zwischenspediteurs einzustehen wäre, sondern auf der bei Einigung über bestimmte Sätze der Transportkosten eintretenden gesteigerten Haftung nach Art. 384 a. a. O., welche auch die Folgen von Versehen der Zwischenspediteure und anderer Mittelspersonen umfaßt. Der Schade wurde auf das Eindringen von Regenwasser während des Eisenbahntransportes von Mannheim bis Falkenau infolge mangelhafter Bedeckung der Ware zurückgeführt, und die Erwägungen des Oberlandesgerichts in Wien in seinem bestätigenden Urteile vom 12. Dezember 1899 gingen im wesentlichen dahin, daß für die Verbindlichkeit der badischen Eisenbahnverwaltung, die vermieteten Decken in brauchbarem Zustande zu übergeben und zu erhalten, den damaligen Beklagten L., wenn er die Decken von der Transportanstalt miete, als Speditionsunternehmer die Delkrederehaftung nach Art. 384 a. a. O. treffe, und daß aus dem gleichen Gesichtspunkte der genannte Beklagte für den Zwischenspediteur in Mannheim einstehen müsse, welcher durch die Zulassung schadhafter Decken zum Transporte die Sorgfalt eines ordentlichen Kaufmanns bei Ausführung der von ihm übernommenen Güterversendung zweifellos vernachlässigt habe (Art. 380 des österreichischen Handelsgesetzbuchs); seien von der Bahnunternehmung taugliche Planen nicht zu erhalten gewesen, dann hätte eben der Zwischenspediteur den Mietvertrag mit der Bahnverwaltung gar nicht abschließen dürfen, hätte sich vielmehr anderweitig entsprechende Decken zu verschaffen, eventuell die Weisungen des Kommittenten einzuholen gehabt. In dem gegenwärtigen Rechtsstreite, in welchem die klägerische Firma L. gegen die Beklagte, die in deren Auftrage den Weitertransport der Ware von Mannheim nach Falkenau besorgt hatte, ihren Regreßanspruch auf Grund des Art. 380 H.G.B. a. F. verfolgt, indem sie geltend macht, daß die Beklagte den ihr obliegenden Transport nicht mit hinreichender Sorgfalt behandelt und deshalb für den eingetretenen Schaden zu haften habe, bildet das Urteil des Vorprozesses ein wichtiges Tatbestandsmoment, insofern es die tatsächliche Voraussetzung für die in Anspruch genommene Ersatzleistung enthält. Rechtskraftwirkung besitzt jenes Urteil an sich gegenüber der Beklagten nicht; indem aber das Landgericht infolge der im Vorprozesse frühzeitig erfolgten Streitverkündung an die jetzige Beklagte auch die Grundlagen jenes Urteils in den gegenwärtigen Rechtsstreit hereinzog und die Beklagte zu weiterer Beweisführung für die Betätigung der ihr obliegenden Sorgfalt nicht zuließ, gelangte es zur Verurteilung derselben. Das Berufungsgericht dagegen gründete seine abändernde, auf Abweisung der Klage lautende Entscheidung auf die in der Berufungsinstanz erhobenen neuen Beweise der Beklagten und stellte hiernach fest, daß die verklagte Zwischenspediteurin bei Erfüllung ihres Speditionsauftrags die Sorgfalt eines ordentlichen Kaufmanns beobachtet habe.

Durch diese, der Streitverkündung an die Beklagte, welche sich dem Vorprozesse als Nebenintervenientin nicht angeschlossen hat, die in §§ 68. 74 C.P.O. bestimmte Wirkung versagende, Beurteilung hält sich die Klägerin und Revisionsklägerin für beschwert. Sie erblickt darin eine Verletzung der Grundsätze des internationalen Prozeßrechts und über Anerkennung ausländischer Urteile, da einer der Ausschließungsgründe des § 328 C.P.O. nicht vorliege. Diese Rüge konnte nicht für begründet erachtet werden.

Während die Civilprozeßordnung a. F. über Anerkennung ausländischer Urteile Vorschriften (§§ 660. 661 das.) nur insoweit enthielt, als es sich um Vollstreckung im Inlande handelt, besteht jetzt in § 328 C.P.O., da die Wirkung der Rechtskraft ausländischer Urteile auch nach anderen Richtungen in Betracht kommt (vgl. Motive zu § 293 f des Entwurfs, jetzt § 328 C.P.O.), eine allgemeine Vorschrift über Anerkennung ausländischer Urteile, welche eine begrenzte Nachprüfung derselben umfaßt (§ 328 Ziff. 3. 4 C.P.O.) und, indem sie die Fälle aufführt, in welchen die Anerkennung ausgeschlossen sein soll, die Voraussetzungen für die Anerkennung bestimmt. Es handelt sich hierbei aber immer um die Rechtskraftwirkung der ausländischen Urteile, und eine solche kommt gegenüber der Beklagten den Urteilen der Wiener Gerichte an sich nicht zu, da sie nicht gegen die jetzige Beklagte ergangen sind, diese auch nicht Rechtsnachfolgerin der früheren Beklagten geworden ist. Den Feststellungen der Wiener Urteile, welche die Ausführung des von der Klägerin erhaltenen Speditionsauftrages durch die jetzige Beklagte, insbesondere deren Sorgfalt bei Verladung der Ware in Mannheim, zum Gegenstande haben, unmittelbare Wirkung gegen die Beklagte beizulegen, würde schon deshalb nicht zulässig sein, weil den österreichischen Gerichten die örtliche Zuständigkeit gegenüber der Beklagten fehlte (§ 328 Ziff. 1 C.P.O.); eine Erwägung, die auch dazu führen muß, die Bedeutung jener Urteile nur nach § 322 Abs. 1 C.P.O. zu bemessen. Die erwähnten Feststellungen könnten daher für die Beklagte nur zufolge der ihr zugestellten Streitverkündung maßgebend geworden sein. Die im Vorprozesse erfolgte Streitverkündung hatte jedenfalls die Wirkung, daß die Beklagte im gegenwärtigen Rechtsstreite der Klägerin nicht entgegenhalten könnte, sie habe ihr keine Gelegenheit gegeben, im Vorprozesse zu intervenieren und durch die ihr zu Gebote stehenden Mittel auf die Abweisung der Klage des Versenders hinzuwirken. Allein jetzt ist die weitergehende Wirkung in Frage, daß der Litisdenunziat auch die Grundlagen der Urteilssentenz des ersten Prozesses nicht mehr bestreiten kann. Ob der in einem ausländischen Prozesse erfolgten Streitverkündung im inländischen Regreßprozesse diese Wirkung beizulegen sei, wäre zunächst nach der inländischen Gesetzgebung zu beurteilen. Nach den §§ 74. 68 C.P.O. werden die Feststellungen des Urteils für den Dritten, dem der Streit verkündet war, unbestreitbar; er wird mit der Behauptung, daß der Streitverkünder den Rechtsstreit mangelhaft geführt habe, nur insoweit gehört, als er durch die Lage des Rechtsstreites zu der Zeit, als ihm der Beitritt infolge der Streitverkündung möglich war oder durch Erklärungen oder Handlungen der Hauptpartei verhindert worden ist, Angriffs- oder Verteidigungsmittel geltend zu machen, oder als Angriffs- oder Verteidigungsmittel, welche ihm unbekannt waren, von dem Streitverkünder absichtlich oder durch grobes Verschulden nicht geltend gemacht sind. Die hiernach begrenzte Rechtskraftwirkung geht andererseits über die nach § 322 C.P.O. eintretende insofern hinaus, als auch die tatsächlichen und rechtlichen Grundlagen der früheren Entscheidung unbestreitbar werden.

Vgl. Entsch. des R.G.'s in Civils. Bd. 45 S. 355.

Auf diese, nur bei vorausgegangener Streitverkündung, und wenn die Voraussetzungen hierzu vorlagen, eintretende, Wirkung bezieht sich § 328 C.P.O. nicht, sondern nur auf die den Urteilen ausländischer Gerichte für sich zukommende Rechtskraftwirkung. Die die Streitverkündung regelnden Vorschriften der §§ 72 flg. C.P.O. sind aber, wie die Prozeßvorschriften überhaupt, nur für die inländischen Prozesse bestimmt, in welchen eine Streitverkündung erfolgen soll. Den in Österreich geltenden ähnlichen Vorschriften ist die Beklagte, welche an dem Vorprozesse keinen Teil genommen hat, weder vermöge ihrer Staatsangehörigkeit, noch vermöge ihres Wohn- und Niederlassungsortes, noch infolge des von der Beklagten in Mannheim übernommenen und dort zu erfüllenden Speditionsauftrags unterworfen. Die Streitverkündung ist eine Institution zugunsten des Streitverkünders, wenn auch der Denunziat Vorteil davon haben kann. Es bedürfte einer Regelung durch Gesetze oder Staatsverträge, um der in ausländischen Prozessen an Inländer ergangenen Streitverkündung im Regreßprozesse, wenn dieser nicht auch im Auslande, sondern im Inlande anhängig geworden ist, eine Wirkung beizulegen, wie sie für in inländischen Prozessen erfolgende Streitverkündungen in § 74 C.P.O. normiert wird, wodurch der Inländer indirekt genötigt würde, sich nicht auf außergerichtliche Unterstützung des Litisdenunzianten durch Erteilung von Informationen, wie die Beklagte getan, zu beschränken, sondern als Nebenintervenient in den im Auslande geführten Rechtsstreit einzutreten. Es war daher der Entscheidung des Berufungsgerichtes, daß die Beklagte durch den Ausgang des Vorprozesses in ihrer Verteidigung, speciell in Beziehung auf den Nachweis, daß sie bei Ausführung des von der Klägerin erhaltenen Speditionsauftrages die Sorgfalt eines ordentlichen Kaufmanns beobachtet habe, nicht beschränkt worden sei, beizutreten. Geht man aber hiervon aus, so blieb die zu gebende Entscheidung von der Würdigung des gesamten Beweismaterials, welche ohne ersichtlichen prozessualen Verstoß erfolgt ist, und deren Ergebnis zur Abweisung der Klage geführt hat, abhängig, die sich als solche der Nachprüfung des Revisionsgerichtes entzieht, und gegen welche auch ein Angriff von seiten der Revisionsklägerin nicht erhoben worden ist." ...

56. 1. Kollision zwischen Firma und Warenzeichen.

2. Kann derjenige, der sich eine ihm nicht zustehende Firma als Warenzeichen hat eintragen lassen, gegen den Konkurrenten, der unter dieser Firma im Handelsregister eingetragen ist und sie auf seinen Waren und deren Verpackung anbringt, aus § 8 des Gesetzes zur Bekämpfung des unlauteren Wettbewerbes klagen?

II. Civilsenat. Urt. v. 3. Juli 1903 i. S. K. frères (Kl. u. Widerbekl.) w. B. (Bekl. u. Widerkl.). Rep. II. 113/03.

I. Landgericht Hamburg.
II. Oberlandesgericht daselbst.

Die Klägerin war unter der Firma „Kyriazi frères" seit 1901 in Berlin als offene Handelsgesellschaft eingetragen; die ersten Inhaber waren zwei Brüder Kyriazi; später trat noch eine dritte Person hinzu. Die Klägerin fabrizierte und vertrieb Cigaretten und brachte ihre Firma auf ihrer Ware und deren Verpackungen an. Für den Beklagten, welcher als Alleinvertreter der in Kairo bestehenden Firma Kyriazi frères deren bekannte Cigaretten und türkischen Tabak verkaufte, waren in der Zeit von 1895 bis 1899 mehrere Warenzeichen für Tabak, Cigarren und Cigaretten in die Zeichenrolle des Patentamtes eingetragen worden, die teils ausschließlich, teils im wesentlichen aus den Worten „Kyriazi frères" bestanden. Die Klägerin erblickte hierin einen Eingriff in ihr Firmenrecht; sie erhob u. a. aus § 37 Abs. 2 H.G.B. und § 13 des Warenzeichengesetzes von 1894 Klage mit dem Antrage, den Beklagten zu verurteilen, sich des Gebrauches seiner Warenzeichen zu enthalten und deren Löschung herbeizuführen. Der Beklagte beantragte, die Klage abzuweisen, und widerklagend, auf Grund des § 8 des Wettbewerbgesetzes und des § 826 B.G.B. die Klägerin und ihre Inhaber zur Löschung ihrer Firma zu verurteilen und ihr den Gebrauch dieser Firma, eventuell deren Anbringen auf Cigaretten und deren Verpackungen zu untersagen. Das Landgericht wies Klage und Widerklage ab; das Oberlandesgericht wies die Berufung der Klägerin zurück, untersagte aber auf die Berufung des Beklagten der Klägerin auf Grund des § 8 des Wettbewerbgesetzes, die Worte „Kyriazi frères" auf Cigaretten oder auf Umhüllungen und Verpackungen von Cigaretten und Tabak anzubringen. Auf die Revision der Klägerin ist die Abweisung der Klage gebilligt, dagegen die Zusprechung des Widerklagantrages aus § 8 des Wettbewerbgesetzes beanstandet, und insoweit das Urteil aufgehoben worden.

Aus den Gründen:

... „Die Worte „Kyriazi frères", die ausschließlich oder mit unwesentlichen Zutaten die Warenzeichen der Beklagten bilden, stellen sich allerdings als eine Firma dar; dies hinderte aber gesetzlich den Beklagten nicht, sie, obschon sie seine Firma nicht sind, rechtsgültig und rechtswirksam für sich als Warenzeichen eintragen zu lassen. Nach dem Warenzeichengesetze vom 12. Mai 1894 sind Wörter als Warenzeichen gestattet; eine Ausnahme ist für Firmen nicht gemacht; sie fallen nicht unter die in § 4 dieses Gesetzes aufgeführten Ausnahmen und sind an sich wohl geeignet, als Unterscheidungszeichen für die Herkunft der damit bezeichneten Waren zu dienen; für die eigene Firma ist dies auch allgemein anerkannt; ein prinzipieller Unterschied besteht aber in dieser Hinsicht zwischen der eigenen und einer anderen Firma nicht, und ganz mit Recht haben die Vorderrichter hierbei auf die Vorschrift des § 7 Satzes 2 des Warenzeichengesetzes hingewiesen, wonach mit dem Geschäftsbetrieb ein aus einer für den Erwerber fremden Firma bestehendes Warenzeichen übergehen kann. Daß durch die Zulässigkeit derartiger Zeichen die handelsrechtlichen Vorschriften über die Firmen illusorisch gemacht würden, wie die Klägerin meint, ist nicht zutreffend. Denn die Wirksamkeit der Warenzeichen macht sich nur im Gebiete der Warenbezeichnungen nach Maßgabe des Warenzeichengesetzes geltend, während das Firmenrecht die Firma, d. i. den Namen behandelt, unter dem der Kaufmann im Handel seine Geschäfte betreibt und seine Unterschrift abgibt; beide Rechte bestehen, wie das Landgericht unter Billigung des Oberlandesgerichts ausgesprochen hat, begrifflich selbständig nebeneinander und schließen grundsätzlich einander nicht aus. Auf § 37 H.G.B. kann sich die Klägerin nicht berufen; denn wollte man auch annehmen, daß die Eintragung einer Firma als Warenzeichens einen Gebrauch derselben darstelle, so hat doch im vorliegenden Falle das Oberlandesgericht tatsächlich festgestellt, daß zu der Zeit, als der Beklagte seine Zeicheneintragungen erwirkte, die klägerische Firma in Berlin, überhaupt in Deutschland, noch gar nicht bestanden, somit der Beklagte durch die Eintragung der Zeichen ein wohlerworbenes Recht erlangt hat, und daher kann von einem unbefugten Gebrauche von seiten des Beklagten keine Rede sein.

Auch die Ausführungen, womit das Oberlandesgericht die weiteren für die Klaganträge vorgebrachten Gründe widerlegt hat, sind rechtlich nicht zu beanstanden. Namentlich hat das Oberlandesgericht mit Recht die Berufung der Klägerin auf § 13 des Warenzeichengesetzes zurückgewiesen, da diese Vorschrift den Fall regelt, daß ein eingetragenes Zeichen in Kollision tritt mit einem geschützten Firmen- oder Namensrecht oder mit anderen Wörtern, deren sich der Verkehr zur Beschreibung von Waren bedient, und in einem solchen Falle der Eintragung des Warenzeichens die Wirksamkeit entzieht, nicht aber den Firmeninhaber berechtigt, die Löschung des seine Firma enthaltenden Zeichens zu verlangen. . . .

Die Revision der Klägerin wegen Zurückweisung ihrer Berufung erweist sich daher als unbegründet.

Dagegen mußte die Revision Erfolg haben, insoweit das Oberlandesgericht die Widerklage des Beklagten zugesprochen hat. Diese Entscheidung ist auf § 8 des Gesetzes zur Bekämpfung des unlauteren Wettbewerbes gestützt, wonach gegen denjenigen, welcher im geschäftlichen Verkehr einen Namen oder eine Firma oder die besondere Bezeichnung eines Erwerbsgeschäftes ꝛc in einer Weise benutzt, welche darauf berechnet und geeignet ist, Verwechselungen mit dem Namen der Firma oder der besonderen Bezeichnung eines Erwerbsgeschäftes hervorzurufen, deren sich ein anderer befugterweise bedient, von diesem letzteren der Anspruch auf Unterlassung dieser mißbräuchlichen Art der Benutzung geltend gemacht werden kann. Nach dem klaren Sinne des Gesetzes steht also dieser Anspruch nur dem berechtigten Inhaber des Namens, der Firma oder der besonderen Bezeichnung des Erwerbsgeschäftes zu. Nun ist aber „Kyriazi frères" weder die Firma des Beklagten, noch die besondere Bezeichnung seines Geschäftes, vielmehr die Firma des Geschäftes in Kairo. Der Berufungsrichter ist denn auch selbst in eingehender Begründung zu der Feststellung gelangt, daß die Benutzung der Firma „Kyriazi frères" von seiten der Klägerin und die Anbringung derselben auf den von ihr hergestellten Cigaretten geeignet sei, zur Verwechselung mit der Kairoer Firma und der von dieser fabrizierten, von dem Beklagten vertriebenen Cigaretten zu führen, und daß die Klägerin bei der Wahl ihrer Firma es darauf abgesehen habe, Verwechselungen derselben mit der Firma Kyriazi frères in Kairo, sowie der von ihr fabrizierten Cigaretten mit den von der letzteren Firma hergestellten hervorzurufen. Hiernach liegt also nur ein Mißbrauch der Firma des Geschäftes Kyriazi frères in Kairo vor, und besitzt der Beklagte keine Legitimation, gegen die Klägerin wegen dieses Mißbrauches einen Anspruch aus § 8 des Wettbewerbgesetzes zu erheben. Wenn das Oberlandesgericht im Anschlusse an die vorerwähnte Feststellung fortfährt: „Die Benutzung der Firma „Kyriazi frères" findet daher, insoweit die Klägerin dieselbe zur Bezeichnung ihrer gedachten Fabrikate benutzt, mißbräuchlich zum Zwecke der Täuschung statt und verletzt die Rechte des Beklagten, welcher auf Grund der eingetragenen Warenzeichen sich befugterweise der Worte „Kyriazi frères" zur Bezeichnung der von ihm vertriebenen Cigaretten und Tabake der Firma in Kairo bedient", so ist diese Ausführung abwegig und unrichtig; denn bei Anwendung des in Bezug genommenen § 8 handelt es sich nicht um Warenzeichen; zudem würde der Beklagte auf Grund seiner Warenzeichen rechtlich nicht in der Lage sein, der Klägerin den Gebrauch ihrer Firma „Kyriazi frères" zu verbieten (§ 13 des Warenzeichengesetzes), wie denn auch nach Firmenrecht von einem unbefugten Gebrauche dieser Firma von seiten der Klägerin nicht die Rede sein könnte (§ 37 Abs. 2 H.G.B.). Die angegriffene Entscheidung bezüglich der Widerklage beruht daher auf Verletzung des § 8 des Wettbewerbgesetzes, und hiernach ist der zuerkannte Anspruch des Beklagten nicht begründet; jedoch konnte in Hinsicht dieses Anspruches seine Berufung gegen das landgerichtliche Urteil nicht schon jetzt zurückgewiesen werden, da er denselben auch auf § 826 B.G.B. gestützt hatte, und hierüber das Berufungsgericht noch nicht entschieden hat." ...

---

57. Kann der Ehegatte, der gleichzeitig wegen Ehebruchs und wegen Zerrüttung des ehelichen Verhältnisses auf Scheidung geklagt hat, Scheidung auch wegen noch festzustellender Ehebrüche verlangen, wenn schon der Tatbestand des § 1568 B.G.B. liquid ist?

IV. Civilsenat. Urt. v. 6. Juli 1903 i. S. D. Ehefr. (Bekl.) w. D. (Kl.). Rep. IV. 92/03.

I. Landgericht Hannover.
II. Oberlandesgericht Celle.

Die Frage ist verneint aus folgenden

Gründen:

„Die Revision der Beklagten ist nur dagegen gerichtet, daß der Berufungsrichter ihre Berufung gegen die zur Widerklage ergangene Entscheidung des ersten Richters als unzulässig verworfen hat. Ihr Widerklagantrag ging dahin: die Ehe der Parteien zu scheiden und die Gegenpartei für schuldig zu erklären. Diesem Antrage hat der erste Richter im vollen Umfange stattgegeben. Die Beklagte hat mithin schon in erster Instanz alles zugesprochen erhalten, was sie beantragt hatte; sie ist durch das Urteil nicht beschwert und deshalb, wie der Berufungsrichter unter Bezugnahme auf die feststehende Rechtsprechung des Reichsgerichts ausführlich darlegt, schon formell gar nicht in der Lage, hiergegen ein Rechtsmittel einzulegen.[1] Ebensowenig aber kann sie zur Beschwerde ziehen, daß der erste Richter im Urteil einen Ausspruch unterlassen hätte, zu dessen Erteilung er von Amts wegen, auch ohne Parteiantrag, wie etwa im Falle des § 1574 B.G.B., verpflichtet gewesen wäre. Die Vorschrift des § 624 C.P.O., daß, wenn wegen Ehebruchs auf Scheidung erkannt ist, und wenn sich aus den Verhandlungen ergibt, mit welcher Person der Ehebruch begangen ist, diese Person im Urteile festzustellen sei, ist augenscheinlich bloß reglementärer Natur. Keinesfalls läßt sich, wenn außer dem Ehebruch noch andere gleichwertige Scheidungsgründe geltend gemacht sind, daraus für den Richter die Nötigung ableiten, trotz jetzt schon vorhandener Liquidität eines dieser anderen Scheidungsgründe dennoch die Verhandlungen weiter zu führen, lediglich um den außerdem noch behaupteten Ehebruch oder die mehreren behaupteten Ehebrüche und die hierbei in Betracht kommenden dritten Personen festzustellen. Eine solche Nötigung würde sogar im Widerspruch stehen mit der freien Prozeßleitungsbefugnis des Richters aus § 146 C.P.O. und mit den Vorschriften in § 300 desselben Gesetzes, wonach er das Endurteil zu erlassen hat, sobald der Rechtsstreit zur Entscheidung reif ist. Nur wenn die mehreren gleichzeitig geltend gemachten

[1] Vgl. Bd. 13 S. 390, Bd. 29 S. 375, für Ehesachen Bd. 27 S. 195, Bd. 45 S. 321, aber auch Bd. 36 S. 351 dieser Sammlung. D. E.

Scheidungsgründe eine verschiedene Wirkung auf die aus der Ehescheidung hervorgehenden Privatrechtsverhältnisse äußern, so z. B. wenn Scheidung sowohl wegen Ehebruchs als wegen Geisteskrankheit begehrt wird (§§ 1565. 1574 vgl. mit §§ 1569. 1583 B.G.B.), wird zuzugeben sein, daß die Erledigung bloß des einen Klagegrundes unter Umständen nicht das ganze in den Streit gebrachte Rechtsverhältnis erschöpfen würde. Allein im Streitfalle ist die Scheidung gleichzeitig aus § 1565 und § 1568 begehrt, und in Ansehung der privatrechtlichen Folgen der einen wie der anderen Scheidung bestehen überhaupt keine Unterschiede (§§ 1574. 1478. 1549. 1577—1579. 1584. 1635 B.G.B.). Auch darin ist dem Berufungsrichter beizutreten, daß dem wegen Ehebruchs auf Scheidung klagenden Ehegatten kein eigenes, im Prozesse verfolgbares Recht zusteht, dem schuldigen Teile aus § 1312 B.G.B. die Wiederverheiratung unmöglich zu machen. Daß dieses Eheverbot lediglich im öffentlichen Interesse erlassen ist, erhellt schon daraus, daß die dem Verbote zuwider geschlossene Ehe in § 1328 B.G.B. mit Nichtigkeit bedroht ist, und daß nach § 632 C.P.O. dem schuldlosen Gatten der ersten Ehe nicht einmal ein Klagerecht gegeben ist, mit dem er imstande wäre, die Nichtigkeit der zweiten, verbotenen Ehe geltend zu machen.

Der Revision kann endlich auch nicht darin beigetreten werden, daß der sowohl wegen Ehebruchs als wegen anderer Scheidungsgründe klagende Ehegatte mit Rücksicht auf § 172 St.G.B. unter allen Umständen einen Richterspruch auch wegen des geltend gemachten Ehebruchs verlangen dürfe. Zwar ist richtig, daß ein Strafverfahren nur wegen des nämlichen Ehebruches zulässig ist, wegen dessen im vorausgegangenen Eheprozesse die Ehe geschieden worden ist. Das Strafantragsrecht des schuldlosen Ehegatten entsteht deshalb überhaupt nicht oder nur in beschränktem Umfange, wenn der Eherichter von mehreren geltend gemachten Klagegründen denjenigen des Ehebruchs oder von mehreren behaupteten Ehebrüchen den einen oder den anderen unentschieden gelassen hat. Allein geht man von dem unbestrittenen Satze aus, daß Gegenstand des Civilprozesses nur ein Privatrechtsverhältnis sein kann, d. h. ein Verhältnis von Personen, kraft dessen sie sich als privatrechtlich berechtigt und verpflichtet gegenüber stehen,

vgl. Wach, Handbuch des Deutschen Civilprozeßrechts S. 13,

so zeigt sich, daß ein im Wege des Civilprozesses verfolgbarer Anspruch auf Erlangung der Befugnis zur Strafantragsstellung überhaupt nicht besteht. Diese Befugnis kann von vornherein nicht so gedacht werden, daß sie etwa dem unschuldigen vom schuldigen Ehegatten eingeräumt werden müßte und deshalb von dem ersteren gegen den letzteren erzwungen werden könnte. Ebensowenig läßt sie sich, etwa nach Analogie der Statusrechte, als ein Recht der Persönlichkeit auffassen, das gegen jeden das Recht Bestreitenden verfolgbar wäre. Das Strafantragsrecht des § 172 St.G.B. ist vielmehr kraft des Gesetzes an einen bestimmten, wenn auch nicht zum Begriffe des Deliktes selbst gehörigen, objektiven Tatbestand: Scheidung der Ehe wegen Ehebruchs, geknüpft. Dieser Tatbestand kann zwar auf keinem anderen Wege als durch Klage des Ehegatten verwirklicht werden. Es wäre aber unrichtig, hieraus folgern zu wollen, daß dem Gatten auch ein klagbarer Anspruch auf diesen bloß sekundären Erfolg der Scheidung, auf Erlangung des Strafantragsrechtes zustehen müsse, und daß er zu diesem Zwecke auf der Erledigung des Klagegrundes des Ehebruchs bestehen dürfe. Tatsächlich kann er dies erreichen, wenn er sich zunächst auf den Klagegrund des Ehebruchs beschränkt. Trägt er dem Richter, wie im Streitfalle geschehen, gleichzeitig mehrere unter sich gleichwertige Scheidungsgründe vor, so kann er niemals dadurch beschwert sein, daß der Richter kraft seiner Prozeßleitungsbefugnis sich auf einen dieser Klagegründe beschränkt und, wenn schon hiernach der Rechtsstreit zur Entscheidung reif ist, das auf Scheidung und Schuldigerklärung des Gegners lautende Endurteil erläßt.

Die Revision mußte hiernach zurückgewiesen ... werden."

---

58. 1. Bildet das Reichsgesetz über die Zwangsversteigerung und die Zwangsverwaltung in Elsaß-Lothringen auch da, wo es für Grundstücke, in bezug auf die das Grundbuch noch nicht als angelegt anzusehen ist, nur auf Grund des § 27 des Elsaß-Lothringischen Ausführungsgesetzes zum Zwangsversteigerungsgesetze vom 13. November 1899 schon in Kraft steht, revisibles Recht?

2. Bezieht sich der § 57 des Zwangsversteigerungsgesetzes vom 20. Mai 1898 auf Miet- oder Pachtverhältnisse, die vor dem Zu-

krafttreten des Bürgerlichen Gesetzbuches begründet und durch Übergabe in Vollzug gesetzt sind?

Zwangsversteigerungsgesetz § 57.
Einführungsgesetz zu demselben §§ 1. 2.
Elsaß-lothringisches Ausführungsgesetz zu demselben §§ 27. 47.
B.G.B. §§ 571 flg.
Einführungsgesetz zum B.G.B. Artt. 55. 170—172.
Code civil Art. 1743.

III. Civilsenat. Urt. v. 7. Juli 1903 i. S. K. (Bekl. u. Widerkl.) w. W. (Kl. u. Widerbekl.). Rep. III. 209/03.

I. Landgericht Mülhausen.
II. Oberlandesgericht Colmar.

Der Kläger erstand im Zwangsvollstreckungsverfahren gegen den Kaufmann J. P. und dessen Frau in M. durch Zuschlag vom 13. Februar 1901 das Anwesen „Apollotheater" daselbst. In dem zu diesem Anwesen gehörigen Hause Kr.'gasse Nr. 6 hatte der Beklagte durch Vertrag vom 22. Oktober 1898 einen Laden mit Zubehör auf die Zeit bis zum 1. Oktober 1919 gemietet und ihn bezogen. Am 29. März 1901 kündigte der Kläger dem Beklagten das Mietverhältnis zum 1. Juli 1901. Er erhob dann, indem er sich auf § 57 des Zwangsversteigerungsgesetzes stützte, Klage zunächst bei dem Amtsgerichte zu M. auf Verurteilung des Beklagten zur Räumung des Ladens nebst Zubehör. Dieser beantragte die Abweisung der Klage und erhob Widerklage, festzustellen, daß der von ihm mit P. abgeschlossene Mietvertrag erst am 1. Oktober 1919 sein Ende erreiche. Auf seinen Antrag sprach das Amtsgericht seine Unzuständigkeit aus und verwies den Rechtsstreit an das Landgericht.

In dem Verfahren vor diesem machte der Beklagte noch geltend, daß der Mietvertrag am 28. Oktober 1898 registriert und am 2. November 1898 überschrieben sei. Für die Fortgeltung seines Mietrechtes auch dem Kläger gegenüber berief er sich auf Art. 3 und Art. 2 Ziff. 4 des Überschreibungsgesetzes vom 23. März 1855 und Art. 179 Einf.-Ges. zum B.G.B.

Das Landgericht wies die Klage ab und stellte auf die Widerklage fest, daß der vom Beklagten mit P. geschlossene Mietvertrag vom

Kläger nicht früher als zum 1. April 1919 gekündigt werden könne. Auf die Berufung des Klägers und Widerbeklagten änderte das Oberlandesgericht dieses Urteil dahin ab, daß, unter Abweisung der Widerklage, der Beklagte nach dem Klagantrage verurteilt werde.

Auf die hiergegen von dem Beklagten eingelegte Revision ist das Berufungsurteil aufgehoben, und in der Sache selbst die Berufung gegen das Urteil des Landgerichts zurückgewiesen worden, aus folgenden

Gründen:

„Das Berufungsgericht hat angenommen, daß die Entscheidung über die Klage und die Widerklage in erster Reihe davon abhange, ob der § 57 des Reichsgesetzes über die Zwangsversteigerung und die Zwangsverwaltung vom 20. Mai 1898 auch auf Mietverträge Anwendung finde, die vor dem Inkrafttreten dieses Gesetzes abgeschlossen und durch Übergabe des Mietgegenstandes ausgeführt seien. Es erwägt, daß das Gesetz zwar nach § 1 Einf.-Ges. zu demselben in Ansehung der Grundstücke für jeden Grundbuchbezirk mit dem Zeitpunkte in Kraft treten solle, in welchem das Grundbuch als angelegt anzusehen sei, daß es aber für Elsaß-Lothringen nach den §§ 27 und 47 des dortigen Landesgesetzes, betr. die Ausführung des Reichsgesetzes über die Zwangsversteigerung und die Zwangsverwaltung, vom 13. November 1899 vom 1. Januar 1900 ab auch schon auf die Zwangsversteigerung und die Zwangsverwaltung von Grundstücken bis zur Anlegung des Grundbuches für anwendbar erklärt sei. Deshalb unterliege das erst im Jahre 1901 eingeleitete Verfahren der Zwangsversteigerung des hier in Frage kommenden Grundstückes ausschließlich den Vorschriften des Reichsgesetzes. Somit komme auch dessen § 57 hier an sich zur Anwendung, und da dieser keinen Unterschied zwischen Mietverträgen mache, die vor, und solchen, die nach dem Inkrafttreten des Bürgerlichen Gesetzbuches abgeschlossen seien, so unterliege auch der zur Entscheidung stehende Fall den Vorschriften jener Bestimmung, sofern nicht andere gesetzliche Normen eine Abweichung rechtfertigten. Im weiteren führt es dann aus, daß dies in Ansehung der Artt. 170. 171. 172. 179 Einf.-Ges. zum B.G.B. nicht der Fall sei, und daß auch aus dem Umstande, daß der Mietvertrag vom 22. Oktober 1898 gemäß Art. 2 Ziff. 4 des Gesetzes vom 23. März 1855 sur la Transcription en matière hypothécaire überschrieben sei, keine Einschränkung der Anwendung des § 57 auf den gegenwärtigen Fall zu entnehmen sei. Der Kläger sei hiernach berechtigt gewesen, auf Grund des § 57 dem Beklagten das Mietverhältnis, wie geschehen, unter Einhaltung der gesetzlichen Frist zu kündigen.

Diese Begründung des Berufungsurteiles würde rechtlich nicht zu beanstanden sein, wenn anzunehmen wäre, daß die grundlegende Ausführung, der § 57 des Reichsgesetzes über die Zwangsversteigerung und die Zwangsverwaltung beziehe sich auch auf solche Mietverhältnisse, die schon vor dem Inkrafttreten des Bürgerlichen Gesetzbuches begründet und in Vollzug gesetzt seien, sich als Anwendung nicht revisibeln Rechtes darstellte, weil sie auf dem § 27 des nur für Elsaß-Lothringen geltenden Gesetzes vom 13. November 1899 fußte. Denn im übrigen enthalten die Darlegungen des Berufungsgerichtes keine Verletzung einer Rechtsnorm. Allein jene Voraussetzung trifft nicht zu; vielmehr stellt sich der § 57 in der ihm vom Berufungsgerichte auf den vorliegenden Fall gegebenen Anwendung als eine der Revision unterliegende Rechtsnorm dar, und die weitere Prüfung ergibt dann, daß seine Bestimmungen auf den gegenwärtigen Fall unrichtig angewandt sind.

Zutreffend ist allerdings das Berufungsgericht davon ausgegangen, daß auf diesen Fall der § 57 nicht auf Grund des Einführungsgesetzes zum Reichsgesetze über die Zwangsversteigerung und die Zwangsverwaltung in seiner unmittelbaren Geltung zur Anwendung komme. Denn nach dessen § 1 tritt in der Tat das Gesetz über die Zwangsversteigerung und die Zwangsverwaltung, soweit es nicht die Schiffe betrifft, für jeden Grundbuchbezirk mit dem Zeitpunkte in Kraft, in welchem das Grundbuch als angelegt anzusehen ist. Nun lassen sich aber die hierauf bezüglichen Ausführungen des Berufungsgerichtes nur dahin verstehen, daß für den hier in Betracht kommenden Grundbuchbezirk das Grundbuch noch nicht als angelegt anzusehen ist. Dann kann jenes Reichsgesetz und mit ihm sein § 57 auf den vorliegenden Fall überhaupt nur gemäß des § 27 des elsaß-lothringischen Ausführungsgesetzes vom 13. November 1899 zu dem Reichsgesetze über die Zwangsversteigerung und die Zwangsverwaltung Anwendung leiden:

„Auf die Zwangsversteigerung und die Zwangsverwaltung von Grundstücken" ... „finden, bis das Grundbuch als angelegt anzusehen ist, die Vorschriften des Reichsgesetzes über die

Zwangsversteigerung und die Zwangsverwaltung, der §§ 6. 13 Abs. 2. 14 des Einführungsgesetzes dazu und der Abschnitte 1 bis 3 dieses Ausführungsgesetzes nach Maßgabe der §§ 28 bis 31 entsprechende Anwendung."

Die gesetzgeberische Anordnung, auf die sich die Anwendung der Bestimmungen jenes Reichsgesetzes auf Grundstücke gründet, in Ansehung deren das Grundbuch noch nicht als angelegt anzusehen ist, ist demnach in der Tat eine solche der Landesgesetzgebung für Elsaß-Lothringen, deren Verfügungsbereich nicht über den Bezirk des erkennenden Oberlandesgerichts hinausgeht (§ 549 C.P.O.). Trotzdem erübrigt sich im vorliegenden Falle die Entscheidung darüber, ob der § 57 des Reichsgesetzes über die Zwangsversteigerung und die Zwangsverwaltung richtig angewandt ist, nicht deshalb, weil es sich nur um die Anwendung eines ausschließlich elsaß-lothringischen Landesgesetzes handele. Vielmehr ist davon auszugehen, daß auch hier die Anwendung einer reichsgesetzlichen Vorschrift in Frage steht. Entscheidend ist in dieser Beziehung, daß die Anordnung der elsaß-lothringischen Landesgesetzgebung das Reichsgesetz über die Zwangsversteigerung und die Zwangsverwaltung nicht als Landesgesetz, als ein nur materiell mit dem Reichsgesetze übereinstimmendes Gesetz für Elsaß-Lothringen, sondern gerade als Reichsgesetz, das kraft der Vorschrift des § 1 des Einführungsgesetzes dazu freilich erst in einem späteren Zeitpunkte Geltung erlangt hätte, schon mit dem Zeitpunkte, in welchem im übrigen das neue Recht in Kraft trat, einführen wollte. Der zutage liegende Grund hierfür aber war der Wunsch, vom Beginn der Geltungsdauer des neuen bürgerlichen Rechtes überhaupt an zugleich auch ein einheitliches Recht in Ansehung der Zwangsvollstreckung in Grundstücke zu besitzen, das dann eben nur das Reichsrecht sein konnte.

Dies ergibt sich auch mit Deutlichkeit aus der Begründung zu dem Entwurfe des Ausführungsgesetzes, in deren Vorbemerkung es heißt: „Ferner erhob sich die Frage, ob das Geltungsgebiet des Reichsgesetzes, das nach § 1 des Einführungsgesetzes in Ansehung der Grundstücke und der Berechtigungen, für welche die sich auf Grundstücke beziehenden Vorschriften gelten, für jeden Grundbuchsbezirk mit dem Zeitpunkt, in welchem das Grundbuch als angelegt anzusehen ist, in Kraft tritt, nicht schon mit dem Inkrafttreten des Bürgerlichen Gesetzbuchs auf das ganze Land auszudehnen sei. Der Entwurf hat diese Frage bejaht. Die Zwangsvollstreckung hängt, wie in der Einleitung zur Begründung des Reichsgesetzes bemerkt ist, nicht bloß in ihren Voraussetzungen, sondern auch in ihren Wirkungen so enge mit den sachlichen Vorschriften des Liegenschaftsrechts zusammen, daß sie füglich als ein Teil des letzteren betrachtet werden kann. Nachdem zufolge des Ausführungsgesetzes zum Bürgerlichen Gesetzbuche das Liegenschaftsrecht des Bürgerlichen Gesetzbuchs auch da, wo das Grundbuch nicht als angelegt anzusehen ist, gleichzeitig mit dem Bürgerlichen Gesetzbuch in Kraft tritt, erscheint es nur folgerichtig, auch die Zwangsvollstreckung überall dem neuen Rechte zu unterwerfen. Es ist dies um so mehr angezeigt, als bei der grundsätzlichen Verschiedenheit, von der Reichs- und Landesrecht bei Ordnung des Verfahrens ausgehen, das Nebeneinanderbestehen beider Rechte zu Mißständen führen müßte."

Vgl. Verhandlungen des Landesausschusses für Elsaß-Lothringen, 25. Session, Bd. 1 Vorlage Nr. 25 S. 9.

Andererseits ist aber die Vorschrift des § 1 des Einführungsgesetzes zum Zwangsversteigerungsgesetze nicht dahin aufzufassen, daß sie das frühere Inkrafttreten des letzteren vermöge landesgesetzlicher Anordnung ausschließen, sondern dahin, daß es nur den spätesten Zeitpunkt bestimmen wollte, an dem das Zwangsversteigerungsgesetz in Geltung treten müsse, und daß es diesen reichsgesetzlich als Einführungstermin dieses Gesetzes festlegen wollte. Die Reichsgesetzgebung stand demnach der früheren Einführung des Zwangsversteigerungsgesetzes durch Landesgesetz nicht entgegen.

Das Verhältnis ist somit hier ein ganz ähnliches, wie es in bezug auf die Einführung einer Anzahl von Reichsgesetzen in Elsaß-Lothringen durch die dortige Landesgesetzgebung bereits besteht. So sind in Elsaß-Lothringen die Allgemeine Deutsche Wechselordnung und das Allgemeine Deutsche Handelsgesetzbuch, die durch § 2 des Gesetzes, betreffend die Verfassung des Deutschen Reichs, vom 16. April 1871 zu Reichsgesetzen erklärt waren, durch das elsaß-lothringische Landesgesetz vom 19. Juni 1872 § 1 Abs. 1 in Elsaß-Lothringen eingeführt worden. Weil sie aber hierdurch gerade als Reichsgesetze auch in diesem Reichsteile eingeführt sind, bilden sie auch trotz des nur landesgesetzlichen Einführungsaktes Reichsrecht und sind als solches revisibles Recht. Dies spricht auch die Begründung zu dem Entwurfe der Kaiserlichen Verordnung, betr. die Begründung der Revision in bürgerlichen Rechtsstreitigkeiten, vom 28. September 1879 ausdücklich aus:

„Eine Ausnahme hiervon — nämlich daß die lediglich für Elsaß-Lothringen bestimmten, als Landesgesetze verkündeten Gesetze die Revision nicht begründen — ergibt sich, ohne daß es einer ausdrücklichen Vorschrift bedarf, insofern, als reichsgesetzliche Bestimmungen landesgesetzlich in Elsaß-Lothringen eingeführt sind, wie z. B. das Reichsbeamtengesetz, das Deutsche Handels- und Wechselrecht."

Vgl. Drucksachen zu den Verhandlungen des Bundesrats, Jahrgang 1879, Bd. 3 Nr. 140 S. 16/17.

Auch in der Wissenschaft herrscht hierüber Einstimmigkeit.

Vgl. Eccius, Die Revisions-Instanz und das Landesrecht, nach der kaiserlichen Verordnung betreffend die Begründung der Revision in bürgerlichen Rechtsstreitigkeiten vom 28. September 1879 S. 9 flg.; Rocholl, in der Zeitschr. f. Deutschen Civilpr. Bd. 10 S. 304; Erythropel, ebenda Bd. 3 S. 116; Fels, Revisionsrecht und Sonderrecht S. 21 flg.; Hellmann, Lehrbuch des deutschen Civilprozeßrechtes S. 726 flg.

Von diesen Fällen unterscheidet sich aber der vorliegende nur dadurch, daß es sich dort um die Einführung von Reichsgesetzen durch Landesgesetz in Gebietsteile des Reiches handelte, in denen sie kraft Reichsgesetzes bisher nicht galten, während hier die frühere Einführung eines Reichsgesetzes durch Landesgesetz, als sie nach Reichsrecht erfolgt wäre, in Frage steht. In jenen Fällen handelt es sich demnach um die Ausdehnung der Geltung von Reichsgesetzen in örtlicher, in diesem um die Erstreckung der Geltung eines solchen in zeitlicher Beziehung durch Landesgesetz. Ein grundsätzlicher Unterschied in bezug auf die Frage der Revisibilität des durch Landesgesetz eingeführten Reichsrechtes aber besteht zwischen beiden Fällen nicht.

Ist aber hiernach die Revisibilität der Bestimmungen des Reichsgesetzes über die Zwangsversteigerung und die Zwangsverwaltung auch in seiner auf § 27 des elsaß-lothringischen Ausführungsgesetzes beruhenden Ausdehnung nicht zu bezweifeln, zumal da es ein unleidliches Ergebnis wäre, daß die Verletzung desselben Gesetzes in demselben Berufungsgerichtsbezirke der Revision gerügt, oder nicht gerügt werden könnte, je nachdem es sich um die Zwangsvollstreckung in ein Grundstück handelte, für welche das Grundbuch bereits als angelegt, oder noch nicht als angelegt anzusehen wäre, so ist auch die Aufhebung des angefochtenen Urteiles wegen Verletzung des § 57 jenes Reichsgesetzes durch unrichtige Anwendung geboten. Ist dieses nämlich als solches durch den § 27 jenes Ausführungsgesetzes schon jetzt auch für die dort bezeichneten Zwangsversteigerungen und Zwangsverwaltungen, wenn auch mit den in den §§ 28—31 bezeichneten Maßgaben, eingeführt, so ist dies, abgesehen von diesen Maßgaben, nur in der Gestalt und mit eben dem Inhalte geschehen, den das Gesetz auch im Gebiete seiner unmittelbaren, auf den § 1 des Einführungsgesetzes dazu sich gründenden Geltung besitzt. Nun kann es aber keinem Zweifel unterliegen, daß der § 57, von dem das Berufungsgericht annimmt, daß er nicht zwischen Mietverträgen, die vor dem 1. Januar 1900, und solchen, die nach diesem Zeitpunkte abgeschlossen sind, unterscheide, und den es auf die durch beide geschaffenen Mietverhältnisse an sich für gleichmäßig anwendbar erklärt, in Wirklichkeit sich nur auf diejenigen Miet- und Pachtverhältnisse bezieht, die erst seit jenem Tage begründet worden sind. Wie das Bürgerliche Gesetzbuch, so bezieht sich auch das gleichzeitig mit ihm in Kraft getretene Reichsgesetz über die Zwangsversteigerung und die Zwangsverwaltung, soweit darin materiellrechtliche Bestimmungen, im Gegensatze zu den das Verfahren regelnden, enthalten sind, grundsätzlich nur auf die in der Zeit ihrer Herrschaft begründeten Rechtsverhältnisse. Dies entspricht nur der allgemeinen Regel, daß neue Gesetze auf die vor der Zeit ihrer Geltung geschaffenen Rechtsverhältnisse keine Anwendung finden.

Vgl. Niedner, Das Einführungsgesetz vom 18. August 1896, 2. Aufl. Einl. zum 4. Abschnitte unter IV. S. 288. 289.

Er wird aber auch in gewisser Weise dadurch bestätigt, daß eine Reihe von Ausführungsgesetzen zum Bürgerlichen Gesetzbuche es für notwendig erachtet hat, ausdrücklich zu bestimmen, daß die Vorschriften des § 57 des Zwangsversteigerungsgesetzes auch dann Anwendung finden, wenn das Grundstück schon vor dem Inkrafttreten des Bürgerlichen Gesetzbuches einem Mieter oder Pächter überlassen war, jedoch unter Aufrechterhaltung weitergehender, aus den bisherigen Gesetzen sich ergebender Rechte des Mieters oder Pächters: so die Ausführungsgesetze für Preußen, Bayern, Sachsen, Hessen, Oldenburg, Meiningen, Altenburg, Anhalt, beide Reuß, Lippe. Dies kann nur in der Erwägung geschehen sein, daß aus dem Reichsgesetze selbst oder dem Einführungsgesetze sich die Anwendung des § 57 auf die Fälle, in denen schon vor dem Inkrafttreten des Bürgerlichen Gesetzbuches das versteigerte Grundstück einem Mieter oder Pächter überlassen war, nicht rechtfertigen lasse. Für das preußische Ausführungsgesetz ist dies auch in der Begründung zu dem Entwurfe des Art. 7 ausdrücklich ausgesprochen:

„Der § 57 bezieht sich jedoch nicht auf Miet- und Pachtverhältnisse, die vor dem Inkrafttreten des Bürgerlichen Gesetzbuchs entstanden sind; vielmehr sind für sie zufolge § 2 Abs. 1 des Einführungsgesetzes zum Reichsgesetze die Übergangsvorschriften des Einführungsgesetzes zum Bürgerlichen Gesetzbuche maßgebend. Soweit die Miete oder Pacht nach bisherigem Rechte nur ein Schuldverhältnis begründet, bleiben für sie, unbeschadet der Vorschrift des Art. 171 Einf.-Ges. zum B.G.B., die bisherigen Gesetze maßgebend (Art. 170 a. a. O.); die Bestimmungen des Art. 172 über die Rechte des Mieters oder Pächters gegenüber dem Erwerber des Grundstücks treffen nicht den Fall der Zwangsversteigerung und sind reichsgesetzlich auch nicht anderweit auf ihn ausgedehnt. Der Entwurf bestimmt daher für die Zwangsversteigerung nach dem Vorbilde des Art. 172, daß, wenn das Grundstück vor dem Inkrafttreten des Bürgerlichen Gesetzbuchs einem Mieter oder Pächter überlassen ist, die Vorschriften des Reichsgesetzes Anwendung finden, erhält aber daneben, gleichfalls im Anschluß an Art. 172, die weitergehenden Rechte eines Mieters oder Pächters, die sich aus den bisherigen Gesetzen ergeben, aufrecht."

Vgl. auch Brückner, Die Miete von Wohnungen und anderen Räumen, 2. Aufl. S. 174 und 175.

Allerdings hat Habicht (Die Einwirkung des Bürgerlichen Gesetzbuchs auf zuvor entstandene Rechtsverhältnisse, 3. Aufl. S. 292 und 293) ausgeführt: durch den § 2 Abs. 1 des Einführungsgesetzes zum Zwangsversteigerungsgesetze in Verbindung mit Art. 172

Einf.-Ges. zum B.G.B. sei der § 57 des Zwangsversteigerungsgesetzes auch auf ältere Miet- und Pachtverhältnisse für anwendbar erklärt, soweit er dem Mieter oder Pächter günstiger sei als das Landesrecht. Er nimmt demnach an, daß durch den § 2 Abs. 1 des Einführungsgesetzes zum Zwangsversteigerungsgesetze überhaupt der Fall, daß ein unter der Herrschaft des früheren Rechtes begründetes und durch Übergabe in Vollzug gesetztes Miet- oder Pachtrecht gegenüber dem in einem nach dem neuen Rechte erfolgten Zwangsversteigerungsverfahren erworbenen Rechte des Erstehers des Grundstückes geltend gemacht werde, eine gesetzliche Regelung gefunden habe. Dieser Ansicht kann jedoch nicht beigetreten werden, weil die grundlegende Annahme, von der sie ausgeht, für verfehlt zu erachten ist, daß nämlich unter den Vorbehalten zugunsten der Landesgesetze, die in dem Einführungsgesetze zum Bürgerlichen Gesetzbuche gemacht worden, auch die Vorschrift des Art. 170 dieses Einführungsgesetzes zu verstehen sei, und demgemäß „auch die Einschränkung dieses Vorbehalts im Art. 172, die dahin gehe, daß gegenüber einer Veräußerung, die unter dem neuen Rechte erfolgt sei, das Landesgesetz nur so weit maßgebend bleibe, als es dem Mieter günstiger sei als das neue Recht", hier Anwendung finden müsse.

Denn von „Vorbehalten", die in dem Einführungsgesetze zum Bürgerlichen Gesetzbuche „zugunsten der Landesgesetze" gemacht sind, kann schon begrifflich nur die Rede sein gegenüber einem aufgestellten Grundsatze, nach welchem an sich gewisse Rechtsverhältnisse dem Reichsrechte des Bürgerlichen Gesetzbuches unterworfen wären. Dieser Grundsatz kann nur der Art. 55 Einf.-Ges. zum B.G.B. sein, wonach „die privatrechtlichen Vorschriften der Landesgesetze außer Kraft" treten, „soweit nicht in dem Bürgerlichen Gesetzbuch oder in diesem Gesetz ein anderes bestimmt ist". Denn damit ist ausgesprochen, daß alle seit der Geltung des Bürgerlichen Gesetzbuches begründeten privatrechtlichen Rechtsverhältnisse grundsätzlich nur nach diesem Gesetzbuche sich bestimmen. Nur soweit für gewisse Materien des Privatrechtes die Reichsgesetzgebung Ausnahmen von diesem Grundsatze für die Landesgesetze gemäß des Schlusses jenes Art. 55 zugelassen hat, kann von „Vorbehalten zugunsten der Landesgesetze" gesprochen werden. Daraus folgt, daß bloße Übergangsvorschriften, die nur den Grundsatz von der Nichtrückwirkung neuer Gesetze auf früher begründete Rechtsverhältnisse entweder ausdrücklich bestätigen, wie der Art. 170 Einf.-Ges. zum B.G.B., oder durchbrechen oder nur mit gewissen Maßgaben aufrecht erhalten, wie die Artt. 171 und 172, überhaupt nicht zu den „Vorbehalten zugunsten der Landesgesetzgebung" im Sinne des angezogenen § 2 Abs. 1 gehören.

Dies wird auch durch die Entstehungsgeschichte des Gesetzes bestätigt. In dem ersten Entwurfe des Zwangsversteigerungsgesetzes, in welchem die „Einführungsvorschriften" noch als der letzte Abschnitt dieses Gesetzes selbst erschienen, lautete der Abs. 2 des § 235, der dem § 2 Abs. 1 des geltenden Einführungsgesetzes entspricht, dahin:

> „Im übrigen bleiben die Vorschriften der Landesgesetze insoweit, als sie nach dem Einführungsgesetze zum Bürgerlichen Gesetzbuche von dem letzteren unberührt bleiben, auch von diesem Gesetze unberührt."

Vgl. Entwurf eines Gesetzes, betr. die Zwangsvollstreckung in das unbewegliche Vermögen, nebst Motiven, Amtl. Ausg. S. 62.

Hier war demnach schon durch die Wahl der Worte „insoweit, als sie ... unberührt bleiben", die mit den Eingangsworten der großen Mehrzahl der Artikel des dritten Abschnittes des Einführungsgesetzes zum Bürgerlichen Gesetzbuche, „Verhältnis des Bürgerlichen Gesetzbuchs zu den Landesgesetzen", übereinstimmten, zum Ausdrucke gebracht, daß mit der Bestimmung hauptsächlich die in jenem dritten Abschnitte zugunsten der Landesgesetze gemachten Ausnahmen von dem Grundsatze der allgemeinen Geltung der Vorschriften des Bürgerlichen Gesetzbuchs für alle Materien des Privatrechts bezeichnet werden sollten. Daß aber dieser Sinn der Bestimmung in den späteren Abschnitten der gesetzgeberischen Feststellung des Einführungsgesetzes trotz der Wahl einer anderen Fassung nicht hat geändert werden sollen, ergibt die Denkschrift, mit welcher der Entwurf dem Reichstage vorgelegt ist:

> „Von den Vorbehalten zugunsten der Landesgesetzgebung kommt als ein praktisch wichtiger zunächst in Betracht der des § 2 Abs. 1. Nach ihm bleiben in Geltung alle landesgesetzlichen Vorschriften über die Zwangsversteigerung und die Zwangsverwaltung solcher Gegenstände des unbeweglichen Vermögens, bezüglich deren das Einführungsgesetz zum Bürgerlichen Gesetzbuche die privatrechtlichen Vorschriften der Landesgesetze aufrecht erhält (Artt. 57–59, 67).

Die Landesgesetzgebung ist hiernach in der Lage, unter anderem die Zwangsvollstreckung in Bergwerke, Familienfideikommisse, Lehn- und Stammgüter, sowie in Güter, die zum Familienvermögen des hohen Adels gehören, abweichend von dem reichsgesetzlichen Verfahren zu regeln, und zwar auch dann, wenn bisher in dieser Beziehung ein Sonderrecht für die bezeichneten Grundstücke nicht bestand, die Zwangsvollstreckung in sie vielmehr sich nach den allgemeinen Vorschriften richtete."

Vgl. Mugdan, Materialien zum Gesetze über die Zwangsversteigerung und die Zwangsverwaltung und zur Grundbuchordnung S. 70.

Hieran wird auch durch den Umstand nichts geändert, daß in Abs. 2 des § 2 bestimmt ist:

„Es treten jedoch die landesgesetzlichen Vorschriften außer Kraft, nach welchen den landschaftlichen und ritterschaftlichen Kreditanstalten für den Anspruch auf ältere als zweijährige Rückstände wiederkehrender Leistungen ein Vorrecht vor den im § 10 Nr. 1 bis 6 des Gesetzes über die Zwangsversteigerung und die Zwangsverwaltung bezeichneten Ansprüchen beigelegt ist."

Denn hiermit ist zwar eine Ausnahme von einer formell in die „Übergangsvorschriften" aufgenommenen Bestimmung des Einführungsgesetzes zum Bürgerlichen Gesetzbuche, nämlich von dem Art. 167, gemacht:

„In Kraft bleiben die landesgesetzlichen Vorschriften, welche die zur Zeit des Inkrafttretens des Bürgerlichen Gesetzbuchs bestehenden landschaftlichen oder ritterschaftlichen Kreditanstalten betreffen."

In Wirklichkeit enthält aber dieser Artikel keine bloße Übergangsvorschrift, keine Regelung bestimmter schon unter der Herrschaft des früheren Rechtes begründeter Rechtsverhältnisse, sondern eine Aufrechterhaltung der Landesgesetzgebung für eine ganze Rechtsmaterie, nur beschränkt auf die bei dem Inkrafttreten des Bürgerlichen Gesetzbuches bereits bestehenden landschaftlichen oder ritterschaftlichen Kreditanstalten, wie dies aus Art. 218 mit voller Deutlichkeit erhellt:

„Soweit nach den Vorschriften dieses Abschnitts" — d. i. des vierten — „die bisherigen Landesgesetze maßgebend bleiben, können sie nach dem Inkrafttreten des Bürgerlichen Gesetzbuchs durch Landesgesetz auch geändert werden."

Andrerseits läßt sich auch nicht mit Niedner (Das Einführungsgesetz vom 18. August 1896, 2. Aufl. Bem. 7 zu Art. 172) annehmen, daß der Art. 171 dieses Gesetzes das Rechtsverhältnis zwischen dem Ersteher eines in einem nach dem 1. Januar 1900 anhängig gewordenen Zwangsversteigerungsverfahren versteigerten Grundstückes und einem Mieter, der sein Recht auf einen unter der Herrschaft des früheren Rechtes geschlossenen und durch Übergabe vollzogenen Mietvertrag gründet, dahin bestimme, daß bis zu dem dort vorgesehenen Zeitpunkte (dem ersten zulässigen Kündigungstermine) hierfür das frühere Recht maßgebend bleibe. Denn wie das Bürgerliche Gesetzbuch selbst das Rechtsverhältnis zwischen dem Erwerber eines Grundstückes und einem Mieter, der sein Recht auf einen mit dem früheren Eigentümer des Grundstückes geschlosseneu Mietvertrag gründet, in den §§ 571 flg. nur für die Fälle der freiwilligen Veräußerung regelt — was sich schon daraus ergibt, daß der § 57 des im allgemeinen gleichzeitig mit dem Bürgerlichen Gesetzbuche in Kraft getretenen Zwangsversteigerungsgesetzes die „entsprechende" Anwendung jener Bestimmungen des Bürgerlichen Gesetzbuches für die Fälle der Zwangsversteigerung seinerseits ausdrücklich vorschreibt, auch eine wesentliche, abweichende Satzung hinzufügt —, so kann auch das Einführungsgesetz zum Bürgerlichen Gesetzbuche, soweit es Übergangsvorschriften enthält, eben weil diese nur bestimmt sind, das Verhältnis zwischen altem und neuem Rechte in bezug auf die vom Bürgerlichen Gesetzbuche geordneten Materien zu regeln, auf das Rechtsverhältnis zwischen dem Ersteher eines Grundstückes und dem Mieter in dem Falle der Zwangsversteigerung keine Anwendung leiden. Dies muß somit auch von dem Art. 171 Einf.-Ges. zum B.G.B. gelten. In bezug auf den folgenden Art. 172 erkennt dies Niedner a. a. O. auch unmittelbar darauf selbst an, wie dies auch durch das Urteil des erkennenden Senates vom 26. Februar 1901 (Entsch. des R.G.'s in Civils. Bd. 48 S. 38) ausgesprochen ist.

Hiernach enthält weder das Einführungsgesetz zum Zwangsversteigerungsgesetze, noch dasjenige zum Bürgerlichen Gesetzbuche eine Vorschrift, nach welcher Fälle der vorliegenden Art entschieden werden können, und auch das elsaß-lothringische Ausführungsgesetz zum Reichs-Zwangsversteigerungsgesetze hat die somit vorhandene Lücke nicht ausgefüllt. Es kann nun dahingestellt bleiben, ob anzunehmen wäre, daß der Gesetzgeber die vorliegende Rechtsfrage, wenn sie ihm zum Bewußtsein gekommen wäre, in dem Einführungsgesetze zum Zwangsversteigerungsgesetze entschieden hätte, und ob deshalb die Entscheidung vom Richter im Wege der Analogie nach dem Vorbilde des Art. 172 Einf.-Ges. zum B.G.B. dahin zu finden wäre, daß auf solche Fälle auch das neue Recht, hier der § 57 des Zwangsversteigerungsgesetzes, entsprechend anzuwenden wäre, jedoch mit der Maßgabe, daß weitergehende Rechte der Mieter oder Pächter nach dem alten Rechte unberührt blieben — woraus sich eine vollständige sachliche Übereinstimmung mit den ausdrücklichen Bestimmungen der oben erwähnten Ausführungsgesetze ergäbe. Denn auch wenn man dies nicht annimmt, muß das frühere Landesrecht auf Fälle der vorliegenden Art noch für anwendbar erachtet werden. Es greift dann lediglich der allgemeine Grundsatz von der Nichtrückwirkung eines neuen Gesetzes Platz und führt dahin, daß das nach Art. 1743 Code civil begründete Mietrecht des Beklagten während der festgesetzten Vertragsdauer auch gegenüber dem Kläger als Ersteher des Grundstückes mit allen ihm von jenem früheren Rechte beigelegten Wirkungen fortdauert. Daraus ergibt sich die Unzulässigkeit der vom Kläger lediglich auf die Tatsache des Erwerbes des Grundstückes im Wege der Zwangsversteigerung gestützten Kündigung des Mietverhältnisses, selbst ohne Rücksicht auf die erfolgte Überschreibung des Mietvertrages.

Vgl. Zachariä v. Lingenthal-Crome, Handbuch des französischen Civilrechts, 8. Aufl., Bd. 2 § 349 S. 565 und 566." ...

---

59. Entsteht eine Eigentümerhypothek auch dann, wenn der Hypothekengläubiger nach erfolgter Zwangsversteigerung des belasteten Grundstückes erklärt, daß er Befriedigung aus dem Versteigerungserlöse nicht verlange, weil er sich mit seiner Forderung in anderer Weise bezahlt machen werde?

B.G.B. § 1168 Abs. 1. § 1177 Abs. 1.

V. Civilsenat. Urt. v. 8. Juli 1903 i. S. Handwerkerbank u. A. (Bekl.) w. S. (Kl.). Rep. V. 174/03.

I. Landgericht Mülhausen.
II. Oberlandesgericht Colmar.

Bei der im Jahre 1901 erfolgten Zwangsversteigerung der im Bezirke des Amtsgerichtes Pf. belegenen Grundstücke des Bauunternehmers P. wurde im Verteilungstermine nach Abzug der Kosten eine zu verteilende Masse von 40500 ℳ festgestellt, welche vom Ersteher gezahlt werden sollte, aber nicht gezahlt wurde. Auf sie wurde von dem Versteigerungsbeamten hier nicht interessierenden Gläubigern 886,92 ℳ und der Beklagten zu 1 (Handwerkerbank) als Realgläubigerin 13379,91 ℳ zugeteilt. Den Rest von 26213,17 ℳ überwies der Versteigerungsbeamte dem Beklagten zu 2 (Adolf A.), als dem in der Rangordnung nächsten Realgläubiger. Dadurch fielen alle übrigen, nacheingetragenen Hypothekengläubiger, darunter auch der Kläger, vollständig aus. Der Kläger erhob aber gegen den Teilungsplan Widerspruch. Er begründete ihn damit, daß vor dem Beklagten zu 2 noch für die Handwerkerbank zwei andere Hypotheken von 8000 ℳ und 12000 ℳ eingetragen, und daß diese für P. zu Eigentümerhypotheken geworden seien, weil die Handwerkerbank durch Zurücknahme ihrer Anmeldung auf sie verzichtet habe. Diese Eigentümerhypotheken seien auf ihn — den Kläger — durch gerichtliche Pfändung und Überweisung übergegangen; ihm gebühre daher der auf sie entfallende Versteigerungserlös in Höhe von 20000 ℳ.

Der erste Richter wies die Klage ab. Der zweite Richter gab ihr in Höhe von 15989,48 ℳ statt und wies im übrigen die Berufung des Klägers zurück. Das Reichsgericht hat unter entsprechender Aufhebung des Berufungsurteils die Berufung des Klägers auch insoweit, als ihr vom zweiten Richter stattgegeben worden war, zurückgewiesen und die streitige Masse dem Beklagten zu 2 (Adolf A.) zugesprochen.

Aus den Gründen:

„P. besaß außer seinem im Bezirke des Amtsgerichts Pf. belegenen Grundbesitz auch Grundstücke in der Schweiz, die im Kanton Bern belegen sind und zu dem Betreibungsamte Porrentruy gehören.

Er hatte für dieselben beiden Forderungen von 8000 ℳ und 12000 ℳ, für die er der Handwerkerbank seinen inländischen Grundbesitz verpfändet hatte, ihr auch ein Unterpfandsrecht an seinen schweizerischen Grundstücken bestellt. Auch diese kamen zur zwangsweisen Versteigerung, die, unabhängig von dem im Inlande von dem Amtsgerichte Pf. eröffneten Verfahren, vor dem schweizerischen Betreibungsamte Porrentruy betrieben wurde. Mit Rücksicht hierauf erklärte die Handwerkerbank durch Schreiben vom 18. Dezember 1901, wie es darin heißt, „im Einverständnis mit Herrn Adolf A.", dem von Amtsgericht Pf. zum Versteigerungsbeamten ernannten Notar ..., daß sie ihre Anmeldung aus den hier fraglichen beiden Hypotheken zurückziehe, „um die betreffenden Summen auf das schweizerische Unterpfand zu übertragen". So lag die Sache, als vor dem Notar ... der Verteilungstermin ... abgehalten wurde, und so lag sie auch noch, als ... die letzte mündliche Verhandlung vor dem Landgerichte M. stattfand, auf welche hin das am 1. Mai 1902 verkündete Urteil erster Instanz ergangen ist.

Das Landgericht sah in der Erklärung der Handwerkerbank vom 18. Dezember 1901 zwar nicht einen Verzicht auf die Hypothek im Sinne des § 1168 B.G.B., aber doch einen Verzicht auf das Befriedigungsrecht aus dem Grundstücke, der an keine besondere Form gebunden sei, und der, ebenso wie der Verzicht auf die Hypothek, zur Folge haben müsse, daß der Subhastat an die Stelle des verzichtenden Gläubigers trete. Es ließ nur deshalb hier diese Folge nicht eintreten, eine Eigentümerhypothek des Subhastaten also nicht entstehen, weil für dieselbe Forderung auch die schweizerischen Grundstücke hypothekarisch verhaftet waren, und somit eine Gesamthypothek — ruhend auf dem inländischen und auf dem schweizerischen Grundbesitze des Subhastaten — vorliege. Das Landgericht brachte also den § 1175 Abs. 1 Satz 2 B.G.B. zur entsprechenden Anwendung und gelangte somit, weil hiernach die Hypotheken der Handwerkerbank auf den inländischen Grundstücken erloschen gewesen wären, zu einem Aufrücken der Nachhypotheken und folglich zur Abweisung der Klage. Das Oberlandesgericht ist in dieser Beziehung anderer Meinung. Es stellt zunächst eine inzwischen eingetretene Veränderung der tatsächlichen Sachlage fest. Die Handwerkerbank ist nämlich, worüber in zweiter Instanz unter den Parteien kein Streit bestand, mit ihren beiden oben erwähnten Restforderungen nebst Zinsen und Kosten in dem schweizerischen Versteigerungsverfahren zur Hebung gelangt und vollständig gedeckt worden. Das Oberlandesgericht bringt aber nicht die Vorschriften des Bürgerlichen Gesetzbuchs (§§ 1181. 1182) über die Befriedigung des Gläubigers aus einem der mit einer Gesamthypothek belasteten Grundstücke zur Anwendung; es ist vielmehr der Meinung, daß hier eine Gesamthypothek überhaupt nicht vorliege.

Ob letzteres richtig ist, kann dahingestellt bleiben. Denn keinesfalls kann dem Berufungsgerichte darin beigetreten werden, daß hier die Befriedigung, welche die Handwerkerbank in dem schweizerischen Vollstreckungsverfahren gefunden hat, herangezogen werden dürfe, um eine für P. entstandene Eigentümerhypothek zu begründen, die der Kläger auf Grund der für ihn ergangenen Pfändungs- und Überweisungsbeschlüsse geltend zu machen befugt sei. Die Befriedigung der Handwerkerbank ist, wie feststeht, erst im Sommer 1902, also jedenfalls zu einer Zeit erfolgt, in der die Pfändungen der Eigentümerhypothek für den Kläger und ihre Überweisungen an ihn längst stattgefunden hatten. Diese Akte liegen im Dezember 1901 und im Januar, März und April 1902, wie der Berufungsrichter festgestellt hat. Nun mag es zwar unter Umständen zulässig sein, auch erst künftig zur Entstehung gelangende oder bedingte Forderungen zu pfänden und zu überweisen; aber so sind die hier in Rede stehenden Pfändungs- und Überweisungsbeschlüsse nicht ergangen. Es kann daher unerörtert bleiben, ob Kläger überhaupt befugt gewesen wäre, Widerspruch gegen den Verteilungsplan auf Grund der Pfändung und Überweisung einer Eigentümerhypothek zu erheben, die damals noch gar nicht entstanden war, sondern erst in Zukunft entstehen sollte. Keinesfalls darf den Pfändungs- und Überweisungsbeschlüssen, die zugunsten des Klägers ergangen sind, durch Hereinziehung der Befriedigung, die später die Handwerkerbank gefunden hat, ein anderer Inhalt gegeben werden.

Es kommt somit darauf an, ob — abgesehen von dieser Befriedigung der Handwerkerbank in dem schweizerischen Verfahren — für P. eine Eigentümerhypothek entstanden war, die der Kläger auf Grund der für ihn ergangenen Pfändungs- und Überweisungsbeschlüsse geltend zu machen befugt ist, und in dieser Beziehung kommt das von der Handwerkerbank an den Versteigerungsbeamten . . .

gerichtete Schreiben vom 18. Dezember 1901 in Betracht, in welchem sie erklärt, daß sie nur mit ihrer ersten, hier nicht in Frage stehenden Hypothek aus dem Versteigerungserlös befriedigt sein wolle, daß sie dagegen bezüglich der beiden anderen hier fraglichen Hypotheken ihre Anmeldung zurückziehe, „um die betreffenden Summen auf das schweizerische Unterpfand zu übertragen". Der erste Richter findet hierin einen Verzicht der Handwerkerbank auf Befriedigung aus dem Grundstücke und folgert hieraus, daß, ebenso eben wie der Verzicht des Gläubigers eine Eigentümerhypothek entstehen lasse (§ 1168 B.G.B.), dies auch bei einem Verzicht auf Befriedigung aus dem Grundstücke der Fall sein müsse. Aber diese Schlußfolgerung geht fehl. Sie übersieht, daß durch den Zuschlag die Hypothek erloschen war (§§ 52. 91 des Zwangsversteigerungsgesetzes); an ihre Stelle ist das Recht des Gläubigers getreten, Befriedigung aus dem Versteigerungserlöse zu verlangen. In dieses Recht hat sich zwar die Hypothek aufgelöst; es ist aber doch ein anders geartetes Recht, kein Hypothekenrecht mehr, und deshalb können die Vorschriften, welche für letzteres gelten, nicht ohne weiteres auf die durch die Auflösung des Hypothekenrechtes geschaffene Rechtslage übertragen werden. Eine solche Übertragung folgt auch nicht aus dem für die Zwangsversteigerung angenommenen Surrogationsprinzip, d. h. aus dem Grundsatze, daß der Versteigerungserlös an die Stelle des Grundstückes tritt; denn damit ist nichts weiter gesagt, als daß dieselben Rechte, die bisher auf dem Grundstücke hafteten, sich nun an dem Versteigerungserlöse als Ansprüche auf Befriedigung aus ihm fortsetzen. Daß freilich, was dem ersten Richter besonders bedenklich erscheint, der Verzicht verschiedene Rechtsfolgen hat, je nachdem er von dem Gläubiger vor, oder nach dem Zuschlage erklärt wird, ist richtig; aber dies erklärt sich daraus, daß das Recht, auf welches verzichtet wird, durch den Zuschlag eine Wandlung erfahren hat, die es in Ermangelung jeder gesetzlichen Vorschrift hierüber eben ausschließt, die Vorschriften des Gesetzes von dem einen auf das andere zu übertragen. Ob die Handwerkerbank, wie es nach ihrem Schreiben vom 18. Dezember 1901 allerdings der Fall zu sein scheint, was indes nicht festgestellt ist, zugunsten des Beklagten A. auf ihre Befriedigung aus dem Versteigernngserlöse hat verzichten wollen, kommt nicht in Betracht; hier handelt es sich nur darum, ob dieser Verzicht eine Eigentümerhypothek (oder richtiger: Eigentümergrundschuld, § 1177 Abs. 1 B.G.B.) für den Subhastaten P. entstehen ließ, und diese Frage ist, weil die Voraussetzungen des § 1168 Abs. 1 B.G.B. nicht vorliegen, zu verneinen." ...

---

60. Ist der Konkursverwalter, der nach der Konkurseröffnung die Dienste eines von dem Gemeinschuldner zuvor eingestellten gewerblichen Arbeiters zeitweise stillschweigend abgenommen hat, als Arbeitgeber im Sinne des § 1 Abs. 1 des Gewerbegerichtsgesetzes anzusehen?

Gewerbegerichtsgesetz vom 29. September 1901 § 1.
K.O. §§ 17. 22.

III. Civilsenat. Urt. v. 10. Juli 1903 i. S. M.-B.-A.-G., vorm. Gebr. F., Konkursverw. (Bekl.) w. B. (Kl.). Rep. III. 108/03.

I. Landgericht Halberstadt.
II. Oberlandesgericht Naumburg a. S.

Der Kläger war zunächst bei der Firma Gebr. F., und sodann nach deren Umwandlung in eine Aktiengesellschaft bei dieser, der M.-B.-A.-G., vorm. Gebr. F., in O., als Schlossermeister, zuletzt mit einem Monatsgehalt von 153 *M*, angestellt. Am 16. Juni 1902 wurde über das Vermögen dieser Gesellschaft der Konkurs eröffnet, und der Beklagte zum Konkursverwalter bestellt. Als solcher kündigte er mit Schreiben vom 23. Juni 1902 auf Grund des § 133b Gew.O. dem Kläger auf den 28. Juni und entließ ihn an diesem Tage. Er bezahlte ihm sein vertragsmäßiges Gehalt für die Zeit vom 16. bis zum 28. Juni 1902 aus der Konkursmasse. Der Kläger machte indessen geltend, daß ihm, als Werkmeister, nur auf den 1. Oktober 1902 habe gekündigt werden können. Er verlangte daher von dem Beklagten das Gehalt weiter für die Zeit vom 28. Juni bis zum 30. September 1902. Der Beklagte bestritt diesen Anspruch.

In erster Instanz wurde der Beklagte dem Klagantrage gemäß verurteilt; die Zuständigkeit des angerufenen Gerichts wurde nicht beanstandet. Der Beklagte legte Berufung ein und erhob in der Berufungsinstanz die Einrede der Unzuständigkeit der ordentlichen Gerichte gemäß § 1 Abs. 1 und § 6 Abs. 1 des Gewerbegerichtsgesetzes vom 29. September 1901. Diese Einrede wurde vom Berufungsgerichte verworfen.

Die eingelegte Revision ist zwar gemäß § 275 Abs. 2 und § 547 Ziff. 1 C.P.O. für zulässig erachtet, indessen zurückgewiesen worden aus folgenden

Gründen:

... „Wie der erkennende Senat in der auch von dem Berufungsgerichte angezogenen Entscheidung vom 15. April 1902,

Entsch. des R.G.'s in Civils. Bd. 51 S. 193,

ausgeführt hat, ist die Zuständigkeit des Gewerbegerichts gemäß § 1 Abs. 1 des Gewerbegerichtsgesetzes nicht schon dann begründet, wenn der erhobene Anspruch auf einem gewerblichen Arbeitsvertrage beruht; es ist vielmehr auch weiter erforderlich, daß der Rechtsstreit zwischen dem Arbeitgeber und dem Arbeiter, bzw. deren gesetzlichen Vertretern selbst (nicht deren Einzel- oder Gesamtrechtsnachfolgern) anhängig ist.

Nach dem Klagevortrag ist die Klage auf den von der Gemeinschuldnerin mit dem Kläger abgeschlossenen Vertrag gestützt, also auf einen gewerblichen Arbeitsvertrag; Beklagter ist aber der Konkursverwalter. Die Zuständigkeit des Gewerbegerichts ist also nach dem Ausgeführten nur dann begründet, wenn der Konkursverwalter Vertreter des Gemeinschuldners ist oder in den Vertrag eingetreten ist oder als eingetreten zu gelten hat.

Der erkennende Senat hat nun aber keinen Anstand genommen, an den vom Reichsgerichte in der auch vom Berufungsgericht angezogenen Entscheidung vom 20. April 1895,

Entsch. des R.G.'s in Civils. Bd. 29 S. 29; vgl. Bd. 35 S. 31,

ausgesprochenen Grundsätzen festzuhalten, wonach der Konkursverwalter bei Verwaltung der Masse nicht als Vertreter des Gemeinschuldners, sondern in Ausübung eines ihm gesetzlich übertragenen selbständigen Amtes in Tätigkeit tritt, und sonach ist der Konkursverwalter nicht ohne weiteres als Arbeitgeber anzusehen.

Es kann aber auch der Revision nicht darin beigetreten werden, daß der Konkursverwalter in das Vertragsverhältnis der Gemeinschuldnerin zum Kläger eingetreten ist. Allerdings hat letzterer auch nach der Konkurseröffnung Dienste geleistet und für dieselben aus der Masse Zahlung erhalten. Allein er hat seine Tätigkeit lediglich auf

Grund des von der Gemeinschuldnerin abgeschlossenen und von ihm angetretenen Vertrages zu den daselbst vereinbarten Bedingungen geleistet. Ein ausdrücklicher Eintritt des Beklagten in dieses Verhältnis gemäß § 17 K.O. ist nicht behauptet. Es kann aber auch aus der Abnahme der Dienste und der Lohnzahlung aus der Masse nicht auf eine stillschweigende Eintrittserklärung geschlossen werden; denn es ist selbstverständlich, daß der Konkursverwalter sich nicht im Augenblick der Übernahme der Verwaltung über den Eintritt in die vom Gemeinschuldner eingegangenen Verträge schlüssig machen kann (vgl. auch § 17 Abs. 2 K.O.), und er muß gemäß § 22 K.O. das vom Gemeinschuldner abgeschlossene und vom Bediensteten angetretene Dienstverhältnis erfüllen, d. h. den Lohn bis zum Ablaufe der Kündigungsfrist bezahlen, gleichgültig ob er die Dienste abnehmen will und kann, oder nicht. Die Verwertung der Dienste zur Masse ist daher für den Eintritt des Verwalters nicht schlüssig. Auch die Tatsache, daß der Beklagte die Kündigung auf § 133b Gew.O. gestützt hat, spricht mehr gegen, als für den Willen desselben, in das Dienstverhältnis einzutreten; denn seit dem angeblichen Eintritte war eine Änderung der Verhältnisse, die zur Kündigung wegen eines wichtigen Grundes Veranlassung gegeben hätte, jedenfalls nicht eingetreten. Zweifelhaft kann nur sein, ob nicht § 22 K.O. einen Eintritt des Konkursverwalters in das angetretene Dienstverhältnis kraft Gesetzes bestimmt; aber auch dies ist nicht anzunehmen. Dagegen spricht, daß die Lohnforderungen bis zur Konkurseröffnung, sowie die Schadensersatzforderung auf Grund der Kündigung als (teils bevorzugte, teils unbevorzugte) Konkursforderungen gelten, weiter aber vor allem die Tatsache, daß die Bezahlung der Löhne auf Grund des § 22 weder zu den Masseverwaltungskosten (§ 58 Ziff. 2 K.O.), noch zu den Ansprüchen aus Verträgen, deren Erfüllung zur Konkursmasse verlangt wird, (§ 59 Ziff. 2 K.O. erster Fall) gerechnet wird, sondern, wie die Motive zu § 52 Ziff. 2 des Entwurfs (jetzt § 59 Ziff. 2) ausdrücklich hervorheben,

vgl. Beil. Nr. 200 zu den Reichstagsverhandlungen von 1874/75 S. 1470,

zu denjenigen, welche der Konkursverwalter kraft Gesetzes (§ 59 Abs. 2 zweiter Fall) auch „für die Zeit nach der Eröffnung des Verfahrens bezahlen muß", d. h. ohne in das Vertragsverhältnis eingetreten zu sein. Der Wortlaut des § 22 spricht auch von einem Eintritt in das Dienstverhältnis nicht, und das daselbst zugelassene Kündigungsrecht bezieht sich eben auf den vom Gemeinschuldner abgeschlossenen und vom Bediensteten angetretenen Vertrag.

Der Konkursverwalter ist hiernach auch nicht Arbeitgeber ..., und es ist die Revision zurückzuweisen."

---

61. Steht dem Gegner der armen Partei im Falle der Verletzung des § 120 C.P.O. die Beschwerde aus § 127 das. zu? insbesondere auch im Falle der §§ 379. 402 das.?

III. Civilsenat. Beschl. v. 10. Juli 1903 i. S. K. (Kl.) w. R. (Bekl.). Beschw.-Rep. III. 190/03.

I. Landgericht Lüneburg.
II. Oberlandesgericht Celle.

Gründe:

„Das Landgericht hatte die Erledigung eines Beweisbeschlusses, welcher gleichmäßig Klage und Widerklage betraf, gemäß §§ 379. 402 C.P.O. davon abhängig gemacht, daß von jeder Partei ein Vorschuß von 400 ℳ hinterlegt werde. Beklagte hinterlegte den ihr auferlegten Betrag von 400 ℳ; Kläger aber kam um Bewilligung des Armenrechtes ein. Das Landgericht gab diesem Gesuche statt, änderte aber nunmehr den früheren Beschluß dahin, daß die Erledigung des Beweisbeschlusses von einem Vorschuß lediglich der Beklagten abhängig gemacht, dieser daher die zuvorige Hinterlegung noch weiterer 400 ℳ auferlegt wurde, indem es erwog, daß zwar die Bewilligung des Armenrechtes für den Kläger nach §§ 120. 115 Ziff. 1 C.P.O. auch für die Beklagte die Befreiung von dem fraglichen Vorschuß hinsichtlich der Klage zur Folge habe, nicht aber hinsichtlich der Widerklage, und da auch für diese, für welche Beklagte Beweisführerin sei, der fragliche Beweisbeschluß von Bedeutung sei, so habe sie den vollen Vorschuß zu leisten. Gegen diesen Beschluß erhob die Beklagte, sich stützend auf § 4 G.K.G., Erinnerung, bzw. Beschwerde. Das Landgericht erachtete die Erinnerung nicht für zulässig und überreichte die

Beschwerde, da es ihr nicht abhelfen wolle, dem Oberlandesgerichte. Dieses hat dann die Beschwerde als unzulässig verworfen, weil ein Beschluß aus § 379 C.P.O. lediglich mit der Berufung und Revision anfechtbar sei, und der § 4 G.K.G. keine Anwendung finden könne, da sich dieser nach der Plenarentscheidung des Reichsgerichts nur auf die Fälle beziehe, in welchen Gebühren angesetzt seien unter Verletzung von Normen des Gerichtskostengesetzes, des materiellen Rechtes und und der im § 92 G.K.G. aufgezählten Bestimmungen der Prozeßordnungen, zu welchen der § 379 C.P.O. nicht gehöre. Gegen diesen Beschluß hat nunmehr die Beklagte die weitere Beschwerde eingelegt.

Diese ist, da in der Unzulässigkeitserklärung der Beschwerde ein neuer selbständiger Beschwerdegrund gegeben ist, zulässig. Sie ist auch begründet. Die Ausführung des Berufungsgerichtes, daß nach dem Plenarbeschluß des Reichsgerichts, Entsch. dess. in Civils. Bd. 16 S. 291 flg., der § 4 G.K.G. nur bei Verletzung solcher prozessualen Vorschriften gegeben sei, die in dem § 92 G.K.G. nach ihren Paragraphen angeführt seien, beruht auf einem Mißverständnis jenes Plenarbeschlusses; bei solcher Auffassung würde ja, wenn trotz bewilligten Armenrechtes von der armen Partei von seiten der Gerichtskasse Kosten erfordert würden, der armen Partei jeder Rechtsbehelf fehlen, da auch der § 115 C.P.O. im § 92 a. a. O. nicht genannt ist. Es kann aber dahingestellt bleiben, ob im vorliegenden Falle auch die Beschwerde aus § 4 G.K.G. erhoben werden kann, da der Beklagten jedenfalls die Beschwerde aus § 127 C.P.O. zusteht. Daß gegen einen Beschluß aus § 379 C.P.O. Beschwerde gegeben ist, wenn dadurch andere Paragraphen verletzt sind, gegen deren Verletzung eine Beschwerde zugelassen ist, ist in der Entscheidung Bd. 42 S. 368 a. a. O., auf deren Begründung verwiesen wird, bereits ausgeführt; dort ist die Beschwerde aus § 127 C.P.O., wenn durch den Beschluß die Bestimmungen über das Armenrecht verletzt sind, für das zutreffende Rechtsmittel erachtet. Damals stand allerdings die arme Partei selbst in Frage, und gegenwärtig handelt es sich um den Gegner der armen Partei, hinsichtlich dessen in der Literatur allerdings vielfach die Zulässigkeit einer Beschwerde unterschiedslos versagt wird, wie auch das Reichsgericht in der Entscheidung Bd. 20 S. 418 a. a. O. ausgesprochen hat, daß nur die arme Partei ein Beschwerderecht habe. Aber gerade die Gründe dieser Entscheidung ergeben, daß nur den gegen das Interesse der armen Partei Beteiligten, also denjenigen, welche die Nichtbewilligung oder die Wiederentziehung des Armenrechtes wollen, eine Beschwerde nicht gegeben ist. Soweit aber der § 120 C.P.O. in Frage steht, steht der Gegner der armen Partei dieser gleich; hier handelt es sich um für ihn durch das Armenrecht erworbene Rechte; die Rechte der armen Partei werden dadurch in keiner Weise geschmälert, und es ist kein gesetzgeberischer Grund erfindlich, insoweit die arme Partei und den gemäß § 120 durch das Armenrecht Berechtigten verschieden zu behandeln. Der Wortlaut des § 127 schließt dementsprechend die Beschwerde nur aus gegen den Beschluß, welcher das Armenrecht bewilligt. Davon ist vorliegend keine Rede. Gibt man gegen den Beschluß aus § 379 C.P.O. bei Verletzung des Armenrechtes der armen Partei die Beschwerde, dann kann, soweit § 120 C.P.O. in Frage kommt, die Gegenpartei nicht anders behandelt werden.

War hiernach die Beschwerde gegen den landgerichtlichen Beschluß für zulässig zu erachten, so ergibt die weitere Prüfung, daß dieselbe auch materiell begründet ist. Allerdings ist, wie in der Entscheidung des Reichsgerichts Bd. 44 S. 416 a. a. O. dargelegt ist, die Kostenbefreiung des Gegners der armen Partei aus § 120 a. a. O. nicht auch auf die durch seine Widerklage erwachsenden besonderen Kosten zu beziehen. Aber um solche Kosten handelt es sich im vorliegenden Falle gar nicht. Denn die Beweiserhebung für die Widerklage verursacht keine besonderen Kosten; sie ist identisch mit der Beweiserhebung für die Klage. Soweit aber die Klage in Frage steht, sind, wie unbezweifelt ist, der Kläger und die Beklagte von der Leistung des Vorschusses befreit, und es läßt sich nicht annehmen, daß die danach für das Gericht bestehende Pflicht, ohne Vorschußleistung die Beweiserhebung vorzunehmen, dadurch in Wegfall komme, daß diese Beweiserhebung zugleich für die Widerklage von Bedeutung ist. Danach war, wie geschehen, zu beschließen."

---

62. Wirkung einer Vormerkung zur Sicherung des Anspruches auf schulden- und lastenfreie Abtretung des Eigentums von Grundstücksteilen. B.G.B. § 883.

V. Civilsenat. Urt. v. 11. Juli 1903 i. S. preuß. Eisenbahnfiskus (Bekl.) w. K. (Kl.). Rep. V. 144/03.

I. Landgericht Breslau.
II. Oberlandesgericht daselbst.

Die damals als Eigentümer des Grundstückes G. Nr. 19 zu je einem Fünftel eingetragenen Erben des H. M., darunter die Witwe F. M., waren durch Urteil vom 29. April 1899 verurteilt, dem jetzt verklagten Fiskus eine kartenmäßig bezeichnete Fläche dieses Grundstückes zur Größe von 82 a 2 qm für den Preis von 176,27 ℳ pro a unter den in dem Abkommen vom 21. August 1890 und 12. Januar 1893 aufgeführten Bedingungen zu verkaufen und lasten-, abgaben- und schuldenfrei aufzulassen. Auf Grund dieses Urteils wurde auf Antrag der Eisenbahndirektion in Breslau am 4. April 1900 auf dem Grundbuchblatte des Grundstückes G. Nr. 19 in Abteilung II unter Nr. 12 „als Vormerkung" eingetragen: „Die Eigentümer sind verpflichtet, die zum Bau der Breslauer Umgehungsbahn für Güterzüge erforderliche Gebäudefläche Kartenblatt 3 Flächenabschnitte 517/107, 523/108 von 82 a 2 qm dem Königlich Preußischen Staate (Eisenbahnverwaltung) schulden- und lastenfrei zum Eigentum abzutreten." Am 11. April 1900 wurden in demselben Grundbuchblatte auf den Anteil der Witwe F. M. in Abteilung III unter Nr. 48 für H. 6000 ℳ, und unter Nr. 49 für den Kläger 6000 ℳ als verzinsliche Darlehne eingetragen. Durch Beschluß vom 23./26. November 1901 wurde auf Antrag eines Hypothekengläubigers die Zwangsversteigerung des Grundstückes G. Nr. 19 angeordnet. Nach Eintragung des Versteigerungsvermerkes wurden auf Antrag des Fiskus vom 21. Januar 1902 auf Grund des Urteils vom 29. April 1899 die in der Vormerkung angegebenen Flächenabschnitte 517/107, 522/108 an den Fiskus an demselben Tage aufgelassen, von dem Grundbuchblatte von G. Nr. 19 abgeschrieben und unter Eintragung des Fiskus als Eigentümers auf ein besonderes, neues Grundbuchblatt G. Nr. 178 übertragen. Im Versteigerungstermine wurden die beiden Grundstücke gesondert ausgeboten, nachdem der Fiskus aus der Vormerkung einen Schadensersatzhöchstbetrag von 30000 ℳ angemeldet hatte. Durch Beschluß vom 29. April 1902 wurde das Grundstück G. Nr. 19 für 212000 ℳ, und das Grundstück G. Nr. 178 für 50000 ℳ dem L.

zugeschlagen. Bei der Kaufgelderverteilung kam der vom Fiskus angemeldete Anspruch aus dem Erlöse des Grundstückes Nr. 19 mit 14306,19 ℳ und aus dem Erlöse des Grundstückes Nr. 178 mit 3374,10 ℳ zur Hebung, fiel aber mit dem Überreste von 12319,71 ℳ aus. Die im Range unmittelbar folgenden Hypotheken, die mit 6508,82 ℳ liquidierte Hypothek Nr. 48 und die mit 6818 ℳ vom Kläger liquidierte Hypothek Nr. 49, fielen aus. Es wurde angeordnet, daß, falls und insoweit die dem Fiskus zugeteilte Hebung von 17680,19 ℳ in Wegfall komme, der wegfallende Betrag in der sich aus der Nummernfolge ergebenden Rangordnung den ausfallenden Hypotheken Nr. 48 und 49 zu den liquidierten Beträgen zugeteilt werde. Die ausgefallenen Gläubiger, darunter der Kläger, erhoben gegen das Liquidat des Fiskus Widerspruch, weil die Schadensersatzforderung desselben aus dem der Vormerkung Abt. II Nr. 12 zugrunde liegenden Rechtsverhältnisse nicht begründet, und weil dieser Anspruch nicht mit dem Vorrechte vor dem Anspruche der widersprechenden Gläubiger ansatzfähig sei. Infolgedessen wurde der für den Fiskus zur Hebung gelangte Betrag von 17680,29 ℳ als Streitmasse hinterlegt. Der Kläger, welcher die Eintragung der Vormerkung für unzulässig und ihrem Inhalte nach für rechtsunwirksam hielt, erhob rechtzeitig Klage, mit dem Prinzipalantrage, zu erkennen, daß die hinterlegte Streitmasse im Teilbetrage von 6818 ℳ nebst den Hinterlegungszinsen davon an ihn ausgezahlt werde. Der erste Richter erkannte auf Abweisung der Klage. Auf die Berufung des Klägers wurde der Beklagte nach dem Antrage des Klägers mit dem Zusatze verurteilt, daß die Auszahlung der 6818 ℳ nebst Zinsen aus den auf das Grundstück Nr. 19 entfallenen 14306,19 ℳ zu erfolgen habe. Die Revision des Beklagten ist zurückgewiesen aus folgenden

Gründen:

„Durch die Eintragung einer Vormerkung, wie sie hier in Betracht kommt, wird ein persönlicher Anspruch auf Einräumung eines Rechtes an einem Grundstücke mit den Wirkungen dinglich gesichert, daß Verfügungen, die nach Eintragung der Vormerkung getroffen werden, insoweit unwirksam sind, als sie den vorgemerkten Anspruch vereiteln oder beeinträchtigen würden, und daß der Rang des Rechtes, dessen Einräumung gesichert werden soll, sich nach der Eintragung der Vormerkung richtet (§ 883 B.G.B.). Die Einräumung eines Rechtes an einem Grundstücke wird durch dessen Eintragung in das Grundbuch vollzogen; insbesondere ist zur Übertragung des Eigentumes an einem Grundstücke und zur Belastung des Grundstückes mit einem Rechte die Eintragung der Rechtsänderung erforderlich (§ 873). Hieraus folgt, daß nur solche Ansprüche Gegenstand einer Vormerkung sind, die ihre Erfüllung in einer endgültigen Eintragung finden können. Was nicht eingetragen werden darf, kann also auch nicht vorgemerkt werden. Die Bestimmung darüber, welchen Eintragungen das Grundbuch geöffnet sein soll, ist nicht dem Belieben der Beteiligten überlassen, sondern vom Gesetze durch feste Umgrenzung des Kreises der eintragungsfähigen Rechte bestimmt. Zu diesen gehören ausschließlich das Eigentum und diejenigen Rechte, mit welchen ein Grundstück nach Vorschrift des Bürgerlichen Gesetzbuches belastet werden kann (§§ 873. 1012. 1018. 1030. 1090. 1094. 1105. 1113. 1191. 1199). Anderen Rechten ist das Grundbuch seit dem Inkrafttreten des Bürgerlichen Gesetzbuches selbst dann verschlossen, wenn sie unter der Herrschaft des bisherigen Rechtes wirksam vorgemerkt sind. Die Vormerkung ist in solchen Fällen gegenstandslos und löschungsreif.

Vgl. Entsch. des R.G.'s in Civils. Bd. 48 S. 61.

Dies gilt namentlich auch von den persönlichen Rechten und Verpflichtungen, die sich zwar auf ein bestimmtes Grundstück beziehen, deren Eintragung in das Grundbuch aber im Bürgerlichen Gesetzbuche nicht ausdrücklich zugelassen ist. Diese können daher auch nicht durch Eintragung einer Vormerkung mit dinglicher Wirkung ausgestattet werden. Ist die Eintragung dennoch erfolgt, so hat sie rechtlich keine Bedeutung und erzeugt nicht die angegebenen Wirkungen.

Die Anwendung dieser Sätze auf die Vormerkung vom 4. April 1900 führt zu folgenden Ergebnissen. Insoweit, als darin die Verpflichtung der Eigentümer zur eigentümlichen Abtretung der Parzellen 517/107 und 522/108 ausgesprochen ist, dient die Vormerkung zur Sicherung des Beklagten auf Einräumung des Eigentumsrechtes an den Parzellen, entspricht also der Voraussetzung des § 883 und hat die ihr dort in den Abss. 2 und 3 beigelegten Wirkungen. Daß die Eintragung der Vormerkung auf dem Blatte des ganzen, ungeteilten Grundstückes Nr. 19 bewirkt ist, hat nicht zur Folge, daß die Wirksamkeit der Vormerkung sich auf das ganze Grundstück erstreckt; denn durch den Inhalt des Vermerkes wird diese ausdrücklich auf die bezeichneten Teilparzellen beschränkt. Nur der Anspruch des Beklagten auf diese Parzellen ist durch die Vormerkung gesichert. Mit der Bezeichnung der Eigentumsabtretung als einer schulden- und lastenfreien ist die Verpflichtung der Eigentümer ausgedrückt, die Parzellen von den auf ihnen haftenden Schulden und Lasten zu befreien. Diese Verpflichtung eignet sich, als eine persönliche der Eigentümer, nicht zu einer endgültigen Eintragung, da sie weder einem Rechte gegenübersteht, mit dem ein Grundstück belastet werden kann, noch eine Verfügungsbeschränkung der Eigentümer darstellt, die auch ohnedies nicht dinglich wirksam sein würde, weil sie durch ein Rechtsgeschäft begründet und durch das Urteil vom 29. April 1899 nicht zu einer gerichtlich angeordneten Verfügungsbeschränkung geworden wäre (§§ 135—137 B.G.B.). Die Entlastungsverpflichtung der Eigentümer hat hiernach durch die Vormerkung nicht dingliche Wirkung erlangt. Allerdings hätte dem Anspruche auf Erfüllung dadurch Nachdruck gegeben werden können, daß für den Fall der Nichterfüllung eine Strafe oder ein Ersatzanspruch in Gelde festgesetzt und durch Vormerkung oder Eintragung einer Höchstbetragshypothek (§ 1190 B.G.B.) dinglich gesichert worden wäre. Dies ist aber nicht geschehen und kann als in der Vormerkung enthalten schon deshalb nicht angesehen werden, weil die Vormerkung, ebenso wie die Eintragung einer Geldforderung, ohne Angabe ihres Geldbetrages nichtig ist (§ 1113. 1115. 1184. 1190 B.G.B.). Da die Vormerkung, soweit durch sie die Enthaftungspflicht der Eigentümer gesichert werden soll, obwohl im Grundbuche eingetragen, keine dingliche Wirkung erlangt hat, war sie auch im Zwangsversteigerungsverfahren nicht zu berücksichtigen. Die Frage, ob sie eine Haftung des ganzen Grundstückes Nr. 19 bewirkt habe, ist daher müßig. Sie wäre aber auch dann zu verneinen, wenn, mit dem ersten Richter, in der schulden- und lastenfreien Übertragung des Eigentumes ein einheitliches Recht auf Auflassung eines unbelasteten Grundstückes erblickt würde, welches den Inhalt einer einheitlichen Eintragung bildete. Denn wie für die Auflassung, würden für deren Qualifikation als schulden- und lastenfreier nur die Parzellen 517/107 und 522/108 verhaftet sein, und es würde sich, nach dem Erlöschen des vorgemerkten Anspruches infolge Zuschlages der Parzellen an einen Dritten, bei Bemessung des Anspruches auf Ersatz dessen Wertes aus dem Versteigerungserlöse (vgl. Zwangsversteigerungsgesetz § 92) nur um den Wert der schulden- und lastenfreien Parzellen 517/107 und 522/108 und um den Ersatz dieses Wertes aus dem Erlöse dieser gesondert versteigerten Parzellen handeln. Auf einen Ersatz aus dem Erlöse des Restgrundstückes Nr. 19, welches von der Vormerkung nicht berührt ist, hätte der Beklagte auch dann keinen Anspruch. Der Widerspruch des Klägers gegen die Auszahlung dieses Erlöses an den Beklagten ist daher vom Berufungsgerichte mit Recht für begründet erachtet." . . .

---

63. Findet wegen Verweigerung der Rechtshilfe in Grundbuchsachen Beschwerde beim Reichsgericht statt?

G.V.G. § 160 Abs. 1.
Fr.G.G. § 2.

Feriensenat. Beschl. v. 6. August 1903 in der Grundbuchsache von S. Nr. 723 u. 800. Beschw.-Rep. IV. 294/03.

I. Landgericht Breslau.
II. Oberlandesgericht daselbst.

Die obige Frage ist vom Reichsgericht verneint aus folgenden, den Sachverhalt ergebenden

Gründen:

„Das Amtsgericht in Breslau hat ein dorthin gelangtes Ersuchen des Amtsgerichts in Salzungen, einen in Breslau ansässigen Hypothekengläubiger darüber zu vernehmen, ob er in die pfandfreie Abschreibung zweier Parzellen der ihm verhafteten Grundstücke willige, abgelehnt, weil es sich um die Beurkundung eines Rechtsgeschäftes handle, für solche Beurkundungen aber keine Rechtshilfepflicht bestehe. Die Ablehnung des Ersuchens ist von dem Oberlandesgerichte in Breslau, dessen Entscheidung das ersuchende Gericht demnächst angerufen hat, gebilligt worden. Die gegen diese Entscheidung von dem ersuchenden Gerichte beim Reichsgericht eingelegte Beschwerde konnte nicht für zulässig erachtet werden.

Da landesrechtliche Vorschriften eine Zuständigkeit des Reichsgerichts nicht zu begründen vermögen, so konnte nur der anscheinend auch von dem beschwerdeführenden Gerichte allein ins Auge gefaßte § 2 des Reichsgesetzes über die Angelegenheiten der freiwilligen Gerichtsbarkeit vom 20. Mai 1898 in Betracht kommen, der die Verpflichtung der Gerichte, sich Rechtshilfe zu leisten, ausspricht und zugleich die §§ 158—169 G.V.G. für anwendbar erklärt. Der erwähnte § 2 erhält indessen eine Begrenzurg seiner Tragweite durch den unmittelbar vorausgehenden § 1. Nach letzterem gelten „die nachstehenden allgemeinen Vorschriften", also auch der § 2, für diejenigen Angelegenheiten der freiwilligen Gerichtsbarkeit, „welche durch Reichsgesetz den Gerichten übertragen sind". Zu diesen Angelegenheiten gehören Grundbuchsachen nicht. Denn für sie sind die Amtsgerichte nicht kraft Reichsgesetzes, sondern nur dann zuständig, wenn die Landesgesetzgebung sie zu Grundbuchämtern bestellt hat. Danach kann, gleichviel ob landesgesetzlich die Vorschriften des Gerichtsverfassungsgesetzes über Rechtshilfepflicht auf Grundbuchsachen ausgedehnt worden sind, oder nicht, keinenfalls der der Disposition der Landesgesetzgebung entrückte § 160 Abs. 1 Satz 3 G.V.G. auf den Fall, daß in einer Grundbuchsache die Rechtshilfe verweigert wird, zur Anwendung gebracht werden. Von gleicher Rechtsauffassung ist das Reichsgericht bereits in dem eine gleichartige Sache betreffenden Beschluß vom 10. Januar 1901 zur Beschwerdesache IV. 256/00 ausgegangen."

---

64. Kann bei Geltendmachung zweier Ansprüche in einer Klage der Kläger, obwohl er unter Verzicht auf die Berufung gegen die durch seinen Eid bedingte Entscheidung über den einen Anspruch die Berufung gegen die Entscheidung über den anderen Anspruch eingelegt hat, nach Ablauf der Berufungsfrist die Abnahme des Urteilseides beantragen?

C.P.O. §§ 521 Abs. 1. 522 Abs. 1.

Feriensenat. Beschl. v. 12. August 1903 i. S. Schr. (Kl.) w. M. (Bekl.). Beschw.-Rep. II. 145/03.

I. Landgericht Hannover.
II. Oberlandesgericht Celle.

Aus den Gründen:

„Der Kläger hat die Preise zweier Wurstsendungen eingeklagt. Mit dem Anspruch aus der einen Sendung ist er in erster Instanz abgewiesen worden, während die Entscheidung über den Anspruch aus der anderen Sendung von der Ableistung eines dem Kläger auferlegten Eides abhängig gemacht ist. Gegen den seinen Anspruch abweisenden Teil des erstinstanzlichen Urteils hat, unter Verzicht auf die Berufung wegen des durch seinen Eid bedingten Teiles, der Kläger die Berufung eingelegt. Vor dem Termine zur Verhandlung über die Berufung ist von ihm die Abnahme des Urteilseides erbeten worden, nachdem die Frist zur Einlegung der Berufung von seiten des Beklagten abgelaufen war. Das Gericht erster Instanz hat den Antrag ... zurückgewiesen. Von dem Berufungsgerichte ist auf die Beschwerde des Klägers der Beschluß des Gerichtes erster Instanz aufgehoben, und dieses angewiesen worden, den Eid abzunehmen. Gegen diesen Beschluß richtet sich die weitere Beschwerde des Berufungsbeklagten. ...

Wenn zur Begründung der weiteren Beschwerde ausgeführt ist, durch Einlegung der Berufung werde der ganze Rechtsstreit der Entscheidung des Berufungsgerichts unterbreitet, weil der Berufungsbeklagte durch seine Anschließung an die gegnerische Berufung den durch den Eid bedingten Teil des Urteils zum Gegenstande der Berufung machen könne, so ist dies unrichtig. Enthält, wie im vorliegenden Falle, ein Urteil die Entscheidung über zwei selbständige Ansprüche, so kann die Entscheidung über den einen Anspruch mit der Berufung angefochten, auf die Anfechtung der Entscheidung über den anderen Anspruch aber verzichtet werden. Der Verzicht auf das Recht der Berufung schließt alsdann die Abänderung des erstinstanzlichen Urteils durch das Berufungsgericht im Umfange der Verzichtserklärung aus, so daß dennoch gestellte Abänderungsanträge von dem Berufungsgerichte als unzulässig zu verwerfen sind. Die auf dem Berufungsverzichte des Berufungsklägers beruhende Unabänderlichkeit der Entscheidung über den einen der Ansprüche wirkt nun aber, wie gegenüber dem Berufungskläger, so auch gegenüber dem Berufungsbeklagten, wenn dieser unterlassen hat, den Eintritt der Rechtskraft durch die eigene Einlegung der Berufung zu verhindern. Allerdings kann nach § 521 Abs. 1 C.P.O. der Berufungsbeklagte sich der

Berufung bis zur Entscheidung über sie anschließen, und seine Sachanträge sind erst in der mündlichen Verhandlung zu stellen; aber die Anschließung kann nur an die zulässigerweise erhobene Berufung erfolgen, so daß durch sie nicht ein Teil des Urteils zur Entscheidung des Berufungsgerichts gebracht werden kann, bezüglich dessen die Einlegung der Berufung unzulässig ist. Dies folgt sowohl aus dem Begriffe der Anschließung, der etwas Bestehendes erfordert, an das der Anschluß geschehen kann, wie aus dem § 522 Abs. 1 C.P.O., nach dem die Anschließung ihre Wirkung verliert, wenn die Berufung als unzulässig verworfen wird. Zutreffend ist von dem Berufungsgerichte der Inhalt der Motive zur Civilprozeßordnung dahin wiedergegeben worden, daß der Berufungsbeklagte in seinem Rechte auf Anschließung insoweit von dem Berufungskläger unabhängig sein solle, als dessen Berufungsanträge einen beschränkten Inhalt haben, da der Berufungskläger an der nachträglichen Erweiterung seiner Anträge nicht gehindert sei. Der Fall des Verzichtes wird von diesem Gesichtspunkte nicht getroffen. Dem Berufungsgerichte ist daher darin beizutreten, daß im Wege der Anschließung eine Abänderung desjenigen Teiles des erstinstanzlichen Urteils nicht ermöglicht werden kann, der durch den wirksam erklärten Verzicht des Berufungsklägers auf das Recht der Berufung dessen eigener Berufung entzogen ist.

Vgl. Seuffert, C.P.O. § 521 Bem. 1; Gaupp-Stein, C.P.O. § 521 Bem. I, 2.

Da der Berufungskläger auf die Berufung gegen den durch Eid bedingten Teil des Urteils verzichtet, und der Berufungsbeklagte gegen diesen Urteilsteil Berufung nicht eingelegt hat, so ist der Antrag des Berufungsklägers auf Abnahme des Urteilseides gerechtfertigt, und die gegen den diesem Antrage stattgebenden Beschluß des Oberlandesgerichts gerichtete Beschwerde nicht begründet." ...

---

65. Ist in dem Falle, daß die Urteilsformel in dem vollständig abgefaßten Urteile infolge eines Versehens von der im Verkündigungstermine laut des Protokolls vorgelesenen Urteilsformel abweicht, eine Berichtigung des Fehlers durch Gerichtsbeschluß auszusprechen? Findet eine Berichtigung auch bei Auslassungen statt?

C.P.O. § 319.

VII. Civilsenat. Beschl. v. 18. September 1903 i. S. Ortskrankenkasse für Maurer u. Steinhauer in B. (Kl.) w. T. u. Gen. (Bekl.). Beschw.-Rep. VII. 118/03.

I. Landgericht Bielefeld.
II. Oberlandesgericht Hamm.

Gründe:

„Nach dem Protokolle vom 30. April 1901 lautet die Formel des an diesem Tage gefällten Urteils folgendermaßen:

„Beklagte werden als Gesamtschuldner verurteilt, der Klägerin 1541,35 *M* nebst 4 Prozent Zinsen seit dem 1. Januar 1900 zu zahlen und die Kosten des Rechtsstreits zu tragen. Dieses Urteil ist gegen Sicherheitsleistung in Höhe des beizutreibenden Betrages vorläufig vollstreckbar."

In dem von den Richtern vollzogenen Urteile fehlt der die Zinsen betreffende Teil der Entscheidung. Nachdem der Rechtsstreit in die Berufungs- und Revisionsinstanz gelangt und mit Erledigung der letzteren das erstinstanzliche Urteil rechtskräftig geworden war, stellte Klägerin den Antrag, den Zinsenanspruch nachzutragen. Durch Beschluß des Landgerichts vom 5. Juni 1903 wurde das Urteil unter Bezugnahme auf § 319 C.P.O. dem Antrage gemäß ergänzend berichtigt. Die Beklagten legten Beschwerde ein, indem sie geltend machten, daß die Voraussetzungen des § 319 C.P.O. nicht gegeben seien, daß vielmehr, weil der Nebenanspruch übergangen sei, der Tatbestand des § 321 a. a. O. vorliege, daß aber die Frist des genannten Paragraphen verstrichen sei. Durch Beschluß des Oberlandesgerichts wurde der des Landgerichts aufgehoben. Die Gründe gehen im wesentlichen dahin:

Ausweise des Sitzungsprotokolles vom 30. April 1901 sei bei der Verkündung der Urteilsformel der Klägerin auch der Zinsanspruch zuerkannt worden; eine Übergehung des geltend gemachten Zinsanspruches liege mithin nicht vor, und könne daher auch § 321 C.P.O. keine Anwendung finden. Ebensowenig liege aber auch eine offenbare Unrichtigkeit im Sinne des § 319 das. vor. Jedes Urteil könne nur eine Urteilsformel enthalten (§ 313 Nr. 5 das.). Finden sich zwei Urteilsformeln vor, so könne nur eine derselbeu die gültige sein, und das sei die verkündete. Die vorliegendenfalls in das mit Tatbestand und Gründen versehene Urteil aus dem Sitzungsprotokolle übertragene Urteilsformel sei lediglich eine Abschrift der Formel, und zwar eine fehlerhafte. Es liege mithin eine fehlerhafte Abschrift vor, die nur das Besondere an sich habe, daß sie vom Richter fehlerhaft angefertigt sei, nicht von der Kanzlei. Zur Korrektur der fehlerhaften Abschrift der Formel sei aber nicht der § 319 bestimmt, sondern sie habe von Amts wegen oder auf Antrag der Partei ohne Gerichtsbeschluß und um deswillen zu erfolgen, weil bis dahin die beantragte Ausfertigung des erlassenen Urteils überhaupt noch nicht erteilt worden sei.

Diese, mit der weiteren Beschwerde der Klägerin angegriffenen, Ausführungen können nicht gebilligt werden. Sie enthalten eine unrichtige Beurteilung des Verhältnisses der protokollarischen Feststellung der Urteilsformel zu dem vollständigen, von den Richtern unterzeichneten Urteile, sowie der rechtlichen Natur der verschiedenen Teile des letzteren. Materiell sind die protokollarische Urteilsformel und das vollzogene Urteil identisch. Nach § 310 C.P.O. erfolgt die Verkündung des Urteils in dem Termine, in welchem die mündliche Verhandlung geschlossen wird, oder in einem sofort anzuberaumenden anderen Termine. Sie geschieht durch Vorlesung der Urteilsformel. Durch Aufnahme in das Protokoll sind nach § 160 die Entscheidungen des Gerichts, sofern sie nicht dem Protokolle schriftlich beigefügt sind, und die Verkündung der Entscheidungen festzustellen. Der § 313 bestimmt unter Abs. 5, daß das „Urteil" die von der Darstellung des Tatbestandes und der Entscheidungsgründe äußerlich zu sondernde Urteilsformel enthält. Es ist nach § 315 von den Richtern, welche bei der Entscheidung mitgewirkt haben, zu unterschreiben. Der Abs. 2 des eben genannten Paragraphen sieht den infolge der gesetzlichen Anforderungen an den Inhalt eines vollständigen Urteils meistens gegebenen Fall, daß das Urteil bei der Verkündung noch nicht in vollständiger Form abgefaßt war, besonders vor und bestimmt, daß es innerhalb einer Frist in vollständiger Abfassung dem Gerichtsschreiber zu übergeben ist. Von dem verkündeten und unterschriebenen Urteile werden nach dem Grundsatze des § 317 a. a. O. Ausfertigungen, Auszüge und Abschriften erteilt, und erfolgt die Zustellung eben desselben auf Betreiben der Parteien. Trotz der materiellrechtlichen Identität des in unvollständiger Form verkündeten und des vollständig abgefaßten Urteils bilden beide je eine selbständige Urkunde, deren eine die Gewähr ihrer Richtigkeit und Vollständigkeit durch die Vollziehung des Protokolles von seiten des Vorsitzenden und des Gerichtsschreibers, und deren andere dieselbe durch die Unterschriften der Richter erhält. Das vollständige Urteil ist in keinem Teile eine einfache Abschrift des Protokolles, sondern alle Teile desselben sind formell (urkundlich) rechtlich gleichwertig; ihre Berichtigung kann nur durch das Gericht geschehen. Die Urteilsformel im vollständigen Urteile darf von der in das Protokoll aufgenommenen, sofern diese nicht etwa ihrerseits fehlerhaft war, und solange sie nicht geändert ist, nicht abweichen. Liegt aber trotzdem tatsächlich infolge Versehens eine Abweichung vor, so stellt diese sich als eine Unrichtigkeit des Urteils dar. Die Art und Weise der erforderlichen Berichtigung ergibt sich aus § 319 C.P.O.

Im vorliegenden Falle besteht die Abweichung in dem Fehlen des Ausspruches über den Zinsenpunkt in dem vollständig abgefaßten Urteile. Allein auch eine Auslassung kann eine einem Schreibfehler ähnliche offenbare Unrichtigkeit darstellen und demgemäß unter die Vorschrift des § 319 C.P.O. fallen. Der Ansicht der Beklagten, die Berichtigung hätte nur in Anwendung des § 321 erfolgen können, ist nicht zuzustimmen. Für die Anwendung dieser Vorschrift ist nur dann Raum gegeben, wenn ein anhängig gewordener Anspruch in Wirklichkeit nicht Gegenstand der Entscheidung geworden, sondern vom Gerichte unbeachtet gelassen ist. Im vorliegenden Falle hat das Gericht über den Zinsanspruch erkannt, und ein Fehler liegt nur insofern vor, als die Entscheidung in das vollständige Urteil nicht übergegangen ist.

Der Beschluß des Oberlandesgerichts mußte hiernach aufgehoben, und die Beschwerde gegen den Berichtigungsbeschluß zurückgewiesen werden." ...

---

66. Können die für eine Ziegelei von ihrem Eigentümer auf einem zugepachteten Acker errichteten Gebäude und aufgestellten Maschinen Zubehör des Ziegeleigrundstückes sein?

B.G.B. §§ 97. 98.

V. Civilsenat. Urt. v. 19. September 1903 i. S. N. (Kl.) w. N. (Bekl.).
Rep. V. 106/03.

I. Landgericht Stargard i. P.
II. Oberlandesgericht Stettin.

Der Kläger hatte auf dem ihm gehörig gewesenen Grundstücke M.-L. Bd. 7 Bl. 388 die Ziegelei betrieben. Auf demselben standen außer dem Wohnhaus die Ziegeleigebände. Zum Zwecke des Ziegeleibetriebes hatte der Kläger einen an sein Grundstück anstoßenden Acker gepachtet, auf dem er einen Anbau an das auf seinem Grundstücke stehende Ziegeleimaschinenhaus und einen Bretterschuppen errichtete, sowie einen Brunnen anlegte, und das er landwirtschaftlich bewirtschaftete, soweit er nicht aus ihm Lehm für den Ziegeleibetrieb ausbeutete. Das klägerische Grundstück wurde unter seiner grundbuchmäßigen Beschreibung zwangsweise versteigert und durch Beschluß vom 28. Februar 1901 dem Beklagten zugeschlagen. Bei dem Zuschlage waren auf dem Pachtacker, und zwar teils innerhalb, teils außerhalb des Anbaues an das Ziegeleimaschinenhaus, verschiedene Gegenstände, welche zum Betriebe der Ziegelei dienten und nach Annahme des Berufungsgerichtes zu dem zwangsweise versteigerten Grundstücke des Klägers in einem dieser Bestimmung entsprechenden räumlichen Verhältnisse standen. Diese Gegenstände nahm der Beklagte mit dem ihm zugeschlagenen Grundstücke in Besitz. Der Kläger beanspruchte das Eigentum an diesen Sachen und verlangte ihre Herausgabe oder die Zahlung ihres Wertes, und für den Fall der Herausgabe der Sachen den Ersatz der inzwischen erfolgten Abnutzung und der gezogenen Nutzungen. Die Klagabweisung wegen eines Teiles der Sachen wurde durch die Zurückweisung der Berufung aufrechterhalten. Die hiergegen eingelegte Revision des Klägers wurde zurückgewiesen aus folgenden

Gründen:

... „Mit dem Ziegeleigrundstücke des Klägers hat der Beklagte zugleich das Zubehör desselben erworben, das klägerisches Eigentum war. ... Wenn von der Revision die ... Feststellung angefochten wird, daß die dem Kläger aberkannten Sachen, auch soweit sie sich auf dem zugeschlagenen Grundstücke nicht befunden hatten, und selbst soweit sie mit dem Pachtacker fest verbunden waren, wie der Bretterschuppen und der Maschinenhausanbau mit der Reservepresse sowie der Saug- und Druckpumpe, Zubehör der auf dem zugeschlagenen Grundstücke betriebenen Ziegelei gewesen seien, so ist dieser Angriff nicht begründet. Allerdings kommt die Zubehöreigenschaft nach §§ 97. 98 B.G.B. nur beweglichen Sachen zu, welche dazu bestimmt sind, dem wirtschaftlichen Zwecke der Hauptsache zu dienen, und die in einem solchen räumlichen Verhältnisse zur Hauptsache stehen, daß sie ihre Bestimmung erfüllen können; aber diese Voraussetzungen treffen bei den hier streitigen Sachen zu, wie der Berufungsrichter auf Grund der tatsächlichen Verhältnisse ohne Rechtsirrtum dargelegt hat. Gegenstand der Zwangsversteigerung und des Zuschlages war ein Grundstück mit Wohnhaus und Ziegeleigebäuden, nicht aber eine Ziegelei. Ob unter einer solchen, mit der Revision, das Gebäude für die Herstellung der Ziegel mit dem es umgebenden Tonlager zu verstehen ist, kann daher dahingestellt bleiben, wie auch gleichgültig ist, ob in der Hand des Klägers dessen eigenes Grundstück und der Pachtacker dem einheitlichen Zwecke eines kombinierten Ziegeleibetriebes dienten. Denn da Gegenstand der Zwangsversteigerung nicht eine Ziegelei gewesen ist, der Pachtacker dem Ziegeleibetriebe aber nur in der begrenzten Weise der Lehmausbeute gedient hat, während er im übrigen landwirtschaftlich benutzt worden ist, mithin seine eigene selbständige Bestimmung behalten hatte, so kann aus der Überordnung eines aus dem Ziegeleibetriebe hergeleiteten Gesamtzweckes über den jedem der beiden Grundstücke eigentümlichen wirtschaftlichen Zweck weder gefolgert werden, daß der Pachtacker als solcher eine Ziegelei gewesen sei, noch daß bezüglich der auf beiden Grundstücken befindlichen Sachen eine Zubehöreigenschaft gegenüber beiden an dem einheitlichen Betriebe beteiligten Grundstücken bestanden habe.

Vgl. Entsch. des R.G.'s in Civils. Bd. 41 S. 319 flg.

Daher war von dem Berufungsrichter nur zu prüfen, welchen beweglichen Sachen des Klägers auf beiden Grundstücken die Zubehöreigenschaft zu dem zugeschlagenen Grundstücke zugekommen war. Die Eigenschaft dieses Grundstückes als Hauptsache ist ausreichend mit der Ausführung begründet, auf ihm sei die Ziegelei in der Hauptsache betrieben worden, und der Betrieb auf dem Pachtacker sei nur dazu bestimmt gewesen, jenem Hauptbetriebe zu dienen.

Voraussetzung der Zubehöreigenschaft einer Sache ist ihre Beweglichkeit. Der Berufungsrichter hat bezüglich der mit dem Pachtacker fest verbundenen Sachen, wie dem Maschinenhausanbau, angenommen, daß sie ihrer Verbindung ungeachtet, und obgleich sie tatsächlich unbeweglich sind, bewegliche Sachen im Sinne des Bürgerlichen Gesetzbuches seien. Diese Annahme hat er damit begründet, daß jene Sachen von dem Kläger als Pächter nur zu einem vorübergehenden Zwecke mit dem Grund und Boden verbunden und daher nicht Bestandteil des Pachtackers seien (§ 95 B.G.B.). Der hiergegen gerichtete Revisionsangriff ist nicht begründet. Das Bürgerliche Gesetzbuch scheidet alle Sachen in bewegliche und unbewegliche. Unbeweglich sind ihm nur die Grundstücke und die mit diesen verbundenen Bestandteile. Alle sonstigen Sachen sind beweglich. Eine Sonderbestimmung für die mit dem Grund und Boden verbundenen Nichtbestandteile desselben ist in dem Bürgerlichen Gesetzbuche nicht enthalten. Daraus folgt, daß die mit einem Grundstücke nur zu einem vorübergehenden Zwecke verbundenen Gebäude als bewegliche Sachen anzusehen sind; ein Drittes gibt es nicht. Ohne gesetzlichen Anhalt sucht daher die Revision auszuführen, daß Gebäude, welche nicht Bestandteile eines Grundstückes sind, für die Dauer der Verbindung mit dem Grundstücke der Verkehrsfähigkeit ermangeln.

Vgl. Endemann, Lehrb. des Bürgerl. Rechts 8. Aufl. Bd. 1 S. 235 Anm. 12, S. 243 Anm. 28.

Daß sie auch von der Verkehrsauffassung als verkehrsfähig behandelt werden, beweist die Anschauung über die auf Bauplätzen für große Bauten errichteten steinernen Bauhütten. Ob die Verbindung mit einem Grundstücke vorübergehend, oder dauernd ist, ist zwar nicht eine rein tatsächliche Frage; ist aber, wie in dem vorliegenden Falle, die Verbindung eines Gebäudes mit einem Grundstücke auf Grund eines Pachtvertrages durch den Pächter für sich erfolgt, so ist sie zu vorübergehendem Zwecke erfolgt, auch wenn das Grundstück auf längere Zeit zum Zwecke der gewerblichen Ausnutzung seines Tonlagers gepachtet war.

Vgl. Turnau u. Förster, Liegenschaftsrecht 2. Aufl. Bd. 1 S. 26 Bem. 2.

Sind nun die hier streitigen mit dem Pachtacker fest verbundenen Sachen des Klägers bewegliche Sachen, so können sie, wie andere bewegliche Sachen, Zubehör des zugeschlagenen Grundstückes gewesen sein, wenn sie in einem solchen räumlichen Verhältnisse zu ihm gestanden haben, daß sie ihre Bestimmung erfüllen konnten, dessen wirtschaftlichem Zwecke zu dienen. Bei der Prüfung dieser Frage ist der Berufungsrichter von der Ansicht ausgegangen, daß die Zubehöreigenschaft einer beweglichen Sache zu einem Grundstücke nicht voraussetze, daß sie sich auf diesem befinde, sie vielmehr als vorliegend auch angenommen werden könne, wenn die Sache auf einem im Eigentume eines anderen stehenden Nachbargrundstücke sei. Diese Ansicht steht mit der Rechtsprechung des erkennenden Senates in Übereinstimmung, der bereits mit bezug auf die einem Restaurationsbetriebe dienenden Gondeln, sowie die zum Ersatze unbrauchbar gewordener Maschinen eines Fabrikgebäudes auf den Hof gebrachten Maschinen ausgesprochen hat[1], daß das vom Bürgerlichen Gesetzbuche erforderte räumliche Verhältnis als vorliegend angenommen werden könne, auch wenn die bewegliche Sache auf einem Nachbargrundstücke oder in einem abgetrennten Raume sei. Von dieser Ansicht abzugehen, bietet der vorliegende Rechtsfall keinen Anlaß. Sie ergibt, daß auch die Annahme der Revision unrichtig ist, Gebäude könnten Zubehör nur des Grundstückes sein, auf dem sie stehen." ...

---

67. Nach welchem Rechte richtet sich bei vermögensrechtlichen Gemeinschaften aus der Zeit vor 1900 die Klageberechtigung gegen Dritte?

V. Civilsenat. Urt. v. 19. September 1903 i. S. B. (Bekl.) w. v. K. u. Gen. (Kl.). Rep. V. 107/03.

I. Landgericht I Berlin.
II. Kammergericht daselbst.

Der am 11. Mai 1892 verstorbene Vater der Klägerinnen hatte als Erbinnen hinterlassen seine Witwe und seine fünf Töchter, nämlich außer den vier Klägerinnen noch die an der Klage nicht beteiligte Frau v. B. Im Jahr 1893 oder 1894 verkaufte die Witwe eine zur ungeteilten Nachlaßmasse gehörige Parzelle an den Beklagten, der das

[1] Vgl. Bd. 47 dieser Sammlung S. 197 flg., Bd. 51 S. 272 flg. D. E.

Grundstück seitdem besaß. Bei der Erbteilungsverhandlung vom 6. November 1894 genehmigten die Töchter den Kaufvertrag und verpflichteten sich, diesen gemeinschaftlich mit ihrer Mutter zur Ausführung zu bringen. Die Mutter trat später, am 22. Mai 1900, ihre Rechte aus dem Kaufvertrag an ihre fünf Töchter gemeinschaftlich ab. Vier von den Töchtern klagten nun gegen den Beklagten auf Erfüllung des Kaufvertrages, mit dem Antrage, Zug um Zug gegen die Auflassung die bedungene Anzahlung an sie und an Frau v. B. gemeinschaftlich zu leisten und das Restkaufgeld für sie und Frau v. B. gemeinschaftlich eintragen zu lassen. Der Beklagte bestritt, daß die Klägerinnen ohne den Beitritt der Frau v. B. zur Klage legitimiert seien, wurde aber mit diesem Einwand in allen Instanzen enthört.

Aus den Gründen:

... „Ein Anspruch aus dem Nachlasse wird zwar nicht verfolgt; denn der Kaufvertrag, auf dessen Erfüllung geklagt wird, war nicht von dem Erblasser, sondern erst von dessen miterbender Witwe abgeschlossen und dann von den Töchtern als den übrigen Miterben genehmigt worden; aber er betraf ein Nachlaßgrundstück, das im ungeteilten Miteigentum der Erben stand. Dem Beklagten als Käufer steht also nach dem maßgebenden preußischen Recht eine Gemeinschaft verkaufender Gesamteigentümer gegenüber, und es fragt sich, ob er sich gefallen zu lassen braucht, daß er nicht von allen diesen Miteigentümern, sondern nur von einigen derselben auf Erfüllung in Anspruch genommen wird, ob er nicht vielmehr verlangen darf, daß alle Miteigentümer, also, nachdem die Witwe ihre Rechte aus dem Kaufvertrag auf ihre fünf Töchter übertragen hat, wenigstens mit Einschluß der Frau v. B., an dem Prozesse teilnehmen, zumal da es sich um die Erfüllung eines zweiseitigen Vertrages handelt, den er nur Zug um Zug gegen Empfang der Gegenleistung, hier der Auflassung, die von allen Miteigentümern erklärt werden muß, seinerseits zu erfüllen braucht.

Darin war nun der Revision beizutreten, daß diese Frage, obgleich die Klage erst im Jahre 1900 erhoben ist, nicht nach dem Rechte des Bürgerlichen Gesetzbuches zu entscheiden ist, wie das Berufungsgericht angenommen hat. Es handelt sich um die Erfüllung eines Kaufvertrages, der im Jahre 1893 oder 1894, also vor dem

Inkrafttreten des Bürgerlichen Gesetzbuches geschlossen worden ist, und der Art. 170 Einf.-Ges. bestimmt, daß für ein Schuldverhältnis, das vor dem Inkrafttreten des Bürgerlichen Gesetzbuches entstanden ist, die bisherigen Gesetze maßgebend bleiben. Es bestimmen sich also der Inhalt, der Umfang und die Wirkungen eines unter der Herrschaft des alten Rechts entstandenen Schuldverhältnisses nach den Vorschriften des alten Rechts. Hierher gehört nun aber auch der Einfluß, den der Umstand übt, daß eine Mehrheit von Gläubigern oder Schuldnern an dem Schuldverhältnisse beteiligt ist. Die Frage, wer in solchem Falle die Rechte aus dem Schuldverhältnisse geltend zu machen und die Verpflichtungen aus demselben zu erfüllen, sowie in welchem Umfange dies zu geschehen habe, berührt unmittelbar den Inhalt, den Umfang und die Wirkungen des Schuldverhältnisses. In dieser Beziehung handelt es sich nicht um Tatsachen, die, wie die Motive zum Art. 103 des ersten Entwurfes (jetzt Art. 170) sich ausdrücken, erst unter der Herrschaft des neuen Rechts eingetreten und für das Schuldverhältnis bedeutsam geworden wären, sondern lediglich um die Rechtsfolgen eines Verhältnisses, in welchem das Schuldverhältnis selber entstanden ist. Auch steht nicht, wie in dem in den Entsch. des R.G.'s in Civils. Bd. 48 S. 19 entschiedenen Falle,

vgl. dazu Bd. 52 S. 262 und Seuffert, Archiv Bd. 58 Nr. 163,

ein Erfüllungsgeschäft, d. h. die Art und Weise in Frage, wie — unter etwa veränderten Bestimmungen des Bürgerlichen Gesetzbuches — die aus dem Schuldverhältnis entstandenen Rechte und Verpflichtungen zur Ausführung gebracht werden sollen; das Erfüllungsgeschäft ist vielmehr dasselbe geblieben: Zahlung des Kaufpreises auf der einen und Auflassung des bereits übergebenen Grundstücks auf der anderen Seite; sondern es handelt sich lediglich darum, wozu der Kaufvertrag über ein im Gesamteigentum stehendes Grundstück die einzelnen Miteigentümer berechtigt und verpflichtet, also um das, was den Inhalt, den Umfang und die Wirkungen eines solchen Kaufgeschäfts ausmacht.

Wenn aber auch hiernach, abweichend von dem Berufungsurteil, altes Recht in Anwendung zu bringen war, so erwies sich doch auch nach dessen Bestimmungen (§§ 115. 10 flg. A.L.R. I. 17) die getroffene Entscheidung als richtig." ...

68. Treten bewegliche Sachen, die nach dem Inkrafttreten des neuen Liegenschaftsrechtes zu einer Sachgesamtheit hinzukommen, der unter der Herrschaft des früheren Rechtes durch Privatwillkür Zubehöreigenschaft verliehen war, in die hypothekarische Haftung ein, obwohl ihnen nach dem Bürgerlichen Gesetzbuche Zubehöreigenschaft nicht zukommt?

B.G.B. §§ 97. 98. 1120 flg.

Einf.-Ges. zum B.G.B. Artt. 184. 192.

V. Civilsenat. Urt. v. 19. September 1903 i. S. N. (Kl.) w. L. Konkursm. (Bekl.). Rep. V. 160/03.

I. Landgericht Stuttgart.
II. Oberlandesgericht daselbst.

Der Kaufmann L. hatte am 8. Dezember 1899 sein in Stuttgart belegenes, zur Möbelfabrikation eingerichtetes Grundstück und als (gewillkürtes) Zubehör „die in und auf dem Grundstücke jeweils vorhandenen dem Geschäftsbetriebe des Schuldners dienenden sämtlichen Vorräte an Rohmaterialien, fertigen und halbfertigen Waren zu und aus dem Geschäftsbetriebe" dem Kläger für ein Darlehen von 25000 *M* als Unterpfand bestellt. In dem über das Vermögen des L. im Jahre 1902 eröffneten Konkursverfahren nahm der Kläger ein Absonderungsrecht an den Vorräten in Anspruch; der Konkursverwalter erkannte jedoch das Absonderungsrecht nur hinsichtlich derjenigen Vorräte an, die sich schon am 1. Januar 1900 auf dem Grundstücke befunden hatten. Bei der Zwangsversteigerung des Grundstückes fiel der Kläger mit seiner Hypothek völlig aus. Die Vorräte verkaufte der Verwalter im Einverständnisse mit dem Kläger und unter Vorbehalt dessen etwaigen Pfandrechtes freihändig für 34000 *M*. Der Kläger verlangte aus diesem Erlöse Befriedigung wegen seiner Darlehnshypothek von 25000 *M* nebst $4^1/_2$ Prozent Zinsen, jedoch unter Abzug des von der Beklagten anerkannten Betrages von 1255,81 *M* (der auf die vor dem 1. Januar 1900 auf dem Grundstücke schon vorhanden gewesenen Vorräte entfallen war). Die Beklagte begehrte Abweisung der Klage.

Der erste Richter wies die Klage ab; die Berufung des Klägers hatte keinen Erfolg. Die Revision des Klägers ist zurückgewiesen worden aus folgenden

Gründen:

... „Nach § 1 der württembergischen Verordnung vom 30. Juli 1899 gilt in Württemberg das Grundbuch als seit dem 1. Januar 1900 angelegt. Seit diesem Tage gilt ein für eine dem Betrage nach bestimmte Forderung an einem Grundstücke bestelltes Unterpfandsrecht gemäß Art. 192 Einf.-Ges. zum B.G.B. und Art. 214 württemb. Ausf.-Ges. zum B.G.B. vom 28. Juli 1899 als eine Hypothek des neuen Rechtes. Das Reichsgericht hat in den Entsch. in Civils. Bd. 46 S. 171 flg. ausgesprochen und seitdem daran festgehalten (das. Bd. 47 S. 198, Bd. 50 S. 72, Jur. Wochenschr. 1902 Beilage zu Nr. 29 S. 217), daß gemäß Art. 192 Einf.-Ges. zum B.G.B. auch die Frage, was für die Hypothek haftet, und insbesondere welche Sachen Zubehöreigenschaften haben, nach dem Bürgerlichen Gesetzbuche (§§ 1120 flg. 97. 98) zu entscheiden ist. Es handelte sich in den bisher entschiedenen Fällen um Rechtsgebiete, in denen das bewegliche Zubehör den Hypothekengläubigern mit dem Grundstück auch schon nach früherem Rechte kraft Gesetzes haftete, in denen also nur die Verschiedenheit des gesetzlichen Zubehörbegriffs in Frage kam.

Ein eigentümlicher Rechtszustand bestand nach dem früheren württembergischen Rechte. Dort haftete kraft Gesetzes für das Unterpfandrecht nur das Grundstück, nicht auch das Zubehör (Artt. 3. 49 Ziff. 1. 51. 190 württemb. Pfandges.). Zubehör, und zwar sowohl gesetzliches oder natürliches, als auch gewillkürtes, konnte nur dadurch in die Haftung eintreten, daß die Verpfändung ausdrücklich darauf erstreckt wurde. Für sich allein konnten bewegliche Zubehörstücke nur Gegenstand eines Faustpfandrechtes sein. Gewillkürte Zubehörstücke sind Sachen, die weder dem Gesetze, noch der Natur nach Zubehöreigenschaft haben, aber von den Beteiligten durch Vertrag für Zubehör erklärt werden. Nach dem früheren württembergischen Rechte konnten nicht nur einzelne bewegliche Sachen, sondern auch Sachgesamtheiten (z. B. Warenlager) durch Vertrag die Eigenschaft als Zubehör des Grundstückes erlangen, aber nur dann, wenn sie mit einem Grundstücke verpfändet wurden. Die Mitverpfändung einer Sachgesamtheit mit dem Grundstücke hatte die Wirkung, daß die Gesamtheit in ihrem jeweiligen Bestande für das Unterpfand haftete, so daß also neu hinzugekommene Sachen in die Pfandhaft eintraten. Im vorliegenden Falle hat nun eine solche Mitverpfändung der Vorräte an Materialien und Waren, nicht auch etwa die Bestellung eines Faustpfandes stattgefunden, welche auch nur durch Ergreifung des Besitzes an den einzelnen Sachen möglich gewesen wäre. Darüber, daß die mitverpfändeten Vorräte an sich weder nach dem früheren württembergischen Rechte, noch nach dem Bürgerlichen Gesetzbuche Zubehöreigenschaft hatten oder haben, und daß dem Bürgerlichen Gesetzbuche der Begriff des gewillkürten Zubehörs fremd ist, besteht auch bei den Parteien kein Zweifel. Streit besteht nur darüber, ob die Mitverpfändung des gewillkürten Zubehörs mit dem Inkrafttreten des neuen Liegenschaftsrechtes jede Bedeutung verloren hat, soweit Zubehörstücke in Frage stehen, die der Grundstückseigentümer erst nach dem 1. Januar 1900 erworben hat. Der Berufungsrichter hat diese Streitfrage bejaht. Er führt aus:

Die Regel des Art. 184 Einf.-Ges. zum B.G.B., nach der Rechte, mit denen eine Sache zur Zeit des Inkrafttretens des Bürgerlichen Gesetzbuches belastet ist, mit dem sich aus den bisherigen Gesetzen ergebenden Inhalte bestehen bleiben, sei unter anderem durch Art. 192 das. durchbrochen, nach dem ein zu der Zeit, zu welcher das Grundbuch als angelegt anzusehen ist, an einem Grundstücke bestehendes Pfandrecht von dieser Zeit an als eine Hypothek des Bürgerlichen Gesetzbuches gilt. Für eine solche Hypothek hafte als Zubehör nur, was im Bürgerlichen Gesetzbuche als solches bestimmt sei, nicht etwa auch gewillkürtes Zubehör, bei dem die objektiven Merkmale des § 97 B.G.B. nicht zuträfen. Daher trete gewillkürtes Zubehör mit dem Inkrafttreten des Liegenschaftsrechtes aus der Haftung für die Hypothek ebenso aus, wie die dem Pächter zukommenden, vom Boden getrennten Früchte, soweit sie nach dem bisherigen Rechte vom Pfandverbande umfaßt gewesen seien. Sei eine Sachgesamtheit, die nicht die Merkmale der §§ 97. 98 B.G.B. erfülle, mit einem Grundstücke nach bisherigem Rechte verpfändet, so schieden die bei dem Inkrafttreten des neuen Liegenschaftsrechts in ihr enthaltenen Sachen aus der Pfandhaft aus, und die später hinzugekommenen (einverleibten) Sachen träten in diese Haft nicht ein. Wenn etwa die Annahme begründet sein sollte, daß eine vor dem Inkrafttreten des neuen Liegenschaftsrechtes entstandene Generalhypothek auch Grundstücke ergreife, die der Schuldner nach diesem Zeitpunkt erwerbe, so würde das für die Entscheidung der vorliegenden Frage nicht von Bedeutung sein; denn dort handle es sich darum, ob Grundstücke, also Sachen, die auch nach dem Bürgerlichen Gesetzbuche Gegenstand einer Hypothek sein könnten, unter Umständen auch nach neuem Rechte ohne weiteres kraft Gesetzes in die hypothekarische Haftung einträten; hier dagegen handle es sich darum, ob Sachen, die nach dem Bürgerlichen Gesetzbuche überhaupt nicht Gegenstand einer Hypothek sein könnten, nach neuem Rechte von einer Hypothek umfaßt werden könnten.

Die Revision rügt Verletzung des Art. 184 Einf.-Ges. zum B.G.B. Sie führt aus: die Verpfändung gewillkürten Zubehörs habe nach württembergischem Rechte, wenn auch die einzelne bewegliche Sache erst mit dem Erwerbe durch den Pfandschuldner vom Pfandrecht ergriffen worden sei, doch eine gewisse Pfandgebundenheit zur Folge gehabt, die nach Analogie der Generalhypothek zu beurteilen sei. Daher finde Art. 192 Einf.-Ges. zum B.G.B. darauf ebensowenig Anwendung, wie auf die Generalhypothek.

Da der Kläger den Erlös für die Vorräte und Waren, die der Gemeinschuldner vor dem 1. Januar 1900 erworben hatte, erhalten hat, steht nur die Frage zur Entscheidung, ob die später erworbenen Sachen, obwohl sie nach dem jetzt geltenden Rechte nicht Zubehöreigenschaft haben, für die Hypothek des Klägers haften. Diese Frage muß, mit dem Berufungsrichter, verneint werden. Daß die Analogie der Generalhypothek nicht zutrifft, hat der Berufungsrichter überzeugend dargelegt. Es braucht daher nicht untersucht zu werden, ob die Annahme der Revision begründet ist, daß eine vor dem Inkrafttreten des neuen Liegenschaftsrechtes entstandene Generalhypothek ohne weiteres kraft Gesetzes auch Grundstücke ergreife, die der Schuldner nach diesem Zeitpunkt erworben hat. Die Revision zweifelt die Richtigkeit des vom Reichsgerichte wiederholt ausgesprochenen Grundsatzes, daß die Entscheidung darüber, welche Sachen als Zubehör für eine vor dem Inkrafttreten des neuen Liegenschaftsrechtes begründete Hypothek haften, lediglich dem Bürgerlichen Gesetzbuche zu entnehmen sei, nur in einer Richtung an. Sie führt nämlich aus: zur Zeit der Herrschaft des württembergischen Rechtes sei die Gesamtheit der Sachen von nur gewillkürter Zubehöreigenschaft mit der in Rede stehenden Hypothek belastet gewesen. Die Sachen, um deren Erlös hier gestritten wird, seien zur Zeit des Inkrafttretens des neuen Liegenschaftsrechtes zwar von der Hypothek noch nicht ergriffen gewesen, weil sie damals noch nicht vom Pfandschuldner erworben, der Sachgesamtheit noch nicht einverleibt gewesen seien; aber der Kläger habe nach dem zur Zeit der Bestellung geltenden, maßgebenden Rechte das unentziehbare Recht erworben, daß, wenn der Schuldner später noch andere Sachen erwarb und der für die Hypothek haftenden Sachgesamtheit einverleibte, diese mit dem Erwerb und der Einverleibung von der Hypothek mitergriffen wurden. Mit diesem Rechte sei die Sachgesamtheit im vorliegenden Falle belastet gewesen, als das neue Liegenschaftsrecht in Kraft trat, und gemäß Art. 184 Einf.-Ges. zum B.G.B. sei diese Belastung bestehen geblieben. Allein diesen Ausführungen kann nicht gefolgt werden. Wenn selbst, was — wie schon gesagt — dahingestellt bleiben kann, anzunehmen sein sollte, daß die zur Zeit des Inkrafttretens des neuen Liegenschaftsrechtes in der als Unterpfand bestellten Sachgesamtheit schon enthalten gewesenen Sachen, denen die Zubehöreigenschaft im Sinne des Bürgerlichen Gesetzbuches nicht zukommt, trotz der Bestimmung des Art. 192 Einf.-Ges. zum B.G.B. in der hypothekarischen Mitverhaftung geblieben seien, so würde doch die Annahme der Mitverhaftung der später vom Schuldner hinzu erworbenen Sachen ausgeschlossen sein. Denn eine hypothekarische Haftung der zur Zeit des Inkrafttretens des neuen Rechtes dem Schuldner noch nicht gehörigen, vielleicht noch nicht einmal existierenden Sachen konnte, wie ohne weiteres klar ist, weder nach dem früheren, noch kann sie nach dem heutigen Rechte begründet werden. Bestand demnach zur erheblichen Zeit keine Belastung der erst später hinzuerworbenen Sachen mit der Hypothek, so fehlt es an den Voraussetzungen der Anwendbarkeit des Art. 184 Einf.-Ges. zum B.G.B.; es war zu jener Zeit kein belastendes Recht vorhanden, das mit dem sich aus den bisherigen Gesetzen ergebenden Inhalte und Range hätte bestehen bleiben können. Auch die Ausführung der Revision konnte nicht für richtig erachtet werden, daß, weil die nach dem damaligen Rechte gültig erfolgte Mitverpfändung der Sachgesamtheit die Gesamtheit in ihrem jeweiligen, auch dem künftigen Bestand ergreife, auch die nach dem Inkrafttreten des neuen Rechtes neu hinzugekommenen Sachen (ohne Zubehöreigenschaft) für die Hypothek hafteten. Es steht ihr entgegen, daß dem heutigen Rechte eine jenem württembergischen Rechtssatz entsprechende Bestimmung fremd ist, und daß nach dem Bürgerlichen Gesetzbuche unter seiner Herrschaft nur solche bewegliche Sachen in die Haftung für eine bestehende Hypothek eintreten, die nach seinen Bestimmungen Zubehöreigenschaft haben und in das Eigentum des Grundstückseigentümers gelangt sind. Zur Aufrechterhaltung des erwähnten württembergischen Rechtssatzes hätte es eines ausdrücklichen Vorbehalts im Einführungsgesetze zum Bürgerlichen Gesetzbuche bedurft;

vgl. z. B. Entsch. des R.G.'s in Civils. Bd. 10 S. 41;

ein solcher ist aber nicht ausgesprochen worden. Demnach ist das Ergebnis: ebensowenig, wie bewegliche Sachen, die der Grundstückseigentümer nach dem Inkrafttreten des neuen Liegenschaftsrechtes erwirbt, und die zwar nach den bisherigen Gesetzen Zubehöreigenschaft hatten, sie aber nach dem Bürgerlichen Gesetzbuche nicht haben, in die Haftung für eine früher begründete Hypothek eintreten, treten unter der Herrschaft des Bürgerlichen Gesetzbuches bewegliche Sachen, denen lediglich durch Parteiwillkür jene Eigenschaft beigelegt ist, in die Haftung ein, da dem Bürgerlichen Gesetzbuche der Begriff des gewillkürten Zubehörs fremd ist.

Vgl. Planck, B.G.B. Bd. 6 S. 341 Bemerk. 8b."

---

69. Welchen Einfluß hat die mit rückwirkender Kraft vorgenommene Veräußerung des vermieteten Grundstückes auf einen anhängigen Prozeß über eine fällige Mietsrate?

B.G.B. § 571.
C.P.O. § 265.

VI. Civilsenat. Urt. v. 21. September 1903 i. S. Sch. & Co. (Bekl.) w. S. (Kl.). Rep. VI. 42/03.

I. Landgericht Magdeburg.
II. Oberlandesgericht Naumburg a. S.

Der Kläger erhob gegen die Beklagte Klage auf Zahlung der Miete für die Zeit vom 1. Oktober 1900 bis zum 31. März 1901 und erweiterte im Laufe des Prozesses den Antrag dahin, daß die Beklagte auch zur Zahlung der am 1. April 1901 fällig gewordenen Miete verurteilt werde. Danach veräußerte er das vermietete Grundstück an die Gesellschaft G., und zwar mit Wirkung vom 1. April 1901 ab, und stellte nun in der nächsten Verhandlung den veränderten Antrag, daß die Beklagte verurteilt werde, die erste Halbjahrsmiete an ihn, die zweite an die Gesellschaft G. zu zahlen. Die Beklagte bestritt, daß der Kläger nach der Veräußerung des Mietegrundstückes noch berechtigt sei, auf die Zahlung der Miete für die Zeit nach dem 1. April 1901 an seinen Rechtsnachfolger zu klagen. Über diesen Einwand heißt es in den

Gründen:

... „Der Kläger war zu der Zeit, als er seinen Antrag auf die am 1. April 1901 fällig gewordene Miete ausdehnte, noch Eigentümer des Grundstückes. Mit dessen Veräußerung hörte er allerdings nach § 571 B.G.B. auf, Vermieter zu sein, und der neue Erwerber trat an seine Stelle. Aber dieser Wechsel in der Person des Berechtigten ist nach § 265 C.P.O. auf den Prozeß über den bereits rechtshängigen Anspruch ohne Einfluß. Die Abtretung des Anspruchs, von der das Gesetz spricht, liegt nicht nur dann vor, wenn die Übertragung der Forderung auf einen neuen Gläubiger der unmittelbare Gegenstand des Vertrages ist (§§ 398 flg. B.G.B.), sondern auch dann, wenn der Übergang des Anspruchs auf den anderen die notwendige Rechtsfolge eines anderen vom Gläubiger abgeschlossenen Rechtsgeschäftes ist. Die Veräußerung des Mietegrundstückes schließt darum die Abtretung der Mietforderung an den Erwerber des Grundstückes in sich. Ist deswegen die Vorschrift des § 265 C.P.O. hier anwendbar, so folgt daraus, daß der Kläger zur Fortsetzung des Prozesses über die abgetretene Forderung berechtigt ist. Die Frage nach der Zulässigkeit der Änderung, daß Zahlung an den Rechtsnachfolger, statt an den Kläger, gefordert wird, scheidet hier aus, weil die Beklagte der Änderung nicht widersprochen hat." ...

---

70. Zur Auslegung der Tarifstelle Ce des preußischen Erbschaftssteuergesetzes vom 24. Mai 1891.

VII. Civilsenat. Urt. v. 16. Januar 1903 i. S. preuß. Fiskus (Bekl.) w. Stadtgemeinde D. (Kl.). Rep. VII. 370/02.

I. Landgericht Köln.
II. Oberlandesgericht daselbst.

Die am 24. Februar 1900 verstorbene Witwe W. vermachte der klagenden Stadtgemeinde zur Verstärkung des Pensionsfonds des städtischen Orchesters eine 6 Monate nach ihrem Tode zahlbare Summe von 10000 *M*. Die Steuerbehörde erhob, indem sie von jener Zuwendung die Zinsen für 6 Monate in Abzug brachte, bei der Klägerin 8 Prozent von 9800 *M*, im Betrage von 784 *M*, als Erbschaftssteuer. Die Stadtgemeinde forderte klagend die Rückzahlung der Hälfte dieses Betrages; sie machte geltend, daß nach der Tarifstelle C e des preußischen Erbschaftssteuergesetzes nur 4 Prozent der Zuwendung als Erbschaftssteuer zu entrichten seien. Der erste Richter verurteilte den Beklagten, an die Klägerin 392 *M* nebst 4 Prozent Zinsen seit dem 21. August 1900 zu zahlen. Die Berufung des Beklagten blieb ohne Erfolg. Die Revision desselben ist zurückgewiesen worden aus den folgenden

Gründen:

„Nach der Tarifstelle C e des preußischen Erbschaftssteuergesetzes sind mit 4 Prozent des Betrages alle Anfälle und Zuwendungen zu versteuern, welche ausschließlich zu wohltätigen, gemeinnützigen oder Unterrichtszwecken bestimmt sind, insofern solche nicht einzelne Familien oder bestimmte Personen betreffen, und die wirkliche Verwendung zu dem bestimmten Zwecke gesichert ist.

Die Vorderrichter haben übereinstimmend die letzteren Voraussetzungen für vorliegend erachtet. Während aber der erste Richter ferner angenommen hat, daß es sich hier um eine ausschließlich zu einem wohltätigen Zwecke bestimmte Zuwendung handle, weil die mit derselben bedachte Pensionsanstalt des städtischen Orchesters in D. den Charakter einer Wohltätigkeitsanstalt habe, und die Berufsklasse der Angehörigen der Anstalt als solche bedürftig sei, hat der Berufungsrichter diese Auffassung nicht gebilligt, dagegen angenommen, daß die in Rede stehende Zuwendung ausschließlich zu einem gemeinnützigen Zwecke bestimmt sei. Er hat in letzterer Hinsicht ausgeführt, das städtische Orchester in D. sei eine von der Stadt D. ins Leben gerufene und mit städtischen Mitteln unterstützte Anstalt, deren Aufgabe darin bestehe, die Musik, insbesondere die klassische, zu pflegen und durch billige und gute Musikaufführungen dem Wunsche eines größeren

Kreises der Bevölkerung nach guter Musik nachzukommen. Jene Anstalt sei nicht etwa zum Zwecke des Gelderwerbes bestimmt. Ihre Errichtung verfolge lediglich ideale Zwecke; sie diene dazu, ideale Güter einer großen Stadt zu fördern und zu pflegen, und verfolge also „ausschließlich gemeinnützige Zwecke". Diese Zwecke würden dadurch gefördert, daß den Mitgliedern des Orchesters eine materiell gesicherte Lebenslage gewährt werde. Dadurch werde es ermöglicht, dem Orchester tüchtige Kräfte zuzuführen und zu erhalten und damit auch dessen Leistungen zu erhöhen und die Ziele des Orchesters leichter und besser zu erreichen. Diese unmittelbar dem gemeinen Besten dienenden Zwecke zu fördern sei die Pensionsanstalt des städtischen Orchesters bestimmt, und diese Aufgabe könne sie nach ihren Satzungen besser erfüllen infolge der ihr zuteil gewordenen hier in Rede stehenden Zuwendung. Diese sei somit zu ausschließlich gemeinnützigen Zwecken bestimmt und unterliege daher nach der angezogenen Gesetzesvorschrift nur einer Besteuerung mit 4 Prozent ihres Betrages.

Die Revision rügt Verletzung der Tarifstelle C e des preußischen Erbschaftssteuergesetzes durch unrichtige Anwendung und der Tarifstelle D durch Nichtanwendung. Sie führt aus, das Vermächtnis, um welches es sich hier handele, sei nicht unmittelbar zur Pflege und Förderung der Musik zum allgemeinen Besten bestimmt. Dasselbe komme lediglich einem beschränkten Personenkreise, nämlich denjenigen Musikern zugute, welche der Pensionskasse des Orchesters angehören, und zwar ohne Rücksicht darauf, ob diese Personen bedürftig seien, oder nicht. Das Vermächtnis vermehre nicht die Mittel des Orchesters selbst, sondern allein diejenigen der Pensionskasse; es fördere somit nicht die in Musikaufführungen bestehenden eigentlichen Zwecke des Orchesters und diene jedenfalls nicht unmittelbar einem gemeinnützigen Zwecke.

Die Revision ist unbegründet. Wie aus der Begründung des angefochtenen Urteils hervorgeht, hat der Berufungsrichter angenommen, daß die Witwe W. bei Anordnung des der klagenden Stadtgemeinde zur Verstärkung des Pensionsfonds des städtischen Orchesters ausgesetzten Vermächtnisses lediglich die idealen Zwecke, denen das Orchester durch seine Musikaufführungen dient, im Auge gehabt hat. Die Zuwendung war nur dazu bestimmt, diese Zwecke, welche nach der zutreffenden Ausführung des Berufungsrichters unmittelbar dem gemeinen Besten dienen, zu fördern. Der Anwendung der Tarifstelle Ce steht es nicht entgegen, daß sich aus der Zuwendung Vorteile für die Mitglieder der Pensionsanstalt des städtischen Orchesters ergeben. Die Vermehrung des Pensionsfonds war nur das Mittel, dessen sich die Vermächtnisgeberin zur Erreichung des von ihr verfolgten Zweckes bediente. War hiernach die Zuwendung zu ausschließlich gemeinnützigen Zwecken bestimmt, und liegen nach der weiteren, nicht zu beanstandenden und insoweit auch nicht angegriffenen Feststellung des Berufungsrichters auch die übrigen Voraussetzungen der erwähnten Tarifvorschrift vor, so erscheint das Berufungsurteil gerechtfertigt, und mußte der Revision der Erfolg versagt werden." ...

---

71. Verhältnis des dritten Absatzes zum zweiten Absatze des § 34 des preußischen Stempelsteuergesetzes vom 31. Juli 1895.

VII. Civilsenat. Urt. v. 19. Mai 1903 i. S. Aktienges. Straßenbahn H. (Kl.) w. preuß. Fiskus (Bekl.). Rep. VII. 5/03.

I. Landgericht Hannover.
II. Oberlandesgericht Celle.

Die Stadt H. räumte durch Vertrag vom 15./16. März 1892 der Aktiengesellschaft The Tramways Company of Germany, Limited in London und Dresden die Benutzung mehrerer städtischen Straßen zur Anlegung und zum Betriebe von Straßenbahnen für die Zeit bis zum 1. April 1937 ein, wogegen die Gesellschaft sich verpflichtete, an die Stadt H. vom 1. April 1892 ab jährlich eine dem Betrage nach von der Höhe der jedesmaligen Brutto-Betriebseinnahme abhängige bare Sonderabgabe zu zahlen und außerdem die gesamte Bahnanlage nebst ihren Zubehörungen stets in gutem Zustande zu erhalten und insbesondere auch die Kosten der Pflasterung und Reinigung des Bahnkörpers zu tragen. In diesen Vertrag trat durch Abkommen vom 17. Dezember 1892 anstatt der genannten englischen Gesellschaft die jetzige Klägerin ein. Die von ihr für das Rechnungsjahr 1900/01 an die Stadt H. geschuldete und auch gezahlte Sonderabgabe betrug 84166,25 ℳ; an Pflasterungs- und Reinigungskosten wurden von ihr in den Jahren 1895/96 bis 1899/1900 insgesamt 1925231,08 ℳ aufgewendet. Der Beklagte, welcher den erwähnten Vertrag als Mietvertrag ansah, forderte von der Klägerin die Entrichtung des Mietstempels von $^1/_{10}$ v. H. der angegebenen Beträge in Höhe von 84,50 ℳ und 1924 ℳ (versehentlich statt 1925 ℳ). Die Klägerin zahlte die beiden Stempelbeträge von zusammen 2008,50 ℳ unter Vorbehalt und beanspruchte sodann, die vom Beklagten behauptete Stempelpflicht bestreitend, klagend die Rückzahlung von 2008,50 ℳ. Der erste Richter wies die Klage ab. Die von der Klägerin eingelegte Berufung blieb ohne Erfolg. Die Revision ist zurückgewiesen worden.

Aus den Gründen:

... „Der Berufungsrichter hat ... ausgeführt, der Vertrag vom 15./16. März 1892 unterliege hinsichtlich seiner Versteuerung der Verordnung vom 19. Juli 1867, betr. die Verwaltung des Stempelwesens und die Erhebung des Urkundenstempels in dem vormaligen Königreich Hannover ꝛc, und dem Gesetze vom 19. Mai 1889. Der § 34 des Stempelsteuergesetzes vom 31. Juli 1895 stelle in seinem zweiten Absatze den Grundsatz auf, daß auf diejenigen Urkunden, welche vor dem 1. April 1896 Stempelpflichtigkeit erlangt haben, die bisherigen gesetzlichen Vorschriften Anwendung finden. Eine Ausnahme von der Regel des zweiten Absatzes sei in der Bestimmung des dritten Absatzes: „Die Vorschriften unter a der Tarifstelle „Pachtverträge“ kommen für denjenigen Zeitraum nicht zur Anwendung, hinsichtlich dessen eine Versteuerung der vor dem 1. April 1896 geschlossenen Pacht-, Miet- und antichretischen Verträge bereits stattgefunden hat“, nicht aufgestellt.

Die Revision macht hiergegen im Anschluß an die Ausführungen von Heinitz (Kommentar zum preußischen Stempelsteuergesetze Bem. 2b zu § 34) geltend, aus dem dritten Absatze des § 34 könne bei unbefangener Auslegung nur entnommen werden, daß diejenigen Verträge, welche nicht spätestens am 31. März 1896 nach den früheren Vorschriften versteuert seien, den Bestimmungen der Tarifstelle 48a unterlägen. Demgemäß sei bei der Versteuerung des Vertrages vom 15./16. März 1892 für die in Betracht kommende Zeit nicht der Tarif zur Verordnung vom 19. Juli 1867, sondern Nr. 48a des Tarifs vom 31. Juli 1895 anzuwenden, nach welcher die von der

Klägerin übernommene Verpflichtung, die Kosten der Pflasterung und Reinigung des Bahnkörpers zu tragen, nicht als Teil des Mietpreises zu verstempeln sei.

... Dieser Revisionsangriff versagt. Wie der Berufungsrichter ausgeführt hat, trat die Stempelpflichtigkeit der vor dem 1. April 1896 geschlossenen Miet- und Pachtverträge bereits mit der Errichtung der Vertragsurkunde ein. In diesem Zeitpunkt erwuchs der Stempelanspruch dem Staate in vollem Umfange; der § 1b des Gesetzes vom 19. Mai 1889 — nach welchem es den Kontrahenten bei Pacht- und Afterpachtverträgen von sechsjähriger oder längerer Dauer gestattet ist, den Stempel in dreijährigen Fristen, für je drei Jahre im voraus, zu zahlen — gewährt nur die Möglichkeit einer Stundung des geschuldeten Betrages. Dem Grundsatze, daß ein neues Gesetz auf vergangene Fälle nicht bezogen werden darf, entspricht es, daß im Abs. 2 des § 34 des Stempelsteuergesetzes ausgesprochen ist, daß auf diejenigen Urkunden, welche vor dem 1. April 1896, dem Zeitpunkte des Inkrafttretens des neuen Gesetzes, Stempelpflichtigkeit erlangt haben, die bisherigen gesetzlichen Vorschriften Anwendung finden. Hieraus ergibt sich, daß an dem einmal erwachsenen Stempelanspruche nichts geändert werden soll. Daß im Abs. 3 des § 34 hinsichtlich derjenigen Pacht-, Miet- und antichretischen Verträge, welche vor dem 1. April 1896 geschlossen, aber unversteuert geblieben sind, eine Ausnahme von jenem Grundsatze habe aufgestellt werden sollen, ist nicht anzunehmen. Zutreffend hat der Berufungsrichter ausgeführt, es hätte, wenn solches der Wille des Gesetzgebers gewesen wäre, dies deutlicher zum Ausdrucke gebracht werden müssen; insbesondere spreche auch die Fassung des Abs. 3 nicht für eine solche Annahme; bei einem derartigen Standpunkte des Gesetzgebers wäre es logisch geboten gewesen, die Anwendung der *bisherigen* Vorschriften für die Zeit *nach* dem 1. April 1896, soweit eine Versteuerung noch nicht stattgefunden habe, auszuschließen, nicht aber, wie geschehen, eine Ausnahme von der Anwendung der künftigen Vorschriften für eine gewisse Zeit zu bestimmen. Wäre die von *Heinitz* vertretene Auslegung zutreffend, so würde der Abs. 3 des § 34 einen scharfen Eingriff in das Prinzip des Abs. 2 enthalten und zur Folge haben, daß die Erleichterung der Stempelpflicht, welche die Tarifstelle 48a in Ansehung der in ihr bezeichneten Verträge gewährt, auch in denjenigen Fällen Platz greifen würde, in denen die Stempelpflicht bezüglich solcher Verträge unter der Herrschaft der älteren Gesetze begründet, aber unerfüllt geblieben war. Daß dem Abs. 3 diese Bedeutung beigelegt werden sollte, ist aus den gesetzgeberischen Verhandlungen nicht ersichtlich. In der Regierungsvorlage war derselbe als Abs. 2 des § 33 des Gesetzentwurfes lediglich mit der Absicht, Doppelbesteuerungen zu vermeiden, begründet worden. Hätte die Absicht bestanden, die durch die Tarifstelle 48a gewährte Erleichterung der Stempelpflicht auch hinsichtlich älterer Fälle Platz greifen zu lassen, so würde es um so mehr geboten gewesen sein, eine dahin lautende klare Bestimmung in das Gesetz aufzunehmen, als ein zum Abs. 1 des § 33 des Gesetzentwurfes (Abs. 2 des § 34 des Gesetzes) gestellter Antrag der Kommission des Abgeordnetenhauses, in bezug auf die vor dem 1. April 1896 stempelpflichtig gewordenen Urkunden eine Nachforderung des Stempels (und eine Bestrafung wegen Stempelhinterziehung) auf Grund der bisherigen gesetzlichen Vorschriften nur insoweit zuzulassen, als in Gemäßheit der Vorschriften des jetzigen Gesetzes eine Verpflichtung zur Entrichtung von Stempelsteuer entstehen würde, im Plenum abgelehnt worden ist, nachdem der Finanzminister erklärt hatte, es müsse bei dem Grundsatze verbleiben, daß die unter der Geltung des bestehenden Rechtes geschlossenen Verträge nach diesem, und diejenigen, die nach dem 1. April 1896 geschlossen würden, nach dem neuen Gesetze behandelt werden.

Vgl. Kommissionsbericht S. 112. 142; Verhandlungen des Abgeordnetenhauses S. 2401. 2402. 2516.

Jene Auslegung würde zu Ergebnissen führen, welche dem Rechtsgefühl nicht entsprechen würden, insofern diejenigen Steuerpflichtigen, welche es unterlassen haben, ihrer unter der Herrschaft des alten Rechtes entstandenen Stempelsteuerverbindlichkeit vor dem 1. April 1896 nach den früheren Vorschriften zu genügen, günstiger gestellt worden wären, als diejenigen, welche ihre Verpflichtung dem Gesetze gemäß erfüllt haben, da jenen infolge ihrer Unterlassung die Erleichterungen des neuen Gesetzes zustatten kämen.

Wie schon erwähnt ist, bezweckt der Abs. 3 des § 34 die Verhinderung einer Doppelbesteuerung. „Zur Vermeidung von Doppelbesteuerungen“ — so lautet die Begründung des Gesetzentwurfes — „müssen Mietverzeichnisse insoweit von der Stempelabgabe frei gelassen werden, als eine Versteuerung der vor dem Inkrafttreten des Gesetzes geschlossenen Miet- und Aftermietverträge stattgefunden hat." Zugleich ist weiter bemerkt: „Verlängerungen von Rechtsgeschäften werden, wenngleich die Beurkundung der letzteren unter der früheren Gesetzgebung erfolgt ist, folgerichtig der Versteuerung nach dem neuen Gesetz zu unterwerfen sein, wenn sie unter demselben eintreten." Während bei den unter die Tarifstelle 48a fallenden Verträgen die Versteuerung früher durch Verstempelung der Vertragsurkunde geschah, erfolgt sie jetzt gemäß Abs. 2 dieser Tarifstelle durch Verstempelung des alljährlich von dem Verpächter und Afterverpächter (Vermieter, Aftervermieter, Verpfänder) einzureichenden Verzeichnisses. Im Abs. 8 der Tarifstelle ist vorgeschrieben: „Wenn in einem unter diese Tarifstelle fallenden Vertrage bestimmt ist, daß das Rechtsverhältnis unter gewissen Voraussetzungen als verlängert gelten soll, so kommen für die hiernach eintretenden Verlängerungen die vorstehenden Bestimmungen zur Anwendung." In Übereinstimmung mit Hummel u. Specht (Das Stempelsteuergesetz vom 31. Juli 1895 Bem. 12 zu § 34) ist anzunehmen, daß der Gesetzgeber davon ausgegangen ist, daß nach dieser Tarifbestimmung alle nach dem 31. März 1896 eintretenden Verlängerungen, auch die auf den Bestimmungen der vor dem 1. April 1896 abgeschlossenen Verträge beruhenden, ohne Rücksicht darauf, ob die für das Zustandekommen der Verlängerung entscheidende stillschweigende Willenserklärung (das Unterlassen der Kündigung) vor, oder nach dem 1. April 1896 stattfinde, mittels des Verzeichnisses zu versteuern sein würden, und daß, da nach dem früheren Recht mit dem Zeitpunkte des Abschlusses des formlosen, nach § 6e des Stempelgesetzes vom 7. März 1822 und Tarifstelle 41 Abs. 4e der Verordnung vom 19. Juli 1867 einem schriftlichen Vertrage gleichgestellten Verlängerungsvertrages die Stempelpflichtigkeit der Verlängerung eintrat, die letztere, falls die Willenseinigung über dieselbe vor, ihr Eintritt aber hinter dem Inkrafttreten des Stempelsteuergesetzes liege, sowohl nach altem als auch nach neuem Recht versteuert werden müßte, und es ist ferner anzunehmen, daß die Verhinderung dieser Doppelversteuerung der Zweck der Vorschrift des Abs. 3 des § 34 gewesen ist. Während die von Heinitz verfochtene Auslegung aus den oben angegebenen Gründen auf jeden Fall ausscheiden muß, bietet sich für eine andere Auffassung, als die vorstehende, die in der

Begründung des Gesetzentwurfes ihre Stütze findet, kein Anhalt. Der Gesetzgeber hat nun allerdings, wie nach dem Wortlaute des Abs. 3 des § 34 und seiner Begründung anzunehmen ist, nur die Fälle im Auge gehabt, in denen eine Versteuerung bereits bewirkt war. Die Gesetzesbestimmung ist aber, wie der Berufungsrichter zutreffend ausgeführt hat, auch auf diejenigen Fälle auszudehnen, in denen die Versteuerung gemäß Abs. 2 des § 34 nach den bisherigen gesetzlichen Bestimmungen noch erfolgen muß, da man andernfalls zu der vom Gesetzgeber nicht gewollten Doppelbesteuerung gelangen würde." ...

(Im übrigen ist ausgeführt, daß der Vertrag vom 15./16. März 1892 einen Mietvertrag darstellt, und daß die von der Klägerin aufgewandten Reinigungs- und Pflasterungskosten als Nebenleistungen im Sinne der Nr. 41 Abs. 4a des Tarifs zu der Verordnung vom 19. Juli 1867 anzusehen sind.)

---

72. Gehören zu den „Handelnden" im Sinne des § 200 Abs. 1 H.G.B. n. F. (Art. 211 Abs. 2 a. F.), welche, wenn vor Eintragung einer Aktiengesellschaft in das Handelsregister im Namen der Gesellschaft gehandelt wird, persönlich, bzw. als Gesamtschuldner haften, nicht nur diejenigen, die selbst mit dem Dritten im Namen der Gesellschaft Geschäfte abschließen, sondern auch die Gründer und Aktienzeichner, mit deren ausdrücklicher oder stillschweigender Genehmigung von dem im Namen der Aktiengesellschaft Auftretenden gehandelt wird?

II. Civilsenat. Urt. v. 22. September 1903 i. S. M. M. Söhne (Bekl.) w. H. (Kl.). Rep. II. 50/03.

I. Landgericht Stuttgart.
II. Oberlandesgericht daselbst.

Aus den Gründen:

... „Das Oberlandesgericht hat in tatsächlicher Hinsicht angenommen und festgestellt, daß zur Zeit der Bestellung und Lieferung des von dem früheren Mitbeklagten Fritz K. für den Betrieb der „Brauerei zur Stadt Gmünd" bei dem Kläger im April 1900 bezogenen Waggons Malz den an dem Vertrage zur Begründung einer Aktiengesellschaft für den genannten Brauereibetrieb vom 10. März 1900 und der Zeichnung von Aktien zu diesem Zwecke Beteiligten, unter diesen insbesondere der Beklagten, nicht nur bekannt war, daß der genannte K. die Geschäfte der Brauerei führte, sondern daß sie auch damit einverstanden waren und es genehmigten, daß diese Geschäftsführung, insbesondere die Bestellung der Waren durch K., für Rechnung der gegründeten, aber noch nicht in das Handelsregister eingetragenen Gesellschaft erfolgte. Diese Feststellung beruht auf der eingehend gewürdigten konkreten Sachlage des vorliegenden Falles; insbesondere wird sie hergeleitet aus den Vorgängen vor und nach Abschluß des Gründungsvertrages und der Aktienzeichnung und aus den Beziehungen der Gründer zu den früheren Inhabern der Brauerei und zu dem zunächst mit der tatsächlichen Leitung, dann aber nach Abschluß des Vertrages mit der Geschäftsführung als Vorstand betrauten mehrgenannten K.

Die aus dieser tatsächlichen Feststellung hergeleitete rechtliche Folgerung, daß danach die Beklagte in Gemäßheit des § 200 Abs. 1 H.G.B. n. F. für den eingeklagten Kaufpreis des der Gesellschaft von dem Kläger gelieferten Malzes diesem als Gesamtschuldnerin haftbar sei, muß als zutreffend erachtet werden.

Die Entscheidung der Frage hängt davon ab, ob, wenn vor Eintragung einer Aktiengesellschaft in das Handelsregister im Namen der Gesellschaft gehandelt wird, unter den „Handelnden", welche nach jener Bestimmung dem Gegenkontrahenten als Gesamtschuldner haften, nur diejenigen zu verstehen sind, welche mit dem Dritten kontrahiert haben, oder auch diejenigen an der Gesellschaft beteiligten Personen, in deren Einverständnis, bzw. mit deren Genehmigung die Eingehung der Geschäfte mit den Dritten erfolgte.

Diese in der Literatur vielfach bestrittene Frage ist, mit dem Oberlandesgerichte, im letzteren Sinne zu entscheiden. Da vor der Eintragung nach § 200 a. a. O., der im wesentlichen dem Art. 211 H.G.B. a. F. entspricht, die Aktiengesellschaft rechtlich nicht besteht, daher bis dahin eine Haftbarkeit derselben bezüglich der für dieselbe abgeschlossenen Geschäfte nicht eintreten kann, so wurde, um einerseits für solche Fälle den Gegenkontrahenten nicht rechtlos zu stellen, vielmehr möglichst seine Befriedigung zu sichern, und um andrerseits einem solchen vorzeitigen Handeln für eine nicht zu Recht bestehende Gesellschaft entgegenzuwirken, weiterhin in § 200 Abs. 1 bestimmt, daß unter den vorangegebenen Voraussetzungen der Handelnde persönlich, und wenn mehrere handeln, diese als Gesamtschuldner haften. Die Tragweite dieser Bestimmung, die nicht auf der rechtlichen Natur der obwaltenden Verhältnisse beruht, sondern lediglich positiver Natur ist und in dem vorangedeuteten Sinne den Charakter einer Strafvorschrift trägt, ist im wesentlichen nach dem mit derselben verfolgten Zwecke zu bemessen. In dieser Hinsicht kommt in Betracht, daß schon bei der Beratung des Art. 211 a. a. O. ausdrücklich hervorgehoben wurde, unter den Handelnden seien nicht allein die geschäftsführenden Mitglieder, sondern auch alle diejenigen Zeichner von Aktien zu verstehen, mit deren Willen gehandelt sei (Nürnberger Protokolle S. 1450). Wenn nun auch der Wortlaut des § 200 mehr für die Ansicht sprechen mag, welche die Haftbarkeit auf den oder die Geschäftsführenden selbst beschränken will, so ist es doch nicht richtig, wenn gesagt wird, eine etwaige jenem Standpunkte der Motive entsprechende Absicht des Gesetzgebers sei im Gesetze selbst nicht zum Ausdrucke und folgeweise nicht zur Verwirklichung gekommen. Es erscheint auch nach dem Wortlaute keineswegs ausgeschlossen, unter den Handelnden auch diejenigen zu verstehen, die als sachlich interessiert die Triebfeder für denjenigen bilden, der äußerlich die Geschäfte führt und infolgedessen mit Dritten in rechtliche und geschäftliche Beziehungen tritt. Ist aber diese Auslegung möglich, so ist ihr der Vorzug zu geben, weil nur so der Zweck des Gesetzes erreicht werden kann. Es kommt dabei in Betracht, daß durchgängig die Aktiengesellschaften größere Unternehmungen sind, bei denen dementsprechend auch größere Geschäfte die Regel bilden, und daß demgegenüber die Haftbarkeit lediglich des einzelnen Geschäftsführers dem Zwecke des Gesetzes in der Regel nicht gerecht werden würde. Wenn vor der Rechtsbeständigkeit der Aktiengesellschaft für diese Geschäfte gemacht werden, so muß vor allem diejenigen die Verantwortung treffen, in deren Interesse und mit deren Einvernehmen und Genehmigung dies geschieht. Ihre hierdurch materiell gerechtfertigte Haftbarkeit bietet gleichzeitig die vom Gesetze gewollte Sicherung des dritten Kontrahenten für die Befriedigung seiner Ansprüche aus derartigen Geschäften, für welche die Gesellschaft als solche, sofern nicht demnächst die Eintragung erfolgt, überhaupt nicht haftet. Immerhin ist die Haftbarkeit der Gründer und Zeichner nicht schon als solcher, sondern nur dann begründet, wenn im einzelnen Falle ihr Einverständnis, bzw. ihre Genehmigung bezüglich der vor der Eintragung abgeschlossenen Geschäfte anzunehmen ist. Das ist aber, wie bereits hervorgehoben wurde, im vorliegenden Falle festgestellt.

Für die hier vertretene Ansicht haben sich ausgesprochen u. a. v. Hahn, Kommentar zu Art. 211, Puchelt-Förtsch, zu Artt. 211 und 178, v. Völderndorff, Aktiengesellschaft S. 105, Hergenhahn, Aktiengesellschaft S. 68, Kayser, Aktiengesellschaft S. 101. Anderer Meinung sind Renaud, Aktiengesellschaft S. 397, Behrend, Lehrbuch des Handelsrechts Bd. 1 S. 755. 756, Ring, Aktiengesellschaft zu Art. 211, Staub, Kommentar (6. und 7. Aufl.) Bd. 1 zu § 200 Anm. 5, Lehmann u. Ring, zu § 200 Bem. 2 a. E.

Die in der Juristischen Wochenschrift von 1901 S. 252 mitgeteilte Entscheidung des erkennenden Senates vom 5. März 1901 steht nicht entgegen, da es sich damals um die wesentlich verschiedene Frage der Haftbarkeit der Gründer für die Ungültigkeit einer vor der Eintragung erfolgten Pfandbestellung handelte. Daß die Haftbarkeit des Handelnden im Sinne des § 200 a. a. O. nicht davon abhängig ist, daß dem Dritten das Bestehen der Eintragung vorgespiegelt wurde, bzw. die Nichteintragung derselben unbekannt gewesen sei, hat das Oberlandesgericht mit Recht in Übereinstimmung mit der Entscheidung des VII. Civilsenates in den Entsch. des R.G.'s in Civils. Bd. 47 S. 1 flg. angenommen; es ist denn auch insoweit ein Angriff von der Revisionsklägerin nicht erhoben worden." ...

---

73. Ist die Einlegung der Berufung ungültig, wenn die Terminsbestimmung des Vorsitzenden des Berufungsgerichts auf die dem Berufungsbeklagten bei der Zustellung behändigte beglaubigte Abschrift der Berufungsschrift insofern unrichtig übertragen ist, als die Abschrift einen anderen Terminstag bezeichnet?

II. Civilsenat. Urt. v. 22. September 1903 i. S. Hess.-Rhein. B.-V. (Kl.) w. H. (Bekl.). Rep. II. 46/03.

I. Landgericht Frankfurt a. M., Kammer für Handelssachen.
II. Oberlandesgericht daselbst.

Der Kläger legte gegen das am 21. Juni 1902 zugestellte Teilurteil des Landgerichts Berufung ein. Der Berufungsschriftsatz vom 18. Juli ging nach dem Eingangsvermerk des Gerichtsschreibers am 19. Juli 1902 auf der Gerichtsschreiberei des Berufungsgerichts ein. Die für das Gericht bestimmte beglaubigte Abschrift gab die auf der Urschrift befindliche Terminsnote des Vorsitzenden, nach welcher zur Verhandlung der Berufung Termin auf den 31. Oktober 1902, vormittags $10^1/_2$ Uhr, bestimmt wurde, richtig wieder; dagegen wies die für den Beklagten bestimmte Abschrift insofern einen Schreibfehler auf, als hier die vom Gerichtsvollzieher beglaubigte Abschrift der Terminsnote auf den 11. Oktober, vormittags $10^1/_4$ Uhr, lautete. In dem Schriftsatze hieß es, daß der Beklagte zur mündlichen Verhandlung über die Berufung ... zu „dem vorstehend anberaumten Termin" ... geladen werde. In der auf der Berufungsurschrift befindlichen Urschrift der Zustellungsurkunde vom 22. Juli 1902 bezeugte der Gerichtsvollzieher, daß er „beglaubigte Abschrift umstehenden Schriftstücks" — also der Berufungsschrift nebst der Urschrift der Terminsnote — dem Rechtsanwalt G., dem gegnerischen Prozeßbevollmächtigten, zugestellt habe, während er in Wahrheit die mit unrichtiger Terminsnoten-Abschrift versehene Abschrift des Berufungsschriftsatzes dem bezeichneten Anwalt bei der Zustellung übergeben hatte. Der Beklagte war dessenungeachtet im Termine vom 31. Oktober 1902 vertreten, und auf seinen Antrag verwarf das Berufungsgericht die Berufung des Klägers als unzulässig. Die gegen dieses Urteil eingelegte Revision wurde von dem Reichsgericht zurückgewiesen aus folgenden

Gründen:

... „Das Berufungsgericht geht in der Begründung seiner Entscheidung davon aus, daß das in § 518 Ziff. 3 C.P.O. bezeichnete Erfordernis einer gültigen Einlegung des Rechtsmittels der Berufung, nämlich die in den zuzustellenden Schriftsatz aufzunehmende „Ladung des Berufungsbeklagten vor das Berufungsgericht zur mündlichen Verhandlung über die Berufung", als Ladung zu einem bestimmten, gemäß § 216 C.P.O. vom Vorsitzenden des Berufungsgerichts festgesetzten und nach § 214 C.P.O. in den Schriftsatz aufzunehmenden Termine zu verstehen ist; vgl. §§ 253. 340. 553 C.P.O.

Diese Rechtsansicht ist als richtig anzuerkennen; die von einzelnen Schriftstellern geltend gemachten Gegengründe haben schon in einem Urteile des I. Civilsenates des Reichsgerichts,

Entsch. des R.G.'s in Civils. Bd. 13 S. 334,

ihre Widerlegung gefunden, und der heute erkennende Senat hat in einem Urteile vom 15. Mai 1903 i. S. H. w. K. & K., Rep. II. 94/03[1], in demselben Sinne erkannt. Diesem notwendigen Erfordernis der Berufungseinlegung war nun im vorliegenden Falle insofern genügt, als nicht nur die richtige Terminsbestimmung des Vorsitzenden sich auf der Urschrift und auf der zu den Gerichtsakten gelangten Abschrift der Berufungsschrift befand, sondern daß auch die dem Berufungsbeklagten behändigte Abschrift die Ladung zu einem Termine enthielt, der aber ungeachtet der Beglaubigung der Abschrift durch den Gerichtsvollzieher zufolge eines Versehens nicht auf den richtigen vom Vorsitzenden bestimmten Monatstag, den 31. Oktober 1902, sondern auf den 11. Oktober 1902 lautete. Es handelt sich also hier nicht um einen dem Geladenen sofort erkennbaren Schreibfehler, nicht um eine schon in der Urschrift vorhandene unklare Bezeichnung, weil der angegebene Monatstag nicht vorkommt, oder um einen mit dem in der Abschrift angegebenen Monatstag in Widerspruch stehenden Wochentag, wie in dem von dem Berufungsgericht angezogenen Stuttgarter Urteile vom 24. Januar 1889,

Busch, Zeitschrift für Civilprozeß Bd. 19 S. 288,

sondern um einen Fehler der Zustellung durch Behändigung einer Abschrift der Berufungsschrift an den Berufungsbeklagten, in welche als von dem Vorsitzenden bestimmter Termin ein anderer Monatstag eingesetzt war, als der nach der Urschrift und der bei den Gerichtsakten befindlichen Abschrift der Berufungsschrift wirklich bestimmte. Daß das Berufungsgericht auch diesen Mangel einem gänzlichen Fehlen der Terminsbestimmung gleichgestellt, mithin die eingelegte Berufung für unzulässig erklärt hat, wird von der Revision als rechtsverletzend angefochten, weil es an dem Erfordernis einer Terminsbestimmung durch den Vorsitzenden nicht gefehlt habe, auch die dem Berufungsbeklagten behändigte Abschrift durch die Aufnahme einer Ladung zu einem bestimmten Termine der formellen Vorschrift des

[1] Jetzt abgedruckt in dieser Sammlung Bd. 55 Nr. 6 S. 20 flg. D. E.

Gesetzes genüge, die unrichtige Wiedergabe desselben die Gültigkeit der Berufung nicht beeinträchtigen könne, und zwar um so weniger als der Vertreter des Berufungsbeklagten in dem richtigen Termine vom 31. Oktober 1902 erschienen sei.

Es muß anerkannt werden, daß die Schwere der Folgen einem allzustrengen Formalismus hinsichtlich der für die Zustellung von Rechtsmittelschriften maßgebenden — welche indessen nach § 253 C.P.O. auch für die Erhebung der Klage bestehen —, nicht auf Erschwerung abzielenden gesetzlichen Vorschriften entgegenstehen würde, um so mehr als die Parteien hierbei von den Handlungen fremder Organe abhängig sind. Auch könnte für eine mildere Beurteilung geltend gemacht werden, daß von dem Berufungskläger die Formen der Berufungseinlegung im allgemeinen gewahrt worden seien, und nur ein Versehen bei Fertigung der Abschrift der Terminsnote vorliege, welches zwar geeignet gewesen sei, den Geladenen am Erscheinen im richtigen Termine zu verhindern, seine Versäumung also zu entschuldigen, aber nicht notwendig die Wirksamkeit des Rechtsmittels beeinträchtigen müsse, und welches im gegebenen Falle den Vertreter des Berufungsbeklagten am Erscheinen im Termine vom 31. Oktober tatsächlich nicht verhindert habe. Allein die Gründe, welche für die von dem Berufungsgericht dargelegte und gebilligte strengere Ansicht sprechen, mußten als die überwiegenden erachtet werden.

Die dem Berufungsbeklagten behändigte Abschrift der Berufungsschrift ist für ihn das entscheidende Schriftstück, das Original, aus welchem er seine Kenntnis des Ladungstermins schöpft. Diese Abschrift muß nebst der Terminsbestimmung nach § 170 C.P.O. beglaubigt sein, und die Beglaubigung bildet einen integrierenden Bestandteil des Zustellungsaktes, dessen Wirksamkeit hiervon abhängt.

Vgl. Entsch. des R.G.'s in Civils. Bd. 6 S. 361, Bd. 8 S. 347.

Enthält nun die Abschrift ungeachtet ihrer formellen Beglaubigung einen unrichtigen, mit dem vom Vorsitzenden bestimmten nicht übereinstimmenden Termin, so hat der Berufungsbeklagte keine Kenntnis von dem durch den Vorsitzenden bestimmten Termin erhalten, glaubt sich vielmehr zu dem versehentlich in der Ladung stehenden Termin geladen, zu dem er in Wirklichkeit nicht geladen ist; die Ladungszustellung ist sonach keine dem Gesetze entsprechende und kann nicht die Wirkung einer solchen, den Einlassungszwang und die Erlassung eines Versäumnisurteils gegen den im richtigen Termine nicht vertretenen Berufungsbeklagten, zur rechtlichen Folge haben. Da die rechtlichen Wirkungen der Zustellung des eine Ladung enthaltenden Schriftsatzes nur dann eintreten, wenn die richterliche Terminsbestimmung erfolgt ist, erklären die Motive zu den §§ 184. 186 des Entwurfes der Civilprozeßordnung nicht nur die Zustellung der Klage oder eines anderen Schriftsatzes (Einspruchs-, Rechtsmittelschrift xc) ohne Ladung, sondern ebenso die Ladung zu einem nicht bestimmten Termine als ohne rechtliche Bedeutung für den Gegner. Dies muß aber auch von dem Falle gelten, wo gerade die für den Berufungsbeklagten entscheidende Abschrift einen unrichtigen Termin enthält. Es kann nicht angenommen werden, daß das bloße äußere Merkmal, der bloße Schein einer zu einem richterlich bestimmten Termin ergehenden Ladung gegenüber dem hierdurch in Irrtum versetzten Berufungsbeklagten hinsichtlich der Wahrung der Berufungsfrist die gleiche Wirkung habe, wie eine ordnungsmäßige Ladung. Das Berufungsgericht führt zutreffend aus, die Terminsanberaumung durch das Gericht habe nicht nur den Sinn, daß zu diesem bestimmten Zeitpunkte das Gericht den Parteien zur Verhandlung der Sache zur Verfügung stehe, sondern auch den weiteren Sinn, daß der Geladene nur einer in jus vocatio zu folgen habe, die auf diesen Zeitpunkt erfolge, d. h. auf einen Termin, welcher die Gewähr dafür biete, daß der Zugang zum Gericht unmittelbar dem Geladenen eröffnet sei, d. h. daß ohne irgendwelche Weiterungen seine Sache verhandelt werde, und er durch Rechtsverteidigung sich des gegen ihn erhobenen Angriffs entledigen könne. Gegenüber einem in dieser Hinsicht formell unrechtmäßigen Angriff müsse er gleichermaßen das Recht haben, denselben zu ignorieren, d. h. säumig zu sein, wie ihn als ordnungswidrig zu bestreiten und die Einlassung auf die Sache selbst zu verweigern. In letzterer Weise hat sich der Vertreter des Berufungsbeklagten verhalten, welcher in erster Reihe die Verwerfung der Berufung als unzulässiger beantragte. Daher kann aus seinem Erscheinen im Termine vom 31. Oktober 1902 nicht die Gültigkeit der Ladung oder eine Heilung der wegen mangels des erwähnten Formalerfordernisses anzunehmenden Ungültigkeit der Zustellung gefolgert werden. Die Abhilfe, welche das Gesetz gegen die Folgen verspäteter, aber auch für diejenigen nicht rechtswirksam vollzogener Zustellungen,

vgl. Entsch. des R.G.'s in Civils. Bd. 11 S. 376,
gewährt, und von welcher hier kein Gebrauch gemacht wurde, ist die in § 235 C.P.O. normierte Wiedereinsetzung in den vorigen Stand gegen die Versäumung einer Notfrist." ...

---

74. Ist die Beschwerde gegen einen Beschluß zulässig, durch welchen der Antrag auf Erlassung eines Versäumnisurteils gegen einen von mehreren Streitgenossen abgelehnt ist?

C.P.O. §§ 61. 301. 336.

VII. Civilsenat. Beschl. v. 22. September 1903 i. S. H. (Kl.) w. E. u. B. (Bekl.). Beschw.-Rep. VII. 126/03.

I. Landgericht I Berlin.
II. Kammergericht daselbst.

Gründe:

„In dem gegenwärtigen Rechtsstreite werden die beiden Beklagten auf Grund einer von diesen gemeinschaftlich durch Vertrag übernommenen Verpflichtung als Solidarschuldner wegen einer Geldsumme in Anspruch genommen. Der Mitbeklagte R. war in einem Verhandlungstermine nicht vertreten. Die Klägerin hat beantragt, durch Versäumnisurteil gegen denselben zu erkennen. Durch ... Beschluß des Landgerichts ist solcher Antrag zurzeit abgelehnt, und gleichzeitig Beweisaufnahme verfügt. Als gegen jene Ablehnung von der Klägerin Beschwerde eingelegt worden war, ist von dem Gerichte in dem Schreiben, durch welches die Akten an das höhere Gericht eingesandt sind, als Grund für die angefochtene Entscheidung angegeben, es sei damit die Erlassung eines Teilurteils, worüber das Gericht nach seinem Ermessen zu entscheiden habe (vgl. § 301 C.P.O.), verweigert. Die Beschwerde ist von der Vorinstanz als unzulässig verworfen, und zwar mit der Begründung, daß, wie in Übereinstimmung mit angezogenen Entscheidungen und der Wissenschaft anzunehmen, ein Angriff gegen einen Beschluß, durch den die Erlassung eines Versäumnisteilurteils abgelehnt worden, nicht Platz greife, und daß der Fall des § 336 C.P.O., durch den gegen die Zurückweisung eines

Antrages auf Erlassung eines Versäumnisurteils die Beschwerde gewährt werde, nur vorliege, wenn es sich um Erlassung eines den ganzen Rechtsstreit erledigenden Versäumnisurteils handle.

Die gegenwärtig in Frage stehende weitere Beschwerde, womit diese Entscheidung angefochten wird, ist zunächst zulässig, da durch den angegriffenen Beschluß, weil solcher die gegen den landgerichtlichen Bescheid gerichtete Beschwerde als unzulässig verworfen hat, ein neuer selbständiger Beschwerdegrund gegeben ist (§ 568 Abs. 2 C.P.O.).

Das Rechtsmittel erscheint aber auch als begründet. Es muß als fehlsam erachtet werden, daß in der soeben erwähnten Weise über die gegen den landgerichtlichen Beschluß gerichtete Beschwerde entschieden ist. Die zur Begründung angezogenen Entscheidungen,

Jurist. Wochenschr. von 1886 S. 194; Gruchot, Beiträge Bd. 30 S. 1150; Zeitschr. für Civilprozeß Bd. 17 S. 142,

wie der Kommentar von v. Wilmowski u. Levy (7. Aufl. Bem. 1 Abs. 3 zu § 273 C.P.O.) sprechen nur aus, daß, falls es sich um die Entscheidung über einen quantitativen Teil des Klaganspruchs handelt, die Beschwerde wegen Nichterlassung eines Versäumnisurteils unzulässig sei, da das Gericht über die Angemessenheit eines solchen nur auf Grund mündlicher Verhandlung entscheiden könne (§ 567 C.P.O.). Es geht aber nicht an, dies auf den Fall auszudehnen, in welchem gegen einen von mehreren Streitgenossen, in deren Ansehung, wie das vorliegend zutrifft, eine notwendige Streitgenossenschaft nicht obwaltet, die Erlassung eines Versäumnisurteils beantragt ist. Derartige Streitgenossen stehen nach § 61 C.P.O. dem Gegner dergestalt als einzelne gegenüber, daß die Handlungen des einen dem anderen weder zum Vorteile noch zum Nachteile gereichen. Demnach liegt in solchem Falle nur eine äußere, rein formale Verbindung mehrerer Prozesse vor, so daß, wenn gegenüber einem einzelnen Streitgenossen eine Endentscheidung abgegeben ist, von einem Teilurteil im eigentlichen Sinne nicht gesprochen werden kann. Dies ergibt sich auch daraus, daß, wenn nur ein Streitgenosse die mündliche Verhandlung versäumt, gegen ihn nach §§ 330flg. C.P.O. auf Antrag Versäumnisurteil zu erlassen ist. Zu entnehmen ist solches aus den Motiven zur Civilprozeßordnung S. 81flg. Auch stimmen darin alle Kommentare überein. Notwendig muß nach alledem aber auch auf den in Rede stehenden Fall der § 336 a. a. O.

Anwendung finden, nach welchem gegen die Ablehnung eines Antrages auf Erlassung eines Versäumnisurteils die Beschwerde gegeben ist.

Ist demnach die formale Zurückweisung des Rechtsmittels durch die Vorinstanz ungerechtfertigt, so erscheint dasselbe auch begründet, da, wie schon ausgeführt, die Erlassung eines Versäumnisurteils gegen einen säumigen Streitgenossen erfolgen muß." ...

---

75. Findet gegen den Ansatz der Gebühren von Zeugen und Sachverständigen von seiten des Zahlungspflichtigen Beschwerde nach § 17 Abs. 3 der Gebührenordnung für Zeugen und Sachverständige, oder Erinnerung nach § 4 G.K.G. statt? Ist die in § 4 Abs. 2 G.K.G. vorgesehene Beschwerde erst gegen diejenige Entscheidung des Gerichts gegeben, welche auf die Erinnerung gegen den durch dasselbe erfolgten Ansatz ergeht?

II. Civilsenat. Beschl. v. 25. September 1903 i. S. U. B. (Kl.) w. H. (Bekl.). Beschw.-Rep. II. 153/03.

I. Oberlandesgericht München.

In der vorliegenden Beschwerdesache wurde die Entscheidung vom Reichsgericht abgelehnt aus folgenden

Gründen:

„Das Oberlandesgericht zu München hat in der Prozeßsache der vorgenannten Parteien die von dem Professor P. ... liquidierten Sachverständigengebühren auf 64 *M* festgesetzt. Gegen diesen Ansatz hat der Rechtsanwalt Dr. Bl. in München im Namen der Klägerin, wie es in dem betreffenden, beim Oberlandesgericht eingereichten Schriftsatz vom 13. August 1903 heißt, „Beschwerde" eingelegt mit dem Antrage, diese Kosten auf 20 *M*, eventuell auf ein angemessenes Maß herabzusetzen. Das Oberlandesgericht hat, indem es davon ausging, daß die Beschwerde gegen einen Beschluß eingelegt sei, der als eine Entscheidung im Sinne des § 4 mit § 79 Ziff. 4 G.K.G. zu erachten sei, und indem es aus Gründen zur Sache erwog, daß der Beschwerde nicht abzuhelfen sei, gemäß § 571 C.P.O. die Vorlage der Beschwerde an das bayerische Oberste Landesgericht beschlossen, von dem die Sache . . . dem Reichsgericht überwiesen worden ist. Unbedenklich findet auf den vorliegenden Fall, wie auch das Oberlandesgericht annimmt, der § 4 G.K.G., und nicht der § 17 der Gebührenordnung für Zeugen und Sachverständige Anwendung. Die an Zeugen und Sachverständige zu zahlenden Gebühren gehören gemäß § 79 Ziff. 4 G.K.G. zu den Auslagen im Sinne der §§ 1 und 4 dieses Gesetzes. Daher findet gegen den Ansatz derselben von seiten des Zahlungspflichtigen oder der Staatsanwaltschaft Erinnerung nach § 4 a. a. O. statt, und daraus folgt, daß trotz der allgemeinen Fassung des § 17 der Gebührenordnung für Zeugen und Sachverständige die dort vorgesehene Beschwerde nur dem Empfangsberechtigten, nicht auch dem Zahlungspflichtigen gegeben ist. Die Klägerin kann aber in der vorliegenden Sache nur als zahlungspflichtige Partei in Betracht kommen.

Hiernach ist der von der Klägerin gegen den Gebührenansatz eingelegte Rechtsbehelf nicht, wie er unrichtig bezeichnet wird, eine Beschwerde, sondern eine Erinnerung im Sinne von § 4 G.K.G. Über diese hat aber nach dieser Bestimmung zunächst das Gericht zu entscheiden, von dem der Ansatz ausgegangen ist, und erst gegen diese Entscheidung würde nach § 4 Abs. 2 die Beschwerde, die übrigens mangels einer Beschwerdesumme von 100 *M* offensichtlich unzulässig wäre, gegeben sein. Die Annahme des Oberlandesgerichts, der Ansatz selbst bilde die Entscheidung nach § 4, gegen welche Beschwerde gegeben sei, ist nach dem klaren Wortlaute des Gesetzes unzutreffend. Auch der Beschluß des Oberlandesgerichts vom 10. Juni 1903 bildet keine Entscheidung über die Erinnerung, sondern nur die motivierte Abgabe an das Beschwerdegericht nach § 571 C.P.O. Zudem ist gegen diesen Beschluß Beschwerde nicht eingelegt; derselbe ist auch, soweit ersichtlich, der Klägerin nicht zugestellt worden.

Hiernach liegt eine Beschwerde, über welche nach den einschlagenden Bestimmungen das Reichsgericht Entscheidung zu treffen berufen ist, nicht vor; die letztere war daher abzulehnen." . . .

76. Ist der Eigentümer eines zur Zeit des Inkrafttretens des Bürgerlichen Gesetzbuches mit einer Fischereiberechtigung belasteten Grundstückes verpflichtet, die Eintragung der Berechtigung in das Grundbuch zu bewilligen?

Einf.-Ges. zum B.G.B. Artt. 3. 69. 184.

VII. Civilsenat. Urt. v. 25. September 1903 i. S. preuß. Fiskus (Bekl.) w. K. u. Gen. (Kl.). Rep. VII. 191/03.

I. Landgericht Magdeburg.
II. Oberlandesgericht Naumburg a. S.

Gründe:

„Die Rechtsvorgänger der Kläger haben durch Vertrag vom 14. November 1800 das Fischereirecht an der sog. neuen Elbe, soweit das G.'sche Amtsrevier geht, von J. Ch. Z. in G. abgetreten erhalten, dem solches einige Jahre zuvor von der damaligen Landesherrschaft als vererbliches und veräußerliches Recht verliehen worden. Durch Vertrag zwischen den Berechtigten und dem Forstfiskus ist am 24. Juli 1857 die obere Grenze verändert, und ferner in einem zwischen jenen Personen geführten Prozesse durch Vergleich vom 8. November 1900 die Berechtigung in dem dort näher angegebenen Umfange anerkannt. Danach umfaßt dieselbe auch verschiedene Grundstücke, welche nicht Wasserstücke sind, sondern nach ihrer Kulturart als Holzung oder Wiese bezeichnet werden, und die wegen der darauf sich bildenden Löcher der Fischerei dienen. Diese Grundstücke sind auf einem überreichten Auszuge aus der Grundsteuermutterrolle vom 10. Mai 1901 bezeichnet. Die Kläger verlangen, unter der Behauptung, daß das Fischereirecht auf dem fraglichen Grund und Boden als dingliches ruhe, mit dem in erster Linie gestellten Antrage, daß der Beklagte darein willige, daß an der Stelle, an der die Grundstücke im Grundbuche verzeichnet sind, deren Belastung mit dem Fischereirechte eingetragen werde. Diesem Antrage, dem der Beklagte widersprochen hat, ist von den Vorinstanzen stattgegeben, indem jedoch in dem Berufungsurteile die Urteilsformel anders gefaßt ist. In diesem Erkenntnisse ist ausgeführt: die fragliche, im Bürgerlichen Gesetzbuche nicht normierte Berechtigung stelle sich als ein objektiv dingliches, subjektiv persönliches Recht dar. Sie müsse daher, um bei Veräußerungen der belasteten Grundstücke den Klägern nicht verloren zu gehen, sondern gegen den dritten Erwerber wirksam zu sein, in das Grundbuch eingetragen werden.

Hiergegen ist mit der Revision geltend gemacht, das Fischereirecht gehöre nicht zu den dinglichen Rechten des Bürgerlichen Gesetzbuches und sei deshalb auch nicht eintragungsfähig. Daran werde auch nichts geändert durch den Art. 184 Einf.-Ges. zum B.G.B., wonach Rechte, mit denen eine Sache zur Zeit des Inkrafttretens des Bürgerlichen Gesetzbuches belastet sei, mit dem sich aus den bisherigen Gesetzen ergebenden Inhalte und Range aufrecht erhalten würden. Denn diese Bestimmung beziehe sich, soweit Grundstücke in Frage, nur auf eingetragene Rechte, wie vom V. Civilsenate des Reichsgerichts ausgesprochen worden (Entsch. des R.G.'s in Civils. Bd. 48 S. 63 flg.).

Die Revision kann keinen Erfolg haben. Es handelt sich darum, ob infolge des angezogenen Art. 184 die dort erwähnten Rechte, welche zur Zeit des Inkrafttretens des Bürgerlichen Gesetzbuches nicht eingetragen waren, in Wegfall gekommen sind. Dies hat allerdings die angezogene Reichsgerichtsentscheidung ausgesprochen, mit der Begründung, daß nach dem Bürgerlichen Gesetzbuche die Belastung eines Grundstückes ausschließlich durch Eintragung vollzogen werden könne, und daß der Art. 184 mit dem Ausdruck „belastet ist" keinen anderen Begriff verbinde. Diese Anschauung kann nicht für zutreffend erachtet werden. Ihr ist auch von allen Seiten entgegengetreten, in welcher Beziehung auf die Ausführungen Planck's in dessen Kommentar zum B.G.B. Bem. 2 Abs. 2 flg. zum Art. 184, Habicht's in der Deutschen Juristen-Zeitung von 1901 S. 323 und Meisel's in der Jur. Wochenschrift von 1901 S. 590 verwiesen wird. Auf die an diesen Stellen gegebenen Auseinandersetzungen wird Bezug genommen. Der jetzt erkennende Senat braucht aber nicht, um jenem Urteile zu widersprechen, eine Entscheidung der vereinigten Civilsenate in Gemäßheit des § 137 G.V.G. herbeizuführen. Denn es muß angenommen werden, daß der V. Civilsenat seine in Rede stehende Ansicht nicht hat aussprechen wollen, soweit es sich um Rechte handelt, die in dem fraglichen Zeitpunkt auf Grund von Rechtssätzen zur Entstehung gelangt waren, welche den der Landesgesetzgebung vorbehaltenen Rechtsgebieten angehören. Dies ist daraus zu entnehmen, daß, wie nicht verkannt sein wird, der dingliche Charakter derartiger Rechte, der den letzteren zur Zeit des Inkrafttretens des Bürgerlichen Gesetzbuches beiwohnte, schon nach Art. 3 Einf.-Ges. zum B.G.B. als fortbestehend hingestellt ist. Zu der Kategorie der fraglichen vorbehaltenen Rechte gehören nun aber nach Art. 69 a. a. O. die landesgesetzlichen Vorschriften über Fischerei. Die für das in Frage stehende Rechtsgebiet in Betracht kommenden Bestimmungen lassen daran, daß die Fischereiberechtigung sich als eine objektiv dingliche darstellt, keinen Zweifel, wie solches auch von der Revision nicht bestritten wird." ...

---

77. 1. Kann die Revision auf die Verletzung einer Rechtsnorm gestützt werden, die zwar in mehreren Bezirken, aber nur für das Gebiet eines diese Bezirke durchfließenden Stromes gilt?

2. Über den Umfang der Einrede des Mitverschuldens nach § 254 B.G.B. gegenüber der Schadensersatzklage eines Rheders.[1]

Einf.-Ges. zur C.P.O. § 6.

Verordnung vom 28. September 1879 § 1.

B.G.B. §§ 254. 278.

H.G.B. § 485.

I. Civilsenat. Urt. v. 26. September 1903 i. S. N.-L. (Bekl.) w. N. B. (Kl.). Rep. I. 154/03.

I. Landgericht Hamburg.
II. Oberlandesgericht daselbst.

Durch Vertrag mit dem hamburgischen Staate hatte es die Klägerin übernommen, die Bark „Weser", die im Fahrwasser der Elbe oberhalb Altenbruchs bei Cuxhaven gesunken war und ein Hindernis der Schiffahrt bildete, zu beseitigen. Es war ihr gelungen, das Wrack zu heben und aus dem durch die Tonnen bezeichneten Fahrwasser heraus nach dem südlichen Ufer hin zu verbringen. Nachdem hier ein Teil der Ladung gelöscht war, wurden weitere Hebungsversuche angestellt. Am Vormittage des 17. Juli 1901 war die Hebung der-

[1] Vgl. auch unten Nr. 82 dieses Bandes. D. R.

gestalt gelungen, daß die „Weser" mit dem Buge stromaufwärts in den Trossen der Hebeprähme „Ostsee" und „Nordsee" hing. Um diese Zeit fuhr der der Beklagten gehörige Dampfer „Cobra", der im Sommer täglich Fahrten zwischen Hamburg und den Nordseebädern ausführt, in der Richtung elbabwärts an der Arbeitsstelle vorüber, und zwar, wie feststeht, in möglichst weiter Entfernung, die auf 1800 bis 2000 Meter angegeben wird, aber mit voller Fahrt. Unmittelbar darauf kam die „Weser" mit ihren Hebeprähmen in starke Schwankungen, was zur Folge hatte, daß ein Teil der Trossen brach, die „Weser" sich auf den Hebeprahm „Ostsee" legte und mit diesem aufs neue versank.

Die Klägerin behauptete, daß dieser Unfall durch die starke Dünung verursacht sei, die die „Cobra" durch ihre rasche Vorüberfahrt verursacht habe. In dieser raschen Fahrt erblickte sie ein schuldhaftes Verhalten des Kapitäns D., unter dessen Führung sich die „Cobra" befand. Für den ihr erwachsenen Sachschaden und für entgangenen Gewinn machte sie die Beklagte, als den Rheder der „Cobra", verantwortlich.

Die Beklagte bestritt ein Verschulden des Kapitäns D. und berief sich in zweiter Linie darauf, daß die Leute der Klägerin bei der Hebung nicht ordnungsmäßig verfahren seien, so daß die Klägerin der Vorwurf einer Mitschuld treffen würde.

Die Klage wurde in beiden Instanzen dem Grunde nach für berechtigt erklärt. Die Revision ist zurückgewiesen aus folgenden

Gründen:

„Das Urteil des Oberlandesgerichts beruht auf der Annahme, daß der Führer der „Cobra" den streitigen Schiffsunfall dadurch verursacht habe, daß er am Wrack der „Weser" mit seinem Schiffe in voller Fahrt vorüber gefahren sei. Dadurch habe er die bestehenden Polizeivorschriften, die „Passieren in langsamster Fahrt" vorschrieben, übertreten und sonach gegen ein den Schutz eines anderen bezweckendes Gesetz verstoßen (§ 823 Abs. 2 B.G.B.). Die Zuwiderhandlung gegen die polizeilichen Vorschriften gereiche dem Führer der „Cobra" zum Verschulden, da er bei der Annäherung habe erkennen können und erkennen müssen, daß die Hebungsarbeiten im Gange seien, und da er auch habe wissen müssen, daß sein Schiff einen ungewöhnlich starken Wellenschlag mache.... Daß der Unfall zugleich durch ein

Mitverschulden der Klägerin oder ihrer Leute verursacht sei, nimmt das Oberlandesgericht nicht an.

Was die Revision anlangt, so ist zunächst festzustelleu, daß die beiden Polizeiverordnungen, die für die Sache in Betracht kommen und vom Oberlandesgerichte der Beurteilung zugrunde gelegt sind, Rechtsnormen sind, auf deren Verletzung die Revision nicht gestützt werden kann.

Maßgebend hierfür ist der § 1 der auf Grund des § 6 Einf.-Ges. zur C.P.O. erlassenen Kaiserlichen Verordnung vom 28. September 1879. Danach würde für die Revisibilität zu fordern sein, daß die betreffende Rechtsnorm „über den Bezirk des Berufungsgerichts hinaus für den ganzen Umfang mindestens zweier deutscher Bundesstaaten oder zweier Provinzen Preußens oder einer preußischen Provinz und eines anderen Bundesstaates Geltung erlangt hat". Dies hat die Bedeutung, daß zunächst Geltung im Bezirke des Berufungsgerichts erfordert wird,

vgl. Entsch. des R.G.'s in Civils. Bd. 6 S. 89. 413; Bd. 8 S. 88,

sodann aber Geltung über den Bezirk des Berufungsgerichts hinaus, und zwar in der Weise, daß sich im ganzen für die betreffende Rechtsnorm ein Geltungsbereich ergibt, der mindestens den vollen Umfang zweier Bundesstaaten oder zweier preußischen Provinzen oder eines Bundesstaates und einer preußischen Provinz begreift, so daß gegebenenfalls der Bezirk des Berufungsgerichts mit in diese geforderten zwei Bezirke eingerechnet werden kann.

Vgl. Entsch. des R.G.'s in Civils. Bd. 36 S. 424.

Die Polizeiverordnung des Regierungspräsidenten zu Stade vom 8. Juni 1901, betr. das Passieren des Wracks der im Fahrwasser der Elbe bei Altenbruch gesunkenen Bark „Weser", hat örtlich ausschließlich für die betreffende in der preußischen Provinz Hannover belegene Elbstrecke Geltung, gilt aber im Bezirke des hanseatischen Oberlandesgerichts überhaupt nicht, woran auch dadurch nichts geändert wird, daß diese Verordnung durch Bekanntmachung der hamburgischen Deputation für Handel und Schiffahrt vom 15. Juni 1901 mittels Abdrucks im Amtsblatte der freien und Hansestadt Hamburg „den Beteiligten zur Kenntnis gebracht worden ist".

Etwas anders liegt es mit der am 1. Juli 1901 in Kraft getretenen Polizeiverordnung des preußischen Ministers für Handel und

Gewerbe vom 23. Mai 1901, betr. die Bezeichnung von Schiffahrtshindernissen auf der untern Elbe. Diese Verordnung erstreckt sich örtlich, wie ihr § 1 besagt, auf die ganze Elbe „unterhalb der Eisenbahnbrücke bei Hamburg und der Straßenbrücke bei Harburg", und sie ist in gleichlautendem Texte auch für Hamburg vom hamburgischen Senate am 14. Juni 1901 erlassen und im hamburgischen Amtsblatte zur öffentlichen Kenntnis gebracht. Die erste Voraussetzung, daß die Rechtsnorm im Bezirke des Berufungsgerichts gilt, trifft daher zu. Denn es kann nicht etwa auch gefordert werden, daß die Geltung der Rechtsnorm in den mehreren Bezirken auf einen und denselben gesetzgeberischen Akt zurückzuführen sei.[1]

Vgl. Entsch. des R.G.'s in Civils. Bd. 5 S. 361; Seuffert, Archiv Bd. 38 Nr. 282.

Ob eine bloß tatsächliche Übereinstimmung genügt, kann unentschieden bleiben, da ohne weiteres davon ausgegangen werden darf, daß die übereinstimmende und nahezu gleichzeitige Erlassung der Verordnungen für Hamburg und für Preußen auf einem zwischen beiden Staaten erzielten Einvernehmen beruht. Es wird auch ohne weiteres angenommen werden dürfen, daß die preußische Ministerialverordnung nicht nur für das zur Provinz Hannover gehörige linke Ufer der Unterelbe, sondern ebenfalls für das zur Provinz Schleswig-Holstein gehörige rechte Ufer erlassen und auch in dieser Provinz verkündet worden ist. Es geht dies schon daraus hervor, daß der im Eingange der Verordnung angezogene § 136 des preußischen Gesetzes über die allgemeine Landesverwaltung dem Minister die Verordnungsbefugnis in betreff der Strompolizei nur dann vorbehält, wenn sich die Verordnung über den Bezirk einer einzelnen Provinz hinauserstrecken soll, während in anderen Fällen nach §§ 138. 139 der Regierungspräsident oder der Oberpräsident zum Erlasse der Verordnung berufen ist. Wenn demnach auch für diese Verordnung die Geltung im Bezirke des Berufungsgerichts und darüber hinaus sogar in zwei preußischen Provinzen gegeben ist, so fehlt doch das in der angezogenen Gesetzesstelle aufgestellte weitere Erfordernis, daß die Rechtsnorm „für den ganzen Umfang" mindestens zweier der im Gesetze bezeichneten Bezirke gelten muß. Die Verordnung gilt weder für den ganzen

[1] Vgl. auch oben Nr. 58 S. 251 flg. D. R.

Umfang des hamburgischen Staates, noch für den ganzen Umfang der Provinz Hannover, noch für den ganzen Umfang der Provinz Schleswig-Holstein, sondern lediglich für den das Gebiet jenes Bundesstaates und dieser beiden preußischen Provinzen durchfließenden Elbstrom und dessen Ufer.

Hieraus ergibt sich, daß die Revision auf eine unrichtige Anwendung dieser beiden Verordnungen nicht gegründet werden kann. Das Reichsgericht kann demnach in eine Erörterung darüber nicht eintreten, ob das Berufungsgericht das Verhältnis der beiden Verordnungen zueinander richtig aufgefaßt, ob es mit Recht die Fortdauer der Gültigkeit der ersteren Verordnung bis zum Tage des Unfalles angenommen, und ob es den in der ersteren Verordnung enthaltenen Begriff des „Passierens" richtig aufgefaßt hat. Ist aber in diesen Punkten die Auffassung, wovon das Berufungsgericht ausgeht, für die jetzige Instanz maßgebend, so ergibt sich damit auch, daß ein Fall des § 823 Abs. 2 B.G.B. vorliegt, d. h. daß Kapitän D. „gegen ein den Schutz eines anderen bezweckendes Gesetz verstoßen" hat. Daß ihm aber dieser Verstoß auch zum Verschulden angerechnet werden muß, ist vom Oberlandesgerichte in bedenkenfreier Weise festgestellt." ... (Wird näher ausgeführt.) „Die Verantwortlichkeit des Kapitäns D. aber hat, da sie sich auf ein Verschulden in der Ausführung seiner Dienstverrichtungen stützt, nach § 485 H.G.B. ohne weiteres die Haftung des verklagten Rheders zur Folge.

Anlangend sodann den auf § 254 B.G.B. gestützten Einwand eines mitwirkenden Verschuldens der Klägerin, so hat das Oberlandesgericht die rechtliche Erheblichkeit dieses Einwandes nicht verkannt und sich die unrichtige Ansicht der Klägerin, § 254 fände nur auf Vertragsverhältnisse Anwendung,

vgl. Entsch. des R.G.'s in Civils. Bd. 51 S. 277,

nicht zu eigen gemacht.

Im einzelnen handelt es sich bei diesem Einwande um zweierlei:

1. um ein Mitverschulden der Klägerin selbst, d. h. der für sie zum Handeln berufenen Organe, also ihres Vorstandes;

2. um ein Mitverschulden der Besatzung des der Klägerin gehörigen Hebeprahms „Ostsee", „eines ihr zum Erwerbe durch die Seefahrt dienenden Schiffes" (§ 484 H.G.B.). Beides würde von Erheblichkeit sein. Die Mithaftung des Rheders aus § 485 H.G.B.

besteht nur insoweit, als die schuldige Person der Schiffsbesatzung selbst haften würde. Kapitän D. haftet aus § 823 B.G.B., kann sich aber des Einwandes aus § 254 B.G.B. bedienen; folglich kann es auch die Beklagte. Der Einwand aus § 254 erstreckt sich aber nach Abs. 2 Satz 2 dieses Paragraphen auch auf ein Mitverschulden des gesetzlichen Vertreters des Schuldners und der Personen, deren er sich zur Erfüllung seiner Verbindlichkeit bedient (§ 278 B.G.B.). Der letztere Begriff kann nun zwar auf die Besatzung der „Ostsee" keine Anwendung finden; denn er setzt ein bestehendes Vertragsverhältnis voraus; ein solches aber bestand zwischen den Parteien nicht. Das Reichsgericht trägt aber kein Bedenken, auszusprechen, daß die dem Seerechte eigentümliche — über die §§ 278 und 831 B.G.B. hinausgehende — Haftung des Rheders für die Schiffsbesatzung auch im Rahmen des § 254 B.G.B. Anwendung finden muß, daß, mit anderen Worten, der Rheder, der wegen eines seinem Schiffsvermögen zugefügten Schadens gegen einen anderen Rheder Ersatzansprüche erhebt, sich den Einwand gefallen lassen muß, seine eigene Schiffsbesatzung habe durch ein Verschulden in der Ausführung ihrer Dienstverrichtungen den Schaden mitverursacht, wie dies denn auch für den besonderen Fall des Zusammenstoßes von Schiffen durch § 735 Abs. 2 H.G.B. ausdrücklich bestimmt ist." ...

(Folgt die Ausführung, daß nach beiden Richtungen hin ein Mitverschulden der Klägerin vom Oberlandesgerichte in rechtlich bedenkenfreier Weise verneint worden sei.)

---

78. Ist die nach der Zahlungseinstellung erfolgte Pfändung auf Grund eines vor diesem Zeitpunkt erlassenen Arrestbefehls eine Rechtshandlung, welche einem Konkursgläubiger eine Sicherung gewährt, die er nicht zu beanspruchen hatte?

VII. Civilsenat. Urt. v. 29. September 1903 i. S. F. (Bekl.) w. W. Konkursverw. (Kl.). Rep. VII. 200/03.

I. Landgericht I Berlin.
II. Kammergericht daselbst.

Die obige Frage ist bejaht worden.

Aus den Gründen:

„Der Berufungsrichter erachtet den § 30 Ziff. 2 K.O. für anwendbar, indem er davon ausgeht, daß der Beklagte durch die nach der Zahlungseinstellung erfolgte Pfändung der Forderung des Gemeinschuldners gegen die Witwe B. eine Sicherung erlangt habe, die er nicht zu beanspruchen gehabt habe. Den Zeitpunkt der Zahlungseinstellung stellt der Berufungsrichter nur im allgemeinen dahin fest, daß der Gemeinschuldner „schon lange vor dem 10. September 1900" (dem Tage, an welchem die Pfändung als bewirkt anzusehen ist) zu zahlen aufgehört habe. Ob hiernach der Erlaß der Arrestbefehle vom 29. und 31. August 1900 in die Zeit vor, oder nach der Zahlungseinstellung fällt, ist nicht völlig sicher. In der Literatur ist die Ansicht vertreten, daß die Pfändung, die auf Grund eines vor der kritischen Zeit erlassenen Arrestbefehls vollzogen sei, nur nach Maßgabe des § 30 Ziff. 1 K.O. angefochten werden könne, weil durch den Arrestbefehl ein konkretes Recht des Gläubigers auf Sicherung begründet werde.

Vgl. v. Sarwey-Bossert, K.O. Bem. 7 Ziff. 6b zu § 30.

Wäre diese Ansicht richtig, so würde es darauf ankommen, ob die Arrestbefehle bereits vor der Zahlungseinstellung erlassen sind, und es würde zutreffendenfalls der § 30 Ziff. 1 K.O. anwendbar sein, was eine Umkehrung der Beweiskraft zugunsten des Beklagten bedeutete. Es ist ihr indessen nicht beizupflichten. Der III. Civilsenat des Reichsgerichts hatte bereits in dem Urteile vom 20. Januar 1882,

Entsch. des R.G.'s in Civils. Bd. 6 S. 367,

sich dahin ausgesprochen, daß die durch die Prozeßordnung dem Gläubiger gewährte Möglichkeit, zur Sicherstellung seiner Forderung einen Arrest auszubringen und sich das mit diesem verbundene Pfandrecht zu verschaffen, nicht als ein Anspruch auf Sicherung im Sinne des § 23 Ziff. 2 K.O. (jetzt § 30 Ziff. 2) angesehen werden könne,

vgl. auch Entsch. des R.G.'s in Civils. Bd. 2 S. 374, Bd. 3 S. 395,

und nach dem Urteile der vereinigten Civilsenate vom 6. Dezember 1883,

Entsch. des R.G.'s in Civils. Bd. 10 S. 33,

gehört die behufs der Vollstreckung eines rechtskräftigen Urteils oder anderen vollstreckbaren Titels (§ 702, jetzt § 794 C.P.O.) bewirkte Pfändung zu den in § 23 (30) Ziff. 2 K.O. erwähnten Rechtshandlungen, durch welche einem Konkursgläubiger eine Sicherung gewährt wird, die er nicht oder nicht in der Art oder nicht zu der Zeit zu beanspruchen hatte. Die Gründe der Plenarentscheidung treffen auch für den Arrestbefehl zu, auf dessen Vollziehung die Vorschriften über die Zwangsvollstreckung entsprechende Anwendung finden, und der regelmäßig den sofort vollstreckbaren Titel für diese Vollziehung bildet (§§ 928. 929 C.P.O.). Aus ihm erwächst ebensowenig, als aus einem sonstigen vollstreckbaren Titel, ein privatrechtlicher Anspruch gegen den Schuldner auf Bestellung eines Pfandrechtes, wie ihn der § 30 Ziff. 2 K.O. im Auge hat; vielmehr wird der Gläubiger durch den Arrestbeschluß nur in die Lage versetzt, die staatlichen Vollstreckungsorgane zum Zwecke der Vollziehung anzugehen. Ein konkretes Recht des Gläubigers entsteht erst mit der Pfändung, auch dann, wenn in dem Arrestbeschluß bestimmte Gegenstände der künftigen Vollstreckung bezeichnet sind. Das Pfandrecht wird auf Grund der Anordnung des Arrestrichters, auf welche der Gläubiger beim Vorliegen der gesetzlichen Voraussetzungen einen prozessualen Anspruch hat, nicht auf Grund eines vom Schuldner eingeräumten Rechtes erworben. Es wäre auch nicht gerechtfertigt, bei Anwendung der Bestimmungen der Konkursordnung über die Anfechtung von Rechtshandlungen den Arrestgläubiger, der die Zwangsvollstreckung vorweg nimmt, günstiger zu stellen, als den mit einem rechtskräftigen Urteil oder einem anderen vollstreckbaren Titel ausgerüsteten Gläubiger. Kollusionen sind in beiden Fällen denkbar." ...

---

79. Kann der Wechselaussteller, der den protestierten Wechsel von seinem unmittelbaren Hintermanne, nachdem dieser ihn im Regreßwege eingelöst hat, nebst Protest unter Belastung mit der Regreßsumme im Kontokorrent zurückerhalten hat, dem Hintermanne durch einfache Rückgabe des Wechsels nebst Protest ohne Nachindossament die wechselrechtliche Legitimation verschaffen?

W.O. Artt. 16 Abs. 2. 23 Abs. 2. 51. 55.

I. Civilsenat. Urt. v. 30. September 1903 i. S. G. & N. (Bekl.) w. B. Kreditverein (Kl.). Rep. I. 160/03.

I. Landgericht Köln.
II. Oberlandesgericht daselbst.

L. L. zog auf die Beklagte einen Wechsel zum 30. Oktober 1901 und begab ihn an den Kläger, der den Wechsel, nachdem er protestiert war, im Regreßwege einlöste und am 5. November dem L. L. unter Belastung mit der Wechselsumme zurückgab. Am 19. Januar 1902 gab L. L., über dessen Vermögen am 20. Januar 1902 der Konkurs eröffnet wurde, den Wechsel nebst Protest dem Kläger zur Gutschrift zurück. Der Klage auf Zahlung des Wechsels setzte die Beklagte diesen Sachverhalt und die Behauptung entgegen, daß der Wechsel durch Aufrechnung zwischen ihr und L. L. am 7. November 1901 getilgt sei, was der Kläger bestritt.

Der erste Richter wies die Klage ab; der Berufungsrichter verurteilte die Beklagte nach der Klage. Auf die Revision der Beklagten ist dieses Urteil aufgehoben, und das erste Urteil wiederhergestellt, aus nachfolgenden

Gründen:

„Das Berufungsurteil hat aufgehoben, und das erste Urteil wiederhergestellt werden müssen, weil, mit dem ersten Richter, die wechselrechtliche Legitimation des Klägers zu verneinen ist. Derselbe hat zwar Wechsel und Protest in Händen, und nach den Artt. 36. 39. 43. 54 W.O. ist dadurch seine formelle Wechsellegitimation hergestellt. Nach dem festgestellten und unstreitigen Sachverhalt ist diese formelle Legitimation aber nur Schein.

Unstreitig hat der Kläger den Wechsel nach Protest im Regreßwege eingelöst. Er konnte nun seinen Rückgriff auf seinen Vormann, den Aussteller L., nehmen und den Acceptanten in Anspruch nehmen, hat aber keins von beidem getan, sondern unstreitig den am 4. November zurückerhaltenen Wechsel am 5. November nebst Protest dem L. zurückgegeben und denselben gleichzeitig mit der Regreßsumme im Kontokorrent belastet. Damit stand L. ganz so wie der Indossant, der den Wechsel eingelöst oder als Rimesse erhalten hat (Artt. 51. 55 W.O.). Darüber ist auch der klagende Kreditverein nicht im Zweifel gewesen. Als es sich um die Leistung des ihm von der Beklagten zugeschobenen, durch den Beschluß des Landgerichts vom 26. Februar 1902 normierten Eides handelte, daß der Kreditverein der rechtmäßige Inhaber des eingeklagten Wechsels sei und insbesondere am 4. November gewesen sei, L. L. den Wechsel nur zu dem Zwecke erhalten habe, um ihn in einem anderen gegen ihn angestrengten Prozeß zu benutzen, hat das Vorstandsmitglied des Kreditvereins, B., erklärt, daß er diesen Eid nicht leisten könne, daß sie, der Verein, mit der Rückgabe des Wechsels an L. am 5. November nebst Protest unter Belastung des L. aufgehört hätten, rechtmäßiger Besitzer des Wechsels zu sein. Das entsprach auch der Sach- und Rechtslage. L. war, nachdem der Wechsel von dem Kreditverein tatsächlich im Regreßwege an ihn zurückgegangen war, allein berechtigt, die Rechte aus dem Wechsel gemäß Art. 23 Abs. 2 W.O. gegen den Acceptanten geltend zu machen, ohne gezwungen zu sein, sein und seiner Nachmänner Indossament auszustreichen (Art. 55 W.O.). Hätte er gegen die Acceptantin Klage aus dem Wechsel erhoben, so wäre ohne weiteres klar, daß er den jetzt klagenden Kreditverein nicht nach Zurücknahme der Klage durch einfache Zurückgabe von Wechsel und Protest zur Geltendmachung der Rechte aus dem Wechsel hätte in den Stand setzen können. Der protestierte Wechsel ist, wie sich aus Art. 16 Abs. 2 W.O. ergibt, kein Umlaufpapier mehr; sein Gegenstand sind nur noch die durch den Protest fixierten Regreßrechte nebst dem Anspruch gegen den Acceptanten, über die nach Art. 16 Abs. 2 nur durch Nachindossament, das den Nachindossatar dem Cessionar gleichstellt, und durch Cession verfügt werden kann. Im vorliegenden Falle hat der Aussteller L. zwar nicht Klage gegen die Acceptantin erhoben; aber die Feststellungen des Berufungsrichters ergeben doch so viel, daß L. am 4. oder 7. November mit der Acceptantin über die Aufrechnung der Forderung aus dem jetzt eingeklagten Wechsel gegen eine Warenforderung der Acceptantin, über welche sie auf L. gezogen hatte, verhandelt hat. Daraus ergibt sich, daß der Wechsel auch von L., wie nach der Erklärung des B. von dem Vorstande des klagenden Kreditvereins, als im Regreßwege definitiv auf ihn, L., zurückgegangen angesehen wurde. Dann konnte aber L., wie aus Art. 16 W.O. folgt, dem klagenden Kreditverein die Wechsellegitimation nicht dadurch verschaffen, daß er demselben Wechsel und Protest am 19. Januar 1902 einfach zurückgab. Da die Klage lediglich auf den Wechsel, nicht auf Cession gestützt ist, hat der erste Richter sie deshalb mit Recht abgewiesen." ...

80. Kann der Gesellschaftsvertrag einer Gesellschaft mit beschränkter Haftung die Versammlung der Gesellschafter zum Schiedsrichter für Streitigkeiten bestimmter Art zwischen der Gesellschaft und den Gesellschaftern bestellen?

Gesetz, betr. die Gesellschaften mit beschränkter Haftung, vom 20. Mai 1898 § 46.

I. Civilsenat. Urt. v. 30. September 1903 i. S. T. (Kl.) w. Zuckerfabrik S., Ges. m. b. H., (Bekl.). Rep. I. 164/03.

I. Landgericht Posen.
II. Oberlandesgericht daselbst.

Die obige Frage ist verneint worden.

Aus den Gründen:

... „Allerdings hat die Gesellschaft mit beschränkter Haftung als solche selbständig ihre Rechte und Pflichten; für ihre Verbindlichkeiten haftet nur das Gesellschaftsvermögen; sie kann vor Gericht klagen und verklagt werden. Aber die Versammlung der Gesellschafter übt wichtige Funktionen der Geschäftsführung aus (§ 46 des Gesetzes; § 12 des Gesellschaftsvertrages). Sie ist nicht weniger als die Geschäftsführer Organ der Gesellschaft in Führung der Geschäfte der Gesellschaft. Und wenn die Versammlung der Gesellschafter in für die Gesellschaft maßgebender Weise beschließt, so ist das nichts anderes, als daß die Gesellschaft durch die Versammlung der zur Gesellschaft verbundenen Gesellschafter beschließt. Wenn irgend etwas im Verhältnis des einzelnen Gesellschafters zur Gesellschaft Parteihandlung der Gesellschaft ist, so ist es der Beschluß der Versammlung der Gesellschafter über den von einem Gesellschafter bezüglich der Abnahme und Bezahlung der von diesem gebauten Rüben erhobenen Anspruch. Eine Partei kann aber nicht Schiedsrichter über die von der anderen Partei erhobenen Ansprüche sein." ...

81. 1. Gehört die Bewilligung oder Verweigerung des Armenrechtes zu den „Entscheidungen" im Sinne des § 202 Abs. 1 G.V.G.? 2. Kann der Antrag, eine Sache als Feriensache zu bezeichnen, auch stillschweigend gestellt werden, und eventuell in welcher Weise?

VI. Civilsenat. Urt. v. 1. Oktober 1903 i. S. P. (Kl.) w. C. (Bekl.). Rep. VI. 65/03.

I. Landgericht Beuthen.
II. Oberlandesgericht Breslau.

Der Kläger, dessen Klage auf Schadensersatz aus § 823 B.G.B. vom Landgerichte abgewiesen war, richtete zeitig während des Laufes der Berufungsfrist im Juli 1902 an das Oberlandesgericht ein Gesuch um Gewährung des Armenrechtes und Beiordnung eines bei diesem Gerichte zugelassenen Rechtsanwaltes zum Zwecke der Einlegung der Berufung. Das Oberlandesgericht erließ darauf erst nach Ablauf der Gerichtsferien einen Bescheid, und zwar erteilte es dem Kläger das Armenrecht. Der sodann dem Kläger bestellte Rechtsanwalt legte für ihn alsbald die Berufung ein, indem er zugleich auf Wiedereinsetzung in den vorigen Stand gegen die Versäumung der Berufungsfrist antrug. Das Oberlandesgericht verwarf aber, unter Zurückweisung des letzteren Antrages, die Berufung als unzulässig. Dieses Urteil ist auf Revision des Klägers aufgehoben, und die Sache an das Berufungsgericht zurückverwiesen worden.

Aus den Gründen:

... „Die Frage ist, ob durch die Versagung der Wiedereinsetzung in den vorigen Stand gegen eine Rechtsnorm verstoßen ist. Die Wiedereinsetzung war vom Kläger verlangt worden auf Grund des § 233 Abs. 1 C.P.O., weil er an der Einhaltung der Berufungsnotfrist durch den unabwendbaren Zufall verhindert worden sei, daß er ohne seine Schuld keinen beim Berufungsgerichte zugelassenen Anwalt gehabt habe. Er hatte sich hierbei (dem Sinne nach) darauf berufen, daß er rechtzeitig unter Vorlegung eines ausreichenden Armutszeugnisses beim Oberlandesgericht um Bewilligung des Armenrechtes nachgesucht, aber während der ganzen übrigen Berufungsfrist von diesem Gerichte keinen Bescheid darauf erhalten habe. Das Berufungsgericht meint aber, das sei kein unabwendbarer Zufall gewesen; denn der Kläger hätte wissen müssen, daß der 29. Juli — an welchem

Tage er sein Armenrechtsgesuch einreichte — nach § 201 G.V.G. in die Gerichtsferien falle, daß während solcher Ferien in anderen Sachen als Feriensachen nach § 202 Abs. 1 das. keine Entscheidungen erlassen werden sollen, und daß die vorliegende Sache nach den Abss. 2 und 3 dieses § 202 nur dadurch zur Feriensache habe werden können, daß sie auf Antrag vom Gericht als solche bezeichnet worden wäre; er hätte also voraussichtlich seinen Anwaltsmangel durch rechtzeitige Stellung des Antrages, die Sache zur Feriensache zu erklären, abwenden können.

Wenn nun hiergegen zunächst das Bedenken erhoben ist, ob die Bewilligung oder Versagung des Armenrechtes überhaupt eine „Entscheidung" im Sinne des § 202 Abs. 1 C.P.O. sei, so ist dieses allerdings ganz grundlos. Sagt doch auch § 126 C.P.O., daß über das Armenrechtsgesuch ohne mündliche Verhandlung „entschieden" werden könne, und ist doch nach § 127 daselbst gegen die Verweigerung des Armenrechtes das Rechtsmittel der Beschwerde gegeben, welches begrifflich überhaupt nur gegen „Entscheidungen" stattfindet!

Dagegen trifft die Annahme des Berufungsgerichts, daß der Kläger es an einem Antrage, die Sache als Feriensache zu behandeln, habe fehlen lassen, nicht zu. Es ist kein Grund gegeben, weshalb dieser Antrag nicht sollte auch stillschweigend gestellt werden können, und er wird dadurch stillschweigend gestellt, daß der Antragsteller Umstände anführt, aus welchen sich ohne weiteres das praktische Bedürfnis einer noch innerhalb der Ferien ergehenden Entscheidung ergibt. Dies ist hier geschehen; denn in dem am 29. Juli 1902 beim Oberlandesgerichte eingegangenen Armenrechtsgesuch ist gesagt, daß das landgerichtliche Urteil am 16. Juli zugestellt worden sei, woraus folgte, daß die Berufungsfrist mit dem 16. August ablaufen werde. Es bedarf daher hier keiner Entscheidung, ob auch noch über den gegebenen Fall hinaus Gesuche um Bewilligung des Armenrechtes zum Zwecke der Einlegung eines an eine Notfrist gebundenen Rechtsmittels in irgend einem Umfange auch dann, wenn die Sache an sich keine Feriensache ist, als Feriensache zu gelten haben, und ob andrerseits, wenn hier der Antrag, die Sache zur Feriensache zu erklären, nicht als gestellt anzusehen wäre, dieser Umstand wirklich dahin führen müßte, die Unabwendbarkeit des Hindernisses der Fristeinhaltung zu verneinen." ...

82. Ist der Rechtsanwalt, welcher im Namen seines Mandanten einen Gerichtsvollzieher mit Ausführung der Zwangsvollstreckung gegen einen Schuldner beauftragt hat, in Ansehung des durch gesetzwidrige Vornahme der Pfändung von dem Gerichtsvollzieher dem Gläubiger verursachten Schadens als eine Person anzusehen, deren Verschulden der Beschädigte wie eigenes Verschulden im Sinne von § 254 Abs. 2 und § 278 B.G.B. zu vertreten hat?[1]

VI. Civilsenat. Urt. v. 5. Oktober 1903 i. S. P. (Bekl.) w. H. & Co. (Kl.). Rep. VI. 66/03.

I. Landgericht Flensburg.
II. Oberlandesgericht Kiel.

Am 11. Juni 1901 nahm der Beklagte, Gerichtsvollzieher P., im Auftrage des Prozeßbevollmächtigten der Klägerin bei einem Schuldner derselben Pfändung vor und pfändete dabei mehrere Stücke Vieh. Diese Pfändung wurde in der Folge von dem zuständigen Gericht aufgehoben, weil das fragliche Vieh zum Wirtschaftsbetriebe des dem Schuldner gehörigen Landgutes bestimmt und danach Zubehör des Landgutes sei. In dem kurz darauf über das Vermögen des Schuldners eröffneten Konkursverfahren fiel die Klägerin mit ihrer Forderung zum größten Teil aus. Sie verlangte von dem Beklagten wegen des Ausfalles Schadensersatz, weil dieser fahrlässigerweise die gesetzlich unzulässige Pfändung vorgenommen habe, während zur fraglichen Zeit ein der Pfändung unterworfenes Warenlager des Schuldners vorhanden gewesen sei, aus welchem die Klägerin volle Befriedigung gefunden haben würde. Das Landgericht verurteilte nach dem Klagantrage; die Berufung des Beklagten wurde zurückgewiesen. Auf die Revision desselben ist das Berufungsurteil aufgehoben worden.

Aus den Gründen:

... „Zu rechtlichen Bedenken gibt ... der letzte Teil der Urteilsbegründung Anlaß, welchen denn auch die Revision zum Gegenstande des Angriffes gemacht hat. Der Beklagte hat laut Tatbestandes geltend gemacht: die Klägerin treffe überwiegendes *eigenes Verschulden*;

---

[1] Vgl. auch oben Nr. 77 S. 316. D. R.

die Pfändung sei erfolgt im Auftrage des Vertreters der Klägerin, des Rechtsanwaltes B.-Sch. in Flensburg. Das Pfändungsprotokoll über die am 11. Juni 1901 vorgenommene Pfändung sei dem genannten Rechtsanwalt an demselben Tage übersandt worden und spätestens am 12. Juni 1901 in seinen Besitz gelangt. Ihm habe es obgelegen, den Inhalt des Protokolles genau zu prüfen; er hätte aus demselben ersehen müssen — und habe auch anderweit gewußt —, daß der Schuldner Landwirtschaft betrieb. Es hätte ihm deshalb auffallen müssen, daß der Gerichtsvollzieher nicht gemäß § 60 der Geschäftsanweisung für Gerichtsvollzieher einen landwirtschaftlichen Sachverständigen zur Pfändung zugezogen gehabt habe. Das Schreiben des Rechtsanwaltes B.-Sch. vom 11. August 1901 beweise, daß er diesen Umstand auch bemerkt habe. Er hätte — meint der Beklagte — sofort beim Gerichtsvollzieher nachfragen und diesen eventuell alsbald mit der Pfändung anderer Gegenstände beauftragen müssen. Für die tatsächlichen Angaben wurde Rechtsanwalt B.-Sch. als Zeuge benannt. Das Berufungsgericht weist diese Einwendung des Beklagten mit der Begründung zurück: auf ein Verschulden des Rechtsanwaltes B.-Sch. komme es nicht an, weil der Beklagte, auch wenn ein solches vorliegen sollte, der Klägerin hafte. Eine Verantwortung der Klägerin aber im Sinne des § 254 B.G.B. aus einem etwaigen Verschulden des genannten Rechtsanwaltes könne nicht in Frage kommen, weil die Voraussetzungen des § 278 B.G.B. nicht gegeben seien. *Weshalb* das Berufungsgericht diese Voraussetzungen nicht als gegeben ansieht, wird nicht näher gesagt. Offenbar aber liegt jener Erwägung, wenn auch nicht — wie die Revision zunächst rügt — eine mißverständliche Auffassung der Rechtsverteidigung des Beklagten, so doch eine unrichtige Auslegung der in Frage stehenden Gesetzesvorschriften zugrunde. Denn allerdings erscheint hier bei Unterstellung der von dem Beklagten behaupteten Tatsachen die Anwendung des § 254 in Verbindung mit § 278 B.G.B. als gegeben.

Nach § 254 Abs. 2 B.G.B. gelten die Vorschriften des ersten Absatzes auch dann, wenn sich das Verschulden des Beschädigten darauf beschränkt, daß er unterlassen hat, den Schuldner auf die Gefahr eines ungewöhnlich hohen Schadens aufmerksam zu machen, die der Schuldner weder kannte, noch kennen mußte, oder daß er unterlassen hat, den Schaden abzuwenden oder zu mindern. „Die

Vorschrift des § 278 findet entsprechende Anwendung." Der § 278 aber bestimmt, daß der Schuldner ein Verschulden seines gesetzlichen Vertreters und der Personen, deren er sich zur Erfüllung seiner Verbindlichkeit bedient, in gleichem Umfange zu vertreten hat, wie ein eigenes Verschulden. Indem das Gesetz für den Fall des § 254 Abs. 2 die entsprechende Anwendung des § 278 vorschreibt, geht es von der Unterstellung aus, daß der Beschädigte dem Gegner verpflichtet sei, ihn auf die Gefahr eines ungewöhnlich hohen Schadens aufmerksam zu machen, ebenso auch verpflichtet, den Schaden abzuwenden oder zu mindern. In Ansehung dieser Verpflichtung wird der Geschädigte als „Schuldner" behandelt und für ein Verschulden derjenigen Personen verantwortlich gemacht, die ihn in der Erfüllung der Verbindlichkeit — wie allgemein der gesetzliche Vertreter — zu vertreten haben, oder deren er sich hierzu als seiner Gehilfen bedient. Nicht genannt ist in § 278 neben dem gesetzlichen auch der rechtsgeschäftliche, sog. gewillkürte Vertreter; und dies mit gutem Grund. Denn „der Fall, wenn der Schuldner einen Dritten zu seiner rechtsgeschäftlichen Vertretung bestellt hat, kommt hier nicht in Betracht, weil die rechtsgeschäftliche Vertretung in der in Frage stehenden Beziehung an sich unerheblich erscheint und nur von Belang wird, wenn der Stellvertreter bei der Bewirkung der Leistung tätig ist, in welchem Falle er als faktischer Vertreter jedem anderen gleich steht, dessen sich der Schuldner bei Bewirkung der Leistung bedient, sei es, daß dieser andere die Leistung allein bewirkt, oder dabei nur helfend tätig wird."

So die Motive zu § 224 Abs. 2 des Entwurfes S. 29; Mugdan, Materialien Bd. 2 S. 16.

Wenn daher der rechtsgeschäftliche Vertreter zwar nicht als solcher zu den in § 278 B.G.B. bezeichneten Personeu gehört, so kann er doch gegebenenfalls sehr wohl als Gehilfe bei Erfüllung einer Verbindlichkeit in Betracht kommen; es ist auch möglich, daß es sich bei der Erfüllung gerade um Vornahme einer rechtlichen Vertretung handelt.

Vgl. Planck, B.G.B. Bd. 2 zu § 278 Bem. 1 S. 50; Oertmann, Schuldverhältnisse zu § 278 Bem. 2b; Schollmeyer, Das Recht der Schuldverhältnisse zu § 278 Bem. 1b S. 103; Endemann, Bürgerliches Recht 8. Aufl. Bd. 1 § 116 S. 655 Anm. 14; Cosack, Lehrbuch des Deutschen bürgerlichen Rechts 4. Aufl. Bd. 1 § 71 Ziff. VIb; Rehbein, Bürgerliches Gesetzbuch Bd. 2 zu §§ 241—292

Bem. 91 S. 104; Nußbaum, Die Haftung für Hilfspersonen S. 44. 56 flg.

Auf den § 254 Abs. 2 B.G.B. angewandt, bedeutet die fragliche Bestimmung also, daß der Beschädigte verantwortlich ist für ein Verschulden in Unterlassung der Schadensabwendung, welches einem von ihm für die Erfüllung dieser Verpflichtung beigezogenen Gehilfen zur Last fällt. Es mag für Anwendung dieser, bei kontraktlichem wie bei außerkontraktlichem Schaden geltenden, Vorschrift in mehrfacher Richtung zweifelhaft werden, ob und inwieweit ein Beauftragter, Bevollmächtigter, Angestellter des Beschädigten als dessen Vertreter, bzw. Gehilfe in Hinsicht der Pflicht zur Abwendung des Schadens anzusehen sei. Keinenfalls darf die Grenze so eng gezogen werden, daß die betreffende Person gerade speciell für die Tätigkeit der Schadensabwendung 2c zugezogen oder doch hiermit besonders beauftragt sein müßte. Vielmehr ist anzunehmen, daß der Beschädigte sich im Sinne des Gesetzes des anderen zur Erfüllung seiner Verbindlichkeit bediene, wenn nur dieser andere mit der Wahrnehmung der Angelegenheit, in welcher der Schade eintrat, betraut oder zur Pflege des geschädigten Gutes bestellt war.

Vgl. Schollmeyer, a. a. O. zu § 254 Bem. 6c S. 46; Planck, a. a. O. zu § 254 Bem. 4 S. 26; Staudinger, Kommentar zu § 254 Bem. 7; Rehbein, a. a. O. zu §§ 241—292 S. 62; Cosack, a. a. O. § 90 Ziff. V 2, b). S. übrigens Endemann, a. a. O. Bd. 1 § 132 S. 761 Anm. 25.[1]

Wenn — wie vorliegendenfalls — ein Gläubiger seinen Rechtsanwalt mit der Betreibung einer Zwangsvollstreckung gegen den Schuldner betraut, und der Rechtsanwalt seinerseits einen Gerichtsvollzieher mit Ausführung einer Pfändung beauftragt hatte, in der Weise, daß der Gerichtsvollzieher dem Rechtsanwalt über Erledigung des Auftrages zu berichten und die urkundlichen Belege hierfür einzureichen hatte, so ist unbedenklich der beauftragte Rechtsanwalt als eine Person anzusehen, deren sich der Gläubiger dem Gerichtsvollzieher gegenüber zur Erfüllung seiner Verbindlichkeit in Absicht auf einen ihm etwa

---

[1] Teilweise abweichend: Gottschalk, Das mitwirkende Verschulden des Beschädigten S. 121 flg. D. E.

aus der Tätigkeit des letzteren zugehenden Schaden bedient. Eine damit freilich noch nicht entschiedene, weitere Frage ist es, ob die so mit der betreffenden Angelegenheit betraute Person ein Verschulden trifft, wenn sie unterlassen hat, Schaden abzuwenden oder zu mindern, was im konkreten Falle nach dem zwischen dieser Person und dem Beschädigten bestehenden Rechtsverhältnisse und nach Maßgabe der allgemeinen Grundsätze (§ 276 B.G.B.) zu beurteilen ist.

Ob man im gegenwärtigen Falle, auch abgesehen von den Bestimmungen in § 254 Abs. 2 und § 278 B.G.B., schon unmittelbar aus § 254 Abs. 1 B.G.B. eine Verantwortlichkeit der Klägerin für ein Verschulden ihres Rechtsanwaltes unter dem von der Revision geltend gemachten Gesichtspunkte ableiten dürfte, daß der Rechtsanwalt B.-Sch. im Verhältnis zum Beklagten der (rechtsgeschäftliche) Vertreter der Klägerin im Sinne von § 164 Abs. 1. § 166 B.G.B. gewesen, und sein, hiernach von der Klägerin zu vertretendes, Verschulden zur Entstehung des Schadens mitwirksam geworden sei, kann hier unentschieden bleiben, da das Berufungsurteil jedenfalls wegen der zu Unrecht abgelehnten Anwendung des § 254 Abs. 2 B.G.B. der Aufhebung unterliegt.

Zur Aufrechthaltung des Urteils gelangt man nämlich auch nicht auf dem Wege der Prüfung, ob bei dem vom Beklagten behaupteten Sachverhalte dem Rechtsanwalt B.-Sch. ein Verschulden überhaupt zur Last gelegt werden könnte. Denn diese Frage läßt sich keinenfalls — wie die Revisionsbeklagte will — schon jetzt in verneinendem Sinne entscheiden. Wenn auch nicht ganz allgemein eine Verpflichtung des den Gläubiger vertretenden Rechtsanwaltes bestehen mag, das ihm von dem Gerichtsvollzieher übersandte Pfändungsprotokoll auf die gesetzmäßige Ausführung der Pfändung nachzuprüfen, so werden doch in einem Falle, wo dem Rechtsanwalt (wie hier behauptet wird) aus dem Pfändungsprotokoll in Verbindung mit den ihm sonst bekannten Umständen ersichtlich geworden ist, daß die Pfändung fehlerhaft vorgenommen war, für ihn Anlaß und Pflicht zur Ergreifung geeigneter Maßregeln gegeben sein. Bei der Verantwortung des Beschädigten nach § 254 Abs. 2 B.G.B. kommt für ein Verschulden des Vertreters oder Gehilfen dessen persönliche Sach- und Rechtskenntnis mit in Betracht, und die Anschauung, daß die Klägerin wegen Unterlassung einer Maßnahme, welche man von ihr, falls sie selbst die

Angelegenheit besorgt hätte, nicht verlangen könnte, auch nicht verantwortlich sei, nachdem sie hierzu einen Rechtsanwalt bestellt habe, ist als unzutreffend abzulehnen." . . .

---

83. Ist die Abtretung künftiger — nur als möglich vorausgesetzter — Forderungen zulässig?

B.G.B. § 398.

VII. Civilsenat. Urt. v. 29. September 1903 i. S. Stadtgem. B. (Bekl.) w. P. (Kl.). Rep. VII. 198/03.

I. Landgericht Bamberg.
II. Oberlandesgericht daselbst.

Aus den Gründen:

. . . „Die eingeklagten Forderungsbeträge von 2350 *M* beruhen auf dem von der Beklagten mit dem Bauunternehmer R. am 1. Juni 1900 geschlossenen Werkvertrage; die Abtretung der aus diesem Verhältnisse entspringenden Forderungen von seiten des R. an den Kläger ist schon im April 1900 erfolgt. Die Beklagte bestreitet die Rechtswirksamkeit der Abtretung, jedoch mit Unrecht. Die Frage, ob künftige Forderungen, zu denen noch nicht einmal ein Grund vorhanden, deren Entstehung vielmehr nur als möglich vorausgesetzt wird, Gegenstand eines gültigen Abtretungsvertrages sein können, ist zwar in der Literatur streitig, von der Rechtsprechung des Reichsgerichts aber unter der Herrschaft des früheren Rechtes bejaht worden. So sagt das Urteil des III. Civilsenates vom 20. Januar 1891, Rep. III. 231/90, bei dem es sich, soweit ersichtlich, um die Anwendung des gemeinen Rechtes handelte, geradezu, die Zulässigkeit solcher Cessionen sei jetzt unbestritten, ebenso der mit der Entstehung der Forderung sich unmittelbar vollziehende Übergang derselben auf den Cessionar. Das hier zur Anwendung kommende Bürgerliche Gesetzbuch entscheidet die Frage nicht ausdrücklich; es ist aber weder mittelbar aus sonstigen Bestimmmungen des Gesetzbuches, noch aus den Verhandlungen der Kommissionen und des Reichstages ein zwingender Grund zu entnehmen, der dazu nötigen würde, die Frage nunmehr anders zu entscheiden, als nach gemeinem Rechte. Die Bejahung der Zulässigkeit entspricht auch unverkennbar einem dringenden Verkehrsbedürfnisse, dessen Nichtbefriedigung, falls sie vom Bürgerlichen Gesetzbuche gewollt wäre, sicher nicht ohne nähere Begründung geblieben wäre. Der zweite Satz des § 398 B.G.B. steht dieser Auffassung nicht entgegen; er sagt nur, daß sich die Rechtsänderung unmittelbar an den Abtretungsvertrag, nicht erst an die Benachrichtigung des Schuldners oder an die Auslieferung der Schuldurkunden oder an sonstige mit der Erfüllung des Abtretungsvertrages zusammenhangende Umstände knüpft." ...

---

84. Vertragsmäßige Verpflichtung des Eisenbahnbetriebsunternehmers, den Reisenden einen sicheren Ausgang aus dem Bahnhofe zu gewähren.

B.G.B. § 278.

VI. Civilsenat. Urt. v. 5. Oktober 1903 i. S. preuß. Eisenbahnfiskus (Bekl.) w. Sch. (Kl.). Rep. VI. 67/03.

I. Landgericht Essen.
II. Oberlandesgericht Hamm.

Aus den Gründen:

„Das Berufungsgericht nimmt für erwiesen an, daß der Kläger am frühen Morgen des 22. Februar 1901 nach Verlassen des von Kr. angekommenen Zuges auf dem Bahnhofe zu D. entweder auf dem Mittelbahnsteige, oder im ersten Schienengleise zu Fall gekommen ist und hierbei einen doppelten Bruch des linken Unterschenkels erlitten hat, ferner daß dieser Unfall lediglich durch die vom Frostwetter herbeigeführte Glätte des Bodens an den bezeichneten Stellen verursacht worden, und daß auf diesen damals trotz des vorhandenen Glatteises nicht genügend gestreut gewesen ist. Es geht davon aus, daß dem Beklagten dem Kläger gegenüber die vertragsmäßige Verpflichtung obgelegen habe, den Weg, den dieser nach dem Aussteigen auf dem Bahnhofsterrain habe einschlagen müssen, in einen ungefährlichen Zustand zu versetzen. Diese Vertragspflicht erachtet es infolge Verschuldens der mit dem Sandstreuen beauftragten Arbeiter für verletzt und versagt dem Beklagten gemäß § 278 B.G.B. die Berufung auf Satz 2 des Abs. 1 des § 831 B.G.B....

Von der Revision wird ... die Ansicht des Berufungsgerichts bekämpft, daß der Beklagte dem Kläger vertragsmäßig verpflichtet gewesen sei, den Weg, den dieser nach dem Verlassen des Wagens auf dem Bahnhofsterrain hat einschlagen müssen, in einen ungefährlichen Zustand zu versetzen; die Eisenbahnverwaltung stehe in dieser Beziehung auch den Reisenden gegenüber nicht anders da, als derjenige, der sein Grundstück dem Publikum zum Gebrauch freigegeben habe; diesen treffe allerdings auch die Verpflichtung, dafür zu sorgen, daß das Grundstück ohne Gefahr begangen werden könne; sie sei aber keine vertragsmäßige; das Verschulden der Leute, deren sich der Grundstücksbesitzer zur Erfüllung dieser Zwangspflicht bediene, habe er daher nicht wie eigenes zu vertreten; vielmehr habe hier die Vorschrift in § 831 B.G.B. in Anwendung zu kommen. Das Berufungsgericht habe daher dem Beklagten die Berufung hierauf mit Unrecht versagt. ... Dieser Angriff kann keinen Erfolg haben; der Ansicht des Berufungsgerichts ist vielmehr beizutreten. Es ist in der Eigentümlichkeit des Eisenbahnbetriebes begründet, daß regelmäßig — eine Ausnahme besteht bei den Straßenbahnen — die Reisenden, um zu dem Eisenbahnzug zu gelangen, bzw. um nach dessen Ankunft die Bahnanlage zu verlassen, Räume und Anlagen passieren müssen, die vom Unternehmer zu jenem Zwecke hergestellt sind. Die Zu- und Abgangswege zu und von dem Zuge sind bestimmt vorgeschrieben; die Benutzung anderer Zu- und Abgangsmöglichkeiten ist untersagt. Der Unternehmer nötigt die Reisenden zur Benutzung jener, damit er seine Beförderungsverbindlichkeit erfüllen kann; er nötigt sie auch dazu, nachdem die Beförderung im Eisenbahnwagen selbst beendigt ist (vgl. § 16 Abs. 3 der Eisenbahn-Verkehrsordnung vom 26. Oktober 1899). Hieraus ergibt sich, daß die Verbindlichkeit des Unternehmers, Personen von einem Orte zum anderen gemäß der Fahrkarte zu befördern, nicht schon im Augenblicke der Ankunft des Bahnzuges auf dem Bahnhofe des Bestimmungsortes als erfüllt gelten kann, daß sie vielmehr auch die Verpflichtung umfaßt, den Reisenden einen sicheren Ausgang aus dem Bahnhofe zu gewähren. Insoweit stehen diese noch unter dem Schutze des Vertragsverhältnisses. Der Eisenbahnunternehmer, der den angekommenen Reisenden nicht einen Ausgang gewährt, den sie ungefährdet passieren können, verletzt daher seine Vertragspflicht.

Vgl. Urteile des Reichsgerichts, II. Civilsenates vom 22. April 1881, Rep. II. 274/81, — abgedruckt in den Entsch. für Civils. Bd. 4 S. 192 flg. — und VI. Civilsenates vom 27. Januar 1887, Rep. IIIa. 321/86.

Er hat daher auch gemäß § 278 B.G.B. ein Verschulden der Personen, deren er sich zur Erfüllung dieser Verbindlichkeit bedient, in gleichem Maße zu vertreten, wie sein eigenes; die Berufung auf die Vorschrift in § 831 Abs. 1 Satz 2 B.G.B. ist ihm versagt.

Ohne jeden Grund bestreitet die Revision, daß die Stationsarbeiter, deren Verschulden das Berufungsgericht angenommen hat, als Personen anzusehen seien, deren sich der Beklagte zur Erfüllung seiner vertragsmäßigen Verpflichtung zur Beschaffung eines sicheren Ausgangs bedient habe; als eine solche Person könne vielmehr nur derjenige Beamte angesehen werden, dem die Erteilung einer Anweisung an jene Arbeiter zum Bestreuen der Bahnsteige rc obgelegen habe. Der Beklagte war verpflichtet, die Bahnsteige in einen verkehrssicheren Zustand zu versetzen. Dazu war bei eingetretener Frostglätte deren Bestreuung mit Sand erforderlich. Gerade der Stationsarbeiter bediente er sich, um diese Verpflichtung zu erfüllen, und es ist ohne jede Bedeutung, ob diese Personen infolge der Anweisung eines verfassungsmäßigen Vertreters des Beklagten, oder eines sonstigen Beamten, und ob sie infolge einer allgemeinen, oder besonderen Anweisung in Tätigkeit getreten sind." ...

---

85. Welche Rechtsfolge hat es, wenn aus einem Blankoaccept vom Empfänger, ohne daß dieser dazu ermächtigt war, ein Domizilwechsel hergestellt wurde?

I. Civilsenat. Urt. v. 5. Oktober 1903 i. S. Sch. (Bekl.) w. O. (Kl.). Rep. I. 210/03.

I. Landgericht Danzig, Kammer für Handelssachen.
II. Oberlandesgericht Marienwerder.

Aus den Gründen:

„Der Revisionskläger geht mit dem Berufungsgerichte davon aus, daß der Domizilvermerk auf den Wechsel nicht hätte gesetzt werden dürfen, weil es an einer ausdrücklichen oder stillschweigenden Ermächtigung dazu gefehlt habe, leitet aber seinerseits hieraus die rechtliche Folge ab, daß die Urkunde vom 1. Juli 1899 kein gültiger Wechsel sei. Er führt aus: nach Art. 4 Ziff. 8 W.O. gelte der bei dem Namen des Bezogenen angegebene Ort nur dann als Zahlungsort, wenn nicht ein eigener Zahlungsort angegeben sei; da nun die Urkunde vom 1. Juli 1899 einen Domizilvermerk enthalte und schon vom Zeitpunkt ihrer Herstellung an enthalten habe, so habe von vornherein die Angabe des Wohnortes des Bezogenen nicht die Bedeutung der Bezeichnung des Zahlungsortes gehabt, und es sei daher einleuchtend, daß dieser Wohnort nicht dadurch, daß der Domizilvermerk als unzulässig fortfalle, mit der Wirkung der Erfüllung des Erfordernisses des Art. 4 Ziff. 8 W.O. hinterher zum Zahlungsort werden könne; sonst müsse man annehmen, daß zwei Zahlungsorte angegeben seien, ein prinzipaler und ein subsidiärer, und dann sei der Wechsel ebenfalls ungültig.

Diese Ausführungen können indes nicht für zutreffend erachtet werden. Wer ein Blankoaccept aus der Hand gibt und damit dem Empfänger die tatsächliche Möglichkeit gewährt, nach eigenem Belieben das Blankett auszufüllen, der kann, auch wenn die Ausfüllung abredewidrig geschieht, nicht deswegen die Formgültigkeit des Wechsels beanstanden. Die hergestellte Urkunde ist vielmehr auch in solchem Falle, so wie sie lautet, vorausgesetzt daß dieser Wortlaut den Erfordernissen eines Wechsels entspricht, ein vollkommen gültiger Wechsel, und es hat nur der Geber des Blankoacceptes gegen den Nehmer (und jeden bösgläubigen Erwerber) eine Einrede der Arglist, deren Wirkung ist, daß vom Gegner der Wechsel insoweit, als dessen Inhalt ein abredewidriger ist, nicht geltend gemacht werden kann, sondern nur geltend gemacht werden kann nach Maßgabe des Inhaltes, der dem Wechsel hätte gegeben werden sollen.

Überschreitet die von dem Nehmer des Blankoacceptes in das Blankett gesetzte Wechselsumme die verabredete Höhe, so ist nicht darum das hergestellte Schriftstück ein gegen die Vorschrift des Art. 4 Ziff. 2 W.O. verstoßender und somit ungültiger Wechsel; aber der

Blankettnehmer kann durch Einrede an der Durchführung des Wechselanspruches über die verabredete Summe hinaus gehindert werden.

Handelte der Nehmer des Blankoacceptes insofern vertragswidrig, als er bei der Ausfüllung des Blanketts einen zu frühen Fälligkeitstag hineinschrieb, dann ist nicht der Wechsel als ein der Angabe der Zahlungszeit entbehrender und folglich formwidriger Wechsel anzusehen, wol aber der Blankettgeber berechtigt, darauf zu bestehen, daß in dem Verhältnis zwischen ihm und dem Nehmer die Fälligkeit des Wechsels sich nach der getroffenen Vereinbarung zu richten habe.

Vgl. Entsch. des R.G.'s in Civils. Bd. 23 S. 110.

Entsprechend muß die Rechtsfolge sein, wenn der Nehmer des Blankoacceptes unbefugterweise einen Domizilwechsel hergestellt hat. Der Wechsel ist gültig als ein domiziliierter Wechsel; der Blankettnehmer jedoch muß sich gefallen lassen, daß ihm gegenüber der Wechsel als ein nicht domiziliierter behandelt wird. Das Reichsgericht hat denn auch in einem Falle, in welchem, ebenso wie im gegenwärtigen, ein gegebenes Blankett vom Empfänger ohne Befugnis von vornherein zu einem Domizilwechsel sollte gemacht worden sein, den behaupteten Sachverhalt unterstellend, nicht den Wechsel für ungültig, sondern nur den bei dem Domiziliaten vorgenommenen Protest für ungeeignet erklärt, das Regreßrecht des Blankettempfängers zur Entstehung zu bringen.

Vgl. Entsch. des R.G.'s in Civils. Bd. 3 S. 62.

Hiernach konnte im vorliegenden Falle der Beklagte vom Kläger nur verlangen, daß im Verhältnis zwischen ihnen der Wechsel als ein in Taganrog zahlbarer Wechsel beurteilt werde, und darauf sich stützend hätte er allerdings der Klage mit Erfolg die Einrede der Unzuständigkeit des Gerichts entgegensetzen können. Dies hat er aber nicht getan, und deshalb wurde das vom Kläger angegangene Gericht auf Grund des § 39 C.P.O. zuständig. Es wäre ferner die Einrede der Verjährung begründet gewesen, wenn nach russischem Rechte der Wechselanspruch verjährt wäre. Daß dies der Fall sei, ist vom Landgericht verneint und in der Berufungsinstanz sowohl wie in der Revisionsinstanz vom Beklagten nicht mehr geltend gemacht worden."...

86. 1. Kann der eingetragene Eigentümer, nachdem er das Grundstück einem anderen aufgelassen hat, und nachdem die Auflassungserklärung dem Grundbuchamte zur Eintragung des Eigentumswechsels eingereicht ist, über das Grundstück (z. B. durch Belastung) verfügen? B.G.B. § 873 Abs. 2. § 892 Abs. 1 Satz 2.

2. Dient die Vormerkung aus § 18 Abs. 2 G.B.O. zur Sicherung obligatorischer Ansprüche? Ist es für die Wirksamkeit der Eintragung von Bedeutung, wenn statt einer Vormerkung ein Widerspruch eingetragen ist?

3. Ist eine Eintragung deshalb unwirksam, weil sie nicht an der durch die Anordnungen der Landesjustizverwaltung bestimmten Stelle des Grundbuches erfolgt ist?

V. Civilsenat. Urt. v. 10. Oktober 1903 i. S. K. (Kl.) w. L. (Bekl.). Rep. V. 142/03.

I. Landgericht Zwickau.
II. Oberlandesgericht Dresden.

Der Kläger hatte im Jahre 1901 vom Bäcker M. ein Grundstück durch Kauf und Auflassung erworben. Der Grundbuchrichter machte die Eintragung des Eigentumsüberganges gemäß § 8 des sächsischen Kostengesetzes vom 21. Juni 1900 von Bestellung eines zur Deckung der Kosten ausreichenden Vorschusses und vom Nachweise der Erlegung der örtlichen Abgaben abhängig. Zu diesem Behuf erteilte er dem Kläger eine Frist. Vor Ablauf der Frist beantragte der Beklagte auf Grund eines vollstreckbaren Titels gegen M. die Eintragung einer Sicherungshypothek in Höhe von 1901,95 *M*. Auf Grund einer und derselben Verfügung des Grundbuchrichters wurde die Sicherungshypothek in Abt. III des Grundbuches unter Nr. 10, und in derselben Abteilung unter Nr. 11 folgender Vermerk eingetragen:

„Zu Nr. 10. Gegen das Gläubigerrecht des unter Nr. 10 eingetragenen . . . L. . . . wird zugunsten des in Abt. II als Eigentümer noch nicht eingetragenen . . . K. . . . Widerspruch von Amts wegen eingetragen."

In die Kolonne „Anmerkungen" wurde bei Nr. 10 eingetragen: „Widerspruch s. Nr. 11."

Einige Tage später wurde der Kläger als Eigentümer eingetragen. Er klagte auf Bewilligung der Löschung der Sicherungshypothek, wurde jedoch durch das erste Urteil abgewiesen. Nach Verkündung dieses Urteils hat der Grundbuchrichter auf Antrag des Klägers die Sicherungshypothek gelöscht. Auf Beschwerde des Beklagten ordnete das Landgericht zunächst gemäß § 76 Abs. 1 G.B.O. die Eintragung eines Widerspruches gegen die Löschung an und wies demnächst das Grundbuchamt an, einen Widerspruch gegen die Richtigkeit der Löschung gemäß § 54 G.B.O. einzutragen. Beide Eintragungen erfolgten. Der veränderten Sachlage entsprechend beantragte der Kläger in der Berufungsinstanz, den Beklagten zur Bewilligung der Löschung dieser beiden Widersprüche zu verurteilen; seine Berufung wurde jedoch zurückgewiesen.

Auf die Revision des Klägers ist das Berufungsurteil aufgehoben worden aus folgenden

Gründen:

..."Dem Berufungsrichter ist darin beizutreten, daß der rechtsgeschäftliche Erwerb des Eigentums an Grundstücken sich nicht schon auf Grund der Auflassung vollzieht, daß vielmehr die Eintragung hinzutreten muß. Bis zum Zusammentreffen beider Erfordernisse bleibt das Eigentum bei dem bisherigen Eigentümer. Bis dahin besteht die Möglichkeit, daß im Grundbuche Eintragungen auf Grund seiner Bewilligung oder im Wege der Zwangsvollstreckung gegen ihn vorgenommen werden. Diese Möglichkeit besteht selbst dann, wenn die Eintragung auf Grund der Auflassung bereits beantragt war. Für das preußische Recht wurde freilich angenommen, daß mit der Entgegennahme der Auflassungserklärung das Grundbuch für weitere Verfügungen des bisherigen Eigentümers und aus seinem Rechte geschlossen sei;

vgl. Entsch. des R.G.'s in Civils. Bd. 28 S. 350;

aber diese Annahme beruhte auf der aus § 48 Abss. 1. 3 preuß. G.B.O. hergeleiteten Auffassung, daß Auflassung und Eintragung ein einheitlicher Akt sei. Es kann dahingestellt bleiben, ob diese Auffassung berechtigt, und ob sie auch für das Gebiet des rheinischen Rechtes möglich war, wo nach § 25 des Gesetzes vom 12. April 1888 die Auflassung auch vor dem Notar und anderen Gerichten, als dem Grundbuchamt, erfolgen konnte; denn jedenfalls fehlt es dem neuen

Rechte an Bestimmungen, daß die Auflassungserklärung erst entgegengenommen werden solle, wenn der sofortigen Eintragung des Eigentums ein Hindernis nicht entgegensteht, und daß die Eintragung des Eigentumsüberganges sich unmittelbar an die Auflassung anschließen müsse (§ 48 preuß. G.B.O.), sowie an sonstigen Bestimmungen, aus denen die Einheitlichkeit der beiden Akte hergeleitet werden könnte. Nach heutigem Rechte führt die Auflassung zwar die dingliche unwiderrufliche Bindung der Beteiligten herbei (§ 873 Abs. 2 B.G.B.); aber fertig wird das dingliche Recht (das Eigentum) erst durch das Zusammentreffen von Auflassung und Eintragung, und der Erwerb kollidierender dinglicher Rechte (auch der durch Zwangsvollstreckung vermittelte) scheitert nur an fertigen entgegenstehenden dinglichen Rechten. Eine Verfügungsbeschränkung kann in der dinglichen Bindung ebensowenig gefunden werden, wie in jeder anderen vertraglichen Bindung,

vgl. Biermann, Sachenrecht 2. Aufl. S. 48 Anm. 3,

und daher kommt § 892 Abs. 1 Satz 2 B.G.B. nicht in Frage. Die dingliche Bindung besteht nur unter den Beteiligten; Dritten legt die bloße Auflassung überhaupt keine Schranken auf.

Im übrigen konnte den Ausführungen des Berufungsrichters nicht gefolgt werden. Der auf Grund der Auflassung beantragten Eintragung des Klägers als Eigentümers stand nach § 8 des sächsischen Kostengesetzes ein Hindernis im Sinne des § 18 G.B.O. entgegen, weil ein Vorschuß noch nicht bestellt, und die Erlegung der örtlichen Abgaben noch nicht nachgewiesen war. Als vor Behebung dieses Hindernisses für den Beklagten die Eintragung einer Zwangshypothek gegen den bisherigen Eigentümer beantragt wurde, hatte der Grundbuchrichter nach § 18 Abs. 2 für die Sicherung des Klägers wegen der früher beantragten Eintragung von Amts wegen zu sorgen. Als Sicherungsmaßregeln benennt § 18 die Vormerkung und den Widerspruch. Der Grundbuchrichter hat einen Widerspruch eingetragen. Der Berufungsrichter nimmt an, daß eine Vormerkung am Platze gewesen wäre, da der obligatorische Anspruch des Klägers auf den Erwerb des Eigentums dinglich zu sichern gewesen, und dafür nach § 883 B.G.B. die Vormerkung gegeben sei. Diese Ausführung geht nur insofern fehl, als der Vormerkung aus § 18 Abs. 2 G.B.O. die Bestimmung beigemessen wird, obligatorische Ansprüche zu sichern, während der § 18 von Eintragungen handelt, die auf Grund dinglicher Verträge oder dinglicher Eintragungsbewilligungen erfolgen sollen, gleichviel ob ein wirksamer obligatorischer Anspruch auf die dingliche Rechtsänderung besteht. Ist z. B. ein Grundstücksveräußerungsvertrag nicht in der Form des § 313 Satzes 1 B.G.B. geschlossen, so besteht ein obligatorischer Anspruch auf Eigentumsübertragung, der durch eine Vormerkung im Sinne des § 883 B.G.B. gesichert werden könnte, überhaupt nicht; dennoch ist es nicht zweifelhaft, daß auch in diesem Falle der Grundbuchrichter, wenn ihm eine gültige Auflassung vorliegt, den Erwerber als Eigentümer einzutragen, und daß er, wenn dieser Eintragung Hindernisse entgegenstehen, gemäß § 18 Abs. 2 G.B.O. zu verfahren hat. Zu sichern ist nicht ein obligatorischer Anspruch, sondern das sich aus dem dinglichen Rechtsakte ergebende Recht des Antragstellers auf Eintragung. Die Vormerkung ist im Sinne des § 18 Abs. 2 am Platze zur Sicherung von Rechten, zu deren Dinglichkeit es — abgesehen von den Hindernissen — nur noch an der Eintragung fehlt, der Widerspruch zur Sicherung von Rechten, die ohne Eintragung dinglich sind. Der Berufungsrichter hält den vom Grundbuchrichter als Widerspruch bezeichneten Grundbuchvermerk für wirkungslos, zumal da es sich nicht bloß um ein Vergreifen in der Bezeichnung handle, der Grundbuchrichter vielmehr den Widerspruch für den richtigen Rechtsbehelf gehalten habe, der Vermerk auch nicht an der richtigen Stelle im Grundbuche stehe. Die Einrichtung der Grundbücher, und damit auch die Stelle, an der die einzelnen Eintragungen ihren Platz erhalten, ist durch § 1 Abs. 2 G.B.O. der Bestimmung der Landesjustizverwaltung überlassen. Nach §§ 54. 73 der sächsischen Verordnung vom 26. Juli 1899 zur Ausführung der Grundbuchordnung hätte der Sicherungsvermerk allerdings in der II. Abteilung des Grundbuches eingetragen werden sollen, und zwar als Vormerkung zur Sicherung des Rechtes des Klägers auf Eintragung als Eigentümer. Aber alle diese Mängel beeinflussen die Wirksamkeit der Sicherungsmaßregel nicht. Die Vorschriften darüber, welche Eintragungen in die einzelnen Abteilungen gehören, sind wesentlich Ordnungsvorschriften, deren Verletzung materielle Nachteile für die Beteiligten nicht nach sich zieht. Es kommt auch nicht darauf an, welchen Namen die Eintragung trägt, und ob der Grundbuchrichter rechtsirrtümlich die Voraussetzungen des Widerspruches statt der der Vormerkung (oder umgekehrt) für gegeben erachtet hat, wenn sich nur aus dem Inhalte der Eintragung ergibt, zur Sicherung welcher Art von Rechten sie dienen soll,

vgl. Turnau u. Förster, Liegenschaftsrecht 2. Aufl. Bd. 1 S. 253 flg.; Wolff, im Archiv f. d. civ. Praxis Bd. 91 S. 377,

und der Sicherungszweck durch sie erreicht wird. Das ist aber vorliegend der Fall; denn aus dem eingetragenen Vermerk ergibt sich ganz klar, daß dem Kläger ein Anspruch auf Eintragung als Eigentümer zusteht, und daß dieser Anspruch insbesondere dem Beklagten gegenüber gesichert werden soll. Eine Eintragung solchen Inhaltes charakterisiert sich aber nach den obigen Ausführungen mindestens dem Beklagten gegenüber materiell als eine Vormerkung im Sinne des § 18 Abs. 2 G.B.O. Da diese besondere Vormerkung sich im wesentlichen nur gegen die Eintragung richtet, mit der nicht bis zur Erledigung der Hindernisse gewartet werden soll, welche der Eintragung des vorgemerkten Rechtes entgegenstehen, führt im vorliegenden Falle die Eintragung an falscher Stelle auch nicht einmal zu Unklarheiten; vielmehr wird durch die Eintragung zu der Zwangshypothek gerade jeder Inhaber dieser Post über den Zweck und das Ziel der Sicherungsmaßregel besonders eindringlich aufgeklärt.

Endlich kann dem Berufungsrichter auch darin nicht gefolgt werden, daß der in Rede stehende Vermerk deshalb nicht die beabsichtigte Wirkung haben könne, weil er hinter der Zwangshypothek eingetragen sei, dieser also gemäß § 879 B.G.B. im Range nachstehe. Es kann dahingestellt bleiben, ob auf die nach § 18 Abs. 2 G.B.O. in Betracht kommenden, gleichzeitig zu bewirkenden Eintragungen, von denen die eine den gesetzlichen Zweck in sich trägt, die andere in ihrer Wirkung zu beschränken, überhaupt die Rangvorschriften Anwendung finden; denn im vorliegenden Falle handelt es sich in Wirklichkeit nur um eine einzige Eintragung, die der Grundbuchrichter nur deshalb in zwei Teile zerlegt hat, weil die Einrichtung der sächsischen Grundbücher neben den Hauptkolonnen keinen Platz zu derartigen Eintragungen bietet. Daß die beiden durch eine und dieselbe Verfügung angeordnete Eintragungen in Abt. III Nr. 10 und 11 in der Tat nur eine Eintragung darstellen, daß die Sicherungshypothek des Beklagten nur mit dem Mangel behaftet eingetragen worden ist, der sich aus dem Anspruche des Klägers auf Eintragung seines Eigentums ergibt, geht aus dem in Kolonne „Anmerkungen" zu Nr. 10 eingetragenen Vermerke: „Widerspruch s. Nr. 11", und aus der Verweisung in Nr. 11 auf Nr. 10 klar hervor.

Ist nach alledem der Eintragung in Abt. III Nr. 11 die Bedeutung einer gegen den Beklagten wirksamen Vormerkung im Sinne des § 18 Abs. 2 G.B.O. nicht abzusprechen, so ergibt sich das Klagerecht des Klägers an sich aus § 888 B.G.B. Das Berufungsurteil unterliegt demnach der Aufhebung."...

---

87. Kann von deutschen Gerichten in einem Eheprozesse unter Eheleuten fremder Staatsangehörigkeit auf beständige Trennung von Tisch und Bett erkannt werden, wenn nach deutschem Rechte die Scheidung der Ehe gerechtfertigt, nach dem heimischen Rechte der Eheleute aber nur beständige Trennung von Tisch und Bett zulässig sein würde?

Vereinigte Civilsenate. Beschl. v. 12. Oktober 1903 i. S. N. (Bekl.) w. N. Ehefr. (Kl.). Rep. VI. 226/02.

I. Landgericht Leipzig.
II. Oberlandesgericht Dresden.

Die vereinigten Civilsenate haben eine zwischen dem IV. und dem VI. Civilsenate des Reichsgerichtes streitig gewordene Rechtsfrage wie folgt entschieden:

„Deutsche Gerichte dürfen auch dann nicht auf beständige Trennung von Tisch und Bett erkennen, wenn nach deutschem Rechte die Scheidung der Ehe gerechtfertigt, nach dem Rechte des Staates aber, dem der Ehemann zur Zeit der Erhebung der Klage angehört, nur beständige Trennung von Tisch und Bett zulässig sein würde."

Gründe:

„Die Parteien haben am 12. Mai 1890 zu Böhmisch-Trübau die Ehe geschlossen. Sie sind und waren zur Zeit der Eheschließung katholischer Konfession und österreichische Staatsangehörige. Die Ehefrau hat gegen den Ehemann bei dem Landgericht zu Leipzig, in dessen Bezirk dieser zur Zeit seinen Wohnsitz hatte, Klage auf Scheidung wegen von dem Beklagten verübten Ehebruchs erhoben. Das Landgericht hat ... die Klage abgewiesen, da das hier maßgebende österreichische Recht eine Scheidung der Ehe dem Bande nach nicht zulasse. Auf die Berufung der Klägerin hat einem von dieser gestellten Eventualantrag entsprechend das Oberlandesgericht zu Dresden . . . erkannt: „Die Ehe der Parteien wird wegen Ehebruchs des Beklagten mit der X. im Sinne des allgemeinen bürgerlichen Gesetzbuches für das Kaisertum Österreich von Tisch und Bett geschieden. Der Beklagte trägt die Schuld an der Scheidung von Tisch und Bett." Soweit die Klage auf Scheidung der Ehe vom Bande gerichtet ist, verblieb es bei der in erster Instanz verfügten Klagabweisung. Gegen dieses Urteil hat der Beklagte Revision mit dem Antrag eingelegt, unter insoweitiger Aufhebung des angefochtenen Urteils die Berufung der Klägerin gegen das landgerichtliche Urteil in vollem Umfange zurückzuweisen. Der VI. Civilsenat erachtet es unter der bestehenden Gesetzgebung für unzulässig, daß der deutsche Richter in einem Eheprozesse fremder Staatsangehöriger (an Stelle der nach dem maßgebenden ausländischen Recht ausgeschlossenen Scheidung vom Bande) die beständige Trennung von Tisch und Bett ausspricht, und will deshalb der Revision stattgeben. Er sieht sich jedoch hieran gehindert durch ein am 17. November 1902 verkündetes Urteil des IV. Civilsenates in Sachen H. w. H., das in einem gleichartigen Falle den Ausspruch der beständigen Trennung von Tisch und Bett für zulässig erklärt hat; er hat daher durch Beschluß vom 18. Dezember 1902 die Frage:

> „Kann von deutschen Gerichten in einem Eheprozesse unter Eheleuten fremder Staatsangehörigkeit auf beständige Trennung von Tisch und Bett erkannt werden, wenn nach deutschem Rechte die Scheidung der Ehe gerechtfertigt, nach dem heimischen Rechte der Eheleute aber nur beständige Trennung von Tisch und Bett zulässig sein würde?"

der Entscheidung der vereinigten Civilsenate des Reichsgerichtes unterbreitet. Diese haben angenommen, daß ein Fall des § 137 G.V.G. gegeben sei, und die gestellte Frage verneint.

Die Antwort auf die zur Entscheidung stehende Frage ist durch Auslegung des Art. 17 Einf.-Ges. zum B.G.B. zu gewinnen; der § 77 des Personenstandsgesetzes vom 6. Februar 1875 kommt dabei nicht in Betracht; es braucht daher nicht untersucht zu werden, ob diese Vorschrift aufgehoben ist, oder nicht.

Betrachtet man den Wortlaut des Art. 17, und versteht man unter „Scheidung" das, was das Bürgerliche Gesetzbuch darunter verstanden wissen will, nämlich die Scheidung vom Bande, so muß die Frage verneint werden. Der Abs. 1 stellt das Nationalitätsprinzip als Regel auf: der deutsche Richter hat für die Scheidung vom Bande die Gesetze des Staates anzuwenden, dem der Ehemann zur Zeit der Erhebung der Klage angehörte; der Abs. 4 enthält eine Einschränkung dieser Regel: ist nach dem Abs. 1 ein ausländisches Gesetz anzuwenden, und wäre nach diesem die Scheidung vom Bande gerechtfertigt, so soll gleichwohl nur unter der weiteren Voraussetzung auf Scheidung vom Bande (oder auf Aufhebung der ehelichen Gemeinschaft) erkannt werden können, daß auch nach den deutschen Gesetzen die Scheidung vom Bande zulässig sein würde. Bei dieser Auffassung des Wortes „Scheidung" enthält Art. 17 eine ausdrückliche Vorschrift darüber, ob der deutsche Richter befugt sei, unter Umständen auch auf Trennung von Tisch und Bett zu erkennen, oder nicht, nicht, und es muß aus dem Umstande, daß Art. 17 die Anwendung des ausländischen Rechtes nur für die Scheidung vom Bande zuläßt, in Verbindung damit, daß das deutsche Recht eine Trennung von Tisch und Bett nicht kennt, die Folgerung abgeleitet werden, daß jene Frage zu verneinen ist.

Demgegenüber wird geltend gemacht, daß das Wort „Scheidung" im Abs. 1 (und das Wort „Scheidungsgrund" im Abs. 2) nicht in jenem engeren Sinne zu verstehen sei, den das Bürgerliche Gesetzbuch damit verbindet; Abs. 1 rede nicht vom deutschen Recht, sondern von dem Recht des (deutschen oder ausländischen) Staates, dem der Ehemann zur Zeit der Klagerhebung angehöre. „Scheidung" nach Abs. 1 sei also nicht Scheidung im (engeren) Sinne des deutschen Rechtes, sondern Scheidung im Sinne der Gesetzgebung der Kulturstaaten, die das Scheidungsrecht verschieden gestaltet hätten. In diesem Sinne umfasse „Scheidung" auch die Trennung von Tisch und Bett. Der Abs. 1 habe daher das Scheidungsrecht im weiteren Sinne im Auge; dasselbe gelte vom Abs. 2; dagegen ergebe Abs. 4 klar, daß hier unter „Scheidung" nur die deutschrechtliche Scheidung vom Bande zu verstehen sei.

Diesen Ausführungen kann nicht beigetreten werden. Die Frage, welche Bedeutung dem Ausdruck „Scheidung" „im Sinne der Gesetzgebung der Kulturstaaten" beizumessen ist, bedarf keiner Erörterung. Es mag aber darauf hingewiesen werden, daß die in den Jahren 1893, 1894 (und 1900) im Haag abgehaltenen internationalen Konferenzen für internationales Privatrecht, an denen die Hauptvertreter der internationalen Privatrechtswissenschaft teilnahmen, in ihren Beschlüssen „divorce" und „séparation de corps" scharf getrennt gehalten haben, und daß sowohl die Kommission für die erste, wie die Kommission für die zweite Lesung des Entwurfes des Bürgerlichen Gesetzbuches unter „Scheidung" lediglich die Scheidung vom Bande verstanden hat, da § 10 des Entwurfes eines Gesetzes über die räumliche Herrschaft der Rechtsnormen im Abs. 1 von der „Auflösung der Ehe", in den folgenden Absätzen von „Scheidung" und von „Trennung von Tisch und Bett" spricht, und die zweite Kommission dies dahin aufgefaßt hat, daß im Abs. 1 von der Auflösung der Ehe im allgemeinen, worunter die Auflösung durch Scheidung oder Trennung oder infolge Todeserklärung einbegriffen sei, gehandelt werde, während in den folgenden Absätzen besondere Bestimmungen für die Scheidung und für die Trennung der Ehe getroffen worden seien (Protokolle der zweiten Kommission Bd. 6 S. 52); ein Sprachgebrauch, den die Kommission auch in den §§ 2247. 2249 des Entwurfes zweiter Lesung beibehalten hat. Denn gerade der Umstand, daß in verschiedenen Gesetzgebungen der Ausdruck „Scheidung von Tisch und Bett" gebraucht wird, daß in Österreich unter „Trennung der Ehe" die Scheidung vom Bande verstanden, in anderen Staaten wieder scharf unterschieden wird zwischen „Scheidung" („divorce") und „Trennung von Tisch und Bett" („séparation de corps"), hätte dem deutschen Gesetzgeber Veranlassung geben müssen, dann, wenn er in den Abss. 1 und 2 des Art. 17 nicht bloß die Scheidung vom Bande, sondern auch die Trennung von Tisch und Bett hätte treffen wollen, dies in anderer Weise, als nur durch Gebrauch des Wortes „Scheidung" zum Ausdruck zu bringen; besonders die Terminologie der zweiten Kommission und die der Haager Konferenzen hätten ihn gerade dazu zwingen müssen, und nichts hätte näher gelegen, sich alsdann des von der zweiten Kommission gebrauchten Ausdruckes „Auflösung der Ehe" zu bedienen.

Es ist aber auch der Gedanke abzuweisen, daß der Gesetzgeber mit dem Worte „Scheidung" in Art. 17 einen anderen Sinn habe verbinden wollen, als den, den er sonst damit verbunden wissen will, und daran vermag in keiner Weise etwas zu ändern, daß die Abss. 1 und 2 nicht speciell vom deutschen Recht, sondern von diesem oder dem eines ausländischen Staates sprechen. Daraus ergibt sich nur, daß die Gesetze des fremden Staates, soweit sie zu einer Scheidung im deutschrechtlichen Sinne führen können, Anwendung finden sollen, nicht aber, daß auch andere Bestimmungen des ausländischen Rechtes, die nicht auf eine „Scheidung", sondern auf eine weitere, dem deutschen Recht nicht bekannte Rechtsinstitution Bezug haben, zur Anwendung zu bringen seien. Die Rechtssätze des internationalen Privatrechtes sind nicht Sätze des Völkerrechtes, sondern integrierender Bestandteil des betreffenden bürgerlichen Rechtes. Das Bürgerliche Gesetzbuch versteht unter „Scheidung" der Ehe die Scheidung vom Bande; es kann nicht angenommen werden, daß in dem Einführungsgesetze zu demselben Gesetzbuch das Wort „Scheidung" in einem anderen Sinne gemeint sein soll, noch dazu in einem Sinne, der die Anerkennung einer Institution enthalten würde, die vom Bürgerlichen Gesetzbuch ausdrücklich reprobiert wird. Es würde aber auch jeder Gesetzestechnik widersprechen, in demselben Paragraphen denselben technischen Ausdruck in völlig verschiedenem Sinne zu gebrauchen; daß im Abs. 4 das Wort „Scheidung" lediglich die Scheidung vom Bande bedeutet, wird von keiner Seite bezweifelt.

Aber auch der Abs. 2 des Art. 17, in dem zwischen Scheidungsgrund und Trennungsgrund unterschieden wird, steht der Annahme entgegen, daß im Abs. 1 das Wort „Scheidung" auch die Trennung von Tisch und Bett umfasse. Die Anhänger dieser letzteren Meinung geben zunächst zu, daß bei der nahen äußeren und inneren Verbindung, in der jene beiden Absätze zueinander stehen, das in beiden vorkommende Wort „Scheidung", bzw. „Scheidungsgrund" nicht in einem verschiedenen Sinne genommen werden könne; sie gehen daher davon aus, daß unter „Scheidungsgrund" im Abs. 2 ein Grund zu verstehen sei, der sowohl zu dem Antrag auf Scheidung wie zu dem auf Trennung von Tisch und Bett berechtige. Dem steht jedoch entgegen, daß Abs. 2 „ein Scheidungsgrund oder ein Trennungsgrund" sagt, und um diesem Einwande zu begegnen, wird geltend gemacht, teils daß die Worte „oder ein Trennungsgrund" nur aus einem Redaktionsversehen auf seiten des Bundesrates stehen gelassen worden seien, teils daß durch diese Worte nur noch besonders, wiewohl unnötigerweise, hervorgehoben habe werden sollen, daß eine Ehe auch dann zu scheiden sei, wenn der Scheidungsgrund, der entstanden ist, während der Ehemann einem anderen Staate angehörte, nach den Gesetzen dieses Staates nur die Trennung von Tisch und Bett, nach den Gesetzen des Heimatstaates zur Zeit der Klagerhebung aber nur die Scheidung vom Bande rechtfertigt. Allein für das Vorliegen eines Redaktionsversehens ist nicht der geringste Anhalt gegeben, so daß man, wenn man der Meinung der Gegner folgt, zu dem Ergebnis gelangt, daß in demselben Satze das Wort „Scheidungsgrund" zunächst in einem weiteren Sinne und wenige Worte darauf in einem engeren Sinne gebraucht wäre. Wollte man aber dieses Wort auch an letzterer Stelle in dem weiteren Sinne auffassen, so würden die Worte „oder ein Trennungsgrund" völlig überflüssig sein, da sie in dem Worte „Scheidungsgrund" bereits enthalten wären, und ihre Existenzberechtigung auch nicht durch das Bedürfnis einer besonderen Hervorhebung der vorerwähnten Art gerechtfertigt werden können. Denn es ließe sich wohl fragen, warum ein solches Bedürfnis sich nicht bereits bezüglich des im Abs. 2 zuerst gebrauchten Wortes „Scheidungsgrund", besonders aber bezüglich des Wortes „Scheidung" im Abs. 1 fühlbar gemacht haben sollte. Es würde aber auch wiederum jeder Gesetzestechnik widersprechen und nur geeignet sein, irrezuführen, wenn das Gesetz als Voraussetzung eines Anspruchs entweder eine so, oder eine so qualifizierte Tatsache erfordert und in unmittelbarem Anschluß hieran nochmals die auf die eine Weise qualifizierte Tatsache zuläßt.

Aber auch die Entstehungsgeschichte des Art. 17 spricht nicht für, sondern gegen die Zulässigkeit einer Trennung von Tisch und Bett. Daß sich die Verfasser des ersten Entwurfes ebenso wie die zweite Kommission für die Zulässigkeit erklärt haben, und daß dies auch im Entwurfe zweiter Lesung zum Ausdrucke gelangt ist, kann allerdings keinem Zweifel unterliegen. Insbesondere hat sich die zweite Kommission in ihrer Majorität dafür entschieden, daß der Ansicht des Reichsgerichts von der Tragweite des § 77 Abs. 1 des Personenstandsgesetzes vom Standpunkte des Gesetzgebers aus nicht beizupflichten sei, es daher für zulässig erklärt, daß die deutschen Gerichte bei Ehen von Ausländern auf beständige Trennung von Tisch und Bett erkennen, auch den Satz, daß das maßgebende Recht sich nach der Staatsangehörigkeit des Ehemannes zur Zeit der Erhebung der Klage auf Scheidung oder auf Trennung bestimme, gebilligt (Protokolle Bd. 6 S. 51 flg.). Demgemäß ist § 10 des Entwurfes eines Gesetzes über die räumliche Herrschaft der Rechtsnormen (abgedruckt in den Protokollen Bd. 6 S. 8 flg.) in das von der „Anwendung ausländischer Gesetze" handelnde 6. Buch des Entwurfes in folgender Fassung aufgenommen worden:

§ 2247.

Abs. 1 (= Rev. Entw. § 2374). Die Auflösung der Ehe wird nach den Gesetzen des Staates beurteilt, welchem der Mann zur Zeit der Verwirklichung des für die Auflösung in Betracht kommenden Tatbestandes angehört hat.

Abs. 2 (= Rev. Entw. § 2375 Abs. 1). Für die Ehescheidung und für die beständige oder zeitweilige Trennung der Ehegatten von Tisch und Bett sind die Gesetze des Staates maßgebend, welchem der Mann zur Zeit der Erhebung der Klage auf Scheidung oder auf Trennung angehört.

Abs. 3 (= Rev. Entw. § 2375 Abs. 2). Eine Tatsache, die sich ereignet hat, während der Mann einem anderen Staate angehörte, kann als Scheidungsgrund oder als Trennungsgrund nur geltend gemacht werden, wenn die Tatsache auch nach den Gesetzen dieses Staates ein Scheidungsgrund oder ein Trennungsgrund ist.

§ 2249 (= Rev. Entw. § 2375 Abs. 3). Auf Scheidung, sowie auf beständige oder zeitweilige Trennung von Tisch und Bett kann auf Grund eines ausländischen Gesetzes im Inlande nur erkannt werden, wenn zugleich nach den deutschen Gesetzen die Scheidung zulässig sein würde.

Allein der Verwertung dieser Vorgänge für die Auslegung des Art. 17 steht entgegen, daß der Bundesrat Änderungen an dem Entwurfe zweiter Lesung vorgenommen hat, die nicht anders zu erklären sind, als daß er die Trennung von Tisch und Bett auch bei Ausländerehen hat ausschließen wollen. Er hat jene §§ 2247. 2249 im Art. 16 des Entwurfes eines Einführungsgesetzes in der Fassung der dem Reichstage gemachten Vorlage dahin abgeändert:

Abs. 1. Für die Scheidung der Ehe sind die Gesetze des Staates maßgebend, dem der Ehemann zur Zeit der Erhebung der Klage angehört.

Abs. 2. Eine Tatsache, die sich ereignet hat, während der Mann einem anderen Staate angehörte, kann als Scheidungsgrund nur geltend gemacht werden, wenn die Tatsache auch nach den Gesetzen dieses Staates ein Scheidungsgrund oder ein Trennungsgrund ist.

Abs. 3 . . .

Abs. 4. Auf Scheidung kann auf Grund eines ausländischen Gesetzes im Inlande nur erkannt werden, wenn sowohl nach dem ausländischen Gesetze als nach den deutschen Gesetzen die Scheidung zulässig sein würde.

Bei unbefangener Betrachtung dieser Abänderungen erscheint die Annahme als die nächstliegende, daß der Bundesrat, indem er die Worte „Trennung von Tisch und Bett" beseitigte und im übrigen die Bestimmungen des Entwurfes annahm, den Ausdruck „Scheidung" in dem Sinne verstanden hat, wie dies von seiten der zweiten Kommission geschehen war, daß er durch jene Änderungen den Entwurf des Einführungsgesetzes mit den Bestimmungen des Entwurfes des Bürgerlichen Gesetzbuches in Einklang bringen wollte. Daß er nur in diesem Sinne die Streichungen vorgenommen haben kann, beweist ferner, daß er im Abs. 2 des Art. 16 des Entwurfes die Worte „oder ein Trennungsgrund" stehen gelassen hat.

Auch der Hinweis darauf, es könne nicht angenommen werden, daß die gesetzgebenden Faktoren eine durchgreifende und ganz fundamentale Änderung der für Ausländerehen bis dahin in dem Gesetzentwurfe vorgesehenen Rechtsnormen, eine schwerwiegende Abwendung von dem bis dahin angenommenen Prinzip stillschweigend und ohne jede Begründung vollzogen hätten, ist schon an sich nicht gerechtfertigt. Denn der Bundesrat hat auch im übrigen an den im 6. Buch enthaltenen Bestimmungen, soweit er sie in den Entwurf eines Einführungsgesetzes übernommen hat, wesentliche Änderungen vorgenommen, ohne eine Begründung dafür zu geben. Es kann aber auch der Meinung,

vgl. Frantz, in der Zeitschr. für internat. Privat- und Strafrecht Bd. 11 S. 355,

nicht gefolgt werden, daß der Entwurf eines Gesetzes über die räumliche Herrschaft der Rechtsnormen den Anschauungen des Bundesrates entsprochen habe, und daß der dem Art. 6 des ersten Entwurfes eines Einführungsgesetzes zugrunde liegende Gedanke der Zulässigkeit einer Trennung von Tisch und Bett bei Ausländerehen vom Bundesrat gebilligt worden sei, daß es daher zunächst auffällig gefunden werden müsse, daß sich der Bundesrat auf einen ganz anderen, diesem direkt entgegengesetzten Standpunkt gestellt habe. Denn es ist eine durch nichts begründete Annahme, daß der Bundesrat zu den hier einschlagenden Fragen früher Stellung genommen habe, als nachdem ihm der Entwurf der zweiten Kommission durch den Reichskanzler überreicht worden war; es ist insbesondere unbegründet, daß der Entwurf eines Gesetzes über die räumliche Herrschaft der Rechtsnormen den Anschauungen des Bundesrates entsprochen, daß dieser ferner den erwähnten Art. 6 gebilligt habe. Beide Entwürfe, wie auch die Entwürfe des Bürgerlichen Gesetzbuches selbst, sind lediglich Arbeiten der betreffenden Kommissionen, die die Ansicht der Majorität der Kommissionsmitglieder, nicht aber die des Bundesrates zum Ausdruck bringen, und den Entwurf eines Gesetzes über die räumliche Herrschaft der Rechtsnormen wies — offenbar wegen des darin zum Ausdrucke gebrachten kosmopolitischen Standpunktes — der Reichskanzler zurück, so daß er sogar jede Veröffentlichung schlechthin untersagte.

Vgl. Dernburg, Die allgemeinen Lehren des bürgerlichen Rechts des Deutschen Reichs § 34 S. 91; Niemeyer, Das internationale Privatrecht des Bürgerlichen Gesetzbuches S. 9.

Indessen darf der Grund, den Frantz, a. a. O. S. 356, für die „plötzliche Schwenkung" des Bundesrates angibt, bei Beantwortung der Frage verwertet werden, was die von diesem vorgenommenen Änderungen bedeuten. In der Zeit vom 25. Juni bis zum 13. Juli 1894 hatte im Haag der zweite internationale Kongreß für internationales Privatrecht getagt. Dieser Kongreß, an dem auch Delegierte des Deutschen Reiches teilgenommen hatten, hatte u. a. auch den Satz vertreten, daß Ehegatten, deren Recht nur die Trennung von Tisch und Bett kennt, in einem Lande, dem nur die Scheidung bekannt ist, weder vom Bande geschieden, noch von Tisch und Bett getrennt werden können. In dem, auch von den deutschen Delegierten unterzeichneten und den beteiligten Regierungen unterbreiteten, Protocole final des Kongresses von 1894 heißt es:

„I c. Divorce et séparation de corps.

art. 1. Les époux ne sont admis à former une demande en divorce que si leur loi nationale et la loi du lieu où la demande est formée les y autorisent.

art. 3. La séparation de corps peut être demandée: 1. si la loi nationale des époux et la loi du lieu où l'action est intentée l'admettent également.“

Die zweite Kommission lehnte nun zwar ausdrücklich ab, sich diesem Vorgang anzuschließen, da bei einer solchen Gestaltung Ausländer, deren Heimatsstaat eine Scheidung von Tisch und Bett nicht kenne, in Deutschland rechtlos sein würden (Protokolle Bd. 6 S. 53); allein es darf angenommen werden, daß der Bundesrat die von den Delegierten aller beteiligten Staaten empfohlenen Grundsätze gebilligt und dies durch die Streichungen in den §§ 2247. 2249 hat zum Ausdruck bringen wollen. Einen Rückschluß hierauf gestattet auch der Verlauf, den die Verhandlungen der Haager Konferenzen genommen haben. In der Zeit vom 29. Mai bis zum 18. Juni 1900 hat die dritte Staatenkonferenz für internationales Privatrecht im Haag getagt. Sie hat die obigen Beschlüsse der zweiten Staatenkonferenz in folgende Artikel gefaßt:

art. 1. Les époux ne peuvent former une demande en divorce que si leur loi nationale et la loi du lieu où la demande est formée admettent le divorce l'une et l'autre.

Il en est de même de la séparation de corps.

art. 2. Le divorce ne peut être demandé que si, dans le cas dont il s'agit, le divorce est admis à la fois par la loi nationale des époux et par la loi du lieu où la demande est formée.

Il en est de même de la séparation de corps.

art. 3. Nonobstant les dispositions des articles 1 et 2 la loi nationale sera seule observée, si la loi du lieu où la demande est formée le prescrit ou le permet.“

Am 12. Juni 1902 sind dann die drei Haager Konferenzen durch die abschließende Einigung der Mehrzahl der beteiligten Staaten — nämlich von Deutschland, Belgien, Frankreich, Italien, Luxemburg, Holland, Österreich-Ungarn, Portugal, Rumänien, Schweden, Spanien und der Schweiz, wogegen Rußland, Dänemark und Norwegen ihren Beitritt noch nicht erklärt haben — über die drei Konventionen:

Heirat, Scheidung und Trennung von Tisch und Bett, Vormundschaft, zu einem Ergebnis gebracht worden. Der Text weicht von der vorstehenden Fassung nur insoweit ab, als Art. 2 Abs. 1 den Zusatz erhalten hat: „encore que ce soit pour des causes différentes.“

Der Art. 16 des Entwurfes eines Einführungsgesetzes in der Fassung der dem Reichstag gemachten Vorlage ist Gesetz (Art. 17) geworden; nur Abs. 4 hat eine Änderung dahin erfahren:

„Auf Scheidung, sowie auf Aufhebung der ehelichen Gemeinschaft kann auf Grund eines ausländischen Gesetzes im Inlande nur erkannt werden, wenn sowohl nach dem ausländischen Gesetze als nach den deutschen Gesetzen die Scheidung zulässig sein würde.“

Diese Änderung ist auf Vorschlag der Reichstagskommission erfolgt, als „eine andere Redaktion zur größeren Klarstellung seines Gedankens und zugleich zur Berücksichtigung der neben der Scheidung der Ehe nach den Beschlüssen der Kommission zugelassenen Aufhebung der ehelichen Gemeinschaft“.

Vgl. Kommissionsbericht zum Einführungsgesetze zu Art. 16, bei Mugdan, Materialien Bd. 1 S. 311.

Da weder in der Reichstagskommission noch bei der Beratung im Reichstag selbst irgendwelche Bedenken oder Widersprüche gegen die vom Bundesrat vorgenommenen Streichungen erhoben worden sind, darf davon ausgegangen werden, daß der Reichstag die Bestimmungen im Art. 16 des Entwurfes in demselben Sinne aufgefaßt hat, in dem sie nach dem Ausgeführten der Bundesrat verstanden wissen wollte.

Für die Unzulässigkeit einer Trennung von Tisch und Bett spricht auch die Regelung, die das Verfahren in Ehesachen durch die Novelle zur Civilprozeßordnung erhalten hat. Der § 568 (a. F.) begriff unter Ehesachen „die Rechtsstreitigkeiten, welche die Trennung, Ungültigkeit oder Nichtigkeit einer Ehe oder die Herstellung des ehelichen Lebens zum Gegenstande haben“, und der § 592 (a. F.) enthielt die Bestimmung, daß im Sinne des betreffenden Abschnitts unter Ehescheidungsklage zu verstehen sei „die Klage auf Auflösung des Bandes der Ehe oder auf zeitweilige Trennung von Tisch und Bett“. Die zweite Kommission war der Ansicht, daß gegenüber der nach den internationalprivatrechtlichen Vorschriften der §§ 2247. 2249 zulässigen beständigen Trennung ausländischer Ehegatten von Tisch und Bett ein Mangel vorhanden sein würde, weil die Civilprozeßordnung weder den Gerichtsstand noch das Verfahren für Klagen auf eine solche Trennung geordnet habe, daß sich diesem Mangel aber leicht abhelfen lasse entweder durch die Aufnahme eines die entsprechende Anwendung der Scheidungsvorschriften anerkennenden Zusatzes, oder auch schon durch die Streichung des Wortes „zeitweilige“ im § 592 (Protokolle Bd. 6 S. 53). Im letzteren Sinne wurde auch von der Kommission beschlossen, und, nachdem im § 568 das Wort „Trennung“ durch das Wort „Scheidung“ ersetzt worden war, dem § 592 die bereits im Art. 11 des von der ersten Kommission ausgearbeiteten Entwurfes eines Einführungsgesetzes zum Bürgerlichen Gesetzbuche enthaltene Fassung: „Im Sinne dieses Abschnitts ist unter Scheidung auch die Trennung der Ehegatten von Tisch und Bett zu verstehen“, gegeben (Protokolle Bd. 6 S. 682. 683). In der Zusammenstellung der aus Anlaß des Bürgerlichen Gesetzbuches in Aussicht genommenen Änderungen und Ergänzungen der Civilprozeßordnung und Konkursordnung (als Anlage II beigefügt der dem Reichstag überreichten Denkschrift zum Entwurf eines Bürgerlichen Gesetzbuches) wurde aber der § 592 als künftig wegfallend bezeichnet, und in dem nach Verabschiedung des Bürgerlichen Gesetzbuches dem Reichstag vorgelegten Entwurfe eines Gesetzes, betr. Änderungen der Civilprozeßordnung, mit Rücksicht auf das erst auf Vorschlag des Reichstages angenommene Institut der Aufhebung der ehelichen Gemeinschaft dem § 592 folgende, nachmals auch in das Gesetz (§ 639) übergegangene Fassung gegeben: „Im Sinne dieses Abschnitts ist unter Scheidung auch die Aufhebung der ehelichen Gemeinschaft zu verstehen“. Die Civilprozeßordnung enthält hiernach, und da auch der an die Stelle des § 568 getretene § 606 nicht mehr von „Trennung“, sondern von „Scheidung“ spricht, keine Vorschriften, die für eine Klage auf — beständige oder zeitweilige — Trennung von Tisch und Bett einen Gerichtsstand statuierten oder ein besonderes Verfahren regelten; es ist aber auch die Annahme völlig ausgeschlossen und von keiner Seite vertreten, daß über derartige Klagen im gewöhnlichen Prozeßverfahren verhandelt werden könnte.

Vgl. Planck, Kommentar zum Einführungsgesetze des Bürgerlichen Gesetzbuches Bem. 7 zu Art. 17, der aus jenem Mangel allein schon auf die Unzulässigkeit einer Klage auf Trennung von Tisch und Bett in Deutschland schließt.

Demgegenüber wird geltend gemacht, das Prozeßrecht müsse sich dem materiellen Recht „akkommodieren"; das für die Scheidung vorgeschriebene Verfahren müsse auch auf die Trennung von Tisch und Bett analog angewendet werden.

Vgl. die Kommentare zur Civilprozeßordnung von Gaupp-Stein, 4. Aufl., Vorbem. zu den §§ 606 flg. Bem. II. 2a, und von Seuffert, 8. Aufl. Bem. II. 2b zu § 606; ferner Mariolle, in der Zeitschr. für internat. Privat- und Strafrecht Bd. 8 S. 458.

Dieser Ausweg würde vielleicht eingeschlagen werden können, wenn feststände, daß das materielle Recht eine Klage auf Trennung von Tisch und Bett zuläßt. Sind aber auch nur erhebliche Zweifel in dieser Beziehung vorhanden, so darf jene Lücke als ein Beweismoment für die Unzulässigkeit einer solchen Klage um so gewisser verwertet werden, als die zweite Kommission ihre Ausfüllung als nötig bezeichnet hatte, um die von ihr angenommene Zulässigkeit einer Klage auf Trennung von Tisch und Bett durchführen zu können, und als namentlich das Reichsgericht (vgl. Entsch. dess. in Civils. Bd. 11 S. 32) für seine Ansicht, daß sich aus § 77 Abs. 1 des Personenstandsgesetzes die Unzulässigkeit einer beständigen Trennung von Tisch und Bett auch bei Ehen von Ausländern ergebe, dem Umstande mit ausschlaggebendes Gewicht beigelegt hatte, daß die Civilprozeßordnung nach den §§ 568. 592 für auf solche gerichtete Klagen weder einen Gerichtsstand gegeben, noch das Verfahren geregelt habe. Unter diesen Umständen darf ohne weiteres angenommen werden, daß der Gesetzgeber, wenn er durch Art. 17 Einf.-Ges. zum B.G.B. eine Klage auf Trennung von Tisch und Bett bei Ehen von Ausländern hätte zulassen wollen, zum Ausdrucke gebracht haben würde, daß unter Scheidung der Ehe im Sinne des betreffenden Abschnittes der Civilprozeßordnung auch die Trennung von Tisch und Bett zu verstehen sei, oder daß die Vorschriften über das die Scheidung betreffende Verfahren auch auf das die Trennung von Tisch und Bett betreffende Verfahren anzuwenden seien.

Diesen aus der Auslegung und der Entstehungsgeschichte des Art. 17 und der Novelle zur Civilprozeßordnung gewonnenen Ergebnissen gegenüber kann inneren Gründen, die für die Zulässigkeit einer Trennung von Tisch und Bett bei Ehen von Ausländern etwa sprechen würden, ausschlaggebende Bedeutung nicht beigelegt werden.

Als ein solcher Grund wird besonders geltend gemacht, daß, da in Ehestreitigkeiten von Ausländern, deren Heimatsrecht nur eine Trennung von Tisch und Bett zuläßt, auch von deutschen Gerichten nicht auf Scheidung oder auf Aufhebung der ehelichen Gemeinschaft erkannt werden kann,

vgl. Entsch. des R.G.'s in Civils. Bd. 48 S. 144 flg.,

und weil die Zuständigkeit der Gerichte für Ehesachen sowohl in Deutschland wie in den meisten anderen Ländern durch den Wohnsitz bestimmt wird und eine ausschließliche ist, jene Ausländer völlig entrechtet sein würden, daß ihnen andrerseits innerhalb des Deutschen Reiches ein Freibrief zur Begehung der gröbsten Verfehlungen gegen die Ehe gegeben werden würde. Demgegenüber mag nur darauf hingewiesen werden, daß, wie der deutsche Gesetzgeber, um die Anwendung des deutschen Rechtes für die im Ausland wohnenden Reichsangehörigen und unter Umständen auch für frühere Reichsangehörige zu sichern, den Beteiligten im § 606 C.P.O. für alle Ehesachen einen Gerichtsstand im Deutschen Reich eröffnet hat und damit dem Übelstand begegnet ist, der sich daraus ergibt, daß durch die Gesetzgebung des Auslandes vielfach die Mitwirkung der dortigen Gerichte in Ehestreitigkeiten Deutscher, sei es überhaupt, sei es für gewisse Arten von Sachen, insbesondere für Scheidungsklagen, ausgeschlossen ist, so auch der österreichische Gesetzgeber in § 100 des Jurisdiktionsnormgesetzes vom 1. August 1895 eine gleiche Bestimmung getroffen hat. Auch den im Auslande lebenden Franzosen, Schweizern, Italienern usw. ist in Ehesachen ein Gerichtsstand in ihrem Heimatsstaat gegeben.

Vgl. Pillicier, Le divorce S. 85; Meili, Das internationale Civil- und Handelsrecht Bd. 1 S. 305; Jung, Die Ehescheidung im internationalen Privatrecht S. 40.

Auch darf nicht außer Betracht bleiben, daß deutsche Ehegatten, die in Österreich ihren Wohnsitz haben, bei einem österreichischen Gericht eine Scheidung der Ehe nicht erlangen können, wenn sie der katholischen Kirche angehören, oder wenn auch nur ein Teil schon zur Zeit der Eheschließung ihr angehörte, und ebensowenig wird dies der Fall sein, wenn sie in einem Lande wohnen, das die Scheidung überhaupt nicht kennt, also in Italien, Spanien oder Portugal, bei einem Gerichte dieser Staaten. So konnten auch Ausländer, die in Frankreich wohnten, vor dem die Scheidung einführenden Gesetze vom 27. Juli 1884 in Frankreich nicht geschieden werden, vgl. Pic, Mariage et divorce S. 215 flg.; Pillicier, a. a. O. S. 45, und andrerseits steht auch die Schweiz, die nur die Scheidung, nicht auch die Trennung von Tisch und Bett kennt, auf dem Standpunkte, daß in der Schweiz wohnende Ausländer, deren Heimatsstaat nur die Trennung von Tisch und Bett kennt, auf solche in der Schweiz nicht klagen können.

Vgl. Pillicier, a. a. O. S. 141 flg.; Meili, a. a. O. Bd. 1 S. 309.

Die Ansicht, daß Art. 17 Abs. 1 Einf.-Ges. zum B.G.B. auch auf die Trennung von Tisch und Bett sich beziehe, würde unter Beihalt der Vorschrift in Abs. 4 zur notwendigen Folge haben, daß für die Trennung von Tisch und Bett lediglich das ausländische Recht maßgebend, der deutsche Richter also verpflichtet wäre, wegen jedes beliebigen Grundes, den irgendein Staat als Trennungsgrund statuiert, soweit nicht etwa die Vorschrift in Art. 30 Einf.-Ges. in Betracht käme, die Trennung auszusprechen, ohne Rücksicht darauf, ob dieser Grund nach deutschem Rechte die Scheidung rechtfertigen würde. Auch dies spricht gegen jene Ansicht. Es soll zwar nicht verkannt werden, daß der Staat an der Frage der Scheidung der Ehe ein größeres Interesse haben muß, als an der einer bloßen Trennung; allein auch deren Wirkungen sind von so tiefgreifender, die Heiligkeit und sociale Bedeutung der Ehe umfassender Bedeutung, daß der Gesetzgeber schwerlich sein Recht außer acht lassen wird, wenn es sich auch nur um Trennung von Tisch und Bett bei Ehen von Ausländern handelt. Selbst die auf kosmopolitischem Standpunkte stehende erste Kommission wie die zweite Kommission haben sich zu einer solchen Auffassung nicht bekennen mögen. Bei den Beratungen der letzteren war vorgeschlagen worden, den Grundsatz des Abs. 4 ganz aufzugeben oder doch auf die Scheidung zu beschränken, dagegen für die beständige und für die zeitweilige Trennung von Tisch und Bett die ausschließliche Anwendbarkeit des ausländischen Rechtes zu fordern. Demgegenüber wurde jedoch mit Erfolg geltend gemacht, daß es sich bei der Scheidung sowohl wie bei der Trennung um einen konstitutiven Akt der Staatsgewalt, um einen Eingriff des Gerichtes in den durch die Ehe begründeten Rechtszustand handle, und daß sich hieraus die Notwendigkeit ergebe, sowohl bei der Scheidung wie auch bei der — beständigen und zeitweiligen — Trennung von Tisch und Bett, wohl nach dem Beispiel aller anderen Staaten, neben den Gesetzen des Staates, dem der Ehemann angehöre, auch das einheimische Recht zu berücksichtigen (Protokolle Bd. 6 S. 55).

Es mag endlich auch darauf hingewiesen werden, daß es nicht im Sinne des deutschen Gesetzgebers liegen kann, den Richter zur Trennung ausländischer Ehegatten von Tisch und Bett zu ermächtigen und zu verpflichten. Dagegen spricht der Standpunkt, den er einer solchen Trennung gegenüber eingenommen hat. Zwar ist der Gedanke ohne weiteres abzuweisen, daß eine Trennung von Tisch und Bett gegen die guten Sitten verstoßen würde; auch mag dahingestellt bleiben, ob eine solche etwa dem Zweck, den das Bürgerliche Gesetzbuch mit seinen Vorschriften über die Scheidung der Ehe verbunden hat, entgegenstehen würde (Einführungsgesetz Art. 30). Das kann nicht bestritten werden, daß der deutsche Gesetzgeber den durch eine Trennung von Tisch und Bett herbeigeführten Zustand, die Nachteile und die Gefahren, die das Verbot der Wiederverheiratung für den Hausstand, die Nahrungsverhältnisse, die Erziehung der Kinder und die Sittlichkeit mit sich bringt, schon seit dem Personenstandsgesetz als mit dem Wesen der Ehe nicht vereinbar angesehen, und daß er auch im Bürgerlichen Gesetzbuch jenem Institut die Anerkennung aus ethischen, socialpolitischen und volkswirtschaftlichen Gründen versagt hat. Dieser Standpunkt trifft auch den Ausländern gegenüber zu, und es würde nicht der in der deutschen Gesetzgebung verkörperten Rechtsanschauung entsprechen, wenn die einheimischen Gerichte bei Begründung eines Rechtszustandes mitzuwirken hätten, den das deutsche Gesetz für unzulässig erachtet. Es würde dies auch eine durch nichts zu rechtfertigende Bevorzugung der Ausländer sein: der Gesetzgeber hat es abgelehnt, den Gewissensbedenken der deutschen Katholiken Rechnung zu tragen; er hat es besonders abgelehnt, daß die Scheidung für die der katholischen Kirche angehörenden Ehegatten nur die Auflösung der häuslichen und ehelichen Gemeinschaft unter Ausschluß des Rechtes zur Wiederverheiratung bei Lebzeiten des anderen Ehegatten bewirken solle. Es kann nicht angenommen werden, daß er auf die Ausländer mehr Rücksicht hat nehmen wollen, als auf die konfessionellen Bedürfnisse der eigenen Bevölkerung."

88. Was ist unter den nachträglich erkennbar werdenden Folgen der Enteignung im Sinne des § 31 des preußischen Enteignungsgesetzes vom 11. Juni 1874 zu verstehen?

VII. Civilsenat. Urt. v. 13. Oktober 1903 i. S. Stadtgem. M. (Bekl.) w. S. (Kl.). Rep. VII. 216/03.

I. Landgericht Magdeburg.
II. Oberlandesgericht Naumburg a. S.

Gründe:

„Im Jahre 1890 sind auf Antrag der verklagten Stadtgemeinde zum Zweck der Anlage der Gleise für den städtischen Schlacht- und Viehhof von Grundstücken des Klägers Teilstücke enteignet worden. Die Gleisanlage ist am 30. Mai 1893 in Betrieb genommen. Im Jahre 1895 ist auf Antrag der Beklagten der Eisenbahnniveauübergang bei Bude 7, der in dem durch Beschluß des Bezirksausschusses vom 21. Februar 1889 definitiv festgestellten Enteignungsplan als fortbestehend angegeben war, und welcher die kürzeste Verbindung zwischen den auf beiden Seiten der Gleisanlagen liegenden Stadtteilen, namentlich auch zwischen den durch jene Anlage getrennten Restgrundstücken des Klägers, bildete, aus Gründen der Verkehrssicherheit polizeilich eingezogen, und als Ersatz für ihn der Eisenbahnniveauübergang im Zuge der verlängerten Emilienstraße angelegt worden. In dem erwähnten Enteignungsplan war neben dem Übergang bei Bude 7 eine mittels Überbrückung auszuführende Überschreitung der Gleise auf der äußeren Ringstraße projektiert. Nach einer Einigung zwischen der Beklagten und der Eisenbahnverwaltung soll diese Überbrückung bis 1910 fertig gestellt werden. Der Kläger behauptet nun, daß durch die Einziehung des Bahnübergangs bei Bude 7 der Wert seiner in Frage stehenden Restgrundstücke erheblich geschmälert worden. Der noch mangelnde Übergang mittels der äußeren Ringstraße würde hierfür Ersatz geboten haben, nicht aber der tatsächlich angelegte Übergang im Zuge der Emilienstraße. Deshalb hält der Kläger die Beklagte für entschädigungspflichtig und hat gebeten, dieselbe zur Zahlung von 4000 ℳ nebst Zinsen zu verurteilen. Vom Landgericht ist die Klage abgewiesen, von seiten des Berufungsgerichtes jedoch der erhobene Anspruch insoweit, als es sich um Nachteile handelt, die bis zur Herstellung der äußeren Ringstraße als Uberganges erwachsen, für dem Grunde nach gerechtfertigt erachtet. Beide Vorinstanzen haben den zur Begründung der Klageforderung herangezogenen § 31 des Enteignungsgesetzes vom 11. Juni 1874 als unanwendbar hingestellt. Vom Oberlandesgericht ist aber dafür gehalten, daß die Beklagte dem Kläger gegenüber vertragswidrig gehandelt habe und deshalb entschädigungspflichtig sei. Ausgeführt ist, daß es zwar an einer besonderen schriftlichen Verpflichtung in betreff des Bestehenbleibens des Bahnüberganges bei Bude 7 ebenso fehle, wie an einem darauf bezüglichen mündlichen und deshalb an sich schon unwirksamen Versprechen. Dadurch aber, daß jener Übergang außer und neben der über die Bahngleise mittels Überbrückung führenden äußeren Ringstraße eingezeichnet worden, habe die Beklagte den Enteigneten und also auch dem Kläger gegenüber die auch nach § 14 des Enteignungsgesetzes begründete obligatorische Verpflichtung übernommen, den letzterwähnten Übergang neben dem ersteren herzustellen oder doch für die planmäßige Ausführung desselben vor der Einziehung des Übergangs bei Bude 7 zu sorgen.

Hiergegen wendet sich die Revision, indem sie geltend macht, aus der fraglichen Einzeichnung in den Enteignungsplan könne etwas mehr als eine stillschweigende Willenserklärung nicht entnommen werden. Solche sei aber zur Begründung der hier in Rede stehenden Schadensersatzpflicht rechtlich ohne Bedeutung.

Der Revision muß der Erfolg versagt werden, wenngleich, in Übereinstimmung mit derselben, die angegriffene Begründung des Berufungsurteiles für hinfällig erachtet werden muß. In dieser Beziehung kommt in Betracht, daß dem Enteignungsplan, soweit in denselben Anlagen der fraglichen Art Aufnahme gefunden, nach dem angeführten § 14 ausschließlich öffentlichrechtliche Bedeutung zukommt, wie insbesondere auch daraus zu entnehmen, daß nach dem Abs. 2 daselbst über die Verpflichtung des Unternehmers zur Herstellung und Unterhaltung derartiger Anlagen die Bezirksregierung entscheidet. Dafür, daß vorliegend etwa die Einzeichnung in den Plan einen weitergehenden Inhalt mit der Wirkung habe, daß dem Unternehmer daraus privatrechtliche Verpflichtungen den Enteigneten gegenüber erwachsen wären, liegt nichts vor.

Der Kläger hat sich jedoch mit Recht auf den § 31 des Enteignungsgesetzes berufen, welcher lautet:

„Wegen solcher nachteiligen Folgen der Enteignung, welche erst nach dem im § 25 gedachten Termine erkennbar werden, bleibt dem Entschädigungsberechtigten bis zum Ablauf von drei Jahren nach der Ausführung des Teiles der Anlage, durch welche er benachteiligt wird, ein im Rechtswege verfolgbarer persönlicher Anspruch gegen den Unternehmer."

Hierdurch ist ausnahmsweise dem Entschädigungsberechtigten ein Anspruch wegen solcher nachteiligen Folgen gegeben, welche erst nach dem administrativen Entschädigungsfeststellungstermine erkennbar werden. Diese Ausnahme greift nur Platz bei Teilenteignungen, wie eine solche hier in Frage steht, da bei diesen neben den gegenwärtigen Schäden, welche der Eigentümer infolge der Enteignung erleiden kann, auch zukünftige in Frage kommen können.

Vgl. die Kommentare von Seidel, Bem. 2 zu § 31, und von Eger, 2. Aufl. Bd. 2 S. 314.

Die Ausnahme bezieht sich ferner ausschließlich auf Nachteile, die den Eigentümer des Restbesitzes aus dem Bau und Betriebe des auf dem enteigneten Grundstücke errichteten Unternehmens treffen.

Vgl. Entsch. des R.G.'s in Civils. Bd. 7 S. 258; auch Eger, a. a. O., und Koch, Kommentar zum Landrecht 8. Aufl. Anm. 7 zu § 31 des Enteignungsgesetzes.

Danach kommt zunächst in Frage, ob die Einziehung des Bahnübergangs bei Bude 7 ohne gleichzeitige Herstellung eines in gleicher Weise geeigneten Überganges sich als eine Folge der Enteignung in dem hervorgehobenen Sinne darstellt. Dies ist deshalb anzunehmen, weil die Benutzung der Gleise, durch deren Anlage die Enteignung erforderlich geworden, die Aufhebung des fraglichen Bahnüberganges, dessen starke Frequenz mit Rücksicht auf die gesteigerte Gleisausnutzung gefahrdrohend war, notwendig machte. Dies liegt nach den Angaben in den Tatbeständen der vorinstanzlichen Urteile und den Feststellungen des Berufungsgerichtes als feststehend vor. Danach hängt die für den Kläger in Rücksicht auf dessen Restgrundbesitz nachteilige Folge der Einziehung des Bahnüberganges mit dem Betriebe des auf dem enteigneten Grundstücke errichteten Unternehmens als dadurch hervorgerufen zusammen. Dieser Betrieb ist der bei Vornahme der Enteignung projektierte, also der planmäßige. Damit erscheint die Ausführung des angefochtenen Urteils abwegig, welches den § 31 nicht anwenden will, da es sich hier um eine planwidrig vorgenommene Änderung handle.

Es muß aber auch angenommen werden, daß es sich um eine Folge der Enteignung handelt, die erst später erkennbar geworden. Die Beklagte hat selbst ausweislich des Tatbestandes des Berufungsurteils angegeben, daß die Einziehung des Bahnüberganges durch ein zur Zeit der Vornahme der Enteignung nicht vorauszusehendes Ereignis notwendig geworden sei. Damit erledigen sich die gegen die Anwendung des § 31 von dem Erstinstanzgerichte hervorgehobenen Bedenken.

Endlich liegt die Innehaltung der dreijährigen Frist vor. Dieselbe beginnt, wenn es sich, wie hier, bei der fraglichen Anlage um ein Eisenbahnunternehmen handelt, mit der Betriebseröffnung.

Vgl. Entsch. des R.G.'s in Civils. Bd. 43 S. 237.

Diese hat, wie oben schon angegeben, am 30. Mai 1893 stattgefunden. Die Klagerhebung ist aber am 9. Mai 1896 erfolgt.

Nach den vorstehenden Erwägungen, und da, wie von der Vorinstanz in nicht zu beanstandender Weise festgestellt worden, für den Kläger durch den gegenwärtigen Zustand, der ihn zur Benutzung des Bahnüberganges in der verlängerten Emilienstraße zwingt, gegenüber der früheren Zeit, welche die Benutzung des Bahnüberganges bei Bude 7 ermöglichte, ein Nachteil erwächst, und damit die Existenz eines Schadens vorliegt, war zu erkennen, wie geschehen."

---

89. Haftung einer Gemeinde für den durch einen Gemeindebeamten veranlaßten Schaden, wenn der Beamte in erster Linie mit der Leitung eines gewerblichen Unternehmens der Gemeinde betraut ist, ihm aber zugleich Funktionen der Wohlfahrtspolizei übertragen sind, und der Schade durch ein ihm insoweit zur Last fallendes Verschulden verursacht worden ist.

Einf.-Ges. zum B.G.B. Art. 77.

Sächsisches Gewohnheitsrecht in betreff der Haftung öffentlichrechtlicher Korporationen für ihre Beamten.

VI. Civilsenat. Urt. v. 15. Oktober 1903 i. S. Stadtgem. R. (Bekl.) w. G. Wwe. (Kl.). Rep. VI. 214/03.

I. Landgericht Chemnitz.
II. Oberlandesgericht Dresden.

Am 15. Januar 1901 war ein Rohrstrang, durch den von der städtischen Gasanstalt in R. aus Gas nach der G.'straße daselbst geleitet wurde, undicht geworden; das dadurch entwichene Gas war durch den Erdboden in mehrere an dieser Straße gelegene Wohnhäuser eingedrungen, insbesondere in das damals von der Klägerin und ihrem Manne bewohnte. Letzterer war infolge der Gasvergiftung gestorben, die Klägerin selbst erkrankt.

Am Abend des genannten Tages war in dem an das bezeichnete Haus anstoßenden Gebäude Gasgeruch wahrgenommen worden, und man hatte hiervon dem Betriebsinspektor der Gasanstalt, G., Meldung gemacht. Er war darauf zwar in das Haus gekommen, hatte sich jedoch, weil er nichts Erhebliches wahrgenommen zu haben meinte, bald wieder entfernt, ohne Nachforschungen in dem Nachbarhause anzustellen und Vorkehrungen zum Schutze der Bewohner zu treffen.

Die Klägerin verlangte von der Stadtgemeinde Ersatz des ihr durch den Tod ihres Mannes und durch die Verminderung ihrer eigenen Erwerbsfähigkeit erwachsenen Schadens. Das Oberlandesgericht erklärte den Anspruch dem Grunde nach für berechtigt; die Revision der Beklagten wurde zurückgewiesen.

Aus den Gründen:

... „Die ... von der Beklagten eingelegte Revision bekämpft die Annahme des Berufungsgerichtes, daß die Beklagte für das als festgestellt erachtete schuldhafte Verhalten des Betriebsinspektors G. unbedingt einzustehen habe. Diese Annahme sei unbegründet, weil G. bei der in Rede stehenden Gelegenheit nicht in Ausübung einer ihm anvertrauten öffentlichen Gewalt tätig geworden sei, bzw. hätte tätig werden sollen, es sich vielmehr lediglich um Akte handele, bei denen er als Beamter der städtischen Gasanstalt, also eines von der Stadtgemeinde betriebenen gewerblichen Unternehmens, in Frage komme. Es sei daher nicht die Vorschrift in Art. 77 Einf.-Ges. zum B.G.B. und das vermöge derselben in Gültigkeit verbliebene sächsische Gewohnheitsrecht in betreff der Haftung von Beamten maßgebend; die

Haftung der verklagten Stadtgemeinde regele sich vielmehr ausschließlich nach den Bestimmungen in den §§ 31, 89 und 831 B.G.B.

Dieser Angriff ist nicht begründet. Allerdings bezieht sich der in dem angezogenen Art. 77 zugunsten der Landesgesetzgebung gemachte Vorbehalt, wie schon der Wortlaut zweifellos ergibt, nur auf landesrechtliche Normen, welche die Haftung der dort bezeichneten öffentlich-rechtlichen Korporationen für von ihren Beamten in Ausübung der ihnen anvertrauten öffentlichen Gewalt zugefügten Schaden betreffen, und es kann, da der Betrieb einer Gasanstalt von seiten einer Gemeinde, selbst wenn die Anstalt ausschließlich der Gewinnung des von der Gemeinde zu eigenem Gebrauche nötigen Gases dient, keine Ausübung öffentlicher Gewalt darstellt, keinem Zweifel unterliegen, daß Bedienstete der Gemeinde, welche für den Betrieb einer solchen Anstalt tätig sind, als solche nicht zu den in Art. 77 gemeinten Beamten gehören, auch nicht, wenn sie als Gemeindebeamte angestellt sind. Das hat aber auch das Oberlandesgericht nicht verkannt; es hat vielmehr, nachdem es dargelegt, daß G. die Stellung eines Gemeindebeamten gehabt habe, ferner festgestellt, daß ihm nach der seine Dienstfunktionen regelnden Instruktion die Beaufsichtigung der öffentlichen Beleuchtung, soweit mit ihrem Betriebe Gefahr für Leib und Leben der Stadtbewohner und für deren Vermögen verbunden sei, und damit die Erfüllung polizeilicher Aufgaben übertragen gewesen sei, und zwar durch den Stadtrat als den Träger der Ortspolizeigewalt. Das Berufungsgericht hat hiernach angenommen, daß G. neben den Geschäften, die er zum Zwecke des ordnungsmäßigen Betriebes der städtischen Gasanstalt, also bei der Verwaltung des städtischen Vermögens, zu besorgen hatte, auch die Stellung eines Beamten der Wohlfahrtspolizei eingenommen habe und damit betraut gewesen sei, nicht bloß im Interesse der Stadtgemeinde, und um die dieser als Unternehmerin der Gasanstalt — gleich anderen Unternehmern — obliegenden Verpflichtungen zu erfüllen, sondern im öffentlichen Interesse zur Wahrung des allgemeinen Wohles darüber zu wachen, daß nicht durch die in dem Stadtgebiete liegenden Gasleitungen das Leben und die Gesundheit der Bewohner und deren Vermögen geschädigt oder gefährdet werde. Und das Oberlandesgericht nimmt, wie aus seinen Ausführungen genügend erhellt, ferner an, daß G., als ihm am Abende des 15. Januar 1901 von dem in dem Hause Nr. . . . der unteren

G.'straße bemerkten Gasgeruche Anzeige gemacht worden war, gerade vermöge seiner Aufgabe als Organs der städtischen Polizei einzuschreiten verpflichtet gewesen sei und bei seinem Verhalten die ihm insoweit obliegenden Pflichten verletzt habe.

Diese Ausführungen enthalten keinen Verstoß gegen revisible Rechtsnormen. Wenn eine Polizeibehörde innerhalb der Grenzen ihrer Befugnisse für gewerbliche Anlagen, durch welche den Bewohnern ihres Verwaltungsbezirkes Gefahren erwachsen können, zur Wahrung des allgemeinen Wohles eine Überwachung durch besondere Beamte anordnet, so fällt deren Tätigkeit, soweit sie diese Aufgabe betrifft, in den Bereich der Ausübung der öffentlichen Gewalt im Sinne von Art. 77 Einf.-Ges. zum B.G.B. Die Annahme aber, daß von dem Stadtrat in R. in seiner Eigenschaft als Ortspolizeibehörde für das Stadtgebiet die Überwachung der Gasleitungen im öffentlichen Interesse habe angeordnet und dem jeweiligen Betriebsinspektor der städtischen Gasanstalt übertragen werden dürfen und tatsächlich übertragen worden sei, beruht überall auf der Anwendung des irrevisibeln sächsischen Staats- und Verwaltungsrechtes und speciell auf der Auslegung der die Funktionen des Betriebsinspektors regelnden Dienstanweisung.... Irgendeine revisible Rechtsnorm, die es ausschlösse, daß Beamten, welche für die Leitung gewerblicher Unternehmungen einer Gemeinde angestellt sind, auch eine polizeiliche Funktion der in Rede stehenden Art übertragen werden könnte, besteht nicht. Auf der Anwendung derselben irrevisibeln Rechtsnormen beruht die weitere Feststellung des angefochtenen Urteils, daß im gegebenen Falle der Inspektor G. am Abend des 15. Januar 1901 in seiner Eigenschaft als Polizeiorgan tätig geworden und verpflichtet gewesen sei, als solches die erforderlichen Maßnahmen zu treffen, um die Gefahren abzuwenden, welche der Bruch des in der G.'straße liegenden Gasleitungsrohres für die Bewohner der in der Nähe der Bruchstelle gelegenen Wohnhäuser mit sich bringen konnte." . . .

---

90. 1. Kann der Verkäufer auf Grund eines Rechenfehlers in seiner Preiskalkulation einen Kaufvertrag wegen Irrtums anfechten?

2. Handelt ein Käufer gegen die guten Sitten, wenn er auf

Erfüllung eines Kaufgeschäftes besteht, obgleich er zu einer Zeit, als er noch ohne Schaden in dessen Aufhebung einwilligen konnte, von einem Rechenfehler in der Preiskalkulation des Verkäufers Kenntnis erlangt hat?

B.G.B. §§ 119. 826.

II. Civilsenat. Urt. v. 16. Oktober 1903 i. S. R. (Kl.) w. D. & H. (Bekl.). Rep. II. 88/03.

I. Landgericht Hamburg, Kammer für Handelssachen.
II. Oberlandesgericht daselbst.

Auf Ersuchen der Beklagten um „billigste Preisofferte“ auf Roheisen Englisch III für eine Privatsubmission telegraphierte die Klägerin ihr am 5. März 1900: „8,90 Drahtantwort.“ Noch an demselben Tage bestätigte sie brieflich, der Beklagten „1000 Tons Englisch III 8,90 ℳ pr. 100 Kilo offeriert zu haben“. Am 6. März telegraphierte sie der Beklagten: „Gestrige Offerte beruht Irrtum, mußte 9,35 lauten, wie Sie aus Konkurrenzofferten bemerkt haben werden.“ Bevor die Beklagte dieses Telegramm erhielt, hatte sie der Klägerin das Telegramm gesandt: „Acceptieren 1000 Tons Englisch III 8,90“. Die Klägerin weigerte sich, zum Preise von 8,90 ℳ für 100 Kilo zu liefern, indem sie geltend machte, ihre Preisforderung beruhe auf einem Kalkulationsfehler, bzw. einem Schreibfehler. Die Beklagte bestand aber auf Lieferung zum Preise von 8,90 ℳ. Die Parteien einigten sich dahin, daß das Geschäft zur Ausführung, und die Frage, ob die Klägerin an ihre Offerte von 8,90 ℳ gebunden sei, gerichtlich zum Austrage gebracht werden solle. In der Vereinbarung ist bestimmt, „daß die Differenz zwischen dem offerierten und dem bestätigten Preise (9,35 ÷ 8,90 ℳ) eingeklagt werde.“ Die Klägerin klagte denn auch diese Differenz zunächst bezüglich einer Teillieferung ein. In diesem Vorprozesse der Parteien fand ein Zeugen-, bzw. Sachverständigenbeweis über die Behauptungen der Klägerin statt, daß in der Preiskalkulation ein Rechenfehler untergelaufen sei, und daß die Beklagte vor Annahme der Offerte habe erkennen müssen und auch erkannt habe, daß die Preisforderung, die erheblich unter dem Tagespreise geblieben sei, auf einem Irrtume beruhe. Ferner haben die Inhaber der verklagten Firma den ihnen auferlegten richterlichen

Eid geleistet, daß sie vor der Annahme der klägerischen Offerte nicht erkannt hätten, daß der in der Offerte gestellte Preis auf einem Irrtume beruhe. Hierauf wurde die Klage abgewiesen. Mit neuer Klage verlangte die Klägerin die Differenz bezüglich der Restlieferungen, und das Landgericht erkannte nach dem Klagantrage; dagegen wies das Oberlandesgericht die Klage ab, und die Revision wurde zurückgewiesen aus folgenden

Gründen:

... „1. Das Berufungsgericht hat die Anfechtung des Kaufgeschäftes wegen Irrtums mit der Begründung zurückgewiesen, der Rechenfehler, der angeblich bei der Preiskalkulation untergelaufen sei und der Preisofferte der Klägerin zugrunde liege, sei nach § 119 B.G.B. nicht beachtlich. Denn man könne nicht sagen, daß die Klägerin die Erklärung, wie sie in der Offerte vorliege, überhaupt nicht habe abgeben wollen, und daß das irgendwie veranlaßte Sichverrechnen bei der Kalkulation des Preises einem Sichversprechen oder Sichverschreiben bei der nachfolgenden Willenserklärung, der die Forderung des Preises enthaltenden Offerte, gleichzustellen sei. Auch habe die Klägerin sich bei der Abgabe dieser Willenserklärung über deren Inhalt nicht im Irrtum befunden. Vielmehr liege die Sache nur so, daß die Klägerin durch die irrtümliche Berechnung zur Forderung des Preises von 8,90 *M* bewogen worden sei, daß sie aber diesen Preis, als sie ihn forderte, wirklich habe fordern wollen, und daß somit Wille und Erklärung völlig übereinstimmten. Die Revisionsklägerin bekämpft diese Entscheidung mit der Behauptung, der Begriff des Irrtums im Sinne des § 119 B.G.B. sei verkannt. Wenn der Erklärende — so führt sie aus — den Inhalt der Erklärung auf Grund irriger Vorstellungen von demselben zwar gewollt habe, ihn aber ohne den Irrtum nicht gewollt hätte, so sei der Wille innerlich anders, als er äußerlich erscheine, in Wahrheit also gar nicht so da, wie er für das Rechtsgeschäft erforderlich wäre. Sie habe nun aber eine Erklärung des Inhaltes, wie sie sie abgegeben habe, nicht abgeben wollen. Deshalb sei der Tatbestand des § 119 B.G.B. vorhanden. Die Rüge ist nicht gerechtfertigt. Die Rücksicht auf die Sicherheit des rechtsgeschäftlichen Verkehrs läßt nicht zu, jedem bei einer Willenserklärung untergelaufenen Irrtum Einfluß auf die Gültigkeit der Erklärung beizumessen. Deshalb berechtigt der Irrtum gemäß § 119 B.G.B. zur

Anfechtung einer Willenserklärung nur dann, wenn der Erklärende bei der Abgabe der Willenserklärung über deren Inhalt im Irrtum war oder eine Erklärung dieses Inhaltes überhaupt nicht abgeben wollte, und anzunehmen ist, daß er sie bei Kenntnis der Sachlage und bei verständiger Würdigung des Falles nicht abgegeben haben würde. Dem Irrtum über den Inhalt der Erklärung ist der Irrtum über solche Eigenschaften der Person oder der Sache gleichgestellt, die im Verkehr als wesentlich angesehen werden. Der § 119 setzt somit einen Mangel der Übereinstimmung des Willens mit der Erklärung voraus. Dieser Zwiespalt zwischen Willen und Erklärung kann seinen Grund darin haben, daß bei der Erklärung des Willens ein Irrtum unterläuft, welcher bewirkt, daß die Erklärung der beabsichtigten Willenskundgebung nicht entspricht (Irrtum in der Erklärungshandlung), oder darin, daß die Erklärung den Willen zwar wiedergibt, der Wille aber auf falscher Vorstellung beruht, welche die Willenswirklichkeit ausschließt (Irrtum über den Inhalt der Erklärung). Unter den Irrtum in der Erklärungshandlung fallen die Fälle des Sichversprechens, des Sichverschreibens, kurz alle die Fälle, in welchen mit der Erklärung ein anderer Sinn verbunden wird, als dem gewählten Ausdrucke des Willens zukommt.

Vgl. Motive Bd. 1 S. 196.

Im Falle der ersten Alternative des § 119 muß die irrige Vorstellung auf einen Bestandteil des rechtsgeschäftlichen Tatbestandes, auf den sachlichen Inhalt der Erklärung sich beziehen. Der Irrtum über Umstände, welche außerhalb des Rahmens der Willenserklärung liegen, ist kein beachtlicher Irrtum im Sinne des § 119. Der angebliche Irrtum in der Preisberechnung, der die Klägerin zu der späteren Offerte von 8,90 ℳ statt 9,35 ℳ veranlaßt haben soll, ist nun aber weder ein Irrtum in der Erklärungshandlung, noch ein Irrtum über den Inhalt der Erklärung. Denn Klägerin wollte in Wirklichkeit den Preis von 8,90 ℳ fordern, den sie gefordert hat; auch war ihr die Höhe und die Bedeutung des geforderten Preises völlig klar. Mithin bestand ein Irrtum über den Inhalt der Offerte nicht, sondern Wille und Erklärung stimmten in beiden rechtserheblichen Beziehungen überein. Der Irrtum in der Preiskalkulation betrifft vielmehr nur einen der Preisofferte vorausgegangenen, außerhalb des Rahmens der rechtsgeschäftlichen Erklärungen liegenden Umstand, wodurch die Klägerin bewogen worden ist, die Offerte auf Grundlage ihrer Preiskalkulation zu machen und nicht einen höheren Preis zu fordern, als sie gefordert hat. Ein solcher Irrtum im Beweggrunde kann aber nach § 119 keine Beachtung finden, da die Preiskalkulation der Klägerin in keiner Weise zum Gegenstande der rechtsgeschäftlichen Erklärungen der Parteien gemacht worden ist.

2. Den Versuch der Klägerin, die Klage aus dem Gesichtspunkte des § 826 B.G.B. zu begründen, hat das Berufungsgericht aus zwei Gründen zurückgewiesen, nämlich zunächst schon um deswillen, weil die Parteien nach dem klägerischen Widerrufe der Offerte dahin übereingekommen seien, daß das Geschäft zur Ausführung gebracht, und die Frage, ob die Klägerin an ihre Offerte von 8,90 *M* gebunden sei, gerichtlich zum Austrage gebracht werden solle. Gemäß dieser Vereinbarung sei aber nur darüber zu entscheiden, ob die Klägerin zur Anfechtung des auf Grund ihrer Offerte von 8,90 *M* geschlossenen Kaufes wegen Irrtums oder wegen unsittlicher Ausnutzung des Irrtums durch die Beklagte berechtigt sei, oder nicht. Lediglich von dieser Entscheidung hange es ab, ob der Preis von 9,35 *M*, oder von 8,90 *M* maßgebend sei. Deshalb sei für die Anwendbarkeit des § 826 B.G.B. kein Raum. Sodann hat das Berufungsgericht ausgeführt, die Voraussetzungen des § 826 seien auch nicht vorhanden. Zwar begründe die vorsätzliche und unsittliche Schädigung eines anderen, auch wenn sie formal gesetzlich sein möge, gemäß § 826 eine Ersatzpflicht. Eine solche vorsätzliche Ausnutzung einer formal gesetzlichen Rechtslage zum Schaden eines anderen sei aber in dem vorliegenden Falle, in dem ein durch Willenseinigung der Parteien zustande gekommenes, gutgläubig erworbenes Vertragsrecht der Beklagten begründet sei, nicht gegeben. Das Landgericht stelle zwar den Satz auf, daß es gegen die guten Sitten und insbesondere gegen die sittlichen Anschauungen aller achtbaren Kaufleute verstoße, wenn ein Kontrahent eine Rechtslage, welche durch ein Versehen des Gegenkontrahenten geschaffen sei und diesem Schaden bringe, festhalte und ausnutze, obwohl er zu einer Zeit, als noch res integra vorhanden gewesen, d. h. nur die Aufgabe von Vorteilen, nicht die Bringung von Opfern ihm zugemutet worden sei, in überzeugender Weise von dem Versehen des Gegenkontrahenten Kenntnis erlangt habe. Die Anwendung dieses Satzes würde aber zu einer unleidlichen Unsicherheit im Handelsverkehre führen. In

einem Falle dieser Art möge ein vornehm denkender Käufer auf die Ausführung des Geschäftes verzichten; dagegen könne es nicht als unsittlich und unanständig angesehen werden, wenn der Käufer auf Ausführung des von ihm in loyaler Weise abgeschlossenen Vertrages bestehe. Die Revisionsklägerin greift die Entscheidung in beiden Richtungen an und vertritt dem letzteren Erwägungsgrunde gegenüber die Auffassung des Landgerichts unter besonderer Hervorhebung des Umstandes, daß die Beklagte den Zuschlag bei der Submission gar nicht erhalten und somit die Ware zu dem beabsichtigten Zwecke nicht nötig gehabt habe. Ob bei einer den §§ 133 und 157 B.G.B. entsprechenden Auslegung der fraglichen Vereinbarung der Parteien auch dem ersten Entscheidungsgrunde beizutreten wäre, kann dahingestellt bleiben, da das Berufungsurteil durch den selbständigen zweiten Entscheidungsgrund getragen wird. Zugunsten der Revisionsklägerin und in Übereinstimmung mit der Rechtsprechung des Reichsgerichts,

vgl. Entsch. des R.G.'s in Civils. Bd. 48 S. 124,

von der abzugehen kein Grund vorliegt, hat das Berufungsgericht in dem Falle einer vorsätzlichen unsittlichen Schädigung eines anderen den § 826 auch dann für anwendbar erklärt, wenn die Schädigung eine formal gesetzliche ist. Die weitere Erwägung, daß im vorliegenden Falle eine solche vorsätzliche Schädigung der Klägerin nicht vorliege, daß es sich vielmehr um die Ausübung eines gutgläubig erworbenen Vertragsrechtes handele, ist, soweit tatsächlicher Natur, der Nachprüfung des Revisionsgerichts entzogen und läßt einen Rechtsirrtum nicht erkennen, zumal da die Beklagte nach Annahme des Berufungsgerichts an der Ausübung ihres vertraglichen Rechtes das berechtigte Interesse hatte, der Mühe und der Gefahr überhoben zu sein, die Ware sich anderweitig, möglicherweise zu höherem Preise, beschaffen zu müssen. Auch ist es rechtlich nicht zu beanstanden, wenn das Berufungsgericht in seinen Ausführungen, unter grundsätzlicher Mißbilligung des gegenteiligen Standpunktes des Landgerichtes, zwischen der Handlungsweise eines vornehm denkenden Käufers und der im Handelsverkehr üblichen Art sittlicher und anständiger Abwicklung der Geschäfte eine Unterscheidung macht. Mit dieser Unterscheidung ist der Begriff der guten Sitten im Sinne des § 826 nicht verkannt. Im Interesse der Sicherheit des Rechtsverkehrs muß an dem Grundsatze festgehalten werden, daß Verträge tulichst aufrecht zu erhalten sind. Unverkennbar würde aber eine bedenkliche Unsicherheit im Handelsverkehre Platz greifen, wenn die vom Landgerichte vertretene Auffassung Anerkennung fände, so daß ein Käufer mit der Möglichkeit eines Rechenfehlers in der Preiskalkulation des Gegners oder mit ähnlichen Umständen rechnen müßte, welche bei den Vertragsverhandlungen nicht zur Sprache gekommen sind und deshalb auch nicht in den Kreis seiner Erwägungen gezogen werden konnten. So wünschenswert es auch sein mag, so läßt sich doch im Rechtsverkehre nicht die Forderung aufstellen, daß die Kontrahenten gegenseitig vornehmen Sinn und sog. Kulanz betätigen; vielmehr wird man mit der Forderung sich begnügen müssen, daß im Geschäftsleben gute Sitten herrschen, und daß als Maßstab dafür, was gute Sitte ist, die Auffassung zu gelten hat, welche im sittlichen Volksbewußtsein begründet ist und dem Anstandsgefühl aller billig und gerecht Denkenden entspricht. Wie eine niedrige Denk- und Handlungsweise, selbst wenn sie in einzelnen Volksschichten die herrschende sein sollte, immer Unsitte bleibt und nicht gute Sitte wird, ebensowenig kann die vornehme Gesinnung, durch die sich gewisse Kreise oder Personen auszeichnen, für die Begriffsbestimmung der guten Sitten im Rechtssinne den Maßstab bilden. Zwischen der Handlungsweise eines vornehmen Käufers und derjenigen eines Käufers, der im Geschäftsverkehre den Anforderungen der Redlichkeit und des Anstandes genügt, liegt ein Spielraum, der in den Grenzen der guten Sitten sich bewegt. Mit Recht hat hiernach das Berufungsgericht die Voraussetzungen des § 826 B.G.B. verneint." . . .

---

91. Wird die unvordenkliche Verjährung dadurch ausgeschlossen, daß die Rechtsausübung, welche sich früher über einen zwei Generationen umfassenden Zeitraum erstreckt haben soll, mehrere Jahre vor der Klagerhebung geendet hat?

VII. Civilsenat. Urt. v. 16. Oktober 1903 i. S. preuß. Domänenfiskus (Bekl.) w. Kloster zum heiligen Geist (Kl.). Rep. VII. 219/03.

I. Landgericht Greifswald.
II. Oberlandesgericht Stettin.

Zur oben genannten Frage ist ausgeführt in den

Gründen:

... „Der Kläger hat ... geltend gemacht, daß schon bis zum Jahre 1860 die unvordenkliche Verjährung vollendet sei. Vom Berufungsrichter ist dies mit der Erwägung verworfen, daß die Rechtsausübung doch nur für die Zeit von 1805 bis 1865 als dargetan angesehen werden könnte, daß völlig unsicher sei, wie die Verhältnisse der früheren Zeit, insbesondere von 1785 bis 1805, gelegen haben, und daß, auch wenn man die Aussagen der außergerichtlich vernommenen Zeugen mit hereinziehe, diese doch keine zur Stütze für die Behauptung des Klägers geeignete Auskunft geben, einzelne der Zeugen sogar durchblicken lassen, daß vor der Zeit des v. B. die Fischerei ohne Erlaubnis der Grundherrschaft ausgeübt sei. Kläger greift dies an.... Er ist der Ansicht, daß der Berufungsrichter in bezug auf den Beweis hinsichtlich der früheren Generation weitergehende Anforderungen stelle, als im Rechte begründet sei. Der Angriff scheitert indessen schon daran, daß nach anderer Richtung hin die Voraussetzungen der unvordenklichen Verjährung fehlen. Diese setzt ihrem Wesen nach einen über Menschengedenken hinausgehenden, ohne Unterbrechung gebliebenen Besitzstand voraus. Streit herrscht darüber, ob, wenn die Rechtsausübung sich nicht bis in die Gegenwart erstreckt, sondern schon früher ihr Ende erreicht hat, die Vollendung der unvordenklichen Verjährung für irgendeine frühere Zeitperiode überhaupt möglich ist, und ob für eine solche die eigentümlichen Beweiserfordernisse derselben hinsichtlich des Zeugenbeweises überhaupt erfüllt werden können. Keinem Zweifel aber unterliegt es, daß, wenn die Nichtausübung in der Gegenwart darauf beruht, daß eine dauernd wirksame Unterbrechung stattgefunden hat, die Vollendung der unvordenklichen Verjährung ausgeschlossen ist. Eben das aber ist die Lage des gegenwärtigen Falles; denn die Unterbrechung hat bereits etwa 30 Jahre vor der Klagerhebung stattgefunden und ist seitdem in Wirksamkeit erhalten. Übrigens hat der Berufungsrichter auch für die Zeit von 1805 zurück bis zum Jahre 1785 wenigstens soviel festgestellt, daß einzelne Zeugenaussagen gegen eine Rechtsausübung der Grundherrschaft während dieser Zeit sprechen." ...

92. Stempelfreiheit von Schriftstücken, in denen jemand einem Dritten gegenüber erklärt, daß er einem anderen die Vornahme einer Angelegenheit rechtlicher Natur aufgetragen habe. Begriff der Verkehrssitte.

Preuß. Stempelsteuergesetz vom 31. Juli 1895 Tarifstelle 73 Abs. 5.

VII. Civilsenat. Urt. v. 16. Oktober 1903 i. S. preuß. Fiskus (Bekl.) w. F. (Kl.). Rep. VII. 228/03.

I. Landgericht Kassel.
II. Oberlandesgericht daselbst.

Seit dem Frühjahr 1901 beanstandeten die Gerichtsvollzieher in W. infolge einer Anordnung des dienstaufsichtführenden Amtsrichters daselbst die von den Angestellten der Rechtsanwälte für Rechnung der letzteren ausgestellten Quittungen als nicht ausreichende Belege für die erfolgte Zahlung. Der Kläger und ein anderer, mit ihm geschäftlich verbundener Rechtsanwalt richteten daher an das Amtsgericht ein Schreiben, in dem sie anzeigten, daß sie ihrem Bureaupersonal die Ermächtigung erteilt hätten, in den ihnen übertragenen Zwangsvollstreckungssachen gültig über Zahlungen der Schuldner zu quittieren, sowie Verlegung der Versteigerungstermine und Zurücknahme der Zwangsvollstreckung zu bewilligen. Das Amtsgericht teilte dem Kläger hierauf mit, daß die Anzeige nicht ausreiche, um die Gerichtsvollzieher der Pflicht zu entheben, in jedem einzelnen Falle die Befugnis der Angestellten der Rechtsanwälte zur Quittungsleistung zu prüfen. Nunmehr traf der Kläger die Einrichtung, am Schlusse eines jeden Zwangsvollstreckungsauftrages den Gerichtsvollzieher von den vorbezeichneten, seinen Angestellten Bureauvorsteher K. und Gehilfen H. erteilten Befugnissen in Kenntnis zu setzen. Für drei solche Benachrichtigungen enthaltende Zwangsvollstreckungsaufträge des Klägers über 516,57 ℳ, über 3000 ℳ und über 450 ℳ entrichtete der Kläger auf Erfordern des Hauptsteueramtes den Vollmachtsstempel gemäß der Tarifstelle 73 Abs. 5 des preußischen Stempelsteuergesetzes vom 31. Juli 1895 mit 50 ₰, 1,50 ℳ und 1 ℳ, zusammen 3 ℳ. Er verlangte die Erstattung dieses Betrages mit dem Klagantrage, den Beklagten zur Zahlung von 3 ℳ zu verurteilen. Diesem Antrage entsprechend erkannte das Landgericht, und das Oberlandesgericht wies die vom Beklagten eingelegte Berufung zurück. Die Revision des Beklagten ist zurückgewiesen aus folgenden

Gründen:

„Die Tarifstelle 73 des preußischen Stempelsteuergesetzes vom 31. Juli 1895 unterwirft im Abs. 1 dem Vollmachtsstempel schriftliche „Vollmachten, Ermächtigungen und Aufträge zur Vornahme von Geschäften rechtlicher Natur für den Vollmachtgeber". Gegenstand dieser Stempelvorschrift sind hiernach diejenigen Schriftstücke, durch die eine Vollmacht oder ein Auftrag unmittelbar erteilt wird, sei es durch Erklärung gegenüber dem zu Bevollmächtigenden (§ 167 B.G.B.), sei es durch Erklärung gegenüber dem Dritten, dem gegenüber die Vertretung stattfinden soll (§§ 167 und 170 a. a. O.). Von solchen Vollmachtserteilungen unterscheidet der Abs. 5 der genannten Tarifstelle „Schriftstücke, in welchen jemand einem Dritten gegenüber erklärt, daß er einem andern die Vornahme einer Angelegenheit rechtlicher Natur aufgetragen habe". Solche Erklärungen enthalten nicht unmittelbar einen verfügenden Akt, nämlich die Erteilung einer Vollmacht, sondern eine Kundgebung, daß die Vollmachtserteilung schon früher und abgesehen von der jetzigen Erklärung stattgefunden habe. Derartige Kundgebungen, die nach § 171 B.G.B. ebenso, wie die Vollmacht selbst, die Befugnis zur Vertretung des Kundgebenden begründen, sind nach dem Abs. 5 der Tarifstelle 73 dem Vollmachtsstempel nicht unterworfen, außer wenn die beiden Erfordernisse zusammentreffen, daß die Verkehrssitte in diesen Fällen eine Vollmacht erfordert, und daß durch das Schriftstück die förmliche Vollmacht ersetzt werden soll.

Der Berufungsrichter stellt zunächst ohne Rechtsirrtum auf Grund tatsächlicher Erwägungen fest, daß der Kläger schon früher seit Jahren den Gerichtsvollziehern in W. gegenüber durch stillschweigende Willenserklärung seine Angestellten K. und H. ermächtigt hatte, in seinem Namen gültige Quittungen zu erteilen, Zwangsvollstreckungen stillzustellen und zurückzunehmen, daß hiernach und mit Rücksicht auf die vom Kläger an das Amtsgericht in W. gerichtete, oben bezeichnete schriftliche Erklärung die später ausgestellten, vom Beklagten zur Versteuerung gezogenen drei Urkunden nur schriftliche Kundgebungen der bereits vorher erteilten Vollmachten seien und hiernach unter den

Abs. 5 der Tarifstelle 73 fallen. Diese Feststellung ist nicht zu beanstanden.

Der Berufungsrichter stellt ferner aus eigener Kenntnis fest, daß in W. eine Verkehrssitte dahin, daß in Fällen der vorliegenden Art eine Vollmacht erfordert werde, nicht besteht. Auch diese, mit den Feststellungen des erstinstanzlichen Urteils übereinstimmende, Annahme beruht auf tatsächlichen Erwägungen und ist für den Revisionsrichter bindend. Die „Verkehrssitte" stellt keine Rechtsnorm dar; sie ist vielmehr die den Verkehr beherrschende tatsächliche Übung.

Vgl. die Entscheidung des Reichsgerichts vom 1. November 1901 in Bd. 49 S. 162 der Entsch. dess. in Civils.

Für den Begriff der Verkehrssitte ist es daher ohne Bedeutung, ob diese Übung eine genügende rechtliche Grundlage hat und geeignet ist, denjenigen, der ihr im Rechtsleben folgt, vor Schaden zu bewahren. Deshalb sind die Angriffe der Revision verfehlt, die dahin gehen, daß den Gerichtsvollziehern nicht zugemutet werden könne, auf solche Benachrichtigungen hin, wie sie hier vorliegen, Zahlungen an K. und H. für Rechnung des Klägers zu leisten, und daß sie, wenn sie Zahlung leisteten, in Gefahr kämen, noch einmal zu zahlen. Begnügten sich bisher die Gerichtsvollzieher regelmäßig mit diesen schriftlichen oder auch nur stillschweigend erfolgten Benachrichtigungen, ohne bei den Zahlungen eine förmliche Vollmacht zu verlangen, so erfordert die Verkehrssitte hier keine Vollmacht. Ob diese Verkehrssitte zu billigen ist, oder nicht, macht keinen Unterschied. Die Revision rügt noch besonders, der Berufungsrichter stelle zwar fest, daß die fragliche Verkehrssitte, in gleichen Fällen eine Vollmacht zu erlangen, nicht bestehe, er unterlasse aber die Feststellung, daß, dem Wortlaute des Abs. 5 der Tarifstelle 73 entsprechend, die Verkehrssitte hier eine Vollmacht nicht „erfordere". Der Angriff geht fehl. Besteht eine Verkehrssitte nicht, so kann sie auch nicht eine Vollmacht erfordern. Der Stempelanspruch des Beklagten ist hiernach unbegründet, und es kann dahingestellt bleiben, ob durch die fraglichen drei Schriftstücke förmliche Vollmachten ersetzt werden sollten." . . .

93. Ist auch zur Pfändung einer Eigentümerhypothek, über welche die Erteilung eines Hypothenbriefes ausgeschlossen ist, die Eintragung der Pfändung in das Grundbuch erforderlich?

C.P.O. § 830 Abs. 1. § 857 Abss. 1. 2. 6.

V. Civilsenat. Urt. v. 17. Oktober 1903 i. S. H. u. Gen. (Kl.) w. G. (Bekl.). Rep. V. 194/03.

I. Landgericht Kassel.
II. Oberlandesgericht daselbst.

Die Kläger hatten bei der Verteilung des Erlöses in einer Zwangsversteigerung Widerspruch gegen die Befriedigung eines Hypothekengläubigers erhoben und ihre Legitimation hierzu aus der Pfändung und Überweisung einer Eigentümerhypothek hergeleitet, die aus einer im Jahre 1897 eingetragenen Kautionshypothek, über die ein Hypothekenbrief erteilt war, und die bei der im Jahre 1891 erfolgten Zwangsversteigerung des Grundstücks von der Kautionsgläubigerin nicht voll liquidiert wurde, entstanden sein soll. Die Pfändung war im Grundbuch nicht eingetragen.

Aus den Gründen:

... „Was ... die Legitimationsfrage ... anlangt, so ist mit den Vorinstanzen davon auszugehen, daß es sich hier um eine Hypothek handelt, für welche die Erteilung eines Hypothekenbriefes ausgeschlossen ist, also um eine Buchhypothek im Sinne des jetzigen Liegenschaftsrechtes (§ 1116 Abs. 2 B.G.B.). Ein Hypothekenbrief über sie war zwar unter der Herrschaft des bisherigen Rechtes, welches ihn auch über Kautionshypotheken erteilen ließ, gebildet worden; er wurde aber mit dem Inkrafttreten des neuen Rechtes, welches die Erteilung eines Hypothekenbriefes bei allen Sicherungshypotheken ausschließt (§ 1185 Abs. 1 B.G.B.), bedeutungslos.

Vgl. Turnau u. Förster, Liegenschaftsrecht 2. Aufl. Bd. 1 S. 590 unter 2.

Dies ergibt sich für den Geltungsbereich des bisherigen preußischen Grundbuchrechtes auch aus Art. 33 § 1 Abs. 2 des preuß. Ausf.-Ges. zum B.G.B. vom 20. September 1899. Daraus folgt nun ohne weiteres, wie bereits der Berufungsrichter ausgeführt hat, daß es zur Übertragung der Hypothek auf die Kläger durch eine von S. ihnen erteilte Cession der Eintragung der Abtretung im Grundbuche bedurft hätte (§ 1154 Abs. 3 B.G.B.). Solange diese nicht erfolgt ist, ist auch die Hypothek auf die Kläger nicht übergegangen, und daß sie nicht erfolgt ist, steht unbestritten fest. Es muß aber — was der Berufungsrichter unentschieden gelassen hat — auch darin dem ersten Richter beigetreten werden, daß ebenso, wenn die Übertragung der Hypothek durch gerichtliche Pfändung und Überweisung erfolgt sein soll, die Eintragung der Pfändung in das Grundbuch erforderlich ist (§ 830 Abs. 1 Satz 3 C.P.O.). Hierüber besteht zwar, wenn die Pfändung und Überweisung eine Eigentümerhypothek oder Eigentümergrundschuld betrifft, in der Literatur Meinungsverschiedenheit; namhafte Kommentatoren der Civilprozeßordnung (z. B. Gaupp-Stein und Petersen u. Anger zu § 857 C.P.O.) vertreten die Meinung, daß es in diesem Falle der Eintragung der Pfändung in das Grundbuch nicht bedürfe, weil bei ihr ein Drittschuldner nicht vorhanden sei; sie wollen auf die Zwangsvollstreckung in eine Eigentümerhypothek oder Eigentümergrundschuld überhaupt nicht den Abs. 6 des § 857 C.P.O., sondern nur die Abss. 1 und 2 dieser Vorschrift angewendet wissen und kommen so zu dem Schlusse, daß auch § 830 Abs. 1 Satz 3 C.P.O. auf sie nicht Anwendung finden könne. Dem kann nicht beigetreten werden. Wenn das Gesetz, wie in § 857 Abs. 6 C.P.O., schlechthin von der Zwangsvollstreckung „in eine Grundschuld" spricht, so kann nicht unterschieden werden, ob die Grundschuld einem Dritten, oder dem Eigentümer des Grundstückes zusteht. Auch die Eigentümergrundschuld ist eine Grundschuld (§ 1196 Abs. 1 B.G.B.). Es scheint, daß gerade mit Rücksicht hierauf die besondere Erwähnung der Eigentümergrundschuld in der ersten Fassung des Abs. 6 gestrichen worden ist, indem man sie wohl angesichts des § 1177 B.G.B. hier, wie in § 1291 B.G.B., unter der Bezeichnung „Grundschuld" als mitbegriffen ansah.

Vgl. Protokolle der II. Kommission Bd. 6 S. 727.

Ein anderer Grund für die Abänderung läßt sich wenigstens aus den hierüber veröffentlichten Materialien nicht ersehen. Dazu kommt, daß ein innerer Grund für die von jener Meinung aufgestellte Unterscheidung nicht zu erkennen ist, im Gegenteil dieselben Erwägungen, die dazu geführt haben, für die Pfändung einer brieflosen Hypothek, Grundschuld oder Rentenschuld die Eintragung im Grundbuche für erforderlich zu erklären, auch für die Eigentümergrundschuld Platz greifen. Daß dadurch die Pfändung der Eigentümergrundschuld unter Umständen erschwert sein kann, namentlich wenn sie als solche aus dem Grundbuche nicht hervorgeht, läßt sich nicht leugnen, kann aber gegenüber der gesetzlichen Vorschrift, wie sie nun einmal in § 857 Abs. 6 C.P.O. lautet, nicht entscheidend sein. Hiernach entfällt die Legitimation der Kläger auch insoweit, als sie auf Pfändungs- und Überweisungsbeschlüsse gestützt worden ist." . . .

---

94. Rechtliche Natur des sog. Schmiedezwanges; bedurfte es nach § 12 des preußischen Eigentumserwerbsgesetzes vom 5. Mai 1872 zur Wirksamkeit gegen Dritte der Eintragung im Grundbuche?

VII. Civilsenat. Urt. v. 16. Oktober 1903 i. S. K. (Bekl.) u. Fl. (Nebenintervenienten) w. M. (Kl.). Rep. VII. 434/03.

I. Landgericht Prenzlau.
II. Kammergericht Berlin.

Heinrich v. A., Erbherr auf W., hatte unter dem 2. Juni 1783 mit dem Schmiedemeister Erdmann H. zu W. einen Kaufvertrag geschlossen, durch welchen der erstere an den letzteren seine zu W. befindliche Schmiede für den Preis von 300 Taler verkaufte. Der § 7 des Vertrages lautete:

„Käufer und jeder künftige Besitzer dieser Schmiede muß taugliche Arbeit für die Herrschaft und das Dorf machen, selbige vor allen anderen fördern und sie mit dem Arbeitslohn nicht übersetzen, dagegen auch weder die Gutsherrschaft noch das Dorf anderswo als in seiner Schmiede schmieden lassen soll.

Sollte aber ein künftiger Besitzer dieser Schmiede wider Verhoffen ein untauglicher oder nachlässiger Arbeiter sein, so soll der Gutsherrschaft freistehen, nach vorhergegangenem Verhör und richterlichem Erkenntnis die verkauften Grundstücke gegen Zurückzahlung des durch eine legale Pacht" (Taxe?) „auszumittelnden Wertes derselben wieder an sich zu nehmen."

Seit dem Jahre 1898 war der Kläger eingetragener Eigentümer der Schmiede. Der Beklagte erwarb durch Auflassung vom 1. Juli 1901 das Rittergut W. von dem Nebenintervenienten und ließ bis zum 17. August 1901 die vorkommenden Schmiedearbeiten bei dem Kläger gegen wöchentliche Bezahlung ausführen, teilte dann aber durch Schreiben vom 19. August 1901 dem Kläger mit, daß er fortan nicht mehr bei ihm arbeiten lassen werde. Kläger behauptete, daß ihm als Eigentümer der Schmiede ein Zwangsrecht gegenüber dem Beklagten als derzeitigem Eigentümer des Rittergutes zustehe. Observanzmäßig habe er auch jährlich 44 Scheffel Schärfkorn und zwei Kohlenfuhren von der Gutsherrschaft zu beanspruchen. Nur auf dem Titelblatte der Schmiede war vermerkt, daß das ganze Dorf W. mit Inbegriff der Gutsherrschaft dem Schmiedezwange unterliege. Der Kläger forderte 100 *M* Entschädigung wegen der in der Zeit vom 19. August bis zum 2. September 1901 vom Beklagten anderweit in Bestellung gegebenen Arbeiten. Der Beklagte bestritt das Bestehen des behaupteten Zwangsrechtes und machte geltend, daß es jedenfalls durch die neuere Gewerbegesetzgebung aufgehoben und auch ihm gegenüber mangels Eintragung im Grundbuche nicht wirksam sei. Er erhob Widerklage auf Feststellung des Nichtbestehens des Schmiedezwanges. Die vordern Instanzen erklärten den Klaganspruch dem Grunde nach für gerechtfertigt und wiesen die Widerklage ab. Auf die Revision des Beklagten ist die Klage abgewiesen, und nach dem Antrage der Widerklage erkannt worden.

Aus den Gründen:

... „Im Eingange seiner Entscheidungsgründe erklärt der Berufungsrichter, daß das Landgericht das durch den Vertrag vom 2 Juni 1783 zwischen dem jeweiligen Besitzer der Schmiede einerseits und der Gutsherrschaft und dem Dorfe W. andrerseits begründete Rechtsverhältnis richtig aufgefaßt und gewürdigt habe. Allein in dem wesentlichen Punkte der rechtlichen Natur des durch den Vertrag hergestellten Zwangsrechtes der Schmiede weicht der Berufungsrichter von dem ersten Richter ab. Dieser hatte im Anschluß an ein Urteil des Obertribunals (abgedruckt bei Striethorst, Archiv Bd. 66 S. 19 flg.) angenommen, daß es sich um ein Bannrecht im Sinne des § 4 A.L.R. I. 23, also, wie das Obertribunal sich ausdrückt, um ein allgemeines, gegen alle Einwohner eines gewissen Bezirks oder gegen gewisse Klassen derselben sich beziehendes Verhältnis, handle, während der Berufungsrichter feststellt, daß der Vertrag auf seiten der Schmiede wie der Gutsherrschaft dingliche Verhältnisse habe begründen sollen und auch begründet habe. Nach der historischen Entwicklung der Dinge sei jedenfalls, so fügt der Berufungsrichter bei, für die Kurmark, zu welcher W. gehöre, nach der dort bestehenden provinziellen Verfassung die Annahme eines dinglichen Rechtes des Schmiedes auch gegen die Gutsherrschaft gerechtfertigt. Für die Revisionsinstanz kommt nur die zweitrichterliche Auffassung in Betracht. Sie beruht in erster Linie auf der rechtlich nicht zu beanstandenden Auslegung des Vertrages, wonach die Absicht der Parteien dahin gegangen ist, mit dem Dominium, den bäuerlichen Grundstücken und der Schmiede dauernde, gleichzeitig Lasten in sich schließende Gerechtsame zu verbinden, mit ersteren das Recht auf Leistung der Schmiedearbeiten, mit letzterer das Recht auf ausschließliche Übertragung dieser Arbeiten und auf die bedungene oder observanzmäßige Vergütung (die Zwangsgerechtigkeit; §§ 2. 3 A.L.R. I. 23). Der Berufungsrichter folgt hier der Rechtsprechung, die kein Bedenken getragen hat, die besondere vertragsmäßige Begründung auch eines Zwangsrechtes der Schmiede gegenüber dem Dominium für zulässig zu erklären.

Vgl. die bei v. Rönne, Ergänzung 7. Ausg. zu § 4 A.L.R. I. 23 unter Nr. 2 aufgeführten Entscheidungen.

Die ältere Praxis des Obertribunals ging auch dahin, daß durch das Kontraktverhältnis zwischen dem Erbschmied und dem Dominium bleibende und fortwährende Rechte und Verbindlichkeiten begründet würden, bei denen auf die Schmiede und das Rittergut als Subjekte und Objekte der Rechte gesehen werde, so daß dadurch für den jedesmaligen Besitzer der Schmiede und des Rittergutes gegenseitige Rechte und Verbindlichkeiten erwüchsen, die nach §§ 125. 126 A.L.R. I. 2 dinglicher Natur seien.

Vgl. v. Rönne, a. a. O. Nr. 1 Anm. 2.

Davon wich der Plenarbeschluß des Obertribunals vom 27. April 1840 (Entsch. dess. Bd. 5 S. 291) ab, indem er aussprach, daß das dem Besitzer einer Schmiede von der Gutsherrschaft vertragsmäßig eingeräumte und im Hypothekenbuche der Schmiede, nicht aber in demjenigen des herrschaftlichen Gutes eingetragene Recht, gegen die von ihm zu leistende Schmiedearbeit von dem Gutsherrn das Schärfgetreide zu fordern, dadurch allein, daß die Kontrahenten gegenseitig die Erfüllung des Vertrages angefangen und hierdurch ihre Befugnisse in Ausübung gebracht hätten, nicht die Natur eines dinglichen Rechtes annehme. Der Plenarbeschluß beschäftigt sich nur mit dem Schärfkorn; es ist aber kein Zweifel, daß seine Gründe auch auf die Verbindlichkeit der Gutsherrschaft, die benötigten Arbeiten ausschließlich durch den Dorfschmied besorgen zu lassen, anwendbar sind. Der Berufungsrichter glaubt (unter Anlehnung an Koch, Beurteilung der ersten 10 Bände der Entscheidungen des Obertribunals S. 376 und Kommentar zu § 136 A.L.R. I. 2) dem Plenarbeschluß nicht folgen zu sollen und erachtet also das aus dem Schmiedekontrakt entspringende Verhältnis auch nach der passiven Seite ohne Eintragung oder Einräumung des Besitzes des belasteten Grundstückes für dinglich. Es ist nicht erforderlich, zu der Frage Stellung zu nehmen. Selbst wenn man sie im Sinne des Berufungsrichters gegen das Obertribunal entscheiden und annehmen wollte, daß die Dinglichkeit jedenfalls durch das nicht revisible kurmärkische Provinzialrecht gegeben sei, so ist damit für den Kläger nichts gewonnen. Zu untersuchen war, ob der Schmiedezwang auch als dingliches Recht nach der Grundbuchgesetzgebung vom Jahre 1872 Dritten gegenüber ohne Eintragung wirksam geblieben ist. Der § 12 des Eigentumserwerbsgesetzes vom 5. Mai 1872 bestimmte, daß dingliche Rechte an Grundstücken, welche auf einem privatrechtlichen Titel beruhen, gegen Dritte nur durch Eintragung Wirksamkeit erlangen könnten. Von dem Eintragungszwange waren nur die gesetzlichen Vorkaufsrechte, die Grundgerechtigkeiten, die Miete und Pacht und gewisse bergrechtliche Gebrauchs- und Nutzungsrechte ausgenommen. Nach § 73 der Grundbuchordnung mußten die nach dem neuen Recht eintragungsbedürftigen Rechte, die zur Zeit des Inkrafttretens der Grundbuchgesetze (1. Oktober 1872) rechtsgültig bestanden, bis zum 1. Oktober 1873 eingetragen werden, widrigenfalls sie dritten Personen gegenüber nicht geltend gemacht werden konnten. Da es nur auf die Eintragung im Grundbuche des belasteten Grundstückes ankommt, so ist im vorliegenden Falle die Schmiedegerechtigkeit des Klägers, die allein auf dem Blatte der Schmiede vermerkt war, nicht eingetragen. Ist sie also ein auf einem privatrechtlichen Titel beruhendes dingliches Recht an einem Grundstücke, so hat sie mangels Eintragung ihre Wirksamkeit gegenüber dem

Beklagten als Drittbesitzer des Rittergutes verloren. Zu den von der Eintragung befreiten Rechten gehört der Schmiedezwang nicht; er ist insbesondere keine Grundgerechtigkeit. Daß er aber nach der Annahme des Berufungsrichters ein dingliches Recht mit reallastartigem Gepräge ist, kann nicht bezweifelt werden: er verpflichtet den jeweiligen Eigentümer des Rittergutes zugunsten des jeweiligen Eigentümers der Schmiede, dessen Dienste für die zur Bewirtschaftung des Rittergutes erforderlichen Schmiedearbeiten in Anspruch zu nehmen. Es handelt sich um eine subjektiv und objektiv dingliche Zwangsgerechtigkeit. Der Berufungsrichter leitet sie aus dem Vertrage vom 2. Juni 1783 her, der einen privatrechtlichen Titel jedenfalls insoweit darstellt, als Rechte und Pflichten zwischen der Gutsherrschaft und dem Schmiede haben begründet werden sollen. Daß eine öffentliche Last in Frage stehe, ist nicht ersichtlich. Zwar spricht der Berufungsrichter davon, daß nach der provinziellen Verfassung der Kurmark die Annahme der Dinglichkeit des Schmiedezwanges gerechtfertigt sei. Aber daß er damit hat sagen wollen, der Schmiedezwang zu Lasten der Rittergüter sei eine allgemeine, verfassungsmäßige Einrichtung der Kurmark, kann um so weniger angenommen werden, als er die Gerechtigkeit lediglich aus den vertragsmäßigen Abmachungen der Beteiligten herleitet. In dem Urteile des Obertribunals vom 23. August 1849 (Entsch. dess. Bd. 18 S. 405), das der Berufungsrichter anscheinend bei seinem Hinweis auf die Verfassung der Kurmark im Auge gehabt hat, ist nur ausgesprochen, daß die Entrichtung des Schärfkorns, welches in einem früherhin von der Gutsherrschaft für die Gemeinde mit dem Dorfschmied errichteten Vertrage von den bäuerlichen Hufen stipuliert worden, nach der in der Kurmark Brandenburg bestehenden Provinzialverfassung für eine gemeine Last zu achten sei, welche auch ohne Eintragung in das Hypothekenbuch der bäuerlichen Hufengrundstücke von allen Besitzern derselben zu entrichten sei. Davon, daß auch der Schmiedezwang eine auf den Rittergütern der Mark ruhende allgemeine Last sei, ist keine Rede und konnte auch füglich nicht die Rede sein. Für die Befreiung von der Eintragungspflicht ist ebensowenig der Umstand von Bedeutung, daß der Schmiedezwang das Korrelat des Rechtes des Gutsbesitzers auf die Dienste des Dorfschmiedes ist. Wäre er ein notwendiges Korrelat dieses Rechtes, so ließe sich vielleicht geltend machen, daß er mit diesem eine untrennbare Einheit bilde und deshalb, da das Recht der Eintragung nicht bedürfe, auch seinerseits nicht gebucht zu werden brauche. Dies trifft aber nicht zu, wie schon daraus hervorgeht, daß der Schmiedezwang ohne besondere Beredung der Beteiligten nicht besteht. Es verhält sich ähnlich, wie wenn eine Grundgerechtigkeit oder ein Erbbaurecht gegen einen wiederkehrenden Zins eingeräumt ist; die Zinspflicht muß als Reallast auf dem Blatte des herrschenden Grundstückes oder des Erbbaurechtes eingetragen werden, wenn sie dingliche Kraft haben soll; die Eintragung wird nicht dadurch erübrigt, daß die Grunddienstbarkeit und das Erbbaurecht als Belastungen auf dem Blatte des dienenden Grundstückes vermerkt sind. Ob etwa der dinglichen Klage des Dienstbarkeits- oder Erbbauberechtigten unter Umständen mit der Einrede der Arglist begegnet werden kann, ist nicht zu erörtern.

Steht hiernach dem Anspruche des Klägers die formale Grundbuchgesetzgebung entgegen, so ergibt sich, daß das Berufungsurteil aufgehoben, und in der Sache selbst wie geschehen erkannt werden mußte. Auf die Frage, ob der Schmiedezwang durch die neuere Gewerbegesetzgebung beseitigt worden ist, braucht nicht eingegangen zu werden."...

---

95. Übergang des Anspruches, der den nach Maßgabe der Unfallversicherungsgesetze entschädigungsberechtigten Personen auf Ersatz des ihnen durch den Unfall entstandenen Schadens gegen Dritte erwachsen ist, auf die Berufsgenossenschaft.

Unfallversicherungsgesetz für Land- und Forstwirtschaft vom 5. Juli 1900 § 151.

VI. Civilsenat. Urt. v. 19. Oktober 1903 i. S. Landwirtschaftl. Berufsgenossenschaft f. d. Provinz Sachsen (Kl.) w. P. (Bekl.). Rep. VI. 47/03.

I. Landgericht Halle a. S.
II. Oberlandesgericht Naumburg a. S.

Aus den Gründen:

„Die Klägerin macht, gestützt auf § 151 des Unfallversicherungsgesetzes für Land- und Forstwirtschaft vom 5. Juli 1900, den Anspruch auf Schadensersatz geltend, der nach ihrer Behauptung der verw. M. dadurch erwachsen sein soll, daß ihr Ehemann, ein im landwirtschaftlichen Betriebe beschäftigter Arbeiter, am 12. Februar 1901 durch eine vom Beklagten gehaltene Kuh getötet worden ist. Das Berufungsgericht ist zunächst in eine Prüfung der Frage eingetreten, ob die Klägerin nach dem Unfallversicherungsgesetze verpflichtet war, der verw. M. Entschädigung zu gewähren, und hat diese Frage verneint, weil der Unfall des M. nicht beim Betriebe der Landwirtschaft sich ereignet habe. Es nimmt daher an, daß der der verw. M. gegen den Beklagten aus § 833 B.G.B. etwa zustehende Anspruch in dem im Unfallversicherungsgesetze bezeichneten Umfang auf die Klägerin nicht übergegangen sei. . . .

Die Revision rügt zunächst, daß das Berufungsgericht in eine Nachprüfung der Frage eingetreten ist, ob die Klägerin mit Recht ihre Entschädigungspflicht gegenüber der verw. M. festgestellt habe, und führt aus, daß den Feststellungsbescheiden der Berufsgenossenschaft dieselbe Bedeutung zukommen müsse, wie den Entscheidungen der Schiedsgerichte und des Reichsversicherungsamtes, nämlich die, daß, wenn die Entschädigungspflicht der Berufsgenossenschaft festgestellt worden, dies für die Gerichte bindend sei. Dieser Angriff geht fehl; er verkennt auch zum Teil die Ausführungen des Berufungsgerichtes. Dieses macht keineswegs einen Unterschied zwischen Feststellungsbescheiden des Berufsgenossenschaftsvorstandes und den auf Berufung, bzw. Rekurs ergehenden Entscheidungen der Schiedsgerichte, bzw. des Reichsversicherungsamtes; ein solcher Unterschied würde auch für die hier zur Entscheidung stehende Frage nicht gerechtfertigt sein. Es geht vielmehr davon aus, es sei Voraussetzung des Überganges des dem Verletzten, bzw. seinen Hinterbliebenen gegen einen Dritten zustehenden Entschädigungsanspruches auf die Berufsgenossenschaft, daß diese auf Grund des Unfallversicherungsgesetzes jenen Personen in der Tat auch entschädigungspflichtig sei; sei dies nicht der Fall, so gehe auch der gegen den Dritten entstandene Entschädigungsanspruch auf die Berufsgenossenschaft nicht über; es genüge daher zum Übergange des Anspruches nicht die Tatsache, daß in dem durch das Unfallversicherungsgesetz geregelten Verfahren die Entschädigungsverpflichtung der Berufsgenossenschaft — sei es durch deren Vorstand, sei es durch das Schiedsgericht oder das Reichsversicherungsamt — festgestellt worden sei, sondern es müsse diese Feststellung auch nach dem Unfallversicherungsgesetz materiell gerechtfertigt sein, und dies nachzuprüfen sei in Prozessen der vorliegenden Art Sache der Gerichte.

Diesen Ausführungen des Berufungsgerichts ist im wesentlichen beizutreten. Es handelt sich hier nicht sowohl um die Beantwortung der Frage, ob die in dem durch das Unfallversicherungsgesetz geregelten Verfahren ergangenen Entscheidungen für die Gerichte bindend sind, — eine Frage, die vom Reichsgericht in ständiger Rechtsprechung verneint worden ist, woran auch, soweit nicht die neuen Bestimmungen der Unfallversicherungsgesetze vom 5. Juli 1900 (Gewerbe-Unfallversicherungsgesetz § 135 Abs. 3. § 138 Abs. 2; Unfallversicherungsgesetz für Land- und Forstwirtschaft § 146 Abs. 4. § 149 Abs. 2; Bau-Unfallversicherungsgesetz § 45 Abs. 2. § 48 Abs. 2) in Betracht kommen, festzuhalten ist —, als um Beantwortung der Frage, wann und wodurch sich der Übergang der dem Verletzten, bzw. seinen Hinterbliebenen gegen den Dritten zustehenden Entschädigungsforderung auf die Berufsgenossenschaft vollzieht. Es ist angenommen worden,

vgl. Piloty, Das Reichsunfallversicherungsgesetz Bd. 1 S. 416; v. Woedtke, Gewerbe-Unfallversicherungsgesetz 5. Aufl. zu § 140 Bem. 3,

der Übergang der Entschädigungsforderung finde sofort mit ihrer Entstehung statt; wenn das Gesetz von einem Übergang spreche, so sei diese Ausdrucksweise ungenau; der Entschädigungsanspruch entstehe nach dem Unfallversicherungsgesetz in dem aus diesem Gesetze sich ergebenden Umfang nicht für den Beschädigten, sondern unmittelbar für die Berufsgenossenschaft. Wäre diese Ansicht richtig, so würde der Feststellung der Berufsgenossenschaft jede Bedeutung für die Frage des Überganges des Entschädigungsanspruches fehlen, und müßte bei Prüfung dieser Frage notwendigerweise vom Gericht untersucht werden, ob die Berufsgenossenschaft nach dem Unfallversicherungsgesetze zur Gewährung einer Entschädigung verpflichtet ist. Jene Ansicht ist aber nicht richtig; sie ist mit dem Wortlaute des Gesetzes nicht vereinbar; von dem Übergang einer Forderung läßt sich nur reden, wenn sie bereits jemandem zugestanden hat. Von einer ungenauen Ausdrucksweise kann namentlich nach der Fassung der Unfallversicherungsgesetze vom 5. Juli 1900 nicht die Rede sein, da diese von einem Anspruch, der dem Versicherten gegen Dritte erwachsen ist, sprechen (Gewerbe-Unfallversicherungsgesetz § 140; Unfallversicherungsgesetz für Land- und Forstwirtschaft § 151). Das Reichsgericht hat sich auch von jeher auf einen anderen Standpunkt gestellt und ausgeführt, daß der Entschädigungsanspruch nicht schon mit dem Augenblicke seiner Entstehung, sondern erst dann auf die Berufsgenossenschaft übergeht, wenn ihre Entschädigungspflicht dem Versicherten, bzw. seinen Hinterbliebenen gegenüber festgestellt ist.

Vgl. die Urteile in den Entsch. des R.G.'s in Civils. Bd. 24 S. 126, bei Seuffert, Archiv Bd. 54 Nr. 175, und in der Jurist. Wochenschr. Jahrg. 1899 S. 747.

Es hat aber weiter auch ausgesprochen, daß der Entschädigungsanspruch nicht schon übergehe, wenn und soweit die berufsgenossenschaftlichen Organe eine Rente festgestellt haben, sondern nur wenn und soweit die Gewährung einer Rente im Unfallversicherungsgesetz begründet ist, und daß die Nachprüfung dieser Voraussetzung dem im Rechtsstreite zwischen der Berufsgenossenschaft und dem Dritten erkennenden Gericht nicht entzogen ist.

Vgl. das angezogene Urteil in Seuffert's Archiv und auch das Urteil in den Entsch. des R.G.'s in Civils. Bd. 39 S. 113.

An dieser Auffassung in den zu § 98 des Unfallversicherungsgesetzes vom 6. Juli 1884 und zu § 119 des Unfallversicherungsgesetzes für Land- und Forstwirtschaft vom 5. Mai 1886 ergangenen Urteilen ist auch für die Unfallversicherungsgesetze vom 5. Juli 1900 festzuhalten, da die entsprechenden Paragraphen dieser Gesetze (§ 140 und § 151) jenen Bestimmungen gegenüber in dem hier zur Entscheidung stehenden Punkte eine sachliche Abänderung nicht erfahren haben. Wenn im Gesetz bestimmt ist, daß der Entschädigungsanspruch auf die Berufsgenossenschaft „im Umfang ihrer durch dieses Gesetz begründeten Entschädigungspflicht übergeht", so ist damit nicht nur zum Ausdrucke gebracht, daß die getroffene Rentenfestsetzung die Grenze bildet, bis zu der die Erstattungspflicht ausgesprochen werden kann, sondern auch, daß der Übergang der Forderung selbst abhängig ist davon, daß durch das Gesetz für die Berufsgenossenschaft die Entschädigungspflicht begründet ist. Es fehlt auch im Gesetz jeder Anhalt für die Annahme, daß lediglich durch die Tatsache der Feststellung der Entschädigungsverpflichtung der Berufsgenossenschaft der Übergang des Entschädigungsanspruches sich vollzieht. Unter diesen Umständen ist, mag auch mit Rücksicht auf die jedenfalls analog anzuwendenden Bestimmungen des Bürgerlichen Gesetzbuches über die Abtretung von Forderungen (§§ 404. 406. 407),

vgl. die angezogenen Entscheidungen in der Jurist. Wochenschr. und in Seuffert's Archiv, sowie Entsch. des R.G.'s in Civils. Bd. 31 S. 25,

der Dritte in der Regel kein Interesse daran haben, ob ihm der Versicherte, oder die Berufsgenossenschaft als Gläubiger gegenübersteht, davon auszugehen, daß das Gericht, dem die Prüfung obliegt, ob der Übergang des Entschädigungsanspruches auf die Berufsgenossenschaft stattgefunden hat, zugleich auch zu prüfen hat, ob ein Fall vorliegt, in dem aus der Unfallversicherung Entschädigung zu leisten ist." . . .

---

96. **Wird der Gerichtsstand des Vermögens (§ 23 C.P.O.), welcher auf eine dem Beklagten gegen einen im Gerichtsbezirke ansässigen Schuldner zustehende Forderung gegründet wird, durch eine von dem Beklagten vorgenommene fiduziarische Übertragung der Forderung beseitigt?**

II. Civilsenat. Urt. v. 20. Oktober 1903 i. S. C. W. & Co. (Kl.) w. Aktiengesellschaft D. D. (Bekl.). Rep. II. 96/03.

I. Landgericht Mannheim, Kammer für Handelssachen.
II. Oberlandesgericht Karlsruhe.

Die auf Verurteilung der verklagten Aktiengesellschaft, welche ihren Niederlassungsort in D. (Luxemburg) hat, bei dem Landgerichte Mannheim erhobene Klage auf Zahlung eines Warenkaufpreises wurde wegen Unzuständigkeit dieses Gerichts abgewiesen; die Berufung der Klägerin hatte keinen Erfolg, und die Revision wurde gleichfalls zurückgewiesen aus nachstehenden, das Tatsächliche im wesentlichen umfassenden,

Gründen:

„Die Zuständigkeit des Landgerichts Mannheim für die erhobene Klage wurde damit begründet, daß die verklagte Aktiengesellschaft, deren allgemeiner Gerichtsstand sich an ihrem Niederlassungsorte in Luxemburg befindet, zur Zeit der Erhebung vorliegender Klage (4. Juni 1901) im Bezirk des Landgerichts Mannheim Vermögen besessen habe, indem sie Gläubigerin der Firma L. W. & R. in Mannheim gewesen sei. Damit wäre der Gerichtsstand des § 23 C.P.O. gegeben. Der Beklagten hatte auch eine solche Forderung zugestanden, und die Klägerin ließ dieselbe für ihre eingeklagte Forderung mit Arrest belegen, gegen den jedoch Widerspruch erhoben wurde. Allein schon vorher hatte die Beklagte im notariellen Vertrage d. d. Köln, den 3. Mai 1901, „alle ihr zustehenden oder noch erwachsenden Ansprüche gegen in Deutschland domiziliierende Abnehmer ihrer Produkte oder Fabrikate" an die Bank für Handel und Industrie zu Darmstadt und Berlin abgetreten und diese Abtretung auch der Firma L. W. & R. als ihrer Schuldnerin aus Warenlieferung mit Schreiben vom 6., eingetroffen am 9., Mai 1901 bekannt gemacht. Die Beklagte, welche die prozeßhindernde Einrede der Unzuständigkeit des Gerichts erhoben hat, bestritt hiernach den zur Begründung des Gerichtsstandes des § 23 C.P.O. von der Klägerin behaupteten Vermögensbesitz; allein die Klägerin suchte aus verschiedenen Gründen ihre Behauptung zu rechtfertigen, daß die Beklagte auch nach der Übertragung vom 3. Mai 1901 gegenüber der Firma L. W. & R. in Mannheim forderungsberechtigt geblieben sei. Das Berufungsgericht hat, mit der ersten Instanz, diese Ansicht der Klägerin nicht gebilligt und bei seiner Entscheidung das deutsche Recht angewendet, was von keiner Seite bestritten wurde, auch unbedenklich erscheint. Die Voraussetzungen für den Gerichtsstand des angerufenen Landgerichtes sind nach § 23 C.P.O. festzustellen, und für den Forderungsübergang ist entscheidend, daß die in Deutschland (Köln) vorgenommene Übertragung sowohl gegen die Cessionarin (Darmstadt-Berlin), als gegen den Schuldner (Mannheim) in Deutschland wirksam werden sollte.

Die Klägerin suchte zunächst den ganzen Abtretungsvertrag als ein Scheingeschäft hinzustellen, vorgenommen zu dem Zwecke, den deutschen Gläubigern der Beklagten den Zugriff auf deren in Deutschland befindliche Vermögensobjekte unmöglich zu machen. Dieses Vorbringen fand das Berufungsgericht als jedes Beweises entbehrend; es sei, führte es aus, keine einzige Tatsache auch nur vorgebracht worden, welche den Schluß auf eine betrügerische Absicht, sei es der Cedentin, sei es der Cessionarin, zuließe. Wie aus dem Inhalte des Aktes vom 3. Mai 1901 zu entnehmen ist, wurde eine Reorganisation der in Zahlungsschwierigkeiten geratenen verklagten Aktiengesellschaft angestrebt, deshalb die Übertragung der Forderungen, welche ihr gegen Schuldner innerhalb Deutschlands zustanden, zur Sicherung der Gläubiger vorgenommen, zugleich aber der Cessionarin eine Rücktrittspflicht auferlegt, wenn der Versuch der Sanierung scheitern, oder sich sonstwie die Übertragung als entbehrlich erweisen sollte. Schließlich beschränkte denn auch die Klägerin in der Berufungsinstanz die Begründung des Scheingeschäftes darauf, daß ein verdecktes Inkassomandat vorliege, und die Form einer Cession nur zur Erleichterung der von dem Bankinstitute übernommenen Aufgabe, die Vermögensverhältnisse der Beklagten zu sanieren, gewählt worden sei. Es ist als möglich anzuerkennen, daß bei einer fiduziarischen Forderungsübertragung lediglich ein Mandatsverhältnis besteht, während formell eine Cession vorliegt (vgl. Jurist. Wochenschr. 1890 S. 373 Nr. 11); allein das Berufungsgericht hat mit nicht anfechtbarer Begründung eine weitergehende Vertragsabsicht festgestellt. Unter Hinweisung auf das an die Klägerin addressierte Cirkular vom 8. Mai 1901, womit die Bank für Handel und Industrie den Gläubigern der Beklagten kundgab, daß letztere unter der Form des Konkordates ein Moratorium nachzusuchen sich genötigt sehe, wurde besonders hervorgehoben, daß die Beklagte der Bank ihre Forderungen „zu treuen Händen" abgetreten habe, um eine gleichmäßige Befriedigung — und zwar durch Reorganisation ihrer Vermögensverhältnisse eine möglichst vollständige Befriedigung — aller Gläubiger zu ermöglichen, daß aber eine solche Aufgabe von vornherein als unlösbar hätte erscheinen müssen, wenn die beauftragte Bank der Beklagten gegenüber bloß zur Einziehung der Forderungen befugt gewesen wäre und nicht vielmehr innerhalb der durch den Zweck der Abtretung gegebenen Grenze über dieselben völlig frei verfügen durfte, und daß die Klägerin das bei einem Inkassomandate der Beklagten zustehende Widerrufsrecht selbst bestritten und aufgestellt habe, die Form der Forderungsübertragung sei gerade auch aus der Rücksicht gewählt worden, um der Beklagten ein willkürliches Zurücktreten vom Vertrage unmöglich zu machen. Hiernach nahm das Berufungsgericht an, daß die Klägerin das ernstlich im Sinne einer bindenden Abtretung von Forderungen vorgenommene fiduziarische Geschäft nicht um deswillen in Frage stellen könne, weil die Kontrahenten damit andere wirtschaftliche Zwecke verfolgt hätten, als die mit der Cession vermögensrechtlicher Ansprüche gewöhnlich verbundenen, was unbedenklich erscheint.

Daß die Abtretung der Forderungen, wie die Klägerin geltend machte, noch von der Genehmigung der Gläubiger der Beklagten, als deren negotiorum gestor die Bank eingetreten sei, abhange, welche Genehmigung die Klägerin ihrerseits versage, wurde von dem Oberlandesgericht unter der Feststellung verneint, daß die Abtretung nach der Absicht der Kontrahenten, wenn auch im Interesse sämtlicher Gläubiger der Beklagten, doch nicht an die Gläubiger, vertreten durch die Bank für Handel und Industrie, sondern an diese Bank selbst erfolgt, und eine Genehmigung nicht vorbehalten worden sei, ein Fall des § 177 B.G.B. also nicht vorliege. Diese mit dem Wortlaute des Vertrages wohl vereinbare Auslegung erscheint als ausreichend begründet und nicht rechtsirrtümlich.

Zur Begründung der Revision wurde vornehmlich geltend gemacht, es liege eine Verletzung des § 23 C.P.O. deshalb vor, weil die an die Bank für Handel und Industrie übertragenen Forderungen nicht materiell in deren Vermögen übergegangen seien und materiell nicht aufgehört hätten, Vermögen der Beklagten zu sein, vielmehr nur eine formale Berechtigung der Bank begründet worden sei, jene Forderungen zugunsten der Gesamtheit der Gläubiger, also auch der Klägerin, zu verwenden. Dabei wurde als auf ähnliche Fälle auf die Entscheidungen des I. und des V. Civilsenates (mitgeteilt in den Entsch. des R.G.'s in Civils. Bd. 14 S. 406 und Bd. 45 S. 80 flg.) hingewiesen. Bei der ersteren Entscheidung handelte es sich um die Wirkung eines in England eröffneten Konkurses, insofern nach dem maßgebenden englischen Bankruptcy Act von 1869 das gesamte Vermögen und mithin auch die in Hamburg befindlichen Teile desselben, welche zur Begründung der Zuständigkeit des dortigen Gerichts nach § 24 C.P.O. (a. F.) dienten, dem Eigentumsrechte nach mit der Konkurseröffnung auf den Konkursverwalter übergingen, und wurde im Hinblick auf § 207 Abs. 1 der deutschen Konkursordnung (a. F.), und weil diesem sog. Eigentumsrechte des Konkursverwalters eine materiellrechtliche Bedeutung nicht beiwohne, das in Hamburg gelegene Vermögen noch als Vermögen des Gemeinschuldners angesehen. In der weiter angeführten Entscheidung wurde ein Aussonderungsanspruch an dem Gemeinschuldner aufgelassenen Grundstücksanteilen der Kläger anerkannt, da den Klägern ein persönlicher Anspruch auf deren Herausgabe zustand, und indem auf Grund der gesetzgeberischen Vorarbeiten dem § 35 K.O. (a. F.) die Auslegung gegeben wurde, daß ein Aussonderungsanspruch auch auf solche Gegenstände geltend gemacht werden könne, die dem Gemeinschuldner zwar zu Eigentum übergeben wurden, jedoch mit der Abmachung, daß sie gleichwohl von ihm nicht wie sein Eigentum behandelt werden dürften, sondern wirtschaftlich ein Vermögensbestandteil des früheren Eigentümers bleiben sollten, die mithin zwar formell und juristisch, aber nicht materiell und wirtschaftlich dem Gemeinschuldner „gehörige" Gegenstände seien.

Im gegenwärtigen Rechtsstreite handelt es sich jedoch nicht um die Wirkung einer Konkurseröffnung und um die Begründung von Aussonderungsansprüchen, sondern um die Bestimmung der Wirkung einer fiduziarischen Forderungsübertragung nach dem Inhalte eines hierüber geschlossenen Vertrages mit Rücksicht auf die Anwendbarkeit des § 23 C.P.O. Die Voraussetzung dieses Gerichtsstandes ist, daß sich im Bezirke des angerufenen Gerichts Vermögen des Beklagten, welcher keinen Wohnsitz im Deutschen Reiche hat, befinde, wobei es nach der bisherigen Rechtsprechung des Reichsgerichts nicht darauf ankommt, ob dieses Vermögen der Zwangsvollstreckung zugänglich sei (Jurist. Wochenschr. 1894 S. 278 Nr. 1). Diese Voraussetzung kann aber nach der ernstlichen Abtretung des Gläubigerrechtes an einer Forderung nicht mehr als vorliegend angenommen werden. Hat auch die Beklagte durch die Abtretung der Forderungen, welche ihr an in Deutschland wohnende Kunden zustanden, eine Vermögenseinbuße insofern nicht erlitten, als die Abtretung zum Zwecke der Erzielung eines Konkordates erfolgte, von der Cessionarin nur zugunsten der Gläubiger der Beklagten über die Forderungen verfügt werden durfte, und unter den im Vertrage bezeichneten Umständen eine Rückübertragung an die Beklagte stattfinden sollte, so ist doch nach außen, also auch gegen die schuldnerische Firma L. W. & R., unzweifelhaft die Forderung der Beklagten auf die Bank für Handel und Industrie übergegangen, und auch das innere zwischen der Beklagten und deren Cessionarin begründete Verhältnis läßt die Annahme eines Fortbestehens der Forderung als eines Gläubigerrechtes der Beklagten gegen die im Bezirke des Landgerichts Mannheim wohnhafte Schuldnerin nicht zu. Es kommen zwar fiduziarische Übertragungen von Rechten mit auflösend bedingter Vollberechtigung vor; allein es kann dahingestellt bleiben, ob bei Annahme eines als auflösende Bedingung vereinbarten Rückfalles das Fortbestehen eines bedingten Rechtes der Beklagten an der abgetretenen Forderung als zureichende Grundlage für den Gerichtsstand des § 23 C.P.O. anzunehmen wäre; denn das Berufungsgericht stellt unter Ziffer 3 der Gründe nach dem Inhalte der Vertragsurkunde ausdrücklich fest, daß die Cession nicht unter einer auflösenden Bedingung erfolgt sei, daß vielmehr die Bank nur für gewisse Fälle die Verpflichtung zum Rücktritt und damit zur Rückcession übernommen habe. Der Beklagten wäre daher nur ein bedingtes Recht auf Wiederabtretung der Forderung gegenüber der Bank für Handel und Industrie verblieben, damit aber keine im Bezirke des Landgerichts *Mannheim* befindliche Forderung. Die nur *wirtschaftlich* fortdauernde Beziehung der auf die Bank für Handel und Industrie übergegangenen Forderung zu der Beklagten erscheint nicht geeignet, dieselbe noch als ein im Mannheimer Bezirke befindliches Vermögensstück der Beklagten zur Begründung des Gerichtsstandes des § 23 C.P.O. für die erhobene Klage geltend zu machen.

Da auch im übrigen, insbesondere bei Beurteilung der von der Klägerin behaupteten Anfechtbarkeit der Forderungsabtretung nach dem Reichsgesetze vom 20. Mai 1898 und der Ausdehnung der Forderungsabtretung auf die erst nach weiterer Erfüllung der Lieferungspflicht durch die Beklagte fällig werdenden Kaufpreisraten, ein Verstoß gegen Rechtsnormen nicht ersichtlich ist, mußte die auf der Verneinung der Zuständigkeit des angerufenen Gerichts beruhende Entscheidung des Berufungsgerichts aufrecht erhalten werden." ...

---

97. Ist eine Entscheidung über den Kostenpunkt, durch welche die Kosten einer zum Teil zurückgenommenen, zum Teil durch Entscheidung in der Hauptsache erledigten Berufung oder Klage nach Quoten der Gesamtkosten auf die durch Zurücknahme und die durch Entscheidung in der Hauptsache erledigten Teile verteilt sind, in bezug auf die

Richtigkeit der Verteilung unter die zuerkannten, aberkannten und durch Zurücknahme erledigten Teile der Berufung oder der Klage mit der sofortigen Beschwerde nach § 99 Abs. 3 C.P.O. anfechtbar?

II. Civilsenat. Beschl. v. 20. Oktober 1903 i. S. K. (Kl.) w. K. & M. u. Gen. (Bekl.). Beschw.-Rep. II. 152/03.

I. Kammergericht Berlin.

In der Klagesache gegen 1. die Firma K. & M., 2. L., 3. K. und 4. M., in der gegen die vier Beklagten wegen Zuwiderhandlungen gegen § 6 des Wettbewerbgesetzes auf Unterlassung und Schadensersatz, sowie wegen Zuwiderhandlung gegen § 9 des gleichen Gesetzes auf Schadensersatz geklagt war, erkannte das Kammergericht mit Urteil vom 14. Februar 1902 über die Berufung des Klägers gegen das klagabweisende Urteil des ersten Richters, die Berufung sei zurückzuweisen, soweit das landgerichtliche Urteil die Klage gegen die Firma K. & M., sowie die Beklagten L. und M. sowohl wegen der Ansprüche aus den Zuwiderhandlungen gegen § 6 a. a. O., als wegen des Anspruches aus der Zuwiderhandlung gegen § 9 abgewiesen habe; sie sei ferner zurückzuweisen, soweit die Klage gegen den Beklagten K. wegen des Anspruches aus der Zuwiderhandlung gegen § 9 abgewiesen wurde, dagegen gegen K. wegen der Zuwiderhandlung gegen § 6 begründet, und demnach das landgerichtliche Urteil dahin abzuändern, daß K. in diesem Umfange zum Unterlassen und zur Zahlung des Schadens verurteilt werde. Über die Kosten war bestimmt: der Kläger hat die außergerichtlichen Kosten der Firma K. & M. sowie der Beklagten L. und M. zu tragen. Im übrigen werden die Kosten erster Instanz zu $^4/_5$ dem Kläger, zu $^1/_5$ dem Beklagten K., die Kosten zweiter Instanz dem Kläger und dem Beklagten K. je zur Hälfte auferlegt.

Durch Urteil des Reichsgerichts vom 14. Oktober 1902 wurde, unter Zurückweisung der Revision des Beklagten K. und der Revision des Klägers im übrigen, auf die Revision des Klägers das angefochtene Urteil aufgehoben, soweit es durch Zurückweisung der Berufung den Antrag des Klägers auf Schadensersatz aus der Zuwiderhandlung gegen § 9 des Wettbewerbgesetzes gegen die Beklagten L., K. und M. abgewiesen, und soweit es über den Kostenpunkt entschieden hatte. In dem durch die Aufhebung bezeichneten Umfange wurde die Sache zur anderweiten Verhandlung und Entscheidung an das Berufungsgericht zurückverwiesen.

Nach Erhebung weiterer Beweise nahm der Kläger in der mündlichen Verhandlung die Berufung wegen des Schadensersatzanspruches aus der Zuwiderhandlung gegen § 9 des Wettbewerbgesetzes zurück. Die Beklagten beantragten die an diese Zurücknahme geknüpften Wirkungen durch Urteil auszusprechen — § 515 Abs. 3 Satz 2 C.P.O. —, und es erging das Urteil vom 11. Juli 1903 dahin:

„Der Kläger wird des Rechtsmittels der Berufung ... für verlustig erklärt, soweit das landgerichtliche Urteil den gegen die Beklagten wegen Zuwiderhandlung gegen § 9 des Wettbewerbgesetzes erhobenen Schadensersatzanspruch abweist. Der Kläger hat die sämtlichen außergerichtlichen Kosten der Firma K. & M. sowie der Beklagten L. und M. zu erstatten. Im übrigen werden die Kosten erster und zweiter Instanz zu $^{9}/_{10}$ dem Kläger, und zu $^{1}/_{10}$ dem Beklagten K. auferlegt."

Gegen die in diesem Urteil enthaltene Entscheidung über den Kostenpunkt richtete sich die rechtzeitig eingelegte sofortige Beschwerde des Klägers. Dieser suchte die Zulässigkeit der sofortigen Beschwerde aus § 99 Abs. 3 C.P.O. damit zu rechtfertigen, daß der die Wirkungen der Zurücknahme der Berufung aussprechende Teil keine Entscheidung in der Hauptsache im Sinne jener Gesetzesbestimmung sei, und daß im übrigen die Voraussetzungen zu deren Anwendung vorliegen. Sein Antrag ging dahin, die Kosten wie in dem ersten Berufungsurteile zu verteilen, mit der Maßgabe, daß den Kläger noch die Kosten treffen, welche durch die nochmalige Verhandlung des Rechtsstreites in der Berufungsinstanz erwachsen seien.

Die sofortige Beschwerde wurde, unter Verneinung der obigen Rechtsfrage, als unzulässig verworfen aus den folgenden

Gründen:

... „Die sofortige Beschwerde war als unzulässig zu verwerfen, da die Voraussetzungen zur Anwendung des § 99 Abs. 3 C.P.O. nicht vorliegen. Der dritte Absatz des § 99 bestimmt: „Ist eine Entscheidung in der Hauptsache nicht ergangen, so findet gegen die Entscheidung über den Kostenpunkt sofortige Beschwerde statt"; er unterstellt den Fall, daß die Hauptsache sich ohne Urteil erledigte, und nur über die Kosten entschieden wurde. Danach sind im Sinne dieser Bestimmung Entscheidungen in der Hauptsache alle Entscheidungen, die nicht den Kostenpunkt betreffen. Ob von dieser Grundlage aus auch das Urteil, das die an die Zurücknahme der Berufung geknüpften gesetzlichen Folgen auf Antrag des Berufungsbeklagten ausspricht, also lediglich deklaratorische Bedeutung hat, Entscheidung in der Hauptsache ist, oder ob im Sinne dieser Gesetzesbestimmung unter Entscheidungen in der Hauptsache lediglich Sachurteile zu verstehen sind, bedarf hier nicht der ausdrücklichen Entscheidung; denn die Voraussetzungen des § 99 Abs. 3 sind nach Sachlage auch dann nicht gegeben, wenn das nach § 515 Abs. 3 Satz 2 C.P.O. ergangene Urteil über den zurückgenommenen Teil der Berufung nicht als Entscheidung in der Hauptsache im Sinne des § 99 Abs. 3 a. a. O. zu beurteilen ist. Nach der obigen Sachdarstellung liegt auch zur Berufung des Klägers eine Entscheidung in der Hauptsache vor, nämlich in dem Umfange, in dem das erste Berufungsurteil durch das Revisionsurteil aufrechterhalten wurde. So ist nur in dem Umfange, in welchem der Beklagte K. durch die in dem ersten Berufungsurteile zu seinen Ungunsten ergangene Entscheidung in der Hauptsache unterlegen ist, eine Verpflichtung desselben zur Tragung von Prozeßkosten begründet. Die mit der sofortigen Beschwerde angefochtene Entscheidung über den Kostenpunkt entscheidet ferner über die Gesamtkosten der Berufung, also auch der Teile derselben, über die eine Entscheidung in der Hauptsache vorliegt. Soweit darin insbesondere über die den Beklagten K. treffenden Kosten entschieden ist, beruht danach diese Entscheidung über den Kostenpunkt auf einer in der Berufungsinstanz ergangenen Entscheidung in der Hauptsache, und wäre in diesem Umfange nur § 99 Abs. 1, nicht § 99 Abs. 3 anwendbar. Es könnte allerdings eine Rechtfertigung der Anwendbarkeit des § 99 Abs. 3 für den gegebenen Fall auf dem Wege versucht werden, es liege doch zu dem zurückgenommenen Teile der Berufung keine Entscheidung in der Hauptsache vor, wenn das nach § 515 C.P.O. ergangene Urteil eine solche nicht sei, und es werde nur der dazu gehörende Teil der Kostenentscheidung mit der sofortigen Beschwerde angegriffen. Indessen ist nach den Umständen des gegebenen Falles dieses Vorbringen nicht geeignet, die Anwendbarkeit des § 99 Abs. 3 zu rechtfertigen.

In der angefochtenen Entscheidung über den Kostenpunkt ist die Kostenteilung nach Quoten der Gesamtkosten erfolgt; es fallen daher unter die dem Kläger zur Last gelegten $^{9}/_{10}$ der Kosten der Berufungsinstanz auch Kosten der Teile der Berufung, in denen eine Entscheidung in der Hauptsache ergangen ist. Weiterhin begründet die Zurücknahme der Berufung zu einem Teil des angefochtenen Urteils als gesetzliche Folge die Verpflichtung, die durch die Berufung zu diesem Teile entstandenen Kosten zu tragen. Es ist daher im gegebenen Falle nicht streitig, daß den Kläger für diesen Teil die Kostenpflicht treffe. Streitig und mit der sofortigen Beschwerde in Wirklichkeit angegriffen ist nur die Richtigkeit der Verteilung der Gesamtkosten unter die zuerkannten, aberkannten und durch Zurücknahme erledigten Teile der Berufung. Deshalb müßte sich die Nachprüfung der Entscheidung auf die ganze Entscheidung erstrecken, also auch auf den Teil, in bezug auf den eine Entscheidung in der Hauptsache ergangen ist, und es hätte eine Abänderung der angefochtenen Entscheidung zugunsten des Klägers die Folge, daß die in dieser enthaltene Kostenentscheidung gegen den Beklagten K., obwohl in dem Umfange, in dem dieser unterlegen und kostenersatzpflichtig ist, eine Entscheidung in der Hauptsache ergangen war, und deshalb nur Abs. 1, nicht Abs. 3 des § 99 Platz greifen kann, auf die sofortige Beschwerde des Klägers zuungunsten des Beklagten K. abzuändern wäre. Dementsprechend wird auch mit der sofortigen Beschwerde des Klägers beantragt, dem Beklagten K. statt $^{1}/_{10}$ die Hälfte der Kosten der Berufungsinstanz aufzuerlegen. Ein solches Ergebnis wäre mit den Vorschriften in § 99 Abs. 3 und § 99 Abs. 1 C.P.O. unvereinbar. Eine Entscheidung über den Kostenpunkt, durch die die Kosten einer zum Teil zurückgenommenen, zum Teil durch Entscheidung in der Hauptsache erledigten Berufung oder Klage nach Quoten der Gesamtkosten auf die durch Zurücknahme und die durch Entscheidung in der Hauptsache erledigten Teile verteilt sind, ist deshalb schon wegen ihrer Einheitlichkeit wenigstens in bezug auf den Verteilungsmodus keine mit der sofortigen Beschwerde nach § 99 Abs. 3 anfechtbare Kostenentscheidung. Ob noch weiter gegangen, und der Satz aufgestellt werden muß, es sei Voraussetzung des § 99 Abs. 3, daß überhaupt keine Entscheidung in der Hauptsache ergangen sei,

vgl. Petersen, C.P.O. 5. Aufl. von Remelé u. Anger § 99 Bem. 2 zu Note 12 S. 254,

bedarf hier nicht der Entscheidung. Die in der Rechtsprechung der

Oberlandesgerichte von Mugdan u. Falkmann Bd. 3 S. 133. 134. S. 437, Bd. 5 S. 158—162 abgedruckten Entscheidungen erörtern zum Teil die hier nicht unmittelbar in Betracht kommende Frage, ob dann, wenn auf einen Teil der Kostenentscheidung der Abs. 2, auf einen anderen Teil der Abs. 3 des § 99 an sich anwendbar wäre, in bezug auf die verschiedenen Teile der einen Entscheidung die verschiedenen Rechtsmittel zulässig seien. Im übrigen ist es um deswillen nicht nötig, auf deren Einzelheiten einzugehen, weil dieselben nicht mit Bestimmtheit erkennen lassen, ob deren Unterlagen mit der hier gegebenen Sachlage zusammenfallen, und nur auf Grund dieser das Vorhandensein einer nach § 99 Abs. 3 mit der sofortigen Beschwerde anfechtbaren Kostenentscheidung verneint ist, alle weiteren Fragen aber offen gelassen sind." . . .

---

98. Wem ist der die Verpflichtung der Staatskasse zur Entschädigung aussprechende Beschluß des im strafprozessualen Wiederaufnahmeverfahren erkennenden Gerichtes zuzustellen?

Gesetz, betr. die Entschädigung der im Wiederaufnahmeverfahren freigesprochenen Personen, vom 20. Mai 1898 §§ 1. 4. 5.

III. Civilsenat. Urt. v. 20. Oktober 1903 i. S. der Fisci der im Oberlandesgerichtsbezirk Jena zur Gerichtsgemeinschaft verb. Staaten (Bekl.) w. B. Ehefr. u. Gen. (Kl.). Rep. III. 207/03.

I. Landgericht Weimar.
II. Oberlandesgericht Jena.

Dem Gerber B., welcher durch Schwurgerichtsurteil vom 4. März 1892 wegen Brandstiftung und Wechselfälschung zu fünf Jahren Zuchthaus nebst Geldstrafe von 500 *M* verurteilt und nach teilweise verbüßter Strafe am 8. November 1899 im Wiederaufnahmeverfahren von der Anklage der vorsätzlichen Brandstiftung freigesprochen ward, wurde unterm 15. November 1899 der Beschluß des im Wiederaufnahmeverfahren erkennenden Gerichts, mittels dessen den Staatskassen die Pflicht zur Entschädigung nach Maßgabe des Gesetzes vom 20. Mai 1898 auferlegt worden, zugestellt. Erst im Februar 1902 machten seine Ehefrau und minderjährigen beiden Kinder Entschädigungsansprüche durch Antrag bei der Staatsanwaltschaft geltend; die Anträge wurden vom weimarischen Staatsministerium im Einverständnis mit den übrigen beteiligten Regierungen als verspätet, daher formell unzulässig, überdies auch als sachlich unbegründet zurückgewiesen. Die von ihnen gegen diese Entscheidung erhobene Klage wurde vom Landgericht mit der Begründung, daß die dreimonatige Präklusivfrist nach der Zustellung des Beschlusses an den Freigesprochenen auch für die Unterhaltsberechtigten gelaufen habe, somit vor der Antragserhebung verstrichen gewesen sei, abgewiesen. Auf eingelegte Berufung erkannte das Berufungsgericht abändernd und erklärte den erhobenen Anspruch dem Grunde nach für berechtigt.

Der Revision der Beklagten ist stattgegeben aus folgenden

Gründen:

„Aus der im § 4 des Gesetzes vom 20. Mai 1898, betr. die Entschädigung der im Wiederaufnahmeverfahren freigesprochenen Personen, getroffenen Vorschrift, der zufolge der die Verpflichtung der Staatskasse zur Entschädigung regelnde Beschluß des im Wiederaufnahmeverfahren erkennenden Gerichts nicht zu verkünden, sondern durch Zustellung bekannt zu machen ist, in Verbindung mit der im § 5 dieses Gesetzes gegebenen Bestimmung, daß derjenige, welcher auf Grund des die Verpflichtung der Staatskasse zur Entschädigung aussprechenden Beschlusses einen Anspruch geltend macht, diesen Anspruch bei Vermeidung des Verlustes binnen drei Monaten nach Zustellung des Beschlusses durch Antrag bei der Staatsanwaltschaft zu verfolgen hat, ergibt sich, daß durch einen und denselben Rechtsakt, nämlich durch Zustellung des Beschlusses, der die Entschädigungspflicht anerkennt, die Grundlage des Entschädigungsanspruches geschaffen und die für seine Verfolgung verordnete Ausschlußfrist in Lauf gesetzt wird. Wie die Zustellung des Gerichtsbeschlusses nach dem unzweideutigen Wortlaute der Vorschrift der Akt ist, mit dem der Fristenlauf beginnt, so ist sie auch der Akt, der die Befugnis, Entschädigung zu fordern, ins Leben ruft. Denn der Entschädigungsanspruch hat die Erlassung des entsprechenden Gerichtsbeschlusses zur Voraussetzung; erlassen, d. h. nach außen zur rechtlichen Wirksamkeit gebracht, aber ist der Beschluß nicht anders als jede gerichtliche über subjektive Rechte ergehende Entscheidung erst durch seine Bekanntmachung. Die Annahme des Berufungsgerichts, nach welcher die Kläger zur Befugnis, Ersatz insoweit zu fordern, als ihnen durch die Vollstreckung der Strafe an ihrem Ehemann und Vater der Unterhalt entzogen worden ist, gelangen, andrerseits aber der Ausschlußfrist, weil ihnen der Beschluß nicht zugestellt worden, bisher nicht ausgesetzt worden sind, ist daher nicht haltbar. Vielmehr bleibt für die Kläger, denen unbestritten der Beschluß nicht zugestellt ist, in Ermangelung abweichender Gesetzesbestimmungen nur die Alternative: entweder haben sie mangels solcher Zustellung die Befugnis, Entschädigung zu beanspruchen, noch nicht erlangt, oder sie haben, weil dem Freigesprochenen der Beschluß zugestellt ist, den Anspruch mit der Präklusivfrist gleichzeitig mit letzterem erworben. Die Entscheidung dieser Alternative aber kann nur in letzterem Sinne ausfallen. Daß dem Freigesprochenen, bezw. im Fall des § 411 Abs. 1 St.P.O. derjenigen Person, welche auf Grund des § 401 Abs. 2 daselbst den Wiederaufnahmeantrag gestellt hat, der Entschädigungsbeschluß, sei es daß derselbe die Entschädigungspflicht anerkennt, oder verneint, zugestellt werden muß, erweist sich als so selbstverständlich, daß es weiterer Begründung nicht bedarf. Aber auch die Folgerung erscheint geboten, daß durch die Zustellung an diese Personen jede andere Zustellung sich erübrigt. Die Entschädigungspflicht des Staates ist, wie in Ansehung des zu leistenden Gegenstandes, so auch in Ansehung der Anspruchsberechtigten einfürallemal festgelegt, und zwar in Ansehung der letzteren in der Weise, daß sie sich untrennbar auf alle erstreckt. Nach dem Willen des Gesetzgebers, wie derselbe in § 1 des Gesetzes vom 20. Mai 1898 Ausdruck gefunden hat, besteht die staatliche Entschädigungspflicht in den dort angegebenen Grenzen entweder allen als anspruchsberechtigt anerkannten Personen gegenüber, oder sie besteht überall nicht. Dieser Wille wird vereitelt, wenn der Zustellung des Beschlusses nur der Person gegenüber, der zugestellt ist, Wirksamkeit beigelegt wird. Die Annahme, daß die Zustellung an den Freigesprochenen, bzw. an den Antragsteller die Entschädigungspflicht allen Anspruchsberechtigten gegenüber ins Leben ruft und damit auch die Ausschlußfrist gegen letztere in Lauf setzt, ist daher unabweislich. Wenn das Berufungsgericht darauf hinweist, daß die Bekanntgabe des Beschlusses durch

Zustellung so erfolgt, daß die an der Zustellung Nichtbeteiligten durch die Zustellung von der Existenz und vom Inhalte des Beschlusses regelmäßig nichts erfahren, so kann dem kein Gewicht beigelegt werden. In Anbetracht, daß die Fälle, in denen die Unterhaltsberechtigten von der Zustellung nicht so frühzeitig Kunde erhalten, daß die rechtzeitige Antragstellung bei der Staatsanwaltschaft sich ermöglicht, der Natur der Sache nach nicht leicht vorkommen werden, erscheint bei dem Wortlaute des Gesetzes wie dem Inhalte der Gesetzesmaterialien die Annahme geboten, daß der Eventualität des Anspruchsverlustes infolge der Unkenntnis der Zustellung keine Rechnung getragen ist, dies um so mehr, als es dem offensichtlichen Zweck der Ausschlußfrist, die Ermittlung, ob und in welchem Umfang ein Anspruch entstanden ist, durch Zeitablauf nicht zu erschweren, widerspricht, wenn den Unterhaltsberechtigten, die der Behörde als solche nicht bekannt geworden sind, die Möglichkeit belassen wird, durch passives Verhalten ihrerseits solche Ermittelung beliebig auf spätere Zeiten zu verschieben. Ist somit davon auszugehen, daß die Kläger am Tage, an dem der Beschluß ihrem Ehemanne und Vater, als dem Freigesprochenen, zugestellt worden, d. h. am 15. November 1899, den Anspruch mit der Ausschlußfrist erworben haben, so ist die erstinstanzliche Entscheidung, durch welche die Kläger wegen Verspätung ihres erst im Februar 1902 bei der Staatsanwaltschaft gestellten Antrages mit ihrer Klage abgewiesen sind, zu Recht ergangen. Der Revision war daher stattzugeben, und unter Aufhebung des angefochtenen Urteiles die eingelegte Berufung als unbegründet zurückzuweisen."

---

99. Steht im Falle der Abtretung einer Forderung aus einem gegenseitigen Vertrage die Befugnis, nach § 326 B.G.B. die Annahme der Erfüllung abzulehnen und Schadensersatz wegen Nichterfüllung zu verlangen, auch dem Cessionar zu, wenn der Schuldner diesem gegenüber mit der Leistung in Verzug kommt?

V. Civilsenat. Urt. v. 21. Oktober 1903 i. S. Schn. (Kl.) w. Schl. (Bekl.). Rep. V. 177/03.

I. Landgericht Frankfurt a. M.
II. Oberlandesgericht daselbst.

Die obige Frage ist vom Reichsgericht bejaht aus folgenden

Gründen:

...„Der einzige Rechtsgrund, aus dem der Berufungsrichter ... zur Zurückweisung der Berufung gelangt, ist ... folgender: die zwingende Kraft des Schuldverhältnisses bringe es als normale Folge mit sich, daß in Fällen, wo die Erfüllung eines obligatorischen Anspruches schuldhafterweise verweigert werde, nur ein Anspruch auf Erfüllung, nicht auf Schadensersatz als gleichartiges Erfüllungssurrogat gegeben sei. Die abweichenden Vorschriften, die das Bürgerliche Gesetzbuch für gegenseitige Verträge gebe, seien singulärer Natur und demzufolge eng auszulegen. Sie müßten daher auf den Fall des eigentlichen gegenseitigen Vertrages beschränkt bleiben und dürften nicht auf den Fall ausgedehnt werden, daß ein Dritter durch Cession die Rechte des einen Teils aus dem Vertrage erwerbe, ohne gleichzeitig auch durch Übernahme der Gegenleistungspflicht in die Passivseite des Vertrages zu succedieren. Denn in einem solchen Falle bestehe zufolge des Mangels der Passivsuccession zwischen dem Cessionar und dem gegenüberstehenden Vertragsteile nicht das Verhältnis eines gegenseitigen Vertrages. Der Cessionar habe daher nicht die Befugnisse des § 326 B.G.B., sondern bleibe auf die Einklagung dessen, was ihm cediert sei, beschränkt. Es könne auch nicht angenommen werden, daß durch die Cession zugleich die erwähnten Befugnisse mitcediert seien. Eine solche Konstruktion scheitere daran, daß vor Ausübung der Befugnisse es sich um bloße rechtliche Möglichkeiten handle, nach ihrer Geltendmachung aber der Anspruch auf Erfüllung überhaupt nicht mehr cediert werden könne.

Mit Recht bekämpft die Revision diese Ausführungen als rechtsirrtümlich. Eine Notwendigkeit, den § 326 B.G.B. in dem vom Berufungsrichter gewollten einengenden Sinne auszulegen, ist weder durch den Wortlaut dieses Paragraphen, noch durch anderweite Vorschriften des Bürgerlichen Gesetzbuches gegeben. Vielmehr muß beim Mangel entgegenstehender Bestimmungen angenommen werden, daß durch die Abtretung des Anspruches aus einem gegenseitigen Vertrage die Natur des Anspruches nicht verändert wird, mithin der andere Vertragsteil, ebenso wie er bei verschuldeter Unmöglichkeit der Erfüllung dem Cessionar schadensersatzpflichtig ist, auch im Falle des § 326 die dort bestimmten nachteiligen Folgen seines Verzuges über sich ergehen lassen muß, wenn der Verzug dem Cessionar gegenüber eingetreten ist. Dies ergibt sich einmal aus der Erwägung, daß der bezügliche Interessanspruch des Cessionars mit der Erfüllung, die dieser zweifellos verlangen kann, untrennbar zusammenhängt, sodann aus der Vorschrift des § 398 B.G.B., der, ohne zwischen Forderungen aus einseitigen und solchen aus gegenseitigen Verträgen zu unterscheiden, der Regel nach jede Forderung für übertragbar erklärt und die Wirkung der Übertragung dahin bestimmt, daß mit dem Abschluß des Abtretungsvertrages der neue Gläubiger völlig die Rechtsstellung des bisherigen Gläubigers einnimmt. Ob diese Gleichstellung dahin auszudehnen ist, daß der Cessionar beim Verzuge des anderen Vertragsteiles auch gemäß § 325 B.G.B. vom Vertrage zurücktreten darf, kann im vorliegenden Falle, wo ein solcher Rücktritt nicht stattgefunden hat, dahingestellt bleiben. Bemerkt mag jedoch werden, daß die Frage nicht etwa schon deshalb zu verneinen ist, weil durch die Zulassung des Rücktrittes des Cessionars unter Umständen Interessen des Cedenten verletzt werden können. Dieser Gesichtspunkt würde nicht zur gänzlichen Ausschließung des Rücktrittsrechtes, sondern nur dazu führen, gegebenenfalls für seine Ausübung die Einwilligung des Cedenten zu erfordern." ...

---

100. Ist eine Beschwerde gegen eine Grundbucheintragung trotz § 71 Abs. 2 Satz 1 G.B.O. zulässig, wenn vor der Beschwerde eine Remonstration an das Grundbuchamt gerichtet, aber zurückgewiesen ist, oder wenn behauptet wird, daß die Eintragung nach Maßgabe der ihr zugrunde liegenden Urkunden unrichtig sei?

V. Civilsenat. Beschl. v. 21. Oktober 1903 in der Grundbuchsache von St. Beschw.-Rep. V. 187/03.

I. Landgericht Limburg a. L.
II. Oberlandesgericht Frankfurt a. M.

Beide Alternativen der Frage hat das Reichsgericht verneint aus folgenden

Gründen:

„Im Stockbuche von St. ... waren auf dem daselbst verzeichneten Grundstücke Nr. 2 ein Insitzrecht und auf dem Grundstücke Nr. 3 ein

Nießbrauchsrecht für die K. E. Schw. auf Grund der Bestellungsurkunde vom 5. Februar 1885 eingetragen. Durch Schuld- und Pfandverschreibung vom 14. Mai 1890 verpfändete der Eigentümer diese beiden und andere Grundstücke der Direktion der Nassauischen Landesbank für ein Darlehn von 1400 *M*. In einer von Richter und Gerichtsschreiber aufgenommenen Verhandlung vom 29. Mai 1890 erklärte die K. E. Schw., daß sie für den Fall der zwangsweisen Veräußerung der Grundstücke Nr. 2 und 3 auf ihr eingetragenes Insitz- und Nießbrauchsrecht zugunsten der Direktion der Nassauischen Landesbank verzichte. Die Hypothek war im Stockbuche an erster Stelle eingetragen, und die Verhandlung vom 29. Mai 1890 zu den Anlagen des Stockbuches beurkundet. Eine Ausfertigung dieser Urkunde war mit der Schuld- und Pfandverschreibung vom 14. Mai 1890 verbunden worden. Bei Anlegung des Grundbuches sind das Insitz- und das Nießbrauchsrecht in Abt. II unter Bezugnahme auf die Urkunde vom 4. Februar 1885, und die nur noch in Höhe von 1212,91 *M* bestehende Hypothek in Abt. III unter Bezugnahme auf die Urkunde vom 14. Mai 1890 eingetragen worden, und zwar die Hypothek mit dem Bemerken, daß sie dem Insitz- und Nießbrauchsrechte nachstehe.

Die Direktion der Nassauischen Landesbank war der Ansicht, daß ihrer Hypothek infolge des Verzichtes der K. E. Schw. der Vorrang gebühre, daß durch jene bei Anlegung des Grundbuches bewirkten Eintragungen das Grundbuch unrichtig geworden sei, und daß, da die Unrichtigkeit sich aus der Urkunde vom 29. Mai 1890 ergebe, der Fall des § 22 G.B.O. vorliege, die Berichtigung also ohne Bewilligung der K. E. Schw. erfolgen könne. Sie beantragte, im Wege der Berichtigung bei den auf das Insitz- und Nießbrauchsrecht bezüglichen Eintragungen zu vermerken, daß die Berechtigte zugunsten der Hypothek für den Fall der Zwangsversteigerung Verzicht geleistet habe, eventuell bei den drei in Betracht kommenden Eintragungen zu vermerken, daß die Hypothek dem Insitz- und Nießbrauchsrecht im Range vorgehe. Das Grundbuchamt lehnte die beantragte Berichtigung ab, weil es sich bei dem Verzicht in der Urkunde vom 29. Mai 1890 um ein rein obligatorisches Rechtsgeschäft handle, und eine Vorrangseinräumung dem nassauischen Rechte unbekannt gewesen sei. Das Landgericht hat die Beschwerde verworfen. Es nimmt zwar an, daß dem Verzichte, wenn er auch nur für einen bestimmten Fall und in bestimmter Richtung eine Einschränkung des dinglichen Rechtes beziele, dingliche Wirksamkeit beiwohne, und daß daher bei Anlegung des Grundbuches der Verzicht bei den betreffenden Eintragungen in Abt. II hätte vermerkt werden müssen; es erblickt aber in der Unterlassung dieser Vermerke eine Verletzung gesetzlicher Vorschriften im Sinne des § 54 G.B.O., so daß ohne Einwilligung der K. E. Sch. das Grundbuch nicht berichtigt, sondern nur von Amts wegen ein Widerspruch eingetragen werden könne. Auf eine demnächst erfolgte Anfrage des Grundbuchamtes hat die Beschwerdeführerin erklärt, daß sie den Antrag auf Eintragung eines Widerspruches gemäß § 54 G.B.O. nicht stellen wolle.

Die weitere Beschwerde der Direktion der Nassauischen Landesbank ist vom Kammergerichte dem Oberlandesgericht in Frankfurt a. M. zur Entscheidung überwiesen worden, weil die Entscheidung von der Auslegung von im Bezirke des Kammergerichts nicht geltenden Gesetzen . . . abhange.

Das Oberlandesgericht in Frankfurt a. M., das davon ausgeht, daß der Verzicht vom 29. Mai 1890 die rechtliche Bedeutung einer Vorrangseinräumung habe, möchte der weiteren Beschwerde stattgeben, sieht sich aber daran durch einen Beschluß des Kammergerichts vom 3. Dezember 1900 (Mugdan u. Falkmann, Rechtspr. Bd. 2 S. 258) behindert, in welchem ausgeführt ist, daß, wenn das Gesetz (§ 71 Abs. 2 Satz 1 G.B.O.) die Beschwerde gegen eine Eintragung nicht zulasse, auch die Berichtigung gemäß § 22 G.B.O. im Beschwerdewege nicht zulässig sei. Das Oberlandesgericht in Frankfurt a. M. hält diese Entscheidung nicht für richtig und hat daher gemäß § 79 Abs. 2 G.B.O. die weitere Beschwerde dem Reichsgerichte vorgelegt. Es führt aus:

Der § 71 G.B.O. stehe im vorliegenden Falle der Grundbuchberichtigung nicht entgegen; denn er erkläre nur die Beschwerde gegen eine Eintragung für unzulässig. Hier handle es sich aber nicht um eine Beschwerde gegen eine Eintragung, sondern um eine Beschwerde gegen einen ablehnenden Bescheid des Grundbuchamts. Daß sich dieser Bescheid auf eine Eintragung stütze und diese aufrecht zu erhalten suche, könne für das Beschwerderecht, das formaler Natur sei, nicht in Betracht kommen. Auch aus § 54 G.B.O.

sei ein Grund für die Unzulässigkeit des Berichtigungsverfahrens nicht herzuleiten. Der § 54 spreche die Unzulässigkeit nicht ausdrücklich aus; sie sei aber auch nicht stillschweigend in ihm enthalten, da der § 54 nicht einen besonderen Fall von der Regelung des § 22 ausnehme, sondern konkurrierend mit dem § 22 einen weiteren Rechtsbehelf für einen bestimmten Fall gebe, indem er neben dem Antragsverfahren des § 22 ein Offizialverfahren vorschreibe.

Den Ausführungen des Oberlandesgerichts kann nicht beigetreten werden. Es handelt sich um eine Beschwerde über eine Eintragung. Der Grundbuchrichter hat bei der Post in Abt. III Nr. 1 eingetragen, daß diese Hypothek den in Abt. II unter Nr. 1 und 2 eingetragenen Rechten nachstehe. Er hat in Kenntnis des damals schon erklärten Vorrangsverzichtes gehandelt und dennoch nicht nur nicht den von der Beschwerdeführerin beanspruchten Vorrang der Hypothek vor den Rechten in Abt. II Nr. 1 und 2, sondern im Gegenteil eingetragen, daß die Hypothek jenen Rechten im Range nachstehe. Diese Eintragung will die Beschwerdeführerin durch die Eintragung des Verzichtes oder durch Eintragung des umgekehrten Rangverhältnisses beseitigt oder berichtigt wissen. Der Grundbuchrichter hat die beantragte Änderung der bewirkten Eintragung abgelehnt, und dagegen richtet sich die Beschwerde. In § 71 Abs. 2 Satz 1 G.B.O. wird die Beschwerde gegen eine Eintragung für unzulässig erklärt, ohne daß dabei unterschieden wird, ob mit der Beschwerde die Beseitigung, oder die Änderung (Berichtigung) der Eintragung begehrt wird. Dies scheint das Oberlandesgericht in Frankfurt a. M. auch nicht zu verkennen; aber es meint, die Beschwerde sei zulässig, wenn nicht gleich über eine Eintragung Beschwerde geführt, sondern zunächst das Grundbuchamt um Beseitigung oder Berichtigung der Eintragung gebeten, und darauf ein ablehnender Bescheid erteilt wird. Gegen diesen Bescheid soll die Beschwerde zulässig sein. Diese Meinung, die dazu führen würde, die Bestimmung des § 71 Abs. 2 Satzes 1 G.B.O. völlig illusorisch zu machen, ist unhaltbar. In Wirklichkeit richtet sich die Beschwerde gegen die Eintragung, wie auch die Remonstration beim Grundbuchamte nur diesen Zweck verfolgt.

Ist die Beschwerde gegen eine Eintragung nach § 71 Abs. 2 Satz 1 G.B.O. unter allen Umständen ausgeschlossen, so kann sie — wie das Kammergericht a. a. O. und im Beschlusse vom 30. März 1903

(R.J.A. 3 S. 258) zutreffend ausgeführt hat — auch dann nicht für zulässig erachtet werden, wenn behauptet wird, daß die Eintragung nach Maßgabe der ihr zugrunde liegenden Urkunden (hier des Verzichtes vom 29. Mai 1890) unrichtig sei; denn das würde auf eine Umgehung des Gesetzes hinauslaufen. Wenn also auch der Vorrangsverzicht nach dem bisherigen nassauischen Rechte, obwohl seine Eintragung weder bewilligt, noch erfolgt ist, volle dingliche Wirksamkeit gehabt haben sollte, würde die Beschwerdeführerin auf Grund dieses Verzichtes die gewünschte Änderung der Eintragungen in Abt. II Nr. 1. 2 und Abt. III Nr. 1 nicht erreichen können, sondern nur auf Grund einer neuerlichen, freiwillig erklärten oder durch rechtskräftiges Urteil ersetzten Eintragungsbewilligung der K. E. Sch." ...

---

101. Wird das in den Bedingungen einer Unfallversicherung aufgestellte Erfordernis einer äußeren gewaltsamen Veranlassung nur durch eine von außen her an den Körper des Verletzten herantretende Gewaltwirkung erfüllt?

VII. Civilsenat. Urt. v. 23. Oktober 1903 i. S. K.'sche Unfall-Versich.-Aktienges. (Bekl.) w. d. G. (Kl.). Rep. VII. 239/03.

I. Landgericht Köln.
II. Oberlandesgericht daselbst.

Der Kläger war laut einer Police aus dem Jahre 1892 bei der Beklagten gegen Unfall versichert. Nach § 1 der der Police zugrunde liegenden allgemeinen Versicherungsbedingungen versicherte die Gesellschaft gegen die Folgen von Unfällen, d. h. körperlichen Beschädigungen, von welchen der Versicherte durch äußere gewaltsame Veranlassung plötzlich und unabhängig von seinem Willen betroffen werde, insofern durch die körperliche Beschädigung der Tod oder die Erwerbsunfähigkeit unmittelbar verursacht worden sei.

Der Kläger behauptete, am Abend des 4. Juli 1900 einen die Gesellschaft zur Entschädigung verpflichtenden Unfall erlitten zu haben. Er gab an, er habe an dem genannten Abend in einer Tanzgesellschaft eine Dame zum Tanz aufgefordert und mit ihr den Fuß zum ersten Sprunge aufgesetzt, als das Bein im Knie zusammengeknickt, und plötzlich jede fernere Bewegung unmöglich gewesen sei; das rechte Knie sei verletzt gewesen. Bis zum 30. August 1900 wollte er gänzlich, und bis zum 19. Dezember desselben Jahres teilweise erwerbsunfähig gewesen sein. Die Beklagte bestritt das Vorhandensein eines Unfalls im Sinne der Policebedingungen.

Durch Urteil der ersten Instanz wurde die Klage in der Erwägung abgewiesen, Voraussetzung der Ersatzpflicht sei nicht das Vorhandensein eines Unfalls im allgemeinen Verkehrssinne, sondern ein in den Versicherungsbedingungen fest umschriebener Tatbestand, der eine von außen her herantretende Einwirkung auf den Kläger in sich schließe; eine solche aber liege hier nicht vor. In der Berufungsinstanz wurde die Beklagte für verpflichtet erklärt, dem Kläger nach Maßgabe der Versicherungsbedingungen den Schaden zu ersetzen, den dieser durch den ihm am 4. Juli 1900 zugestoßenen Unfall erlitten habe. Die Revision der Beklagten ist zurückgewiesen.

Aus den Gründen:

„Daß der Berufungsrichter zu einem anderen Ergebnisse als der Richter der ersten Instanz gelangt, beruht auf einer von der Ansicht des letzteren abweichenden Auslegung der Policebedingungen. Der Berufungsrichter nimmt an, daß die im § 1 der Bedingungen enthaltene Erläuterung des Begriffes „Unfall", d. h. einer körperlichen Beschädigung, von welcher der Versicherte durch äußere gewaltsame Veranlassung plötzlich und unabhängig von seinem Willen betroffen wird, von der allgemeinen Auffassung des Begriffes „Unfall", wie sie z. B. den Unfallversicherungsgesetzen zugrunde liegt, keineswegs verschieden sei. Für die Einreihung gerade auch von körperlichen Beschädigungen der hier vorliegenden Art bezieht er sich weiter auf die in Abs. 4 des § 1 für einzelne besondere Fälle getroffenen Bestimmungen. Er nimmt an, daß ungeschickte Bewegungen des Verletzten, durch die er eine plötzliche und gewaltsame Einwirkung auf seinen Körper hervorruft, als Unfälle im Sinne des § 1 der Versicherungsbedingungen anzusehen seien, und daß demnach auch begrifflich an und für sich nichts entgegenstehe, die Verletzung des Klägers, die er sich durch eine ungeschickte Bewegung beim Tanzen zugezogen haben will, die mithin als eine äußere gewaltsame, plötzlich und unabhängig von seinem Willen eingetretene Einwirkung auf seinen Körper anzusehen sei, als einen Unfall im Sinne des § 1 der Versicherungsbedingungen zu bezeichnen.

Die Revision richtet gegen diese Erwägungen einen Angriff, indem sie auszuführen sucht, daß die vom Oberlandesgericht aus dem Abs. 4 des § 1 der Versicherungsbedingungen gezogenen Schlußfolgerungen verfehlt seien. Als begründet konnte diese Rüge jedoch nicht erscheinen. Die Auslegung der Policebedingungen, welche dem Bereich der Würdigung des Tatsächlichen angehört, läßt eine Gesetzesverletzung nicht erkennen, ist auch mit dem Wortlaute derselben nicht unvereinbar.

Zwar möchte die Bedeutung, welche der Berufungsrichter den für einzelne Fälle im Abs. 4 des § 1 gegebenen Bestimmungen für die Auffassung des im Abs. 1 des § 1 bezeichneten grundlegenden Begriffs beimißt, Bedenken erregen können; aber eines weiteren Eingehens hierauf bedarf es deshalb nicht, weil schon die an die Spitze der Entscheidungsgründe gestellte, von den Erörterungen zu Abs. 4 unabhängige Erwägung die Entscheidung zu tragen geeignet ist. Gewiß muß nach Abs. 1 des § 1 vorausgesetzt werden, daß die Beschädigung durch eine physische Kraft verursacht ist, die nach ihrer Art und nach Lage der begleitenden Umstände die körperliche Integrität des Verletzten gefährdet, indem ihr Wirken einen zerstörenden Einfluß auf den natürlichen Bestand des körperlichen Organismus in einem seiner Teile auszuüben geeignet ist. Dabei kommt es auf das Maß der Kraft nicht an, sondern entscheidend ist nur ihre der Unversehrtheit des Körpers feindliche Richtung. Daß diese Erfordernisse hier gegeben sind, ist vom Berufungsrichter festgestellt, indem als erwiesen angenommen ist, daß die Kniegelenkentzündung, an welcher der Kläger seit dem 4. Juli 1900 leidet, durch eine ungeschickte Bewegung desselben beim Tanzen herbeigeführt ist; diese bewirkte zunächst einen Erguß im Inneren des Gelenkes. Von dem Richter der ersten Instanz sind auch die Kriterien einer Gewaltwirkung an sich nicht vermißt, sondern derselbe nimmt nur die Beschaffenheit der Gewaltwirkung als einer „äußeren“ nicht als gegeben an, da es an einer von außen herantretenden Einwirkung auf den Körper des Versicherten fehle; allein die gegenteilige Auffassung des Berufungsrichters enthält einen Gesetzesverstoß nicht. Den Gegensatz zu äußeren Gewalteinwirkungen bilden jedenfalls solche, die auf krankhafte Vorgänge im Inneren des

Körpers zurückzuführen sind; nicht aber ist es unbedingt geboten, jede durch eine eigene Bewegung des Versicherten erzeugte der Gesundheit nachteilige Krafteinwirkung aus dem Kreise der äußeren gewaltsamen Veranlassungen auszuschließen und lediglich solche Verletzungen, welche von dritten Personen bewirkt werden oder ihre Ursache in elementaren Wirkungen der äußeren Welt haben, unter die Versicherung fallen zu lassen. Hat die schädliche Krafteinwirkung zwar ihre Ursache in einer eigenen Bewegung des Verletzten, und ist diese zwar an sich von dem Verletzten gewollt, aber in ihrer Bedeutung unter den vorliegenden Umständen, in ihrer Gefährlichkeit, nicht erkannt und demgemäß auch von seinem Willen nicht vollständig beherrscht, so liegt ein wesentlicher Unterschied gegenüber den außerhalb des Körpers befindlichen Ursachen nicht vor, sondern als ein Unfall kann die Verletzung in dem einen wie in dem anderen Falle betrachtet werden. Es ist auch nicht notwendig zu erfordern, daß bei eigenen Bewegungen des Verletzten die Verletzung erst mittelbar durch eine Berührung mit der Außenwelt, wie namentlich bei einem Fall oder Sprung, herbeigeführt werde, sondern als möglich ist auch die Auffassung anzuerkennen, daß schon die durch die äußere Bewegung in der Lage der Körperteile zueinander hervorgerufenen Veränderungen, Muskelanstrengungen u. dgl. mit den durch sie unmittelbar hervorgerufenen Folgen unter den Begriff des „Unfalls“ einzureihen sind. Die eigene Bewegung, wie sie sich als äußerer Hergang darstellt, kann mit ihren nächsten Folgen als eine äußere gewaltsame Veranlassung betrachtet werden.“ . . .

---

102. 1. Erfordernisse des Tatbestandes des Berufungsurteils.
2. Beweislast für die Anrechnung der Leistung beim Vorhandensein mehrerer Forderungen.

C.P.O. § 313 Abs. 1 Ziff. 3.

B.G.B. § 366.

V. Civilsenat. Urt. v. 24. Oktober 1903 i. S. F. (Bekl.) w. G. (Kl.). Rep. V. 400/03.

I. Landgericht II Berlin.
II. Kammergericht daselbst.

Im Urkundenprozeß war aus der in dem Auseinandersetzungsvertrage vom 13. Dezember 1901 vom Beklagten übernommenen Verpflichtung, dem Kläger für seinen Rücktritt von der Leitung einer geplanten Privat-Irrenanstalt eine Abfindung von 4000 ℳ zu zahlen, auf den Restbetrag von 2069,55 ℳ nebst Zinsen geklagt, und der Beklagte unter Vorbehalt der Ausführung seiner Rechte zur Zahlung verurteilt. Der von ihm gegen das seine Berufung zurückweisende Berufungsurteil eingelegten Revision ist stattgegeben aus folgenden

Gründen:

... „Der Tatbestand des Berufungsurteils enthält nicht die im § 313 Abs. 1 Ziff. 3 C.P.O. geforderte Darstellung des Sach- und Streitstandes auf der Grundlage der mündlichen Vorträge der Parteien. In dem Eingange des Urteils ist vermerkt, das in Bezug genommene erstinstanzliche Urteil sei vorgetragen; sodann wird gesagt, der Beklagte habe im Berufungsverfahren die von ihm über die Aufhebung eines Abkommens vom 4. Dezember 1901, sowie über die Anerkennung einer Provisionsforderung von 1500 ℳ zugeschobenen Eide nach ihrer Annahme durch den Kläger zurückgezogen, und darauf ist mit den Worten geschlossen, die weiter aus dem Tatbestande des ersten Urteils ersichtlichen Einwendungen seien von dem Beklagten vor dem Berufungsgerichte nicht vorgetragen worden. Eingang und Schluß dieses Tatbestandes sind unvereinbar; denn ist das erstinstanzliche Urteil dem Berufungsgerichte vorgetragen worden, so sind diesem auch die sämtlichen in ihm aufgeführten Einwendungen vorgetragen. Bei diesem Widerspruch in dem Tatbestande des Berufungsurteils fehlt dem Revisionsgericht eine ausreichend klare Grundlage für seine Entscheidung. Ferner sind dem Kläger unstreitig nicht 1930,45 ℳ, wie dieser sich anrechnet, sondern 2950 ℳ gezahlt; von diesen will aber der Kläger einen Teil nicht auf die Abfindungssumme, sondern auf andere Forderungen, insbesondere 856 ℳ auf eine Entschädigungsforderung anrechnen, die ihm aus dem vorerwähnten Übereinkommen vom 4. Dezember 1901 für die Beaufsichtigung des Irrenanstaltsgrundstückes zustehe. Während nach dem Tatbestande des erstinstanzlichen Urteils eine mündliche Vereinbarung die Grundlage des Entschädigungsanspruches bildet, ist in den im Tatbestande des Berufungsurteiles wiedergegebenen Beweisbeschlüssen über das Abkommen von einem mit Bleistift geschriebenen Abkommen, von einer Punktation die Rede, deren Inhalt sich aus einem Schriftsatz ergebe. Dabei ist die Verschiedenheit in der Begründung des Abkommens, ob mündliche Vereinbarung, oder schriftliche Punktation, völlig unerörtert geblieben, obwohl die in der Berufungsinstanz neu aufgestellte Behauptung der Aufhebung des Abkommens nur durch die Berücksichtigung des erstinstanzlichen Urteils verständlich wird.... Bei dessen Bezugnahme läßt der Beweisbeschluß über die Aufhebung des ... Abkommens unklar, ob der Inhalt dieses Abkommens für die Berufungsinstanz als unstreitig anzusehen ist. Auch ist unaufgeklärt, warum in dem Tatbestande des Berufungsurteils von nicht vorgetragenen erstinstanzlichen Einreden in der Mehrzahl gesprochen wird, während anscheinend doch nur die Einrede der Aufrechnung einer Zahlung nicht aufrecht erhalten werden wollte. Da somit der Tatbestand des Berufungsurteils weder erkennen läßt, inwieweit er auf dem Vortrage der Parteien beruht, noch ein vollständiges Bild der Berufungsverhandlungen gibt, noch ersichtlich macht, welche Einreden der ersten Instanz als aufrecht erhalten, oder nicht vorgetragen angesehen wurden, das Urteil aber seiner Grundlage entbehrt, wenn nicht aus seinem Tatbestande der Sach- und Streitstand klar, sicher und vollständig zu erkennen ist, so war aus jedem der voraufgeführten Tatbestandsmängel das Berufungsurteil aufzuheben, und die Sache in die Berufungsinstanz zurückzuverweisen.

Für die weitere Verhandlung in dieser ist darauf hinzuweisen, daß in den Gründen des Berufungsurteils ein Satz sich findet, der zu Bedenken Anlaß gibt. In offensichtlichem Anschluß an die Rechtsprechung des Reichsoberhandelsgerichts (vgl. Entsch. dess. Bd. 12 S. 91) ist bemerkt, daß, solange die Möglichkeit bestehe, daß Zahlungen des Beklagten anders als auf die Klageforderung anzurechnen seien, die Zulässigkeit der Anrechnung auf diese nicht bewiesen sei. Der Berufungsrichter regelt mithin die Beweislast bei der Anrechnung dahin, daß, wenn dem Zahlungseinwande des Beklagten gegenüber der Kläger das Vorhandensein mehrerer gleichartiger Forderungen auch nur behauptet, zu deren gänzlicher Tilgung die geleistete Zahlung nicht ausreicht, der Beklagte ohne Rücksicht darauf, ob die mehreren Forderungen bestritten, oder bewiesen sind, den Nachweis zu erbringen habe, daß seine Zahlung gerade auf die eingeklagte Forderung geleistet worden sei. Diese Regelung der Beweislast ist mit den Vorschriften des Bürgerlichen Gesetzbuches über die Anrechnung einer Leistung beim Vorhandensein mehrerer Schuldverhältnisse nicht zu vereinigen. Von dem Falle der Vereinbarung über die Zahlungsanrechnung abgesehen, steht beim Vorhandensein mehrerer Schuldverhältnisse die Bestimmung über die Anrechnung einer Zahlung dem Schuldner zu; in deren Ermangelung tritt nicht ein Bestimmungsrecht des Gläubigers, sondern die gesetzliche Anrechnung des § 366 Abs. 2 B.G.B. ein. Voraussetzung der gesetzlichen Anrechnung ist aber nach dem klaren Wortlaute des § 366 Abs. 1 B.G.B., daß der Schuldner dem Gläubiger aus einer Mehrheit von Schuldverhältnissen mit gleichartigen Leistungen verpflichtet ist. Soll also die Anrechnung einer Zahlung auf eine andere als die Klageforderung in Frage kommen, so muß vorerst von dem Kläger nachgewiesen worden sein, daß ihm Forderungen aus mehreren Schuldverhältnissen gegen den Beklagten zustehen. Erbringt er diesen Nachweis nicht, so ist die Zahlung des Beklagten als auf die von ihm allein geschuldete Klageforderung geleistet anzusehen, ohne daß nachzuweisen wäre, daß dem Kläger Ansprüche aus anderen Schuldverhältnissen nicht zustehen, oder daß die Anrechnung auf die Klageforderung von dem Beklagten bei der Zahlung bestimmt oder unter den Parteien vereinbart war. Aber auch wenn das Vorhandensein mehrerer gleichartiger Forderungen des Klägers gegen den Beklagten festgestellt wird, so können die Vorschriften des § 366 B.G.B. über die Anrechnung der Leistung beim Vorhandensein mehrerer Forderungen dazu führen, daß die Zahlung auf die Klageforderung angerechntet werden muß.

Vgl. Rehbein, B.G.B. Bd. 2 S. 281." ...

---

103. Kann der Erwerber von für eine Hypothek haftenden Zubehörstücken eines Grundstückes, die wegen seines Eigentums im Zwangsversteigerungsverfahren von der Versteigerung ausgeschlossen worden waren, nach der auf Grund des Zuschlages erfolgten Löschung der Hypothek im Grundbuche den wegen seiner Forderung nicht befriedigten Gläubiger verhindern, nach der Beendigung des für ihn nicht

angeordneten Zwangsversteigerungsverfahrens die Zwangsvollstreckung in die Zubehörstücke zu betreiben?

B.G.B. § 1181.

Zwangsversteigerungsgesetz § 65.

V. Civilsenat. Urt. v. 24. Oktober 1903 i. S. Gebr. M. (Kl. u. Bekl.) w. P. (Bekl. u. Kl.). Rep. V. 531/02.

I. Landgericht Hagen.
II. Oberlandesgericht Hamm.

Bei der auf Betreiben eines Dritten erfolgten Zwangsversteigerung des Grundstückes des Restaurateurs Sch. in H. wurde dieses am 8. Juli 1901 dem Revisionsbeklagten, für den auf dem Grundstück eine Hypothek von 53000 ℳ eingetragen war, mit Ausschluß mehrerer für den Gastwirtschaftsbetrieb bestimmten Sachen zugeschlagen. Diese Sachen waren zur Zeit der Bestellung der Hypothek des Revisionsbeklagten im Eigentum des Sch. stehendes Zubehör des Grundstücks gewesen. Von dessen Versteigerung waren sie auf gerichtliche Anordnung ausgeschlossen worden, weil die Revisionsklägerin auf Grund eines im Jahre 1900 mit Sch. geschlossenen Kauf- und Mietvertrages das Eigentum an ihnen beansprucht hatte. In dem Zwangsversteigerungsverfahren, dem der Revisionsbeklagte nicht beigetreten war, war derselbe mit einem Teilbetrage seiner Hypothek von 46229,76 ℳ ausgefallen. Hiervon klagte er 3500 ℳ gegen Sch. und die Revisionsklägerin mit dem Antrag ein, Sch. zur Zahlung der Summe, sowie ihn und die Revisionsklägerin zur Duldung der Zwangsvollstreckung in die vom Zuschlag ausgeschlossen gewesenen Sachen behufs Beitreibung seiner Forderung zu verurteilen. Das Erstinstanzgericht erkannte dem Antrage gemäß. Sch. ließ das Erkenntnis gegen sich rechtskräftig werden. Schon vor der Erhebung dieser Klage hatte die Revisionsklägerin gegen den Revisionsbeklagten, in dessen Besitz mit dem zugeschlagenen Grundstücke die auf ihm befindlichen von der Versteigerung ausgeschlossenen Zubehörstücke gelangt waren, auf Anerkennung ihres Eigentums an diesen Sachen und auf deren Herausgabe geklagt; diese Klage war von dem Erstinstanzgericht abgewiesen worden. Gegen die Urteile in beiden Sachen hatte die Revisionsklägerin Berufung eingelegt; diese wurde, nach Verbindung beider Prozesse, durch das Berufungsgericht zurückgewiesen. Mit der gegen das Berufungsurteil eingelegten Revision wurde von der Revisionsklägerin, unter dem Widerspruche des Revisionsbeklagten, beantragt, nach ihren Anträgen in der Berufungsinstanz, d. h. auf Verurteilung des Revisionsbeklagten zur Anerkennung ihres Eigentums an den Zubehörstücken und zu deren Herausgabe an sie, sowie auf Abweisung des Anspruchs des Revisionsbeklagten auf Gestattung der Zwangsvollstreckung in diese Zubehörstücke zu erkennen. Die Revision ist zurückgewiesen worden aus folgenden

Gründen:

... „Mit Unrecht wird von der Revision dem Berufungsurteile gegenüber bestritten, daß dem Revisionsbeklagten irgendein verfolgbares Recht gegen die von der Revisionsklägerin angestrengte Eigentumsklage zustehe, nachdem die streitigen Zubehörstücke durch ihre Veräußerung und Übergabe aus dem Vermögen des Sch. ausgeschieden seien, und nachdem die Hypothek des Revisionsbeklagten im Grundbuche gelöscht, und das Zwangsversteigerungsverfahren gegen das belastete Grundstück beendet worden sei. Denn die diesem Angriffe zugrunde liegende Voraussetzung, daß die Hypothek des Revisionsbeklagten erloschen sei, trifft nicht zu. Die dem Revisionsbeklagten für seine Hypothek ursprünglich verhaftet gewesenen Zubehörstücke waren durch ihre Veräußerung an die Revisionsklägerin von ihrer hypothekarischen Haftung nicht frei geworden, weil ihre Entfernung von dem Grundstück unterblieben war. Daher hafteten sie bei der Einleitung des Zwangsversteigerungsverfahrens noch fort. Auch die Beendigung dieses Verfahrens hat das Hypothekenrecht des Revisionsbeklagten an den streitigen Zubehörstücken nicht zum Erlöschen gebracht. Zwar ist das belastete Grundstück durch den Zuschlag Eigentum des Revisionsbeklagten geworden, und die Zubehörstücke sind mit dem Grundstück in dessen Besitz gelangt; aber diese waren durch richterliche Anordnung von der Versteigerung des Grundstückes und dessen Zuschlag ausgeschlossen. Dafür aber, daß die Hypotheken der aus einem Grundstücke nicht befriedigten Gläubiger infolge der Ausschließung des Zubehörs von der Versteigerung des Grundstücks an dem ihnen verhafteten Zubehör zur Erlöschung kommen sollen, fehlt jeder gesetzliche Anhalt. Denn wenn auch durch die dahingehende richterliche Anordnung die Zubehöreigenschaft des bisherigen Zubehörs aufgehoben würde, so würde daraus nicht auch der Fortfall der bisherigen Haftung der gewesenen Zubehörstücke für die Hypotheken folgen, da diese Anordnung mit einer Veräußerung und Entfernung des Zubehörs vom Grundstücke nicht gleichzustellen ist. Allerdings hat der Zuschlag des Grundstückes zur Folge, daß die Hypotheken der nichtbefriedigten Gläubiger im Grundbuche gelöscht werden. Aber da diese Löschung lediglich die Folge des Zuschlages ist, so kann bezüglich derjenigen Hypotheken, welche nicht durch die Befriedigung aus dem Grundstück erloschen sind, die Wirkung der Löschung nicht über das zugeschlagene Grundstück hinaus auf die vom Zuschlage ausgenommenen Zubehörstücke erstreckt werden; diese Hypotheken müssen vielmehr der Löschung ungeachtet an den Zubehörstücken als fortbestehend angenommen werden.

Ist nun aber die Hypothek des Revisionsbeklagten an den streitigen Sachen nicht erloschen, so ist das Eigentum der Revisionsklägerin an ihnen nicht frei, sondern durch die Belastung mit dem Hypothekenrechte des Revisionsbeklagten beschränkt. Denn der Erwerb des Eigentums ist mit dieser hypothekarischen Belastung erfolgt, die später nicht untergegangen ist. Das Hypothekenrecht steht nun an sich der Klage der Revisionsklägerin auf Anerkennung ihres Eigentums an den Zubehörstücken nicht entgegen. Aber einen weitergehenden Anspruch als den auf Anerkennung ihres Eigentums hat die Revisionsklägerin nicht, weil der Revisionsbeklagte vorerst wegen seiner Hypothekenforderung die Befriedigung aus den Zubehörstücken verlangen kann. Dieses Recht kann er auch gegen die Revisionsklägerin verfolgen. Der hiergegen gerichtete Revisionsangriff war demgemäß zu verwerfen.

Was nun die Frage der Geltendmachung des Hypothekenrechtes des Revisionsbeklagten betrifft, so mußte diese in dem Zwangsversteigerungsverfahren gegen das Grundstück unterbleiben, weil es an einem vollstreckbaren Titel gegen den Schuldner Sch. fehlte. Einen solchen hat der Revisionsbeklagte in dem gegenwärtigen Verfahren durch die rechtskräftig gewordene Verurteilung des Sch. erlangt. Auf Grund dieses Vollstreckungstitels würde nunmehr die Zwangsvollstreckung aus dem Hypothekenrecht in die Zubehörstücke durch den Revisionsbeklagten betrieben werden können, wenn nicht gegen sie von der Revisionsklägerin als Eigentümerin des Zubehörs Widerspruch erhoben wäre. Zu diesem Widerspruch ist jedoch diese nicht berechtigt, weil ihr Eigentum mit dem Hypothekenrechte des Revisionsbeklagten belastet, und weil sie nicht befugt ist, dessen Befriedigung wegen seiner

Forderung gegen Sch. aus den ihm für diese Forderung haftenden Zubehörstücken zu verhindern. Infolge des Widerspruches der Revisionsklägerin gegen die Zwangsvollstreckung in das Zubehör hat der Revisionsbeklagte ein Interesse an der Feststellung, daß er auch unter der Unterstellung des Eigentums der Revisionsklägerin an den Zubehörstücken auf Grund seines Hypothekenrechtes die Zwangsvollstreckung in diese betreiben könne. Von den Vorinstanzen ist daher mit Recht der Klage des Revisionsbeklagten auf Duldung der Zwangsvollstreckung in die Zubehörstücke stattgegeben werden. Wenn aber der Anspruch auf Duldung der Zwangsvollstreckung der Revisionsklägerin gegenüber begründet ist, so muß deren entgegenstehender Anspruch auf Herausgabe des Zubehörs unbegründet sein; mit ihm ist sie abzuweisen, auch wenn die Unterstellung des Berufungsgerichtes zutrifft, daß das Eigentum an dem Zubehör von Sch. auf die Revisionsklägerin übertragen worden ist. An der Verurteilung des Revisionsbeklagten hat nun die Revisionsklägerin kein selbständiges Interesse, wenn diese Verurteilung auf die Pflicht zur Anerkennung dieses Eigentums an dem Zubehör beschränkt bleibt; in ihrem Klagantrage bildete diese auch nur die Voraussetzung zur Verurteilung auf die Herausgabe des Zubehörs. Es ist, da dem Herausgabeanspruche nicht stattgegeben werden kann, von den Vorinstanzen die Klägerin mit Recht mit ihrer Klage abgewiesen worden.

Das Berufungsgericht hat sich mit der Frage beschäftigt, auf welchem Wege von dem Revisionsbeklagten die Zwangsvollstreckung aus seinem Hypothekenrechte betrieben werden könne, ob im Wege des Immobiliar-, oder des Mobiliarzwangsvollstreckungsverfahrens. In dem Tenor des erstinstanzlichen Urteiles ist eine Entscheidung über diese Frage nicht getroffen. Die Revision geht auf sie ein. Es liegt jedoch kein Anlaß zu ihrer Entscheidung vor, weil an ihr die Revisionsklägerin kein Interesse hat, nachdem die Frage verneint werden mußte, die allein für sie von Interesse war, ob ihr ein Recht zum Widerspruche gegen die Geltendmachung des Hypothekenrechtes des Revisionsbeklagten im Wege der Zwangsvollstreckung zustehe. Wenn dem Revisionsbeklagten nachstehende Hypothekengläubiger gleich diesem Hypothekenrechte an den Zubehörstücken haben sollten, so mögen diese ihre Rechte gegen den Revisionsbeklagten bei der Versteigerung des Zubehörs geltend machen; den Streit der Parteien berühren diese Rechte nicht." . . .

104. Kann eine Ehefrau, die die Herstellung der ehelichen Gemeinschaft verweigern darf und verweigert, gegenüber der Klage des Mannes auf Herausgabe der Kinder geltend machen, daß die Entscheidung des Mannes über den Aufenthalt der Kinder ein Mißbrauch seines ehemännlichen Rechtes sei?

B.G.B. §§ 1627. 1631. 1632. 1634. 1353. 1354.

IV. Civilsenat. Urt. v. 26. Oktober 1903 i. S. W. Ehefr. (Bekl.) w. W. (Kl.). Rep. IV. 156/03.

I. Landgericht Stuttgart.
II. Oberlandesgericht daselbst.

Die Parteien hatten im Jahre 1899 die Ehe geschlossen. Am 16. März 1900 war die Ehefrau niedergekommen. Seit dieser Zeit war sie mit einem Unterleibsleiden behaftet, das sie zur Ausübung schwerer Arbeit unfähig machte. Die Krankheit der Frau führte zu Mißhelligkeiten unter den Eheleuten. Am 6. Februar 1902 verließ die Frau mit ihrem Kinde die eheliche Wohnung und kehrte zu ihren Eltern zurück. Nachdem sie im März 1902 eine Klage auf Zahlung einer Unterhaltsrente gegen ihren Mann eingeleitet hatte, erhob dieser im April 1902 gegen sie Klage auf Herausgabe des zwei Jahre alten Kindes. Das Landgericht nahm an, die Beklagte sei nicht berechtigt, die Herstellung des ehelichen Lebens zu verweigern, und verurteilte sie deshalb, das Kind an den Ehemann herauszugeben. Das Oberlandesgericht wies durch Urteil vom 20. Februar 1903 die Berufung der Beklagten zurück. Ein bei dem Vormundschaftsgericht gestellter Antrag der Beklagten, ihr allein die Sorge für das Kind zu übertragen, war schon vor Erlassung des landgerichtlichen Urteils von dem Vormundschaftsgericht abgelehnt worden, weil noch kein Grund zur Ergreifung von Maßregeln gegen den Vater nach § 1666 B.G.B. bestehe, das Kind bei der Mutter sich befinde und bei ihr gut untergebracht sei.

Auf Revision der Beklagten ist das Urteil des Berufungsgerichts aufgehoben, und die Sache in die Berufungsinstanz zurückverwiesen worden. Das Oberlandesgericht hatte seine Entscheidung auf die Annahme gestützt, daß die Beklagte zwar vom 6. Februar 1902 zur Aufhebung der häuslichen Gemeinschaft berechtigt gewesen sei, daß sie aber zur Zeit der Erlassung des Berufungsurteiles nicht mehr berechtigt sei, die Herstellung der ehelichen Gemeinschaft zu verweigern. Diese Annahme des Berufungsgerichts führte zur Aufhebung des Urteiles wegen nicht richtiger Anwendung der Bestimmung des § 1353 Abs. 2 B.G.B. und Nichtbeachtung der Vorschrift des § 286 C.P.O. Dabei hat das Revisionsgericht die obige Frage bejaht aus folgenden

Gründen:

... „Das Berufungsgericht hat sich die Frage vorgelegt, ob die Ehefrau gegenüber der Klage auf Herausgabe des Kindes gemäß § 1354 Abs. 2 B.G.B. geltend machen könne, daß die Entscheidung des Ehemannes hinsichtlich des Aufenthaltes des Kindes als Mißbrauch seines Rechtes sich darstelle, da doch nach § 1634 Satz 2 B.G.B. bei einer Meinungsverschiedenheit zwischen den Eltern die Meinung des Vaters vorgehe, und in § 1634 nicht bestimmt sei, daß die Entscheidung des Vaters nicht gelte, wenn sie als Mißbrauch seines Rechtes sich darstelle. Von der Entscheidung dieser Frage hat das Berufungsgericht abgesehen, weil angenommen wurde, daß die Beklagte nicht berechtigt sei, die Herstellung der ehelichen Gemeinschaft zu verweigern, bei dieser Sachlage aber das Verlangen des Ehemannes, daß das Kind ihm übergeben werde, keine mißbräuchliche Geltendmachung seines Rechtes sei. Da aber die Annahme des Berufungsgerichtes, daß die Beklagte nicht berechtigt sei, die Herstellung der ehelichen Gemeinschaft zu verweigern, auf Gesetzesverletzung beruht, fragt es sich, ob etwa die Revision aus dem Grunde zurückzuweisen sei, weil der Beklagten auch dann, wenn sie die Herstellung des ehelichen Lebens mit Recht verweigerte, gegenüber der Entscheidung des Mannes, daß das Kind in seinem Hause sich aufzuhalten habe, kein Einwand, insbesondere nicht der Einwand zustehe, daß die Entscheidung des Mannes ein Mißbrauch seines Rechtes sei. Die Frage ist zu verneinen. Es ist nicht ausgeschlossen, daß die Beklagte, falls sie die Herstellung der ehelichen Gemeinschaft mit Recht verweigert, die Abweisung der Klage erreicht; denn der Einwand ist als zulässig zu erachten, daß die Entscheidung des Mannes als Mißbrauch seines Rechtes sich darstelle, die Frau daher nicht verpflichtet sei, der Entscheidung Folge zu leisten, und nicht widerrechtlich handle (§ 1632 B.G.B.), wenn sie unter Nichtbeachtung der Entscheidung des Mannes diesem das Kind vorenthalte.

Nach § 1627 B.G.B. hat zwar der Vater kraft der elterlichen Gewalt das Recht und die Pflicht, für die Person des Kindes zu sorgen, und es umfaßt nach § 1631 B.G.B. die Sorge für die Person das Recht und die Pflicht, das Kind zu erziehen, zu beaufsichtigen und seinen Aufenthalt zu bestimmen; aber gemäß § 1634 B.G.B. hat neben dem Vater während der Dauer der Ehe auch die Mutter das Recht und die Pflicht, für die Person des Kindes zu sorgen. Die Sorge für die Person des Kindes steht hiernach auch der Mutter kraft eigenen Rechtes zu; sie steht dem Vater und der Mutter gemeinsam zu (vgl. Motive Bd. 4 S. 754). Die Erziehung und Pflege des Kindes gehört zu den das gemeinschaftliche eheliche Leben betreffenden Angelegenheiten. Für den Fall, daß zwischen den Eltern über eine Maßregel der Sorge für die Person des Kindes Meinungsverschiedenheit obwaltet, bestimmt § 1634 Satz 2, daß die Meinung des Vaters vorgeht. Eine Einschränkung ist hier nicht beigefügt; es ist insbesondere nicht bestimmt, daß jede Entscheidung des Vaters der richterlichen Nachprüfung unterstellt werden kann, ob nicht ein Mißbrauch des Entscheidungsrechtes des Vaters vorliege. Daraus läßt sich jedoch nicht schließen, daß unter allen Verhältnissen der Wille des Vaters maßgebend sein muß. Im Interesse des Kindes läßt § 1666 B.G.B. Anordnungen des Vormundschaftsgerichtes zu; zum Schutze der Interessen der Ehefrau greift die Bestimmung des § 1354 ein, wonach zwar dem Manne der Frau gegenüber in allen das gemeinschaftliche eheliche Leben betreffenden Angelegenheiten die Entscheidung zusteht, die Frau aber nicht verpflichtet ist, der Entscheidung des Mannes Folge zu leisten, wenn sich die Entscheidung als Mißbrauch seines Rechtes darstellt. Dem Kinde gegenüber gilt also die Meinung des Vaters, solange nicht der Fall des § 1666 gegeben ist. Der Frau gegenüber kann die Entscheidung des Mannes unverbindlich sein, wenn sie als Mißbrauch seines Rechtes sich darstellt; sie kann als Mißbrauch des Rechtes aufzufassen sein, wenn der Mann die Anordnung in bezug auf das gemeinschaftliche Kind trifft, nicht um für das Kind zu sorgen, sondern um einen unberechtigten Zwang auf die Frau, die die Herstellung der ehelichen Gemeinschaft mit Grund verweigert, auszuüben.

Es kann zugegeben werden, daß nach den Bestimmungen des von der ersten Kommission ausgearbeiteten Entwurfes eine tatsächliche, nicht richterlich gestattete Trennung der Eheleute, gleichviel aus welchem Grunde sie erfolgte, ohne Einfluß auf die Handhabung der elterlichen Gewalt sein sollte. Nach § 1272 des ersten Entwurfes sollten die Ehegatten zur ehelichen Lebensgemeinschaft verpflichtet sein; eine tatsächliche Trennung erkannte diese Bestimmung nicht an. Neben der Scheidung sollte zeitweilige Trennung von Tisch und Bett zulässig sein. Für den Fall der Scheidung waren Bestimmungen über die Sorge für die Person des Kindes in §§ 1456. 1457 vorgesehen, die nach § 1461 im Falle der Trennung von Tisch und Bett zur entsprechenden Anwendung kommen sollten. Zur Aufhebung der Verpflichtung der Ehegatten zur häuslichen Gemeinschaft sollte es nach § 1462 einer richterlichen Anordnung bedürfen, durch die auch die Sorge für die Person des Kindes geordnet werden konnte, die jedoch erst bei Einleitung des Verfahrens auf Scheidung oder Trennung von Tisch und Bett zulässig sein sollte. Bei diesen Bestimmungen ist es aber nicht geblieben. In der zweiten Lesung ist anerkannt worden (Komm.-Prot. Bd. 4 S. 94), daß ein Ehegatte zur Herstellung der Gemeinschaft nicht verpflichtet sei, wenn das Verlangen des anderen Teiles sich als Mißbrauch seines Rechtes darstelle, und die Kommission des Reichstags hat, um einer Vermehrung der Scheidungsprozesse vorzubeugen, einen Zusatz veranlaßt (Kommissionsbericht S. 2051), wodurch dem Ehegatten das Recht gegeben wurde, die Herstellung der Gemeinschaft zu verweigern, wenn ein Scheidungsgrund vorliege. Nach § 1353 Abs. 2 B.G.B. kann es hiernach auch ohne richterliche Anordnung zu einer Aufhebung der ehelichen Gemeinschaft kommen. Wird die Herstellung des ehelichen Lebens von einer Ehefrau mit Recht verweigert, so läßt sich der Ehefrau auch hinsichtlich des Verhältnisses zu den Kindern der Schutz nicht versagen, der der auf Scheidung klagenden nach § 627 C.P.O. und der geschiedenen Frau nach §§ 1635. 1636 B.G.B. gesichert ist. Es besteht kein Bedenken, anzunehmen, daß dieser Schutz unter Anwendung der für das eheliche Leben bestimmten allgemeinen Vorschrift des § 1354 Abs. 2 B.G.B. zu gewähren ist." . . .

105. 1. Kann bei Klagen auf Schadensersatz wegen Nichterfüllung eines Kaufvertrages die Gerichtszuständigkeit nach dem Betrage, welchen der Verkäufer für die ihm durch Abnahmeverzug des Käufers verursachten Auslagen fordert, und nach dem an entgangenem Gewinn beanspruchten Betrage geschieden werden?

2. Nach welchen Gesichtspunkten ist, wenn dies nicht zulässig, die einheitliche Gerichtszuständigkeit zu bestimmen?

C.P.O. § 29.

B.G.B. §§ 269. 326.

II. Civilsenat. Urt. v. 27. Oktober 1903 i. S. A. (Bekl.) w. W. (Kl.).
Rep. II. 155/03.

I. Landgericht Erfurt.
II. Oberlandesgericht Naumburg a. S.

Der Kläger hatte der Beklagten Hölzer mit der Vereinbarung verkauft, daß Zoll und Fracht bis Frankfurt a. M. der Käuferin zu vergüten seien, und daß für die Lieferung Kasyka, für die Zahlung Erfurt Erfüllungsort sei. Die Abnahme der nach Frankfurt geschickten Hölzer wurde von der Beklagten verweigert, weil Kläger die von ihr verlangte Einsendung der zur Zahlung von Zoll und Fracht erforderlichen Beträge ablehnte. Kläger mahnte die Beklagte wiederholt an die Abnahme und drohte ihr am 5. Juni 1902, daß er, wenn die Beklagte nicht innerhalb einer Frist von drei Tagen ihre Bereitwilligkeit zur Abnahme der Hölzer unter Verlegung von Fracht und Zoll erkläre, das Kaufgeschäft nicht mehr erfüllen, Erfüllung auch nicht mehr annehmen, sondern Schadensersatz wegen Nichterfüllung von ihr verlangen werde. Die Mahnungen blieben erfolglos. Kläger klagte darauf bei dem Landgerichte zu Erfurt einen Schadensersatz in Höhe von 847,04 ℳ ein, nämlich Beträge von zusammen 252,20 ℳ für Fracht, Standgeld und andere durch die Abnahmeweigerung der Beklagten veranlaßte Auslagen und Beträge von zusammen 594,84 ℳ an entgangenem Gewinn. Durch Urteil der ersten Instanz wurde, entsprechend der von der Beklagten erhobenen Einrede, wegen Unzuständigkeit des Gerichts die Klage abgewiesen. Die Berufung des Klägers wurde hinsichtlich des für Auslagen berechneten Betrages von 252,20 ℳ zurückgewiesen; im übrigen wurde, unter Verwerfung der Einrede der Unzuständigkeit, die Sache an das Gericht erster Instanz zurückverwiesen. Das Oberlandesgericht erachtete das Gericht zu Erfurt insoweit, als entgangener Gewinn beansprucht werde, welcher als Surrogat für die Verpflichtung zur Zahlung des Kaufpreises zu betrachten sei, für zuständig, insoweit aber, als Erstattung der durch die Abnahmeweigerung verursachten Auslagen gefordert werde, für unzuständig, da die Auslagen das Surrogat für die Abnahme der Hölzer darstellten. Unter Zurückweisung der Anschlußrevision des Klägers wurde auf die Revision der Beklagten durch Zurückweisung der Berufung des Klägers in vollem Umfange die in der ersten Instanz erfolgte Abweisung der Klage wiederhergestellt aus folgenden

Gründen:

... „Die Beklagte ... macht gegenüber der von ihr angefochtenen Entscheidung mit Recht geltend, daß der Kläger nur einen einheitlichen Anspruch erhoben habe, und daß für diesen nur ein Gericht zuständig sein könne. Der Kläger beansprucht auf Grund des § 326 B.G.B. von der Beklagten einen Schadensersatz in Höhe von 847,04 *M* wegen Nichterfüllung des am 5. Mai 1902 auf Lieferung von Hölzern mit ihr abgeschlossenen Vertrages und gründet die Zuständigkeit des von ihm angegangenen Gerichtes zu Erfurt auf die Tatsache, daß Erfurt als Erfüllungsort für die Zahlung des Kaufpreises im Vertrage vereinbart worden ist. Nach § 29 C.P.O. ist für Klagen auf Schadensersatz wegen Nichterfüllung eines Vertrages das Gericht des Ortes zuständig, an welchem die streitige Verpflichtung zu erfüllen ist, und nach § 269 B.G.B. richtet dies sich in erster Reihe nach einer getroffenen Vereinbarung. Das Berufungsgericht zerlegt bei der Prüfung der Unzuständigkeitseinrede der Beklagten auf Grund der Angabe des Klägers, daß er Beträge von zusammen 252,20 *M* als durch die Verweigerung der Abnahme der Hölzer von seiten der Beklagten verursachte Auslagen und Beträge von zusammen 594,84 *M* als entgangenen Gewinn ersetzt verlange, den Klaganspruch von 847,04 *M* in zwei Teile und hält für jeden Teil einen besonderen Gerichtsstand als gegeben, nämlich für den durch die Abnahmeverweigerung verursachten Auslagenbetrag den Gerichtsstand des gesetzlichen Erfüllungsortes und für den entgangenen Gewinn den Gerichtsstand des für die Kaufpreiszahlung vereinbarten Erfüllungsortes Erfurt. Diese Scheidung der Gerichtszuständigkeit nach den verschiedenen Schadensbeträgen beruht auf einer Verkennung des Wesens des Anspruches auf Schadensersatz wegen Nichterfüllung des Kaufvertrages und der dem Anspruche entsprechenden Verpflichtung. Der auf Grund des § 326 Abs. 1 B.G.B. erhobene Anspruch des Verkäufers auf Schadensersatz wegen Nichterfüllung des Kaufvertrages hat den fortbestehenden Vertrag zur Grundlage und — anstatt der ursprünglichen Vertragspflicht beider Teile — den Ersatz des Schadens dafür zum Gegenstande, daß der Vertrag so, wie er vereinbart war, infolge des Verzuges des Käufers nicht zur Erfüllung gelangt ist.

Vgl. das Urteil des erkennenden Senates vom 11. April 1902, Entsch. des R.G.'s in Civils. Bd. 50 S. 255 flg., insbes. S. 264.

Demnach besteht die Verpflichtung des Käufers in der Leistung des Schadensersatzes dafür, daß der Vertrag in seiner Gesamtheit nicht so, wie er vereinbart war, zur Erfüllung gelangt ist. Dies ist auch in dem gegenwärtigen Rechtsstreite die streitige Verpflichtung der Beklagten. Sie ist nach dem Ausgeführten eine einheitliche; deshalb kann es für sie nur einen Erfüllungsort und nur einen Gerichtsstand geben. Welches Gericht bei Klagen der hier in Rede stehenden Art zuständig ist, richtet sich nach den Umständen des Falles, insbesondere nach der Begründung der Klage. Im gegenwärtigen Rechtsstreite hat der Kläger seinen Schadensersatzanspruch auf die Tatsache gestützt, daß er vor der Klagerhebung die Beklagte wiederholt zur Abnahme der von ihr gekauften, vom Kläger nach Frankfurt a. M. gesandten Hölzer aufgefordert und ihr am 5. Juni 1902 angedroht hat, daß er, falls sie sich nicht innerhalb drei Tage zur Abnahme der Hölzer unter Verlegung von Fracht und Zoll bereit erkläre, das Kaufgeschäft nicht mehr erfüllen, Erfüllung auch nicht mehr annehmen, sondern Schadensersatz wegen Nichterfüllung von ihr verlangen werde. Hiernach hat der Kläger unzweifelhaft Abnahmeverzug der Beklagten als Klagegrund geltend gemacht. Dafür, daß er daneben auch noch einen Verzug der Beklagten in der Leistung des Kaufpreises behauptet und als Klagegrund verwendet hätte, ist kein genügender Anhalt gegeben. In dieser Beziehung wird zwar die vom Kläger aufgestellte Behauptung von ihm verwertet, daß durch die vertraglich bestimmte Vergütung für Zoll und Fracht bis Frankfurt a. M. die Beklagte zum Verlegen der Zoll- und Frachtbeträge verpflichtet worden sei. Die hieraus vom Kläger gezogene Folgerung, daß dadurch die Beklagte zur Vorleistung eines Teiles des Kaufpreises verbunden sei, ist jedoch rechtlich unzutreffend. Vorausgesetzt daß die behauptete Pflicht der Beklagten zur Verlegung der Zoll- und Transportkosten besteht, so würde darin vom rechtlichen Gesichtspunkt aus lediglich eine Erweiterung der Abnahmepflicht durch Hinzufügung einer Auslagepflicht liegen. Die in Erfüllung der letzteren Pflicht bewirkte Leistung würde einen Anspruch auf Erstattung der verauslagten Beträge begründen und auch zur Aufrechnung der Beträge gegen einen Teil der Kaufpreisforderung des Klägers führen, aber nicht als Zahlung eines gleich hohen Teiles des Kaufpreises gelten können und demnach nicht die Eigenschaft einer vertraglichen Vorleistung besitzen. Nur in dem Falle, daß Abnahme- und Zahlungsverzug der Beklagten der Klage zugrunde lägen, käme in Frage, ob der für die Zahlung vereinbarte Erfüllungsort — Erfurt — für die Zuständigkeit des Gerichts aus dem Grunde ausschlaggebend sei, weil die Zahlung des Kaufpreises die Hauptverbindlichkeit des Käufers, die Abnahme der Ware nur eine nebensächliche Pflicht desselben darstellt. Hier handelt es sich aber allein um die Abnahmepflicht der Beklagten. Diese Pflicht, mit Einschluß der Auslagepflicht der Beklagten, war jedenfalls nicht in Erfurt zu erfüllen. Ob der Abnahmeverzug der Beklagten für sich allein zur Begründung des Schadensersatzanspruches hinreicht, kommt für die Frage der Zuständigkeit des Gerichts nicht in Betracht. Für die hier auf Grund des Abnahmeverzuges erhobene Klage ist jedenfalls das Gericht in Erfurt nicht das zuständige." ...

Register.

Die beigesetzten Zahlen beziehen sich auf die Seiten.

A. Sachregister.

A

G

J

K

B. Gesetzesregister.

1. Reichsgesetze.

a. Bürgerliches Gesetzbuch.

b. Einführungsgesetz zum Bürgerlichen Gesetzbuche.

c. Allgemeines Deutsches Handelsgesetzbuch.

i. Konkursordnung von 1877.

k. Konkursordnung von 1898.

l. Gerichtsverfassungsgesetz.

m. Einführungsgesetz zum Gerichtsverfassungsgesetze von 1877.

n. Strafgesetzbuch.

o. Strafprozeßordnung.

p. Rechtsanwaltsordnung.

q. Gerichtskostengesetz.

r. Gebührenordnung für Zeugen und Sachverständige.

s. Einzelne Gesetze und Verordnungen.

2. Gemeines Recht.

a. Pandekten.

b. Codex.

3. Französisches Recht.

Code civil.

4. Landesrecht.

Preußen.

a. Allgemeines Landrecht.

Baden.

Landrecht.

Bayern.

Bayerisches Landrecht.

Bremen.

Elsaß-Lothringen.

Hamburg.

Hessen (Großherzogtum).

Sachsen (Königreich).

Württemberg.

4. Ausländisches Recht.

Frankreich.

Code de procédure civile.

Österreich.

Allgemeines Handelsgesetzbuch.

C. Chronologische Zusammenstellung der Entscheidungen.

Zusammenstellung

der

im fünfundfünfzigsten, der neuen Folge fünften Bande

mitgeteilten Entscheidungen

nach

Oberlandesgerichtsbezirken.

Bamberg . . . 83.
Berlin . . . . 2. 11. 18. 20. 25. 29. 35. 37. 38. 44. 49. 67. 74. 78. 94. 97. 102.
Breslau . . . 3. 21. 30. 46. 52. 53. 62. 63. 81.
Celle . . . . . 7. 57. 61. 64. 71.
Colmar . . . . 58. 59.
Dresden . . . 26. 51. 86. 87. 89.
Frankfurt a. M. 73. 99. 100.
Hamburg . . . 6. 8. 10. 12. 23. 34. 41. 45. 50. 56. 77. 90.
Hamm . . . . 9. 13. 17. 33. 65. 84. 103.
Jena . . . . . 32. 98.
Karlsruhe . . 4. 55. 96.
Kassel . . . . . 47. 92. 93.
Kiel . . . . . 1. 43. 82.
Köln . . . . . 5. 19. 40. 48. 54. 70. 79. 101.
Königsberg . . 24. 27. 39.
Marienwerder 36. 42. 85.
München . . . 75.
Naumburg . . 60. 69. 76. 88. 995. 105.
Posen . . . . 14. 15. 16. 22. 80.
Stettin . . . . 66. 91.
Stuttgart . . 28. 68. 72. 104.

Konsul zu Alexandrien . . . . 31.

Berichtigungen.

Sechster Band.

S. 442 Sp. 2 Z. 8 v. u. statt „16" lies „17".

Zwölfter Band.

S. 391 Z. 20 v. o. statt „411" lies „414".

Vierzehnter Band.

S. 465 Z. 10 v. o. statt „12." lies „11.".
„ 466 „ 10 v. u. statt „u. Söhne" lies „& Sohn".

Sechzehnter Band.

S. 391 Z. 2 v. u. statt „Beklagten" lies „Klägers".

Siebenundzwanzigster Band.

S. 193 Z. 14 v. o. statt „6" lies „46".

Achtundzwanzigster Band.

S. 288 Z. 14 v. o. statt „25. Juni" lies „5. Juli".
„ 435 „ 2 v. u. statt „Kläger" lies „Beklagten".
„ 463 „ 3 v. o. statt „25. Juni" lies „5. Juli".

Dreiunddreißigster Band.

S. 302 Z. 15 v. u. statt „Kaufgelderhypothek" lies „Baugelderhypothek".

Neunundvierzigster Band.

S. 455 Sp. 1 Z. 4 v. u. statt „22." lies „17.".

Generalregister zu Band 41—50.

S. 634 Sp. 1 Z. 7 v. u. statt „22." lies „17.".

Einundfünfzigster Band.

S. 457 Sp. 1 Z. 14 v. u. statt „20." lies „27.".

Dreiundfünfzigster Band.

S. 4 Z. 1 v. o. statt „erfolgten" lies „erfolgter".
„ 7 „ 10 „ „ statt „zurzeit" lies „zur Zeit".
„ „ „ 14 „ „ statt „zurzeit" lies „zur Zeit".
„ 178 „ 9 v. u. statt „schädlichen" lies „schädlicher".
„ 301 „ 3 „ „ statt „Eigentümer" lies „Eigentümers".
„ 307 „ 10 v. o. statt „K." lies „R.".
„ 308 „ 15 „ „ statt „nimmt" lies „nahm".
„ 315 „ 2 „ „ hinter „auch" schieb ein „vielleicht".
„ „ „ 6 „ „ statt „und" lies „oder".
„ 316 „ 7 „ „ hinter „Beklagte" schieb ein „der Klägerin".
„ „ „ „ „ „ statt „der Klägerin" lies „ihr".

S. 327 Z. 3 v. u. statt „(im Konkurse)" lies „Konkursverw.".
„ 338 „ 1 v. o. statt „1900" lies „1901".
„ 341 „ 3 „ „ hinter „herzustellen" setze ein Komma.
„ 362 „ 14 „ „ statt „Zulassen" lies „zulassen".
„ 373 „ 8 „ „ statt „§ 13a" lies „§ 13 lit. a".
„ 404 „ 18 „ „ hinter „Titel" schieb ein „des".
„ 434 „ 11 v. u. statt „eintragen" lies „eingetragen".
„ 435 „ 3 v. o. statt „Anwendung" lies „Anmeldung".
„ 460 Sp. 2 Z. 7 v. o. streich „a".
„ 465 Z. 3 v. o. statt „K." lies „R.".
„ „ „ 15 „ „ statt „(im Konkurse)" lies „Konkursverw.".

Vierundfünfzigster Band.

S. 88 Z. 13 v. u. streich das Komma hinter „Zahlung".
„ 196 „ 1 v. o. statt „Entsch. zusammengestellt im Reichsjustizamt" lies „Rechtsprechung der Oberlandesgerichte".
„ 208 „ 16 „ „ statt „Bem." lies „Anm.".
„ 339 Überschr. statt „6" lies „86".
„ 448 Sp. 2 Z. 12 v. u. statt „Titel" lies „Artikel".

Fünfundfünfzigster Band.

S. 85 Z. 17 v. o. statt „Handesbetrieb" lies „Handelsbetrieb".
„ 179 „ 5 „ „ statt „schleunigen" lies „schleunigsten".
„ 209 „ 6 v. u. statt „Hypothengläubigern" lies „Hypothekengläubigern".
„ 266 „ 15 „ „ statt „von" lies „vom".
„ 378 „ 2 v. o. statt „Hypothenbriefes" lies „Hypothekenbriefes".

FSC
www.fsc.org
MIX
Papier | Fördert
gute Waldnutzung
FSC® C083411

Kolibri 360 GmbH
Ferdinand-Jühlke-Straße 7
99095 Erfurt, Deutschland
produktsicherheit@kolibri360.de